市委书记杜昌文（左三）到滨海区调研

市委副书记、市长刘曙光（右三）到基层调研

# 第 32 届潍坊国际风筝会

第 32 届潍坊国际风筝会于 4 月 18 日在浮烟山国际放飞场开幕，至 25 日各项重点活动相继成功举办。本届风筝会遵循适应经济新常态，办好风筝主体活动，搭建合作发展平台的理念，坚持“务实办会、科学办会、专业运营”的原则，突出国际性和潍坊特色，大力推介城市品牌，促进文化发展和经贸招商工作，认真抓好风筝、经贸招商、文化等 16 项重点活动，达到了“创新、务实、节俭、安全”的要求，取得了良好的经济社会效益。国家体育总局副局长、国际风联主席冯建中，山东省副省长王随莲出席开幕式。开幕式简短紧凑，以风筝文化为主题的群众性文艺表演受到现场观众的热烈欢迎。根据对市民随机抽样问卷，对今年风筝会的满意率达到 99% 以上。

本届风筝会共有来自国外 67 个国家和地区，国内 20 多个省市区共 120 余支高水平风筝代表队 600 余名队员参加放飞比赛。潍坊市代表队荣获优秀传统风筝赛一等奖，由我市队员组建的中国队荣获特色风筝表演赛一等奖。

新常态下节会品牌塑造与产业化论坛，由国际风联、中国会展经济研究会主办，从理论与实践结合上研讨新常态下节会品牌塑造和产业化面临的新情况、新形势、新问题，探讨节会品牌创新发展的对策建议。我市各县市区、开发区分管负责人，各会展场馆负责人，市直有关部门，全国节庆代表 100 余人参会。

# 党史研究与资政取得新进展

## 围绕中心 服务大局

2014年，以党的群众路线教育实践活动的开展为契机，结合自身业务，组织开展相关党史专题研究，积极做好党史宣传，面向社会开展党史教育，进一步加强对革命遗址的保护工作，促进了党史工作的全面开展。

开展并完成了《昌潍专区的大跃进运动对社会主义经济建设的启示》《社教运动中的群众路线》两个专题研究，为全市中心工作提供经验借鉴。

为配合群众路线教育实践活动的开展，组织撰写了《群众路线的伟大胜利——潍县战役支前工作纪实》一文在《机关党建》发表。为纪念抗战胜利69周年，撰写了《著名抗日英烈中的潍坊面孔》分两期在《潍坊日报》刊登。通过拍摄党史专题片的形式，更加生动、直观地开展党史宣传。配合山东电视台拍摄《家乡的红色记忆》专题片三期，在山东新闻联播播出。

发挥自身优势，突出党史教育地方特色。在全市机关、企事业单位、学校中进行党史宣讲，以党的发展历程为主要内容，对广大党员、群众、中小学生进行党史教育，开展活动20余场，达到了对县市区的全覆盖，听众达3万余人。

加强对革命遗址保护利用。加强和县市区党史部门的沟通交流，结合红色文化旅游，加强对革命遗址保护及开发利用，指导开发利用党史资源，为社会建设服务。

到青岛党史纪念馆参观学习

在诸城王尽美故居调研革命遗址保护利用情况

# 奋力推进人民满意的服务型民政建设

**保障和改善民生：**中心城区城市低保标准每人每月 500 元，中心城区和诸城、寿光农村低保标准每人每年 3100 元，其他县市 2900 元；五保集中和分散供养标准每人每年 5400 元和 4000 元。为 4282 名困难失能老年人发放了护理补贴、13529 名低保高龄老年人发放了生活津贴，534 名“三无”老年人发放生活补助。福彩发行突破 15 亿元。建立了 16 处救灾物资储备库，与 8 家大型企业签订了救灾物资储备协议。全市募集慈善款物累计达 7.42 亿元，资助 2400 名贫困大学新生顺利入学，慈善救助 9.8 万人。

**基层社会治理：**建成社区综合服务中心 1317 个，城市社区综合服务设施覆盖率达到 100%；全市登记注册社区志愿服务组织 2700 多个，发展志愿者 12.2 万余人；村（居）委会换届成功率达到 99.15%。全市社会组织总数达到 3078 家，其中社会团体 1208 家，民非 1870 家；新认定引进的社会组织总部（分支机构）23 家。培育民办社工机构 15 家，评选表彰了 99 名第二届“潍坊和谐使者”。

**服务国防和部队建设：**接收安置退役士兵 4279 人，免费培训 3111 人次。发放退役士兵自主就业补助金 8817 万元。为困难退役士兵安排公益性岗位 3016 个，办理低保 937 户，特困救助和医疗救助 596 人次。解决驻潍部队具体困难 15 件。

**提供和强化社会服务：**新建城市社区日间照料中心 125 处、农村幸福院 281 处，新注册社会办养老机构 6 家，建成居家养老服务信息平台 9 处，全市新增养老床位 7600 张，每千名老人拥有养老床位达 29 张。全年为 59002 户丧属减免基本丧葬服务费用 5520 余万元。3 处婚姻登记处和 2 个救助站被评定为 3A 级婚姻登记机关和三级救助管理机构。

2014 年 3 月 26 日至 28 日，原副省长孙绍骋来潍坊考察调研养老服务业发展情况。

2014 年 5 月，山东省政协常委、社会法制委员会主任高存山来潍调研，充分肯定了我市社会组织培育发展工作。

2014 年 9 月 18 日，济南军区国动委第八次会议在潍坊召开，国防部长常万全上将到会指导，并对我市双拥工作提出表扬。

2014 年 9 月 26 日，民政部副部长宫蒲光来潍坊调研社会工作，对我市社区社工服务给予充分肯定。

2014 年 9 月 30 日，潍坊市烈士公祭仪式在烈士陵园隆重举行，潍坊市四大班子领导、驻潍部队首长同各界群众代表参加。

2014 年 12 月 3 日，“大爱无边”首届潍坊慈善家颁奖大会在富华国际会议中心举行。

# 住房城乡建设工作亮点纷呈

2014年3月1日，刘曙光市长与来潍考察中美低碳生态城市建设的美国能源部中美低碳生态城市合作项目主任瓦索·巴特（Vatsal Bhatt）会谈。

2014年3月22日，潍坊市直廉租住房实物配租大会在金宝国际会展中心举行，公开摇号配租99套廉租住房。

2014年7月28日，全市城镇化工作暨提升市区动员会议在市级机关综合办公大楼召开。

2014年10月15日，全国可再生能源建筑应用现场交流会在潍坊召开。

奎文苇湾社区老旧小区改造新貌

2014年，在市委、市政府的坚强领导下，全市住房城乡建设系统攻坚克难、积极作为，圆满完成了各项工作任务。市住建局荣获全国房地产交易与登记规范化管理先进单位、全省住建系统先进集体等荣誉称号。一是城镇化工作成效初显。全市城镇化率达到53.57%，城镇化质量系数跃居全省第一。羊口镇、侯镇在全省“百镇建设示范行动”检查考核中进入前十名，辉渠镇梯田景观被授予“2014年中国美丽田园”称号。二是提升市区工作加快推进。白沙河、张面河和麻沟河等三条河流综合整治陆续启动，卧龙西街（西外环—长松路）等7项工程建成通车，老旧小区改造整治提升工程全面展开，虞河上游治理工程获得中国人居环境范例奖。三是低碳城市建设成效显著。与美方签订了《中美低碳生态城市技术合作的谅解备忘录》，被确定为第七轮中美战略与经济对话框架下战略对话的重要成果。未来之家成为全国第三个、全省第一个被动式示范建筑。四是住房保障任务圆满完成。全市开工各类保障房19090套，基本建成8700套，圆满完成年度建设任务。五是行业发展健康平稳。全市共完成房地产开发投资396.2亿元，完成建筑业总产值879亿元，累计实现地税收入126亿元，占地税收入的38.1%，支柱产业地位明显。

# 改善环境 服务民生
# 城市管理工作再上新台阶

北海路玄武街转盘

2014年，市城市管理行政执法局紧紧围绕市委、市政府总体工作部署，以提升市区、突破滨海为契机，深入实施精细化管理，城市环境面貌发生新的变化，公用事业服务保障能力得到进一步增强，行政执法工作和谐有序，城市管理各项工作实现了新起点上的新突破。

公共自行车

环卫一体化

近年来，潍坊市融资 7600 万元，新添置 223 部环卫车辆。图为部分环卫车辆和设施。

城乡环卫一体化基本实现全覆盖，2014年9月19至20日，省政府在潍坊市召开了全省城乡环卫一体化管理推进现场会议。中心城区全面推行了“机吸洒水冲洗为主、人工捡拾为辅”的环卫保洁作业模式，实现了数字化在线监控管理，环卫保洁工作逐步向机械化、信息化模式转变。建成年产生物柴油10万吨的“地沟油”处理车间和日处理规模200吨的餐厨废弃物处理工程，建立了12家收运中心，实现了废弃油脂的无害化处理、资源化利用。完成山东省第五届园博会（东营）潍坊园建设，荣获“主题展园金奖”“最佳施工金奖”两项大奖。

市区公共自行车系统新增10000辆公共自行车、400个站点，实现了对机关、学校、商场、医院、居民小区、公交站点、旅游景区的全覆盖。采用火烧等技术进行防滑处理镜面人行道板10万平方米，有效解决镜面人行道板雨雪天气路滑伤人的问题。完成虞河污水处理厂升级改造工程，全年共处理污水1.1亿吨，COD削减量达到41.8吨，处理污泥10.6万吨。

积极开发备用水源，建成“引峡入白”城区应急调水工程主体工程，保障城市供水安全。新建、改造供水管网13.94公里，完成旧居住区户表改造2609户。启动了中心城区城市节水专项规划修编工作，工业用水重复利用率达到91.79%，万元GDP取水量和万元工业增加值取水量分别下降到17.1立方米和22.01立方米。深化城区供热管理体制改革，积极推广使用天然气、地热能等清洁热源，加快推进“汽改水”改造，置换蒸汽供热面积150万平方米，新增集中供热面积103万平方米。继续推进“煤改气”，中心城区10吨以下燃煤锅炉已全部完成拆改，全市出租车、公交车、社会车辆气化率分别达到100%、25.5%和6.2%。全市新建天然气管网150公里，新增管道燃气用户7.5万户，城市管道燃气普及率均超过65%，中心城区超过70%。

# 改革创新 转型升级

## 在新常态下推动交通运输事业科学发展

2014年是潍坊市交通运输工作加快发展的重要一年，全市交通运输系统紧紧围绕“四一三”思路举措、“突破滨海、提升市区、开发两河”总体布局，牢牢把握主题主线，坚定信心、开拓进取，全力加快基础设施建设，着力提高管理服务水平，切实保障和改善民生，全市交通运输事业发展稳中有进、持续提升。

交通基础设施建设快速推进。潍日高速滨海连接线段正式开工，青银高速扩建工程前期工作顺利启动；北环路东西延伸段工程建成通车，潍县路改造工程具备通车条件，潍昌路项目全面启动，农村公路超额完成民生实事任务，公路通车里程、公路密度连续多年位居全省前列。潍坊港实现政府主导、多元办港，6个泊位1347米岸线全部获批，2万吨级码头和航道建成投用，万吨级集装箱船实现靠泊。潍坊机场完成机场换证检查，机场迁建确定新机场场址。现代物流发展迈出新步伐。“一部两省”共同推进的重点交通物流项目——鲁辽陆海货滚甩挂运输大通道，顺利首航并实现试运营，为潍坊市主动对接国家“一带一路”战略提供了重要平台。同时，邮政快递业发展迅速，全市快递服务企业业务量和业务收入持续快速提升，顺丰潍坊分部升格为鲁中管理区。运输服务能力实现新提升。交通运输支撑能力不断提升。在保持公路客货运输量、周转量增幅均高于全省平均水平基础上，空、港运输能力均创历史新高。潍坊港吞吐量突破2600万吨，集装箱吞吐量突破17万标箱；潍坊机场开通新航线5条，吞吐量历史性突破39万人次。公共交通持续改善，新开通线路5条，调整老旧线路14条，推出定制公交特色服务，实现65岁以上老年人免费乘坐公交车，公交线网基本覆盖全市九区一县。

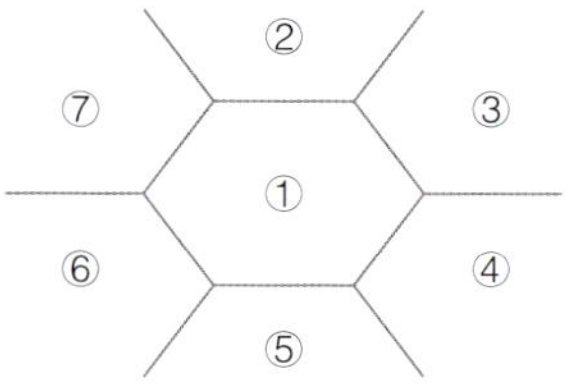


① 潍坊港万吨级集装箱泊位通航
② 12月23日鲁辽陆海货滚甩挂运输大通道航线实现首航。
③ 2014年，我市新购置的18米铰接车。
④ 2014年，潍坊机场旅客吞吐量39.43万人次，开创潍坊机场通航18年来的最好水平。
⑤ 半岛南北动脉，蓝黄两区纽带—潍日高速公路项目建设稳步推进。
⑥ 我市农村公路通车里程突破2.3万公里。
⑦ 2014年，我市首次引入双后桥双层空调旅游观光巴士，助推潍坊市区生态旅游发展。

# 科学谋划　攻坚克难
# 积极推进抗旱工程建设

引黄入白工程平面位置图

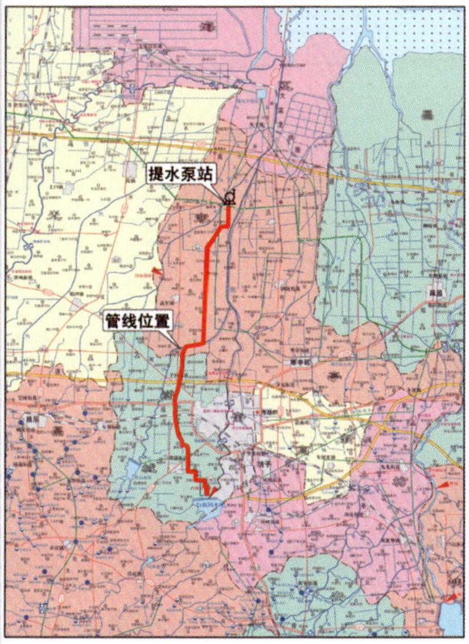


引黄入白工程平面位置图

2013年8月以来，潍坊市发生了1952年有水文纪录以来罕见的连续干旱，城市供水水源严重不足。为此，市委市政府早谋划、早决策、早部署，把水源供水工程建设作为人民生活和经济社会发展的头等大事，部署建设城区应急调水工程、应急调水延伸工程、方家屯泵站改造工程、引黄入白工程和引黄入峡工程等一批应急水源工程，这些工程的及时投建，为全市抗旱发挥了重要作用。

**引黄入白工程**　位于潍城区、寒亭区境内，在引黄济青输水河与峡山灌区西分干倒虹吸交汇处调引黄河水，通过泵站提水、管道输水至白浪河水库，全长约43.5公里，日调水能力17万方。工程总投资约1.9亿元。

**引黄入峡工程**　从胶东调水输水渠道取水，通过渠道将黄河水、长江水调入峡山水库，工程全长34公里，工程总投资1.96亿元。工程完成后，在一级泵站（方家屯）每天直接向供水户供水35万方，同时每天可提水入峡山水库138万方，年可调引黄河水、长江水1.65亿方（调水天数按93天计算），有效解决潍坊市区和高密、昌邑、滨海供水水源不足问题。

引黄入峡工程平面位置图

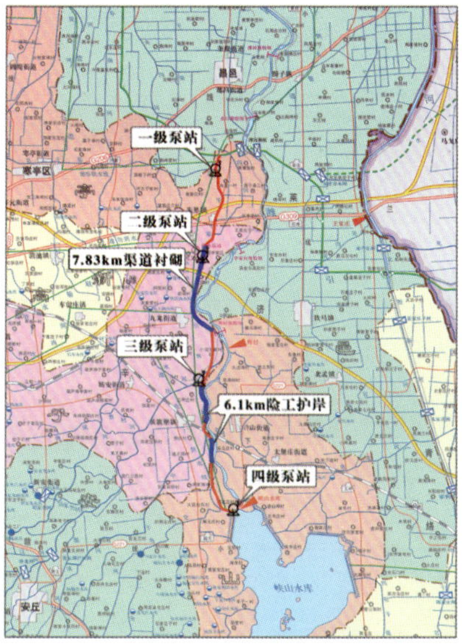


引黄入峡工程平面位置图

# 审计工作

## ——着力保障全市经济社会健康发展

2014年，潍坊市审计局继续保持并荣获“全国文明单位”“市直部门综合考核先进单位”“市直部门突出贡献奖”等多项荣誉称号。党组书记、局长宫智同志被人力资源社会保障部、审计署授予全国审计机关先进工作者荣誉称号，并受到国务院总理李克强亲切接见。2014年，潍坊市审计局共完成审计或审计调查项目54个，查出违规金额12.66亿元，管理不规范金额139.48亿元，被审计单位损益或财政收支不实问题金额5.06亿元，直接为财政增收节支6.61亿元。

全国文明单位

市审计局宫智局长受到国务院总理李克强亲切接见

市审计局宫智局长在全国审计工作会议暨“双先”表彰大会上宣读倡议书

省审计厅马青山厅长（右三）来潍指导审计工作

市审计局与南京审计学院共建审计实践基地

《中国审计》常务副总编乔晚根（左三）参观潍坊审计书屋

市审计局召开全市镇（街）审计工作现场会

市审计局领导在市人大预算审查监督工作培训班上做辅导报告

市审计局关注地方机场运营效益

市审计局关注群众体育活动

市审计局积极服务企业转型升级

市审计局对社保信息系统进行审计

潍坊风筝展室

# 潍坊世界风筝博物馆

潍坊世界风筝博物馆是我国第一座大型风筝博物馆，建筑面积 8100 平方米，建筑造型选取了潍坊龙头蜈蚣风筝的特点，屋脊是一条完整的组合巨龙，似蛟龙遨游长空伏而又起，设计风格在国内独树一帜，是“世界风筝都”的标志性建筑。

潍坊世界风筝博物馆旨在收藏、陈列古今中外的风筝珍品及风筝的相关资料。该馆共设有七个展厅和一个多功能厅。展览以详实的风筝资料以及照片、文字、绘画、复制品等，全面展示了风筝的历史、应用、沿革、风筝流派及潍坊国际风筝会，充分体现了中华民族灿烂文化所独具的艺术魅力，成为了传播和弘扬风筝文化的艺术交流中心。展区内的现场制作会让你更加直观地了解潍坊风筝及潍坊工艺品的制作过程；多功能大厅内设有展现古老潍坊场景的全息投影；介绍潍坊现代文化及风筝会的巨幕投影、互动游戏等，带给你与众不同的视觉盛宴。

“银线连四海，风筝传友谊”，风筝文化的吸引力把您与潍坊风筝博物馆连接起来，祝愿风筝文化展览能给大家留下深刻而美好的回忆。

博物馆大厅

博物馆外景

盛瑞 8AT 生产线

3D 打印技术中心

蓝色智谷

# 潍坊高新技术产业开发区

潍坊高新区成立于 1991 年，1992 年获批国家级，面积 110 平方公里，人口 19.7 万。先后获批建设国家创新型科技园区、国家知识产权试点园区和国家可持续发展实验区，被科技部评为“国家高新区建设 20 年先进集体”，在 140 个国家高新区中综合实力升至第 25 位。2014 年，全区完成地区生产总值 340.9 亿元，增长 11.1%，人均 GDP23.87 万元（约为 3.85 万美元）；财政总收入 68.4 亿元、增长 20.1%，公共财政预算收入 32.3 亿元、增长 16.4%。

在市委、市政府的坚强领导下，高新区按照“率先走在前列，起好带头作用”的总要求，紧紧围绕打造全市“科技创新高地、科学发展引擎”主体功能定位，坚持“科学化、国际化、生态化、法治化”发展导向，以“三次创业”为统领，全力推进“高新技术产业、现代服务业、全域城市化”三大任务，着力打造山东高新技术产业发展第三极。培强做大汽车及装备制造、声光电子、生物医药、软件信息四大主导产业，创建 9 个国家级、17 个省级特色产业化基地，拥有 4 个国家级、3 个省级科技企业孵化器，正在建设全国唯一的创新型半导体发光产业集群和省级物联网应用技术产业集群，高新技术产业产值占规模以上工业总产值比重达到 60% 以上。实施“3+1+N”创新工程，引进北大、清华、中科院共建北大潍坊燕园科技园、清华启迪潍坊孵化基地、中科创新园，打造潍坊蓝色智谷，加快推进部省共建“中国（潍坊）创新创业孵化示范基地”。深入推进行政体制、商事制度、行政审批服务、决策执行监督体系等重点领域改革，率先整合食品药品监管、工商、物价、质监等 7 项职能成立市场监督管理局，在全省率先实行企业注册登记“五个一”模式，颁发全省首张“三证合一、一照一码”营业执照，比国务院要求的改革时限提前了 6 个多月。

# 潍坊滨海经济技术开发区

中国潍坊滨海国际风筝冲浪赛

国家一类开放口岸，区域性重要港口——潍坊港

潍坊滨海经济技术开发区（以下简称滨海区）成立于1995年，2010年被国务院批准为国家级经济技术开发区。滨海区是潍坊滨海海洋经济新区的核心区，陆域面积677平方公里，海域面积510平方公里，海岸线长69公里，辖2个街道，人口20万。滨海区是“黄区”重点发展的四大临港产业区之一，区内的滨海产业园是“蓝区”重点打造的三个中外合作产业园之一。滨海区先后被确定为国家科技兴贸创新基地、国家生态工业示范园区、国家职业教育创新发展试验区、全国科技兴海示范区和山东科学发展园区、循环经济示范区。2014年，全区完成地区生产总值（GDP）261.44亿元，可比增长16.3%；规模以上工业企业主营业务收入812.8亿元，同比增长20.8%；规模以上固定资产投资320亿元，同比增长25%；财政总收入42.17亿元，同比增长15.4%；公共财政预算收入24.24亿元，同比增长18.1%。

# 峡山生态经济发展区

2014年，峡山区认真贯彻落实党的十八届三中、四中全会精神和市委、市政府决策部署，以创建国家“生态文明先行示范区”为目标，以改革创新为动力，以提升能力为重点，奋力实现经济社会发展大变化。强化环湖综合整治，建成环湖内围网136.5公里，实现了全封闭；增殖放流滤食性鱼苗6080万尾，阻止上游浅滩非法耕种400余公顷，峡山湖被列入国家《水质较好湖泊生态环境保护总体规划》。深化“无农作物秸秆焚烧区”建设，秸秆还田率达76%，空气质量综合排名均居全市前列。关停小污染企业87家，完成“绿满峡山”造林绿化1333.3公顷，森林覆盖率达43%。成立了有机产业协会，有机农庄达到30个，有机农业种养面积达到1200公顷，7种鱼获有机专用标识和销售证书。12月23日至24日，国家有机产品认证示范创建工作会议在峡山区召开，与会领导和专家观摩了该区有机产业立体化、链条式发展的现场，引起良好反响。初步形成了“标准化、市场化、专业化、常态化”的城乡环卫一体化运行机制，全省城乡环卫满意度测评居第38位。峡山湖旅游区被评为“省级生态旅游示范区”，《峡山区乡村旅游发展规划》、峡山潍河省级湿地公园获批，潍坊峡山国际乡野马拉松赛升格为国家级赛事。建成1个区级、4个街道公共行政服务中心，完善区、街、村三级医疗机构体系，改造完成6条农村道路，较好地解决了群众办事难、看病难、出行难问题。扎实开展党的群众路线教育实践活动，倡树卢志英烈士的革命精神、修水库的创业精神、建区以来的创新精神、先模人物的奉献精神“四种精神”，画好“领导像领导，服务群众好；干部像干部，带领群众富；党员像党员，走在群众前”三幅肖像，集聚和释放了发展正能量。

11月5日，省委副书记、省长郭树清到峡山区调研。

12月23日至24日，全国有机产品认证示范创建工作会议在潍坊召开，峡山区作典型发言。

# 潍坊综合保税区

潍坊综合保税区关检联动“三个一”新模式在山东省内率先正式运行

潍坊综合保税区于2011年1月25日获国务院批准设立，是全国第14个综合保税区。总面积30平方公里，其中网内保税区5.17平方公里，网外配套区29.83平方公里。分为南区、北区两部分，南区主要依托青岛机场和青岛港，为潍坊及周边地市企业服务；北区主要依托潍坊港，为北部沿海2700平方公里地区服务，两区各有服务重点，又相互补充、相互融合，使潍坊综合保税区的功能政策覆盖全市、辐射全省，形成“一体两翼”发展格局。

近年来，全区坚持“网内网外一体化、网上网下一体化、国际国内一体化和四大产业（国际加工、国际物流、国际贸易、国际商务）一体化”的发展思路，发展态势迅猛。2012至2014年，进出口额分别增长154%、82%和29%，公共财政预算收入增长35%、76%和32%，连续3年在全国名列前茅，得到海关总署和商务部的充分肯定。

今后，综合保税区将以自贸区的大开放思想为指导，着力打造跨境电商、商品检测认证、国家冷链物流、棉花加工物流、电子信息、新能源新材料等六个100亿级产业链，建设虚拟口岸、检验检疫、跨境电商、保税物流、研发检测维修五大国际服务平台，力争到2020年进出口额突破100亿美元，建成区域特色明显、功能配套齐全、辐射带动力强的对外开放服务区、外向型经济聚集区和改革开放实验区。

潍坊综合保税区监管卡口

# 山东潍坊经济开发区

白浪河国家湿地公园

山东潍坊经济开发区是1994年5月经省政府批准成立、2006年4月国家发改委审核确认的省级开发区，位于潍坊核心市区北部，总规划面积96平方公里，辖3个街道、83个村（居），总人口15万，综合实力连续三年稳居全省省级开发区第一方阵。经济区处于山东半岛蓝色经济区和黄河三角洲高效生态经济区两个国家战略的叠加区域，政策优势明显；青银高速、潍日高速、济青高铁、城海轻轨从区内穿过，交通区位优越。

全国文明村——前阙庄村

近年来，经济区以创建国家级经济技术开发区为目标，着力建设“高新型、外向型、总部型、生态型、宜居型”开发区，充分发挥资源和科技优势，大力发展高新技术产业和外向型经济，形成了电子信息、生物医药、精细化工、机械制造等优势产业集群，马来西亚国家石油公司、德国麦德龙集团、中国医药集团、中国平安财产保险等4家世界500强企业，总部基地中国控股集团、美国克拉克等多家知名企业入驻发展，建有国家级科技企业孵化器、白浪河国家湿地公园、山东省模具产业创新公共服务平台。2014年，全区完成地区生产总值40.4亿元，增长9.1%；固定资产投资97.6亿元，增长15.9%；公共财政预算收入4.79亿元，增长13%；进出口总额1.96亿美元，增长12.6%；实际利用外资1370万美元，增长28.8%。

高新技术产业园

潍坊总部基地西园区

潍坊总部基地东园区

KUIWEN
KUIWEN IMPRESSION
中国·潍坊·奎文

# 强力推进 产业集聚 转型发展

## —加快建设现代化商务中心区

**潍坊市奎文区** 位于世界风筝都——山东省潍坊市的中心城区，是全市的政治、金融、商贸、文化中心，是经国务院批准设立的市辖县级区，因区境内有始建于清代的城门“奎文门”而得名。潍坊市奎文区简称奎文区，于 1994 年 5 月组建，9 月施政。现奎文区政府驻地奎文区广文街道胜利东街 4919 号。2014 年，奎文区按照“一二六五五”发展思路，紧扣“大、高、新，精、特、亮”工作要求，敢于担当，积极作为，勇于争先，全区经济社会实现了持续健康发展。实现地区生产总值 225.5 亿元，增长 8.8%；一般公共预算收入 29 亿元，增长 10%；城市居民人均可支配收入 30973 元，增长 9.1%。建设打造产业楼宇，大力发展具有区域特色的楼宇总部经济和创新创业孵化，税收过千万元楼宇 28 栋，税收全年突破 10 亿元大关。创建全国文明城市“主战场”，奎文区城区文明和市民素质 “双提升”，先后荣获全国和谐社区建设示范区、全国暖心工程创新奖、中国地理信息产业优秀工程奖、全省社会文化先进区、全省法治创建先进区等荣誉称号。顺利通过“全国义务教育发展基本均衡区”国家评估认定，奎文区楼宇经济信息管理服务平台获国家地理信息技术应用铜奖，山东万家福农业装备有限公司在上海股权托管交易中心成功挂牌，成为奎文区第一家在该中心挂牌的企业。

**欢迎国内外朋友到奎文**

**旅游观光、投资兴业!**

# 宜居宜业现代化新城区

## ——潍城区

潍城区面积 269.5 平方公里，辖 6 个街道、2 个管理区、1 个省级开发区，有 254 个村居、41.5 万人。2014 年，全区按照“一城、四基地”发展定位，深入开展项目提升年、作风提升年，抓项目增投入，转作风惠民生，推动经济社会更高层次新发展。完成地区生产总值 228.26 亿元、固定资产投资 214.2 亿元、一般公共预算收入 17.9 亿元，分别增长 9.2%、15.4% 和 8.2%。

中国泊车产业基地

提升城市功能品质。深入实施提升市区战略，抓好“三大爆发点”和“四大组团”开发，启动 5 个城中村和 4 个旧居住区改造，推进“三八六”环保行动，铺开“四通一治”整治工程；新建 5 处学校，建成潍医附属医院新院，创建为国家慢性病防控示范区；建成 5 条道路，新增排污管网 15 公里，群众满意度进一步提升。

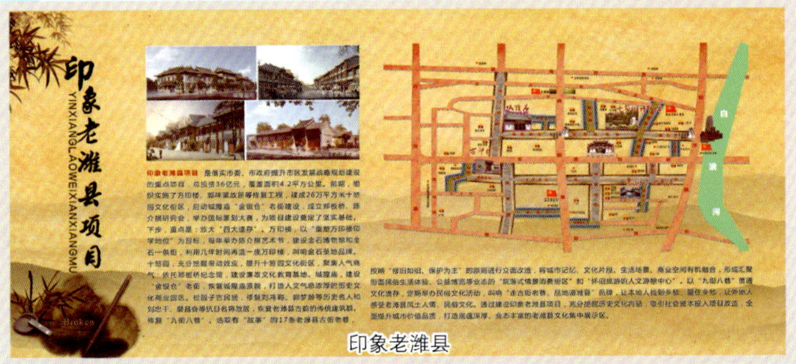

印象老潍县

推动现代物流基地转型发展。提升鲁东物流中心业态，发展总部物流、电子商务、百货配送，新建 5 个专业物流园区，引进 19 个大型物流项目，物流设施面积达 620 万平方米。

推动城市商贸基地高端发展。抓好白浪河黄金河岸、火车站商务聚集区开发，推进 7 处商业综合体建设，建成 3 条特色街区，商业面积达 600 万平方米以上。

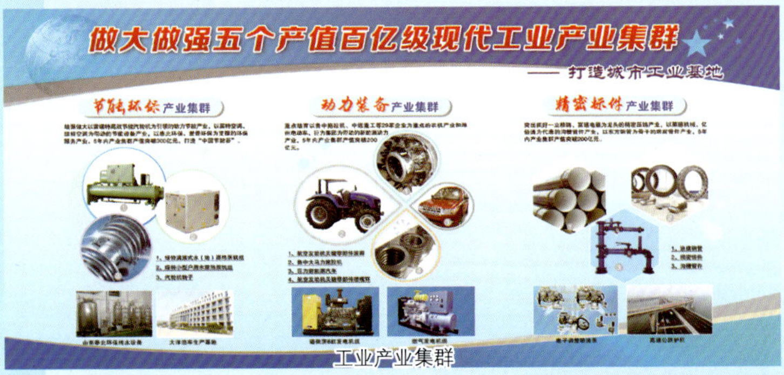

工业产业集群

推动文化产业基地品牌发展。提升改造 3 大创意孵化器，建成十笏园文化街区，启动印象老潍县项目，举办“万印楼”篆刻大赛，打造金石、书画等 6 大文化品牌。

推动城市工业基地绿色发展。加快 68 平方公里潍坊节能环保产业园建设，落户节能环保项目 82 个，59 个项目竣工投产，新建孵化器 2 万平方米。

工业产业集群

# 坊子区

山东测绘地理信息产业园建设顺利

坊子炭矿博物馆建成运营

坊子区创业孵化中心建成使用

2014 年，坊子区在市委、市政府的正确领导下，在上级有关部门和社会各界的支持帮助下，凝心聚力、真抓实干，经济社会发展取得新的成绩。

经济运行总体平稳。完成地区生产总值 130.2 亿元，增长 9.3%；公共财政预算收入 10.7 亿元，增长 13.1%；固定资产投资 114.4 亿元，增长 16.2%；社会消费品零售总额 53.6 亿元，增长 12.8%。规模以上工业主营业务收入 267.6 亿元，增长 8.2%。税收过千万元企业发展到 28 家。

转型发展步伐加快。依托园区抓招商、促转型，实施投资过千万元项目 243 个，测绘地理信息产业园、坊子（滨海）工业园、机械装备制造园等重点园区建设顺利。潍州路商贸物流产业带汽车商务和物流企业发展到 16 家，炭矿博物馆和井下体验区建成运营，服务业增加值占比提高 1.6 个百分点。现代农业示范园区发展到 34 个，玉泉洼生态观光园被评为国家级蔬菜标准园。

城乡建设统筹推进。基础设施投资达到 12.9 亿元。出台推进新型城镇化和提升市区的意见，各项工作全面展开，28 项提升市区年度任务和重点城建工程圆满完成，虞河、金山、沟西、双羊、龙山等城市组团开发顺利，盛世虞河湾、亚特尔未来广场等城市产业综合体开工建设，城镇化率提高 1.9 个百分点。

生态环境明显改善。扎实开展“三八六”环保行动，改善了区域生态和居民生活环境。成片造林 2150 亩，林木覆盖率达到 27.3%。大力发展绿色建筑，11 个项目荣获国家绿色建筑二星级标识，低碳社区建设做法在全国可再生能源建筑应用工作会议上推广。全面推行城乡环卫一体化管理，实现城乡环境卫生市场化、专业化保洁全覆盖。

各项事业全面发展。民生支出占公共财政支出的比重达到 60.2%。城镇登记失业率控制在 2.92%。完成 20 所中小学改造提升，开工建设韩尔庄小学、涌泉小学和九龙中学。实施农村妇女“两癌”免费检查，基本药物做到了“零差率”销售。圆满完成全国文明城市创建任务。顺利通过全省社会文化先进县复评。《坊子区志》（1990 ~ 2007）被评为全省优秀市县级志书，荣获“山东省优秀史志成果奖”。

# 发挥非遗资源优势
# 建设经济文化强区

## ——寒亭区

国家农业部兽医局向朝阳副局长视察民营企业

寒亭，夏为寒国，东汉王莽时改古国为亭，是为寒亭。寒亭历经沧桑，秦属齐郡，汉称平寿，隋、唐、宋、元属潍州。明洪武十年（1377 年），降州为县。1983 年 10 月，潍县撤销，其大部辖域组成寒亭区。

寒亭区是潍坊市辖县级区，2014 年全区总面积 623 平方公里，辖 8 个街道、414 个行政村（居委会）和杨家埠旅游开发区，全区总人口 378360 人，其中乡村人口 303374 人。

2014 年，全区实现地区生产总值 186.22 亿元，比上年增长 9%。第一、二、三产业增加值分别为 11.58 亿元、99.65 亿元和 74.99 亿元，分别增长 2.4%、8.8% 和 10.7%。2000 万元以上规模企业 109 个，实现工业总产值 408.66 亿元，增长 8.5%，高新技术产业总产值比重为 23.16%，增长 2.7%；全年完成固定资产投资 223.05 亿元，增长 15.6%；社会消费品零售总额 63.17 亿元，增长 12%；全年实现财政总收入 19.70 亿元，增长 11.4%，公共预算收入 13.78 亿元；居民储蓄存款余额 120.28 亿元；农民人均纯收入 14767 元，增长 11.6%，农民人均生活消费支出 9465 元；非公有经济从业人员 4.57 万人，增长 2.1%，非公有经济实现纳税额 17.51 亿元，增长 15.1%。

2013 年，王永训参加冰岛中国文化北欧之旅活动。
集声光电为一体的六动态风筝

城市居民小区

郭牌西瓜

# 青州市

青州为古九州之一，“海岱惟青州”（《尚书·禹贡》），按古代五行学说，东方属木，其色为青，青州在中华大地的东方，故名。1986 年 3 月，撤销原益都县设立青州市。2013 年 11 月，国务院批复同意将青州市列为国家历史文化名城，成为潍坊市首个国家历史文化名城。全市总面积 1569 平方公里，常住总人口 94.04 万人。2014 年实现生产总值 547.9 亿元，比上年增长 9.2%。其中，第一产业增加值 49.8 亿元，第二产业增加值 273.3 亿元，第三产业增加值 224.8 亿元。固定资产投资 429.3 亿元，公共财政预算收入 38.1 亿元，公共财政预算支出 42.0 亿元，社会消费品零售总额 183.5 亿元，进出口总额 8.3 亿美元。农村居民人均纯收入 14809 元，城镇居民人均可支配收入 27742 元。年内荣获“国土资源节约集约模范县创建获评全省第一名”、山东省金融生态环境建设模范奖、山东省第四届全民健身运动会先进单位、全国第一批地质灾害防治高标准“十有县”、中国民间文化艺术（书画）之乡、2014“美丽中国”十佳旅游县、全国义务教育发展基本均衡县、全国“六五”普法中期先进县、全国文化先进县等称号，连续第六次被评为全国民族团结进步模范集体。

南阳河新貌

云门山摩岩巨“寿”

偶园街

青州泰华城

古州宋城

古城夜话

国家计划内石化企业——中化弘润石化有限公司

姹紫嫣红花博会

风景独好黄花溪

李清照纪念祠

驼山佛像

井塘古村

城市全景

# 诸城市

诸城历史悠久，汉代置县，始称东武，隋代称诸城，宋代为密州州治所在地，明清时期又称诸城，建国后设诸城县，1987年撤县建市。现总面积2168平方公里，辖10个镇、3个街道、1个省级开发区，全市共有235个社区，其中农村社区208个。2014年末全市户籍总人口109.6万人。

山东天雁服饰股份有限公司在北京举办时装发布会

诸城市15家企业在上海股权托管交易中心中小企业股权报价系统举行专场挂牌仪式

阿里巴巴诸城产业带签约启动仪式

2014年，诸城经济保持平稳健康发展，全年实现地区生产总值705.4亿元，实现财政总收入83亿元，县域经济和县域基本竞争力列全国百强县第27位。现代制造业加快升级，实施投资过亿元工业项目116个。604家规模以上工业企业实现主营业务收入2298.3亿元。获批创建全国质量强市示范市，荣获国家知识产权试点示范城市工作先进集体称号。服务业增加值达到252.6亿元，限额以上商贸企业发展到330家。电商平台发展到10家。粮食生产实现十二连增，连续七年荣获全国粮食生产先进市，被农业部命名为国家级现代农业示范区。外向型经济稳步增长，实际利用外资9035万美元，完成进出口总额19.2亿美元。被确定为全省县域经济科学发展园区经济试点市。城镇化进程进一步加快。建成3个省级特色产业镇，新建改建农村公路246公里，改造农村光纤用户10.1万户。人居环境进一步改善。被评为全省水资源管理规范化建设示范县，潍河湿地公园顺利通过国家级湿地公园评审。成功创建国家卫生城市，镇街全部获得国家级生态乡镇命名。民生保障进一步加强。全年累计完成民生支出44.4亿元。城镇新增就业1.68万人，转移农村劳动力2.58万人。居民养老保险和医疗保险实现全覆盖。荣获全国文化先进县称号，创建为国家慢性病综合防治示范市，荣获全国防震减灾示范市称号。

单棵产6000公斤的西红柿树

# 寿光市

寿光市地处山东省北部，渤海莱州湾西南岸。现辖15处镇街道、1处双王城生态经济园区，975个行政村。总面积2072平方公里，总人口106.69万人，城区建成区面积55平方公里，城区人口47.6万人。2014年，全市完成地区生产总值762.0亿元，三次产业比例为12.0：47.2：40.8，全社会固定资产投资498.3亿元，社会消费品零售总额230.9亿元，进出口总额33.0亿美元，公共财政预算收入79.2亿元。

寿光是著名的中国蔬菜之乡，是冬暖式蔬菜大棚的发祥地，已连续成功举办16届中国（寿光）国际蔬菜科技博览会，被评为全国三家5A级专业展会之一。境内北辛文化、大汶口文化、龙山文化和岳石文化等新石器文化遗存多达150余处。县市级以上重点文物保护单位46余处，寿光双王城盐业遗址群被评为2008年全国十大考古新发现并被国家文物局评审为国家级田野考古二等奖。寿光卤水制盐技艺列入国家级非物质文化遗产名录，5个非遗项目列入省级名录。

寿光工业发展迅速，目前化学原料和化学制品制造业、黑色金属冶炼和压延加工业、造纸和纸制品业、橡胶和塑料制品业、医药制造业、汽车制造业等9大产业年主营业务收入超过50亿元，拥有大型企业20家。有17个中国驰名商标、58个山东名牌、5个山东省服务名牌。2014年，全市规模以上工业企业478家，完成总产值1757.1亿元，实现主营业务收入1770.4亿元。

寿光农业产业优势突出，有蔬菜大棚40多万个、蔬菜种植面积53333.3多公顷。全市建有种苗繁育基地200多处，蔬菜新品种达到41个，种苗年繁育能力14亿株。国家种业创新创业基地、国家蔬菜综合实验站、国家蔬菜工程技术中心等均已落户寿光。全市各类农业龙头企业发展到410家。2014年，全市完成农林牧渔业总产值174.8亿元。

寿光交通便捷，济青、荣乌、潍日等高速公路通过寿光境内，济青高铁即将开工建设，潍坊机场拟落户寿光，益羊、大莱龙等铁路穿境而过，建有寿光港、羊口港2处港口。2014年，全市公路通车里程达到3340.6公里，益羊地方铁路正线里程76公里，港口完成货物吞吐量400万吨。

# 生态城市，魅力昌邑

昌邑市域总面积 1627.5 平方公里，辖 6 个镇、3 处街道，691 个行政村（社区），总人口 58 万。处于“蓝黄”两大国家战略叠加区域，具有得天独厚的区位优势、资源优势和空间优势。周边有潍坊、青岛、济南 3 处机场和潍坊、莱州 2 处深水港；胶济铁路、大莱龙铁路、青银高速、荣潍高速、荣乌高速、309 国道、206 国道横贯东西，省道下小路纵穿南北。海岸线长 53 公里，原盐、溴素年产量分别占全国的六分之一、四分之一，铁矿石、石油、天然气、石英石等蕴藏丰富。2014 年完成地区生产总值 356 亿元，增长 9.2%。完成固定资产投资 284.5 亿元，增长 15.4%。实现财政总收入 42.7 亿元，其中公共财政预算收入 25.2 亿元，分别增长 8.9% 和 7.7%。被评为“中国中小城市综合实力百强县市”“中国最具投资潜力中小城市百强县市”“全国县级文明城市提名城市”“中国美丽乡村建设典范市”“全国生态文明先进市”“全国粮食生产先进单位”“全国林业信息化示范市”“首批山东省信息消费试点市”“首批山东省生态文化示范市”“山东省社会文化先进市”“山东省农业机械化先进市”。

▲ 文化公园夜景

▼ 昌邑滨海（下营）新貌

▲ 2014 中国（昌邑）北方绿化苗木博览会第十九届中国园林花木信息交流会

# 灵气所钟 山水临朐

临朐县地处鲁中，属沂蒙革命老区，总面积 1831 平方公里，其中山区、丘陵面积占 87.3%，辖 13 个镇（街、园、区），350 个村（社区），89 万人。2014 年，全县实现地区生产总值 229 亿元，增长 9.2%。财政总收入 20.2 亿元、公共财政预算收入 12.3 亿元，分别增长 14.6% 和 18.5%。金融机构本外币存款余额 275 亿元，增长 12.4%；贷款余额 208.8 亿元，增长 16.8%。完成固定资产投资 244.7 亿元，增长 16%。规模以上企业实现主营业务收入 454.1 亿元、利税 26.1 亿元，分别增长 6.7% 和 13.8%。实现社会消费品零售总额 110 亿元，增长 12%。城镇居民人均可支配收入、农民人均纯收入分别达到 22945 元和 13220 元，增长 10.2% 和 11.7%。

临朐历史悠久，文化灿烂。自西汉置县迄今已有 2000 余年历史，有北辛、大汶口、龙山等文化遗址 221 处，齐长城、东镇碑林等各级文物保护单位 130 余处，奇石、临朐年画、雕塑、红木工艺四大文化产业远近闻名，素有“书画之乡”“小戏之乡”“中国观赏石之乡”的美誉，是全国文化模范县。

生态环境优美。境内山多林密，植被丰茂，林木覆盖率达到 45.7%，是国家级生态示范区、中国最佳生态旅游县、全国绿化模范县、国家园林县城。

旅游资源丰富。东镇沂山为全国五大镇山之首，是国家 5A 级旅游景区、国家森林公园；山旺化石，闻名中外，被誉为“化石宝库”，是国家重点自然保护区、国家地质公园；“北国江南”老龙湾，是全国七十二大名泉之一；石门坊红叶，堪与香山红叶相媲美。

交通发达便利。长深高速公路贯通南北，6 条省道穿行境内，农村公路通车里程 2300 公里，公路交通四通八达。

资源物产丰富。水资源丰沛，总量达 4.8 亿立方米，开发潜力巨大；果树面积 30 万亩，果品产量达 23 万吨，是中国优质果品基地重点县；奶牛存栏 3.8 万头，是全国牛奶生产 50 强县。

产业特色鲜明。以有色金属高端加工、新能源新材料、机械电子、汽车配件、工艺雕塑等“五大产业集群”为支撑的新型工业体系基本形成，是中国（江北）铝型材第一县、中国铝型材产业基地，江北物流城、旺佳商贸城等专业市场发展到 21 处。

国情调研临朐基地揭牌仪式（王随莲、赵芮、冀祥德、刘爱军、王桂英、傅廷伟、顾建华、刘裕斌出席揭牌仪式）

山东省第二届乡村旅游节在临朐石门坊景区举办

奶牛养殖场

临朐东城工业园区

# 昌乐县

昌乐县位于山东半岛中部，是潍坊市的近郊县，面积1101平方公里，人口62.3万，辖4个镇、4个街道、1处省级经济开发区、1处省级旅游度假区和1处水库管理区，共有103个农村新型社区，是国务院批准的沿海经济开放县。近年来，先后被评为全国文明县城、全国科技进步先进县、全国科普示范县、全国计划生育优质服务先进县、全国食品工业强县、全国农业标准化示范县、全国群众体育先进县、全国法治县创建活动先进单位、全省双拥模范县、山东省基层党建工作先进县、山东省绿化模范县、山东省国土资源节约集约模范县、全省水资源管理规范化建设示范县、山东省园林城市、省级卫生县城、全省信访工作先进县、全省民兵工作先进单位等，被确定为国家智慧城市试点县、国家知识产权强县工程试点县、全国积极发展农民股份合作赋予农民对集体资产股份权能改革试点县、山东省唯一的资源成长型城市。2014年，全县完成地区生产总值260.7亿元，增长9.1%；完成公共财政预算收入20.2亿元，增长12.3%；完成固定资产投资259.3亿元，增长15.7%。

① 昌乐工业厂区一角
② 丰富多彩的校园生活
③ 现代化的优美居住小区
④ 中国（昌乐）宝石城

# 潍坊年鉴 2015

WEIFANG YEARBOOK

潍 坊 市 人 民 政 府 主办
潍坊市地方史志办公室 编

方志出版社
Publishing House of Local Records

**图书在版编目（CIP）数据**

潍坊年鉴.2015/潍坊市地方史志办公室编.—北京：方志出版社，2015.12

ISBN 978-7-5144-1910-8

Ⅰ.①潍… Ⅱ.①潍… Ⅲ.①潍坊-2015-年鉴 Ⅳ.①Z525.23

中国版本图书馆CIP数据核字（2015）第320222号

潍坊年鉴（2015）

**编　　者**：潍坊市地方史志办公室
**责任编辑**：陈菁　刘珊

**出 版 人**：冀祥德
**出 版 者**：方志出版社
地址　北京市朝阳区潘家园东里9号（国家方志馆4层）
邮编　100021
网址　http://www.fzph.org
**发　　行**：方志出版社发行中心
电话（010）67110500
**经　　销**：各地新华书店
**印　　刷**：山东星海彩印有限公司

**开　　本**：889×1194　1/16
**印　　张**：26.5
**字　　数**：951千字
**版　　次**：2015年12月第1版　2015年12月第1次印刷
**印　　数**：0001～2000册

ISBN 978-7-5144-1910-8　　**定价**：200.00元

# 潍坊市地方史志编纂委员会暨
# 《潍坊年鉴》编纂委员会



# 《潍坊年鉴》2015卷编审人员

# 编辑说明

一、《潍坊年鉴》是在中共潍坊市委领导下，由潍坊市人民政府主办，潍坊市地方史志办公室编纂的地方性、综合性、资料性工具书。该书旨在全面、系统、翔实、客观地记述潍坊市政治、经济、文化、社会等各方面的新成就、新特点、新情况，为各行各业提供咨询服务，为各级领导科学决策提供可靠依据，同时也为国内外朋友全面了解潍坊提供方便。

二、《潍坊年鉴》2015卷系创刊以来的第21卷，主要内容的记述时限原则上为2014年1月1日至12月31日。为反映事物全貌，给读者以完整印象，部分资料适当上溯或下延。

三、本卷《潍坊年鉴》采取分类编辑法。全书设30个类目，即特载、专记、大事记、全市概况、中共潍坊市委、潍坊市人民代表大会、潍坊市人民政府、政协潍坊市委员会、中共潍坊市纪律检查委员会、民主党派工商联和人民团体、人民武装、法治、经济监督管理、农业、工业、服务业、交通邮政通信、建设环保、商贸旅游、民营经济和中小企业、财政税务、教育、科学、文化卫生体育、社会民生、县市区、开发区、人物、附录。记述形式分类目、分目、条目3个层次，条目为主要信息载体和基本撰写形式，年鉴多数内容在条目中记载。

四、全书的资料大部分由潍坊市各县市区和潍坊市直各部门提供，主要统计数据以市统计局公布的统计资料为准，有些使用了有关业务部门、单位的数据。为使年鉴资料准确无误、真实可靠,各供稿单位所供稿件均经该单位领导审核。各撰稿人在相应条目后署名,以示负责。

五、本卷《潍坊年鉴》的编辑出版，是在各级各部门领导关怀和支持下，经过广大年鉴工作者通力合作、辛勤劳动所取得的成果。谨向关心和支持年鉴编辑工作的单位和个人表示衷心感谢。

六、《潍坊年鉴》内容涉及各行各业，面广量大，加之我们水平有限，错误与疏漏在所难免，敬请广大读者给予指正，以使《潍坊年鉴》的编纂水平不断提高。

# 目 录

## 特 载



## 专 记



## 大事记



## 全市概况

# 中共潍坊市委

## 重要会议



## 政策研究



## 组织工作



## 宣传工作



## 统一战线工作



## 保密工作



## 机构编制工作



## 对台工作



## 市直机关党建工作



## 信访工作

### 人事工作



### 外事与侨务



## 中国人民政治协商会议潍坊市委员会



### 重要会议



### 重要工作



### 各专门委员会工作



## 中共潍坊市纪律检查委员会

### 重要会议



### 重要工作



## 民主党派　工商联　人民团体

### 中国国民党革命委员会潍坊市委员会



### 中国民主同盟潍坊市委员会



### 中国民主建国会潍坊市委员会

### 潍坊市残疾人联合会



### 潍坊市红十字会



## 人民武装

### 潍坊军分区



### 双拥工作



### 中国人民武装警察部队潍坊市支队



### 人民防空



## 法　治

### 政法委及综治工作



### 法治政府建设

## 交通 邮政 通信

# 建设　环保

## 城镇化发展


## 城市规划


## 城市建设


## 住宅与房地产业


## 城市管理行政执法


## 村镇建设


## 建筑业


## 建设科技与建筑节能


## 农村社区建设


## 环境保护


## 节能工作

# 商贸 旅游



# 民营经济和中小企业

# 财政　税务



# 教　育

# 科　学

## 科技工作



## 知识产权



## 防震减灾



## 气象测报



## 水文



# 文化　卫生　体育

## 社会文化



## 文化创意旅游基地建设



## 新闻出版



## 文化执法



## 广播影视

### 风筝文化



### 文物博物



### 档案管理



### 非物质文化遗产保护



### 卫生



### 体育



## 社会　民生



### 计划生育



### 居民生活



### 劳动就业



### 社会保障体系建设



### 老龄工作



### 民政工作

## 民族宗教



# 县市区

## 奎文区



## 潍城区



## 坊子区



## 寒亭区



## 青州市

## 诸城市



## 寿光市



## 安丘市



## 高密市

### 昌邑市



### 临朐县



### 昌乐县



## 开发区

### 潍坊高新技术产业开发区



### 潍坊滨海经济技术开发区

## 峡山生态经济发展区



## 潍坊综合保税区



## 山东潍坊经济开发区



# 人　物



# 附　录



# 索　引

# CONTENTS

## Special Collection



## Special Events



## Chronicle of Events



## General Situation of the City



## Weifang Municipal Committee of the Communist Party of China

## Weifang Municipal People’s Congress



## Weifang Municipal People’s Government



## Weifang Municipal Committee of the Chinese People’s Political Consultative Conference



## Weifang Municipal Commission For Discipline Inspection of the Communist Party of China



## Democratic Parties, the Federation of Industry and Commerce, People’s Organization

## People’ s Armed Forces



## Rule ByLaw



## Economic Supervision And Administration



## Agriculture

## Industry



## Service



## Transportation, Post And Communication



## Construction And Environmental Protection



## Trade And Tourism

## Private Economy And Small And Medium–Sized Enterprises



## Finance And Taxation



## Education



## Science



## Culture, Health And Sports



## The People's Livelihood

## The County Urban District



## Developing Zones



## Figure



## Appendix



## Indexes

# 特　　载

Tezai

## 杜昌文同志
## 在全市经济工作会议上的讲话

（2014年1月10日）

刚才，曙光同志代表市委、市政府对去年的发展情况进行了系统总结，对今年的经济工作作了全面部署，望大家结合各自职责和具体实际，认真抓好贯彻落实，在着力推动“三个转变”上下功夫、求实效。

### 一、要着力转变经济发展方式

就是要按照习近平总书记视察山东时的重要指示和省委、省政府的部署要求，坚决打好转方式调结构攻坚战。潍坊的发展，目前正处在关键的历史当口，也可以说是走到了一个非常重要的十字路口。我们对未来发展的方向、路子怎么把握，直接关系潍坊发展战略全局，关系未来长远发展，甚至可以说在相当程度上决定着潍坊的前途命运。改革开放30多年来，经过全市上下共同努力，潍坊发展取得了巨大成就，经济总量位列全省第四，跨入了第一方阵，但也要充分看到当前面临的复杂矛盾和严峻挑战。习近平总书记来山东视察时就明确指出，山东的经济总量是靠前的，但能耗和排放也是靠前的，是不可持续的。要按照“腾笼换鸟、凤凰涅槃”的思路，打好转方式调结构攻坚战。具体到我们潍坊，形势更为严峻，任务更为艰巨。一是生态环境的压力巨大。我市主要污染物排放总量居全省前列，其中COD、氨氮排放量全省第一，$SO_2$、氮氧化物排放总量全省第二，目前仅完成“十二五”减排任务的58%、63%、45%、0%。前不久，环保部与31个省市区签署了大气污染防治目标责任书，要求山东到2017年PM2.5比2013年削减20%。如果再为每年10%左右的新增产能腾出环境容量，到2017年的四年内要将现有企业的排放压减一半。过去那种粗放型的路子，再也走不下去了。二是资源能源的压力巨大。人均水资源占有量仅为298立方米，相当于全国人均水平的1/7，低于全省322立方米的人均水平，地表水和地下水开采率都已超过警戒线，有的地方已形成了大面积的漏斗区；建设用地“红线”约束加剧，根据国务院批准的我市新一轮土地利用总体规划，目前我们已用完2020年规划建设用地总规模的99.45%，新增建设用地空间已近极限；用电量全省第一，其中燃煤火电装机比重98.4%，也是第一，今明两年若按每年10%的GDP预期增速，到2015年底即使达到省定万元GDP能耗下降17%的标准，全市能耗总量也将比2013年增加538万吨标准煤，与大幅度压减PM2.5的要求差距更大。再想依靠增加资源能源消耗来拉动增长的传统模式已经难以为继。三是市场竞争的压力巨大。当今世界，新一轮科技革命和产业变革正在蓬勃兴起，世界各国纷纷借助新技术、新工艺、新产品、新服务抢占市场。我市传统产业比重大，企业技术装备水平不高，产品以资源型和初加工为主，多数处于价值链中低端，随着综合要素成本的上升，如果企业的产品质量、技术含量和市场竞争力上不去，只能在日趋激烈的市场竞争中被淘汰。四是全面小康的压力巨大。我市GDP总量虽居全省第4位，但人均水平仅排在全省第12位。如果发展慢了，不能与全省同步实现全面建成小康社会的目标，全市人民肯定不答应；如果过于注重增长速度，资源环境支撑不了，竭泽而渔，断了子孙的路，连喝水和呼吸都不安全，老百姓更不答应。在这个关键当口，我们该做什么样的历史抉择，该走什么样的发展路子，这是对大家政治品格、道德良心、智慧能力的严峻考验、现实检验、残酷拷问。是竭泽而渔、透支未来、牺牲环境、贻害子孙，还是当机立断、壮士断腕、腾笼换鸟、转型升级？答案只有一个，那就是坚定不移地走绿色发展、文明发展之路，使经济发展由主要依靠增加资源能源消耗转到主要依靠科技创新上来，把着力点放在提高质量和效益上，在推动经济持续发展的同时，给潍坊的未来留下可持续的生态环境和资源条件，给子孙后代留下青山绿水、蓝天白云。在这样重大的问题上，我们没有退路、别无选择，必须横下一条心，以对人民、对事业、对历史高度负责的态度，来“扳这个道岔”、闯一条新路，甘愿忍受“浴火”的巨痛去寻求“重生”，坚决打好这场攻坚战，以此真正转到科学发展的轨道上来。否则，即使经济总量暂时上去了，将来会付出更大代价。

打好转方式调结构攻坚战，最为重要的是要按照习总书记指示，靠创新驱动来“腾笼换鸟”，改造传统产业，培育新兴产业。要坚持生态优先，实行分阶段逐步加严的环境标准，倒逼落后产能淘汰，“腾”出用地空间、环境容量、资源要素和市场空间，“换”高端高质高效的绿色产能，建设更高质量的全面小康。要把招商与转调创高度统一起来，深度推进对外开放，在全球范围内整合资源，形成大开放、大招商的新格局，以开放促改革创新，促转型升级，推动更高层次新发展。

## 二、要着力转变政府职能

自觉转变政府职能是加快转变发展方式的关键所在。要按照十八届三中全会的部署和习总书记系列重要讲话要求，坚持市场化改革方向，围绕发挥市场在资源配置中的决定性作用，以经济体制改革为重点，以处理好政府与市场的关系为核心，抓住转变政府职能这个关键，以政府职能的转变推动重点领域和关键环节的改革突破，用改革统揽经济发展全局，进一步解放思想、进一步解放和发展社会生产力、进一步解放和增强社会活力。

通过转变政府职能，让市场在资源配置中起决定性作用，是十八届三中全会最大的创新成果。为充分发挥市场在资源配置中的决定性作用和更好发挥政府作用，首先政府要从“越位”的领域“退位”，把配置资源的决定权还给市场，同时还要在市场“缺位”的地方主动“补位”、服务到位，以此把释放市场活力与维护市场秩序统一起来。最为关键是要实行“三个清单制度”，厘清政府与市场的关系。一是负面清单制度。负面清单外的领域，“非禁即入”、“非禁即准”，按照“三个平等”的原则，最大限度都充分放开，允许民间资本、国外资本与国有资本平等进入包括教育、医疗、文化、养老等公共领域和城乡公益设施及重大基础设施建设。同时，推进工商注册制度便利化改革，由先证后照改为先照后证，最大限度地激发全社会的创新创业创造活力。二是权力清单制度。围绕保障公共安全、社会公正、市场公平，依法界定和规范政府权力，再造运行流程，营造公平透明规范有序的市场竞争环境。三是服务清单制度。要把规划、政策、法规及公共服务标准，包括拟向社会购买的服务等充分向市场和社会公开，以便在充分监督下，提供可预期的服务。总之，各级各部门都要按照十八届三中全会精神，围绕“三个进一步解放”，认真研究和落实放什么、怎么放，管什么、怎么管，应提供什么服务、怎么服务，从而让政府与市场各归其位、各尽其责，把“两只手”的作用都发挥好，真正让一切劳动、知识、技术、管理、资本的活力竞相迸发，让一切创造社会财富的源泉充分涌流，让发展成果更多更公平惠及全体人民。

## 三、要着力转变工作作风

全面深化改革、转变政府职能、打好转方式调结构攻坚战，要靠好的作风和铁的纪律作保障。当前，我们正处在增长速度换挡期、结构调整阵痛期、刺激政策消化期和全面改革攻坚期，各种矛盾错综复杂。经济发展方式不转不行、转慢了不行、转乱了更不行，必须令行禁止、积极作为。

*转变工作作风，主要是扎实开展群众路线教育实践活动。*只有坚持一切为了群众，才能赢得群众拥护和支持；只有坚持一切依靠群众，才能保证深化改革、转型升级顺利推进。要把转变作风的要求统一到坚持群众路线上来，结合开展教育实践活动，聚焦反对“四风”，解决突出问题，以新的成效取信于民。一要着重解决传统观念的束缚问题，冲破传统思维模式的束缚，打破传统增长路径和方式的依赖，清醒看待形势，勇于直面困难，克服“庸懒散浮”，积极主动作为，敢于担当、敢闯新路。二要着重解决不求实效的问题，坚持质效导向，把劲用在提质增效、腾笼换鸟、转型升级上，不能赔本赚吆喝、图虚名而招实祸。要以“功成不必在我”的胸怀和境界，多做打基础、利长远的事，多为后人栽树，不给后人挖坑，坚决不搞急功近利、劳民伤财的形象工程、政绩工程。三要着重解决盲目蛮干的问题，正确、准确、有序、协调推进改革，不能抢跑越界、急于求成、盲目蛮干，更不能丧失原则、突破底线，当拍脑袋决策、拍胸脯蛮干、拍屁股走人的“三拍”干部。四要着重解决既得利益羁绊的问题，不得拿部门利益甚至个人利益阻挠改革，不允许在简政放权上打“小算盘”、设“玻璃门”、玩“变戏法”，注重解决“门好进、脸好看、事依然难办”的问题。五要着重解决损害群众利益的问题，切实把保障和改善民生作为全部工作的出发点和落脚点，尊重群众主体地位，发扬群众首创精神，真正让群众自主自治，切实保障群众权益。六要着重解决纪律松弛的问题，坚持一手抓防范、一手抓查处，既要健全完善制度机制，加大监督制约力度，又要严格执纪办案，有腐必反、有贪必肃，老虎、苍蝇一起打。对有令不行、有禁不止、我行我素、贻误事业的要严惩不贷。

*转变工作作风，关键是要用改革创新的思路和办法解决前进中的问题。*经济发展不能再单纯依靠投资拉动，要挖掘内需增长潜力，激发体制机制活力，增强科技创新动力，坚决避免再走过去

拼资源、拼生态的老路。要靠深化改革、转变政府职能来优化营商环境、激发市场活力、吸引聚集资源、打造创业高地，坚决避免只靠优惠政策招商的路径依赖。“腾笼换鸟”，转型升级，就是要腾出空间发展“低消耗、低排放、低污染”，“高效率、高效益、高技术”的产业，坚决避免只讲速度不讲效益、再上垃圾项目，不能“瞎忙乎了一阵子，形成了一大堆没有用甚至可能有害的东西”。化解过剩产能，既要坚定不移，也要稳扎稳打，不能顾此失彼，尤其是对职工安置、债务风险控制等问题要统筹妥善解决，坚决守住社会稳定底线。

*转变工作作风，根本的是要把握好发展导向、考核导向、用人导向和宣传舆论导向，凝聚起转型发展的强大合力。*在发展导向上，要围绕“四一三”战略重点和突破滨海、提升城区、开发两河的统筹发展战略布局，突出质量效益这个中心，着力在转方式调结构上作文章。在考核导向上，要改进完善考核办法，既看发展又看基础，既看显绩又看潜绩，加大对质量效益、生态环保、科技创新、改善民生、安全生产等考核的权重，引导各级在改革创新、转型升级上用心用力。在用人导向上，坚持在实践中识别干部，凭德才和实绩用干部，激励各级干部积极投身改革创新实践。在宣传舆论导向上，要加强正面宣传，及时解疑释惑，在全社会倡导保护生态就是保护生产力的理念，树立经济发展必须以质效为中心的思想，坚定改革攻坚期必须冲破利益固化樊篱的决心，强化增长速度换挡期、结构调整阵痛期需要有忍受阵痛甚至巨痛的心理，从而最大限度地凝聚共识、形成合力。

同志们，做好今年经济工作任务艰巨、意义重大。我们一定要按照中央和省委的部署要求，进一步解放思想、振奋精神，拼搏实干、开拓进取，努力推动经济持续健康发展，为加快建设富裕文明新潍坊作出新的更大贡献！

（市委办公室）

# 政府工作报告

——2015 年 2 月 27 日在潍坊市第十六届人民代表大会第四次会议上

潍坊市市长　刘曙光

各位代表：

现在，我代表市人民政府向大会报告工作，请予审议，并请市政协委员和其他列席会议的同志提出意见。

## 2014 年工作回顾

在省委、省政府和中共潍坊市委的正确领导下，在市人大及其常委会、市政协及社会各界的监督支持下，市政府与全市人民一道，开拓创新，扎实奋斗，圆满完成了市十六届人大三次会议确定的目标任务。

*经济保持平稳健康发展。*全市实现地区生产总值 4786.7 亿元，增长 9.1%。完成一般公共预算收入 430.2 亿元，增长 12.1%。完成固定资产投资 3969.1 亿元，增长 15.7%。实现社会消费品零售总额 1979.5 亿元，增长 12.6%。居民消费价格总水平上涨 1.3%。科学应对我市有水文记录以来最严重的旱情，保证了用水安全，夺取了粮食丰收。

*经济结构调整扎实推进。*加快构建“1669”现代产业体系，对重点产业进行专业诊断咨询，制定完善产业发展规划，分行业建立产业基金，突出培育骨干龙头企业和重点园区，促进产业集群发展。农业加快转调创。粮食总产达到 93 亿斤，肉蛋奶、蔬菜、水产品产量稳中有升，农村改革扎实推进，国家蔬菜种业基地建设取得重要成果。全市新增各类现代农业园区 110 个、农民合作社 4292 家、家庭农场 2080 家。“三品一标”认证数量达到 1608 个。工业加快转型升级。全市完成工业技改投资 1550 亿元，高新技术产业、新兴产业占比分别提高 1.6 个和 2.1 个百分点，规模以上工业利税、利润分别增长 10.1% 和 9.2%。市内新增科技孵化器 20 万平方米、省级以上高新技术企业 123 家。实施国家、省重大科技项目 122 项，获得省以上科技进步奖 8 项，发明专利授权增长 52.8%。福田汽车研究院、通信技术研究院等开工建设。潍柴林德液压国产化、福田汽车一工厂二期及中高档卡车扩能技改工程、盛瑞 8AT 产业化等重大项目顺利实施。国家生物基材料产业化集群获批建设。规模以上工业企业核心业务信息化覆盖面达到 25%。淘汰落后产能任务全面完成。服务业加速发展。已建在建各类总部经济园区 38 个，新引进企事业单位总部（分支机构）410 家。新增各类金融主体 87 家，全市金融存贷款余额分别达到 5536.2 亿元、4450.5 亿元。电子商务交易额达到 1300 亿元、增长 60.5%。文化创意产业增加值突破 200 亿元。5A 级物流企业、五星级国际酒店实现零的突破。服务业增加值达到 1898.5 亿元，占比提高 1.5 个百分点。

*区域发展布局更加优化。*突破滨海保持强劲势头。率先推行“三张清单”“三制三零三全”管理模式，新增配套园区 24.5 平方公里，新开工过亿元项目 108 个，国家住宅产业化基地、通用航空产业园成功落户，14 个县市区工业园一期配套基本完成，滨海区各

项主要经济指标增幅保持20%以上。9个生态小镇规划编制完成。科教创新园区5所院校实现招生，在校师生达到3万人。山东（潍坊）公共实训基地加快建设。提升市区扎实推进。各专项规划基本编制完成，市区财政、规划、城管、环保等管理体制改革已经到位。"13364"各项任务全面展开，落实重点项目161个。市区老旧小区改造、中小学幼儿园建设计划启动实施，开工建设中小学校81所，竣工45所。5个老旧小区改造提升工程惠及群众5000户。重点片区（园区）加快建设，中国食品谷完成投资15.1亿元，食品总部基地等重点项目加快建设运营，一批新的重点项目签约入驻。潍坊总部基地完成规划设计和工商注册。测绘地理信息产业基地"一中心、两园区"基本建成。两河开发顺利启动。总体规划和6个专项规划编制完成，"两河"防洪工程列入国家规划。开工建设产业项目344个。4个县市入围全国"百强县"，16个镇入选全国重点镇，建成新型农村社区147个。全市城镇化率达到53.6%，提高1.8个百分点。重大基础设施建设实现新突破。潍坊港2万吨级码头建成投用，万吨级集装箱船实现靠泊。鲁辽陆海货滚甩挂运输大通道成功首航。潍日高速滨海连接线开工建设，潍县路改造工程具备通车条件。济青高铁市域线路及站点优化对接。潍坊机场运送旅客超过39万人次，同比增长194%；货邮吞吐量突破2万吨，机场迁建新址确定。

改革开放深入推进。在全省率先建立政府部门权力清单和服务清单制度，市级权力事项由8523项压减到3123项。工商注册便利化改革成效显著，新登记市场主体、注册资本分别增长42%和110%。市级公共资源交易平台成功运行。农村土地承包经营权确权登记颁证、农村集体资产改制基本完成。齐鲁农村产权交易中心投入运营，东亚畜牧产品交易平台获准筹备。规模10亿元的市再担保公司注册运行，全市注册基金总规模达到115.6亿元。新增上市公司1家、"新三板"和齐鲁股权交易中心挂牌企业25家。完成进出口总额177.8亿美元，跃居全省第四位。实际到账外资9亿美元。我市成为国家境外活体畜牧产品进口重要口岸。市综合保税区加快复制上海自贸区政策，北区建设及跨境电子商务申报工作顺利开展。"走出去"取得新进展，境外研发机构达到22处，10家企业在境外建立能源资源基地。成功举办了鲁台会、风筝会和第四届中国画节等重要展会。

生态环境持续改善。坚持铁腕治污、刚性减排，加快建设生态美丽潍坊。"三八六"（2013年9月4日，潍坊市委、市政府印发《关于实施"三八六"环保行动加快生态美丽潍坊建设的意见》。三是指"实现三个目标"，八是指"打响八大战役"，六是指"强化六项保障"）环保行动扎实推进。508个重点减排工程投入运行。关停环保不达标企业308家、生产线29条，新淘汰20吨以下燃煤锅炉66台，PM2.5浓度同比改善18.9%，"蓝天白云、繁星闪烁"天数达到204天，列全省第五位。主要污染物减排完成省定任务。全市公共自行车规模达到4.98万辆、年周转量6000万人次。"211绿色低碳建筑行动"开工项目45个，完成建筑面积450万平方米。城乡环卫一体化经验在全省推广。节地、节水、节能工作扎实开展，环境能源交易中心建成运营。国家森林城市创建工作全面启动。

民生和社会事业全面发展。25件民生实事全面完成，民生支出占一般公共预算支出的比重达到60.1%。推动创业带动就业。建成市级以上创业孵化基地18处、面积达到217万平方米。潍坊创业大学正式开学。全市发放创业小额担保贷款11.4亿元，落实贴息资金6000万元，带动就业3.7万人。城乡就业连续11年实现"双十万"。惠及472万居民的基本养老保险制度调整完善，城乡一体的居民医保制度全面建立，有量化标准的民生保障项目全部达到或高于省均水平。省定保障房建设任务提前完成。改造提升城乡中小学校舍164万平方米。基础教育综合改革经验在全省推广。基层中医药服务能力提升工程、"云医院"建设试点正式启动，心理健康服务体系率先建立。文化事业繁荣发展，创建为全国未成年人思想道德建设先进城市和全省首批公共文化服务示范区。"单独两孩"政策全面落实，人口自然增长率控制在6.37‰。安全生产、食品药品安全监管和金融风险防控体系更加健全。综治维稳和社会治安管理进一步加强，群众安全感测评继续保持全省前列。双拥共建、国防动员和民兵预备役建设经验被济南军区推广。对口支援、扶贫开发、民族宗教等工作取得新成绩。成功创建为全国文明城市，实现了潍坊多年的夙愿。

政府自身建设进一步加强。扎实开展党的群众路线教育实践活动，"四风"突出问题得到有效整治，各类会议、文件大幅减少，市直部门单位公用经费继续压缩。新一轮市、县政府机构改革顺利完成，政务信息公开、电子政务工作进一步加强。严格执行市人大及其常委会决议决定，自觉把民主政治协商纳入决策程序，主动听取社会各界意见。共办理人大代表建议151件、政协委员提案294件。推行政府重要文件、合同合法性合理性审查，政府智库、法律顾问制度已经建立。党风廉政建设与反腐败工作主体责任和监督责任进一步落实，行政监察和审计监督进一步加强，全市纪检监察机关共立查案件2406件，给予党纪政纪处分2264人。

各位代表，在宏观经济下行、各种矛盾错综复杂的形势下，这些成绩来之不易。这是省委、省政府和中共潍坊市委坚强领导的结果，是市人大、市政协和社会各界同心同德、有效监督的结果，是全市上下、驻潍部队和武警官兵团结奋斗、开拓进取的结果，也是广大港澳台同胞、海外侨胞、国际友人、在外潍坊籍乡亲关心支持的结果。在此，谨代表市政府表示衷心感谢！

各位代表，我们也清醒地看到，全市经济社会发展仍然存在不少矛盾与问题。宏观经济下行压力加大，企业经营成本持续上升，部分企业经营困难。

产业结构不合理，高端产业、高效益企业、高附加值产品占比不高。创新创业能力不够强，国际化水平不够高，经济发展的内生动力不足。财政收支矛盾突出，一些领域存在潜在风险。节能减排、环境保护压力大，安全生产基层基础仍然薄弱。城乡居民收入增长不够快，社会保障等基本公共服务供给水平还不够高。政府职能转变还没有到位，法治政府建设任务繁重。部分公务人员法治意识不强，转变作风成果还不牢固。个别部门、单位仍然存在设租寻租和利益输送行为，反腐败斗争形势仍然严峻。加快适应新常态成为摆在各级政府和工作人员面前的新课题。对这些问题，将采取措施，认真加以解决。

## 2015 年工作总体要求和目标任务

今年是全面深化改革的关键之年，是全面推进依法治国的开局之年，也是全面完成“十二五”规划的收官之年。做好今年的政府工作，要全面贯彻党的十八大、十八届三中、四中全会精神和省委、省政府决策部署，以习近平总书记系列重要讲话精神为指引，按照“走在前列、起好带头作用”的总体要求和“四个深入推进”的指导意见，自觉在全国、全省大局中定位，主动适应新常态，坚持稳中求进工作总基调，以提高发展质量、效益为中心，统筹“四一三”战略重点和战略布局，加大转调力度，强化创新驱动，着力改革攻坚，加强民生保障，努力在新起点上开创各项工作新局面。

全市经济社会发展主要预期目标是：地区生产总值增长 8.5% 左右；一般公共预算收入增长 9.5% 左右；社会消费品零售总额增长 12.5% 左右；固定资产投资增长 15% 左右；外贸进出口总额增长 6% 左右；城乡居民人均可支配收入分别增长 9% 和 10% 左右；城镇登记失业率控制在 3.8% 以内；人口自然增长率控制在 9.5‰以内；居民消费价格涨幅控制在 3% 左右。全面完成上级下达的节能减排任务。这是综合考虑各方面因素，结合潍坊实际提出的，需要经过艰苦努力才能完成。

各位代表，做好今年工作，必须把“走在前列、起好带头作用”作为各项工作的立足点；把调整结构作为稳中求进的平衡点；把推进产业升级作为创新驱动的着力点；把优化营商环境作为改革开放的突破点。既勇于应对挑战，又善于抢抓机遇；既直面困难，又坚定信心；既重法治、守规矩，又勇于创新、敢于担当，始终保持昂扬向上的精神状态，抢占新一轮发展制高点，努力实现更高层次新发展。重点做好以下工作：

（一）保持经济稳定增长。把稳增长作为今年工作的首要任务，强化投资、消费、出口均衡拉动，确保全市经济持续稳定增长。发挥投资的关键作用。认真贯彻积极的财政政策和稳健的货币政策，统筹调结构、稳增长，着力增加投量、优化投向、加快投速、强化投效。实施好“六大工程包”，重点抓好总投资 900 亿元的十大重点工程、总投资 2000 亿元的 100 个重点项目，确保完成固定资产投资 4350 亿元。引导资金重点投向社会民生、节能环保、现代产业等重点领域，推进内涵效益型投资增长。以法治理念、创新思维破解项目审批慢、落地难瓶颈，提升投资效能。广开融资渠道，用足用活中央、省、市等政府投资，引导扩大外来投资，拓展市场融资，鼓励企业增资，增加社会融资总规模。强化消费的基础作用。抢抓消费转型升级机遇，多措并举促进大众消费，打造多点支撑的消费增长格局。落实收入分配制度改革各项措施，完善最低工资调整机制，稳步提高社会保障水平，增加社会消费能力。实施健康养老、信息消费等“六大领域消费工程”，加快培育消费新热点。推进内贸转型升级，建好公益性农产品批发市场，打造中心城区 16 条特色商业街和 23 个便民市场，大力发展高端连锁经营，规划建设乡镇多功能商贸中心。实施信息基础设施提升计划，中心城区重点公共场所 3 年内实现免费无线信号全覆盖。实施商务诚信建设行动计划，加大消费维权力度。稳定扩大出口。实施境外拓展计划，巩固传统市场、开拓新兴市场，确保全市出口额增长 5% 左右。保持经济稳定增长，归根到底要保障企业健康运行。强化经济发展以企业为本的理念，既重视发挥市场在资源配置中的决定性作用，又注重更好发挥政府作用，共同促进企业健康发展。分层次建立企业需求动态数据库，密切关注企业整体运行状况，研究破解企业“三难三贵”等共性问题的具体措施，增强企业生存发展能力。对标国内一流和国际规则，实施“营商环境优化工程”，营造各类市场主体生生不息、竞相发展的良好环境。全面落实促进民营经济创新发展意见，推动民营经济大发展、大繁荣，为稳增长提供支撑。优化政策机制，促进“个转企、小升规、规改股、股上市”，推动各类市场主体上档升级。

（二）推进产业转型升级。深入实施农业转调创、传统产业改造、新兴产业培育、服务业提速“四项工程”，按照“腾笼换鸟、凤凰涅槃”要求，以提高人均劳动生产率和投入产出率为核心，继续邀请专业机构对重点产业进行诊断咨询，逐一“敲开核桃”，一行业一对策，在更高层次上明确发展方向、工作重点，加快把特色产业做亮、传统产业做强、新兴产业做大，构建现代产业体系。

发展现代农业。农业是百业之基，也是我市的优势产业。潍坊农业最有条件“走在前列、起好带头作用”。要紧紧围绕“三个导向”，用好国家现代农业综合改革试点、全国供销社综合改革试点、全国农业国际合作示范区三块“金字招牌”，深化改革，加快转调创，力争在全省、全国率先走出产出高效、产品安全、资源节约、环境友好的现代农业发展路子。毫不放松抓好粮食生产。加快构建现代农业生产经营体系，大力发展农业龙头企业，提升规模化经营、标准化生产、企业化运营、社会化服务水平。进一步完善农产品质量监管体系，更加严格管理投入品，推行强制性例行速检，加快建立全程可追溯、互联互享的食品安全信息平台，创建国家农产品质量安全区。实施“五位一体”品牌农业发展战略，打造农业品牌强市。强化科技、人才、金融支撑，争创国家级农业高新技术开发区和农村合作金融创新发展示范市。实施农业良种化工程、农业新技术推广计划，推广土壤改良等“六项”新技术。实施农业节水改造等水利工程，加快建设现代水利示范市。

做优传统产业。机械装备、汽车制造、石化盐化、纺织服装、食品加工、造纸包装是我市的传统优势产业，也是我市产业转型升级的基础产业。充分发挥市场的决定性作用，同时更好发挥政府作用，促进传统优势产业转型升级、做优做强。改造提升一批。实施“两化融合”计划，加快建设工业 4.0 产业园等产业转型平台，重点组织 100 家企业示范引领，1000 家企业启动实施，建设一批智能工厂。实施“互联网 +”行动计划，促进云计算、大数据、物联网等新技术新业态与产业深度融合，推动制造产业智能化、智能制造产业化。实施制造服务化推进计划，重点抓好 100 个示范项目、促进 100 家企业启动实施、100 家企业编制完成计划、系统培训 1000 名企业主管。实施优势产业提升计划，在更宽视野寻标对标，一行业一对策，一企业一计划，重点实施好 1000 个技改项目，促进产品升级、技术工艺更新、营销模式创新、产业链做优做强。加快实施林德液压国产化、福田汽车一工厂二期、盛瑞 8AT 产业化、生物基材料集群化等重大项目，扶持、引进一批新型业态、重点企业、关键技术，推动主导产品向终高端、绿色低碳、智能、进口替代和品牌产品延伸。推动一批优势产业、一批优势企业和一批名牌产品，瞄准国际先进标准，打造一批有国际竞争力的产业基地、知名企业和国际品牌。优化重组一批。运用市场机制，引导企业重组、联合、参股、并购和国际合作，支持骨干龙头企业组建产业集团和产业联盟，加速产业链垂直整合、金融教育科技等资源优化配置。有序转移一批。支持过剩、低效产能向低成本地区有序转移；支持有市场前景、能达标排放的企业和产业在有条件的镇、村布局产业园。实施新一轮退城进园计划，加速中心城区及周边部分企业有序转移、转型升级。依法淘汰一批。落实国家、省下达淘汰落后、过剩产能任务。完善分区域逐步加严的产业、环境标准，倒逼淘汰一批“两高一低”产能，加速产业更新。

做大新兴产业。突出电子信息、海洋动力装备、节能环保、生物医药、智能装备、新能源汽车等重点产业，加快膨胀规模，增强竞争力。年内，新兴产业占比再提高 2 个百分点以上。强化龙头带动。培育引进、优化重组并重，加速行业龙头企业进入全省一流、全国先进行列。做特做强园区。按主导产业规划布局特色园区，促进产业聚集发展。重点抓好光电、生物医药、通用航空等 10 个新兴产业园区建设。鼓励龙头企业、各类基金领办创办特色产业园区。强化项目支撑。逐个产业集中谋划实施一批重大项目，集中抓好智能无线音响、工业机器人等 127 个总投资 1020 亿元的新兴产业项目。加大支持力度。全面落实各项政策，进一步充实现代产业基金规模，优先保障要素供给，加强与国内外知名企业和基金战略合作，新组建一批产业基金。突破关键技术。坚持行业主导、企业主体、政府扶持，突破一批行业关键技术。重点抓好可穿戴式电子产品、智能测控装置等关键技术。

做强服务业。抢抓社会消费转型升级、生产性服务业突破发展新机遇，推动服务业发展提速、层次提升、占比提高。突出发展现代服务业。坚持不懈抓好总部经济、创意设计、现代金融、信息消费、电子商务、休闲旅游等重点服务业，逐一完善规划，落实工作计划，突破关键环节，促进加速发展。拓展发展领域。坚持问题导向，抓住党委政府关注、人民群众期盼、社会有关方面期待的领域，加强引导，加大投入，加快培育产业。加快发展现代教育、医疗健康、养生养老等“十大民生产业”，大力发展个性、绿色、人文、便利化高端服务业。推进三次产业融合发展。出台促进生产性服务业发展意见，促进生产性服务业跨越发展。农业服务业，大力发展苗木繁育、种子研发等“十类”新型服务业。制造服务业，引导有条件的企业，设立专门机构，制订专项政策，吸纳专业人才，实施专项计划，发展个性化定制、整体解决方案、融资租赁、再制造等新兴服务业。推动经济文化融合发展，挖掘我市丰厚的文化遗产，推动文化资源产品化、文化产品创意化、创意产品产业化、文化产业集群化，打造新的产业亮点。重点规划建设好 10 个市级现代服务业集聚区、50 个特色园区。

完善促进产业转型升级的体制机制。完善主体功能区域规划管理和产业标准管理，定期更新产业标准、产品目录和负面清单，形成分区域、分行业逐步加严的产业标准。大力发展资本市场，引导企业上市、挂牌及开展私募股权交易，依靠市场实现要素优化重组、上档升级。探索建立与结构调整相适应的要素保障、生态管理、政策支持、政务服务措施，激发企业转调内在动力。探索教育、人才、科技、金融与产业融合发展的体制机制，加快发展动力转型。大力培育有世界眼光、现代意识、创业精神，敢担当、有办法的现代企业家队伍。

**（三）大力实施创新创业战略。**更大力度推进创新、鼓励创业，加快形成大众创业、万众创新的局面，打造国内一流的创新城市、创业城市。

强化创新驱动。坚持市场导向和产业化方向，坚持企业主体地位和市场决定性作用，推动以科技创新为核心的全面创新。加速成熟科技成果产业化步伐。对全市科技创新需求进行调查摸底，建立成熟科技成果项目库和重点项目会商推进机制，有限资源要素优先保障成熟科技成果产业化。建立重大科技成果转化联系人制度。深入推进科技合作。引导企业在全球范围内优化配置科技资源。加密组织企业与重点院所对接活动，探索建立产学研及各类基金常态化对接机制，深化与重点国家（地区）产学研合作。支持有条件的企业建设海外研发、孵化、技术转移中心。支持潍坊路演中心做大做强。规划建设好创新平台。支持市高新区加速对接国际规则，创新体制机制，打造全市创新高地。加快市科教创新园区建设步伐。促进清华、西安交大、中科院等技术转移中心运营，东北大学、山东理工大学、山东通信院、福田汽车等在潍研发机构加快建设，发挥好现有省级以上院士工作站等平台作用，再定向引进一批境内外知名院所或分支机构、发展一批新的合作平台。深化孵化器提升工程。开展孵化器转型试点。新发展科技孵化器10个以上、面积不低于30万平方米。加快建设市科技孵化中心。规划建设市科技型中小企业产业园和科技中介组织聚集区。强化企业主体作用。支持各类企业建立研发机构，加大科技投入，开展科技攻关。支持潍柴动力创建国家重点实验室、天瑞重工等企业建设省级示范工程技术研究中心。大力培育高新技术企业，加大对创新型小微企业扶持力度，高新技术产业占比再提高2个百分点左右。大力推动科技体制机制创新。深化科技成果产权制度、收益分配制度改革，让科研人员合法取得更多权益。更加严格保护知识产权，依法保护知识创造价值。加速科技成果市场化改革，高标准建设科技市场，让市场主体以投资的理念选择、评价、转化科技成果。大力发展风险投资等创新金融。市财政再安排2亿元充实市创新基金。

促进大众创业。把促进创业作为富民强市的战略举措，让一切创业的源泉充分涌流。加大政策支持。设立1亿元的创业带动就业扶持资金，年内小额担保贷款达到11亿元以上，带动就业3万人以上。培养中、高级创业培训师100人以上，培训各类创业人员2万人以上。拓展创业大学功能，探索建立“创业大学＋教学点＋实训基地”的创业培训模式。鼓励驻潍高校、职业学校实行“双训制”。搭建创业平台。鼓励支持各部门、驻潍各高校、境内外专业机构创办领办孵化器，鼓励支持存量房地产转办、合办孵化器。年内再新建成各类创业载体100个。建立孵化器认定、绩效管理和定期评估制度，探索推行孵化器公司化运营、专业化服务模式。优化创业环境。建立市创新创业促进联席会议制度，市政府每年至少专题研究一次创新创业工作，协调解决关键问题。设立服务“绿色通道”，完善项目库，开设服务网站、服务热线和新闻专栏。动员支持更多的在潍大学生和各类人才踊跃创新创业、更多的潍坊籍人才回乡创新创业、更多的海外人才来潍创新创业。设立“政府创新创业奖”，表彰一批“创新创业之星”。

加强人才队伍建设。更大力度实施人才强市战略。完善全市人才发展规划及行业、区域人才发展专项计划，统筹党政机关、经营管理、技术研发、中介服务等各类人才。鼓励各行业培育和引进行业领军人才（团队）。规划建设高端人才社区、专家公寓，配套建设国际学校，设立人才服务中心，为高端人才提供“保姆式”服务。创新人才评价、甄别、奖励机制，让有真才实学、突出贡献的人才得到丰厚回报，甚至“一朝即富”。

**（四）深入推进重点领域改革。** 抓住影响全市科学发展的关键问题、制约转型升级的突出矛盾以及群众反映强烈的民生诉求，积极探索，破解难题。着力激发市场主体活力。落实已出台各项改革措施，继续深化行政审批制度改革，推进“减、压、转、放、免”，年内再下放一批市级行政审批事项。探索实行非生产类工程项目部分环节审批承诺制。推进商事制度改革。启动市级公共信用信息平台建设。深化国有独资和控股公司改革。继续推进民营企业公司化改造。完成市级生产经营类事业单位“事改企”。深入推进公共资源配置市场化改革。深化农村改革。扎实开展现代农业综合改革、供销合作社改革、农村合作金融改革试点。推动齐鲁农村产权交易中心规范化运行。探索建立财政转移支付、建设用地增加规模与农业转移人口市民化挂钩机制。进一步理顺收入分配关系。改革机关事业单位工资制度、养老保险制度。扎实推进新一轮财税体制改革，完善全口径政府预算体系，探索加强预算绩效管理的科学机制，全面推行预算公开。进一步完善政府各类引导基金规范管理运行办法。完成公务用车制度改革。深化投融资体制改革。减少和取消财政对竞争性行业的直接补助，大力推行政府与社会资本合作（PPP）等市场化支持方式。在公用事业领域推出一批项目向社会资本开放。全面落实“金创33条”，大力发展互联网金融，加快构建区域资本中心。引导支持企业加大直接融资比重，新增上市、挂牌企业15家以上，债券融资80亿元以上。加快建设“基金谷”。高标准规划建设文化艺术金融融合发展试验区。推进社会领域改革。深化中小学管理体制改革，开展学校自主办学试点。推动智慧教育发展。建设国家特殊教育改革实验区。制定深化医疗卫生改革指导意见，开展医疗卫生服务综合改革和“云医院”建设试点。探索成立医疗卫生服务集团，发展医疗联合体，健全促进分级诊疗政策机制。鼓励民营医疗机构加快发展和境外优质医疗机构合作办医，落实医师多点执业配套措施。

**（五）全面提升开放发展水平。** 实施新一轮开放计划，综合运用国际国内两个市场、两种资源、两类规则，推动更高水平引进来，更大规模走出去。深度对接国家战略。主动融入国家“一带一路”、互联互通和中韩、中澳自贸区建设，办好中（日）韩产业博览会，规划建设好中外产业合作园区。依托东亚畜牧产品交易平台，规划建设国际畜牧产业园、中国—东盟国际食品贸易港。构建全方位开放格局。启动国际化五年计划，完善城市开放基础设施和双语标识，逐步建立与国际接轨的公共服务体系。促进各类开发区转型发展，依托市综合保税区加快复制上海自贸区制度创新成果，综合保税区北区年内达到验收条件。积极参与省电子口岸建设。加快推进外经贸“五个转变”。加快建设服务全市的跨境电商综合服务平台，扶持

1000家企业向跨境电商延伸。依托骨干企业境外机构，设立潍坊境外产品营销中心，探索建设潍坊城。实施服务外包产业发展规划，争创国家服务外包示范城市。落实鼓励进口政策，扩大资源能源性产品、先进技术设备和关键零部件进口，支持增加原油、燃料油自营进口。支持企业开展跨国投资并购、资源能源开发、优势产能转移和国际研发合作。加快招商转型。着力推进环境招商、产业链定向招商、专业招商。分行业建立专业招商队伍，与境内外专业招商代理机构、基金公司开展战略合作，推进招商专业化；建立招才引智、招院引所、招商引资并重，产业招商与其他各领域招商并举的工作格局，促进全方位开放。制定重点招商目录和定向拜访计划，集中引进一批世界500强、大型央企民企、知名院所、领军人才（团队）、关键技术和行业龙头企业。认真抓好全国知名民营企业入鲁助推转调创等签约项目的落实。

（六）统筹城乡区域协调发展。深入实施重点区域发展战略，切实做好“整合、提升、创新”文章，提升区域统筹发展水平。突破滨海，着眼发展海洋经济、支撑和引领全市转型发展，统筹规划制定实施、统筹生态环保、统筹基础设施建设、统筹产业布局，加快建设港口经济区、海洋科技大学园、海洋动力机械装备产业园、绿色化工产业园、中外产业园、旅游度假区、中央商务区、羊口生物基新材料示范基地、下营科技兴海示范园等九个特色园区，在更高层次、更高水平上加快建设滨海海洋经济新区。突出抓好通用航空产业园、潍柴中速机、华创机器人、华春医药、石大昌盛等重点产业项目，加快建设未来大厦、在水一方、湖光山舍等城市配套项目。提升市区，以增强中心城区首位度为根本，按照“13364”整体布局，实施产业提升计划，拉开“两廊两核四区多园”产业发展格局，突出抓好光电产业园、中国食品谷、总部基地等重点片区（园区）开发建设。抓好一批示范楼宇，引导房地产业转型发展。实施功能品质提升计划。以增强“六项功能”为目标，抓好中小学建设改造、“四通一治”、智慧潍坊建设等“七项工程”，让城市功能更完善、市民生活更便利。实施城市活力提升计划。继续深化城市管理体制改革，完善城市更新发展机制，集中布局创新创业资源，实施中心城市国际化示范工程，增强城市发展内生动力。深入开展“主题”活动，动员各级各部门、各行各业和广大市民共同参与、共建共享美好家园。实施城市品牌营销计划，构建立体营销网络，加大城市品牌宣传推介力度，提升城市美誉度。开发两河，加快河流水系生态建设，推动城镇化与农业现代化良性互动、经济发展与生态保护相得益彰。规划建设一批新型农村社区和特色园区，打造两河开发新亮点。鼓励城市资本参与城镇和新农村建设。深化扩权强镇改革，培育一批小城市，精心打造一批特色镇，全市城镇化率再提高2个百分点左右。加快重大基础设施建设。潍坊港实现3.5万吨级船舶通航。组建潍坊港集团，加快建设临港经济区。鲁辽陆海货滚甩挂运输大通道正式运营。机场实现临时对外开放，机场迁建完成预可研报告评审。潍日高速滨海连接线加快建设。开工建设疏港铁路。做好济青高铁和青银高速改扩建开工各项工作。启动城市地铁前期工作。加快推进“特高压入潍”工程。规划建设输气新管线、大型LNG调峰储配站等供气设施。完成引黄入白、引黄入峡调水工程，启动峡山水库增容工程。

（七）持续加大生态治理和保护力度。以对群众和子孙后代高度负责的精神，做好生态治理、环境保护各项工作，全面完成省政府下达的减排刚性目标和“三八六”环保行动预定目标，加快建设生态美丽潍坊。消灭污水直排。完善污水处理和管网配套建设，实现城区及重点镇区污水全部收集处理、城区再生水全部回用。实施河道治理和生态湿地建设工程。完成潍河、弥河等17条河流河道生态湿地修复、建设。减少大气扬尘。严控煤炭消耗总量，全社会煤炭消费总量控制在2010年水平，煤炭在一次能源中占比降到55%以内。拆除改造“禁燃区”内20吨及以下燃煤锅炉，进一步扩大市区“禁燃区”范围。整合供热市场，加大工业余热利用力度。全面落实城区扬尘污染防控主体责任，推进多领域气化改造。城市建成区外延5公里范围内预拌商品混凝土企业全部完成搬迁或密闭改造，确保颗粒物指标明显下降。整治空气异味。淘汰一批、搬迁一批、改造提升一批污染企业。全面治理挥发性有机物，深化废气综合整治，重点部位全部安装烟气自动在线监控设施。对各类超标排污行为实行“零容忍”。推行测土配方施肥和绿色控害技术，加强畜禽养殖污染治理，推动城乡环卫一体化镇村全覆盖，加大农业面源污染治理力度。开展城市能源管理。实施绿色建筑、可再生资源利用等9项工程，扎实推进中美低碳生态城市、国家循环经济示范城市试点。加快编制实施南部山区综合规划，建立南部水源涵养区、中部湿地保育区和北部平原水网生态区三大水生态功能区。扎实推进国家森林城市创建。完善集约节约用地机制。试行居民生活用水、产业用水阶梯价格制度，建立全社会节水体系。

（八）促进民生改善和各项社会事业发展。始终把保障和改善民生作为政府工作的出发点和落脚点，财政再紧张，也要谋划好事关群众长远利益的大事，解决好群众生产生活中的难事，办好群众日常生活离不开的小事，继续办好一批民生实事（附后），确保民生支出占比再提高1个百分点以上。大力促进就业。把促进就业摆到经济社会发展优先位置，制定就业促进政策，完善就业援助制度，设立就业特殊贡献奖。突出做好以高校毕业生为重点的青年和农民工就业，启动农民工“三项行动计划”，确保新增城镇就业、农村劳动力转移就业各10万人。提升保障水平。按照保基本、兜底线、促公平的要求，统筹财政、社会和居民个人，织密织牢民生保障网。

加大扶贫开发力度，大力开展精准扶贫，减少贫困人口。研究综合措施，提升特困家庭保障水平。城乡居民基础养老金最低标准由每人每月75元提高到85元，医保财政补助标准由每人每年320元提高到380元。企业退休人员基本养老金再提高10%左右。低保重度残疾人救助标准由每人每月50元提高到80元。加强社会救助体系建设，进一步提高城乡低保、农村五保、临时救助标准和比例。新开工建设各类保障性住房3500套，改造棚户区1.4万套。探索将农民工和灵活就业人员纳入住房公积金制度覆盖范围。办好人民满意的教育。全市新改扩建中小学205所，加快解决好大班额问题；全市新改扩建标准化幼儿园100所。推广普及已有教育改革成果，及早解决师资力量不足、分布不均衡问题。大力发展民办教育，鼓励优质教育资源集团化办学、品牌化发展。支持各类社会主体参与、领办、合办职业教育；大力发展高等教育，支持市内各高校创新体制机制，开展国际国内合作；加大引入国内外知名高校、研究生院工作力度。加快发展公共医疗卫生、体育事业和健康产业。支持市内重点医疗机构改扩建，加大境内外优质医疗资源引进力度。完善社区卫生服务网络，构建“10分钟医疗服务圈”和“5分钟急救圈”。落实全市健康产业发展规划，打造健康产业集聚区。搞好养老服务业综合改革试点，加快社会化养老服务体系建设。建设全民健身服务体系，培育发展体育产业。办好“两项国际足球赛事”。繁荣发展文化事业和文化产业。经济社会越发展，文化的支撑引领作用越凸显。充分挖掘我市丰富文化资源，繁荣文化事业，做强文化产业。积极培育和践行社会主义核心价值观。深化潍坊历史文化研究，大力传承、弘扬潍坊优秀传统文化，培育新时代潍坊精神。深入实施文化惠民工程，加快建设现代公共文化服务体系。按照“立得住、传播得开”的要求，实施好文化精品工程、“潍水记忆”工程，打造“潍水文化”品牌。大力实施文化产业提升工程和重点项目带动战略，抓好192个重点文化产业项目，加大新型文化业态、文化品牌培育引进力度，提升世界风筝都、中国画都等文化品牌影响力。提升社会治理水平。全面落实市委推进依法治市实施意见，加快社会治理体系和治理能力现代化步伐。实施全民普法依法治市规划，推动全社会学法尊法守法用法，崇尚法治、厉行法治。完善群众自我管理、自我教育、自我服务机制，全面强化基层民主自治。鼓励发展社会组织。加快建立统一的社会信用体系。依法全面落实安全生产监管责任、主体责任和各项工作措施，扎实推进安全生产标准化规范化建设，提升全社会安全发展能力。完善各类社会风险预警防范和处置机制，确保不发生区域性系统性风险。开展“食安潍坊”品牌引领和“399”专项整治行动，创建国家食品安全城市。扎实推进平安潍坊建设，加强社会治安综合治理，完善立体化治安防控体系。强化全社会防灾减灾意识，健全完善防灾减灾体系。深入开展双拥共建，加强国防动员和国防后备力量建设，推进军地融合发展。

同时，今年要集中全社会的智慧，精心编制好全市“十三五”发展规划。

## 全面建设法治政府

出台法治政府建设规划纲要，将法治建设贯穿于经济社会发展全过程和政府建设各方面，加快建设职能科学、权责法定、执法严明、公开公正、廉洁高效、守法诚信的法治政府。

**严格依法履行职能。**政府各部门和广大公务人员要带头尊法学法守法用法，运用法治思维和法治方式推进工作。推行政府权力清单、责任清单、市场准入负面清单制度，明确政府权力边界。坚持法定职责必须为、法无授权不可为，对法定职责范围内的事情，要勇于负责、敢于担当，以踏石留印、抓铁有痕的精神抓好落实。对不作为、乱作为以及各种失职、渎职行为，要依法依规予以查究。加快建立行政权力运行、公开、监督、监察平台，让权力在阳光下运行。继续推进简政放权，全面推行行政审批规范化、便利化。建设投资项目在线审批监管平台，确保审批再提速20%以上。

**健全依法决策机制。**完善重大行政决策程序规则，严格执行公众参与、专家论证、风险评估、合法性审查、集体讨论决定等法定程序，建立重大决策第三方参与听证制度。完善政府智库、法律顾问参与决策机制，加快筹建市科学发展研究院。建立重大行政决策终身责任追究制和责任倒查机制。完善行政决策落实情况监督、评估制度。

**深化行政执法体制改革。**减少层次，提高效率，科学划分执法权限，合理配置执法力量。探索实行市、区一个层级执法。充实和加强县、镇执法力量。探索在县级政府设立统一的综合行政执法机构。建立行政执法机关与公检法机关信息共享、案情通报、案件移送制度，实现行政处罚和刑事司法无缝衔接。

**严格公正文明执法。**开展“行政执法规范年”活动。完善行政执法行为裁量标准和操作流程，严格执行执法全程记录、涉企检查网上报备制度。严格实行执法资格管理制度。严格落实行政执法责任制和责任追究机制。严厉查处重点执法领域违纪违法案件。

**强化权力监督制约。**认真落实市人大及其常委会决议决定，自觉接受人大依法监督和政协民主监督，主动听取民主党派、人民团体和社会各界意见建议，自觉接受司法监督、新闻舆论监督和社会公众监督。强化监察、审计监督和政府内部层级监督，健全行政执法监督机制。

**加大反腐倡廉力度。**严格落实党风廉政建设主体责任和监督责任，认真遵守政治纪律和政治规矩，深入贯彻中央八项规定精神和省、市具体规定，巩固、拓展群众路线教育实践活动成果，持之以恒反“四风”、改作风。进一步增强过“紧日子”思想，所有公务人员和一切公务活动都要厉行节约、杜绝浪费。市直部门公用经费预算再压减5%。坚持有腐必反、有贪必肃，坚决查处各种腐败行为和腐败分子。

各位代表，新常态，新挑战，新机

遇。让我们紧密团结在以习近平同志为总书记的党中央周围，在省委、省政府和市委的坚强领导下，同心协力，改革创新，扎实奋斗，全面完成今年经济社会发展和“十二五”规划各项目标任务，为建设富裕文明新潍坊打下更加坚实的基础！

附：

## 2015年潍坊市30件民生实事

### 1. 改善城区空气质量

（1）拆改中心城区10吨以上、20吨以下燃煤锅炉11台，全部完成中心城区禁燃区范围内20吨以下燃煤锅炉拆改任务。

（2）对中心城区2万辆黄标车实施淘汰或“黄改绿”，年内全市基本淘汰2005年以前注册登记的黄标车。

### 2. 保障供水安全

（3）建成引黄入峡、引黄入白工程并通水，从根本上解决峡山水库、白浪河水库供水区（中心城区、峡山区、滨海区、寿光市、高密市、昌邑市、昌乐县）水资源严重短缺问题。

### 3. 支持创业就业

（4）建成运营中国潍坊国际人才创业孵化中心、山东半岛大学生创业孵化中心、潍坊电子商务产业孵化器和潍坊中介服务产业创业孵化器，支持重点人群创新创业。

（5）开展“新农村新生活”培训活动，完成培训2000场（其中中心城区1000场），每场补助1000元，受益群众20万人以上；继续实施巾帼家政服务员5年（2014–2018）培训计划，对3000名（其中中心城区1000名）经家政服务机构培训并取得中高级资格的家政服务员，按每人1000元标准给予补助。

### 4. 提升社会保障水平

（6）城乡居民基本医疗保险财政补助标准由每人每年320元提高到380元。

（7）城乡居民基础养老金最低标准由每人每月75元提高到85元。

（8）企业退休人员基本养老金提高10%左右。

（9）低保重度残疾人救助标准由每人每月50元提高到80元。

（10）继续实施民生综合保险工程，2年内实现全市城乡居民全覆盖。

### 5. 改善办学条件

（11）实施市区34所重点中小学建设提升工程，进一步缓解“大班额、入学难”问题。

（12）实施中小学校食堂改造提升工程，完成120所中小学示范性食堂建设，确保全市每个镇街都建成1处示范性食堂。

（13）高中、中职助学金由生均1500元提高到2000元，特殊学校生均经费由4200元提高到6000元，保障困难学生和特殊学校学生顺利完成学业。

（14）实施平安校车工程，为全市所有中小学校车安装GPS和视频监控系统，保障校车运营安全。

### 6. 提高公共卫生服务质量

（15）建设潍坊妇女儿童健康中心，完成总工程量的30%。

（16）基本公共卫生服务经费财政补助标准由人均35元提高到40元。

（17）对中心城区6万名农村妇女实施“两癌”（宫颈癌、乳腺癌）免费筛查。

（18）对全市约10万名小学二年级在校生免费实施窝沟封闭，有效预防小学生龋齿等口腔疾病；对全市70名0–9岁残疾聋儿免费实施人工耳蜗手术，加快抢救性康复。

（19）完成市县镇村四级心理健康服务体系建设。100%的镇街卫生院和社区卫生服务中心设置心理咨询室；100%的村卫生室和社区卫生服务站设置开展心理健康咨询服务场所，每个场所配备1–2名兼职心理健康咨询服务人员；市级培训心理健康咨询服务人员400名。

### 7. 关爱老年人生活

（20）对全市97处敬老院实施综合改造，确保达到民政部规定的一星级及以上标准。

（21）继续实施“银龄安康”工程，全市60–80周岁老年人投保率达到75%以上。

### 8. 提高便民服务水平

（22）实施中心城区公共交通提升工程，购置清洁能源和新能源公交车400台，开通新线路10条，优化调整线路20条，建设智能公交系统。

（23）完成市县两级网上政务厅建设，方便市民和企业办事。

（24）推进公共区域无线上网服务，中心城区重点公共场所3年内实现免费无线信号（Wi–Fi）全覆盖。

（25）改造提升中心城区13个老旧小区约1万户，5年内整治提升5.6万户、惠及18万人。

（26）完成10万户城市居民用电“一户一表”改造；完成4.6万户农村低电压治理。

（27）新建改造农村公路1300公里。

（28）实施社区功能提升工程，完成140个相对落后社区服务设施改造提升，培训社区工作人员4000人次以上，城市社区工作经费在2014年基础上提高30%，在30个社区开展“四社联动”（社区、社区社会组织、社会工作者、社区志愿者）试点，健全社区服务体系，提高社区服务能力。

（29）新建20处镇公共图书馆。

（30）建成全民健身工程570处。

（市政府办公室）

# 专　　记

Zhuanji

## 中共潍坊市委 关于党的群众路线教育实践活动的 总结报告

根据中央和省委的统一部署，潍坊市第二批党的群众路线教育实践活动从今年2月份正式启动，到10月中旬基本结束。活动开展以来，在省委的正确领导和省委赴潍坊督导组的精心指导下，我们坚持高起点开局、高标准开展、高质量推进，圆满完成了各项目标任务，各级领导班子和广大党员干部作风进一步转变，党群、干群关系进一步密切，为民务实清廉形象进一步树立，基层基础进一步夯实，为全市深化改革、转型发展、稳定和谐提供了有力保证。其间，省委常委、常务副省长孙伟同志先后7次深入潍坊，对重要节点的活动进行调研指导；省委督导组以高度负责的精神履职尽责、严督实导，有力地促进了教育实践活动健康、深入开展。现将有关情况报告如下：

### 一、主要做法

**（一）强化组织领导，着力在分类指导、从严督导上做到位。**各级领导把党的群众路线教育实践活动作为重大政治任务，摆在重要位置，坚持以严的要求、严的措施、严的作风抓好活动的组织推动，做到规定动作不走样、自选动作有特色，确保活动健康发展、有序推进。

一是注重领导带头。始终坚持领导带头、以上率下，一级抓一级、层层抓落实，努力做到示范到位、责任到位。市委先后召开8次常委会、6次领导小组会和3次专题协调会，调度活动情况，部署有关工作。制定《市级领导班子成员切实负起分管责任，联系指导分管部门扎实开展教育实践活动的意见》，明确市委常委每人联系指导1个县市区，并从中确定1个镇（街）作为活动联系点，其他市级领导负责联系指导分管部门，对重要节点的活动进行把关。市、县、镇三级领导干部在村、社区、企业、学校等基层单位建立联系点9372个，示范带动全市面上活动开展。市委书记杜昌文同志活动一开始就率先作出“八个带头”的承诺，先后两次与县市区委书记逐一谈话，12次到联系点调研指导，带头为党员干部上党课，召集征求意见座谈会，主持起草班子对照检查材料，率先亮出问题清单，主动与班子成员谈心交心，严肃认真开展批评和自我批评，切实履行好受教育和抓活动两个主体作用。各级领导干部特别是主要领导同志既带头积极参与、抓好自身，又主动履职尽责，抓好本单位和分管领域的活动组织，形成了上级带头、领导示范、上行下效的工作格局。

二是搞好分类指导。针对第二批教育实践活动面广量大层次多的特点，在统筹推进、压茬进行的同时，注重搞好分类指导，努力使活动更加贴近实际、贴近基层、贴近群众，增强针对性和实效性。在制定下发市委《关于深入开展党的群众路线教育实践活动的实施意见》《关于全市基层党组织开展党的群众路线教育实践活动的实施意见》的基础上，又对村、城市社区、非公有制经济组织和社会组织以及中小学校、医疗卫生单位五个领域、行业党组织分别出台方案，对活动作出具体安排；每个环节伊始，都先后提出工作安排意见，对县市区、镇街以及村、社区等基层党组织关键节点工作分别作出安排，有针对性地提出不同要求。同时，着眼于确保教育实践活动全覆盖，注重搞好党员队伍状况分析，排查出流动党员3764名，理顺党组织关系，全部落实参加活动的党组织。

三是坚持严督实导。各级活动办公室和督导组抓住重点对象、把握重点环节，以扎实有力的督导工作确保教育实践活动高起点、高标准、高质量。首先，配强工作力量。从市直各部门抽调精干人员92人，组建了23个督导组，其中12个督导组与省里成立联合督导组，各督导1个县市区，另外11个督导组负责督导市直部门单位，市县共派出督导组344个，确保督导全覆盖。再是，提升督导能力。制定了《市委督导组工作手册》，明确督导组的工作职责、工作方案、工作制度和纪律要求，健全完善工作情况交流、重大事项报告等制度，在动员会议、第二环节工作部署、对照检查材料审核、“两方案一计划一清单”审核等重要节点前，对督导组人员进行专题培训，使其真正成为活动“明白人”，切实发挥好政策精神的“宣传员”、面上情况的“巡查员”、具体问题的“点评员”和联系指导的“参谋员”等“四大员”作用。第三，确保督导实效。在第一环节，着力解决准备不足仓促启动问题，对“两方案、一讲话”实行“五不报、五不审、五不过”；着力解决急于读完规定书目问题，坚持“原原本本”、“原汁原味”，坚持集中学习时间不缩水、讨论交流不走过场，对集中学习中缺课的领导干部进行补课。在第二环节，重点针对谈话态度不端正、对照检查不深刻、相互批评敷衍了事等问题，及时谈话督促，努力把问题解决在民主生活会前，确保会议高质量。在第三环节，着力克服过关思想和松劲情绪，防止前紧后松，对“两方案一计划一清单”及个人整改措施和问题清单认真审核、严格把关，确保可操作、可监督、可问责；对50项专项整治任务实行项目化管理，成立专门督导班子、建立调度通报制度、设立监督举报电话和网站；对整改不积极、进展缓慢的，及时约谈提醒、督查问责，确保真整真改、取得实效。

四是强化宣传引导。采取编发工作简报、设立专题网页、在主要媒体开设专栏、刊播报道评论等方式，全方位、多层次做好舆论宣传工作，市委活动办共编发工作简报43期，工作专报20期，市级新闻媒体共刊发（播）活动新闻稿件、理论文章、评论员文章1000余篇；各单位利用阅报栏、电子屏幕等载体开展宣传活动，营造了浓厚舆论氛围。中央《活动简报》和省《活动简报》先后10次介绍我市有关做法，省以上媒体64次报道我市活动情况。王乐义作为全国、全省教育实践活动重大典型，王伯祥、崔学选作为全省教育实践活动典型分别作了集中报道。中央媒体采访团来我市调研采访，人民日报、中央电视台等新闻媒体对我市开展的“8+3”专项整治、滨海“三张清单”服务群众、寿光市洛城街道“阳光村务”平台等经验做法进行了重点报道，引起良好反响。

**（二）抓好学习教育，着力在改造思想固本培元上下功夫。**坚持把学习教育、理论武装摆在第一位并贯穿始终，既严格落实中央和省委的规定要求，引导党员干部着重从理论本源上搞清弄懂、真信真用，又注重活化学习形式，使党员干部灵魂上受触动、思想上受警醒，切实解决好“总开关”问题，增强贯彻群众路线的自觉性。

一是抓好集中学习。组织各级深学精研必读书目，读原著、学原文、悟原理，结合实际进行思考和交流，集中学习时间均在5天以上。特别是习近平总书记每次发表重要讲话，都在第一时间组织原原本本学习。进入第二环节，组织各级重点学习中央政治局常委指导联系点专题民主生活会重要讲话精神、兰考和蒙阴县委专题民主生活会情况通报等，做到活动每推进一步、学习就跟进一步，认识就深化一层。市委常委坚持学习在前，先后安排了11次集中学习，并安排专门时间集中进行交流，在相互探讨中深化认识。坚持以评促学，层层召开集中学习讲评会，收到了良好效果。

二是抓好培训辅导。举办专题辅导，市里邀请全国知名专家以电视直播方式举办马克思主义群众观、中共党史、“八项规定”与作风建设专题报告会，组织全市党员收听收看。各级共举办专家辅导会、现场观摩会、观看影片活动等200余场次。组织集中轮训，市一级抓示范，举办了3期基层党组织书记示范培训班和1期县市区骨干师资培训班；县一级抓统筹，重点对农村、社区、“两新”组织、执法执纪、窗口服务单位等领域党组织书记开展分类培训；基层党委抓实施，对基层党员进行轮训。各级党委书记上党课1846次，党员听党课21.8万人；全市各级共培训党组织书记2.4万人、党员55.8万人。

三是抓好典型引路。发挥潍坊革命历史优势，整合利用本地红色资源，各级先后组织到王尽美烈士纪念馆、牛头镇抗日武装起义指挥部旧址、华东保育院等红色教育基地接受革命传统教育达7.9万人次。把学习弘扬焦裕禄精神作为一条红线，与学习身边典型结合起来，集中组织观看以王伯祥为原型的大型现代吕剧《百姓书记》、朱彦夫先进事迹报告会、专题影视片和以我市5名先模人物为素材拍摄的专题片《榜样的力量》；总结宣传了寿光市东斟灌村、潍城区西市场社区“自主议事、自治管理、自我服务”等典型做法，引导各级党组织和广大党员干部对照先进找差距、定坐标、明方向。利用14处市县廉政教育基地，普遍开展警示教育；对查处的一些典型案例在媒体上点名道姓公开曝光，让广大党员干部受到警醒。

**（三）广泛征求意见，着力在查实找准“四风”问题上出实招。**坚持统分结合、上下联动，组织各级各部门各单位多渠道、多形式开门纳谏，既做到真听意见、听真意见，又防止“函来函往”、“一窝蜂”增加基层负担，使征求意见的过程成为密切联系群众、增进与群众感情的过程，成为了解社情民意、凝聚民智民力的过程。

一是突出面对面听。市委先后召开了正市级以上老同志，县市区委书记，民主党派、工商联负责同志和无党派代表人士，镇、村党组织书记以及企业负责人5个座谈会，听取各个层面的意见建议。组织开展“走基层、连民心、纳真言”活动，市县领导班子成员带头到联系点和基层单位走访调研，直接听取意见建议6534条。各级党员干部通过面对面形式，共征求意见建议4.4万余条。

二是实行背靠背提。对市级班子和

直属部门单位的征求意见，由市活动办统一设计表格、统一密封回收、统一组织汇总并分别反馈，共回收征求意见表1625份，原汁原味汇总意见7023条，其中市级四大班子平均达580条。委托相关部门，分别征求了党代表、人大代表、政协委员、部分村党员群众、媒体记者、民主党派、无党派人士和离退休老干部等不同层次、不同对象的意见建议。在“潍坊民生”网络平台等媒体开设征求意见专栏，广泛听取意见建议。同时，组织部门将2013年度考核情况、督导组将征求到的群众意见逐个班子、逐人进行了反馈。

三是采取清单式查。在广泛征求基层群众意见的基础上，动员各级领导班子和党员干部按照“四个对照”和“三严三实”要求，立足于自找自查，逐一梳理本地本系统本部门作风问题种种表现，经领导班子集体研究确定出自查问题清单，为把自己摆进去、查实找准问题提供比照。12个县（市、区）、4个市属开发区和95个市直部门共排查梳理问题点9530个。同时，由纪检、组织、审计、检察、信访等部门根据日常工作掌握情况及近年来出现的典型案例、信访积案，梳理汇总基层和群众反映较为集中的问题和意见建议，列出清单，反馈给有关部门、单位。

**（四）从严从实把关，着力在严格党内政治生活上动真格。**以开好专题民主生活会和组织生活会为抓手，组织各级领导班子和党员干部严肃认真地搞好对照检查，切实用好批评和自我批评这一有力武器，确保普遍受到一次严格的党内政治生活锻炼。

一是把好谈心谈话关，确保把思想谈通谈透。把谈心谈话作为开展批评和自我批评的重要基础来抓，按照中央和省委“四必谈”“五个谈透”的要求，对谈心谈话范围、内容、时间等作出具体规定，每名领导干部根据谈心谈话情况，分别列出自己查找的问题和别人帮助查找的问题“两张清单”。各级领导班子主要负责同志和督导组对谈心谈话情况进行把关，对问题不深刻、与个人实际结合不紧密的，督促进一步谈心沟通、修改完善。市委常委带头进行了3轮谈心谈话，每位常委征求到的意见平均有20余条，为全市各级领导班子和领导干部作出了表率。

二是把好对照检查关，确保见人见事见思想。督促各级领导班子和党员干部按照“三个摆进去”的要求，列出班子、个人、其他班子成员“三张问题清单”，重点找出在“四风”方面的突出问题、具体表现和典型事例，实行集体“会诊”，并报督导组审核、备案。在此基础上，实行“三级会审”，先由督导组对所督导单位领导班子及成员的对照检查材料、相互批评意见进行集体会审，逐人书面反馈修改意见，对经多次修改仍达不到要求的，由市委督导组会同班子主要负责人与干部本人谈话；第二轮，由市活动办和市委组织部有关人员组成3个审核小组，对经督导组组长把关签字上报的对照检查材料和批评意见进行全面审核，再次提出修改意见；最后，县市区委常委班子及党政主要负责人的对照检查材料由市委书记审定，市直部门班子及主要负责人的对照检查材料，报市级分管领导、市纪委书记审阅后由市委活动办主任审定。同时，市活动办对镇街、县直部门和基层党组织的对照检查材料和批评意见进行随机抽查，并作出“好”“较好”“一般”“差”的评价，作为评价县市区和督导组工作情况的重要参考。

三是把好批评和自我批评关，确保专题民主生活会和组织生活会高质量。严格程序、严格标准，坚持时间服从质量，做到成熟一个、召开一个，凡自我批评不深刻、相互批评意见没辣味的，一律不放行。督导组逐个班子参加专题民主生活会，并由督导组长进行点评。市委常委参加联系点的专题民主生活会时，提前审阅有关材料，听取其准备情况汇报，具体进行指导，全程参加会议后作总结讲话，对问题整改等提出明确要求。市委常委和副市长还从与经济社会发展和群众利益密切相关的市直部门中，确定了发改、教育等14个部门，到会指导专题民主生活会。市、县、镇党委领导班子成员每人至少联系并参加指导1个基层党组织的专题组织生活会和民主评议党员工作，并把点上经验推到面上，发挥了示范导向作用。

**（五）坚持问题导向，着力在整改落实取信于民上见实效。**坚持以问题整改开局起步并贯穿始终，边查边改，立行立改，及时回应群众关切，认真解决群众反映的突出问题，以整改成效取信于民。

一是大力开展专项治理。除抓好中央和省委部署的专项整治任务，我们针对群众反映强烈的突出问题，组织实施了三期专项治理。第一期，以正风肃纪为重点，着力强化干部规矩意识，做到令行禁止。活动一开始，就同步启动了“5+1”专项治理，即以清房、清车、清股、清兼职、清公款消费为内容的“五项清理”和“小金库”专项治理工作，共查纠问题2425个，给予党纪政纪处分102人，选择25起典型案例公开在媒体通报曝光，以解决问题开局亮相，以正风肃纪先声夺人。第二期，以解决涉及群众切身利益的突出问题为重点，从4月中旬开始，集中开展“8+3”专项治理，教育引导党员干部在解决问题中反思为民意识不强、工作作风不实等问题。“8”是指机关工作纪律松弛、居民小区物业管理、农村环境卫生、城乡低保“人情保、关系保”、农村医疗服务、高毒农药监管、水域环境整治、农村社会治安秩序等涉及群众利益的8个突出问题；“3”是指省里提出的5项整治内容中未包含在前面8个问题里的殡葬服务、农村三资管理、教育资源均等化3个问题。第三期从8月下旬开始，紧紧抓住群众反映强烈的体制机制方面突出问题，开展司法、行政审批、政府购买服务、公共资源交易、工程建设项目管理和中介服务市场秩序等6项专项整治。目前，各级各部门正按实施方案和责任分工，扎实有序地向前推进，市级共实施专项整治任务50项，已完成20项；各县市区确定专项整治任务338项，已完成231项。

二是认真抓好领导班子和个人查摆

问题整改。各级把定实、抓实整改方案作为推动问题解决的有效抓手，按照可整改、可监督、可检查的要求，都制定形成了班子和个人的整改方案及清单。市级领导班子列出整改问题清单90项，班子成员列出整改问题清单149项。其他各级党组织班子共列出整改问题清单95210项，班子成员列出整改问题清单123534项。市委常委会率先开展整改，制定了整改工作方案，细化了6个方面56项整改内容及措施，明确了牵头领导、责任单位和整改时限，分工抓好落实。坚持开门搞整改，改什么、怎么改、什么时间改完、改得怎么样都向社会公布，接受群众监督。从9月27日开始，在《潍坊日报》上分期分批公示市委常委班子整改方案和县市区、市直部门重点整改事项，在潍坊电视台开设部门"一把手"访谈栏目，组织市直部门"一把手"谈前期整改情况和整改打算。

三是有针对性地加强制度建设。着力加强有关问题产生原因的研究分析，举一反三，有针对性地加强制度建设，努力从源头上、根本上解决问题，巩固整改成果，防止问题反弹，推动作风建设常态化、长效化。市县镇三级已出台承接中央、省委的配套制度434项；计划新建制度1929项，已新建制度931项；计划修订制度2599项，已修订制度1379项；计划废止制度376项，已废止254项。市委常委会确立了11项有关自身作风建设的制度建设计划，其中修订完善的6项，包括关于完善市委常委班子运行机制的规定，关于加强市委同民主党派、无党派人士政治协商的规定，关于市委常委包案化解信访问题的规定等；新建立的5项，包括关于健全完善党内生活制度的规定、关于规范市委常委到基层公务活动食宿安排的规定等，计划全部于12月底前完成。全市面上确立了24项制度建设计划，其中修订完善的7项，新建立的17项。

## 二、主要成效

**（一）党员干部思想政治素质得到有效提升，践行群众路线的自觉性进一步提高。**通过这次活动，广大党员干部普遍受到了一次马克思主义群众观点的深刻教育，精神上补了"钙"，思想境界得到提升。理想信念更加坚定，贯彻落实上级决策部署更加坚决，增强了同中央和省、市委保持高度一致的坚定性和自觉性。政绩观、发展观有了新转变，转变了不适应、不符合科学发展要求的思想和行为，坚定了打好转调攻坚战的信心和决心。宗旨意识树得更牢，增进了同群众的感情，拉近了同群众的距离，增强了同群众一块过、一块苦、一块干的自觉性。许多同志说，人民群众这个根不能丢、这个本不能忘，任何时候都必须把群众利益放在心中最高位置，终身感恩群众、信任群众、敬畏群众。大家表示，一定按照"三严三实"要求，深学、细照、笃行焦裕禄精神，以"功成不必在我"的宽阔胸怀，敢于担当、攻坚克难，以"钉钉子"精神切实抓好打基础利长远的工作，做党需要、人民群众认可的"好官"。

**（二）批评和自我批评武器得到有效运用，各级班子解决自身问题的能力进一步增强。**截至9月10日，市级领导班子，12个县市区、4个市属开发区、95个市直部门、1142个县直部门、118个镇街领导班子专题民主生活会，22305个基层党组织专题组织生活会全部召开。通过拿起批评和自我批评武器，严肃认真地召开高质量的专题民主生活会和组织生活会，广大党员干部普遍经历了一次严格的党内生活锻炼，经受了深刻的思想政治洗礼。很多党员干部用"头一回"、"想不到"、"最严格"等词语来形容和评价这次专题生活会。不少党员干部说，这是入党以来经历的最严格的党内生活，是一次深刻的思想体检，明白了党内政治生活是什么样、该怎么过，真正补上了课。普遍反映，这次专题生活会质量高、辣味足、氛围浓，自我批评直面问题、勇于亮丑，相互批评辛辣坦诚、戳到麻骨，让人刻骨铭心、触及灵魂，真正起到了红脸出汗、排毒治病、加油鼓劲的效果。各级领导班子和领导干部在严格的党内政治生活中统一了思想，消除了隔阂，增进了团结，熟悉了民主集中制的规矩和方法，提高了贯彻民主集中制的自觉性，增强了发现和解决自身问题的能力。

**（三）一批群众反映强烈的问题得到有效解决，党员干部作风进一步转变。**这次活动聚焦"四风"，深入查摆整改群众反映强烈的突出问题，开展专项整治，强化正风肃纪，解决了一些多年没解决的问题，刹住了许多人认为"不可能刹住"的歪风，取得了实实在在的成效。全市共压缩会议1208个、文件3196个、评比达标表彰活动332个，分别减少30%、23%、43%。清理腾退办公用房12.6万平方米，处理违规公务用车1512辆，清查党员干部违规投资入股592人、公款消费问题45个，清理在企业、行业协会商会类社会组织兼职干部1376名，治理"小金库"清缴资金7000多万元。查纠"门难进、脸难看、事难办"、执法监管不到位、庸懒散拖等工作纪律问题575个，处理责任人685人。138家市场中介组织与71个部门单位全部脱钩，清理涉及市场中介组织领域违规收费24项，追缴违规资金1800余万元。查处乱收费、乱罚款、乱摊派问题39个，查处党员干部收"红包"及购物卡、参赌涉赌、基层党员干部作风粗暴等问题63个，查实"吃空饷"人员200人。全市因作风问题给予党纪政纪处分423人，通报曝光典型问题217个。在征地拆迁、惠农补贴、安全生产、食品安全、教育医疗、物业管理、社会保障、农村治安等方面，整治侵害群众切身利益的问题取得明显成效。清查收缴高毒限用、禁用农药3480公斤；全面开展低保复核工作，退出低保对象23132人，新纳入13315人，整治了一大批"关系保、人情保"以及漏保、错保问题；推动教育资源均衡化投资16.4亿元，提升建设中小学校469所；66家医疗机构开展"三增一禁"便民行动，增设错时门诊、夏季夜间门诊702个；全市共支出城乡医疗救助金3096万元、惠及困难群众103682人次；清理拖欠农民工工资5000多万元。广大人民群众在切身感受的新变化新气象中，看到了教育实践活动的成果，看到了干部作风的转变，增强了对党委、政府的信任。普遍反映，党员干部工作更努力了，办事更公正了，行为更规范了，服务更上心了。

（四）软弱涣散基层党组织得到有效整顿，基层组织建设进一步加强。结合教育实践活动，对全市684个软弱涣散基层党组织进行了集中整顿，通过落实领导包靠、实行分类施治、强化帮扶支持等措施，重点解决部分基层党组织班子不全、不强、不团结、无战斗力，服务群众不到位等问题。市级财政安排2000万元专项资金，重点帮扶部分经济薄弱村和“空壳村”，确保村均年运转经费达到5万元、城市社区党组织为民服务专项经费年均20万元。目前，全市共调整软弱涣散党组织班子263个、书记214人；整顿转化软弱涣散基层党组织669个，占97.8%。通过加强对党员的监督管理，开展民主评议党员工作，党员的先锋模范作用得到充分发挥，基层党组织的创造力、凝聚力和战斗力进一步增强，541729名党员参加民主评议党员工作，被评议党员评为“好”的456578人，评为“一般”的88142人，评为“差”的245人，分别占83.78%、16.17%、0.05%。党支部书记们在活动中提高了履职尽责能力，增强了服务群众、干事创业的责任感，以实际行动获得了大家的肯定、谅解和支持，号召力和威信进一步提升。有的基层干部说，现在群众愿意跟我们打交道了，也敢说话了，因为他们提的意见真管用了。有的支部书记说，现在工作好干了，因为找到了群众路线这把“金钥匙”，让老百姓自己当家作主，没有办不好的事。参加专题组织生活会的群众反映，这些年头一回看到村支部这样开会，动真的、来实的，党的好作风又回来了。

（五）坚持“两手抓、两促进”得到有效贯彻，促进改革发展稳定的力度进一步加大。把教育实践活动形成的良好作风，及时转化为推动改革发展的强大动力，用改革发展成效检验活动实效。把开展活动同全面深化改革结合起来，今年确定的行政审批制度改革、工商注册制度便利化改革、农村产权制度改革等12项重点改革事项，都取得了突破性进展，新登记各类市场主体5.8万户，注册资本550.9亿元，分别增长29.3%和99.1%。把开展活动同腾笼换鸟、转型发展结合起来，全市共腾出土地2.8万亩。新培育认定高新技术企业90家，总数达到443家，居全省第二位；省和省以上创新型企业54家，居全省第一。282个重点减排工程项目投入运行，关停企业582家、生产线158个；万元GDP能耗下降4.89%，降幅高于全省0.41个百分点；市控以上23条河流COD、氨氮平均浓度分别改善6.8%和33.6%，“蓝天白云、繁星闪烁”天数达到107天、列全省第五位。把开展活动同维护社会和谐稳定结合起来，在全市开展集中整治信访突出问题专项活动取得明显成效，全市进京非访人次在全省比年初下降了4个位次。

## 三、几点体会

全市各级党组织和广大党员干部在深入开展教育实践活动中，深化了对党的群众路线的认识，创造和积累了一些好经验、好做法，为更好地践行群众路线、持续推进作风建设提供了有益启示。

第一，强化理论武装、解决好“总开关”问题，是践行群众路线、转变干部作风的思想根基。理论的彻底性是思想坚定性和行动自觉性的基础。世界观、人生观、价值观这个“总开关”关乎思想源头，从根本上决定着党员干部的作风状况和行为方式。“四风”问题尽管表现不一、症状多样，但归根到底还是“总开关”发生了扭曲和蜕变，使理想信念蒙上了灰尘。“总开关”问题解决不好，“四风”就难以消除，或者今天看似解决了，但明天又改头换面以另一种形式出现。在教育实践活动的每个环节，我们都注重及时了解掌握党员干部的思想动态，不断强化学习教育，以学习的深化促进思想认识的升华，以思想自觉引领行动自觉，又以行动自觉深化思想自觉。作风建设永远在路上，我们必须把解决“总开关”问题摆在首要位置，把理论武装抓在手上，引导党员干部补好精神之“钙”、筑牢思想之魂，使为民务实清廉的价值追求真正在心中扎根，从内心深处、自觉意义上践行群众路线。

第二，尊重群众主人地位、群众的事让群众说了算，是践行群众路线、转变干部作风的核心要义。把群众摆在什么样的位置，以什么样的态度对待群众，是每一个党员干部政治立场、党性观念和工作作风的集中反映。这次活动中，我们通过深入查摆和剖析，深刻认识到一些党员干部之所以出现“四风”问题，甚至滥用人民赋予的权力，侵害老百姓的利益，主要是忘记了自己手中的权力是人民赋予的，没有真正理解和自觉摆正公仆与主人的关系。坚持一切为了群众，就要尊重群众主人地位，顺应群众意愿，兼顾好各方面的利益，做到群众的事情让群众自己说了算，把“替民做主”变为“由民做主”，真正把好事办好，办到群众心坎上。一切依靠群众，就要善于宣传群众、组织群众，凝聚群众的智慧和力量，群策群力，群众的事情让群众自己办。

第三，坚持问题导向、突出实践特色，是践行群众路线、转变干部作风的有效途径。开展教育实践活动，解决问题是硬道理。活动是不是取得实效，关键看问题解决得怎么样。我们从活动一开始就坚持问题导向，着力解决“四风”方面的突出问题，解决涉及老百姓切身利益的突出问题，解决联系服务群众“最后一公里”问题，特别是同步开展了3期专项治理，取得了实实在在的效果。事业的发展过程实际上是一个不断产生问题、不断发现问题，又不断解决问题，循环往复的过程。解决问题就是深化改革、推动发展、转变作风。我们必须进一步强化问题导向，着力提高发现问题的能力和水平，直面问题、研究问题、解决问题，在不断解决问题的实践中转变作风、改进工作、凝聚力量。

第四，坚持群众满意标准、开门搞活动，是践行群众路线、转变干部作风的内在要求。让群众满意是践行群众路线的应有之义，是我们做好一切工作的价值取向和根本标准，群众意见是一把最好的标尺。教育实践活动开展以来，我们坚持真开门、开大门、全过程开门，从一开始就沉下去听取群众意见建议，注重在各环节组织群众有序参与，及时做好公开工作，请群众监督和评议。特别是从建设、行政审批、生态环境保护、食品药品安全等群众反映强烈的突出问题入手，一个问题一个问题地加以解决，得到了群众的拥护和支持。我们必须坚持敞开大门、长开大门，进一步畅通群众意愿表达渠道，把群众意见作为参考坐标，把群众期盼作为努力方向，把群众满意作为最高标准，始终让群众参与、监督和评判，帮助我们不断改进工作和作风。

**第五，发扬认真精神、落实从严要求，是践行群众路线、转变干部作风的重要法宝。**讲认真是我们党的根本工作态度。在这次活动中，我们始终贯彻整风精神，坚持从严要求，在“认真”上咬住不放，每个环节每个步骤都不打折扣、不搞变通，较好地解决了搞形式、走过场的问题，解决了一些有令不行、有禁不止的问题，解决了一些干部不把纪律当纪律、不把规矩当规矩的问题，收到了立竿见影之效。这启示我们，抓干部作风建设，“讲认真”这个优良传统不能丢，必须把认真精神体现到各个方面和环节上，严格党内生活锻炼，进一步增强党内生活的政治性、原则性和战斗性；严格制度执行，对违规违纪行为“零容忍”，发现一起、查处一起，促使广大干部牢固树立规矩意识，做到令行禁止。

**第六，健全完善制度、形成长效机制，是践行群众路线、转变干部作风的重要保障。**制度机制管全局、管根本、管长远。我们坚持把建章立制贯穿活动始终，针对活动中查摆出的问题，把上级要求和实际需要结合起来，及时健全完善各方面的制度规定，努力做到发现并解决一个问题，就建立一项制度，规范一个方面的工作。实现践行群众路线、深入改进作风的常态化、长效化，必须把制度机制建设作为关键性、根本性措施，把制度的笼子织密、织严、织实，用制度机制来管权、管事、管人，尤其对活动中的好做法，要用制度固定下来，形成长效机制，并把制度约束作为刚性约束，用制度规范行为，以制度塑造好的作风，使为民、务实、清廉的要求内化于心、外化于行。

## 四、存在问题及下步打算

虽然我市教育实践活动取得了很大成绩，但也存在一些问题和不足，主要是：有的党员、干部对作风建设的长期性、艰巨性认识不足，存在过关的思想，有松口气、歇一歇的想法，甚至认为活动只是“一阵风”，风头过了可以一切照旧。作风好转的基础还不稳固，“四风”问题还没有完全根除，有些仅仅停留在“不敢”上，在做到“不能”上还有差距，更没有完全形成“不想”的自觉。有些问题的整改落实没有完全到位，存有硬骨头啃不动、硬钉子不敢碰的现象，致使一些深层次问题还没有得到根本解决。有些制度机制还不够健全完善，制度的“笼子”还不够严密，违规违纪问题仍有发生，等等。对此，我们一定高度重视，采取有力措施加以解决。

一是持续用力抓好整改工作。以扎实的工作作风和科学的工作方法抓好整改落实后续工作，对已经整改的，抓好巩固和扩大成果工作，坚决防止反弹；对正在整改的，坚持一抓到底、抓出成效，防止半途而废；对需要一段时间整改的，发扬“钉钉子”精神，一步一个脚印，不达目的不罢休。始终坚持开门搞整改，对群众不满意、达不到要求的，重整重改，确保改一件成一件。继续抓好建章立制工作，把行之有效的做法变成制度规定，形成解决问题的长效机制。强化制度执行，对违规违纪的严肃处理、追究责任，使制度真正成为“高压线”、硬约束，防止“破窗效应”。

二是全面落实从严治党各项要求。把抓好党建作为最大的政绩，落实从严治党责任，防止“一手硬、一手软”。以解决“四风”问题为突破口，在抓常、抓细、抓长上下功夫，努力改进思想作风、工作作风、领导作风、干部生活作风，努力改进学风、文风、会风，加强治本工作，建立不敢、不能、不想的长效机制。坚持从严管理干部，落实“三严三实”要求，努力营造良好从政环境。严明党的纪律，积极探索纪律教育经常化、制度化的途径，加强执纪问责，维护党纪严肃性。

三是加强服务型党组织建设。以村“两委”换届为契机，选好配强基层组织带头人，及时跟进教育培训、监督管理措施，进一步提高基层党组织凝聚力战斗力。深化“包村联户”工作，巩固和扩大整顿软弱涣散基层党组织成果。认真落实党员干部直接联系服务群众制度，完善帮扶措施，健全服务载体，创新服务方式，切实解决社区、基层站所机关化、村级组织服务能力弱化、基层干部“不作为”等问题。坚持眼睛向下、重心向下，推动人、财、物向基层倾斜，为基层党组织开展工作、服务群众创造良好条件。

四是努力开创各项工作新局面。运用好教育实践活动各项成果，把通过教育实践活动激发出来的政治热情、形成的务实作风，转化为谋划和推动改革发展的具体思路和实际本领，进一步解放思想、深化改革，埋头苦干、开拓进取，促进经济持续健康发展和社会和谐稳定，努力实现更高层次新发展，加快建设富裕文明新潍坊。

（市委组织部）

# 潍坊市全面深化改革情况

2014年，全市各级各部门认真贯彻落实党的十八大和十八届三中、四中全会精神，深入学习贯彻习近平总书记系列重要讲话精神，坚持问题导向，科学谋划和推动全面深化改革工作。市委成立了全面深化改革领导小组和7个专项小组，组建了市委改革办，先后召开市委十一届六次、七次全体会议，三次全面深化改革领导小组会议，研究部署全面深化改革工作，出台了《中共潍坊市委关于全面深化改革的总体方案》，配套制定了重要举措分工方案、2014年工作要点和年度重点改革任务，以市委、市人大、市政府、市政协及市委办公室、市政府办公室名义出台改革文件86个。各县市区、市属各开发区、市直各部门也建立完善组织推进体系，扎实推进各项改革工作，一些重要领域和关键环节取得重大进展和积极成效，全市全面深化改革工作实现良好开局。

## 一、经济体制和生态文明体制改革成效显著

坚持以经济体制改革为重点，注重发挥经济体制改革牵引作用，印发了经济体制和生态文明体制改革专项小组2014年工作要点及分工意见。一是深化行政审批制度改革。加大简政放权力度，压减市级行政审批事项47项，精简幅度24.4%。编制了市级政府部门权力清单和服务清单，公布了市级行政审批事项目录。优化企业登记和建设项目审批流程，投资项目从立项到开工审批时限缩短3～6个月，企业设立审批时间从10天减少到2天。推行了项目代办制，对重大投资项目开辟“绿色通道”。二是推进工商注册制度便利化改革。制定了推进工商注册制度便利化加强市场监管的实施意见，推行了注册资本认缴登记制、经营住所登记和“先照后证”等改革措施，激发社会创业活力，全市新登记各类市场主体9.8万户，新增注册资本806.9亿元，分别增长41.7%和109.5%。三是深化农村产权制度改革。编制了现代农业综合改革试点实施方案。农村土地承包经营权确权登记颁证、农村集体资产改制分别完成99.8%和98%。齐鲁农村产权交易中心经省政府批复正式运营，初步构建了市、县、镇三级农村产权交易体系，东亚畜牧产品交易所加快论证审批。积极推进供销社综合改革试点，省现场推进会在高密市召开。四是创新完善提升市区体制机制。出台了全面深化改革大力提升市区科学发展水平的决定，调整优化市区规划管理权限，编制了中心城市空间功能布局规划。实施“13364”重点工程，群众关注的市区中小学建设和老旧小区改造已经启动。五是建立完善科技创新体制机制。健全科技创新市场体系，潍坊市技术交易中心正式挂牌运营。加强科技企业孵化体系建设，新建7个产业孵化器，新增孵化面积21.7万平方米。改革科技投入体制，将科技专项资金纳入金控集团产业基金，统筹运作支持科技创新。六是建立生态环境倒逼机制。完善建设项目准入机制，实行区域限批制度，对14个区域涉水涉气项目实施限批。对水、大气实行分阶段逐步加严的环境标准，倒逼企业治污减排，全市共有508个重点减排工程项目投运并发挥减排效益。建立了环境信息公示制度、环境违法行为有奖举报制度、环境损害赔偿制度和执法联动查处机制，全市环境质量明显改善。七是推进财政金融改革。依托市级金融控股集团，深度整合产业类专项资金，撬动投入68亿元，支持产业转型升级。创新投融资模式，成立了中国（潍坊）路演中心。八是健全创新创业支持体系。制定了促进民营经济创新发展的意见，出台了促进创业就业的政策措施，优化创业环境，激发创业活力，推动大众创业自主创业形成热潮。

## 二、民主法制领域改革稳步推进

市委召开十一届七次全会，对贯彻落实党的十八届四中全会和省委十届十次全会精神全面推进依法治市做出安排。一是制定了《2014年民主法制领域改革工作要点》及分工方案和需要协调的重点工作任务。二是编制了法治潍坊建设纲要，研究建立法治建设指标体系和考核标准。三是制定了人大常委会关于加强与市人大代表联系和人大代表与人民群众联系的意见，实行了重点发言人和调研牵头人制度。四是实施了重大事项事前听取政协意见的实施意见、市委2014年度政治协商计划、基层协商民主建设实施方案，建立了市级党政领导同志与党外代表人士联谊交友制度。五是出台村“两委”和城市社区“两委”换届选举的指导性文件，顺利完成“两委”换届选举。六是大力推进基层民主建设，总结推广了寿光市东斟灌村“三自”经验。

## 三、文化体制改革顺利展开

编制了潍坊市深化文化体制改革实施方案，加快推进文化体制改革进程。一是积极培育和践行社会主义核心价值观，荣膺“全省四德工程建设示范市”。二是创新互联网管理和舆论引导机制，出台了加强互联网宣传管理工作的实施意见，建立了以宣传部、公安局为主，有关部门协调联动的舆论监控网络。三是理顺了市级文化行政管理与执法监管体制，规范了各级党政机构信息发布制度。四是健全现代文化市场体系，编制了潍坊市文化产业发展战略规划，制定了支持加快发展全市书画市场的意见，加快建设中国（青州）书画艺术城、齐鲁书画艺术品总部等书画创作和交易基地。五是制定了社会组织、机构和个人捐赠和兴办公益性文化事业的具体措施，成为省级公共文化服务标准化试点城市。

**四、社会体制改革加快实施**

积极创新社会治理体制，推进社会事业改革，制定了《深化司法体制和社会体制改革2014年工作意见》及其贯彻实施分工方案。一是建立了涉法涉诉信访依法终结制度，涉法涉诉信访逐步回归法治轨道。二是推进审判公开、检务公开、警务公开，健全司法救助制度，推进社区矫正工作，开展了全国首例减刑假释庭审网络直播。三是理顺了食品药品安全监管体制，实行了行政处罚裁量基准制度、政府法律顾问制度，实现工商、质监和公安系统行政复议职权由市县两级政府集中行使。四是在全市城乡社区推行网格化管理，实行了公共服务进社区准入制度，将30多项基本公共服务延伸到社区。五是深化教育体制改革，制定了深化中小学管理体制改革若干问题的意见，全省基础教育综合改革工作现场会在我市召开。六是深化医药卫生体制改革，启动第二批县级公立医院综合改革，推进医疗联合体建设，鼓励社会力量投资医疗服务事业。七是推进养老服务和社会救助体制改革，被国家发改委、民政部确定为全国养老服务业综合改革试点市。八是调整完善居民基本养老保险制度，将被征地农民纳入居民基本养老保险，建立了城乡一体的居民基本医保制度。

**五、党的建设制度改革扎实推进**

着眼加强和改进党的建设，巩固党的群众路线教育实践活动成果，积极推进党的建设制度改革，制定了2014年全市党的建设制度改革工作要点及任务分解方案。一是制定完善2014年度县市区、市属开发区和市直部门（单位）3个综合考核办法，实行差异化、特色化目标考核。二是修订了市直部门（单位）县级领导干部个别提拔任职考察实施细则（试行），出台了进一步规范完善竞争性选拔干部工作的办法，构建了科学管用的选人用人机制。三是创新基层党建模式，在城市社区推行“大党委”制，排查软弱涣散村党组织684个，整顿转化后进村677个。四是制定增强干部培训实效的八项措施，实行了基层党组织书记和党员集中学习培训制度。五是制定了“六意见两办法一制度”，完善了人才引进、培养、使用和服务保障的配套政策机制。六是制定了认真解决党政机关党建方面有关问题切实转变机关干部作风的实施意见，落实党员干部直接联系群众制度，推动作风建设常态化、长效化。

**六、纪律检查体制改革立行立改**

认真落实党风廉政建设党委主体责任和纪委监督责任，制定了关于深入推进党风廉政建设和反腐败工作领域改革的实施方案。一是改进对主要领导干部行使权力的制约和监督，组织开展了县级党政班子成员向同级纪委全委会述廉工作，市纪委常委与各县市区（市属开发区）党政主要负责人、市直部门党委（党组）书记进行了廉政谈话。二是完善落实党风廉政建设责任制，建立党风廉政建设主体责任落实情况定期检查和分析通报制度。三是推动党的纪律检查工作双重领导体制具体化、程序化、制度化，完成了纪委机关内设机构调整。四是健全反腐败领导体制和工作机制，落实联席会议制度，规范了成员单位之间移送线索、案件程序。五是加强和改进巡查工作，开展专项巡查，健全了纪委派驻纪检组监督检查、工作考核、责任追究等制度。六是健全反腐倡廉法规制度体系，持之以恒纠正“四风”问题，狠刹不正之风。

（王　琳）

# 记录潍坊——突破滨海

2013年全市加快滨海开发推进会议后，全市上下紧跟部署、积极作为，突破滨海取得较好成效。2014年，实现地区生产总值260亿元、增长16.3%，规模以上工业主营业务收入812亿元、增长20.8%，固定资产投资320亿元、增长25%；公共财政预算收入24.2亿元、增长18.1%，主要经济指标均明显高于全市平均水平，突破滨海取得了令人鼓舞的成效。

**一、发展定位方面。**坚持规划引领，明确发展定位，科学推进滨海开放开发。根据国务院批复的蓝黄两区发展规划和省政府批复的潍坊滨海海洋经济新区发展规划，按照2015年、2020年和远景发展三个时间节点，聘请中国城市规划设计研究院，编制了潍坊滨海海洋经济新区开发建设规划，市直有关部门根据分工，聘请一流团队编制了产业、交通、用海、生态等10个专项规划。规划编制过程中，充分征求社会各界的意见，进行了反复研究论证，市委常委会、市政府常务会作专门研究，2014年“两会”期间向人大代表和政协委员作书面说明。通过规划的研究，进一步明确了发展定位。空间布局就是“一主两副、六岛八湾”。开发思路就是，坚持海陆统筹、港贸带动，产业立区、科技引领，产城一体、生态支撑。目标定位就是，打造省会都市圈的出海口、济青一体化的支撑点、对接东北亚的保税港、海洋产业群的聚集地。

**二、产业发展方面。**突出海洋特色，统筹海陆资源，引进建设了一大批项目。2013年以来，共有176个项目开工建设，总投资1580亿元；新签约项目117个，还有173个项目正在洽谈。其中，15个县市区滨海工业园开工过2亿元的项目41个，这些项目全部投产后产业规模将超过1000亿元。项目引进过程中，严把准入关口，制定了县市区滨海工业园20条建设标准、产业项目准入标准和指导目录，有效保证了入区项目质量。

**（一）工业产业。**把工业作为立区根本和主攻方向，力争到2020年形

潍坊滨海经济技术开发区先进制造业产业园一角　（供图：巩俊法）

成海洋动力装备、海洋化工、海洋生物医药3个两千亿级产业群，海洋能源1个千亿级产业群。海洋动力装备，重点培育船用发动机、船舶生产、飞机制造、机器人及关联产业，打造现代海洋动力装备产业基地。2013年以来，引进建设了潍柴中速机、颐杰鸿丰电力设备、华创工业机器人、卓达工厂化住宅产业园等一批项目，总投资420亿元，已完成投资180亿元。潍柴中速机年内建成投产，卓达工厂化住宅产业园正在安装设备，投资120亿元的深圳通用航空产业园已经签约，与深圳大学、深圳壹达通航空三方合作取得较大进展，推动在滨海建设深圳大学航空学院。海洋化工，重点引进石化盐化一体化项目，打造全国现代海洋化工基地。共有在建项目86个、投产项目62个，石大昌盛凝析油完成60万吨主装置、储罐区安装，已经试生产，全部达产后年销售收入100亿元；华鸿纤维、中碳能源、祥维斯科技建成投产，弘润重芳烃项目近期动工。海洋生物医药，主要发展医药研发、制造、外包服务产业，拓展延伸海洋生物医药链条。重点推进22个在建项目建设，华春医药开工25座建筑单体，19座单体已完成主体，正在进行设备安装调试；新和成蛋氨酸正在进行设备安装，普洛得邦、国邦药业建成投产。海洋能源，充分发挥沿海优势，大力发展太阳能风能利用、光伏发电和海水淡化。全市首座电动汽车充电站开工建设，北海绿洲海水淡化项目建成后每天淡化海水10万吨，景世乾光伏发电项目已经并网发电。

**（二）海港经济产业。**主要发展海上运输、临港物流、现代渔业等临港产业，打造区域性航运中心、物流集散中心、海产品养殖捕捞加工中心。2013年以来，共有18个项目开工建设，总投资136亿元，已完成投资45亿元。保税区北区年内可完成围网基础设施配套，达到验收条件；山东高速交通物流园、达美物流等项目正在加快推进。

**（三）滨海旅游产业。**主要发展滨海度假、文化休闲、游乐体验等旅游产业，打造人人向往的旅游目的地。2014年组建了滨海旅游集团，完善提升海水浴场周边服务设施，带动海丰海洋公园、游客服务中心、滨海度假酒店等一批项目加快建设，滨海旅游有了突破性进展。5月以来，海水浴场每天的游客能达到3至5万人，滨海旅游正逐步成为滨海开放开发的亮点和增长点。

**三、基础设施建设方面。**2013年以来，累计完成投资135亿元。（1）港口建设。潍坊港2013年在黄三角地区率先开通集装箱业务，3个2万吨级泊位、3个万吨级泊位通航并实现对外开放，吞吐量超过2200万吨、集装箱6万标准箱。2014年市政府与森达美、山东高速三方合作建港取得重大进展，5万吨级航道、17个5万吨级泊位、2个3万吨级客货滚装泊位开工建设，1～9月集装箱突破10万标准箱，预计全年集装箱实现翻番、吞吐量增加80%，按照现在的发展势头，亿吨大港的目标有望提前实现。鲁辽陆海货滚甩挂运输通道项目全面启动，山东和辽宁、潍坊和营口分别签署合作协议，正在推进与大连港的合作。潍坊渔港与潍坊港一体规划发展，正式启动渔港经济区建设，潍坊渔港完成投资8亿元，吹填土方100万立方米，建成海上疏港路14公里，2014年10月具备渔船停靠条件。可以说，渔港建设改变了潍坊海洋渔业

国家一类口岸港口——潍坊森达美港　（供图：巩俊法）

生产格局，港口建设激活了滨海开放开发全局。（2）道路建设。2013年以来，滨海新增通车里程150公里。潍县路改造工程2013年9月开工，2014年10月建成通车，成为潍坊纵贯南北的大通道。进港路改造已经通车，疏港铁路、城海轻轨加快推进，长江大街白浪河大桥及摩天轮、中央商务区白浪河船闸明年建成。（3）管网配套。新铺设供热管线20公里、燃气管线36公里、供水管道60公里，新建改造供电线路78公里。第二平原水库库容1900万立方米，已经开工建设，建成后将有效保障滨海淡水供应。（4）园区配套。15个县市区滨海工业园一期内部配套基本完成。滨海区投资40亿元，进行了水电路及绿化配套，其中配套道路13条、50多公里。为推进重大设施建设，市直有关部门在项目安评、环评、立项，用海、用地审批，资金、政策争取等方面，做了大量工作，累计争取各类资金6.5亿元，建设用海指标560公顷，占全省用海指标的25%。

**四、城市功能配套方面。**主要开发了中央商务区、科教创新区、生态商住区等几个重要区域，改造提升了央子、大洼两大组团。（1）建设总面积100万平方米的商务服务项目。城市规划馆主体工程布展施工2014年底完成，未来大厦正在进行内外装修，金融中心、盛鸿大厦、裕源大厦年内完成主体。欣泰、裕德2个商业步行街建成投用。（2）开工总面积300万平方米的生活居住项目。湖光山舍、在水一方等16个项目主体完工，澜海国际、世纪海王、胜伟商住等项目加快建设。9个生态小镇全部完成规划，衡山镇一期主体建成，黄山镇完成开工准备工作。积极与宝能集团进行对接洽谈，就生态小镇建设达成合作意向，借鉴深圳前海新区经验在滨海建设一个全新模式发展区。（3）配套一批教育医疗项目。蓝海学校、滨海国际学校建成投用，滨海新城国际学校年内部分建成，特别是潍坊（上海）新纪元学校实现了当年建设、当年招生，市机关幼儿园滨海分园正式启用，有效激发了基础教育活力。海洋科技大学与山东（潍坊）公共实训基地一体规划、同步推进，3000亩起步区具备开工条件。潍坊创业大学已于9月23日正式开学，潍坊体育学校2013年以来完成投资3亿元，2014年底建成投用，可容纳学生3000名。蓝月职业培训学校、新能源培训中心已经投用，已有5所院校实现招生，在校师生3万人。

**五、生态环境建设方面。**把生态文明建设放在突出位置，融入滨海开发建设全过程。（1）沿路、沿河、沿海和重点片区绿化。以白浪河为主体，实施山海湖河综合改造工程，完成土方3500万方，绿化1.1万亩。沿海防护林带、荣乌高速、渤海路等路网绿化已完工，新增绿化面积1.2万亩。（2）河流综合治理。弥河、崔家河等5条河流年内完成治理，全长13公里的南一横全线贯通。统筹水资源保障和利用，中央商务区直饮水厂近期建成投用。（3）铁腕治污。建立了市环保局、滨海区及周边地区的环保联动机制，开展异味、污水、固废专项整治。加大环保执法力度，查处违法违规企业100余家，停产整顿和关停取缔企业40余家，破获环境污染案件5起，查处一批涉案人员。

**六、体制机制创新方面。**（1）创新工作推进机制。建立了总指挥部统筹指挥、指挥部办公室协调调度、市直部门全程参与、县市区开发区协力推进的领导机制，形成了规划引领、标准跟进、分工明晰、督查落实的工作推进机制。2013年指挥部将62项重点任务细化分解到滨海区和22个市直部门，2014年成立16个协调小组，指挥部及办公室平均每周召开3次调度会，推进各项重点工作落实。特别是保税区北区、港口等重大项目，市委市政府主要领导、分管领导带队，有关部门跟进，到省进京与上级部门对接，大大加快了工作进度。滨海区全面实行工作项目化管理、项目责任制落实，2014年确定的67项重点工作、125个重点项目，都按这种方式推进，效果明显。（2）创新政府服务机制。2013年实行备案登记制、专管员联评制、限时办结制，零首付注册、零收费管理、零距离服务，全方位、全过程、全天候服务的“三制三零三全”服务机制。2014年又推行“三张清单”服务模式，负面清单把56类项目调整合并为10类；权力清单将15类1648项行政权力压缩为4类216项；服务清单由237项增加到499项。（3）创新开发保障机制。把所有农民纳入城市居民保障范围，在全区实行教育免费、公交免费、直饮水免费。加快推进城中村改造、合村并点，促进农民市民化、居住社区化，让群众最大限度地共享滨海开发成果，为突破滨海提供和谐稳定的社会环境。

（巩俊法）

# 潍坊市提升市区工作情况

2014年提升市区工作启动实施以来，市区上下认真贯彻市委、市政府《关于全面深化改革大力提升市区科学发展水平的决定》和《提升市区重点工作实施方案》的要求，紧紧围绕“四个提升”思路方向和“13364”重点工作，不断加强领导，健全机制，强化措施，狠抓落实，推动提升市区各项工作有效开展，实现了良好开局。

## 一、运行机制建立健全

坚持“体制内、体制外两个运行体系相结合”，充分借助现有决策、行政管理和督查工作平台，更好发挥提升市区统筹协调作用。成立提升市区领导小组，由市政府主要领导任组长，下设办公室负责日常工作，同时成立8个专项工作组强化统筹；各区也相应建立“1+N”工作机构，搭建起了市区街居上下通达、各部门之间横向协调、各方面工作紧密衔接的工作推进体系。制定实施会议议事、协调调度、督查落实、监督考核等工作制度。每月召开一次领导小组会议，并根据工作实际需要随时召开专题会、协调会、现场会，听取工作情况汇报，了解项目进度，协调解决问题。充分考虑本年度提升市区工作摆布和推进落实情况，突出工作重点和提升成效，制定《2014年度提升市区考核认定办法》，考核结果纳入年度科学发展综合考核。组织区、市直有关部门主要负责同志到杭州、深圳等地学习借鉴城市更新、产业转型、医疗卫生、健康养老等方面的经验做法，指导我市提升市区工作更好开展。

## 二、规划体系初步形成

统筹市区2650平方公里生活、生产、生态空间，全面启动“1+3+6”规划编制工作，力求系统规划、“多规合一”，引领市区一体发展。中心城区能源保障发展规划和健康产业规划正在加快编制，空间功能布局规划、水系生态规划等8项规划均已形成初步成果，进入专家评审或征求意见阶段。《潍坊市生态绿化发展规划暨中心城市圈三年绿色行动计划》《中心城区便民摊点（群）管理指导意见》《城区停车场管理实施方案》等一批专项方案计划制定完成并着手实施，搭建起市区一体发展、功能品质全面提升的规划大框架。下步，将聘请高端咨询顾问团队，对提升市区工作进行全程跟踪、定期评估，进一步明晰提升市区工作方向、突破领域和事关长远发展的重大项目，为提升市区战略落实提供全程智力支撑。

## 三、重点项目高效推进

按照市委、市政府提升市区《决定》和《实施方案》要求，经反复筛选论证，确定2014年提升市区重点项目161个，年度计划投资198.65亿元。截止2014年12月底，全年共完成投资182.65亿元，占计划的91.94%。一是完善推进机制。对提升市区“13364”17项重点工作实行项目化管理，逐一明确目标要求、政策条件、完成时限和责任单位，实行周调度、月考核和定期通报制度，确保项目建设按计划推进。二是加强现场督导。组织开展了“项目集中推进月”活动，对各区95个重点项目进行了现场督导检查，解决了67个影响项目推进的问题。三是强化专项督导。对市政府主要领导包靠的13个重大项目、3个重要园区、2个重点片区一并纳入提升市区项目体系，落实责任单位，进行专项督导，定期调度通报项目进展情况。四是抓好重点突破。先行突破学校建设和老旧小区改造两项重点工作，制定下发《市区老旧小区改造整治提升行动方案》和《市区学校建设提升工程实施方案》，列入计划的市区34所中小学9所开工、1所竣工，其余正在进行规划论证等前期准备；在坊子五一社区举行了老旧小区改造工程观摩暨项目开工启动仪式，先期启动的5个老旧小区顺利完成年度改造提升任务。五是搞好超前谋划。深入各区、各部门，对拟列入2015年提升计划的项目进行现场调研论证，确保项目计划科学合理、切实可行。

## 四、产业提升成效明显

坚持产城一体，把产业发展摆在提升市区工作的重要位置，进一步优化城区产业布局，加快推进城区产业向高端高质高效迈进。一是强化规划引领。协调有关部门编制《潍坊市中心城区产业发展规划》，配套制定各产业规划，明确了城区产业发展定位、空间布局、发展重点、支撑体系和保障措施。邀请毕马威、安永等国际知名公司对战略性新兴产业、传统优势产业和现代服务业进行诊断，找准产业调整优化的着力点、突破点。二是突出项目带动。动力机械、电子信息、工程装备三大产业基地建设有序推进，山东测绘地理信息、高新区汽车、节能环保等十大产业园区快速发展，盛瑞传动自动变速器、歌尔光电产业园、潍柴中速柴油机等46个产业项目完成投资89.6亿元。齐鲁农村产权交易中心、潍坊广告产业园等一批项目建成投用，食品谷、齐鲁台湾城、总部基地、山东数据产业园等项目取得重大进展。三是加快智慧城市建设。完成《潍坊市中心城区智慧城市建设规划》编制，确定了未来5-10年“一个中心、六项重点”的建设任务和目标。突出抓好三项重点工作：加快信息基础设施建设，4G通信网络实现市区全覆盖，无线宽带网络接入热点达到1.2万个；抓好电子政务建设，完成政务内外网络扩容升级，完善信息安全保障机制；推进社会事业信息化建设，在奎文等中心城区加快建设“百米生活万店无线上网惠民生”项目，在中百集团试点实施智能云端设备推广应用项目，在10个社区开展智慧社区试点建设。

## 五、改革创新步伐加快

将改革创新贯穿提升市区全过程，深入推进行政审批制度、工商登记制度、财政金融、重点园区等改革试点。一是理顺市区权责关系。督促有关部门启动编制市、区行政审批事项目录，制定了市区规划、环保管理职责体制两项重点领域理顺方案，编制市、区行政审批事项目录，推进简政放权。二是优化政务环境。建立政府部门权力清单和服务清单制度，对74个市直部门（单位）的8523项权力事项和服务事项进行了两轮压减，保留3163项，压减62.9%。推进行政审批制度改革，全年压减行政审批事项47大项，压减24.35%。三是推动科技创新。新建成省级示范工程技术研究中心3家、省级院士工作站4家。加快科技企业孵化器建设，实施《科技企业孵化器改造提升计划》，启动市科技孵化中心建设，市区新增科技企业孵化器2家。加快市技术交易中心建设，完善信息服务平台，专家库、成果库、人才库等开放式科技资源投入运行。四是深化金融创新改革。落实“金创33条”，扩大金融对实体经济的支持。组建了债权、股权、权益等各类基金23支，筹建金融租赁公司和再担保公司。

组建食品谷PPP综合体，对园区建设方及进驻企业提供股权、债权综合融资服务。组建股权债权投融资联盟，实施“成长100综合金融服务计划”，支持了59个重点企业和项目。

**六、基础设施更加完善**

坚持基础设施先行，集聚资源和力量，着力解决一批事关群众切身利益的惠民实事。新建扩建和平南路（潍胶路—宝通街）、卧龙西街（西环路—长松路）、金宝街、蓉花路等一批市区道路，市民交通出行环境不断改善。机场迁建对接论证有序实施，济青高铁、济青高速扩容等工程前期工作全面展开，潍坊港建设快速推进，鲁辽陆海货滚甩挂运输大通道实现首航。城区供热、市区公共自行车扩容、中心城区便民摊点（群）管理、大型广告整治、城乡环卫一体和燃气管网新建、燃气灰口铸铁管改造等工程进展顺利。着手研究制定“四通一治”（即畅通人行道、无障碍通道、自行车绿道和消防通道，治理城区停车难）便民工程实施方案，大力开展整治人行道“乱停、乱摆、乱建”的“三乱”集中行动，还道于民，积极创建全国文明城市。

**七、舆论氛围日益浓厚**

以营造氛围促城市提升，把开展主题活动作为提升市区的总抓手，召开了“做主人，争先锋，我与城市共提升”主题活动动员会议，印发了《关于广泛开展“做主人，争先锋，我与城市共提升”主题活动的意见》，成立了主题活动指导办公室，动员市区上下行动起来，积极参与和融入提升市区工作。内部宣传方面，共编发提升市区工作简报33期、主题活动专刊4期。媒体宣传方面，充分发挥各类媒体专栏、专题作用，《潍坊日报》刊发提升市区头版头条50多个，市电台、市电视台播发头条报道60余条，《潍坊新闻》推出系列评论20余篇。安排市直新闻媒体派出骨干记者到杭州、深圳等地进行了异地采访，学习借鉴深度报道先进城市的建设发展经验。潍坊新闻网、潍坊传媒网等市属重点新闻网站制作了“做主人，争先锋，我与城市共提升”专题页面，同时在微博、微信多次转载相关新闻，用大容量、大篇幅、常态化的网络宣传，营造了良好的舆论氛围。

（市提升市区领导小组办公室）

# 2014年全市开发“两河”工作情况

（2015年2月9日）

实施“两河”流域综合开发是我市统筹全域发展的三大战略布局之一，是构筑支撑潍坊永续发展生态系统的关键之举，是促进农业现代化与城镇化协调发展的有效载体，是优化区域生产力布局的重要抓手。全市开发“两河”工作正式启动以来，在市委、市政府正确领导下，我们始终坚持“以水为魂”理念，按照“全域统筹、生态优先、三产融合、四化同步”的思路，综合考虑流域空间规划、生态环境、产业发展和要素配置，积极稳妥地加快以潍河、弥河为重点的全流域综合开发，把“两河”流域打造成功能完善的生态带、经济转型升级的隆起带、农业现代化与城镇化互动发展的示范带，工作取得了初步成效。

**一、高起点编制好规划**

坚持规划先行，按照“以世界眼光谋划未来，以国际标准提升工作，以本土优势彰显特色”的要求，立足当前、着眼长远，深化战略研究，高水平地制定总体规划和各领域、各组团的专项规划，同时做好总体规划与各专项规划的衔接、协调、融合，增强规划的指导性、协同性、实效性和可操作性。市“两河”办会同财政、规划、发改、交通、水利、林业等部门通过政府采购招投标，确定了国内一流设计单位。开发“两河”总体规划已于2015年2月1日通过专家评审，来自同济大学建筑与城市规划学院、清华大学建筑学院、北京大学城市与环境学院、山东省城乡规划设计研究院等有关单位的专家们一致认为，该规划成果内容全面，现状调查深入，资料详实，基础工作扎实，规划目标明确，理念先进，技术路线可行，成果规范，达到了规划要求，在国内同类规划中具有创新性。防洪安全、淡水资源可持续利用、生态系统培育、基础设施建设、新型城镇化体系建设、产业体系布局等6个专项规划也已编制完成，其中3个通过专家评审。

**二、突出抓好重点工作**

**一是河道整治。**完善河道堤坝加固、护岸建设、清淤拓宽、险工险段整治等基础设施建设，提高河道防洪标准，修复河道生态功能，提升河道景观水平；全面排查河道管理范围内未经批准的种植、养殖大棚、鱼池、房屋、工厂等违法用地、违法建设项目，进行彻底清除，实现河道畅通，确保行洪安全。市水利部门认真组织列入2013～2015年国家规划内流域面积3000平方公里以上的潍河、弥河可研报告编制工作，目前已经淮委审查复核。列入2013～2015年中小河流规划的22个项目初步设计已全部批复。列入国家规划的安丘卧龙闸、昌邑辛安庄闸、青州弥河拦河闸3个病险水闸除险加固工程进展顺利。

**二是交通基础设施建设。**因地制宜规划建设沿河交通网，加快推进沿河县乡道公路和桥梁升级改造建设，加大农村客运网络基础设施的建设，推进客运网络化，货运便利化。抓住创建“村级公路网化示范县”活动的政策机遇，加快断头路、连接线道路规划建设。结合两河流域综合开发，全市共完成新建改造农村公路2675.1公里，完成投资24.33亿元，合格率100%，优良率78.8%。青州、诸城、安丘、昌乐4个县市被列入村级公路网化示范县。

三是生态系统建设。实施万亩林场建设计划，提高森林覆盖率。搞好沿河路域、堤坝和镇村的组团式、片区式绿化，构建绿色生态廊道，加强生态湿地保护区网络建设。先后在潍河、弥河、汶河等河流滩地内栽植芦苇、菖蒲、香蒲等水草植被3400多公顷；正在建设污水处理厂出水口人工湿地18处，总面积达9300多亩。到2014年为止，“两河”流域共建立湿地公园20处，总面积73.16万亩，其中，国家湿地公园（试点）6处、国家城市湿地公园3处、省级湿地公园8处。全市共完成新造林34万亩，其中，水系绿化15.65万亩，潍河（汶河）流域新增育苗近2000亩。

四是环境保护。深入推进“三八六”环保行动，强化污染源预防和综合治理措施，加大沿河排污企业、农业畜牧业面源污染等查处力度，加快流域内环保基础工程建设，消灭污水直排，污水处理厂出水入河处建设人工生态湿地。全市新建、改造畜禽粪污处理示范工程100个，在诸城、寿光分别建成1处动物卫生处理中心。共建成城镇污水处理厂55座，处理能力达190多万吨。对现有城镇污水处理厂进行一级A升级改造，新建污水处理厂全部按一级A标准设计，一级A污水处理厂比例达90%以上。两河流域内所有市控以上企业全部纳入自动在线监控范围。对污水直排企业提升排水水质控制标准，要求企业废水能够纳入集中处理的，全部纳入城市污水处理厂集中处理，原则上不再审批新建污水直排工业项目，工业点源直排现象基本消除。

## 三、大力发展特色产业

一是加快发展现代农业。积极发展安全优质高效特色农业，加快农业示范园区建设。积极培育发展家庭农场和农民专业合作组织，促进农业规模化经营。抓好农业品牌化建设，打造一批绿色食品、有机食品、地理标志产品。市农业部门制定了《潍河、弥河流域现代农业示范工程建设标准》，2014年流域范围内共创建示范镇5个，示范园区13个。市海洋渔业局开展“两河”流域“放鱼养水”活动，先后在峡山水库、冶源水库、牟山水库等投入资金400万元，放流各类鱼苗3280万尾。着力打响峡山野生鱼品牌，峡山湖5种鱼获有机产品认证，捕捞产量达到7000吨，成为我市重要的有机产业示范区。

二是加快发展生态旅游业。市旅游部门编制了县域乡村旅游规划，“两河”流域的10个县市区全部列入全省编制计划。青州、临朐、峡山、安丘、坊子、昌乐、昌邑7个县域乡村旅游发展规划已编制完成，并通过专家评审。其中峡山区乡村旅游发展规划被专家组作为样板在全省推广，临朐沂山联合临沂蒙山旅游资源，创建为国家5A级旅游景区。市海洋与渔业部门在“两河”流域积极开发了以养殖、旅游、垂钓、观赏、餐饮、娱乐为一体的休闲渔业、渔文化主题公园、城市水系景观渔业等，共有休闲渔业基地、场点60多处，其中寿光林海生态博览园被评为“全国休闲渔业基地”。

三是扶持发展新兴产业。市发改部门组织沿河县市区包装筛选了九大类283个项目，总投资1761.3亿元，主要涉及休闲旅游、文化创意、养生养老、现代农业、安全食品、低耗能无污染的轻质工业项目、生态环保、基础设施及其他项目。2014年共争取中央和省投资8.3亿元，重点支持了“两河”流域先进制造业、高新技术产业及资源综合利用、垃圾处理厂、污水处理厂、农村饮水安全、新增千亿斤粮食、河流综合治理及南水北调工程等基础设施建设。

## 四、统筹推进城镇化步伐

市住建部门编制了《潍坊市城镇化发展规划（2014—2020年）》，出台《关于开展小城市重点培育工作的意见》，启动了小城市试点申报工作，对“两河”流域11个省级示范镇进行重点扶持。邀请高端策划机构编制了《潍坊新型城镇化与现代农业融合发展项目顾问报告》，选择5个具有资源优势和特色发展潜力的小城镇打造特色镇样板，其中“两河”流域4个：昌乐红河（县域副中心）、昌邑下营（滨海旅游）、坊子九龙（都市休闲）、青州黄楼（花卉产业）。全市初步计划建设农村新型社区682个，其中“两河”流域368个。2014年，全市计划建成农村新型社区100个，其中“两河”流域60个，目前已建成60个，其中中心社区35个。启动新型城镇特色风貌规划编制，其中包括“两河”流域35个镇、7个街道。共获批省级示范镇补助资金1.56亿元，其中“两河”流域示范镇1.06亿元，获批省城镇化专项资金2400万元，其中“两河”流域1505万元。

（市“两河”开发办）

# 大事记

*Dashiji*

## 1月

### 1日

2013年，全市公共财政收入完成383.9亿元，同比增长15.6%，居全省第5位。税收收入占公共财政收入比重为83%，居全省第3位。全市公共财政支出完成494亿元，同比增长16.1%。新增财力重点向民生倾斜，教育、医疗、就业和社会保障、保障性住房、文化体育、强农惠农等民生支出达到287.6亿元，占公共财政支出的58.2%，比2012年提高2.1个百分点。

### 2日

省委常委、政法委书记才利民到潍坊市就维护社会稳定工作进行专题调研，实地考察奎文区社会矛盾调解中心的建设情况。

### 9日

潍坊市人民政府与汉富控股有限公司战略合作协议签署仪式在富华大酒店举行。市领导杜昌文、刘曙光、孙起生、潘强出席仪式。

### 10日

全市经济工作会议在市级机关综合办公大楼召开。市委书记杜昌文，市委副书记、市长刘曙光出席会议并讲话。

### 13日

市政府召开第二十四次常务会议，研究2014年财政收支预算安排、城市公共交通发展规划、政府购买服务等工作。市委副书记、市长刘曙光主持会议。

### 同日

市委副书记、市长刘曙光专题调研全市创新创业工作，强调要把创新创业工作摆到更加突出位置，努力把潍坊市打造成为创新创业城市。

### 14日

2014年，市环境保护委员会第一次会议在市级机关综合办公大楼召开。市委书记、市环境保护委员会第一主任杜昌文出席会议并讲话，市委副书记、市长、市环境保护委员会主任刘曙光主持会议。

### 同日

潍坊滨海旅游发展集团成立暨金融对接会在滨海区举行。副市长、滨海区党工委书记王树华出席会议。

### 15日

市委副书记、市长刘曙光会见了到潍坊考察的台湾建筑同业公会理事长、国城建设董事长洪平森一行。

### 同日

潍坊军分区党委第七届第六次全体会议召开。军分区党委书记、政委郝树东作工作报告，军分区党委副书记、司令员万伟锋讲话。

### 16～20日

中国人民政治协商会议第十一届山东省委员会第二次会议在山东会堂举行。崔建平等35名省政协委员参加会议。

### 16日

潍坊市信息化规划评审会议在北京召开。专家组对《潍坊市信息化发展规划纲要》《“智慧潍坊”建设行动计划》《潍坊市推进信息化和工业化深度融合行动计划》等规划进行评审并通过。

### 同日

全市推进地理信息产业发展会议暨市政府与山东科技大学签约仪式在富华国际会议中心举行。

### 17日

全市国税工作会议召开。

### 17～22日

山东省第十二届人民代表大会第三次会议在山东会堂举行。杜昌文、刘曙光、胡岗等77名省人大代表参加会议。

### 18日

市委副书记王献玲在高新区调研中小型高新技术企业发展情况。

21日

市委常委扩大会议在市级机关综合办公大楼召开，专题学习习近平总书记在党的群众路线教育实践活动第一批总结暨第二批部署会议上的重要讲话精神，并研究学习贯彻意见。

22日

市政协十二届十次常委会议在市级机关综合办公大楼召开。会议传达了习近平总书记在党的群众路线教育实践活动第一批总结暨第二批部署会议上的重要讲话精神；审议通过了关于召开市政协十二届三次会议的决定，决定市政协十二届三次会议于2014年9日至12日在潍坊召开；审议通过了十二届市政协常务委员会工作报告和提案工作报告，推举崔建平代表市政协常委会向大会作工作报告，推举刘伟代表市政协常委会向大会作提案工作报告；审议通过了市政协反映社情民意信息工作报告、市政协其他专门委员会工作报告及有关人事事项。

23日

福田汽车—潍柴集团发展工作座谈会在市级机关综合办公大楼召开。

24日

全市宣传思想文化工作会议召开。市委书记杜昌文出席会议并讲话。

同日

市十六届人大常委会第十五次会议在市文化艺术中心大剧院三楼人大会议室召开。市人大常委会党组书记、第一副主任胡岗主持会议并讲话。会议议定了市人大常委会工作报告，通过了拟提请市十六届人大三次会议预备会议通过的大会议程草案、大会主席团和秘书长名单草案，市人大常委会代表资格审查委员会关于个别代表的代表资格的报告，人事任免名单和市人大常委会关于授予潍坊市荣誉市民称号的决定。

26日

市委副书记、市长刘曙光主持召开市政府第二十五次常务会议，研究2014年政府工作报告（审议稿）、鼓励支持全民创业、创建“国家循环经济示范城市”等工作。

27日

全市突破滨海工作座谈会在滨海区召开。市委书记、市突破滨海总指挥部总指挥杜昌文出席会议并讲话。

同日

全市城乡居民基本医疗保险整合工作会议在市级机关综合办公大楼召开。市委常委、常务副市长陈白峰出席会议并讲话。

28日

市委副书记王献玲到高新区调研企业发展和公共行政审批服务中心为民服务情况。

31日

农历大年初一，市委书记杜昌文到市公安局指挥中心、市消防支队、国家电网潍坊电力调度控制中心和配网调控抢修中心、市公共自行车管理中心等处看望慰问坚守岗位的干部、职工。

## 2月

7日

市突破滨海总指挥部在滨海区召开办公会议，市委书记、市突破滨海总指挥部总指挥杜昌文出席会议并讲话。

8日

市委召开常委扩大会议，传达学习中央全面深化改革领导小组第一次会议精神以及省委关于成立全面深化改革领导小组的通知精神，研究贯彻落实意见。市委书记杜昌文主持会议并讲话。

同日

市政协十二届十一次常委（扩大）会议在富华国际会议中心举行，审议通过了市政协十二届三次会议的议程、日程、委员分组名单、联组发言分组名单、各组召集人名单、执行常委名单和有关人事事项。市政协主席崔建平主持会议。

9日

潍坊市十六届人大三次会议主席团在市文化艺术中心大剧院一楼国际会议中心举行第一次会议。市委书记杜昌文主持会议。会议推选出了大会主席团常务主席，决定了大会副秘书长名单，通过了市十六届人大三次会议日程和关于议案截止时间的决定。会议还通过了提交代表酝酿、讨论的大会选举办法草案。

9～12日

中国人民政治协商会议第十二届潍坊市委员会第三次会议在富华国际会议中心举行。9日，会议开幕。市政协主席崔建平代表十二届市政协常委会作工作报告，市政协副主席刘伟代表十二届市政协常委会作提案工作报告。12日下午，会议闭幕。会议增补王玉春、刘延民、李树春、宋立军、郑世诗、耿文、黄进、韩国庆为市政协第十二届委员会常务委员；通过了关于市政协十二届三次会议提案审查情况的报告；通过了市政协十二届三次会议决议；通报了市政协提案工作表彰决定。

10～13日

潍坊市第十六届人民代表大会第三次会议在市文化艺术中心大剧院举行。10日9时，会议开幕。市人大常委会党组书记、第一副主任胡岗主持会议，市长刘曙光代表潍坊市人民政府向大会作政府工作报告。13日下午，会议闭幕。会议补选杜昌文为潍坊市第十六届人民代表大会常务委员会主任，尹凤来、朱乐凯、朱振铎、邱尔臣为潍坊市第十六届人民代表大会常务委员会委员，姜树政为潍坊市中级人民法院院长。会议表决通过了政府工作报告、潍坊市2013年国民经济和社会发展计划执行情况与2014年计划等各项决议。

**11日**

潍坊市在市级机关综合办公大楼组织收看了国务院第二次廉政工作会议。市委副书记、市长刘曙光出席会议。

**13日**

市十六届人大常委会第二十八次主任会议在市级机关综合办公大楼召开。市委书记、市人大常委会主任杜昌文出席会议并讲话，市人大常委会党组书记、第一副主任胡岗主持会议。

**14日**

全市环保食品药品监管执法工作会议在市级机关综合办公大楼召开。市委常委、副市长孙起生出席会议并讲话。

**15日**

济南军区政委杜恒岩到潍坊军分区就新年度工作和党的第二批群众路线教育实践活动开展情况进行检查调研。

**19日**

市委书记杜昌文在富华会议接待中心会见了森达美集团独立非执行董事、森达美集团能源与公共事业部中国区董事局主席林浩光一行。

**同日**

市政府召开全市（中心城区）十个重点特色产业园区建设调度会，市委副书记、市长刘曙光出席会议并讲话，市委常委、副市长孙起生主持会议。

**20日**

中共潍坊市纪委十一届五次全体会议在市级机关综合办公大楼召开。市委书记杜昌文出席会议并讲话，市委常委、市纪委书记邹庆忠主持会议并作市纪委常委会工作报告。

**21日**

全市安全生产环境保护工作会议在市级机关综合办公大楼召开。市委常委、副市长孙起生出席会议并讲话。

**22日**

全市党的群众路线教育实践活动动员大会在市工人文化宫召开。省委常委、常务副省长、省委督导组组长孙伟出席会议并讲话，市委书记杜昌文主持会议并讲话。

**同日**

市委副书记王献玲，市委常委、市纪委书记邹庆忠召开以清房、清车、清“股”、清兼职、清公款消费为内容的“五清”工作和“小金库”专项治理调度会，安排部署专项整治工作。

**24日**

市委常委会在市级机关综合办公大楼开展党的群众路线教育实践活动第一次集体学习，传达学习中央和省委政法工作会议精神，研究贯彻落实意见。市委书记杜昌文主持会议并讲话。

**24～25日**

苏丹全国大会党干部考察团一行到潍坊市参观考察。

**25日**

全市节约集约用地暨国土资源工作会议在市级机关综合办公大楼召开。

**26日**

全市项目建设工作会议在市级机关综合办公大楼召开。市委常委、常务副市长陈白峰出席会议并讲话。

**27日**

市委书记杜昌文到寒亭区总部基地、中国食品谷、潍坊农村产权交易中心和高新区歌尔声学调研。

**同日**

市政府召开全体（扩大）会议，贯彻落实市委十一届五次全体会议、全市经济工作会议特别是市“两会”精神。市委副书记、市长刘曙光出席会议并讲话。

**28日**

市委书记杜昌文到潍柴滨海产业园、潍坊港西港、潍坊渔港现场调研，并听取科教创新区项目规划汇报。

**同日**

市委副书记、市长刘曙光主持召开市政府第二十六次常务会议，传达贯彻上级会议精神，研究城市能源结构调整、科技企业孵化体系建设、中美低碳生态试点城市建设、食品安全专项整治、安全生产等工作。

**同日**

全市司法行政工作会议在市级机关综合办公大楼召开。市委常委、政法委书记苏立科出席会议并讲话。

**2月28日～3月1日**

省委常委、常务副省长孙伟一行到潍坊实地调研督导全市开展党的群众路线教育实践活动情况。

**2月**

潍坊市山东华特磁电科技股份有限公司王兆连、山东贝瑞康生物科技有限公司刘金龙、潍坊星泰克微电子材料有限公司孙逊运、山东威能环保电源有限公司张凤太、山东亿能光学仪器股份有限公司程仕东、山东吉青化工有限公司甄曰菊6人入选2013年度国家创新人才推进计划。

**2月**

潍坊市毛体书法家贺惠邦当选“2013感动中国艺术人物”。

## 3月

**1日**

市委副书记、市长刘曙光在金沙大酒店会见了美国能源部客人瓦索·巴特一行。

**3日**

市委召开党的群众路线教育实践活动领导小组第三次成员会议，听取前段时间全市党的群众路线教育实践活动情况和下步深入搞好教育实践活动的措施建议。市委书记杜昌文主持会议并讲话。

**同日**

第四届中国画节·中国（潍坊）第七届文化艺术展示交易会动员部署会在市级机关综合办公大楼召开。市委常委、宣传部部长初宝杰出席会议并讲话。

**4～5日**

副省长赵润田到潍坊市就现代农业示范区建设和农村土地承包经营权确权登记颁证试点工作进行调研。

**6日**

市委副书记、市长刘曙光在十二届全国人大二次会议小组讨论会上作了题为《加快推进转型发展　实现更高层次新发展》发言。

**同日**

潍坊港有限责任公司、山东高速物流集团有限公司和森达美港有限公司三方在滨海创业大厦签订协议，共同出资组建潍坊港务有限公司。副市长、滨海区党工委书记王树华出席签约仪式。

**7日**

市委全面深化改革领导小组在市级机关综合办公大楼召开第一次会议，审议了市委全面深化改革领导小组及办公室、各专项小组的机构设置、工作规则和细则，听取了市委改革办关于《中共潍坊市委关于全面深化改革的总体方案（讨论稿）》起草情况的说明等。市委书记、市人大常委会主任、市委全面深化改革领导小组组长杜昌文主持会议并讲话。

**同日**

市政协党的群众路线教育实践活动动员大会在市级机关综合办公大楼召开。市政协主席、党组书记崔建平出席会议并讲话。

**同日**

全市审计工作会议在东方大酒店召开。

**同日**

潍坊市创建国家循环经济示范城市动员培训会议召开。

**同日**

第八届中国（山东）农业机械产品博览会在潍坊金宝国际会展中心开幕。省农机局局长高明飞出席开幕式。

**9～10日**

省政协副主席陈光带领专题调研组，就“如何大力发展混合所有制经济以激活企业创新创造活力”问题，到潍坊开展专题调研活动。

**10日**

市人大常委会机关党的群众路线教育实践活动动员大会在市级机关综合办公大楼召开。市人大常委会党组书记、第一副主任胡岗作动员讲话。

**11日**

市委书记杜昌文在东方大酒店会见到潍坊参观考察的台湾捷年集团总裁吕台年。

**12日**

全市农村工作会议召开。市委副书记王献玲出席会议并讲话。

**12～13日**

副省长邓向阳到潍坊查看寿光市小清河流域生态环境综合治理现场。

**14日**

市委党的群众路线教育实践活动领导小组在市级机关综合办公大楼召开专题协调会，听取全市“五清”和“小金库”专项治理特别是市直部门清理工作情况汇报，市委书记杜昌文主持会议并讲话。

**同日**

市委副书记、市长刘曙光主持召开市政府党组暨市政府办公室机关党的群众路线教育实践活动动员大会。省委赴潍坊市督导组副组长、省司法厅副厅长冯军及市委第十四督导组有关负责同志到会指导。

**19日**

省海洋与渔业厅和潍坊市在东方大酒店签订重点工作对接任务书。市委书记杜昌文莅临祝贺，省海洋与渔业厅厅长王守信致辞。

**21日**

全市民政工作会议在市级机关综合办公大楼召开。市委常委、常务副市长陈白峰出席会议并讲话。

**同日**

全市党的群众路线教育实践活动督导工作会议在市级机关综合办公大楼召开。

**24日**

市委副书记、市长刘曙光到昌乐县调研。

**同日**

全市维稳工作会议在市级机关综合办公大楼召开。市委副书记王献玲出席会议并讲话。

**25日**

潍坊市党的群众路线教育实践活动专题辅导报告会召开。中央文献研究室副主任、研究员，中国中共文献研究会副会长陈晋应邀作报告。

**同日**

市政协十二届十二次常委会议在市级机关综合办公大楼召开。会议传达学习了全国政协十二届二次会议精神，通报表彰了先进委员活动组，评议了市民政局、市住房和城乡建设局的工作，审议通过了《市政协2014年工作要点》《关于在城镇化进程中进一步加强农村民居抗震设防工作的建议案》和有关人事事项。市政协主席崔建平出席会议并讲话。

**26日**

市委副书记、市长刘曙光主持召开市级政府投融资体制改革工作调度会议。

**同日**

潍坊市经济体制和生态文明体制改革专项小组第一次会议在市级机关综合办公大楼召开。市委常委、常务副市长陈白峰出席会议并讲话。

**同日**

全市教育工作会议在市级机关综合办公大楼召开。副市长王桂英出席会议并讲话。

**26～27日**

全国人大常委会副委员长、民建中央主席陈昌智一行，到潍坊市就加大改革力度、建立解决产能过剩的长效机制工作进行考察调研。

**26～28日**

副省长孙绍骋一行到潍坊市调研示范镇建设、养老服务、国土资源管理等工作。

**27日**

全市开放发展工作会议在市级机关综合办公大楼召开。市委常委、副市长孙起生出席会议并讲话。

**28日**

市委副书记、市长刘曙光主持召开市政府第二十七次常务会议，研究加快服务外包产业发展、进一步推进"三八六"环保行动、加快推行工商注册制度便利化改革等工作。

**同日**

市委书记杜昌文在新富佳悦大酒店会见香港潍坊同乡会会长、山东省政协常委、香港中旅集团副总经理王富刚率领的香港潍坊同乡会访问团一行。

**29日**

市委副书记、市长刘曙光在富华大酒店会见NEC（中国）有限公司总经理中井汪杰一行。

**30日**

市委书记杜昌文在富华大酒店会见到潍坊考察的卓达房地产集团有限公司董事长兼总裁杨卓舒一行。

**31日**

全市工业转型发展大会在市级机关综合办公大楼召开。市委副书记、市长刘曙光出席会议并讲话。

## 4月

**1日**

市委书记杜昌文到安丘市调研。强调要认真学习贯彻习近平总书记重要指示特别是在兰考县调研时的重要讲话精神，认真开展好党的群众路线教育实践活动。

**同日**

市政府党组召开专题讨论会，交流党的群众路线教育实践活动学习体会。市委副书记、市长刘曙光主持会议。

**同日**

市人大常委会党组书记、第一副主任胡岗到寿光市洛城街道东斟灌村走访联系基层群众，就党的群众路线教育实践活动征求意见。

**同日**

总投资50亿元的恒联集团"退城进园"项目开工。

**同日**

中国食品谷重点项目推进会议在寒亭区召开。市委常委、副市长孙起生出席会议并讲话。

**2日**

全市老干部工作会议在市级机关综合办公大楼召开。市委常委、组织部部长刘炳国出席会议并讲话。

**4日**

市政协主席、党组书记崔建平到青州市召开座谈会，征求政协委员和各界群众对市政协领导班子、领导干部和政协机关的意见、建议。

**同日**

潍坊市"五清"（清房、清车、清股、清兼职、清公款消费）和"小金库"专项治理工作调度会议在市级机关综合办公大楼召开。市委副书记王献玲出席会议并讲话。

**8日**

市委副书记、市长刘曙光调研政府窗口服务单位建设工作。

**同日**

市政府在市级机关综合办公大楼召开部分行业龙头企业座谈会，市委副书记、市长刘曙光主持座谈会并讲话。

**同日**

市政协在市级机关综合办公大楼召开住潍省政协委员座谈会，市政协主席、党组书记崔建平主持会议并讲话。

**同日**

市人大常委会机关党的群众路线教育实践活动征求意见座谈会在市级机关综合办公大楼召开。市人大常委会党组书记、第一副主任胡岗主持座谈会。

**同日**

全市道路交通安全综合治理暨机动车"四非"问题整治工作会议在市级机关综合办公大楼召开。副市长潘强出席。

9 日

市委书记杜昌文到潍城区和昌乐县实地检查指导抗旱工作。

同日

市委副书记、市长刘曙光主持召开全市现代产业体系牵头部门座谈会。

同日

全市交通运输工作会议在市级机关综合办公大楼召开。副市长夏芳晨出席会议并讲话。

10 日

潍坊港五万吨级航道开工疏浚。同日，负责潍坊港建设的潍坊港务有限公司组建成立。

同日

全市“三八六”环保行动调度会议召开。市委常委、副市长孙起生出席会议并讲话。

11 日

大型现代吕剧《百姓书记》在潍坊保利大剧院演出第二场。该剧获第十届中国艺术节“文华大奖”，作为党的群众路线教育实践活动的优秀教材在各地巡演。

同日

2014 潍坊市·中科院科技成果对接发布会召开。市委常委、副市长孙起生出席会议并致辞。

14 日

市委书记杜昌文到市中小企业公共服务中心调研。

15 日

市委副书记、市长刘曙光到诸城检查指导抗旱工作，并就城镇化建设和产业转型升级进行调研。

16 日

市委副书记、市长刘曙光主持召开一季度财税、金融专题座谈会。

同日

潍坊富盈国际城项目签约仪式在富华大酒店举行。市委副书记、市长刘曙光出席签约仪式并会见了广东富盈集团董事长刘学斌一行。

同日

市委农村工作领导小组成员（扩大）会议在市级机关综合办公大楼召开，市委副书记王献玲主持会议并讲话。

同日

全市项目建设现场推进会在寿光召开。市委副书记、市长刘曙光出席会议并讲话。

同日

市科协六届六次全委会议在东明大酒店召开。市委常委、宣传部长初宝杰出席会议并讲话。

18 日

第四届中国画节·中国（潍坊）第七届文化艺术展示交易会暨首届中国油画风景作品展在鲁台会展中心开幕。中国文联副主席、中国美协主席刘大为致辞并宣布开幕，省委宣传部副部长王红勇，市委常委、宣传部部长初宝杰致辞。

同日

市委副书记、市长刘曙光在东方大酒店会见了来潍参加外交使节潍坊行活动的代表团团长等嘉宾一行。

19 日

第三十一届潍坊国际风筝会在浮烟山国际风筝放飞场开幕。国家体育总局副局长、国际风联主席冯建中，省老领导王树芳，市委领导杜昌文、刘曙光、孙起生、孙明亮等出席开幕式。诺贝尔文学奖获得者莫言为本届风筝会题写了“高飞远翔，鸢都潍坊”的祝福语。

同日

市委书记杜昌文在寿光晨鸣国际大酒店会见了海基会董事长林中森率领的海基会文化参访团一行，双方就扩大两地经济、文化等领域合作进行沟通交流并达成广泛共识。

同日

副省长赵润田在东方大酒店会见了中华全国供销合作总社党组成员、理事会副主任邹天敬一行。市委副书记、市长刘曙光参加会见。

同日

会展经济转型发展（潍坊）高峰论坛在东方大酒店举行。国家体育总局副局长、国际风联主席冯建中出席论坛并作主题演讲，市委常委、副市长孙起生致辞。中国会展经济研究会向潍坊市颁发了“全国特色会展示范城市”牌匾和证书。

同日

2014 外交使节潍坊行对接会在东方大酒店举行。副市长张望军致辞。

20 日

第十五届中国（寿光）国际蔬菜科技博览会在寿光国际会展中心开幕。

同日

全国农村青年创业致富“领头雁”特色产业交流活动在寿光市开幕。

同日

市委书记杜昌文在东方大酒店会见了到潍坊考察的中国东方演艺集团董事长顾欣一行。

同日

市委副书记、市长刘曙光会见中国科协副主席、书记处书记陈章良一行，双方就食品行业转型升级及相关科研工作站建设等方面达成共识。

同日

2014 首届中国书画潍坊专场保真

拍卖会在鲁台会展中心开槌。

**22 日**

潍坊市在市级机关综合办公大楼召开会议，部署在党的群众路线教育实践活动中建立自查问题清单工作。市委常委、组织部部长刘炳国出席会议并讲话。

**23 日**

市委书记杜昌文到领潮新材料、福田雷沃重工和中国路演（潍坊）中心等企业调研。

**同日**

市政府与 NEC 信息系统（中国）有限公司、株式会社道纪忠华智库签署战略合作框架协议签字仪式在东方大酒店举行。

**23 日**

省军区司令员荣森之到潍坊军分区就党的群众路线教育实践活动开展情况进行督导。

**24 日**

省委常委、常务副省长孙伟到联系点寿光市作党的群众路线教育实践活动学习认识和体会辅导报告。

**24 ~ 25 日**

全国政协副主席、民进中央常务副主席罗富和率全国政协调研组一行 22 人，在省政协副主席、民进山东省委主委栗甲陪同下到潍坊就“以减负提质为重点深化教育教学改革”进行专题调研。

**24 ~ 25 日**

省委常委、常务副省长孙伟率省直有关部门负责人到潍坊，就“推进社会力量办医办学”重大课题进行调研。

**25 日**

全市推进新型城镇化专题报告会在市工人文化宫举行。泛华集团董事长、总裁杨天举应邀以《中国新型城镇化发展创新模式与实践》为题作辅导报告。市委副书记、市长刘曙光主持报告会。

**25 ~ 26 日**

鲁辽陆海货滚甩挂运输大通道建设战略研讨会在潍坊市举办。

**26 日**

市委理论学习中心组暨全市领导干部理论学习辅导报告会举行，中国证监会创新业务监管部主任、研究中心主任兼北京证券期货研究院执行院长祁斌应邀作《资本市场与地方经济转型发展》专题辅导报告。

**27 日**

市委在市级机关综合办公大楼召开常委（扩大）会议，分析研究当前经济工作。市委书记杜昌文主持会议并讲话。

**28 日**

市十六届人大常委会第十六次会议在市文化艺术中心大剧院召开。会议分组审议了有关报告、办法和说明，酝酿了人事任免名单，对全市社会救助体系建设情况、全市现代服务业发展情况进行了测评，表决通过了潍坊市人民代表大会代表议案处理办法和人事任免名单。市委书记、市人大常委会主任杜昌文向被任命干部颁发任命书并讲话。市人大常委会党组书记、第一副主任胡岗，党组副书记、副主任刘明珂分别主持会议。

**同日**

“时代楷模”朱彦夫同志先进事迹报告会在市级机关综合办公大楼举行。

**同日**

市委副书记王献玲在富华大酒店会见了肯尼亚联合共和党主席弗朗西斯·卡帕罗率领的肯尼亚朱比利联盟代表团一行。

**28 ~ 29 日**

中国证监会副主席刘新华一行到潍坊调研。市委书记杜昌文在富华会议接待中心会见刘新华一行。

**29 日**

全市组织工作会议在市级机关综合办公大楼召开。市委书记杜昌文出席会议并讲话，市委常委、组织部部长刘炳国做工作部署。

**同日**

全市庆祝“五一”国际劳动节大会在市工人文化宫召开。市委副书记王献玲出席大会并讲话。

## 5 月

**4 ~ 5 日**

市政府召开重点项目调度会，实地察看歌尔声学光电产业园、潍日高速、中国食品谷等项目进展情况。

**6 日**

市委书记杜昌文到联系点寿光市洛城街道调研指导党的群众路线教育实践活动。

**同日**

市人大常委会党组书记、第一副主任胡岗到滨海区调研。

**同日**

市人文自然遗产保护与开发促进会年会暨《郑板桥丛书》出版新闻发布会在广电大厦举行。市委常委、宣传部部长初宝杰出席会议并讲话。

**7 ~ 8 日**

副省长王随莲一行到潍坊调研基层计划生育、社会力量办体育和县级公立医院改革等工作。

**7 日**

党的群众路线教育实践活动突出问题整治工作调度会议在市级机关综合办公大楼召开，市委副书记王献玲主持会议并讲话。

8日

中国共产党潍坊市第十一届委员会第六次全体会议在市级机关综合办公大楼召开。市委常委会主持会议，市委书记杜昌文讲话。会议审议通过了《中共潍坊市委关于全面深化改革的总体方案》，市委副书记、市长刘曙光就《方案（讨论稿）》向全委会作了说明。

8～9日

全省国土资源规划工作暨节地挖潜三项试点现场会议在潍坊市召开。国土资源部规划司司长董祚继、省国土资源厅厅长刘俭朴分别讲话。市委副书记、市长刘曙光致辞。

9日

潍坊市党的群众路线教育实践活动专题辅导报告会在市工人文化宫中心会堂举行。中国纪检监察学院原副院长李永忠应邀作了《“八项规定”与作风建设》的专题辅导报告。

同日

市委副书记、市长刘曙光到党的群众路线教育实践活动联系点青州市弥河镇调研指导，并给当地党员干部群众讲授了以《顺应好实现好农村群众的新期待新要求、努力把党的群众路线落到实处》为内容的党课。

9～10日

九三学社山东省六届七次常委会议在潍坊召开。副省长、九三学社山东省委主委王随莲出席会议并讲话。

10日

潍坊市金融大讲堂专题讲座在市级机关综合办公大楼举行。中国投资有限责任公司副总经理谢平应邀《互联网金融》的专题讲座。

12日

省委巡视组巡视情况反馈会议在市级机关综合办公大楼召开。市委书记杜昌文主持会议并讲话，省委第五巡视组组长张永青介绍并反馈了巡视情况。

同日

市委副书记、市长刘曙光主持召开市政府第二十八次常务会议，研究创建现代产业体系重点产业龙头企业、承载园区及招商体系建设、现代产业发展基金管理、支持驻潍高校创新创业教育和大学生自主创业等工作。

13日

全市土地例行督察工作情况反馈暨土地管理政策宣讲会在市级机关综合办公大楼举行。

同日

全市开发区（园区）转型发展现场会在滨海区召开。市委常委、副市长孙起生出席会议并讲话，副市长、滨海区党工委书记王树华致辞。

14～15日

副省长夏耕率省直有关部门负责人到潍坊，就开放型经济、金融工作和民营经济发展情况进行调研。

15日

市委书记杜昌文到潍城区调研社区建设工作。

同日

市委全面深化改革领导小组召开第二次会议，审议《市委全面深化改革领导小组2014年工作要点》及重点改革任务，研究部署下步工作。市委书记、市委全面深化改革领导小组组长杜昌文主持会议并讲话。

15～17日

全国人大常委会环境与资源保护委员会调研室巡视员何嘉平带领《中华环保世纪行》新闻采访组来潍坊，就潍坊市生态环保工作和试行“大环保”工作格局情况进行采访报道。

15日

全市信访工作调度会议在市级机关综合办公大楼召开。市委常委、秘书长孙明亮出席会议并讲话。

16日

市委书记、市突破滨海总指挥部总指挥杜昌文到滨海区企业、院校、港口和产业园区调研。

同日

市委副书记、市长刘曙光就公共平台建设进行专题调研。

同日

全市机要保密工作会议在市级机关综合办公大楼召开。市委常委、秘书长孙明亮出席会议并讲话。

17日

全市“三八六”环保行动扬尘综合整治现场调度会召开。市委常委、副市长孙起生出席会议。

18～19日

潍坊市召开主导产业培育观摩交流会，对各县市区、市属各开发区贯彻落实习近平总书记关于“腾笼换鸟、凤凰涅槃”，打好“转方式、调结构、攻坚战”的指示精神，培育优势主导产业、推进招商与转调创工作情况进行观摩交流。

19日

市防汛抗旱指挥部成员（扩大）会议在阳光大厦召开。市委副书记、市长刘曙光出席会议并讲话。

同日

潍坊工业发展讲坛在市级机关综合办公大楼举行。全国知名品牌战略专家李光斗应邀《发展品牌经济，推动经济转型》专题报告。

21日

市委副书记王献玲到联系点高密市姜庄镇调研指导党的群众路线教育实

践活动。

22日

市委常委议军会议在市级机关综合办公大楼召开。市委书记杜昌文主持会议并讲话。

同日

潍坊市港口经济发展战略规划报告会在长城招待所举行，交通运输部规划研究院水运所副所长冯云就港口经济及潍坊市港口经济发展情况做了专题讲座。

22～24日

以全国人大常委会副秘书长、中科院院士郭雷为团长的全国无党派人士考察团一行到潍坊，就法院、检察院依法独立公正行使审判权、检察权进行考察调研。

27日

滨海区被科技部确定为国家火炬潍坊滨海海洋化工特色产业基地。

28日

市委书记杜昌文到潍坊城市规划艺术馆调研城市规划工作。

29日

市委副书记、市长刘曙光在东方大酒店会见毕马威企业咨询（中国）有限公司总监邵伟一行。

同日

全省事业单位绩效考核工作经验交流会在潍坊召开。省编办副主任刘书伟出席会议并讲话，市委常委、组织部部长刘炳国致辞。

30日

市委书记杜昌文，市委副书记、市长刘曙光在市级机关综合办公大楼会见济南铁路局局长任纪善一行。

5月

潍坊市摄影家协会名誉主席、潍坊市人大常委会原副主任常怀义当选为“2013感动世界年度人物”，同时受聘为世界文艺家联合会终身理事。

## 6月

4日

潍坊市在市级机关综合办公大楼组织收听收看全省供销合作社综合改革试点启动电视会议。市委副书记、市长刘曙光出席潍坊分会场会议并代表全省6个地级市改革试点作表态发言。

5～7日

省委副书记王军民到潍坊调研农业农村工作情况。

6日

市委副书记、市长刘曙光检查防汛工作。

8日

《中华人民共和国食品安全法》和《中华人民共和国农产品质量安全法》联动修改、完善农产品质量安全可追溯体系专家座谈会暨交易中心可行性研究报告专家论证会在东方大酒店召开。市委副书记、市长刘曙光致辞。

10日

市委副书记、市长刘曙光到青州市何官镇南张楼村调研。

11日

市委副书记、市长刘曙光在市级机关综合办公大楼主持召开会议，专题调度智慧城市建设情况。

12日

市委副书记、市长刘曙光到滨海区调研。

同日

潍坊市文化系统政协提案办理协商面复会议在市级机关综合办公大楼召开。市政协主席崔建平出席会议并讲话。

13日

市委书记杜昌文到青州市实地检查以“清理河道垃圾、清除行洪障碍、绿化河道水系”为主要内容的“两清一绿”水域环境专项整治进展情况。

同日

市规划委员会全体会议在市级机关综合办公大楼召开，研究审查了《潍坊市人民防空工程规划》《潍坊市白浪河城区中心区域城市设计》《潍坊市中心城区中小学布局规划（2011—2020）》等有关规划设计报告。市委副书记、市长刘曙光主持会议。

13～18日

由省住房和城乡建设厅巡视员万利国率领的省蓝黄“两区”规划实施情况检查推进工作督导检查组到潍坊督导检查蓝黄“两区”规划实施情况。

15日

市委书记杜昌文到市综合保税区调研。

15～17日

市委副书记、市长刘曙光率团赴东北大学，就进一步深化双方交流合作进行考察、洽谈。

16日

市委书记杜昌文到奎文区调研。

17日

全市民营经济创新发展座谈会在市级机关综合办公大楼召开。市委常委、统战部部长张小梅出席座谈会并讲话。

同日

全市“三八六”环保行动暨国家循环经济示范城市创建调度推进会议在市级机关综合办公大楼举行。市委常委、副市长孙起生出席会议并讲话。

**18 日**

省委副书记、省长郭树清到潍坊市青州、临朐调研经济社会发展情况。

**同日**

市委副书记、市长刘曙光到青州市调研经济社会发展情况，并到党的群众路线教育实践活动联系点弥河镇赤涧村走访慰问部分困难群众，研究促进科学发展的思路和措施。

**同日**

由《中国民商》杂志社主办的中国（潍坊）中小企业发展论坛在富华大酒店召开。国务院参事、著名经济学家陈全生，中国政法大学教授李爱君等分别就《2014 年经济政策与民营经济发展形势》和《互联网金融创新》等课题做了讲解。

**19 日**

山东省 APEC 商务旅行卡工作座谈会在东方大酒店召开。外交部领事司出国签证处副处长邱元兴出席会议。

**22 ~ 23 日**

山东省证监局局长冯鹤年一行到潍坊开展企业上市“一对一”服务活动。

**24 日**

市委副书记、市长刘曙光在金茂大酒店会见了台湾声宝集团总裁陈盛沺一行。

**25 日**

市委副书记、市长刘曙光在东方大酒店会见了北京闪联信息工程技术有限公司总裁孙育宁一行。

**26 日**

市委书记杜昌文在东方大酒店会见了大连港集团董事长、总经理惠凯一行。

**26 ~ 27 日**

市委常委班子召开党的群众路线教育实践活动专题民主生活会。省委常委、常务副省长、省委赴潍坊督导组组长孙伟，省委赴潍坊督导组第一副组长张述存及督导组全体成员和省委组织部有关同志到会指导。市委书记杜昌文主持会议。

**26 日**

市委副书记、市长刘曙光到峡山区检查防汛工作。

**同日**

市委对台工作暨第二十届鲁台经贸洽谈会动员会议在市级机关综合办公大楼召开。市委副书记王献玲出席会议并讲话。

**同日**

潍坊市召开防范处置“全能神”邪教组织专项整治行动动员部署视频会议。市委常委、秘书长孙明亮出席会议并讲话。

**27 日**

市委书记杜昌文，市委副书记、市长刘曙光在富华大酒店会见了汉富控股有限公司董事长韩学渊一行。

**29 日**

市委书记、市突破滨海总指挥部总指挥杜昌文在滨海区主持召开总指挥部办公会议。强调要认真梳理一年来《关于突破滨海加快蓝黄战略实施推动全市科学发展的决定》贯彻落实情况，更加明确突破滨海在推动全市“腾笼换鸟”、转型升级、科学发展中的战略地位，以抓铁有痕、踏石留印的扎实作风，建设滨海生态新城。

**30 日**

市委副书记、市长刘曙光主持召开市政府第三十次常务会议，审议通过了《潍坊市基本公共服务体系建设计划》《建设项目模拟审批实施办法》《企业登记并联审批实施办法》《潍坊市科学技术奖励办法》，确定了加快新能源汽车推广应用、促进新能源汽车产业发展的政策措施，研究了城区供热结构调整、供销合作社综合改革试点工作等事项。

**6 月 30 日 ~ 7 月 1 日**

潍坊市十六届人大常委会十七次会议召开。会议审议了各项报告，对全市农村土地承包经营权确权登记颁证工作进行了测评，对大气污染防治工作进行了专题询问。市委书记、市人大常委会主任杜昌文，市委副书记、市长刘曙光出席专题询问会。

**6 月**

潍坊市市区自行车交通系统示范项目、青州市步行和自行车交通示范项目入选住房和城乡建设部公布的第三批城市步行和自行车交通示范项目。

## 7 月

**2 日**

市委副书记、市长刘曙光在东方大酒店会见了台湾肥料股份有限公司董事长李复兴一行。

**同日**

全市“十三五”规划编制工作电视会议在市级机关综合办公大楼召开。市委常委、副市长孙起生出席潍坊主会场会议并讲话。

**3 日**

市委召开常委班子专题民主生活会情况通报会。市委书记杜昌文主持会议并通报情况，省委督导组第一副组长张述存出席会议并讲话。

**同日**

市委全面深化改革领导小组在市级机关综合办公大楼召开第三次会议，听取了全市全面深化改革工作进展情况的汇报，对投资准入负面清单和深化教育改革的意见进行了讨论并审议。

**同日**

全市“三八六”环保行动与产业转型升级研讨交流会召开，有关专家就环保和产业转型升级问题做了辅导报告。

**4 日**

潍坊市在市级机关综合办公大楼组织收看全省民营经济工作视频会议。

**同日**

市委召开农村工作领导小组暨国家现代农业综合改革试点专项小组全体成员会议。

**同日**

全市大中专院校暑期服务“美丽乡村”建设“三下乡”社会实践活动在山东畜牧兽医职业学院启动。

**7 ~ 10 日**

省政府组成专门调研组到潍坊调研教育综合改革工作。

**8 日**

全市双拥工作会议在市级机关综合办公大楼召开。

**8 ~ 9 日**

寿光市委常委班子召开党的群众路线教育实践活动专题民主生活会。

**9 日**

全市金融工作调度会在市级机关综合办公大楼召开。

**同日**

第二十三届省运会潍坊市体育代表团成立大会召开。市委副书记、市长刘曙光出席会议并向参加第二十三届省运会的潍坊市体育代表团授旗，副市长王桂英出席。

**同日**

市委副书记、市长刘曙光在东方大酒店会见了全国中小企业股份转让系统有限责任公司总经理、党委副书记谢庚一行。

**9 ~ 10 日**

市政府党组召开党的群众路线教育实践活动专题民主生活会。

**10 日**

市政府出台《加快新能源汽车推广应用促进新能源汽车产业发展的意见》（潍政发〔2014〕13 号），规定 2013 至 2015 年年底，在全市推广应用新能源汽车 5010 辆，配套建设充换电站 6 座，新能源汽车维护站 5 个，充电桩 5000 个。

**11 日和 14 日**

市委副书记、市长刘曙光在青州市和高密市分别主持召开座谈会，就提升新型城镇化质量和水平广泛听取基层意见和建议。

**11 日**

“潍坊市—佐治亚州”经济发展论坛在富华大酒店举行。美国佐治亚州经济发展署署长高礼士，市委常委、副市长孙起生出席论坛并致辞。

**11 ~ 12 日**

青州市委常委班子召开党的群众路线教育实践活动专题民主生活会。

**12 日**

市委书记杜昌文在峡山区主持召开抗旱防汛工作专题调度会议。

**14 日**

市委书记杜昌文到寒亭区调研。强调要认真贯彻落实全省民营经济工作会议精神，促进民营经济健康发展。

**同日**

市委副书记、市长刘曙光在高密市调研抗旱工作。

**15 日**

潍坊市筹备保障济南军区国动委第八次全体会议暨国防动员实战化建设会议任务部署会在潍坊军分区召开。

**16 日**

潍坊市与中国农业银行山东省分行在富华会议接待中心签署《支持现代农业发展战略合作协议》。市委书记杜昌文，市委副书记、市长刘曙光会见中国农业银行山东省分行党委书记、行长益虎一行并出席签约仪式。

**同日**

潍坊创业大学在滨海经济技术开发区揭牌。副市长、滨海区党工委书记王树华等出席揭牌仪式。

**19 日**

市委书记杜昌文就抗旱工作进行专题检查指导。

**22 日**

市委副书记、市长刘曙光在富华大酒店会见了台湾建筑同业公会理事长、国城建设董事长洪平森一行。

**同日**

市政协十二届十三次常委会议在市级机关综合办公大楼召开。会议通报了市政协党组党的群众路线教育实践活动专题民主生活会的相关情况，民主评议了市城市管理行政执法局和市知识产权局的工作，审议通过了《关于全市知识产权工作情况的调研报告》和有关人事事项。

**23 日**

潍坊市防汛抗旱指挥部成员（扩大）电视会议在阳光大厦召开，会议部署下步抗旱及今年第 10 号台风“麦德姆”的防范工作。

**同日**

市委、潍坊军分区召开潍坊预备役（高炮团）工作述职会议。市委副书记、预备役高炮团第一政委王献玲出席会议并讲话。

**23 日和 24 日**

市委常委、政法委书记苏立科分别到寒亭区、峡山区就民营经济发展和抗旱保粮等情况进行调研。

**23～24 日**

全国人大常委会委员、全国人大环资委副主任罗清泉带领全国人大常委会执法检查组，到潍坊市就《中华人民共和国大气污染防治法》贯彻实施情况进行执法检查。

**24 日**

市委书记杜昌文，市委副书记、市长刘曙光分别到市气象局，听取第 10 号台风“麦德姆”预报分析，研判变化趋势，强调全力以赴做好全市防台风工作，确保人民群众生命财产安全。

**同日**

深圳宝能集团高级副总裁兼中国区总裁邹明武一行到潍坊考察、洽谈项目。市委副书记、市长刘曙光在东方大酒店会见邹明武一行。

**同日**

市委副书记、市长刘曙光在富华大酒店会见了北汽集团总经理张夕勇一行。

**25 日**

市人大常委会党组党的群众路线教育实践活动专题民主生活会情况通报会在市级机关综合办公大楼会议室召开。

**同日**

第十二届全国见义勇为英雄模范评选表彰大会在京揭晓，第二炮兵工程大学士官职业技术教育学院原参谋沈星被授予“全国见义勇为英雄”荣誉称号。沈星于 2012 年 5 月 13 日勇救落水学生而壮烈牺牲，献出了年仅 31 岁的宝贵生命，在军内外引起强烈反响。

**同日**

潍坊市歌尔声学股份有限公司入选 2014 年电子信息百强企业，名列第 44 位。

**同日**

市委副书记王献玲到高密市调研民营经济工作。

**27 日**

市委副书记、市长刘曙光主持召开市政府第三十一次常务会议，研究上半年全市经济社会发展情况和促进外贸发展、促进民营经济创新发展、优化现代产业重点项目建设竞争性用地管理等事项，并部署下半年工作。

**28 日**

全市城镇化工作暨提升市区动员会议在市级机关综合办公大楼召开。

**同日**

在上海举行的全国学校体育工作座谈会上，副市长王桂英代表潍坊市作了《将学生体质健康测试结果纳入中考，全面加强学校体育工作》的经验介绍。

**29 日**

全市领导干部国防教育报告会在市级机关综合办公大楼举行，邀请国防大学战略教研部教授徐焰作《中国国防建设》辅导报告。

**30 日**

市委书记杜昌文带领民营经济调研组到寿光市进行专题调研。

**31 日**

市委书记杜昌文在东方大酒店会见了到潍坊调研的新华社山东分社新闻信息中心主任王汝堂一行，向客人介绍了潍坊市经济社会发展、基层民主管理特别是寿光市东斟灌村推行“自主议事、自治管理、自我服务”的“三自”治理模式。

**7 月 31 日～8 月 1 日**

上半年全省商务形势分析会暨创建出口农产品质量安全示范省工作会议在潍坊召开。国家质检总局副局长吴清海、商务部外贸司副司长江伟出席会议并致辞，副省长夏耕出席会议并讲话。

## 8 月

**1 日**

全省打击走私工作会议在潍坊召开。副省长夏耕出席会议并讲话。

**2～4 日**

市委副书记、市长刘曙光带领潍坊市考察团赴深圳市学习考察推动城市更新的思路和办法，组织开展专题招商对接活动。

**4 日**

市政协在市级机关综合办公大楼召开文化创意产业发展专题研讨会。

**6 日**

市委副书记、市长刘曙光到潍城区和奎文区专题调研危房暨老旧小区改造工作，研究提升社区的办法措施。

**同日**

全市人大常委会工作座谈会在市级机关综合办公大楼召开。市人大常委会党组书记、第一副主任胡岗主持会议并讲话。

**同日**

全市创建全国文明城市工作现场推进会在奎文区召开。

**8 日**

省委常委、省纪委书记李法泉到潍坊调研。

**同日**

市委常委、统战部部长张小梅带领市工商联和有关县主要负责人到京与全国工商联进行项目对接。

**12 日**

潍坊市召开社会体制改革专项小组会议，专题研究全市深化司法体制改革和社会体制改革分工方案。

**14 日**

全市领导干部专题报告会在市工人文化宫中心会堂举行。

**同日**

潍坊市政府与东软集团战略合作框架协议签约仪式在富华国际会议中心召开。

**15 日**

全市经济形势分析暨“腾笼换鸟”转型升级现场会议在寿光召开。市委副书记、市长刘曙光出席会议并讲话，市委常委、副市长孙起生主持会议。

**同日**

县市区纪委书记工作会议在市级机关综合办公大楼召开，传达了省委书记姜异康在省委十届九次全会上的讲话和省委常委、省纪委书记李法泉到潍坊调研时的讲话。

**15 ~ 16 日**

省委常委、常务副省长孙伟到潍坊市调研。

**16 日**

市委副书记、市长刘曙光到峡山、白浪河水库调研供水区应急供水工作。

**17 日**

中国食品谷·中凯冷链物流园食品交易城启动运营。全国城市农贸中心联合会会长马增俊，市委常委、副市长、中国食品谷项目协调推进小组组长孙起生及寒亭区主要负责人等出席活动。

**18 日**

由省教育厅、省台湾事务办公室、市政府、台湾海峡两岸教育交流促进协会联合主办的《第七届鲁台职业教育交流与合作研讨会》在富华大酒店召开。

**19 日**

市委副书记、市长刘曙光调研土地利用情况。强调要坚持科学定位、科学组织、科学推进，把全市土地资源利用提高到一个新的水平。

**20 日**

市委副书记、市长刘曙光在东方大酒店会见了香港维健投资控股有限公司行政总裁赵淑楷一行。

**21 日**

市委副书记、市长刘曙光主持召开市政府第三十二次常务会议，研究加快产业转型构建现代产业体系、加快发展养老服务业、市政府工作规则修订等工作。

**21 ~ 22 日**

市国防动员委员会举行了代号为“潍动—2014”国防动员指挥集中演练。

**22 日**

市委书记杜昌文参加了寿光市洛城街道董前村党支部专题组织生活会。强调要真正用好批评与自我批评的武器，同时要做一名好党员，以实际行动践行党的群众路线。

**同日**

市委、市政府印发《关于全面深化改革大力提升市区科学发展水平的决定》，要求大力实施“13364”工程，到 2020 年，市区地区生产总值、公共财政预算收入、服务业增加值占全市的比重均提高到 40% 以上，市区首位度提高到 2.0 以上。

**同日**

潍坊市处置电网大面积停电事件政企联动实战演练在国网潍坊供电公司应急指挥中心举行。

**23 日**

全市领导干部会议在市级机关综合办公大楼召开。会议传达贯彻省委十届九次全会精神，把党风廉政建设和反腐败斗争引向深入。

**同日**

提升市区领导小组第一次会议在市级机关综合办公大楼召开，主要是贯彻落实全市城镇化工作暨提升市区动员会议精神，构建提升市区的工作机制，落实提升市区的任务措施。

**25 日**

市委书记杜昌文就水利工程建设工作进行专题调研。

**同日**

市十六届人大常委会第十八次会议在市文化艺术中心大剧院举行。市人大常委会党组书记、第一副主任胡岗，党组副书记、副主任刘明珂分别主持会议。会议审议、评议了有关报告和决议草案；对全民创业就业工作情况，市十六届人大三次会议以来代表所提建议、批评和意见办理工作情况进行了测评；表决通过了潍坊市 2013 年市级财政决算的决议。副市长王桂英作了关于市十六届人大三次会议以来代表所提建议、批评和意见办理工作情况的报告。

**26 日**

市委副书记、市长刘曙光主持召开落实《关于促进全市经济持续健康发展的意见》专题调度会。

**27 日**

全市社区矫正工作会议在临朐召开。市委常委、政法委书记苏立科出席会议并讲话。

**同日**

全市党委、政府新闻发言人培训班在市委党校开班。市委常委、宣传部部长初宝杰出席开班仪式并讲话。省委外宣办、省政府新闻办主任王世农应邀作首场讲座。

**同日**

第20届鲁台经贸洽谈会新闻发布会在济南市召开。市委常委、副市长孙起生出席会议并致辞。

**27～29日**

全省国省干线公路计划执行情况调度会在青州市召开。市委副书记、市长刘曙光会见了参加会议的省公路局局长李洪修一行。

**28日**

市委书记杜昌文就齐鲁台湾城等重点项目进行专题调研。

**29日**

以“发展地理信息产业、地图服务大众生活”为主题的2014年全国测绘法宣传日山东主会场活动在高新区山东测绘地理信息产业基地研发孵化中心启动。

**同日**

市委副书记、市长刘曙光专题检查调度第二十届鲁台经贸洽谈会筹备工作。

**同日**

全市人口和计划生育工作会议在市级机关综合办公大楼召开。市委副书记王献玲出席会议并讲话。

**30日**

市委副书记、市长刘曙光主持召开市政府第三十三次常务会议，研究贯彻落实全省有关会议精神、安排筹备蓝黄“两区”招商推介会等工作。

**同日**

市委、市政府出台《关于推进新型城镇化发展的意见》，制定了突破滨海、提升市区、开发两河的统筹发展战略布局，到2020年，市域常住人口城镇化率达到65%；中心城市总人口达到300万人，城镇人口达到236万人，常住人口城镇化率达到79%。

**同日**

市委、市政府出台《关于实施潍河、弥河流域综合开发优化生态系统、促进城乡统筹和区域协调发展的意见》，要求按照“全域统筹、生态优先、三产融合、四化同步”的工作思路。

**31日**

省委书记姜异康在富华国际会议中心会见了前来参加第二十届鲁台会的中国国民党荣誉副主席詹春柏等台湾知名人士和台商代表。

**同日**

潍坊市人民政府与中国艺术研究院框架合作协议签约仪式暨《艺术时空——中国艺术研究院书画展》开展仪式在市工人文化宫举行。

**同日**

海峡两岸非物质文化遗产联展参展工作会议在国际金融大厦召开。副市长王桂英出席会议并致辞。

## 9月

**1日**

齐鲁台湾城两岸共建恳谈会在鲁台会议中心举行。

**同日**

中国食品谷合作对接会在新富佳悦大酒店举行。市委副书记王献玲出席会议并致辞。

**1～2日**

省人大常委会委员、教育科学文化卫生委员会主任委员王文升一行到潍坊市，就贯彻实施《中华人民共和国献血法》和《山东省实施〈中华人民共和国献血法〉办法》情况进行执法检查。

**1～4日**

第二十届鲁台经贸洽谈会在潍坊举行。本届展会为期4天，共有15.3万人次到会，实现现场交易额8.9亿元人民币，签订意向交易额23.6亿元人民币；众多参展台湾客商找到了产品代理商，下届展位预订率达89.3%，客商回头率95%以上。

**3日**

市委宣传部、市文联主办的“和平颂·中国梦”纪念中国人民抗日战争暨世界反法西斯战争胜利69周年文艺晚会在潍坊大剧院举行。

**3～4日**

省人大城乡建设与环境资源保护委员会主任委员杨焕彩带领调研组到潍坊市调研。

**4日**

市委副书记、市长刘曙光专题调度市文化艺术中心运营管理工作。

**同日**

潍坊市在市级机关综合办公大楼召开党的群众路线教育实践活动第三期突出问题专项整治工作会议。市委副书记、市党的群众路线教育实践活动领导小组副组长王献玲主持会议并讲话。

**5日**

市委、市政府在市级机关综合办公大楼召开会议，专题研究积极推动解决拖欠农民工工资问题。

**同日**

贺惠邦世界文化巨献《2013·感动世界年度人物》捐赠仪式暨书法研讨会在市档案馆举行。市政协副主席吴建民出席会议并讲话。

**9日**

市委办公室、市政府办公室印发《关于开展小城市重点培育工作的意见》，要求市、县两级按照小城市规划建设标准，对小城市试点镇进行重点扶持培育，着力改革体制机制、创新政策措施、集聚资源要素。

**同日**

潍坊市召开庆祝第30个教师节大会，表彰全市教育工作先进单位和个人。市委书记杜昌文出席会议并讲话，市委副书记、市长刘曙光主持。

**10～17日**

市人大常委会党组书记、第一副主任胡岗先后到高密、青州、寿光、奎文等县、市、区，就加强和改进新形势下镇街人大常委会工作进行了调研。

**11日**

全市“三八六”环保行动现场推进会议召开。市委副书记、市长刘曙光出席会议并讲话，市委常委、副市长孙起生主持。

**同日**

省委常委、常务副省长、省委赴潍坊市督导组组长孙伟到潍坊市就教育、医疗工作进行调研，参加指导寿光市古城街道庵头村党支部专题组织生活会和民主评议党员会议。

**12日**

市委副书记、市长刘曙光专题调研智慧城市建设。强调要准确把握智慧城市建设实质内涵，努力把“智慧潍坊”建设提高到一个新的水平。

**15日**

全市财政金融工作会议在市级机关综合办公大楼召开。市委副书记、市长刘曙光出席会议并讲话。

**15～17日**

市委副书记、高新区党工委书记王献玲带队赴北京对接洽谈项目。

**16日**

市委副书记、市长刘曙光主持召开提升市区领导小组第二次会议，专题研究完善市区学校建设提升和老旧小区改造整治提升行动方案，对下步提升市区工作作了安排部署。

**18～19日**

济南军区国防动员委员会第八次全体会议暨国防动员实战化建设会议在潍坊市召开。中央军委委员、国务委员兼国防部部长常万全出席会议并讲话。

**19日**

山东省国防动员委员会第八次全体会议在潍坊市召开，总结“十二五”以来全省国防动员工作，部署新形势下国防动员工作任务。省委书记、省国防动员委员会第一主任姜异康，济南军区副司令员王军出席会议并讲话。

**同日**

第七届亚洲制造业论坛年会开幕式在潍坊万达铂尔曼酒店举行。市委副书记、市长刘曙光致辞，亚洲制造业协会首席执行官兼秘书长罗军主持。

**同日**

市委副书记、市长刘曙光在富华大酒店会见了北京中关村管委会副主任杨建华一行。

**同日**

全市政协系统庆祝中国人民政治协商会议成立65周年书画摄影展在市博物馆举办。

**同日**

潍坊工业发展讲坛在市级机关综合办公大楼举行，德国工业4.0战略提出者托马斯·保尔汉森和美国辛辛那提大学教授李杰分别作了《工业4.0战略对中国工业转型升级启示》的专题报告。

**21日**

2014中国（昌邑）北方绿化苗木博览会、第十九届中国园林花木信息交流会在昌邑市绿博园开幕。中国文联副主席、中国美术家协会主席刘大为出席开幕式。

**同日**

2014中国（诸城）大舜文化节暨明德·和融——全国中国画名家邀请展在诸城开幕。中国文联副主席、中国美术家协会主席刘大为出席活动。

**22日**

全市国防动员委员会全体会议召开，传达学习济南军区国动委第八次全体会议暨国防动员实战化建设会议、山东省国动委第八次全体会议精神，总结工作，部署全市国防动员工作任务。市委副书记、市长、市国动委主任刘曙光出席会议并讲话，潍坊军分区司令员、市国动委副主任万伟锋代表市国动委作工作报告，市委常委、潍坊军分区政委、市国动委副主任郝树东主持会议。

**22～23日**

市委副书记、高新区党工委书记王献玲带队赴上海，与上海市社会经济文化交流协会、上海国安集团就合作开发建设新昌片区首期项目——潍坊爱情文化创意产业园进行深入对接洽谈。

**22日**

全市军转表彰大会暨2014年军转安置工作会议在市级机关综合办公大楼召开。

**23日**

潍坊创业大学在滨海区举行开学典礼，首届小微企业家学员入校进行创业提升培训。市委副书记、市长刘曙光出席典礼并讲话。

**同日**

全国知名企业家“蓝黄两区”投资洽谈会在富华国际会议中心举行。

**24日**

市委副书记、市长刘曙光主持召开全市加快培育现代产业体系调度会议。

**同日**

山东省第二十三届运动会在济宁市体育中心综合馆闭幕，潍坊市代表团共夺得金牌135.5枚、银牌60枚、铜牌65枚，位列全省金牌榜第五位。本届省运会共进行了26个大项、767个小项的比赛，产生了1271枚金牌。

**25～27日**

全国广告产业园区建设现场会暨广告产业园区建设和运营管理培训班在潍坊举行。国家工商总局副局长甘霖出席会议并讲话，市委副书记、市长刘曙光致辞。

**26日**

全市司法专项整治工作视频会在市级机关综合办公大楼召开。市委常委、政法委书记苏立科出席会议并讲话。

**27日**

市委副书记、市长刘曙光主持召开提升市区领导小组办公会议，研究安排10月份重点工作任务和开展“做主人、争先锋，我与城市共提升”活动。

**同日**

2014潍坊（峡山）国际乡野马拉松邀请赛在峡山区峡寿街大桥开跑。

**28日**

市委副书记、市长刘曙光主持召开市政府第三十四次常务会议，研究安排政府智库建设、商务公共服务平台建设、县级公立医院改革、抗旱工程建设、加强烈士纪念工作及民生实事落实等事项。

**同日**

潍坊市在东方大酒店举行座谈会，邀请中国城市规划设计研究院院长李晓江，省政府参事、省城乡规划设计研究院院长柴宝贵等专家就“潍坊市域空间功能布局规划”编制事宜进行对接、协商。

**28日**

第十四届中国（青州）花卉博览交易会暨第八届山东省花卉交易会在青州开幕。省林业厅厅长刘均刚宣布开幕。

**28～29日**

五省十一市政协工作交流第五十三次会议在潍坊举行。河北保定，江苏无锡、常州，浙江嘉兴、湖州，安徽芜湖、铜陵、马鞍山、黄山，山东潍坊等市政协有关领导和委员出席会议。

**29日**

市委副书记、市长刘曙光到坊子区和安丘市就提升市区和构建现代产业体系工作进行调研。

**30日**

全市突破滨海现场调度会议召开。市委书记杜昌文出席会议并讲话，市委副书记、市长刘曙光主持会议。

**同日**

潍坊海关与潍坊出入境检验检疫局全面合作启动仪式在综合保税区举行。

**同日**

iDX中国路演平台路演商学院成立仪式在潍坊万达铂尔曼大酒店举行。

## 10月

**5日**

市委书记杜昌文在高新区第二孵化器会见了山东重工、潍柴集团董事长谭旭光一行。

**9日**

中心城区智慧城市建设规划汇报会在东方大酒店召开。市委副书记、市长刘曙光出席会议并讲话。

**同日**

市政协十二届十四次常委会议在市级机关综合办公大楼召开。会议传达学习了省政协十一届九次常委会议精神；听取了市政府关于市政协十二届三次会议以来提案办理情况的通报和市司法局、市水利局工作情况汇报；审议通过了《关于我市社区矫正情况的调查报告》。市政协主席崔建平出席会议并讲话，市委常委、副市长孙起生通报了市政协十二届三次会议以来的提案办理情况。

**9～10日**

中科院北京国家技术转移中心主任刘庆莲一行到潍坊市考察高新技术产业发展情况。

**10日**

市委理论学习中心组暨全市领导干部理论学习辅导报告会在市级机关综合办公大楼举行。

**11日**

全市创建国家森林城市动员电视会议召开。省林业厅厅长刘均刚到会指导，市委常委、副市长孙起生讲话。

**同日**

2014中国（昌乐）国际宝石博览会在昌乐中国宝石城开幕。

**同日**

全市创建国家循环经济示范城市工作现场调度会议在临朐召开。市委常委、副市长孙起生与会讲话。

**同日**

《山东省潍坊市国家森林城市建设总体规划》评审会议在市级机关综合办公大楼举行。经过专家评审，通过了潍坊国家森林城市建设总体规划。

**13日**

潍坊市女企业家协会2014年年会暨慈善工作站成立大会在滨海区召开。

**14日**

全市党的群众路线教育实践活动总结大会召开，主要是贯彻落实中央和全省党的群众路线教育实践活动总结大会精神，对全市党的群众路线教育实践活动进行总结，对巩固拓展教育实践活动成果、持续加强党的作风建设、全面落实从严治党要求进行部署。省委常委、常务副省长、省委赴潍坊督导组组长孙伟出席大会，市委书记杜昌文主持会议并讲话，督导组第一副组长张述存出席并代表省委督导组讲话。

**同日**

全市村、城市社区"两委"换届选举工作视频会议召开，标志着全市城乡基层"两委"换届选举工作正式启动。市委书记杜昌文出席会议并讲话。

**同日**

2014全国农资科技博览会暨农民合作社与农资供应商、农产品采购商对接会在富华国际展览中心开幕。

**15日**

省军区政委吕民松到潍坊市调研。

**同日**

2014全国农资科技博览会暨农民合作社与农资供应商、农产品采购商对接会签约仪式在富华国际会议中心举行。此次展会，农产品采购签约项目有46个，金额达23.16亿元，农资采购签约项目27个，金额达29.9亿元。

**同日**

由住建部科技发展促进中心主办的全国可再生能源建筑应用工作会议在潍坊市召开。

**同日**

市委、市政府出台《关于潍坊市人民政府职能转变和机构改革的实施意见》，推进政府职能转变。在市政府机构改革中，推进大部门体制改革。机构改革后，市政府设置工作部门36个。推进事业单位分类改革。

**同日**

市委、市政府印发《关于县市区政府职能转变和机构改革的意见》，规定加快县市区政府职能转变。改革后县（市）政府工作部门不超过24个，区政府工作部门不超过22个。

**同日**

市委书记杜昌文在东方大酒店会见了亚洲产业科技创新联盟、亚洲产业科技创新联盟基金会、中国产业科技创新委员会副主席金湘范一行。

**同日**

山东省第九届残疾人运动会在济宁市奥体中心闭幕，潍坊市代表团共夺得47.5枚奖牌，其中，金牌16.5枚、银牌20枚、铜牌11枚，总分413分，乒乓球获得团队第一，代表团集体获得体育道德风尚奖。

**16～17日**

市委副书记、市长刘曙光率市直有关部门、有关县市区负责人到北京考察招商、对接项目。

**17日**

由中国汽车工程学会、潍坊市科技局主办的8挡自动变速器（8AT）科技成果鉴定会在盛瑞传动股份有限公司举行。

**20日**

寿光市党的群众路线教育实践活动总结大会召开。市委书记杜昌文出席大会并讲话。

**同日**

全市市县政府职能转变和机构改革动员大会在市级机关综合办公大楼召开。会议分集中动员和分组讨论两个阶段举行。

**同日**

市政府召开专题会议，听取了今年经济社会发展情况汇报和全市重点项目责任落实及推进情况，研究了加快推进济青高铁潍坊段相关工作等事项。市委副书记、市长刘曙光主持。

**同日**

潍坊第一新型文化社区——龙爪树社区项目奠基开工。

**21日**

市委副书记、市长刘曙光到诸城市，就传统产业转型升级、新兴产业培育和节水农业发展进行调研。

**同日**

市十六届人大常委会在市级机关综合办公大楼会议室举办第六次法制讲座，国家行政学院副教授、博士胡颖廉就贯彻食品安全法、推进食品安全治理现代化作了辅导报告。

**21～22日**

全省安全生产标准化建设工作现场会在诸城召开。

**22日**

市委副书记、市长刘曙光在市级机关综合办公大楼会见了北京瀚海智业投资管理集团总裁赵振江一行。

**同日**

市十六届人大常委会第十九次会议在市文化艺术中心大剧院举行。市人大常委会党组书记、第一副主任胡岗，副主任花兆贤分别主持会议。会议审议、评议了有关报告，对全市工业技术改造、提升传统产业工作情况进行了测评，表决通过了人事任免名单。

**同日**

全省港航局长座谈会暨水运安全生产会议在东方大酒店召开。

**23日**

青州市党的群众路线教育实践活

动总结大会召开。市委副书记、市长刘曙光出席会议并讲话，省、潍坊市赴青州市联合督导组组长张大同到会指导。

同日

淄博市人大常委会党组书记、第一副主任王顶岐率领考察组到潍坊市，就金融工作进行考察学习。

24日

市政府召开创新创业孵化器建设现场调度会议。市委副书记、市长刘曙光出席会议并讲话。

25日

市委副书记、市长刘曙光主持召开提升市区领导小组第四次会议，调度前段工作，安排部署下步工作，并研究了考核办法及当前部分重点工程。

26～27日

中国法学会会长王乐泉在省政府特邀咨询郭兆信陪同下，到潍坊市考察经济社会发展情况。

26日

市委副书记、市长刘曙光在东方大酒店会见了到潍坊考察的新加坡雅思柏设计事务所董事长刘太格一行。

28日

国家烟草专卖局党组书记、局长，中国烟草总公司总经理凌成兴一行到青州市考察调研。

29日

市委理论学习中心组暨全市领导干部理论学习辅导报告会在市级机关综合办公大楼举行。中国科学院可持续发展研究中心主任、国家规划专家委员会委员樊杰应邀作了《潍坊“两河”开发的战略意义和总体思路》的辅导报告。

30日

市委常委、副市长孙起生在富华大酒店会见了泰国清莱府行政机构主席卜莎林·乌拉帕塔依率领的代表团一行。

30～31日

全市人民法庭工作会议在青州召开。

31日

市委在市级机关综合办公大楼召开常委扩大会议，传达学习党的十八届四中全会精神，研究贯彻落实意见。市委书记杜昌文主持会议并讲话。

## 11月

4日

市委副书记、市长刘曙光主持召开市政府第三十五次常务会议，研究创业孵化器建设、重点工作落实问责办法、市区规划管理体制调整、总部经济发展、智慧城市建设、电子商务发展等工作。

4～5日

省委副书记、省长郭树清到潍坊就创业创新、教育改革、乡镇政府职能和农村社区治理等工作进行调研。

5日

潍坊市在市级机关综合办公大楼召开创建全国文明城市工作调度会议。市委书记杜昌文出席会议并讲话。

同日

潍坊市在市级机关综合办公大楼组织收听收看了省委学习贯彻党的十八届四中全会精神宣讲报告会，司法部党组成员、副部长赵大程应邀作宣讲报告。

6日

市委书记杜昌文专题调研机采棉试验、推广工作。强调要坚持问题导向、市场方向，以科技创新推动全市棉花产业转型发展。

同日

市委副书记、市长刘曙光带领市直有关部门及奎文、潍城、坊子、寒亭、高新区有关负责同志，对市区老旧小区改造整治提升工作进行现场观摩，并出席了坊子区五一社区改造提升工程开工仪式。

同日

市委副书记、市长刘曙光在市级机关综合办公大楼主持召开市政府第三十六次常务会议，研究全市职工长期护理保险试点、滨海飞地工业园管理和进一步加强安全生产、政务督查等工作。

同日

市委副书记、市长刘曙光到坊子区，专题调研建筑产业化发展情况。

7日

市委书记杜昌文到市中级人民法院进行调研。强调要坚持司法为民、公正司法，加快推进法治潍坊建设。

同日

首届中国（潍坊）农产品电子商务大会开幕式在富华国际会议中心举行。

同日

第七届中国国际农产品贸易对接会暨2014中国（潍坊）国际品牌食品展览会在富华国际展览中心开幕。

同日

第七届中国国际农产品贸易对接会暨第七届中国（寒亭）潍县萝卜文化节在中国食品谷核心区开幕。

10日

“做主人，争先锋，我与城市共提升”主题活动动员会议在市级机关综合办公大楼召开。市委副书记、市长刘曙光讲话。

同日

市政府法律顾问聘任仪式在市级机关综合办公大楼举行，高明芹等15

位法律专家成为市政府首批法律顾问。

**11 日**

市委常委、副市长孙起生率相关部门负责人到现场查看建筑垃圾堆场治理、露天煤场和商混企业扬尘治理情况，并主持召开会议，就城区扬尘污染防治工作进行安排调度。

**12 日**

全市中小企业电子商务推进工作会议召开。

**12 日**

市委副书记王献玲带领市直有关部门的负责人就全市商务工作进行调研。

**13 日**

市政协在市级机关综合办公大楼召开创新社会治理专题研讨会，围绕贯彻落实十八届四中全会精神，就“创新社会治理”开展协商议政。

**14 日**

山东省第五届残疾人职业技能竞赛在潍坊工商职业学院开幕。副省长王随莲致开幕词并宣布开幕，市委书记杜昌文出席会议，副市长王桂英致辞。

**14 ~ 15 日**

科技部火炬中心调研组到潍坊市就高新区园区建设及创新示范工程进行调研。

**14 ~ 16 日**

市委副书记、市长刘曙光率市政府考察团赴合肥、芜湖考察招商。

**16 日**

寿光市龙源食品有限公司一胡萝卜包装车间发生火灾，事故致 13 人受伤，18 人死亡。事故发生后，省委书记姜异康作出重要批示。省委副书记、省长郭树清，副省长张超超，市委书记杜昌文，市委副书记、市长刘曙光等赶赴现场指导抢险救援。

**18 日**

鲁辽陆海货滚甩挂运输大通道航线试运营推进工作会议在潍坊市召开。

**19 日**

市委副书记王献玲带领市直有关部门的负责同志到安丘市调研经济社会发展情况。

**同日**

全市消防工作电视会议召开，安排部署全市集中开展消防安全大排查、大整治专项行动。

**19 ~ 20 日**

全省基础教育综合改革工作现场会议在潍坊市召开。省委常委、常务副省长孙伟主持会议并讲话，教育部基教二司司长郑富芝到会指导，市委书记杜昌文致辞，市委副书记、市长刘曙光介绍相关情况。

**19 ~ 20 日**

以省纪委原巡视员王文升为组长的省委第三巡回督导组到潍坊市调研督导。

**20 日**

市委举行学习贯彻党的十八届四中全会精神宣讲报告会，市委书记杜昌文主持。

**21 日**

市委副书记、市长刘曙光主持召开会议，研究部署孵化器建设、招商引资、推进校企合作等工作。

**21 ~ 22 日**

潍坊市与东软集团合作项目对接洽谈会在东方大酒店举行。

**22 日**

新东方教育科技集团与市教育局、潍坊行知家庭教育和心理健康指导中心签署合作协议，在潍坊搭建“亲子共成长公共服务平台”。新东方教育科技集团董事长兼首席执行官俞敏洪、副市长王桂英出席签约仪式。

**23 日**

在潍坊分会场组织收看全省安全生产紧急电视会议后，潍坊市召开安全生产紧急电视会议，就贯彻落实全省会议精神，分析当前形势，汲取事故教训，扎实做好下步安全生产工作进行了安排部署。市委副书记、市长刘曙光出席会议并讲话。

**24 日**

由山东省政府与以色列商务部联合举办的中国——以色列水技术研讨交流会在北京举行。

**同日**

国家“千人计划”专家、国家人类基因组北方研究中心总裁、总经理李秉珅，北京师范大学生命科学学院院长王英典一行到潍坊市洽谈对接国家人类基因组北方研究中心山东分中心合作事宜。

**25 日**

全市安全生产“严查、严整、严打”暨“六打六治”专项行动督导组动员培训班在阳光大厦举办。

**26 ~ 27 日**

潍坊市召开生态文明建设观摩交流会议，对各县市区水网和绿网建设、河道生态修复、湿地保护、污水直排治理、农业面源污染治理、耕地质量提升、城乡环卫一体化以及“三八六”环保行动成果进行观摩交流。

**27 日**

市委副书记、市长刘曙光在富华大酒店会见了到潍坊考察的山东中烟公司党组书记、总经理韩林一行。

**28 日**

市委书记杜昌文到潍城区、市消防支队调研安全生产工作。

**同日**

市委副书记、市长刘曙光在富华大酒店会见了到潍坊考察的深圳市灵狮文化产业集团董事长向帅兵一行。

**同日**

市委办公室、市政府办公室印发《关于加快推动殡葬改革的实施意见》的通知，要求2015年年底前，每个县市区、市属开发区要至少建成1处县级公益性公墓，2016年年底前，独立于中心城区之外的镇（街道）要建成1处镇级公益性公墓或多村（居、社区）合办公墓。目前没有公墓或公墓用地已用完的村（居、社区），不在县、镇级公益性公墓覆盖范围的，2018年年底前要建有公益性公墓。

**28～29日**

市委副书记、市长刘曙光主持召开市政府第三十七次常务会议，分析研判当前形势，谋划做好明年工作。

**29日**

市委副书记、市长刘曙光在寒亭区检查安全生产工作。强调安全生产人命关天、重于泰山。

**同日**

市委办公室、市政府办公室印发《关于调整理顺市区规划管理体制和明确职责划分的意见》，规定市规划局在各区（市属开发区）设立直属机构，成立规划分局，实行双重管理，以市规划局管理为主。各区（市属开发区）规划分局一律使用带有统一编号的审批业务章，以市规划局名义对外颁发规划审批证件。

## 12月

**1日**

潍坊报业集团与新华社手机电视台在新华社新闻大厦签署战略合作协议，联手打造新媒体与传统媒体融合发展的移动互联网全新运营平台。

**同日**

全市发展总部经济现场推进会议在高新区召开。副市长潘强出席会议并讲话。

**1～2日**

省督查组一行到潍坊督查新型城镇化工作。副市长夏芳晨出席座谈会并汇报有关情况。

**1～4日**

以省纪委原巡视员王文升为组长的省委第三巡回督导组到潍坊市调研督导，先后到坊子区、昌乐县、青州市、临朐县实地了解党的群众路线教育实践活动整改和村（社区）“两委”换届选举工作情况。

**1～10日**

市委副书记、市长刘曙光率市政府代表团赴加拿大、美国、墨西哥进行友好访问和广泛招商，取得了重要成果。

**2日**

全省供销社综合改革试点现场推进会在高密召开。省供销社党组书记、主任侯成君出席会议。

**3日**

首届“潍坊慈善家”颁奖大会在富华国际会议中心举行。

**同日**

全省社科界社会组织负责人学习宣传贯彻十八届四中全会精神暨工作交流会在潍坊市召开。省社科联党组书记、副主席杨瑛出席会议并讲话，省社科联副主席孙淑娜主持。

**5日**

市委在市级机关综合办公大楼召开党外人士协商座谈会，就《中共潍坊市委关于贯彻落实党的十八届四中全会和省委十届十次全会精神全面推进依法治市的实施意见（征求意见稿）》征求市各民主党派、工商联和无党派人士意见。

**6日**

潍坊市在市级机关综合办公大楼召开创建全国文明城市工作调度会议，对创城工作进行再安排、再部署，动员全市上下齐心协力、全力以赴做好迎接全国、全省文明城市创建测评工作。

**9日**

市委书记杜昌文到寿光市调研安全生产和村“两委”换届选举工作。

**同日**

市政协在市级机关综合办公大楼召开全市政协界别工作座谈会，交流全市界别工作的新经验、新做法，研究进一步做好界别工作的思路、方法和途径。

**10日**

市委书记杜昌文带队采取不打招呼、不定路线的方式，对创建全国文明城市工作进行检查督导。

**11日**

市委书记杜昌文在市级机关综合办公大楼会见了麦德龙中国区总裁席龙一行。

**同日**

潍坊市第四次科技成果对接洽谈会在东方大酒店举行。本次会议成功签署21项合作协议。

**15日**

市委副书记、市长刘曙光主持召开市政府第三十八次常务会议，研究行政审批事项目录管理办法、精简下放行政审批事项、建立政府部门权力和服务清单、农村扶贫开发工作和创建国家食品安全城市等工作。会议还研究了潍坊市文化艺术中心管理、鲁辽大通道航线试运营、潍坊机场空运口岸对外开放等事项。

**同日**

全市例行督察整改验收暨节约集约用地自查清理汇报会议在市级机关综合办公大楼举行。

**16 日**

市委副书记、市长刘曙光就推进中心城区电子商务发展进行专题调研，强调各级各部门要迅速行动，加快形成全市电子商务大发展格局。

**同日**

市委副书记、市长刘曙光在东方大酒店会见了闪联国家标准组组长、闪联国家工程实验室主任、闪联联盟理事长孙育宁一行，双方就加强在孵化器建设等领域合作进行了深入交流和探讨。

**同日**

全市企业座谈会召开。市委副书记、市长刘曙光出席会议并讲话。潍柴、晨鸣等 11 家企业负责人作了发言，市发改、经信等部门就企业下步须重点关注的问题和更好地服务企业发展提出了各自的意见。

**16 ~ 18 日**

以省纪委原巡视员王文升为组长的省委第三巡回督导组，继续对潍坊市部分县市区的村（社区）“两委”换届选举和教育实践活动整改后续工作进行调研督导。

**17 日**

中国共产党潍坊市第十一届委员会第七次全体会议在市级机关综合办公大楼举行。全委会听取并讨论了杜昌文受市委常委会委托作的工作报告，审议通过了《中共潍坊市委关于贯彻落实党的十八届四中全会和省委十届十次全会精神全面推进依法治市的实施意见》。市委副书记、市长刘曙光就《意见（讨论稿）》向全委会作了说明。

**同日**

潍坊市在市级机关综合办公大楼举行第五届外国专家鸢都友谊奖颁奖仪式。市委副书记、市长刘曙光接见获奖外国专家并颁奖。此次共有 10 名外国专家获得鸢都友谊奖。

**18 日**

市委召开全市人大工作会议，深入学习贯彻党的十八届四中全会精神，深入学习贯彻习近平总书记在庆祝全国人民代表大会成立 60 周年大会上的重要讲话和全省人大工作会议精神，对加强和改进全市人大工作、更好发挥人大在法治潍坊建设中的重要作用进行部署。

**19 日**

潍坊市组织收听收看全国机关事业单位吃空饷问题治理工作电视电话会议暨全省机关事业单位吃空饷问题治理工作电视会议。

**同日**

中共潍坊市纪委十一届六次全体会议在市级机关综合办公大楼召开。市委常委、市纪委书记邹庆忠出席会议并讲话。

**同日**

中国铁塔股份有限公司潍坊市分公司正式揭牌成立。

**20 ~ 21 日**

全国工商联汽车摩托车配件用品商会、农业产业商会、纺织商会及部分知名民营企业考察组到潍坊考察，并就部分合作项目进行了交流、对接。

**23 日**

鲁辽陆海货滚甩挂运输大通道（潍坊—营口）正式贯通首航，首航情况通报会在滨海区举行。

**23 ~ 24 日**

全国有机产品认证示范创建工作会议在金茂国际大酒店召开。

**23 ~ 25 日**

以省纪委原巡视员王文升为组长的省委第三巡回督导组，继续对潍坊市部分县市区的村（社区）“两委”换届选举和教育实践活动整改后续工作进行调研督导。

**29 日**

潍坊市人民政府、深圳市壹大通航空有限公司、深圳大学共同组建深圳大学（潍坊）通用航空学院合作意向签约仪式在东方大酒店举行。

**同日**

潍坊首席滨水文化商业古街——尚河街项目正式启动。

**30 日**

市十六届人大常委会第二十次会议在市文化艺术中心大剧院举行。市人大常委会党组书记、第一副主任胡岗，党组副书记、副主任刘明珂分别主持会议。会议分组审议、评议了有关报告、说明、办法草案、决定草案和市十六届人大四次会议列席人员范围草案，酝酿了人事任免名单。表决通过了《潍坊市人民代表大会常务委员会质询办法》，市人大常委会关于召开市十六届人大四次会议的决定和列席市十六届人大四次会议人员范围。对全市品牌农业发展情况进行了测评，会议还表决通过了人事任免名单，胡岗向部分被任命干部颁发了任命书。

**31 日**

市委书记、潍坊滨海海洋经济新区建设领导小组第一组长杜昌文主持召开领导小组第一次全体成员会议。根据统筹“三北”开发建设的新要求，将全市突破滨海总指挥部更名为潍坊滨海海洋经济新区建设领导小组。

**12 月**

潍坊市与美国西北太平洋国家实验室签署谅解备忘录，概述了在今后五年作为生态城市试点中心的合作目标，以推进城市节能和减排。

（市档案局）

# 全市概况

*Quanshi gaikuang*

潍坊市2014年常住人口924.72万人，是著名的世界风筝都，是全国文明城市、国家环保模范城市、国家卫生城市、国家园林城市、中国优秀旅游城市、全国科技进步先进城市、全国循环经济示范市，获中国人居环境奖。

## 自然环境

【地理环境】 潍坊市位于山东半岛中部，居半岛城市群中心位置，地跨东经108° 10′ ~ 120° 01′，北纬35° 41′ ~ 37° 26′。东与青岛、烟台两市连接，西邻淄博、东营两市，南连临沂、日照两市，北濒渤海莱州湾。

（董德才）

潍坊市地势总体特征南高北低。南部为山区、丘陵，地面高程在海拔100米以上，最高海拔1032米，面积5646平方公里，占全市总面积的35.6%；中部为倾斜平原区，地面高程在海拔7 ~ 100米之间，坡降1/500 ~ 1/1200，面积6597平方公里，占全市总面积的41.6%；北部沿海为滨海平原区，地面高程在7米以下，面积3616平方公里，占全市总面积的22.8%。境内最高峰位于临朐沂山玉皇顶，海拔1032米；最低点位于滨海区北部，海拔2米。

【土地资源】 全市土地总面积161.43万公顷，其中，农用地116.1万公顷，占72.0%；建设用地30.28万公顷，占18.6%；未利用地15.04万公顷，占9.4%。农用地中耕地面积79.73万公顷，占68.7%。

【矿产资源】 全市共发现矿产80种（含亚矿种），其中，查明储量的矿产46种。储量列全省第一位的矿产有天然卤水、蓝宝石、油页岩、重晶石、玻璃用石英岩、水泥用灰岩、膨润土、珍珠岩、沸石、陶瓷土、白云岩、硅藻土、云母等13种，其中，天然卤水和蓝宝石储量居全国首位。

（于 倩 魏一菡）

【气候】 2014年（1 ~ 12月），潍坊市气温偏高，降水偏少，光照偏少。总的气候特点是：冬季气温偏低，降水偏多，光照略显不足；春季气温偏高，降水偏少，光照充足，气候干旱少雨；夏季气温适宜，降水偏少，光照不足，气候干旱；秋季气温偏高，降水偏多，光照不足。主要气象灾害为干旱。总的来看，本年度降水量偏少，气候干旱，气象灾害影响与往年持平。全年气候条件在农业上属于平年。

全市年平均气温14.2℃，较常年偏高1.2℃，较去年高0.9℃，为有气象资料记录以来历史最高值。全市年平均降水量467.6毫米，较常年偏少129.3毫米，较去年偏少82.5毫米。全市年平均日照时数2330.9小时，较常年偏少78.7小时，较去年偏少195小时。总的气候特征：全年平均气温较常年偏高，降水偏少，光照偏少。

【河流】 潍坊市境内自西向东有小清河、弥河、汶河、白浪河、渠河、潍河、北胶莱河7条主要河流，均流入莱州湾，总控制面积10509平方千米，占潍坊市总面积的66.3%。

（李秀丽）

【自然灾害】 主要气象灾害为干旱、冰雹和大风。气象灾害次数较少。但个别灾害影响范围大，损失较重。

干旱 2014年1月以来，潍坊市降水量持续偏少，全市大部地区出现旱情。截至7月22日，共有昌乐县、昌邑市、诸城市、高密市、安丘市、临朐县、青州市、峡山区、坊子区、寿光市、保税区、寒亭区、滨海区、高新区等14个县（市、区）遭受旱灾。据市民政局统计，全市受灾人口273.6万人，因灾饮水困难172536人，饮水困难大型牲畜18691头，农作物受灾面积327158公顷，成灾面积219119公顷，绝收面积58599公顷，主要有玉米、黄烟、大豆、花生、大姜、蔬菜等农作物受灾，共造成直接经济损失27.6亿元。各县（市、区）损失如下：

昌乐县：高崖水库库区大部分小二型水库接近干涸，11条河道全部断流，机电井缺水或干涸，17座塘坝干涸。受灾人口25.7万人，饮水困难人口99600人，因灾饮水困难大型牲畜

12900头，受灾面积38398公顷，成灾面积23411公顷，绝收面积12397公顷，主要经济作物大姜、花生，农作物玉米、地瓜、土豆、芋头等均不同程度受灾，直接经济损失5.37亿元。

昌邑市：都昌街道、柳疃镇、下营镇、围子街道、卜庄镇、龙池镇、饮马镇、北孟镇遭受旱情，受灾人口246456人，农作物受灾面积38824.3公顷，其中，成灾面积34313公顷，绝收面积15338公顷，直接经济损失4.52亿元。

诸城市：受灾人口49.53万人，因灾饮水困难15040人，因灾饮水困难大型牲畜545头，农作物受灾面积59764公顷，成灾面积36666公顷，绝收面积13386公顷，受灾农作物有玉米、黄烟、大豆、花生、蔬菜等，直接经济损失3.91亿元。

高密市：受灾人口48.9万人，因灾饮水困难234人，农作物受灾面积62910公顷，成灾面积41660公顷，绝收面积3260公顷，直接经济损失3.73亿元。

安丘市：受灾人口34.2万人，因灾饮水困难8774人，农作物受灾面积36142公顷，成灾面积26295公顷，绝收面积1776公顷，直接经济损失2.47亿元。

临朐县：受灾人口30.9万人，因灾饮水困难25341人，因灾饮水困难大型牲畜522头，农作物受灾面积31641公顷，成灾面积21358公顷，绝收面积5834公顷，直接经济损失2.78亿元。

青州市：受灾人口20万人，因灾饮水困难11000人，因灾饮水困难大型牲畜1524头，农作物受灾面积8300公顷，成灾面积4670公顷，绝收面积1300公顷，直接经济损失1.8亿元。

峡山区：受灾人口8.58万人，因灾饮水困难10200人，农作物受灾面积16333公顷，成灾面积9963公顷，直接经济损失7470万元。

坊子区：受灾人口9.7万人，因灾饮水困难540人，农作物受灾面积13692公顷，成灾面积11305公顷，绝收面积4672公顷，直接经济损失1.48亿元。

寿光市：受灾人口7.3万人，农作物受灾面积8472公顷，成灾面积4236公顷，直接经济损失3177万元。

保税区：受灾人口8219人，因灾饮水困难43人，农作物受灾面积615.7公顷，成灾面积470.9公顷，绝收面积144.9公顷，农作物主要有玉米、黄烟、大豆、花生、蔬菜、土豆等受灾，直接经济损失752.5万元。

寒亭区：受灾人口7.65万人，因灾饮水困难1764人，农作物受灾面积7458公顷，成灾面积3467公顷，直接经济损失2166.3万元。

滨海区：受灾人口44654人，农作物受灾面积3605公顷，成灾面积302公顷，直接经济损失631万元。

高新区：受灾人口12158人，农作物受灾面积1003公顷，成灾面积1002公顷，绝收面积491公顷，直接经济损失986万元。

冰雹　2014年6月10日15时20分左右诸城市石桥子镇出现降雨并伴有冰雹，持续时间15分钟左右，本次降雹使黄烟受灾面积达到350公顷，其中，严重受灾面积260公顷，减产在30%左右，绝产70公顷，同时还有其他作物均不同程度受到伤害。受灾人口达2万人，经济损失达800万元。

2014年7月14日18时左右诸城市林家村镇、辛兴镇、桃林镇遭受强冰雹袭击，时间长达40分钟，冰雹最大直径达2厘米，致使三个镇共19270人受到了不同程度的灾害损失，有黄烟、夏玉米、花生、大豆、春玉米等作物受灾，农作物受灾达2845公顷，其中，农作物成灾面积2240公顷，绝收面积605公顷，房屋损坏户数24户。经济损失3228万元，其中，农作物损失3204万，家庭损失24万。

大风　2014年10月12日凌晨至13日白天，全市受东北路冷空气影响，出现了明显的降温和大风天气。12日05时前后地面冷锋到达山东中部，全市陆续转为北风，12日08时以后北风风力逐渐增强，内陆地区平均风力4～5级，阵风6级，北部海区平均风力7～8级，阵风9级。

此次大风天气主要对农业、养殖业等造成危害，灾情出现在昌邑市柳疃镇、下营镇。据市民政局统计，受灾人口1624人，农作物受灾面积163.08公顷，其中，成灾面积163.08公顷，绝收面积163.08公顷，农业损失203.77万元；6个鸡棚、94个鱼棚、270亩虾池被淹，损失2393万元；直接经济损失2596.77万元。

（市气象局）

# 政区　人口　民族

【行政区划】　2014年，潍坊市全年没有进行行政区划调整和变更。

截至2014年12月底，潍坊市辖奎文、潍城、寒亭、坊子4个区，青州、诸城、寿光、安丘、高密、昌邑6个县级市，临朐、昌乐2个县，全市共辖62个镇、56个街道办事处。另有高新技术产业开发区、滨海经济技术开发区、峡山生态经济发展区、综合保税区4个市属开发区。

（董德才）

【建置沿革】　潍坊历史悠久。早在6000多年前，弥河故道旁就有人群定居。自夏以来，历代王朝政权在此封国建邑，设州立府。夏、商代，境内有斟灌、斟鄩、寒、平寿等封国。周初，武王封邦建国，封太公望于齐，都营丘（今昌乐境内）。至春秋时期，现市辖区曾分属齐、鲁、杞、莒等国。战国时期，现境内大部属齐，诸城等地属鲁。秦代，东部属胶东郡，西部属临淄郡，东南部属琅琊郡。汉为青、徐二州刺史所辖。两晋、十六国时被后赵、前燕、前秦、后燕依次占据。西晋太康三年（282年）进入稳定时期，今市境属青、徐二州，北海、乐安二国，城阳、东莞二郡。南朝宋时属青、徐二州，北朝魏属青、胶、南青三州。隋时属北海、高密二郡。唐时属河南道，青、密二州。宋时属京东东路青、潍、密三州。金时属山东东路置益都府及潍、密二州。元朝时属中书省山东东西道宣慰司益都路益都总管府所辖，分属潍、胶、密三州。明时置青州、莱州二府，属山东承宣布政使司。清代，今市境为山东省所辖，分属青州、莱州二府。

中华民国时期，国民政府行政建置初沿清制，民国2年（1913年）废府、州，实行省、道、县三级制。今市境内当时的潍县、昌邑、高密、益都、寿光、昌乐、临朐、安丘、诸城9县属胶东道（驻烟台）。民国14年（1925年）改划莱胶道、淄青道。今市境内当时的潍县、昌邑、高密、安丘、诸城、昌乐6县属莱胶道；寿光、益都、临朐3县为淄青道所辖。民国16年（1927年）裁道，以省领县，今市境各县（市、区）均直属山东省。

1948年4月27日，潍县解放。4月29日，潍坊特别市（省直辖）建立，市政府驻潍城，辖潍县城、东关、南关、北关、坊子、望留6个区。1949年6月，潍坊特别市改称潍坊市，仍为省辖市。1948年6月，昌潍专区建立，驻昌乐，辖昌乐、潍县、安丘、寿南、益临5县。1948年12月，省直辖之益都县划归昌潍专区。次年7月专区机关迁驻益都。

中华人民共和国成立以后，现潍坊市域地专级行政建置主要为昌潍专区、昌潍地区、潍坊地区、潍坊市，以下领县。1949年到1958年1月，县下设区乡。1958年1～3月，撤区并乡。1958年9月，成立人民公社，实行政社合一。1983年，在进行经济体制改革的同时，改革行政机构，实行市管县的新体制，县下撤公社，设乡镇。

1950年5月25日，昌潍专区驻地由益都迁至潍坊，原胶东区西海专署所辖之昌邑、昌南、潍北3县及渤海区清河专署所辖之寿光、益寿2县划归昌潍专区。昌潍专区时辖：潍坊市（县级）和昌乐、潍县、潍北、昌邑、昌南、安丘、丘南、淮安（后改名潍安）、寿光、寿南、益临、益都、益寿、临朐14县。同年，潍坊市建制撤销，并入昌潍专区。1951年，又重置潍坊市。

1952年7月，撤销益临、益寿、潍安3县。1953年7月24日原淄博专区所辖之临淄县划归昌潍专区。同时撤销潍北、丘南、寿南3县。昌潍专区时辖：潍坊市（县级）和昌乐、潍县、昌邑、昌南、安丘、寿光、益都、临朐、临淄9县，及羊角沟直属区。

1955年3月，博山县由淄博市划入昌潍专区。同年撤销羊角沟直属区并入寿光县，昌潍专区时辖：潍坊市（县级）和昌邑、潍县、昌南、寿光、昌乐、益都、临朐、安丘、临淄、博山10县。

1956年，胶州专区撤销。其所辖之胶县、胶南、藏马、五莲、诸城、高密6县及莱阳专区的平度县一并划入昌潍专区。同年，藏马县撤销，昌南并入昌邑县。昌潍专区时辖：潍坊市（县级）和潍县、益都、昌邑、寿光、昌乐、临淄、临朐、安丘、诸城、高密、五莲、博山、胶南、平度、胶县15县。

1958年10月，潍县并入潍坊市（县级），博山划归淄博专区，临淄并入益都县，胶南、胶县划入青岛市。昌潍专区时辖：潍坊市（县级），益都、昌邑、高密、安丘、诸城、五莲、寿光、昌乐、临朐、平度10县。

1961年，胶南、胶县复归昌潍专区。临淄、潍县恢复原建制，仍属昌潍专区。

1967年3月13日，昌潍专区改为昌潍地区，辖潍坊市（县级）和益都、昌邑、高密、诸城、昌乐、临朐、寿光、安丘、潍县、五莲、平度、胶县、胶南、临淄14县。

1969年12月，临淄县划归淄博市。1977年增设黄岛区，属昌潍地区。1978年胶南、胶县及黄岛区划归青岛市。昌潍地区时辖：潍坊市（县级）和益都、昌乐、安丘、临朐、潍县、寿光、昌邑、高密、诸城、五莲、平度11县。

1981年7月，昌潍地区改名为潍坊地区，所辖县（市）不变。

1983年10月，撤销潍坊地区建制，改建省辖（地专级）市，沿用原潍坊名称，实行市管县体制。同时，平度县划归青岛市，原潍坊市（县级）和潍县析置为潍城、寒亭、坊子3个区。潍坊市时辖：潍城、寒亭、坊子3区，益都、寿光、昌乐、临朐、昌邑、高密、安丘、诸城、五莲9县。

1986年3月1日，撤销益都县，设立青州市（县级），归潍坊市代管。1987年7月，撤销诸城县，设立诸城市（县级），归潍坊市代管。1992年底，五莲县划归日照市。1993年6月，寿光撤县设市。1994年1月，安丘撤县设市。1994年5月，高密撤县设市。1994年5月，由潍城、寒亭划出部分村，增设奎文区。1994年6月，昌邑撤县设市。1991年，潍坊高新技术产业开发区成立。1995年，潍坊滨海经济技术开发区成立。2008年，峡山生态经济发展区成立。2011年，潍坊综合保税区成立。至此，潍坊市辖奎文、潍城、寒亭、坊子4个区，青州、诸城、寿光、安丘、高密、昌邑6个县级市，临朐、昌乐2个县。另有高新、滨海、峡山、保税区4个经济区。此后，潍坊市行政区划基本稳定。

（市史志办）

**【人口　民族】**　全市有回、满等少数民族50个，人口3.47万人，占全市总人口的0.38%。其中，人数最多的是回族，有2.23万人，占全市少数民族人口的64.3%；满族人口4913人。

（市宗教局）

# 组织机构

## 市级领导班子（2014年）

**中国共产党潍坊市委员会**

市委书记　杜昌文

副书记　刘曙光　王献玲

常委　苏立科　张小梅（女）
初宝杰　陈白峰（6月止）
孙起生　孙明亮　刘炳国
郝树东

秘书长　刘德成（2月止）
孙明亮（2月起）

副秘书长　赵崇发　王志亮（3月止）
刘衍信　卞汉林　王发庆

杨晓辉（3月止） 赵传江
吕尧良

**潍坊市人民代表大会常务委员会**

主　　任　杜昌文（2月起）
第一副主任　胡　岗
副 主 任　刘明珂　花兆贤　李世光
　　　　　毛秀凤（女）
秘 书 长　王秀禄
副秘书长　王增宝　毛洪涛　王福强

**潍坊市人民政府**

市　　长　刘曙光
副 市 长　陈白峰（6月止）
　　　　　孙起生　潘　强
　　　　　王桂英（女，致公党）
　　　　　夏芳晨　王树华
　　　　　张望军（挂职，8月止）
市政府顾问　辛丕宏
副市级干部　于永生
秘 书 长　张洪全
副秘书长　谭炳建　朱振铎（9月止）
　　　　　于为凯　陈　勇
　　　　　高成勇（4月止） 李玉祥

**中国人民政治协商会议潍坊市委员会**

主　　席　崔建平
副 主 席　刘　伟　王卫东　李传恒
　　　　　吴建民　王继怀　王贤臣
　　　　　李士来
顾　　问　杨肖青（8月止）
　　　　　满郭强（女，1月止）
　　　　　杜国忠（8月止）
　　　　　刘维国（5月止）
原副主席　杨肖青（在职）
秘 书 长　许　华
副秘书长　任立先（3月止）　于定斌
　　　　　王　沂　李树明

**中共潍坊市纪律检查委员会**

书　　记　邹庆忠（12月止）
　　　　　李在武（12月起）
常务副书记　刘　玉
副 书 记　李元忠　王　玉
常　　委　王培杰（正县级）
　　　　　贺　建（正县级）
　　　　　董胜俊　吉宗合
　　　　　赵珊珊（女，正县级）
秘 书 长　贺　建（正县级）

## 市委工作机构

**中共潍坊市委办公室**

主　任　赵崇发
副主任　侯福贵　王秀泉　李　毅
　　　　李晓华

**组织部**

部　　长　刘炳国
常务副部长　邱尔臣
副 部 长　宋立军　殷修湖
　　　　　陈延爱（3月起）

**宣传部**

部　　长　初宝杰
常务副部长　丁汉邦
副 部 长　齐延升　范明涛
　　　　　范勋成　刘玉祥

**统战部**

部　　长　张小梅（女）
常务副部长　任洪武（12月止）
　　　　　王志明（12月起）
副 部 长　于来刚（满族，正县级）
　　　　　秦明清（12月起）
　　　　　胡　立　徐海宏（女）

**政法委员会（综治办与其合署）**

书　　记　苏立科
常务副书记　刘效伟
副 书 记　秦　震　霍建平　秦景岗

**社会管理综合治理委员会办公室**

主　任　秦　震
副主任　秦景岗

**维护稳定工作领导小组办公室**

主　　任　苏立科
常务副主任　刘效伟
副 主 任　袁　岗

**机构编制委员会办公室**

主　任　宋立军
副主任　张正志　臧传文　陈明山

**政策研究室（改革办）**

主　任　卞汉林
副主任　张祖钊　张耀东　张志霄
　　　　尚仕国（12月起）

**台湾工作办公室**

主　任　刘金凤（3月起）
副主任　刘金凤（3月止）　赵永清
　　　　王希财

**市直机关工作委员会**

书　　记　王延泰
副 书 记　杨毅鹏　于亚明　马宪全
纪工委书记　冷继庆

**农村工作领导小组办公室**

主　　任　刘衍信（5月起）
副 主 任　李宗成　赵华安
　　　　　袁增寿（10月起）
党支部书记　李宗成
党支部副书记　王桂成
纪检委员　王敏廷

**信访局**

局　长　赵传江
副局长　王振军　邱文江　鲁文举
　　　　吕永明　李　强　刘学建

**老干部局**

局　长　秦明清（12月止）
　　　　殷修湖（12月起）
副局长　王兴华（4月止）　卞京春

## 人大机关工作机构和办事机构

**办公室**

主　　任　王增宝
副 主 任　郑文东　李广懿
信访室主任　杨官松

**人事代表工作室**

主　任　毛洪涛

副主任　胡景东　王海峰

### 研究室

副主任　徐军伟　蔡相山

### 内务司法委员会

主任委员　花兆贤
副主任委员　孟祥志　徐玉军　杜士忠
工作室主任　袁永青

### 财政经济委员会

主任委员　花兆贤
副主任委员　孟庆亮　李进民（不驻会）
　　　　　　刘勤友
工作室主任　锡保平

### 教育科学文化卫生委员会

主任委员　刘明珂
副主任委员　聂振萍（女）　陈本林
工作室主任　王恒秋

### 城乡建设与环境资源保护委员会

主任委员　刘明珂
副主任委员　赵　东　衣光明　王培福
工作室主任　于继才

### 农业与农村委员会

主任委员　李世光
副主任委员　耿现江　徐松苹　孙金生
工作室主任　刘晓东

### 民族侨务外事委员会

主任委员　李世光
副主任委员　王永福　邢乐信（不驻会）
　　　　　　周晓钟
工作室主任　夏东哲

## 市政府工作机构

### 市政府办公室

党组书记　张洪全
副主任　刘跃东　闫宗子　胡晓坤
　　　　李　波

### 发展和改革委员会

主　　任　肖培灵
副主任　王淮清　张树高　王　辉
　　　　王明松　于乐飞
党委书记　肖培灵
党委副书记　王　辉

### 经济和信息化委员会

主　　任　李传恒（12月止）
　　　　　马中平（12月起）
副主任　郝万亮　王成喜　杨希春
　　　　田庆利
党委书记　马中平（12月起）
党委副书记　王春国

### 教育局

局　　长　张国华（6月止）
　　　　　徐友礼（12月起）
副局长　李端梅（正县级，女）
　　　　张法成　刘海涛
党委书记　张国华（6月止）
　　　　　徐友礼（11月起）
党委副书记　徐友礼（12月止）
　　　　　　胡筱芹（12月起）
高教办主任　张国华（6月止）
　　　　　　徐友礼（2015年1月起）
高教办副主任　曹红旗（正县级）
总督学　韩光福

### 公安局

局　　长　于永生
副局长　丁新杰　夏　光　张志才
　　　　周国升　薛　林　杨学昌
党委书记　于永生
党委副书记　隋汝文　陈　强
　　　　　　禚振鹤（12月起）
纪委书记　林少波

### 潍坊市工商行政管理局

局　　长　陈忠民
副局长　刘学杰　陈景功　张其亮
　　　　许建成
党组书记　陈忠民
党组副书记　郭　辉（调研员）

### 质量技术监督局

局　　长　岳　尧
副局长　张文祥　安爱华（1月起）
　　　　王希臣　周锡胜
党组书记　岳　尧
纪检组长　安爱华（1月止）
总工程师　李红华

### 科学技术局

局　　长　张宝胜
副局长　安卫红　董　民　李振忠
　　　　张宏岩
党组书记　张宝胜

### 监察局（与纪委机关合署）

局长　李元忠
副局长　王培杰　董胜俊

### 民政局

局　　长　吴海源
副局长　刘好民　韩华南
　　　　辛雅丽（女）　孙　成
党委书记　吴海源
党委副书记　都焕德

### 司法局

局　　长　王立杰
副局长　孟中洋（正县级）
　　　　单连功　牟令岱
　　　　刘　晶（9月起）
　　　　王远彬（政治处主任）
党委书记　王立杰
党委副书记　孟中洋（正县级）
纪委书记　赵爱君（女）

### 财政局

局　　长　田民利
副局长　李树范（女）　刘锡田
　　　　姜钦亮　马进礼
党组书记　田民利
党组副书记　李树范（女）

### 人力资源和社会保障局

局　　长　李静波
副局长　钮效正　高维义　葛坤培
　　　　刘丽宁
党委书记　李静波
党委副书记　郭祥锋　王家吉

**国土资源局**
局　　长　刘树亮
副 局 长　常怀志　许静波　温少波
党委书记　刘树亮
党委副书记　周德新（女）
纪委书记　马金城
总经济师　杨玉准

**规划局**
局　　长　孙守勤
副 局 长　刘军强　齐世堂　谭洪建（女）　王华龙
党委书记　孙玉江（8月止）　孙守勤（8月起）
党委副书记　齐世堂（兼）
总规划师　郭兆环

**住房和城乡建设局**
局　长　李广东
副局长　杜天斌　张　文　孙占博
总工程师　卢　波
党委书记　李广东

**城市管理行政执法局**
局　　长　张志勇
副 局 长　李长东　徐　军　孙传平
党委书记　张志勇
党委副书记　庄　鹏
纪委书记　孙金奎（市纪委派驻第二纪检组副书记）

**交通运输局**
局　长　张兆平
副局长　陈海全　刘　波　马洪波　郭　华　钟景文　于志公
党委书记　张兆平
副书记　钟景文

**水利局**
局　　长　赵刚毅
副 局 长　王元昆　赵清松　范庆忠　孟凡顺
党委书记　赵刚毅
党委副书记　徐来鹏

**党委委员、市南水北调**
建设管理局局长　周寿宗
总工程师　孟祥明

**农业局**
局　　长　王汉成
副 局 长　赵建武　张光武　祁立新　杨廷文　张丙来　冷明辉
党委书记　王汉成
党委副书记　王金林
总农艺师　祁立新

**海洋与渔业局**
局　长　徐润启
副局长　叶　林　李承源　赵树云　赵玉国
党组书记　徐润启

**商务局**
局　　长　白卫明
副 局 长　刘振德　张春旭　王好田　姜亦灿
党委书记　白卫明
党委副书记　王　富

**文化广电新闻出版局**
局　　长　孙俐君
副 局 长　孙建秋　梁玉华　苗庆安
党委书记　孙俐君
党委副书记　张荣平
纪委书记　孙建梅（第七纪检组副书记）

**潍坊市卫生和计划生育委员会**
主　　任　杨锡广
副 主 任　孟庆阳　李长祥　任翠爱　祝业光　李迎春　王鸿勇　李宗泉　赵景利　丁曰林　蔡　威
党委书记　杨锡广
党委副书记　孟庆阳　李长祥

**审计局**
局　长　宫　智
党组书记　宫　智
副局长　刘树龙　李宏德　陶德义
总审计师　郑栋强

**环境保护局**
局　长　郑金来
副局长　姜在杰　李国秀　李建文
党组书记　郑金来
总工程师　王春艳

**外事与侨务办公室**
主　任　王　浩
副主任　宋悦林　刘伟地　刘作亮
党组书记　王　浩

**民族宗教事务局**
局　长　李亚军（12月止）　秦明清（12月起）
副局长　王和平　郝信富

**国有资产监督管理委员会**
党委书记　孙起生
党委副书记　王志刚
主　　任　王志刚
副 主 任　冯纪伟　胡嘉敏（女）

**体育局**
局　长　耿　文（12月止）　孙　沂（12月起）
副局长　李跃进（6月止）　王卫东　刘树宏　张启宾　曹丽华（女）
党组书记　耿　文（12月止）　孙　沂（12月起）

**统计局**
局　长　马中平（12月止）　王　丙（12月起）
副局长　冯传森　李　军　齐永刚
党组书记　马中平（12月止）　王　丙（12月起）

**林业局**
局　长　张金玉
副局长　郭玉章　韩瑞东
党组书记　张金玉

### 安全生产监督管理局

局　　长　尹文林
副 局 长　刘光山　张则永（正县级）
　　　　　魏在江
党组书记　尹文林

### 食品药品监督管理局

局　　长　李　平（12月起）
　　　　　陈　勇（12月止）
副 局 长　宋希明（正县级）
　　　　　祝业光
　　　　　刘洪宝（正县级）
　　　　　王　斌
党组书记　高成勇（3月起，8月止）
　　　　　刘建国（8月起）
党组副书记　宋希明

### 旅游局

局　长　于慰杰
副局长　邱兆水　孙建洪　李相群
　　　　井光国

### 法制办公室（市公共行政服务中心）

主　　任　韩国庆（9月止）
　　　　　高成勇（10月起）
副 主 任　李家松　李　刚
　　　　　王春国
党组书记　韩国庆（9月止）
　　　　　高成勇（10月起）

### 潍坊市人民防空办公室

主　　任　王玉春（3月止）
党组书记　张须义
副 主 任　姜有格　崔华东
　　　　　于　利

### 金融工作办公室（地方金融监督管理局）

主　　任　李传顺
副 主 任　李　涛（女，12月起）
　　　　　张新华　欧永生
党组书记　李传顺

### 物价局

局　　长　魏志强
副 局 长　曹希仁　李贵华　孙守良
党组书记　魏志强

### 粮食局

局　　长　孙　沂
副 局 长　翟徐洲　于炳水
　　　　　孙洪伟
党委书记　孙　沂（12月止）
　　　　　陈玲玲（12月起）
党委副书记　陈玲玲（12月止）

### 潍坊市中小企业办公室

主　任　李玉军
副主任　王亚伟

### 潍坊市住房公积金管理中心

主　　任　刘煜东
副 主 任　任玉清　祁　峰　黄志强
党组书记　孙玉江

## 政协机关工作机构和办事机构

### 办公室

主　任　任立先（3月止）
　　　　王　沂（3月起）
副主任　张　建　张玉国

### 研究室

主　任　王　沂（3月止）
副主任　张耀才　李臣涛

### 委员活动工作室

主　任　牛克智
副主任　孙　军

### 提案委员会

主　　任　刘　伟（兼）
副 主 任　曹学芹　宋继武
　　　　　史跃峰（不驻会）
　　　　　李静波（市府办，不驻会）
　　　　　邱尔臣（不驻会，3月止）
　　　　　陈甲才（不驻会）
　　　　　郭富斌（不驻会，1月起）
工作室主任　王钦殿

### 经济委员会

主　　任　吴建民（兼）
副 主 任　王有亭　李乐忠
　　　　　王承策（不驻会）
　　　　　刘庆祥（不驻会）
　　　　　刘延民（不驻会）
　　　　　齐瑞祥（不驻会，3月止）
　　　　　闵令民（不驻会）
　　　　　唐玲玲（女，不驻会）
　　　　　崔建生（不驻会）
　　　　　墨　萍（女，不驻会，1月起）
工作室主任　王清海

### 人口资源环境外事委员会

主　　任　王继怀（兼）
副 主 任　姜　荣　玄承洵
　　　　　王新航（不驻会）
　　　　　史新霞（女，不驻会）
　　　　　刘衍信（不驻会）
　　　　　张恒道（不驻会）
　　　　　李中元（不驻会）
　　　　　杨锡广（不驻会）
　　　　　柳松波（不驻会）
　　　　　曹　春（不驻会，1月起）
　　　　　潘昌虎（不驻会）
工作室主任　翟述英

### 科教文卫体委员会

主　　任　吴建民（兼）
副 主 任　高永贤　呙智义
　　　　　王卫东（体育局，不驻会）
　　　　　王居明（不驻会）
　　　　　白宗家（不驻会，1月起）
　　　　　安卫红（女，不驻会）
　　　　　孙志强（不驻会）
　　　　　李端梅（女，不驻会）
　　　　　郑建伟（不驻会）
　　　　　高振忠（不驻会）
　　　　　盛兆辉（不驻会）
　　　　　崔向东（女，不驻会，1月起）
工作室主任　王咏诗

### 社会法制委员会

主　　任　王卫东（兼）
副 主 任　李春水　王玉春（3月起）
　　　　　马言圣（不驻会）
　　　　　李　平（女，不驻会）
　　　　　李亚军（不驻会）

李静波（人社局，不驻会）
张广孝（不驻会）
岳　尧（不驻会）
工作室主任　徐之丰

### 文史资料委员会

主　　任　王继怀（兼）
副 主 任　张世臣　李志强
王成利（不驻会）
闫万刚（不驻会）
张兰友（不驻会）
李树平（不驻会）
曹希波（不驻会）
谭树中（不驻会）
工作室主任　赵会堂

## 纪委机关、监察局内部机构及派驻机构

### 办公室

主　任　李峰山

### 监察综合室（11 月止）

主　任　刘泽峰（12 月止）

### 干部室（11 月止）

主　任　孙振元（12 月止）

### 组织部（11 月起）

部　长　孙振元（12 月起）

### 宣传教育室（11 月止）

主　任　王怀瑞（12 月止）

### 宣传部（11 月起）

部　长　王怀瑞（12 月起）

### 研究室（挂政策法规室牌子 11 月起）

### 党风政风监督室（挂市政府纠正行业不正之风办公室牌子 11 月起）

主　任　曹田友

### 执法和效能督查室（与市经济发展软环境投诉中心合署办公 11 月止）

主　任　丁　伟（12 月止）

### 政策法规室（11 月止）

主　任　周千里（12 月止）

### 信访室（挂潍坊市国家行政机关工作人员违法违纪举报中心牌子）

主　任　郭晓辉

### 案管监督管理室

主　任　张德明

### 第一纪检监察室

主　任　吴理健

### 第二纪检监察室

主　任　孙春山

### 第三纪检监察室

主　任　郭建伟

### 第四纪检监察室

主　任　高崇华

### 第五纪检监察室（11 月起）

主　任　刘泽峰（12 月起）

### 第六纪检监察室（11 月起）

主　任　丁　伟（12 月起）

### 案件审理室（挂案件申诉复查室牌子）

主　任　陶建胜

### 纪检监察干部监督室（11 月起）

主　任　周千里（12 月起）

### 市经济发展软环境投诉中心（挂市发展软环境建设办公室牌子（11 月止）

主　任　李元忠（12 月止）
副主任　董胜俊（12 月止）
丁　伟（12 月止）

### 派驻第一纪检组、监察室

书　记（主　任）　赵　清
副书记（副主任）　麻福春　孙广远
陈百波
王同章（12 月起）

### 派驻第二纪检组、监察室

书　记（主　任）　胡黎光
副书记（副主任）　王成洪　孙金奎
何金波　王国成

### 派驻第三纪检组、监察室

书　记（主　任）　刘　琳（女）
副书记（副主任）　王化林　张　勇
刘　波　闫法平
薛维明

### 派驻第四纪检组、监察室

书　记（主　任）　张玉和
副书记（副主任）　王增虎
钟　波（女）
王增贵　梁大勇

### 派驻第五纪检组、监察室

书　记（主　任）　柳　林
副书记（副主任）　李培法　王承栋
张元刚　耿祥波

### 派驻第六纪检组、监察室

书　记（主　任）　关凤云（女）
副书记（副主任）　王　伟　刘俊卿
沈万怀　邱和平

### 派驻第七纪检组、监察室

书　记（主　任）　郭瑞燕（女）
副书记（副主任）　陈金亮　姜其盛
于跃海
孙建梅（女）

### 派驻第八纪检组、监察室

书　记（主　任）　吴洪江
副书记（副主任）　鞠新民　刘玉庆
陈　蕾（女）
徐安国　张京利
王汉文

## 市委、市政府直属事业单位

### 市委党校

校　　　长　杜昌文
常务副校长　丁志伟
副　校　长　林国祥　裴　红（女）

赵桂梅（女）
孙爱云（女）
机关党委书记　赵桂梅（女，7月止）
明　伟（8月起）

### 潍坊报业集团（潍坊日报社）

潍坊日报社
社　　长　来永生（8月止）
齐延升（8月起）
副　社　长　谭树中　窦锦平　孙向中
李培华　孙学明　袁训新
徐学俊　于全义　马清平
任新华
总　编　辑　谭树中
副总编辑　窦锦平　孙向中　李培华
孙学明　袁训新　徐学俊
于全义　马清平　任新华
党委书记　来永生（8月止）
齐延升（8月起）
党委副书记　谭树中

潍坊报业集团
董　事　长　来永生（8月止）
齐延升（8月起）
副董事长　谭树中
董　　事　窦锦平　孙向中　李培华
袁训新　王述章
总　经　理　谭树中
副总经理　孙学明　徐学俊　任新华
总　编　辑　谭树中
监事会主席　赵克增（12月起）
党委书记　来永生（8月止）
齐延升（8月起）
党委副书记　谭树中

### 畜牧局

局　　长　王承策
副局长　李玉忠　孟凡东　赵学新
党委书记　王承策

### 潍坊市农业机械管理局

局　　长　王志明
副局长　徐明军　张乐洲
党组书记　王志明

### 潍坊市地震局

局　　长　王云华（12月起）
副局长　陈小君　颜　政（9月起）
党组书记　王云华

### 知识产权局

局　　长　高玉国
副局长　孟祥仁　史元静
党组书记　高玉国

### 老龄工作委员会办公室

主　　任　丁利民
副主任　傅庆学　寇建辉
党组书记　丁利民

### 口岸办公室

主　　任　远　伟
副主任　陈洪刚　闫怀信
党组书记　远　伟

### 潍坊市供销合作社联合社

理事会主任　张长坤
理事会副主任　王沼东　宋智勇
郭友亮
监事会主任　冯　铸（12月起）
监事会副主任　李克伟
党委书记　张长坤
党委副书记　孙开华
工会主席　王明阳（8月止）

### 市级机关事务管理局

局　　长　刘桂臻
副局长　孟　军　侯玉芬
党组书记　王发庆（8月止）
刘桂臻（8月起）

### 文化市场综合执法局

局　　长　刘肖宁
副局长　高增光　王子全　张云葆
党组书记　刘肖宁（12月止）
党委书记　刘肖宁（2015年1月起）

### 潍坊滨海海洋经济新区建设推进办公室

主　　任　徐润启
副主任　陈秀亮　赵显刚　曾　国
吉发静
党组书记　徐润启

### 潍坊广播影视集团

董　事　长　钟耕民
副总经理　杜　涛　扈本军
王建勇（4月止）
刘继升　谭晓涛
党委书记　钟耕民
党委副书记　刘德民

### 潍坊广播电视台

台　　长　钟耕民
副台长　杜　涛　扈本军
王建勇（4月止）　刘继升
谭晓涛
党委书记　钟耕民
副书记　刘德民

## 法院、检察院

### 潍坊市中级人民法院

院　　长　姜树政
副院长　张广孝　王贤臣　宋允厚
卢卫国
党组书记　姜树政
党组副书记　张广孝
纪检组长　王建平

### 潍坊市人民检察院

检察长　杨洪旭
副检察长　马言圣　陈　曦　任光武
法云江（回族）
党组书记　杨洪旭
党组副书记　马言圣
纪检组长　高培文

### 潍坊市城郊地区人民检察院

检察长　周金明（12月止）
副检察长　韩国荣

## 民主党派与工商联

### 中国国民党革命委员会潍坊市委员会

主　委　李向云（女）
副主委　王增祥　李安战　王学军
秘书长　迟同全

### 中国民主同盟潍坊市委员会

主　委　毛秀凤（女）
副主委　李来传　张敬军
秘书长　白宗家（驻会）

### 中国民主建国会潍坊市委员会

主　委　刘秀平
副主委　李明喜　李瑞文　李通利
秘书长　墨　萍

### 中国民主促进会潍坊市委员会

主　委　王贤臣
副主委　王道奎　周赤舟　刘煜东
秘书长　孙其孝

### 中国农工民主党潍坊市委员会

主　委　刘棣俭
副主委　郑建伟　钟　池　于贞杰（女）
秘书长　崔向东（女，驻会）

### 中国致公党潍坊市委员会

主　委　王桂英
副主委　崔伯瑜　钟　毅　王泳亮
秘书长　曹　春

### 九三学社潍坊市委员会

主　委　李士来
副主委　梁文道　郭文君　单庆茂

### 潍坊市工商业联合会

主　　席　李传恒
副主席　胡　立　秦学民
　　　　张启云（女）　郭富斌
秘书长　秦学民（兼）
党组书记　胡　立

## 人民团体

### 潍坊市总工会

主　　席　王秀河
常务副主席、党组成员　郭召义
副主席、党组成员　刘春强
　　于守君
　　朱建平
　　（正县级）
经审委主任、党组成员　李付顺
女工委主任、党组成员　栾仁霞（女）
党组书记　王秀河

### 共青团潍坊市委员会

书　　记　赵学坤
副书记　李志为　高　斌　陈珊珊
党组书记　赵学坤

### 妇女联合会

主　　席　田素英
副主席　吕梅贞　贺玉洁
　　　　郑可新
党组书记　田素英

### 文学艺术界联合会

主　　席　孙淑芳（女）
副主席、党组成员　冯传增
　　谭述霞（女）
　　陈雪梅（女）
　　王燕妮（女）
党组书记　孙淑芳（女）
党组成员　王治喜

### 潍坊市科学技术协会

主　　席　王志亮（3月起）
副主席　李焕昌　任学军　高峰松
党组书记　王志亮（3月起）

### 潍坊市归国华侨联合会

主　　席　柳松波
副主席（不驻会）　赵　鹏　温明春
　　徐秋霞（女）
党组书记　柳松波
党组副书记　张再升

### 社会科学界联合会

主　　席　高文庆（3月起）
副主席　张瑞业　李启胜
党组书记　高文庆

### 中国国际贸易促进委员会潍坊市委员会

会　　长　张增顺
副会长　王明阳（8月起）
党组书记　张增顺

### 潍坊市残疾人联合会

局　　长　孙克森
副局长　姜林骄　王　军　王志刚
党组书记　孙克森

### 潍坊市红十字会

会　　长　王桂英
专职副会长　张善绘

## 驻潍部队

### 潍坊军分区

司令员　万伟锋
政治委员　郝树东
副司令员　油朝康
副政治委员　徐延田
　　皮先标（11月止）
　　李树春（11月起）
参谋长　郇　敏
政治部主任　李树春（11月止）
　　皮先标（11月起）
后勤部部长　胥　辉
党委第一书记　杜昌文
党委书记　郝树东
党委副书记　万伟锋
纪委书记　徐延田

### 武警潍坊市支队

支队长　张国庆
第一政治委员　于永生
政治委员　左建山
副支队长　齐洪涛
　　刘连东（1月止）
　　李润清（3月起）
　　曹　磊
副政治委员　傅　涛
参谋长　沙诗恒（1月止）
　　刘连东（1月起）
政治处主任　张世权
后勤处处长　于金升（1月止）
　　孙　建（1月起）
第一书记　于永生
党委书记　左建山
党委副书记　张国庆
纪委书记　傅　涛

## 中央、省驻潍单位

### 国家税务局

局　　长　黄玉远（9月止）
　　　　　孙庆华（9月起）
副 局 长　赵洪华　裴连升　杨玉法
党组书记　孙庆华
党组副书记　秦学栋
纪检组长　杨　磊

### 潍坊市地方税务局

局　　长　张　辉
副 局 长　张传庭（正处级，10月起）
　　　　　李　强　武伟刚
党组书记　张　辉
党组副书记　张传庭（10月起）
纪检组长　滕一良

### 潍坊海关

关　　长　张　越
副 关 长　刘晋中（11月止）
　　　　　崔　强（11月起）
　　　　　田忠承（3月起）
　　　　　郭京鹏（3月起）
党组书记　张　越

### 潍坊出入境检验检疫局

局　　长　张艺兵
副 局 长　章红兵　王克刚
党组书记　张艺兵
纪检组长　常　军
党组成员、青州办事处主任　傅苏友

### 潍坊市邮政管理局

局　　长　徐光辉
副 局 长　管廷强
党组书记　徐光辉
纪检组长　管廷强

### 气象局

局　　长　王令军
副 局 长　秦增良　马劲松
党组书记　王令军
纪检组长　马泮明

### 潍坊市水文局

局　　长　杨化勇
副 局 长　王金钟　吴启宗　李　飞
党组书记　杨化勇
党组副书记　吴启宗
纪委书记　王金钟

### 胶东调水

党委书记　马安堂
局　　长　马安堂
副 局 长　王建民　王维纯
工会主任　于德光

### 潍坊海事处

局　　长　张家友
副 局 长　怀源昌　王方友
党组书记　怀源昌
纪检书记　王方友

### 中国银行业监管管理委员会潍坊监管分局

局　　长　刘世明
副 局 长　张志荣　刘文正
党委书记　刘世明
党委副书记　张志荣
纪委书记　刘　勇

### 潍坊市盐务局

局　　长　尹延明
副 局 长　赵培德　马汉波　王子军
　　　　　于寿华
党委书记　赵培德
党委副书记　尹延明
纪委书记　王子军
总会计师　王　玲（女）

### 中国联合网络通信有限公司潍坊市分公司

总 经 理　闫万刚
副总经理　吴乃强　程振学　范维东
　　　　　方　军（2月止）
　　　　　刘显阳
党委书记　闫万刚
党委副书记　吴乃强
纪委书记　刘显阳

### 中国移动通信集团山东潍坊分公司

总 经 理　李祥兵
副总经理　李华杰　戴春华　焦　阳
党委书记　李祥兵

### 潍坊市烟草专卖局（山东潍坊烟草有限公司）

局　　长　曹红祥
副 局 长　张万光　王林立　杨旭亮
　　　　　袁志仲　蒋其华
总 经 理　曹红祥
副总经理　孙培果（7月止）　王喜功
　　　　　张玉芹
党委书记　曹红祥

### 国网山东省电力公司潍坊供电公司

总 经 理　孙敬国（11月止）
　　　　　孙　华（11月起）
副总经理　于金涛　文鸣鑫　林凡勤
　　　　　李振杰　程学启
党委书记　于金涛
党委副书记　孙敬国（11月止）
　　　　　孙　华（11月起）
工会主席　辛克升
总会计师　孙　晓

## 高等院校

### 潍坊医学院

党委书记　石增立
党委副书记　马安宁　秦玉明　张潍华
校　　长　马安宁
副 校 长　孙宏伟　朱　军　井西学
　　　　　管英俊　葛国文
纪委书记　秦玉明

### 潍坊学院

党委书记　辛丕宏（11月止）
　　　　　孙文亮（11月起）
党委副书记　王守伦　牛钟顺
院　　长　王守伦
副 院 长　冯滨鲁　王清明　丁子信
　　　　　朱猷武（1月起）
　　　　　赵光强（1月起）
纪委书记　马茜华

### 潍坊职业学院

党委书记　陈仁杰

党委副书记　王家爱　宋桂言（3月起）
院　　长　王家爱
副 院 长　赵君堂　贺志强
　　　　　毕建华（3月起）
纪委书记　李瑞昌（3月起）

### 潍坊技师学院

党委书记　傅大军
党委副书记　韦　民
副 院 长　韦　民　刘成平　胡　斌
纪委书记　曹卫东

### 潍坊工程职业学院

党委书记　李瑞阳
党委副书记　肖明胜　李　琳（女）
院　　长　肖明胜
副 院 长　崔照忠　王金明
纪委书记　那菊华（女）
院长助理　韩振华（11月止）

### 山东信息职业技术学院

党委书记　许　敏
党委副书记　肖朋旭　刘桂玉
院　　长　肖朋旭
副 院 长　巩志强　朱连庆　刘同顺
纪委书记　刘福玉
工会主席　张全栋

### 山东畜牧兽医职业学院

党委书记　曲国庆
党委副书记　郑立森　徐建义
院　　长　郑立森
副 院 长　张绍秋　周其虎
纪委书记　乔立印

### 山东经贸职业学院

党委书记　鲁庆波
党委副书记　冷韶华　高法贵
院　　长　冷韶华
副 院 长　马德胜　周仕俭　王　洲
纪委书记　王爱国

### 山东交通职业学院

党委书记　陈继梦
党委副书记　陈留彬　楚卫涛
院　　长　陈留彬
副 院 长　刘福举　崔振民　单志强
纪委书记　楚卫涛
工会主席　李建军

### 山东工业技师学院

党委副书记　李献坤　孙义宝
院　　长　李献坤
副 院 长　王忠厚　任怀文　张品文
纪委书记　于书兴

### 潍坊护理职业学院

党委书记　曹晓楠
党委副书记　刘海波
副 院 长　王长智　苏建福
纪委书记　王坤法

## 金融部门

### 中国人民银行潍坊市中心支行

行　　长　刘福毅
副 行 长　李万友　陈海青　王新军
党委书记　刘福毅
纪委书记　陈光升

### 中国工商银行潍坊分行

行　　长　孙长庚
副 行 长　杨宗海　鞠立坤　韩志忠
　　　　　姜克才
纪委书记　吴　江
资深经理　冯　洁

### 中国农业银行股份有限公司潍坊分行

行　　长　闵令民
副 行 长　田树江　贾建生　贺　祥
　　　　　黄砚章　王永明
党委书记　闵令民
党委副书记　田树江　贾建生
纪委书记　黄砚章

### 中国农业发展银行潍坊市分行

行　　长　韩玉忠
副 行 长　杜　军　庄红梅（女）
　　　　　隋全亮
党委书记　韩玉忠

### 中国银行股份有限公司潍坊分行

行　　长　汪　雷
副 行 长　武明国　宋若钦　付廷泉
党委书记　汪　雷
纪委书记　焉长海

### 中国建设银行股份有限公司潍坊分行

行　　长　陈　鹏
副 行 长　梅　宁（3月起，12月止）
　　　　　王佳军　辛立国　刘志勇
　　　　　黄　杰（2月起）
党委书记　陈　鹏
党委副书记　梅　宁（3月起,12月止）
纪委书记　王德春（2月起）

### 中国邮政储蓄银行股份有限公司潍坊市分行

行　　长　陈光灵（6月止）
　　　　　路　滔（6月起）
副 行 长　张俊兰（女）
　　　　　薛　梅（女）
　　　　　王风华　梁伟业
党委书记　路　滔
纪委书记　薛　梅
总审计师　王风华

### 招商银行股份有限公司潍坊分行

行　　长　蔡其根
副 行 长　董绍东
行长助理　王少波

### 中国民生银行股份有限公司潍坊分行

行　　长　马　涛（2月起）
副 行 长　杨林东（9月起）
　　　　　史兆伟（8月起）
党委书记　马　涛
纪委书记　杨林东

### 兴业银行股份有限公司潍坊分行

行　　长　吴永林
副 行 长　高　军
行长助理　马曙平

### 华夏银行潍坊支行

行　　长　杨晓丽

副 行 长 于伟民 栾桂旭 孙绍军
李兆亮 刘为军
党总支书记 杨晓丽

副总经理 钟经胜 丁 伟
党支部书记 董林增
纪检组长 岳光波

党组书记 刘良嘉
党组成员 王春雷 李建文 刘占清
于 波

### 潍坊市农村信用合作社联合社
理 事 长 王祖玉
主 任 马春成
副 主 任 颜廷军 赵宝修 闫洪江
王永坤
监 事 长 邹 维
党委书记 王祖玉
党委副书记 马春成
纪委书记 闫洪江

### 潍坊银行股份有限公司
董 事 长 史跃峰
行 长 闫红兵
监 事 长 陈瑞源
党委书记 史跃峰
党委副书记 闫红兵 温英杰
纪委书记 陈瑞源

### 中国人民财产保险股份有限公司潍坊市分公司
总 经 理 李东峰
副总经理 杨志勋 曹岩萍 高仁强
党委书记 李东峰
纪委书记 杨志勋

### 中国人寿保险股份有限公司潍坊分公司
总 经 理 常保华
副总经理 程金虎 刘遵友 郭福义
田春生
党委书记 常保华
纪委书记 郭福义

### 中国太平洋财产保险股份有限公司潍坊中心支公司
党委书记 陈洪英
主 任 王延庆
纪委书记 张丽伟（1月起，3月止）
甘文新（3月起，10月止）

### 新华人寿保险股份有限公司潍坊中心支公司
总 经 理 董林增

### 潍坊市投资公司
董 事 长 陈学俭（3月止）
王曰普（3月起）
总 经 理 王曰普
副总经理 程玉华（3月止）
朱洪池
党委书记 陈学俭（3月止）
王曰普（3月起）
总会计师 陈宝庆

## 县市区、开发区

### 奎文区

#### 中共奎文区委
书 记 李 辉
副书记 高志秀
常 委 李 辉 宋均圻 高志秀
高东洋 王峰贵 田玉军
张兴业 贾 平（女）
沃付贤 韩廷珍

#### 奎文区人大常委会
主 任 李 辉
第一副主任 冯天韬
副 主 任 陈民亭 王颖红（女）
翟福生 侯卫平
党组书记 李 辉 冯天韬
党组副书记 陈民亭 白连合（1月止）

#### 奎文区人民政府
区 长 宋均圻
副区长 田玉军（12月止）
贾 平（女） 刘棣俭
任 祥 曹端升 刘新国
李义龙（挂职）

#### 政协奎文区委员会
主 席 刘良嘉
副 主 席 陈立宝 郭文君
李 莉（女） 张洪军
高殿臣 王 巍

#### 奎文区纪律检查委员会
书 记 高东洋

#### 奎文区人民武装部
政 委 韩廷珍
部 长 张希林

#### 奎文人民法院
院 长 韩 亮

#### 奎文区人民检察院
检察长 徐 军

### 潍城区

#### 中共潍城区委
书 记 王兆辉
副书记 刘泮英 扈洪波
常 委 王兆辉 刘泮英 扈洪波
秦保荣（女） 李 伟
刘华东 李 明 王龙堂
孙文力（3月起） 刘本河
孙修炜（3月止） 潘立东

#### 潍城区人大常委会
主 任 王兆辉
第一副主任 张顺涛
副 主 任 马文远 滕玉云（女）
冀 团 元 董承森

#### 潍城区人民政府
区 长 刘泮英
副区长 李 伟 孙修炜（5月止）
孙文力（5月起） 王延军
潘立东（1月止） 武法栋
李 涛（女，12月止）
王若水（1月起）
田 峥（女，挂职）
方斯实（挂职，8月起）

#### 政协潍城区委员会
主 席 徐金明

副主席　刘　波　刘宏亮（女）
李汝林　韩德信
王向东　李树东

### 潍城区纪律检查委员会

书　记　刘华东

### 潍城区人民武装部

政　委　刘本河
部　长　杨发军

### 潍城区人民法院

院　长　郭宝信

### 潍城区人民检察院

检察长　朱国宝

## 坊子区

### 中共坊子区委

书　记　贾有余
副书记　刘升勤（女）　潘振东
常　委　贾有余　刘升勤（女）
潘振东　常祖领　王希慧
许文远　宋伟伟（女）
李光明（3月止）　张仁科
赵凤江（3月止）
刘景华（1月止）
赵　伟（3月始）
肖继林（3月始）

### 坊子区人大

主　　任　贾有余
第一副主任　赵　伟
副　主　任　王　波　常庆科　郝本杰
李　玉（女）
党组书记　张洪胜（8月止）
赵　伟
党组副书记　张洪胜（8月始）
王　波（8月止）
毕玉孝

### 坊子区人民政府

区　长　刘升勤（女）
副区长　常祖领　李光明（3月止）
刘景华（1月止）
赵　伟　蔡志敏
牟　杰（3月始）　田立军
张建伟（3月止）
李飞雨（挂职）
王幼丽（女，挂职，2014年8月至2015年1月）

### 政协坊子区委员会

主　　席　张钢星
副　主　席　田立胜　于仁之　李子木
张柏山　李叶忠
张秀霞（女）
党组书记　张钢星
党组副书记　田立胜　王建利

### 坊子区纪律检查委员会

书　记　王希慧

### 坊子区人民武装部

政　委　赵凤江（3月止）
肖继林（3月始）
部　长　高庆厚

### 坊子区人民法院

院　长　韩旭东

### 坊子区人民检察院

检察长　于清友

## 寒亭区

### 中共寒亭区委

区委书记　孟晓雷
副书记　李兰祥　石铭奎（3月止）
王文琦（3月起）
常　　委　孟晓雷　石铭奎（3月止）
王文琦　葛凤春（女）
孙修炜（3月起）　庞胜明
丁爱辉　吴兴安　孙吉海
李良华　于　龙（1月止）
王垂军（1月起）

### 寒亭区人大常委会

主　　任　孟晓雷
第一副主任　蔡俊忠
副　主　任　张辉忠　武伟乐　王玉良
朱群英（女）
党组书记　蔡俊忠
党组副书记　范连军　徐海涛
党组成员　王先明

### 寒亭区人民政府

区　长　李兰祥（1月起）
副区长　孙修炜（3月起）　庞胜明
马继山　刘向东　李永光
郭春媛（女）
卢芳芳（女，挂职）
初咏梅（女，挂职，8月起）

### 政协寒亭区委员会

主　　席　韩国礼
副　主　席　李会录
刘伟宏（不驻会）
高允琴（女）
王建岗（不驻会）
陈　宁　王格山
党组书记　韩国礼
党组副书记　李梅生　邵丕清
南怀明（9月止）
党组成员　南怀明（9月起）

### 寒亭区纪律检查委员会

书　记　葛凤春

### 寒亭区人民武装部

部　长　贺志富
政　委　王垂军（1月起）

### 寒亭区人民法院

院　长　吕宜民

### 寒亭区人民检察院

检察长　邓树刚

## 青州市

### 中共青州市委员会

市委书记　孙忠礼
市委副书记　韩幸福　杨晓辉（3月起）
杨云生（回族，3月止）
市委常委　葛英煜　任宪强　刘永福
陈同洲　宋正树

高凌云（女） 杨君星
罗相贤 逄新军（挂职）
胡文星（3月止）

### 青州市人大常委会

主　　任　孙忠礼
第一副主任　杨云生（回族2月起）
　　刘希玉（2月止）
副 主 任　陈群光　董广凤（女）
　　俎海涛
　　徐健生（女，不驻会2月止）

### 青州市人民政府

市　长　韩幸福
副市长　葛英煜　胡文星
　　逄新军（挂职）
　　刘金国　郭永超　王万信
　　马雪莲（女）
　　岳　元（女，挂职）

### 政协青州市委员会

主　席　董连胜
副主席　李金凤（女，不驻会）
　　牛建一（不驻会）
　　王寿礼　贾来友
　　刘传明（2月起）
　　孟庆刚（2月止）
　　李守纲（2月止）

### 青州市纪律检查委员会

书　记　任宪强

### 青州市人民武装部

政　委　杨君星
部　长　李长松（2月止）
　　明　辉（2月起）

### 青州市人民法院

院　长　尹洪阳

### 青州市人民检察院

院　长　高文军

## 诸城市

### 中共诸城市委

书　记　陈汝孝
副书记　李　峰　刘峰梅
　　李　明（挂职）
常　委　鞠进增　孙利宝　杜建华
　　李庆华（3月起）　刘作勋
　　赵治国　孙文力（2月止）
　　陈　盛　肖继林（3月止）
　　薛宗刚（3月起）
　　王安东（挂职，6月止）

### 诸城市人大常委会

主　　任　陈汝孝
第一副主任　李　宁
副 主 任　郑晓瑛　于明堂　颜廷忠
　　杨景良

### 诸城市人民政府

市　长　李　峰（1月代市长，2月起市长）
副市长　杜建华　孙文力（3月止）
　　李庆华（3月起）
　　王安东（挂职，6月止）
　　许传平　鞠俊海　赵　莉
　　孔晓明　王大伟（挂职）

### 政协诸城市委员会

主　席　王玉邦
副主席　张海轶　吴建智　臧晋运
　　蒋德华　韩培武　宗素霞

### 诸城市纪律检查委员会

书　记　孙利宝

### 诸城市人民武装部

政　委　肖继林（3月止）
　　薛宗刚（3月起）
部　长　薛宗刚（3月止）
　　范德祥（3月起）

### 诸城市人民法院

院　长　王学功

### 诸城市人民检察院

检察长　王重国

## 寿光市

### 中共寿光市委

市委书记　孙明亮（2月止）
　　朱兰玺（2月起）
市委副书记　朱兰玺（2月止）
　　赵绪春　邱　旺（3月起）
市委常委　孙明亮（2月止）
　　朱兰玺　赵绪春
　　邱　旺（3月起）
　　李宝华　王惠玲（女）
　　王教法　侯法强（3月起）
　　徐　莹（女）　孙成华
　　武治强　李志平

### 寿光市人大常委会

主　任　杨德峰
副主任　林立星　李昌武　房师平
　　郑建民　傅小妹（女）

### 寿光市人民政府

市　长　朱兰玺（3月止）
　　赵绪春（3月起）
副市长　李宝华　王惠玲（女）
　　孙亚娇　袁世俊　刘广斌
　　王安文

### 政协寿光市委员会

主　席　王茂兴（2月止）
　　方新启（2月起）
副主席　刘建安　袁昌彪　丁世波
　　崔建军　寇振彦　刘美霞(女)

### 寿光市纪律检查委员会

书　记　侯法强（3月起）

### 寿光市人民武装部

政　委　李志平
部　长　胥永利

### 寿光市人民法院

院　长　王光才

### 寿光市人民检察院
检察长　孙　炜

## 安丘市

### 中共安丘市委
市委书记　刘兴明
市委副书记　桑福岭　原　理
市委常委　刘兴明　桑福岭　原　理
肖振胜　刘兴军
侯法强（3月止）
江　波　张振城
李光明（3月起）
闫凤林　王国强
李建英（女）
张　建（挂职）

### 安丘市人大常委会
主　任　刘兴明
第一副主任　任海燕（女）
副主任　周寿清（2月止）
王洪书　任　健
王学昌　孙　钧（2月起）

### 安丘市人民政府
市　长　桑福岭
副市长　肖振胜　刘兴军
张　建（挂职）　张宝庆
刘子庆　邱海芳（女）
于新兵　李英德（挂职，9月止）
管增军（挂职，9月起）

### 政协安丘市委员会
主　席　李广庆（2月起）
副主席　李广庆（2月止）
宿明明（不驻会）
王振红（女，不驻会）
盛万波（不驻会，2月止）
李效民（2月止）
闫　力（2月止）
于庆满（2月起）
于振法（2月起）
王培范（2月起）

### 安丘市纪律检查委员会
书　记　闫凤林

### 安丘市人民武装部
政　委　王国强
部　长　刘乃纲

### 安丘市人民法院
院　长　何彤斌

### 安丘市人民检察院
检察长　于建立

## 高密市

### 中共高密市委
书　记　范福生
副书记　杨建华　万　丽（女）
贾勤清（援藏）
常　委　刘明伦　李庆华（3月止）
刘建成　徐振刚
马长春（12月止）
王保功　徐方吉
孙业宗（3月起）

### 高密市人大常委会
主　任　范福生
副主任　钟亮成　刘松青
毛进兰（女，非党）
于钦明　宫德胜

### 高密市人民政府
市　长　杨建华
副市长　刘建成　徐振刚
殷玉萍（女）　王永亮
汤振国　赵海龙（非党）
翟　敏（女，挂职）

### 政协高密市委员会
主　席　杜洪君
副主席　陈　明　张兆年（非党）
栾　涛　唐屹立
吴金晶（非党）
施玉梅（女，非党）

### 高密市纪律检查委员会
书　记　刘明伦
副书记　邱昌禹　马拥军

### 高密市人民武装部
政　委　刘　斌
部　长　童光江

### 高密市人民法院
院　长　李鲁民

### 高密市人民检察院
检察长　隋国华

## 昌邑市

### 中共昌邑市委
书　记　马跃启
副书记　吕珊珊（女）　鞠立强
常　委　马跃启　吕珊珊（女）
鞠立强　孙晓非　陶金先
高文奎　刘杰然　王志强
田洪波　黄志华　王　伟

### 昌邑市人大常委会
主　任　马跃启
第一副主任　周　娟（女）
副主任　庞明庆
李建军（2月起，不驻会）
董凤杰　戚风乾

### 昌邑市人民政府
市　长　吕珊珊（女）
副市长　陶金先　高文奎　王海岩
于冬菊（女）　李　鹏
李明杰
柯宇丰（挂职，8月起）
王　胜（挂职，9月起）

### 政协昌邑市委员会
主　席　李中福
副主席　张天辉
李建军（3月止，不驻会）
冯义军　郭光林（3月止）
夏麦香（女）
吕继贤（不驻会）
孙孝工（3月起）
吴红玉（女，3月起）

### 昌邑市纪律检查委员会
书　记　孙晓非

### 昌邑市人民武装部
政　委　黄志华
部　长　邓世武（1月止）
　　　　陈永锁（1月起）

### 昌邑市人民法院
院　长　王振星

### 昌邑市人民检察院
检察长　张　杰

## 临朐县

### 中共临朐县委
书　记　顾建华
副书记　刘裕斌
　　　　杨锡栋（12月止）
　　　　马常春（12月起）
常　委　顾建华　刘裕斌
　　　　杨锡栋（12月止）
　　　　马常春（12月起）
　　　　冯　铸（12月止）
　　　　刘世海　衣利民　郭家荣
　　　　郭宝花　冯　波　周书坤
　　　　王　勇　蔡相山（挂职）

### 临朐县人大常委会
主　　任　顾建华
第一副主任　王晋成
副　主　任　衣　萍（女）
　　　　　　许孝新（不驻会）
　　　　　　张元平　段庆孔

### 临朐县人民政府
县　长　刘裕斌
副县长　衣利民　郭家荣
　　　　蔡相山（挂职）
　　　　赵同祥　王永刚　孙启军
　　　　黄　芳（女）　张新明（挂职）

### 政协临朐县委员会
主　席　赵永娟（女）
副主席　刘学海　张惠玉（女，不驻会）
　　　　倪若强（不驻会）
　　　　白雪峰（不驻会）
　　　　傅来昌　许佃永

### 临朐县纪律检查委员会
书　记　冯　铸（12月止）

### 临朐县人民武装部
政　委　王　勇
部　长　姜先福

### 临朐县人民法院
院　长　孙绍军

### 临朐县人民检察院
检察长　张素敏（女）

## 昌乐县

### 中共昌乐县委
书　记　张新强
副书记　高立伯　肖建华
常　委　张新强　高立伯　肖建华
　　　　邱　旺（3月止）　田元君
　　　　张建伟（3月起）　高登友
　　　　徐玉山　包艳伦　孙春雷
　　　　刘艳芳（女）　田永全

### 昌乐县人大常委会
主　　任　张新强
第一副主任　王　备
副　主　任　王少鹏
　　　　　　周晓玲（女，不驻会）
　　　　　　刘　坚　田本义

### 昌乐县人民政府
县　长　高立伯
副县长　邱　旺（3月止）
　　　　张建伟（3月起）　高登友
　　　　崔全华　陈香萍（女）
　　　　李培进　丁进全
　　　　葛汝鸿（挂职，9月止）
　　　　姜俊刚（挂职）
　　　　高延鹏（挂职，9月起）

### 政协昌乐县委员会
主　席　周保进
副主席　张宝峰　滕恩禄
　　　　张国美（女，不驻会，1月止）
　　　　王泳亮　滕建勋　刘树铭

### 昌乐县纪律检查委员会
书　记　田元君

### 昌乐县人民武装部
政　委　包艳伦
部　长　张立俊

### 昌乐县人民法院
院　长　杨培锋

### 昌乐县人民检察院
检察长　郑爱之

## 潍坊高新技术产业开发区管理委员会
党工委书记　王献玲
党工委副书记　宋赤锋　陈甲才
　　　　　　张龙江
管委会主任　宋赤锋
管委会副主任　陈甲才　张龙江
　　　　　　谭建民（3月止）
　　　　　　傅庆学（3月起）
　　　　　　钱文亭
　　　　　　高文庆（3月止）
　　　　　　曲志刚　董书礼
纪工委书记　傅庆学

## 潍坊滨海经济技术开发区管理委员会
党工委书记　王树华
党工委副书记　张恒道　李树森
管委会主任　张恒道
副　主　任　宋世伟（12月止）
　　　　　　杜长明　王希光
　　　　　　张　华
　　　　　　刘振永（12月止）
　　　　　　嵇建勇（12月止）
　　　　　　刘晓伟（12月止）

| | |
|---|---|
| | 范梅庆（12 月止） |
| 纪工委书记 | 王仲民 |

### 潍坊市峡山生态经济发展区管理委员会

| | |
|---|---|
| 党工委书记 | 马清民 |
| 党工委副书记 | 李华刚　张守富 |
| | 许　珍（女） |
| 主　　任 | 李华刚 |
| 副　主　任 | 许　珍（女）　栗祥平 |
| | 周锡玉　窦金光 |
| | 刘世全（12 月止，挂职） |
| | 陈杰斌（8 月起，挂职） |
| 纪工委书记 | 刘传胜 |

### 潍坊综合保税区管理委员会

| | |
|---|---|
| 党工委书记 | 孙起生 |
| 党工委副书记 | 徐洪吉　王　勇 |
| | 王守全 |
| 主　　任 | 徐洪吉 |
| 副　主　任 | 王得志　王有强 |
| 纪工委书记 | 刘庆德 |

### 山东潍坊经济开发区管理委员会

| | |
|---|---|
| 党工委书记 | 孟晓雷 |
| 党工委副书记 | 王德明 |
| 管委会主任 | 孟晓雷 |
| 管委会副主任 | 王德明　张作智 |
| | 冯启波　史云锦（女） |
| | 曹金法（4 月止） |

（注：组织机构及负责人收录时间范围为 2014 年 1 月 1 日至 2014 年 12 月 31 日，期间职务有变动的标明起止月份，没有变动的不标明）

# 2014 年潍坊市国民经济和社会发展统计公报

2014 年，全市上下紧紧围绕“四一三”战略重点和全市统筹发展布局，主动适应经济发展新常态，全面深化改革，加快构建现代产业体系，经济运行总体保持平稳增长态势，产业发展基本稳定，质量效益继续提高，创新驱动力增强，民生福祉持续改善。

## 一、综合

2014 年年末全市常住人口 924.72 万人，全年出生人口 108927 人，同比增长 38.8%。合法生育率 95.8%，人口自然增长率 6.37‰，出生人口性别比 109.9。

初步核算，全市地区生产总值（GDP）4786.7 亿元，按可比价格计算比上年增长 9.1%。一、二、三、四季度 GDP 分别增长 9.0%、9.1%、9.0%、9.2%，呈现平稳发展趋势。其中，第一产业增加值 456.2 亿元，增长 4.0%；第二产业增加值 2432.0 亿元，增长 9.7%，其中工业增加值 2137.4 亿元，增长 9.8%；第三产业增加值 1898.5 亿元，增长 9.3%。一、二、三产业对经济增长的贡献率分别为 3.9%、61.3% 和 34.8%，分别拉动 GDP 增长 0.4、5.6 和 3.1 个百分点。按常住人口计算，人均 GDP 达到 51826 元（按 2014 年年末汇率折算为 8470 美元），比上年增长 8.9%。三次产业比重由 2013 年的 9.8 ∶ 52.0 ∶ 38.2 调整为 9.5 ∶ 50.8 ∶ 39.7。

2014 年各县市区、市属开发区生产总值完成情况：潍城区 228.3 亿元，寒亭区（含经济开发区）186.2 亿元，坊子区 130.2 亿元，奎文区 225.5 亿元，青州市 547.9 亿元，诸城市 705.4 亿元，寿光市 762.0 亿元，安丘市 270.5 亿元，高密市 553.1 亿元，昌邑市 356.0 亿元，临朐县 229.0 亿元，昌乐县 260.7 亿元，高新技术产业开发区 340.9 亿元，滨海经济开发区 261.4 亿元，峡山生态经济发展区 24.9 亿元。

非公有制经济发展稳中有升。全市非公有制经济完成增加值 2611.1 亿元，比上年增长 9.5%，其中，民营经济增加值 2284.7 亿元，增长 9.8%。全市非公有制经济户数 51.3 万户，增长 21.0%；从业人员 191.9 万人，增长 12.9%；注册资金 3662 亿元，增长 42.5%。

就业工作成效显著。实现新增就业人员 21.9 万人，其中，城镇新增就业人员 11.4 万人，完成年度计划的 114%，农村劳动力转移就业 10.5 万人，完成年度计划的 105%。城镇登记失业率控制在 2.98% 的较低水平，城乡就业连续 11 年实现“双十万”目标。

物价水平小幅上涨。全市居民消费价格上涨 1.3%，涨幅比 2013 年下降 0.3 个百分点。其中，食品类、烟酒及用品类价格分别上涨 1.8%、0.9%，交通和通信类下降 0.4%，衣着类、居住类、娱乐教育文化用品及服务类、家庭设备用品及服务类、医疗保健和个人用品类价格分别上涨 1.4%、2.4%、0.6%、0.3%、0.2%。工业生产者购进价格和工业生产者出厂价格分别下降 1.3% 和 1.7%。

财政收入运行平稳，民生支出保障有力。全市一般公共预算收入完成 430.2 亿元，增长 12.1%。其中，税收收入完成 355.6 亿元，增长 11.6%。增值税、营业税、企业所得税、个人所得税四个主体税种完成 192.4 亿元，增长 7.0%，占一般公共预算收入的 44.7%。全市一般公共预算支出完成 527.8 亿元，增长 6.8%。其中，教育、医疗、就业和社会保障、保障性住房、文化体育、强农惠农等民生支出达 317.1 亿元，占一般公共预算支出的 60.1%。

## 二、农业

2014 年农林牧渔业总产值 895.8 亿元，按可比价格计算增长 4.0%。据抽样调查，全市粮食播种面积达到 1096.0 万亩，同比减少 0.7%，全年粮食总产量 464.4 万吨，减少 2.3%；棉花产量 3.6 万吨，减少 7.6%；油料产量 21.3 万吨，减少 13.6%；烤烟产量 2.8 万吨，减少 29.1%；蔬菜产量 1200.4 万吨，增长 3.0%；水果产量 87.7 万吨，减少 4.1%。

林业生态建设取得明显成效。全年完成造林 33.6 万亩，新建农田林网 8.4 万亩，四旁植树 3304 万株，中幼林抚育33.6万亩，育苗28.2万亩。全市森林面积达564.7万亩，活立木蓄积量1467.6万立方米，林木覆盖率35.5%。

畜牧业生产增势放缓。全市肉类总产量140.4万吨，减少1.7%；禽蛋产量24.8万吨，减少4.7%；奶类产量25.9万吨，减少4.3%；大牲畜年末存栏37.9万头，增长0.6%；生猪年末存栏469.2万头，减少0.2%；家禽年末存栏11105.6万只，减少7.0%；生猪出栏844.6万头，增长2.5%；家禽出栏46278.6万只，减少6.8%。

渔业保持稳定增长。全市渔业总产值达到45.1亿元，按可比价增长6.6%；水产品总产量60万吨，增长3.7%。

农业机械化水平进一步提高。全市农业机械总动力1371.35万千瓦，增长0.8%；联合收获机达到2.4万台，增长8.6%。全年共完成机耕面积975.8万亩，机播面积1492.0万亩，机收面积1365.0万亩，机耕水平、机播水平、机收水平分别达到98.9%、88.8%、81.2%。

农村水利基本建设进展顺利。全市建成规模化集中供水工程70处，其中，千吨万人以上规模化集中供水工程50处，建成小型单村、联村集中供水工程634处，集中供水覆盖人口达到94.7%。完成农田水利基本建设投资33.9亿元，建成各类水利工程6371处，新增改善灌溉面积72.6万亩，发展节

表1　2014年潍坊市规模以上工业主要产品产量及增幅一览表

| 产品名称 | 计量单位 | 2014年 | 增长（%） |
|---|---|---|---|
| 原盐 | 万吨 | 971.65 | 0.64 |
| 饮料酒 | 万千升 | 46.12 | 7.76 |
| 其中：白酒（折65度，商品量） | 万千升 | 6.95 | -3.47 |
| 啤酒 | 万千升 | 37.19 | 9.48 |
| 卷烟 | 亿支 | 231.22 | 2.69 |
| 纱 | 万吨 | 82.19 | 1.48 |
| 布 | 亿米 | 39.05 | -4.50 |
| 印染布 | 亿米 | 11.44 | -11.25 |
| 服装 | 万件 | 32337.64 | -4.50 |
| 人造板 | 万立方米 | 181.97 | 7.05 |
| 家具 | 万件 | 499.82 | -9.92 |
| 纸浆（原生浆及废纸浆） | 万吨 | 150.32 | 7.80 |
| 机制纸及纸板（外购原纸加工除外） | 万吨 | 498.83 | -2.16 |
| 纯碱（碳酸钠） | 万吨 | 367.47 | 11.56 |
| 合成氨（无水氨） | 万吨 | 128.96 | -1.41 |
| 农用氮、磷、钾化学肥料总计（折纯） | 万吨 | 102.44 | -1.07 |
| 其中：尿素（折含N100%） | 万吨 | 86.04 | -4.24 |
| 合成洗涤剂 | 万吨 | 12.29 | -0.41 |
| 化学药品原药 | 万吨 | 22.21 | 7.92 |
| 化学纤维用浆粕 | 万吨 | 25.72 | -0.12 |
| 化学纤维 | 万吨 | 24.98 | -15.84 |
| 橡胶轮胎外胎 | 万条 | 4317.54 | -3.69 |
| 塑料制品 | 万吨 | 56.12 | -4.96 |
| 其中：塑料薄膜 | 万吨 | 16.58 | -5.04 |
| 粗钢 | 万吨 | 689.91 | 8.00 |
| 钢材 | 万吨 | 612.08 | -9.89 |
| 发动机 | 万千瓦 | 10687.05 | -7.52 |
| 其中：汽车用发动机 | 万千瓦 | 6939.13 | -11.48 |
| 收获机械 | 台 | 49612.00 | -0.20 |
| 汽车 | 万辆 | 38.05 | -13.86 |

水灌溉面积46.2万亩，建成“旱能浇、涝能排”高标准农田38万亩。

### 三、工业和建筑业

2014年年末，全市规模以上工业企业达到3907家，实现工业增加值比上年增长10.5%。其中，国有企业增加值减少1.7%，集体企业增长27.7%，股份制企业增长11.3%，外商及港澳台商投资企业增长6.7%。分轻重工业看，重工业增加值增长11.6%，轻工业增长8.6%。

工业运行平稳，结构进一步优化。全市规模以上工业实现主营业务收入12602.5亿元，增长8.7%；实现利润总额695.1亿元，增长9.2%；实现利税总额1070.6亿元，增长10.1%；全年产品销售率为98.7%。前100名工业企业实现主营业务收入4795.3亿元，占全市收入的38%，同比增长9.0%；实现利润总额258.9亿元，同比增长14.4%，高于全市5.2个百分点；实现利税总额379.2亿元，同比增长9.7%。全市装备工业企业1127家，实现主营业务收入3540.2亿元，占全市主营业务收入的28.1%，同比增长12.6%，实现利润总额243.2亿元，同比增长8%；实现利税总额335.7亿元，同比增长6.5%。

219种主要统计产品中，有111种产品产量增长或持平，其中，光电子器件、蓄电池、化学试剂、石膏板、锻件等产品产量增长都在20%以上。

工业投入力度加大。完成工业投资2008.3亿元，同比增长20.3%。全市2092个工业在建项目中已有1351个项目建成投产，占64.6%。计划投资5000万以上工业项目1666个，其中，过亿元项目687个，完成投资1241.2亿元，占固定资产投资的31.3%。

淘汰落后产能任务全面完成。全市共有焦炭、造纸、印染3个行业、11家企业列入省淘汰落后产能计划，共淘汰落后焦炭产能40万吨，造纸产能6.6万吨，印染产能9470万米。工业用水重复利用率达到91.8%，万元GDP取水量和万元工业增加值取水量分别下降到17.1立方米和22.0立方米。

建筑业平稳发展。实现建筑业总产值740.3亿元，同比增长4.6%。全员劳动生产率为27.7万元/人，同比下降5.8%。其中，建筑工程完成产值642.3亿元，同比增长7.4%；安装工程完成产值85.2亿元，同比下降7.2%；其他产值12.8亿元，同比下降26.4%。签订合同额987.1亿元，同比增长6.2%，其中，2014年新签订合同额614.1亿元，同比增长1.3%。

### 四、固定资产投资

固定资产投资增长较快。固定资产投资完成3969.1亿元，同比增长15.7%。4850个投资施工项目中总投资过1000万元的项目4791个，占总数的98.8%。其中，第一产业完成投资108.2亿元，同比增长15.1%；第二产业完成投资2017.2亿元，同比增长20.8%；第三产业完成投资1843.7亿元，同比增长10.8%。民间投资3567.5亿元，占固定资产投资比重89.9%，比上年同期提高7.6个百分点；基础设施建设完成投资500.7亿元，同比增长47.7%，比上年同期提高20.6个百分点。

房地产开发投资下滑明显。完成房地产开发投资450.0亿元，同比下降25.3%。其中，住宅投资322.2亿元，同比下降23.1%。商品房销售面积774.0万平方米，同比下降37.6%。其中，住宅销售面积689.1万平方米，同比下降37.1%。商品房销售额325.4亿元，同比下降34.0%。其中，住宅销售额276.2亿元，同比下降33.7%。

### 五、国内外贸易

国内消费市场平稳。全市实现社会消费品零售总额1979.5亿元，增长12.6%。其中，城镇零售额实现1415.1亿元，增长11.8%；乡村零售额实现564.4亿元，增长14.5%。按消费形态分，商品零售1796.1亿元，增长12.5%；餐饮收入183.5亿元，增长13.9%。全市完成物流总额1.7万亿元，增长8.3%。全市商品交易市场发展到1085处，年交易额达1250亿元。

外贸转型升级加快推进。全市完成进出口总额177.8亿美元，同比增长10.0%。其中，出口123.4亿美元，增长6.3%，进口54.4亿美元，增长19.4%。进口产品中，燃料油进口11.7亿美元，同比增长600.1%，塑料原料、铁矿砂进口分别增长37.0%、12.3%。出口商品结构进一步优化，高新技术产品、机电产品分别增长37.2%、18.1%。骨干企业拉动作用明显，全市20家重点出口企业出口35.3亿美元，占全市出口总额28.6%，20家重点进口企业进口33.3亿美元，占全市进口总额61.2%。新兴市场贸易增长迅速，马来西亚、俄罗斯、澳大利亚、印度、泰国进出口额同比分别增长109.6%、43.9%、19.3%、12.8%、6.2%。

对外经济合作更加活跃。全年外派劳务5711人次，增长3.2%。完成对外承包工程营业额1.6亿美元，增长25.3%。新设立境外投资企业（机构）61个，新增境外投资6.4亿美元。对“一带一路”沿线国家和地区投资项目达15个，总投资达到3亿美元。海外经贸合作园区建设稳步推进，柬埔寨山东工业园、非洲（乌干达）山东工业园、巴基斯坦圣山加工工业园建设与招商步伐加快。

利用外资继续提高。新批外商投资项目40个，同比下降18.4%，合同利用外资17.4亿美元，增长1.0%。实际到账外资9.0亿美元，增长10.8%。其中，新批总投资1000万美元以上的外资大项目13个，占新批项目总数的32.5%。

### 六、交通运输、邮政电信、旅游

交通基础设施建设进一步加大。全年累计完成交通基础设施投资77.3亿元，其中，公路建设累计完成投资49.8亿元；港航、客运场站、物流园区、城市公交等完成投资27.5亿元。全市公路通车里程达到2.6万公里，公路密度达到159.7公里/百平方公里。全市营业性机动车辆10.5万辆，其中，线路客车（含旅游）2747辆，载货汽车97544辆，出租车4854辆。海运船舶运力达到95.9万载重吨。

交通运输生产稳步增长。全市道

路运输完成客运量7437万人次，下降2.6%，旅客周转量48.5亿人/公里，下降1.7%；公路货运量22145万吨，同比增长1.5%，货物周转量487.8亿吨/公里，同比增长3.9%。水上运输货运量1403万吨，同比增长5.0%，潍坊港完成货物吞吐量2603万吨，同比增长11.6%。航空运输完成客运量39.4万人次，同比增长194.5%，货邮吞吐量2.0万吨，同比增长16.9%。青临铁路完成货运量295.6万吨，同比增长111.0%。

邮政电信业稳步发展。完成邮政业务总量9.6亿元，增长10.5%。其中，快递业务2976.8万件，增长24.9%。全市电信企业实现电信业务总量77.4亿元，同比增长10.4%。电话用户总数为1137.6万户，普及率达123.3部/百人，下降3%。其中，固定电话用户138.6万户，固定电话普及率15.0部/百人；移动电话用户998.9万户，其中3G用户326.7万户，4G用户52.0万户，移动电话普及率108.3部/百人。互联网用户达到593.7万户，其中，无线上网用户465.5万户，互联网普及率达到64.4%；通信光缆总长度106.9万芯长千米；互联网出口带宽660G。

旅游业保持较快发展势头。全市共接待境内外游客5195.8万人次，增长9.7%。其中，国内旅游人数5163.1万人次，增长9.8%；入境游客32.7万人次，下降2.5%。旅游总收入499.5亿元，增长13.3%。其中，国内旅游收入486.2亿元，增长14.0%；入境旅游收入2.2亿美元，下降6.7%。全市A级景区共93家，其中，AAAAA级景区1家，AAAA级景区22家。星级饭店73家，其中，五星级饭店3家，四星级饭店23家。旅行社143家，其中，出境组团社8家。

## 七、金融

金融运行呈良好发展态势。2014年年末，全市金融机构本外币各项存款余额为5536.2亿元，比年初增加476.4亿元，增长9.4%，其中，储蓄存款为3162.3亿元，增长12.8%。金融机构本外币各项贷款余额达4450.5亿元，比年初增加444.7亿元，增长11.1%。

资本市场发展稳定。企业上市方面，康跃科技在深圳证券交易所挂牌上市，融资1.6亿元。万隆电气、胜达科技、格林监测等25家企业分别在“新三板”和齐鲁股权交易中心挂牌。全市共发行各类债券16只，融资140.3亿元。其中，中小企业金融专项债20亿元，短期融资券24.5亿元，可转债25亿元，可转换私募债12亿元，中小企业私募债11.3亿元，企业债18亿元，中期票据18亿元，公司债10亿元，非公开债务融资工具1.5亿元。

民间资本融资取得新进展。新设立小额贷款公司2家，全市51家小额贷款公司运营资金达到62.5亿元，贷款余额67.6亿元，实现税收2.0亿元。融资性担保公司达到41家，资产总额56.4亿元。新成立民间资本管理机构46家，民间融资登记服务机构14家，吸引民间资本20.2亿元，累计投资额达17.9亿元。

保险业健康发展。2014年年末，驻潍市级保险机构达到62家，其中，财产险机构29家，人身险机构33家。县市区保险机构299家，新增15家。全市保费收入131.9亿元，增长18.8%；各项赔给付40.4亿元，比上年增长8.1%。其中，财产险保费收入49.2亿元，比上年增长14.9%，赔款支出25.5亿元，比上年增长10.3%；人身险保费收入82.8亿元，比上年增长21.2%，赔给付14.8亿元，比上年增长4.5%。承担社会风险19897.1亿元，比上年增长11.3%。

## 八、教育、卫生、文化和体育

教育事业不断取得新成就。2014年年末，全市共有普通高校14所，在校学生14.2万人；中等职业学校34所，在校学生11.4万人；普通高中52所，在校学生18.9万人；初中264所，在校学生25.9万人；小学831所，在校学生58.4万人；幼儿园1674所，在园幼儿20.8万人。9个县市区通过国家“义务教育发展基本均衡县”验收。中考招生制度建设被教育部授予国家级基础教育教学成果一等奖。我市被教育部、发改委等六部委联合表彰为“全国职业教育先进单位”，14所中职学校成为省级标准化学校，6所中职学校成为国家示范学校。山东（潍坊）海洋科技大学院区和公共实训基地建设加快，滨海科教创新区已有5所院校实现招生，在校师生达3万人。

卫生事业持续健康发展。2014年，全市有各级各类医疗卫生机构1964家，卫生技术人员63701人，其中，医生25988人、注册护士26306人。全面启动第二批共12家县级公立医院改革试点工作，药品实行“零差率”销售。推进市县乡村四级心理健康服务体系建设，全市二级以上医疗机构全部设置心理咨询门诊，80%的镇（街道）卫生院和社区卫生服务中心设置心理咨询室，50%的村卫生室和社区卫生服务站设置开展心理健康咨询服务工作场所，全市累计培训心理咨询人员7500人。

现代公共文化服务体系建设不断推进。建成开通覆盖全市的潍坊数字图书馆和2处24小时城市街区自助图书馆。为基层配备广场文化活动器材1679套件，80%以上的行政村（社区）建成乡村文化小广场。对375个农家书屋进行数字化升级，建成29家城市数字电影院。《李二嫂的新故事》《路向远方》两部戏曲分别荣获泰山文艺奖一等奖、二等奖。诸城市被评为国家级“社会文化先进单位”，全市国家级“社会文化先进县”增加至5个。

潍水文化生态保护实验区建设取得新成果。我市有2个非物质文化遗产项目入选第四批国家级非物质文化遗产代表项目名录，有11人入选第四批省级非物质文化遗产项目代表性传承人。评选公布第四批市级非物质文化遗产代表性名录项目68项。潍坊杨家埠民俗艺术有限公司被文化部命名为“国家级非物质文化遗产保护示范基地”。青州市、高密市、临朐县被评为“中国民间文化艺术之乡”。在首批山东省历史文化街区评选中，全市成功入选7处。临胸崔芬墓等8个项目保护方案通过国家文物局评审，青州真教寺等4个保护方案、保护规划通过国家立项。

体育工作成绩突出。在山东省第二十三届运动会中，我市716名运动员参加了22个大项、30个分项的决赛。获得金牌135.5枚、银牌60枚、铜牌65枚，列金牌榜第五位。在韩国仁川亚运会，我市运动员5人次在4个项目上夺得金牌。圆满承办第五届中国潍坊“希望杯”国际青少年足球联赛、第八届“潍坊杯”国际青年足球邀请赛、滨海国际风筝冲浪邀请赛和峡山区国际马拉松邀请赛，创立了潍坊市的赛事品牌。

## 九、科学技术、质量监督及人才工作

科技创新成果丰硕。实施各类科技计划770项，其中，省级以上科技计划项目287项。全市共培育优秀科技成果348项，获得省技术发明奖4项，省科技进步奖8项，评出市级科技最高奖1项，重大科技创新奖3项，国际科技合作奖1项，自然科学奖、技术发明奖、科技进步奖150项。全市承担省级以上各类科技计划项目287项，争取无偿经费4亿元。其中，1个项目列入国家“重大新药创制”科技重大专项，2个项目列入国家科技支撑计划，7个项目列入国家863计划；争取省自主创新及成果转化专项7项，1个项目列入省自主创新重大关键技术项目。

高新技术产业较快发展。2014年，全市实现高新技术产业产值3847.9亿元，增长11.8%，占规模以上工业比重达到30.6%，比年初提高1.6个百分点。新建成潍坊滨海海洋化工、寿光新型防水材料2家国家火炬特色产业基地，全市国家级特色产业基地发展到11家；新认定国家备案高新技术企业123家，总数达到461家。市级以上孵化器达到28家，其中，国家级6家、省级4家，寿光中印软件园被科技部最近批复为国家级科技企业孵化器。新组建市级产业技术创新战略联盟11家，全市产业技术创新战略联盟达40家，其中，国家试点联盟4家，省示范联盟17家。院士工作站总数46家，新组建省级院士工作站15家。省级以上工程技术研究中心118家，其中，国家级2家，11家企业获批组建省级示范工程技术研究中心。建成省级重点实验室14家，新建市级重点实验室45家。

专利工作成绩显著。国内专利申请总量13711件，专利授权总量8435件。其中，发明专利申请3771件，发明专利授权778件。

质量技术监督和商标注册工作成效显著。新创驰名商标6件，总量达到116件。新注册地理标志证明商标22件，总量达到77件。新认定省著名商标32件，总量365件。新创山东名牌产品21个，总量达到209个；新增山东省服务名牌6个，总量达到54个；新增山东省省长质量奖1个，总量达到8个；新增地理标志保护产品2个，总量达到11个。

人才队伍日益壮大。全年共引进各类高层次人才3424人，选拔潍坊市第十二批专业技术拔尖人才115名，引进外国专家551人次，组织执行专家项目317个，获批上级引智专项资金368万元，新增1名外国专家入选国家“外专千人计划”，1人荣获国家“友谊奖”。加快高技能人才队伍建设，建立国家级技能大师工作室2家、省级技师工作站6家，2个企业被纳入省级企业高技能人才评价试点，2所技工院校入选省级专业示范群建设项目。全市培养高技能人才2.2万人，组织职业技能鉴定9.1万人，技工院校招生1.3万人。

## 十、人民生活和社会保障

城乡居民收入不断提高。据抽样调查，潍坊市城市居民人均可支配收入30973元，比上年增长9.1%；城市居民人均消费性支出18810元，比上年增长7.6%。城市居民人均住房建筑面积达到34.7平方米。农村居民人均纯收入14776元，比上年增长11.3%；农村居民人均生活消费支出9677元，比上年增长13.1%。农村居民人均居住面积38.0平方米。

社会保障事业全面发展。企业五项社会保险扩面净增22.8万人，社保基金总收入206亿元。连续十年调整提高企业养老保险待遇，全市28.4万名企业退休职工养老金月人均增长266元；城乡居民基础养老金提高到每人每月75元，为136.1万城乡老年居民发放养老金13.8亿元，发放率始终保持在100%；居民大病保险工作加快推进，完成了报销系统对码和结报系统升级改造，一级以上定点医疗机构基本实现即时结报；职工医保普通门诊统筹全面启动，158万参保职工在定点医疗机构发生的门诊费用将按规定报销；失业保险金标准提高到每人每月900元。

城乡低保和五保供养标准不断提高。中心城区城市低保提高到每人每月不低于500元，其他县市区不低于450元。中心城区和诸城、寿光农村低保提高到每人每年不低于3100元，其他县市区不低于2900元。农村五保集中和分散供养标准分别达到每人每年不低于5400元和4000元。全市共发放城乡低保金3.7亿元，农村五保金0.6亿元。城乡医疗救助报销比例提高到65%。全年新增养老床位7600张，每千名老人拥有养老床位达29张。我市被国家发改委、民政部确定为全国养老服务业综合改革试点市。福利彩票发行额突破15亿，同比增长23%。

创业工作取得新进展。新增省级创业孵化示范基地1家，省级创业示范园区2家、省级大学生创业孵化示范基地1家、市级创业孵化示范基地2家、市级创业示范园区2家、市级大学生创业孵化示范基地2家。全市共发放小额担保贷款11.4亿元，创建省级创业型街道3个，省级创业型社区24个。在滨海新区建设全省首家实体性创业大学，带动全市组织实施创业培训2.04万人。

## 十一、城市建设、环境保护和安全生产

重点工程项目扎实推进。开展了“六路两桥”工程建设，卧龙西街、金宝街等7项工程建成通车。虞河上游湿地综合整治工程和寿光市城市绿荫系统建设项目两项工程被住建部授予中国人居环

境范例奖。出台《市区老旧小区改造整治提升行动方案》，先期启动了282户危房拆除和5个老旧小区整治提升工作，1.5万人生活居住环境得到改善。完成了公共自行车系统扩容，建成站点1100个，投放自行车3万辆，办卡人数突破28万，累计骑行量4760万余人次。2014年我市人均公园绿地面积17.9平方米，建成区绿化覆盖率40.8%。

新型城镇化步伐加快。2014年底，全市人口城镇化率达到53.57%，提高1.81个百分点。弥河镇等16个镇入选全国重点镇，羊口、侯镇在全省“百镇建设示范行动”检查考核中进入前十名，辉渠镇梯田景观被授予“2014年中国美丽田园”称号。全年建成农村新型社区103个，新建农房3.1万户，改造危房5241户，完成村庄村容、村貌整治1410个，建成26项乡镇污水处理工程和90处农村新型社区污水处理设施。

低碳城市建设成效显著。积极开展中美低碳生态城市试点，推行绿色建筑设计专篇制度，启动实施了“211绿色低碳建筑行动”。13个项目入选全省绿色建筑行动百项示范工程。开展“未来之家”超低能耗绿色建筑建设，成为全省首个通过评审的项目。全市累计落实改造项目138万平方米，安装公共建筑能耗监测系统13套。

环境保护取得明显成效。全面推进“三八六”环保行动，全市共完成605项重点环保工作任务，预计分别削减COD2.5%、氨氮2.5%、$SO_2$4.47%、$NO_X$9.44%，完成年度减排目标。全年“蓝天白云、繁星闪烁”天数204天，主要污染物$PM_{2.5}$、$PM_{10}$、$SO_2$、$NO_2$分别同比改善18.9%、11.0%、23.8%和5.1%。省控7条河流水质全部稳定达到控制目标要求，市控23条重点河流水质综合改善15%以上，主要污染物COD、氨氮等指标达到V类水质以上河流断面占全市市控断面的75%。峡山水库等饮用水源地水质达标率100%。工业固体废物综合利用率95%，危险废物安全处置、利用率100%。

2014年全市累计发生各类生产安全事故209起，同比下降28.2%，死亡107人，同比上升7%。

注：（1）公报所列地区生产总值（GDP）、增加值等价值指标按当年价格计算，增长速度按可比价格计算。

（2）公报所列数字为年快报数或初步统计数字，正式数字以《2015年潍坊统计年鉴》为准。

（潍坊市统计局　国家统计局潍坊调查队）

# 精神文明建设

**【社会主义核心价值观宣传】** 围绕推动社会主义核心价值观落细、落小、落实，广泛开展“图说我们的价值观”“节俭养德全民节约行动”等宣传活动。建立完善身边好人四级梯次推荐的评选机制，145人入选“潍坊好人榜”、32人入选“山东好人榜”、3人获评“山东好人之星”、3人入选“中国好人榜”，并举办道德模范、身边好人先进事迹报告会38场次。投入142万元奖补资金，扶持1700个村居（社区）建立善行义举四德榜6390个，覆盖率达到90.8%。积极开展“我们的节日”主题活动，弘扬中华优秀传统文化和传统美德。

**【群众性精神文明创建活动】** 大力开展群众性精神文明创建活动，顺利通过国家文明城市测评组测评，潍坊市被评为第四届全国文明城市。省级文明城市（县、市、区）复查工作顺利完成，寿光市、昌邑市获得全国文明城市（县级市）提名城市参评资格。文明行业、文明单位创建活动整体推进，择优新推荐省级文明村镇18个、文明单位35个、文明社区12个，全国文明村镇3个、文明单位4个。

**【诚信建设制度化和志愿服务制度化】** 全面推进诚信建设制度化，研究制定《潍坊市推进诚信建设制度化实施方案》，分类组织实施“诚实劳动、诚信经营”系列创建活动，定期发布诚信红黑名单，评选“文明诚信窗口”96个、“文明诚信标兵”96名。积极推进志愿服务制度化，打造“四社联动”社区志愿服务品牌，全市注册志愿者60万余人，受益群众15万余人。

**【“讲文明树新风”公益广告宣传】** 全市各级新闻媒体累计刊播公益广告42.18万条次，新设户外公益宣传设施8600余处。寒亭区、高密市组织创作的8幅年画作品，被中央文明办采用并印制成200万套公益年画。深入开展“讲文明树新风”公益广告原创作品征集活动，组织民间艺人积极参与公益广告创作刊播工作。广泛开展农村（社区）公益文化墙绘画活动，在全市农村（社区）手绘各类道德主题公益宣传画2万余幅。

**【未成年人思想道德建设】** 加强乡村学校少年宫建设，新增中央彩票公益金扶持项目12个、省彩票公益金扶持项目7个。充分运用重要时间节点，不断深化“我的中国梦”系列主题教育实践活动，主题教育实践活动成效明显。积极选树先进典型，表彰了100名“潍坊市美德少年”。潍坊市荣获“全国未成年人思想道德建设工作先进城市”称号。

**【乡村文明行动】** 深入推进“乡村文明行动”，大力实施“百镇千村”建设示范工程。开展农村环境卫生综合整治行动，全市实现农村饮水安全和城乡环卫一体化全覆盖，建成省级文化特色建设示范镇5个，省级“乡村文明家园”示范村（居）140个。实施农民素质提升工程，大力开展新农村新生活培训，举办培训班1489场次，培训妇女19.06万人次。

**【文明旅游】** 组建由市文明办牵头、市直19个部门组成的文明旅游部门联席会议。积极开展文明旅游宣传，印制并免费发放《文明旅游出行指南》1万册、宣传单页4万余份，在各类公共场所设置、张贴文明旅游公益广告1万余处。

（齐　帅）

# 中共潍坊市委

*Zhonggong weifang shiwei*

## 重要会议

【全市经济工作会议】 1月10日，市委、市政府召开全市经济工作会议，主要是传达贯彻中央和全省经济工作会议精神，总结全市2013年经济工作，分析当前经济形势，研究部署2014年全市经济工作任务。会议强调，做好今年经济工作，要结合全市实际，着力推动“三个重大转变”。一要着力转变发展方式，坚定不移走文明发展道路，坚决摆脱传统思维、传统路径、传统模式的依赖，把经济发展转到依靠创新驱动、提质增效上来，在持续增长中调整经济结构，提高质量效益。二要着力转变政府职能，坚持市场化改革方向，以经济体制改革为重点，以处理好政府与市场的关系为核心，实行“三个清单制度”（负面清单、权力清单、制度清单），以政府职能的转变推动重点领域和关键环节的改革突破，进一步解放思想、进一步解放和发展社会生产力、进一步解放和增强社会活力。三要着力转变工作作风，扎实开展好党的群众路线教育实践活动，用改革创新的思路和办法解决前进中的问题，注重把握好发展导向、考核导向、用人导向和宣传舆论导向，凝聚起转型发展的强大合力。

【全市宣传思想文化工作会议】 1月24日，市委召开全市宣传思想文化工作会议，主要是传达贯彻全国、全省宣传思想文化工作会议和宣传部部长会议精神，研究部署当前和今后一个时期全市宣传思想文化工作。会议强调，要坚持以改革创新精神做好新形势下的宣传思想文化工作，全面落实宣传思想文化工作重点任务，为全面建成小康社会、加快建设富裕文明新潍坊提供精神动力和有力保障。要突出抓好思想理论建设，着力提高各级领导干部运用马克思主义立场、观点和方法观察问题、解决问题的能力。要突出抓好舆论引导工作，加大正面宣传力度，形成推动转型发展、科学发展的强大合力。要突出抓好社会主义核心价值体系建设，积极培育和践行社会主义核心价值观，建设诚信潍坊。要突出抓好文化改革发展，深化文化体制改革，着力培育文化发展新优势。

【全市党的群众路线教育实践活动动员大会】 2月22日，市委召开全市党的群众路线教育实践活动动员大会。会议要求，要认真学习贯彻中央和省委部署要求，切实把思想和行动高度统一到中央和省委部署要求上来，以高度的政治责任感和行动自觉性投入到活动中，扎实有效地做好每个环节、每个步骤的工作，确保党的群众路线教育实践活动达到预期目的。一是准确把握活动总体要求，坚持主题不变、镜头不换，坚持问题导向、真抓真改，坚持领导带头、以上率下，坚持相信群众、依靠群众，坚持正风肃纪、从严要求，坚持分类指导、区别对待，确保活动健康扎实推进。二是突出强化群众观点和宗旨意识教育，把抓好学习教育、强化理论武装作为党的群众路线教育实践活动的首要任务，解决好世界观、人生观、价值观这个“总开关”问题，使践行群众路线真正成为党员干部的思想自觉、行动自觉。三是着力查找和解决“四风”问题，认真查摆问题，深刻剖析检查，坚持边查边改，真正让群众看到党员干部队伍的新面貌、新作风，以党的群众路线教育实践活动的实际成效取信于民。四是以整风精神开展批评和自我批评，主动把自己摆进去，严肃认真地开展批评，召开高质量的专题民主生活会，真正达到“红红脸、出出汗、排排毒”的效果。五是全力抓好整改落实，坚持问题导向、群众满意导向，以改革精神解决“四风”方面的突出问题，以“钉钉子”精神抓好整改落实。六是注重健全作风建设常态化、长效化制度机制，健全完善制度体系，把制度的笼子织密、织严、织实，堵塞制度漏洞，做到防患于未然。会议强调，要切实加强组织领导，加强分类指导，坚持严督实导，抓好宣传引导，搞好统筹推进，把开展活动同推进市委重大决策部署的贯彻落实和完成本地区、本部门、本单位各项任务紧密结合起来，做到两手抓、两不误、双促进。

【全市农村工作会议】 3月12日，市委召开全市农村工作会议，主要是学习贯彻中央和全省农村工作会议精神，对当前和今后一个时期的农业农村工作进行部署安排。会议强调，要按照中央“稳定政策、改革创新、持续发展”的总要求，以改革创新精神做好今年“三农”工作，再创农业农村发展新优势。一要加快深化农村改革，增强农业农村发展活力。二要构建新型农业经营体系，推进农业经营体制机制创新。三要确保农产品质量安全，加快品牌农业发展。四要加快美丽乡村建设，提升农民生活品质。五要组织实施“两河”开发，促进城乡区域统筹发展。

**【市委常委（扩大）会议】** 4月27日，市委召开常委（扩大）会议，分析研究当前经济工作。会议强调，各级各部门既要看到经济运行的良好态势，又要充分认识到当前经济运行中存在的困难和风险，坚持问题导向、质效导向，保持定力，精准发力，全党抓经济、全力转调创，确保全市经济社会持续健康发展，圆满完成全年目标任务。一要强化环境倒逼机制，深化“三八六”环保集中综合整治行动，实行分阶段逐步加严的环境标准，倒逼企业改造升级，使经济发展与环境改善相统一。二要加大创新驱动力度，科学把握“腾笼换鸟”的着力点，以项目建设为抓手和载体，正确处理好招商与转调创的关系，以优质增量扩大绿色产能，推动转型升级。三要加大结构产业调整力度，优化空间战略布局，围绕实施提升市区战略，大力发展和提升城区高端服务业，突出发展好教育和健康产业、文创产业、信息产业、物流产业和金融保险业，搭建起高端服务业的发展平台。四要加大深化改革力度，加快转变政府职能，抓好简政放权，实施负面清单、权力清单和服务清单制度，最大限度释放市场活力，真正使市场在资源配置中发挥决定性作用。

**【全市组织工作会议】** 4月29日，市委召开全市组织工作会议，研究部署当前和今后一个时期全市党的建设和组织工作。会议强调，在当前转型升级的关键历史当口，各级要切实增强责任感、使命感和紧迫感，以改革创新精神抓好党的建设和组织工作，为全面深化改革、打好转方式调结构的攻坚战提供坚强有力的政治保证和组织保证。一是坚持发展导向、考核导向和用人导向相统一，切实把潍坊改革发展需要的好干部选出来、用起来。二是以优化结构、提高素质、增进效能为重点，着力抓好各级领导班子建设。三是加强基层服务型党组织建设，夯实党执政的组织基础。四是深入实施人才强市战略，加快引进培养急需人才，营造良好人才环境，完善人才工作目标责任制，努力建设高素质的人才队伍。

**【市委十一届六次全体会议】** 5月8日，市委召开十一届六次全体会议，主要任务是深入学习贯彻党的十八届三中全会和省委十届八次全会精神，审议通过《中共潍坊市委关于全面深化改革的总体方案》（以下简称《方案》），按照中央和省委的部署要求，研究全市全面深化改革工作。会议强调，全面深化改革必须高举中国特色社会主义伟大旗帜，深入贯彻落实党的十八大、十八届三中全会和省委十届八次全会精神，全面推进经济体制、政治体制、文化体制、社会体制、生态文明体制和党的建设制度改革，进一步解放思想、解放和发展社会生产力、解放和增强社会活力，坚决破除各方面体制机制弊端，加快构建有利于转型发展、科学发展的体制机制，为率先全面建成小康社会、加快建设富裕文明新潍坊提供强大动力和坚强保障。到2020年，重要领域和关键环节的改革取得决定性成果，完成中央和省委确定的各项改革任务，形成系统完备、科学规范、运行有效的制度体系，力争在全面深化改革中走在全省乃至全国前列。会议要求，全市各级各部门要把思想和行动高度统一到中央和省、市委决策部署上来，齐心协力把《方案》落到实处。一要进一步统一思想、凝聚共识，坚定全面深化改革的信心和决心，以对人民、对事业、对历史高度负责的态度，坚决贯彻中央和省委部署要求，努力把改革蓝图变为潍坊的生动实践，为经济社会持续健康发展注入强大动力。二要明确分工、落实责任，科学确定各项改革的重点、步骤和时限，列出进度表和路线图，积极稳妥、扎实有序推进各项改革，确保善作善成、取得实效。三要切实加强组织领导，以良好的作风保障改革举措的贯彻落实。

**【全市城镇化工作暨提升市区动员会议】** 7月28日，市委、市政府召开全市城镇化工作暨提升市区动员会议，主要任务是贯彻落实中央和全省城镇化工作会议精神，研究部署全市城镇化工作，并对提升市区作出专门安排。会议强调，一要认真学习领会中央和全省城镇化工作会议精神，牢牢把握城镇化的发展方向。二要抓好关键环节，推动城镇化健康发展。坚持以人为本、优化布局、生态文明、传承文化，科学编制规划，深化重点改革，强化产业支撑，搞好基础设施，加快构建新型城镇化体系，全面提升城镇化发展的质量。三要把提升市区作为城镇化的重点任务，着力提升现代公共服务功能。抓住全面深化改革的机遇、城镇化的机遇、发展海洋经济的机遇和“腾笼换鸟”的机遇，充分挖掘潜力，发挥比较优势，抓好“13364”工程（就是编制一个覆盖中心市域的空间功能布局规划，强化水系生态、交通设施、能源保障三个基础支撑，打造动力机械、电子信息、工程装备三大产业基地，提升市民教育、健康医疗、文化创意、信息网络、物流商贸、金融资本六大服务功能，抓好简政放权、科技创新、社区治理、考核导向四项关键措施）推进，努力把中心城市建设成为有独特优势的区域性中心城市。要进一步提升市区功能，按照简政放权、市区分权、统一责权的要求，真正理顺市、区关系。

**【全市领导干部会议】** 8月23日，市委召开全市领导干部会议，主要任务是传达贯彻省委十届九次全会精神，按照中央和省委落实党风廉政建设责任制的新部署和新要求，切实强化党委主体责任和纪委监督责任，把党风廉政建设和反腐败斗争引向深入。会议强调，一要认真学习领会省委十届九次全会精神，把思想高度统一到中央和省委关于党风廉政建设新的部署要求上来，切实把党风廉政建设主体责任、监督责任落到实处。二要坚持党要管党、从严治党，以高度的政治自觉落实好党风廉政建设“两个责任”。三要把落实省委全会精神与深化党的群众路线教育实践活动、整改落实中央巡视组反馈意见结合起来，强化问题导向，坚持严字当头、令行禁止、立行立改、严查现行，以整风精神抓好问题整改。四要坚持两手抓、两促进，坚决克服和纠正为官不为的倾向，进一步优化从政环境，正确看待和主动适应新常态，切实把党风廉政建设的成效体现到改革发展稳定上来。

**【全市突破滨海现场调度会议】** 9月30日，市委、市政府召开全市突破滨海现场调度会议。会议强调，要适应新常态，在推进全市转型发展中正确认识和科学推进滨海开发，加快建设海洋经济新区。一要明确新要求，以更大决心和力度推进滨海开发。加快由要素驱动向创新驱动转变，突出强化风险意识，更加重视生态优先文明发展，努力培育新的经济增长点。二要采取新措施，扎实有序推进滨海开发。在主导产业培育上，坚持集群布局、集成创新、集中突破和集约服务，发挥比较优势，突出发展重点，增强产业竞争力。在港口建设发展上，积极发展临港产业，带动区域经济，力争早日建成亿吨大港。在科教创新区建设上，突出开放办学，创新政策措施，加快建设进度，打造面向蓝黄“两区”开发的海洋应用型人才培养基地。在生态建设上，坚定信心、强化措施，把生态文明融入到滨海开发建设的各方面和全过程。在基础设施建设上，坚持优先发展、适度超前，科学布局、逐步优化，提升滨海综合承载和运行保障能力。三要完善新机制，为滨海开发提供保障。进一步调整完善组织领导体制、建立片区开发机制、完善滨海“飞地”工业园管理体制，在审批服务、监管服务、要素服务和公共服务等方面创新政府服务管理，以奋发有为的精神状态抓好各项任务落实，推动滨海开发建设再上新台阶。

**【全市党的群众路线教育实践活动总结大会】** 10月14日，市委召开全市党的群众路线教育实践活动总结大会，主要是贯彻落实中央和全省党的群众路线教育实践活动总结大会精神，对全市党的群众路线教育实践活动进行总结，对巩固拓展党的群众路线教育实践活动成果、持续加强党的作风建设、全面落实从严治党要求进行部署。会议指出，在省委正确领导和省委赴潍坊督导组精心指导下，全市认真贯彻“照镜子、正衣冠、洗洗澡、治治病”的总要求，牢牢把握“为民、务实、清廉”这个主题，上下联动、有序衔接、扎实推进，党的群众路线教育实践活动取得了明显成效。会议强调，必须以习近平总书记重要讲话精神为指导，准确把握、坚决落实从严治党的任务要求，把从严治党贯穿于党的建设全过程和各方面。一要严格履行从严治党责任，以高度的政治自觉抓好党建工作。二要严抓常抓作风建设，推进作风建设常态化、长效化。三要严格落实党内政治生活制度，努力营造党内生活新常态。四要严格执行党的纪律，努力营造清正严明的政治生态。五要着力抓实基层服务型党组织建设，进一步提高服务群众、做群众工作的能力。六要抓紧抓好当前工作，确保完成全年任务目标。

**【市委十一届七次全体会议】** 12月17日，市委召开十一届七次全体会议，听取并讨论了杜昌文受市委常委会委托作的工作报告，审议通过了《中共潍坊市委关于贯彻落实党的十八届四中全会和省委十届十次全会精神全面推进依法治市的实施意见》。会议强调，一要深入学习贯彻党的十八届四中全会和省委十届十次全会精神，切实把思想和行动高度统一到中央和省委的部署要求上来。二要全面落实依法治市任务要求，切实加强党对法治建设的领导，准确把握法治建设的重点任务，善于运用法治思维和法治方式推进改革发展稳定，突出抓好领导干部推进法治建设的关键，大力提升法治工作队伍素质和能力，着力强化法治建设的思想道德基础，扎实推进法治潍坊建设。三要聚精会神抓好党的建设，为法治潍坊建设提供坚强政治保证。

**【全市人大工作会议】** 12月18日，市委召开全市人大工作会议，深入学习贯彻党的十八届四中全会精神，深入学习贯彻习近平总书记在庆祝全国人民代表大会成立60周年大会上的重要讲话和全省人大工作会议精神，对加强和改进全市人大工作，更好发挥人大在法治潍坊建设中的重要作用进行部署。会议强调，面对新形势、新任务，必须坚决贯彻中央和省委的决策部署，毫不动摇地坚持、与时俱进地完善人民代表大会制度，更加充分地发挥人民代表大会制度不可替代的重要作用，凝聚起推动改革开放和现代化建设的强大合力。要充分发挥地方国家权力机关的作用，不断增强依法监督实效，切实做好决定重大事项和选举任免工作，充分发挥人大代表主体作用，高起点做好立法准备工作。要切实加强和改善党委对人大工作的领导，为人大开展工作创造条件、提供保障。

（刘玮健　张海鹏）

## 政策研究

**【综合文稿起草与调查研究】** 承担市委所有重要会议主要领导讲话文稿起草和全市党的群众路线教育实践活动综合服务工作，共起草重大决定6个、市委主要领导的讲话58篇、重大课题调研报告19篇、各类情况报告32篇和致辞16篇，高标准、高质量完成了综合文稿的起草任务。围绕打好转方式、调结构攻坚战，着力服务和推动“腾笼换鸟”转型升级。充分发挥辅助决策和参谋助手作用，深入研究推进转调的思路举措。积极服务推动“三八六”环保行动，认真研究谋划实施创新驱动的思路举措，着力服务和推动产业结构调整。围绕优化空间发展战略布局，着力服务推动重点区域发展。在推进实施突破滨海、提升市区、开发两河的统筹发展战略布局和城镇化发展中，深入开展调查研究，积极参与各类方案制定，认真起草领导讲话，着力做好总结宣传等工作，受到市委领导充分肯定。积极为全面推进依法治市搞好服务。围绕贯彻落实党的十八届四中全会精神全面推进依法治市，认真组织集体学习，扎实开展依法治市专题调研，精心做好重要文稿的起草工作，为全面推进依法治市发挥了重要的参谋助手作用。深入研究服务从严治党任务落实。围绕服务和推动从严治党，认真学习中央和省委关于从严治党的一系列新部署、新要求，准确把握内涵要求，深入进行研究思考，确保思之在前、谋之在先，为市委领导提供预见性、前瞻性强的决策服务。着力为市委理论中心组集体学习、基层党建工作和党风廉政建设提供全方位服务。

**【全面深化改革】** 认真贯彻落实市委关于改革的决策部署，按照市委全面深化改革领导小组要求，筹备召开市委十一届六次全体会议、三次领导小组会议，提交市委常委会、领导小组会、市政府常务会议审议改革文件、方案36个，以市委、市人大、市政府、市政协及两办名义出台的改革文件86个，承担的国家级改革试点14项、省级改革试点5项，全市全面深化改革工作实现良好开局。建立完善组织推进体系。组建市委改革办，机构设置和人员配备基本到位，建立重大改革事项备案、课题调研、协调调度、沟通联络、信息交流、总结推广等6项制度。统筹谋划改革思路举措。研究起草《中共潍坊市委关于全面深化改革的总体方案》，配套制定重要举措分工方案、领导小组2014年工作要点和年度重点改革任务。围绕12项重点改革任务，组织协调牵头部门开展专题调研，先后形成调研报告15篇，为制定改革方案和领导决策提供参考。狠抓各项改革任务落实。把抓落实作为推进改革的重点，按照项目化管理、责任化落实的推进办法，细化分解年度任务，逐项明确责任主体，制定具体的时间表和路线图，建立定期调度制度和督察落实机制。2014年，各领域改革有序推进，取得了一批重要改革成果，全市农村土地承包经营权确权登记办证和农村集体资产改制基本完成，齐鲁农村产权交易中心正式运营，全省基础教育综合改革现场会、供销社改革现场会分别在潍坊市召开，潍坊市被确定为全国养老服务业综合改革试点市。

**【对外宣传联络工作】** 切实创新党刊编辑工作，充分发挥市委机关刊物《潍坊通讯》的以文辅政平台作用，交流先进经验，聚焦热点、亮点，探索发展思路，服务全市大局。《潍坊通讯》在6次荣获“全国城市十佳党刊”的基础上，被授予首家“十佳特别贡献奖”。全国城市党刊研究会专门发来贺信，市委书记杜昌文就此作出重要批示。先后在《学习与研究》《大众日报》《山东通讯》《调查与研究》等省级以上报刊推荐发表市委主要领导署名文章和调研文章16篇，被评为2014年度《学习与研究》学刊用刊调研工作先进集体。《潍坊通讯》与全国327家大中城市党刊交流，大力宣传、推介潍坊，提高了潍坊的知名度和影响力。

**【干部队伍建设】** 扎实开展党的群众路线教育实践活动。把党的群众路线教育实践活动贯穿全年各项工作始终，持续聚焦“四风”，特别是坚持边查边改、即知即改，在听取意见、查摆问题、高标准开好专题民主生活会和组织生活会的基础上，着力抓好整改落实和建章立制，以实实在在的整改成效取信于民。强化学习实践，提升能力素质。始终把加强学习作为搞好政务服务的基本前提和立身之本。坚持第一时间了解“上情”，及时搜集整理中央和省的重要会议精神和工作部署；坚持各负其责、掌握“市情”，根据科室分工把全市总体工作切块落实到具体岗位和人员，动态跟踪掌握全市各领域各方面的情况；坚持集体学习强化“内情”，每周五下午集体学习讨论政策热点、发展重点、时代焦点，不断提高全体同志的政策理论水平和语言表达能力；坚持赴外培训熟悉“外情”，与市委组织部、市政府调研室在复旦大学联合举办全市提高辅助决策能力培训班并撰写情况报告。

（张岳华　孙家强）

# 组织工作

**【扎实开展第二批党的群众路线教育实践活动】** 科学谋划指导。活动启动前，组织5个调研组广泛听取意见、建议，研究制定实施意见；在活动的每个环节都提出具体安排意见，及时答复有关问题，先后下发指导性文件86个、工作安排通知112个。还举办3期基层党组织书记示范培训班和1期基层党员骨干师资培训班，869人参加培训，为开展活动培训骨干力量。精心组织实施。为增强学习教育实效，既组织党员干部原原本本学习必读书目，又采取多种形式组织学习王伯祥等先进典型，大力弘扬焦裕禄精神，引导党员干部深入解决“总开关”问题。为查实找准问题，广泛征求到对市级领导班子和95个市直部门的意见7023条，全市县级领导班子排查梳理问题9530条。为开好专题民主生活会和组织生活会，采取市委督导组、市活动办、市领导“三级会审”的办法，对县级领导班子和领导干部的对照检查材料逐一严格审核把关，并抽查调阅了部分镇街、县直部门、村（社区）、企业主要负责人的对照检查材料，确保对照检查材料质量。加强督导调度。坚持统筹协调推进，先后召开协调会、调度会24次，确保活动高标准、高质量开展。为推进整改任务落实，建立市、县领导班子和领导干部整改台账，每半月调度1次情况，分5期对县市区、市直部门重点整改事项进行公示，组织18个市直部门一把手电视访谈，50项专项整治工作全部完成年度任务。牵头推进的天价培训、干部“走读”、“吃空饷”等8项专项整治，配合推进的基层党员干部作风简单粗暴等5项专项整治，已全部完成整治任务，2名干部按要求退出了培训，为工资关系和工作单位不一致的20名省管干部、128名县级及以下干部办理了工资转移，查纠“吃空饷”人员200人，6名离异且子女在国外上学或工作的县级干部作出书面说明。中央活动办、省活动办先后10次介绍全市先进做法，中央巡回督导组和省委督导组对全市工作给予充分肯定，在全省党的群众路线教育实践活动推进会议上作了典型发言。

【领导班子和干部队伍建设】（1）完善科学发展综合考核机制。既注重突出民生改善、生态效益等指标，又根据被考核单位不同基础条件、特殊功能定位和发展要求，分类设置差异化考核指标，增强了考核工作的针对性和客观评价的科学性，有效引导各级各部门树立科学发展观和正确政绩观。（2）完善干部考核机制。改进年度考核办法，侧重工作实绩，注重考准考实，纠正以票取人现象，注重平时考核；探索领导班子和领导干部综合分析研判制度。（3）规范选拔任用办法。起草了市管干部选拔任用工作流程，改进民主推荐方法，强化考核结果运用，提拔、重用业绩突出、群众公认的优秀干部。出台了进一步规范完善竞争性选拔干部工作的实施意见，纠正单纯以分取人现象，引导干部把精力用到干事创业上。全年共调整县级干部331人，其中，提拔重用47人。（4）做好干部综合管理服务工作。积极推进考试测评技术创新和素材库建设，完成考试测评服务97批次，在全国优秀地方特色案例试题评选中获5个一等奖，占一等奖总数的50%，被中组部领导干部考试与测评中心评为优秀组织单位。积极做好公务员调任登记、公开遴选、干部调配、老干部等工作，市委组织部被省委、省政府表彰为军转干部安置工作先进单位，被省委组织部表彰为党内统计、公务员统计全优报表单位。

【干部教育培训工作】 抓好党校主体班次培训，突出党的十八届三中全会和习近平总书记系列重要讲话精神的学习贯彻，集中轮训县级干部、镇街党（工）委书记1943名。全年在市委党校举办主体班次培训班3期，培训县级干部265人、科级干部234人。对主体班次学员实行百分量化考核，评定结果向派员单位反馈，调动了派员单位和参训干部的积极性。实施重点培训项目，紧扣市委、市政府重大工作部署，组织实施了加快工业转型升级、推进现代服务业发展等19个重点培训项目，累计培训县市区和市直部门分管负责人、镇街党政正职、企业高层管理人员等2912人。同时，还配合省委组织部、省审计厅举办了参训学员达434人的省管领导干部经济责任审计专题培训班，承办了西藏日喀则地区乡镇干部赴山东培训班等班次。开展自主选学和在线学习，围绕适应形势发展需要，提高干部履职能力，指导市级7家培训机构开发培训专题60个、设计班次116个，组织6640名市直科级及以下干部参加自主选学。丰富潍坊干部网络学院培训内容，市、县、镇三级4.8万名应参学干部全部完成规定学分。

【人才工作】 改进县市区和市属开发区人才工作考核办法，增设人才发展环境等指标。全年引进高层次人才3424人，其中，博士120人。评选产生第五批市高层次创新创业人才27人，有9人申报进入国家“千人计划”答辩范围，有2人入选省“泰山学者”海外特聘专家，5个人才团队入选省“泰山学者”蓝色产业领军人才团队和种业人才团队。创新高技能人才培养模式，实施“金蓝领”项目培训，培养高技能人才2.2万人、省首席技师7人，山东豪迈集团王钦峰获全国技能人才最高奖——中华技能大奖，填补了全市空白，潍坊获批省企业高技能人才评价试点城市。实施企业家素质提升工程，培训规模以上企业管理者1.2万人次。评选第12批市专业技术拔尖人才115人，指导市区学校引进高层次教育管理人才团队9个。培训农村实用人才3万余人，361人取得社会工作师、助理社会工作师资格，新增省“乡村之星”7人、“齐鲁和谐使者”6人、中国最美社工3人。高端平台载体建设成效明显，潍坊蓝色智谷正加紧建设，北大燕园科技园、中科创新园和清华科技园潍坊孵化基地即将投入使用，在美国硅谷建设的创源孵化器正式运营。实施科技孵化器培育提升专项计划，新建和改造提升孵化器17家，新增孵化面积21.7万平方米。新建院士工作站15家、省企业技术中心19家、省示范工程技术研究中心11家，目前全市省级以上科研平台达到396家，数量居全省前列。潍坊创业大学正式揭牌，东北大学潍坊研究院启动建设，中国潍坊国际人才创业孵化中心和山东半岛大学生创业孵化中心开始招标入驻。服务人才的环境进一步优化，印发《关于进一步落实领导干部联系专家人才制度的通知》，组织市县镇及人才工作领导小组成员单位领导班子成员，每人联系1～2名专家人才，目前各级领导干部已联系专家2298人。推进高层次人才服务窗口建设，开通“潍坊人才”微信公众平台和“潍坊人才”微信群，积极为各类人才提供优质服务。开展人才工作集中宣传，市委主要领导接受齐鲁网“一把手谈第一资源”视频访谈，在市级主要媒体开设“人才潍坊”等专栏，大力营造识才、爱才、敬才、用才的良好氛围。

【基层服务型党组织建设】 从严落实基层党建责任制，组织开展县镇党委书记抓基层党建工作述职评议工作；完善考核制度，把党建工作作为干部述职、群众评议和年度考核的重要内容，督促引导各级党委特别是党委书记强化管党治党意识、落实管党治党责任，形成了大抓基层的鲜明导向。转变镇街党委工作方式，把强化农村社区作为重要载体，破解镇街联系服务群众“远”和以村为单元配置服务资源“散”的问题。出台了解决镇街干部力量薄弱问题的15条措施，全年补充行政空编478名，考录300名公务员、100名大学生村官，有3189名镇街干部下沉到社区，实现了干部力量下沉、工作重心下移、服务方式转变。扎实推进村级换届选举，坚持先集中整顿再组织换届，全市排查出的684个软弱涣散村（社区）党组织，已有669个得到有效转化。为做好村和城市社区“两委”换届工作，分别研究制定村、城市社区党组织和村（居）民委员会换届选举4个工作规程，整个换届工作有序平稳推进，总体情况明显好于往届。全市234个城市社区已全部完成换届，6784个村已有99.3%完成换届。强化党员教育管理，制定了发展党员工作细则，市、县、镇三级配备专兼职组织员997人，从源头上保证党员发展质量。推进远程教育工作转型，开发全市党内信息综合管理平台，打造全市党员教育服务平台，开展了“党员教育大讲堂”活动。分批分类轮训党组织书记2.2万人、党员55.9万人。统筹推进包村联户和“第一书记”工作，市、县、镇三级共选派包村工作组2468个、“第一书记”2701名和3.4万名机关党员干部联系帮扶20.2万农户，有效促进了贫困落后村面貌的改变。加强村级组织运转保障，市财政拿出2000万元，全市各级财政共安排村级组织运转经费4.5亿元，村均达到6.7万元；城市社区按20万元标准，落实专项经费5220万元，提高了“有钱办事”水平。

（钟　敏）

## 宣传工作

**【学习宣传贯彻习近平总书记系列重要讲话精神】** 把推进学习习近平总书记系列重要讲话作为重大政治任务，举办市委理论学习中心组辅导报告会11场，市委主要领导同志先后在中央和省党委（党组）中心组深入学习贯彻习近平总书记系列重要讲话精神座谈会上作典型发言。将学习型党组织建设纳入全市科学发展综合考核，潍坊市“坚持问题导向，系统持续学习”典型经验在全省宣传推广。推进理论宣传普及大众化，组织宣讲团进基层宣讲，全市各级共举办宣讲近万场次，听众达160多万人次。建设“主讲式、论坛式、体验式、分享式”等121处具有特色的理论大众化示范点，开通网上理论大众化平台。潍坊市开展宣讲工作的做法作为全省四个典型之一，上报中宣部。组织全市社科理论专家围绕市委、市政府转调创等重点工作，开展专项社科理论研究，确定立项课题150项，资助课题15项，向省社科规划办申报21项，协调组织国家、省、市级专家学者对寿光东斟灌村乡村治理现代化经验进行调研，撰写研究文章20多篇。

**【社会主义核心价值体系建设】** 制定下发《2014年全市组织推动培育和践行社会主义核心价值观工作指导方案》，确保培育和践行社会主义核心价值观工作任务落细、落小、落实。深入实施“四德工程”（爱德、诚德、孝德、仁德），先后投入142万元奖补资金，重点选择扶持1700个村居（社区）建立善行义举四德榜，全市建成善行义举四德榜6390个，潍坊市被评为全省四德工程建设示范市。制度化推进道德模范、身边好人推荐评选和学习宣传活动，推荐评选潍坊好人142人，入选山东好人32人、山东好人之星3人、中国好人3人，先后推出勇救落水儿童的新闻记者梁路标、优秀基层村官王善功、青州市王坟镇生态文明建设工作经验等一批重大典型。深入推进未成年人思想道德建设，组织开展以“走复兴路，圆中国梦”为主题的第二十一届爱国主义读书教育活动、“童心向党”歌咏比赛和“国学小名士”青少年经典诵读等活动，开展“学习和争做美德少年”活动，评选表彰“潍坊市美德少年”100名。大力加强乡村学校少年宫项目建设，争取中央支持项目12个，省级支持项目7个。投入专项经费对全市4个爱国主义教育基地改陈布展。潍坊市被省文明委推荐为山东省唯一候选城市，参评全国未成年人思想道德建设工作先进城市。扎实开展企业思想政治工作和企业文化建设，开展“转型升级话国企”集中采访报道活动，集中展示潍坊市企业文化建设和生产发展情况。开展“厚道鲁商”倡树行动，举办倡树行动暨企业文化建设培训班，建立《褒扬诚信惩戒失信》合作备忘录，搭建企业“红黑形象榜”展示平台，在全社会营造褒扬诚信、惩戒失信的良好氛围。

**【舆论宣传引导工作】** 做好重大主题宣传，围绕党的群众路线教育实践活动、转调创、突破滨海、提升市区、文明城市创建等重大部署及中国画节、文展会、风筝会、鲁台会等重要节会开展集中宣传活动，在中央、省级媒体发稿2000余篇。《大众日报》头版头条刊发潍坊市综述性报道《关乎命运的抉择——转方式调结构的潍坊样本》《潍坊滨海梦》，反响强烈。中央电视台《新闻联播》《焦点访谈》等栏目对潍坊市环保促发展、文化惠民工作、鲁台会等给予重点报道。与主流外宣媒体进行战略合作，《瞭望中国》全年12期对潍坊市进行综合宣传报道。新闻发布工作实现新突破，指导组织召开全市各级新闻发布会119场。加强网上舆论引导，妥善抓好网上舆论引导，开设网络互动议题27个，撰写原创时评521篇，网民跟帖近1.9万条、发微博2万余条，成功应对处置较大舆论事件10余起，强化网上舆情监管，有效维护了网上舆论安全。加强调研和舆情信息分析研判，中宣部采用舆情信息96条，舆情信息工作位居全省第1名。

**【文明创建活动】** 扎实开展文明城市创建，推动解决市容环境、公共秩序等问题1万多个（处），高标准完成全国文明城市迎测工作，潍坊市成功入选全国文明城市候选公示名单。开展文明单位达标创优和成果展示行动，注重发挥文明单位示范带动作用，择优推荐全国文明村镇3个、全国文明单位4个，申报省级文明村镇18个、省级文明单位35个、省级文明社区12个。大力开展乡村文明行动，深入开展农村环境卫生专项整治，全市城乡环卫一体化实现全覆盖，全省城乡一体化工作现场会连续四年在潍坊市召开。深入推进“百镇千村”建设示范工程，建成省级文化特色建设示范镇5个，省级“乡村文明家园”示范村（居）140个。实施农民素质提升工程，大力开展“新农村新生活”培训，举办各类培训班1489期，培训妇女19.06万人次，涌现出县级以上“最美家庭”1308户，优秀家庭角色3516人。加大诚信建设和志愿者服务制度化建设，召开全市推进诚信建设制度化暨纪念“3・15”国际消费者权益日会议，分类组织实施“诚实劳动、诚信经营”系列创建活动，已表彰96个文明诚信窗口和96个文明诚信标兵。重点抓好社区“邻里守望”志愿服务，形成社区志愿服务广场、“癌友之家”、社区志愿服务小报等各具特色的社区志愿服务品牌。全市开展各类志愿服务活动8000余次，受益群众5万余人。加强“讲文明树新风”公益广告宣传，全市各级各类新闻媒体累计刊播公益广告42.18万条次，新设户外公益广告宣传设施8600余处，滚动刊播公益广告达566万条次。开展农村公益文化墙绘制活动，手绘各类公益广告画2万余幅、23万余平方米。以地方传统文化资源为题材创作的8幅年画作品，被中央文明办采用。

【文化改革发展】 深化文化体制改革，成立文化体制改革专项小组，研究起草《潍坊市深化文化体制改革实施方案》。建立完善2014年文化产业项目数据库，重点调度投资过亿元项目160个、过10亿元项目41个，计划总投资1860多亿元。推动加强画廊协会建设，全市书画产业蓬勃发展。打造文化展示交易平台，成功举办第四届中国画节・中国（潍坊）第七届文化艺术展示交易会，参观人数达45.1万人次，交易总额达10.38亿元，创历史新高。

2014年4月18日，第四届中国画节・中国（潍坊）第七届文化艺术展示交易会暨首届中国油画风景作品展在鲁台会展中心开幕，主席台发言嘉宾为中国文联副主席、中国美术家协会主席刘大为先生。（供图：管晓萌）

【公共文化服务体系建设】 潍坊市被列为首批省公共文化服务体系示范区并顺利通过验收、复评。组织开展“乡村记忆”工程，非物质文化遗产传承和保护力度不断加大。深入实施重点文化惠民工程，新建20个镇图书馆，开通潍坊市数字图书馆，组织开展“百千万”基层公共文化人才培训。加强文艺精品创作生产，潍坊市连续十届获省精品工程组织工作奖，电视剧《大掌门》等4部作品获全省精品工程奖，现代吕剧《李二嫂的新故事》、京剧《路向远方》等作品获泰山文艺奖，合作拍摄的电视剧《红高粱》在全社会产生广泛影响。

【党的群众路线教育实践活动】 严格落实中央“八项规定”，坚决反对“四风”，不断加强宣传文化战线领导班子、干部队伍建设，宣传部全年发文数量减少23%、简报减少75%、挂名开展活动减少50%，取消考核项目11项、评比表彰项目16项，新制定制度9项，修订完善制度13项，作风整改成效进一步巩固扩大。抓好整治新闻敲诈、豪华铺张办晚会、虚假报道、报刊摊派等四项整治活动，分别制定专项整治实施方案，集中力量开展清理整顿并取得阶段性成效，在全社会营造了风清气正、勤俭节约的良好氛围。

（王绍芳）

## 统一战线工作

【强化统一战线政治共识教育】 通过座谈交流、专题报告、理论研讨、开设专栏、征文活动、参观考察等多种形式，深入学习贯彻党的十八大和十八届三中、四中全会及习近平总书记系列重要讲话精神，凝聚统一战线思想政治共识。全市统战系统共举办报告会120多场次，发放《党的十八届三中全会精神解读》《习近平总书记重要讲话读本》等辅导教材1600多本，开办“同心论坛”讲座70多场次，参加人员2300多人次。

【开展主题教育实践活动】 协助市各

民主党派开展中国特色社会主义学习实践活动，继续在非公有制经济人士中开展理想信念教育实践活动。举办学习教育活动80余次，参加人员1200余人次。在非公有制经济人士中部署开展了“十个一”活动（组织一次专题讨论、开展一次信誉宣言活动、举办一次主题报告会、开展一次集中查摆、进行一次集中调研、树立一批先进典型、建立一批示范基地、抓好一批“联系点”、加强一个建设即基层组织建设、建立一套长效机制），深入推广“四信”（对中国特色社会主义的信念、对党和政府的信任、对企业发展的信心和对社会的信誉）典型，与潍坊日报社联合，在《潍坊日报》开设专栏，组织开展“追梦之路——潍坊市非公有制企业发展撷英”主题宣传活动，推出12家非公有制企业和非公有制经济人士坚定理想信念、实现“两个健康”（非公有制经济健康发展、非公有制经济人士健康成长）方面的先进典型，开展了“同心·光彩助学行动”捐助仪式。

【健全完善政治协商制度机制】 协助市委制订年度政治协商计划，起草《关于民主党派直接向中共潍坊市委提出建议的办法（代拟稿）》。2014年，共协助市委、市政府组织开展各类协商活动7次。创新载体，利用新媒体拓宽各民主党派议政建言渠道，先后开通QQ群、微信群、手机报和微信公众号12个，2014年共征集提案议案、意见建议150余件（条），其中，13件提案、4期《献一策建议》获市委、市政府主要领导作批示，2篇建议被省委统战部《议政建言集萃》采用。新创办《潍坊建言献策》和《要情集锦》两个信息刊物，建立建言献策意见办理反馈制度。

【扎实做好党外代表人士工作】 规范联谊交友，部领导班子成员每人联系党外代表人士不少于30名，每年与每名党外代表人士面对面交流不少于4次。加强全市统战系统教育培训，组织开展多层次、多形式、全覆盖的培训活动，年内共培训各领域统战成员2000多人次。举办第十二期市各民主党派、工商联负责人学习研讨班和第五期全市党外代表人士培训班。加强对党外代表人士的实践锻炼，指导县市区建立实践锻炼基地40余处，安排挂职锻炼200多人次。先后推荐20余名党外干部、无党派人士，到省、市实践锻炼基地挂职和担任特约人员。对各县市区统战政策贯彻落实情况进行督查。加强与市委组织部的沟通联系，将统战工作纳入县市区科学发展综合考核，加强对县市区考核力度，推动统战政策落实。县市区统战部长配备实现新突破，先后有2名统战部长由党委常委担任。

【助推非公有制企业转型升级】 开展民营经济大调研活动，考察调研民营企业112家，完成《关于当前我市民营企业存在问题的调研报告》，市委、市政府主要领导分别作出批示。先后举办中国（潍坊）中小企业发展论坛、企业战略管理与资本运营投融资决策、法律知识讲座等各种形式的培训9次，培训人数3000多人。推动银企对接，搭建企业融资服务平台，与交通银行、建设银行等签订战略合作协议，协调和帮助工商联企业家牵头成立11家小额贷款公司，累计为中小企业贷款150亿元。

【积极搭建引资引智平台】 以全国工商联十一届三次执委会议在山东召开为契机，牵头组织与全国工商联直属商会零距离全面对接。前后10多次赴全国工商联直属商会介绍潍坊产业情况，全国工商联多个商会来潍坊市进行对口考察调研，参与筹办全国知名企业家蓝黄“两区”投资洽谈会和首都企业家潍坊经贸合作恳谈会2次专题招商活动。10月份举办首都企业家潍坊经贸合作恳谈会暨北京市木业商会2014年会长办公（扩大）会议，签署2项战略性合作协议和4个项目合作协议，总投资为73.2亿元。积极推进伊利集团、泛海集团等企业在潍坊市投资项目落地。推动异地商会建设，先后推动成立广东（潍坊）商会、上海（潍坊）商会、北京（潍坊）商会等异地商会，为全市招商引资搭建广泛的人脉资源平台。

【民族宗教工作】 积极推动民族宗教工作纳入基层社区管理体系，健全完善民族宗教信息网络、快速反应机制和民族宗教矛盾纠纷调处等机制，加强与民族宗教界代表人士的联系，及时掌握舆情动态。积极开展“民族团结进步宣传月”活动，命名表彰16家全市民族团结进步创建活动示范单位。

【党的群众路线教育实践活动】 强化理论学习，先后组织集体辅导、观看电教片、开展祭扫烈士陵墓、重温入党誓词等活动，并赴寿光市牛头镇抗日武装起义指挥部旧址、马保三故居、沂蒙山革命根据地接受红色教育。开展以转变职能、转变作风，提升工作境界、提升工作水平为内容的“两转变、两提升”活动。建立与统战各领域党外代表人士联谊交友办法，充实完善市级统一战线教育基地，深度挖掘、整理全市统战历史代表人物和统战各领域典型案例。积极做好帮扶村工作，帮助临朐县长命沟村配齐配强村两委班子，圆满完成村“两委”换届任务，先后投资70万元加强基础设施建设。紧抓制度建设，新建立制度14项，修订完善16项，为全市统战工作的科学化、规范化发展提供制度保证。

（丁建营）

## 保密工作

【保密宣传教育】 认真搞好教育培训。下发《关于进一步加强全市干部保密教育培训工作的通知》，将保密教育培训作为一项重要内容纳入了各类领导干部、公务员培训课程，并形成制度化和长效化。各级党校主体班次全年共培训领导干部、公务员3000多人次。举办全市定密工作培训、保密委主任讲党课等各种教育培训活动，培训各级领导干部、保密行政管理人员和保密干部近2000人次，为各级党政机关和涉密单位辅导授课20余场次。积极拓宽保密教育渠道。结合《保密法实施条例》的颁布实施，专门制作《保密法实施条例》宣传展板，轮流在公共场所进行展出。认真开展《保密工作》《山东保密》的学刊、用刊工作，积极组织向上级保密刊物投稿，全年全市共向省级以上保密刊物投稿20多篇；积极做好保密刊物征订工作，市保密局和10个县市区保密局被评为《保密工作》通联先进单位，征订其他保密学习书刊12种、10144份。积极开展保密教育示范基地评选推荐及有关资料的收集整理工作。推荐诸城王尽美烈士纪念馆、寿光李植庭纪念馆参加省级保密教育基地和国家保密教育基地的评选。

**【保密管理】** 加强组织领导。市委书记杜昌文在中保委通报上作出批示："请保密委认真传达学习通报，并从失泄密案件中汲取教训，引以为戒。各级一定要高度重视保密工作，进一步认清面临的严峻形势，坚决克服侥幸心理和麻痹思想，采取切实措施，确保不出问题。"充实市委保密委工作力量，及时调整保密委组成人员，在原有组成部门基础上，又增加人大、组织、政法等部门。以市委办公室、市政府办公室的名义，联合下发《关于进一步严格保密纪律的通知》，要求切实增强保密忧患意识，着力加强保密管理，严格落实责任制，强化责任追究，对进一步严格保密纪律提出要求。加强定密管理。召开全市定密管理工作会议，对全市规范定密工作进行安排部署，完成定密责任人的确认工作和市直部门定密授权申请工作。加强重点涉密单位和涉密事项的保密管理。通过人防、物防、技防等有效措施，突出抓好党政机关重要部门、重点领域、核心岗位和风筝会、鲁台会等重要会议活动，以及重要计算机信息系统等重点涉密单位和部位的保密管理。加强协同办公平台网上办公保密管理。下发《关于加强全市机关网上办公保密管理进一步严肃保密纪律的通知》，对做好网上办公中的保密管理工作并确保不发生失泄密事件，提出明确具体要求。加强国家公务员考试、高考、中考及司法、会计师、医师、畜牧师、建筑师等各类资格考试的保密管理，有效防范失泄密事件发生。全年共参加20多场次各类考试保密管理。加强党政通信专网管理。配合省专网局对全市多个部门、多部红机电话进行了严格细致地检查，对机务员和话务员定期开展保密教育，进一步规范了专网的使用。修订上报保密普查数据。对全市140多个市直部门、单位和12个县市区及4个市属开发区的保密工作方面数据变化情况进行了详细排查登记，建立保密工作基础数据库。加强保密资质管理。配合省国家保密局和省国防科工办完成了对申请武器装备科研生产单位三级保密资质的审核；对全市武器装备科研生产单位开展了保密检查和培训；按照新的《国家秘密载体印制资质管理办法》，对国家秘密载体定点印制单位进行了重新申请认定。加强国家秘密载体销毁管理。严格按照有关制度开展工作，截至2014年，共销毁涉密文件86300份、光盘2600张、录像带230盘、硬盘410个，有效防止废旧涉密载体的流失、泄密。

**【保密检查和案件查处】** 利用3个月的时间，对县市区、市属开发区进行了检查，共检查计算机454台（其中，涉密计算机136台、非涉密计算机318台）、移动存储介质129个（其中，涉密介质44个、非涉密介质85个）、机关门户网站35个、办公用电子邮箱112个，查看涉密中央文件登记、保管、清退、销毁记录82份，保密管理制度97份，反馈纸质保密检查情况46份。保密专项检查。组织非涉密网络保密管理专项检查，重点抽查28家重要涉密单位和16个县（市、区）非涉密网络的基本情况、保密管理情况和保密制度落实情况。开展对互联网上存储、处理、传输涉密信息和违规定密专项保密检查。组织对全市机关、单位在用办公网络进行分类核查。严肃查处泄密事件和严重违规行为。协助国家保密局和省国家保密局对安丘经信局违规存储国家秘密信息事件进行了查处；对潍坊金融大酒店被控计算机进行技术核查；对潍坊市人力资源和社会保障局网站违规发布涉密文件事件和民政局办公平台违规传输国家秘密信息事件进行了查处。对违规部门的相关负责人进行了约谈，对直接责任人进行了党纪、政纪处理，并将违规事件进行全市通报，加强了警示教育。

**【保密技术保障与服务】** 完成省保密综合业务网潍坊市节点的测评验收，实现省、市两级保密行政管理部门之间的公文传输、公共邮件服务和部分业务工作网上交流。指导完成12个县（市、区）检察院涉密信息系统测评验收，指导寒亭区电子督查平台制度建设。新增涉密计算机"三合一"防护专用系统220套，有效提高了涉密计算机的综合防护能力。市、县两级保密部门新增网络检查工具、核查取证工具等设备5套，进一步提高了保密主管部门保密科技装备水平。

（李洪河）

# 机构编制工作

**【简政放权】** 深入推进行政审批制度改革，大力精简下放行政审批事项，市级分两批共压减47大项、72小项，压减比为24.35%；优化审批流程，出台企业登记并联审批、建设项目模拟审批实施办法，建设项目审批时限缩短3个月以上，企业登记审批由10天缩短到2天；被中编办列为全国网上审批试点市，被省编办确定为审批制度改革规范化建设试点市。编制完成并向社会公布政府部门权力清单和服务清单，市级权力事项由8523项压减到3163项，压减63%；单列服务清单305项。县级权力清单事项共计52048项，平均每个县市区4337项；服务清单4640项，平均387项。编制公开市、县两级行政审批事项目录，制定出台行政审批目录管理办法，严格审批事项管理，做到清单之外无审批。对列入权力清单的事项，逐项编制公开权力运行流程图，切实方便群众办事和社会监督。

**【市县政府机构改革】** 认真落实中央、省关于市县政府机构改革的部署要求，结合实际制定市级政府改革方案和县市区政府改革指导意见。市级在卫生计生、文化、农业等领域推行大部门制改革，调整完善管理体制，将相关执法机构由8个整合为3个。县级改革重点完善城市管理、市场监管、环境保护、地方金融监管、文化、农业等领域管理体制，进一步优化政府组织结构。同时，加强职责优化整合，理顺居民基本医疗保险、生猪定点屠宰监管等职责，调整完善招商、公积金等领域的体制机制。

**【事业单位改革】** 制定《潍坊市事业单位分类目录》，完成全市事业单位的分类工作。研究制订事业单位分类、转企改制、人事制度、党的建设等10个文件，完善配套政策体系。扎实推进中小学和公立医院去行政化改革，全部取消行政级别，实行校（院）长职级制。总结市直公立医院法人治理结构试点经验，制订事业单位法人治理结构的试点意见和实施方案。加强事业单位日常监管，组织开展事业单位登记管理专项检查，登记业务纳入政务服务中心大厅集中办理。研究出台《潍坊市事业单位目标管理办法》和《2014年考评方案》，探索形成绩效考评"潍坊模式"，并被中编办刊物推介。扎实开展2014年度绩效考评工作，市直实现事业单位绩效考评全覆盖，各县市区也加大推进力度，将面向社会提供公益服务的事业单位全部纳入考评范围。

**【重点领域改革】** 围绕市委、市政府提升市区战略部署，梳理确定21个部门的110项市区权责清单，对市区规划管理体制进行调整理顺。加大扩权强镇改革试点力度，在高密召开现场观摩会，印发深化改革试点意见，新增市级试点镇13个、省级试点镇1个，制定放权参考目录，推动改革试点不断深化。深入推进公共资源交易平台建设，市级整合5个部门的交易管理职责和机构人员，强化平台交易场所硬件配置和信息化建设，建立健全"一委一办一中心"的管理体制。认真贯彻全市突破滨海座谈会精神，调整理顺"三区"推进管理体制，健全完善滨海开发建设有关机构和"飞地"管理机构，积极为突破滨海战略实施提供机构编制服务。理顺各级油气管道安全监管职责，加强开发区安全生产监管力量。

**【机构编制管理】** 严格落实中央关于财政供养人员只减不增要求，印发减编控编实施意见，扎实做好编制精简压缩工作，全市压减编制3600余名。组织完成机构和人员编制核查，对全市5万余家单位进行全面细致的核查，整理基础档案材料4223册，有效提升机构编制管理精细化水平。顺利完成对发改委、教育等8个部门的机构编制评估工作，组织开展"条条干预"、超职数配备干部专项检查和专项治理。强化机构编制信息化建设，积极做好网站标识管理和中文域名注册续费工作，完成标识申请3218个，域名注册及续费6031个，注册量和注册率均居全省前列。

**【自身建设】** 扎实开展党的群众路线教育实践活动，召开领导班子民主生活会，建立问题整改台账，完成年度整改任务。强化制度机制建设，组织开展"效率提升年"活动，修订完善工作制度、工作规范31条，补充调整科室职责39条，健全完善日报告、周总结、月调度督查督办机制，机关运转规范化水平不断提升。强化干部队伍建设，联合浙江大学、潍坊学院，先后举办行政审批制度改革和法律知识专题培训班，开展全员轮训和岗位练兵。强化调研宣传工作，出台加强调研宣传工作的意见，探索建立机构编制兼职研究员制度，举办全市首届机构编制科研创新成果奖评审，全年完成调研课题63项，20余项获中央编办、省编办表彰。

（范　兵）

# 对台工作

**【第20届鲁台经贸洽谈会】** 采用"以展带会、以会促展"新模式，共举办主题活动、展示展览、考察对接、民众交流四大板块11项活动，中央台办、国台办主任张志军及省领导姜异康、颜世元、夏耕等出席会议，中国国民党荣誉副主席詹春柏及逾千名台商应邀参会。潍坊市洽谈台资项目33个，总投资19.1亿美元。海峡两岸投资贸易博览会展出面积5万平方米，参展企业、单位491家，台商500余人，来自全国各地的15.3万人次入场参观、采购、洽谈，实现现场交易额8.9亿元，意向交易额23.6亿元，下届展位预订率达89.3%，总体会展回头率达95%以上。各级平面媒体共刊发鲁台会重点报道500余篇，中央一套《新闻联播》等栏目作了重点报道，新华社、《人民日报》、台湾《中国时报》、香港《大公报》等媒体，都对鲁台会进行长篇报道，500多家网站转载报道4500余篇次。

**【多项工作获中央肯定】** 2014年7月，中央台办、国台办正式批准齐鲁台湾城为国家级海峡两岸交流基地，下设杨家埠民间艺术大观园和寿光高科技蔬菜产业示范园两个示范点，为进一步深化鲁台合作搭建了又一高端平台。两项工作经验被国台办推广。国台办简报面向全国刊发鲁台会改革办会和潍坊利用信息化手段服务两岸企业合作经验，国台办政府网站工作座谈会在潍坊召开，潍坊市作为全国唯一地市代表发言。

中央台、办国台办主任张志军（左一）为齐鲁台湾城海峡两岸交流基地授牌（供图：秦宏臻）

【对台工作创新发展】 经贸合作进一步扩大。全年新批台资项目12个，12家台资企业入选山东省百强台资企业，新增入岛投资项目1个，总投资980万美元，潍坊入岛投资企业达到5家。全市在谈在建台资项目28个，其中，在建和新投产项目23个，投资过亿元的11个。双向交流不断提质增效。全年共举办了第七届风筝文化交流、第六届鲁台青少年武术文化交流、第七届鲁台职业院校校长研讨、第三届台湾农产品精品展示展销会等特色对台交流活动12场，其中2场为双向举办。全年共接待台胞64471人次，赴台13935人次，其中，应邀赴台72批397人次，厅级干部2人，企业商务赴台31批61人次。齐鲁台湾城"台湾文化艺术馆"建设完成，中国国民党荣誉主席吴伯雄亲笔题名扁额，并在台湾建设潍坊民间艺术馆、中华艺术中心。对台宣传影响力进一步提升。全年共刊发报道2367篇，其中，国家级387篇，省级520篇，对台工作影响力不断增强。9家台湾主流新闻媒体、19名台湾记者来潍坊采风报道，组织全市媒体赴台开展城市文明巡礼，制作《走进台湾》节目10期在全市播出，揭开潍台媒体交流新篇章。创建市委台办网站，升级鲁台会网站，做强华夏经纬网·魅力潍坊网页，开辟鲁台会网上展厅、项目对接平台，开设"潍坊台湾精品馆"微信公众账号，对台工作信息化建设经验获国台办肯定。涉台服务质量进一步提升。扎实开展了"台资企业走访季""台资项目推进季"等活动，"全天候、无缝隙台商服务体系"被评为潍坊市优质服务项目。台商服务中心加快建设，963366台商服务热线功能更加完善，与各县市区、部门联动更加密切，与市台协会、台联会互动更加频繁，服务效率进一步提升。坚持依法行政，保障台胞合法权益，全年共受理台商案件投诉12起，结案11起。

【机关队伍建设】 鲁台会工作办公室增加编制5个，科室1个，年度新进工作人员3名，新任科级干部5名。圆满完成"包村联户"工作任务，为临朐县寺头镇引进休闲观光农业项目1个，推动农企合作项目4个；为寺头镇南西安村筹集帮扶资金、物资133.91万元，修建"村村通"道路1.88公里，修缮办公场所2000多平方米，为全村道路安装LED路灯，建设党员学习室、农家书屋、村民健康活动中心。市委台办被评为省级文明单位，鲁台经贸洽谈会工作办公室获评2014年度潍坊市市直事业单位考核A级先进单位。

（张冠刚）

# 市直机关党建工作

【党的群众路线教育实践活动】 根据市委统一部署，紧紧围绕为民、务实、清廉主题，督促机关各级党组织充分发挥好协助、服务、监督职能，围绕领导干部和党员队伍在"四风"方面特别是在联系群众、服务发展方面存在的突出问题，深入思考研究，通过探索机关党建规律、创新工作方式、健全长效机制等方式，努力在创新机关党的建设、改进机关作风等方面总结创新带有普遍指导意义的工作经验，使市直机关党的工作更上一个新台阶。党的群众路线教育实践活动基本结束后，组织进行一次大调研活动，对党的群众路线教育实践活动成效和机关党的工作现状进行全面了解，形成专题报告，为领导班子和班子成员整改落实提供了重要参考依据。

【学习型机关党组织建设】 把学习宣传贯彻党的十八届三中、四中全会精神和习近平总书记系列重要讲话精神作为全年机关党的工作主线，订购3800册《习近平总书记系列重要讲话读本》发放到市直各部门，组织举办学习习近平总书记系列讲话精神辅导报告会、十八届四中全会宣讲报告会和系列专题辅导讲座。制定下发市直机关理论学习的意见，用党费为机关党组织和党务干部征订《之江新语》《世界社会主义五百年》《甲午殇思》《品读群书治要》等图书各400册，引导市直机关营造"爱读书、读好书、善读书"的学习氛围。组织举办市直机关庆祝建国65周年经典诵读大赛，评选出11个优秀节目。

【机关基层组织建设】 大力加强基层党组织建设。组织开展"基层组织建设规范年"活动，从严规范机关党组织书记、副书记产生、任免程序，对所属机关党组织、纪检组织、群团组织状况进行一次全面调研和排查，真正摸清实情，建立工作台帐。扎实做好党员学习教育培训工作。4月份，举办市直机关党员发展对象培训班，对120名党员发展对象进行系统党务知识培训；5月份，举办市直机关党组织书记专题培训会，邀请省直机关党校领导就深入扎实推进党的建设制度创新进行专题辅导讲座；10月份，举办市直机关新党员培训班，对116名新党员进行军事化封闭培训；11月份，举办基层党支部书记培训班，对280多名基层党支部书记进行培训。创新党员发展新模式。实行市直机关竞争性发展党员新机制，在对新党员发展程序进行考评论证的基础上，对109名党员发展对象统一组织综合考核，依据考核成绩科学合理分配70名党员发展计划，切实提高市直机关新党员发展质量。实行机关党建信息化管理考核。修订完善《潍坊市直机关党建工作综合考核办法（试行）》和机关、企业院校《实施细则》，开通运行潍坊市机关党建信息化综合管理考核系统，对机关党的工作进行信息化量化考核，提高机关党建工作考核的公正性和公信力。

【机关作风建设】 大力加强机关作风整顿。督促机关各级党组织认真查找本部门在联系群众、服务发展方面存在的突出问题，推动形成行为规范、运转协调、公正透明、廉洁高效的机关管理运行机制。基层工作联系制度化、常态化。组织市直机关各部门到企业、农村和社区建立基层工作联系点1400多个，协调解决各类问题5000多个，建立起深入基层调研、直接联系和服务群众的长效机制。组织开展在职党员到社区报到工作，市直机关184个部门（单位）的近1.2万在职党员全部到社区报到。“优质服务项目”品牌影响不断扩大。以“推动科学发展、服务基层群众、促进社会和谐”为主题，引导市直部门着力打造机关优质服务“品牌”，通过汇报评审，评选出53个项目进行通报表彰。

【反腐倡廉工作建设】 认真落实党风廉政建设责任制。建立健全监督考核和责任追究制度，严格落实“一岗双责”，加大监督检查力度，开展“风险点”自我排查。严肃查处党内违纪案件，处理违纪党员6人。深化党风廉政宣传教育。组织机关党员干部认真学习贯彻中央和省、市纪委全会精神，深化党性、党风、党纪教育，组织803名党员干部进行德廉知识集中测试。持续抓好“廉政文化建设示范点”的创建工作，打造一批机关廉政文化精品工程。深入开展专项清理工作。共清查出办公用房1000多间。在单位自查的基础上，采取逐个过关的形式，对单位“小金库”情况进行逐个排查。

【文明和谐机关建设】 深化精神文明创建活动。积极参加创建全国文明城市各项活动，广泛开展“做主人，争先锋，我与城市共提升”主题实践活动和“关爱他人、关爱社会、关爱自然”志愿服务活动。深化文明单位创建工作，市直机关先后有8个单位荣获国家级、52个单位荣获省级、30个单位荣获市级文明单位称号。积极开展帮扶救助活动。建立完善机关经常性帮扶和节日集中救助相结合的关爱机制，制定出台《潍坊市直机关工会会员重大疾病帮扶办法（试行）》，全年共发放帮扶资金及物资折款22.9万元。组织开展经常性的文化体育活动。工会组织依托“职工讲堂”，组织开展“幸福密码”专题讲座、“亲子共成长”家庭教育报告会、“科学健身、全民健康”科普讲座等活动；举办市直机关乒乓球、羽毛球比赛，迎“五一”健康跑和风筝放飞活动。共青团组织深入开展“青年文明号”创建活动，举办“爱心筑就梦想”6·1大型公益活动，共筹集善款17652.3元，物资价值8万多元。

（刘红宾）

## 信访工作

【概况】 2014年，全市信访工作在市委、市政府的正确领导和各级各部门的共同努力下，全市越级上访特别是进京、非正常上访大幅度下降，没有发生恶性上访事件，较好维护了全市的社会稳定、政治安定。全年发生进京非正常上访845人次，同比下降46%，绝对发生量在全省列第5位，按人口比列第10位；列入省科学发展综合考核重要指标的全市到省上访事项办理群众满意率为77%，完成省定60%的任务目标，明显高于全省平均水平，居全省领先位置；全年完成复查复核案件175起，复查复核率和复查复核总量均居全省第1位。1至12月受理的1473起来市上访（其中集体上访594批）、5431封群众来信和1588起“网上信访”全部得到妥善处理。

【重点时期信访工作】 始终坚持把重点时期的信访工作作为一项重要的政治任务来抓。全国和全省“两会”、中共十八届四中全会、APEC会议期间，进一步强化对信访不稳定因素的排查、处理和控制，切实加大疏导防范、教育稳控力度。重点时期，全市共排查化解各类信访不安定隐患368起，稳控重点上访人员79人。在做好日常驻京驻济信访值班工作的基础上，重点时期，根据市委、市政府的统一部署，市信访局先后4次带队组织进京去省值班，负责及时接待和劝返全市进京去省上访群众，及时提供信访信息和处置异常情况，切实把牢最后一道防线。全国“两会”值班期间，驻京值班工作人员共查找、劝返全市进京上访、非正常上访人员40余名，妥善有效处置较大突发上访情况8起，没有发生造成恶劣影响的信访事件，得到了省业务上级和市委、市政府领导的充分肯定。

【集中攻克积案难案】 对全市现存信访积案，逐一落实领导包靠制度，对全市54起重点信访积案，协调市委、市政府主要领导带头，全面落实领导包靠制度，截至2014年，54起重点信访积案已经化解32起，其余案件都已研究了具体化解思路，正在有序化解。扎实推进信访突出问题整治，2014年5月

15日至7月15日，在全市开展以大排查、大清理、大化解为主要内容的集中整治信访突出问题专项活动，通过开展专项整治，共排查信访突出问题678起，化解654起，化解率达96.5%，全市越级、集体、重复上访大幅减少。

**【畅通群众信访渠道】** 在市、县（市、区）、镇（街）三级全面推行领导公开接访工作，要求各县市区、市属开发区每天要确定1名县级干部、镇（街）每天要确定1名科级干部到接待场所，按照属地管理、分级负责的原则接待群众来访，同时更加注重采取重点约访、专题接访、带案下访、下基层接访等方式，协调处理信访问题。在继续推行绿色邮政、信访代理、完善"潍坊民声"网络平台及时协调处理群众诉求等举措的同时，依托信访信息系统，全面推进网上信访，逐步将接访、办信、网上投诉、督查督办、复查复核等信访事项上网流转。

**【坚持依法治访】** 以"不支持、不受理越级上访"为工作导向，引导群众正确行使信访权利，立足本级和属地反映诉求、解决问题。依法做好进京非正常上访集中整治工作，督促事权单位依法按政策解决合理诉求，督促公安机关依法处理非法上访行为。依法推进诉讼与信访分离，对涉法、涉诉信访群众，积极引导到政法机关反映问题，信访部门做好协调工作。坚持每天早上7时30分由机关一名工作人员在市级机关综合大楼门前挂牌值班，负责做好机关大门前上访群众的法律、政策宣讲和说服教育工作，并引领上访群众到指定场所反映和解决问题。

**【注重信访体制创新】** 建立完善信访稳定风险评估制度的实施意见，大力推进信访稳定风险评估，进一步完善信访听证制度，要求各信访责任单位对原则上符合听证条件的信访案件，都要进行公开听证。大力推行律师参与接访制度，在各县市区、市属开发区领导干部接访工作中均落实律师参与接访制度。切实把做好信访事项复查复核和终结认定工作作为促进信访棘手案件息诉罢访的有效途径。

**【严格信访责任落实】** 制定并落实《潍坊市群众信访工作考核奖惩办法（试行）》，实行每月动态考核、年终总考核相结合，根据扣分情况予以通报批评、党政主要负责人向市委作出书面检查、实行信访工作"一票否决"、给予党政分管领导责令辞职或给予党政主要领导免职调离等处理，并将年终总考核成绩作为评定县市区和市属开发区信访工作的依据。该办法保证了考核的透明度和及时性，进一步增强了各级尤其是领导做好信访工作的责任感和紧迫感。

（张义涛）

# 党史工作

**【党史资料征集研究工作成果显著】** 按照年度计划，指导滨海区启动《党史大事记》的编写工作；完成《山东省抗战时期人口伤亡和财产损失课题调研资料汇编（惨案卷）》修改上报工作；编纂完成《山东省抗战时期人口伤亡和财产损失课题调研资料汇编（潍坊卷）》，形成文字材料50余万字；完成地方史二卷6个专题的编写，形成综述资料8万余字，档案文献资料10万字；编纂完成《中共潍坊地方史青少年读本》一书，计6万余字，图片80余幅。

**【党史宣传教育工作取得新成果】** 为加强党史宣传教育工作，2014年1月增设宣传教育科。在《潍坊日报》《潍坊晚报》《城市周报》等市内主要媒体发表理论文章4篇。在《文化潍坊》期刊开设"红色村庄"栏目。配合山东电视台拍摄《家乡的红色记忆》专题片四期，在《山东新闻联播》播出。与潍坊电视台《这里是潍坊》栏目组联合拍摄纪念潍县战役胜利66周年专题片《潍县战役遗址寻踪》，共播出5期，再现潍县解放的历史轨迹。深入大中专院校、潍坊一中及12个县（市、区）中小学讲授潍坊党史60多课时。完成齐鲁红色文化讲坛的录制工作，取得良好的社会反响。

（潘桂红）

# 党校工作

**【教学工作】** 完善"主体班次、在职教育、对外培训"党校教育培训格局，打造教育品牌。2014年，共举办、承办各级各类培训班226期，培训学员3.5万人次。其中，承办来自全国11个省区市、44期市外培训班，会同市直部门、县市区举办154期专题培训班，培训学员2.8万人次，启动实施全市工业企业家千人培训工程；新招在职硕士研究生43人。济南军区国动委第八次全体会议暨国防动员实战化建设会议在市党校召开，中央军委委员、国务委员兼国防部部长常万全，解放军副总参谋长孙建国，济南军区司令员赵宗岐，山东省委书记姜异康，河南省长谢伏瞻等领导出席会议，并分别对市党校工作给予充分肯定。制定出台重点学科建设意见、主体班次培训质量评估办法，推进教学管理改革与创新，评选表彰精品课5个，学员对教师授课满意率达到96%以上。

**【科研工作】** 围绕重大理论与现实问题研究，申报立项各级各类课题24项，申报省委党校系统十八届四中全会精神专项课题14项；荣获国家级和省、市级科研成果奖14项，入选省级以上理论研讨、学术论坛论文10篇，发表论文78篇，完成课题结项60项，出版专著2部。围绕党的群众路线教育实践活动，举办全市理论研讨会；挖掘寿光市东斟灌村典型，撰写《农村社会治理方式的有益探索》，被《中国社会科学报》全文刊登，被人民网、新华网、求是理论网、凤凰网等高端媒体转载。与省社科院合作，开展潍坊市现代化农业发展专题研究，撰写《突出“三个导向”把饭碗牢牢端在自己手中——潍坊市发展现代农业的调查及启示》，研究成果以领导专报方式，专题呈报省委书记姜异康，被《中国社会科学报》《山东经济战略研究》刊发推介，获市委书记杜昌文签字批准。

**【学风建设】** 坚持从严治校，实行学员百分量化积分制考核，开展学员管理质量测评，推动学员管理升级，形成校风、学风建设新常态。全校主体班次学员早操出勤率、上课出勤率均达到95%以上，未发现一起吃请、探访、外出就餐饮酒等现象，营造了风清气正、严谨有序、积极向上的学习氛围。2014年6月12日，《人民日报》加编者按专题刊发推介潍坊党校学风建设经验。

**【行政管理】** 2014年4月15日，市委书记杜昌文在市党校主持召开解决新校区建设后续问题座谈会，要求“一张蓝图绘到底”，研究决定新校区建设“手续即办、规划不变、分步实施”，解决好建设后续问题。济南军区、省委组织部、省委党校、省行政学院、省社科院等37批次300余名领导、专家学者来校考察指导工作。

**【队伍建设】** 强化师资培训，派出6名教师到市政府研究室、奎文区街道办挂职锻炼，选派9名教师到北京大学、浦东干部学院跟班学习，组织参加高端论坛、省委党校培训25人次；有7人被聘到高一级专业技术岗位，有4人通过高级职称竞聘。深入开展党的群众路线教育实践活动，探索建立校务恳谈会制度，围绕党校发展重大问题、教职工关心的热点难点问题等，组织教职工代表一季度一恳谈，搭建平等对话、民主协商平台，运用开放、民主、法治思维管理校务，创新了党校治理模式。潍坊党校在全省党校常务副校长座谈会上作交流发言；全省县（市、区）级党校常务副校长培训班到潍坊党校进行现场教学，学习考察潍坊党校建设与发展的有关经验做法。

（孔　磊）

## 老干部工作

**【“两项建设”】** 制定完善离退休干部党建工作考核办法。印发《关于进一步加强社区离退休干部党建工作的意见》。举办市直离退休干部党支部书记培训班，有序开展述职工作。加强离退休干部思想政治建设，组织离退休干部认真开展党的群众路线教育实践活动。编印4000册《红色印迹》征文选编。为市直132个离退休干部党支部赠阅《老干部参考》。举办全市离退休干部形势报告会和学习党的十八届四中全会精神辅导报告会。举办4期老干部计算机培训班，实现网上党建平台规范运行。

**【服务管理】** 召开民政、财政、人社、卫生等部门座谈会。组织副市级以上老干部参观奎文、滨海等10个县（市、区），重大节日及时走访老干部。巩固完善离退休干部“三个机制”，市直医疗统筹金基数达到2万元；为177名离退休干部补贴医疗统筹金294.8万元；为16个自收自支困难事业单位30名离退休干部争取取暖补贴10万余元。为87名老同志发放特困帮扶金28.54万元。走访55名省内异地安置离退休干部。解决好帛方纺织有限公司离退休干部医疗费报销等事项。总结推广高密市工作方法，经验被中组部老干部局转发。召开了全市老干部社区服务管理工作现场经验交流会。

**【文化养老】** 做好市老干部活动中心、老年大学东区改造工作，新增教学活动面积760平方米。建立东上虞社区、孙家社区等4处老年大学社区分校。市老年大学2013年秋季新招85个班、近3500名学员。市老干部活动中心成功举办全市离退休干部乒乓球比赛、摄影艺术作品展、“七一”书画展、庆祝建国65周年文艺汇演等一系列文体活动，丰富了老同志的精神文化生活。创办《潍坊老干部》报，搭建起老同志交流学习的平台。召开了全市老干部活动中心、老年大学建设观摩会暨老干部文化建设经验交流会。

**【老干部作用发挥】** 开展“我为潍坊发展献一计”金点子征集和“人品·家风·官德”征文活动。联合市档案局在全市开展老干部口述访谈活动。开展党史、国史教育校园行活动，邀请专家到中小学校作报告15场；建成第一批50个“四点半学校”和希望乐园示范点。寿光市退休干部朱振华入选全省离退休干部先进事迹报告团；奎文区奎文门社区雷锋党支部和昌乐县退休干部赵延平被评为全国离退休干部先进集体和先进个人。雷锋党支部书记张温会进京参会，受到习近平总书记亲切接见。

（李　锐）

# 潍坊市人民代表大会

*Weifangshi renmin daibiao dahui*

## 重要会议

**【市十六届人大三次会议】** 2014年2月10日至13日在潍坊举行。本届市人民代表大会共有代表名额570名，实有代表570名。会议听取审议了市长刘曙光代表潍坊市人民政府向大会作的政府工作报告、市人大常委会第一副主任胡岗作的潍坊市人民代表大会常务委员会工作报告、市中级人民法院代院长姜树政作的潍坊市中级人民法院工作报告、市人民检察院检察长杨洪旭作的潍坊市人民检察院工作报告；书面印发了潍坊市2013年国民经济和社会发展计划执行情况与2014年计划草案的报告、潍坊市2013年预算执行情况和2014年预算草案的报告。会议表决通过了关于上述报告的决议；通过了大会选举办法；补选杜昌文为潍坊市第十六届人民代表大会常务委员会主任，尹凤来、朱乐凯、朱振铎、邱尔臣为潍坊市第十六届人民代表大会常务委员会委员，姜树政为潍坊市中级人民法院院长。

**【全市人大工作会议】** 2014年12月18日在市工人文化宫召开。会议的主要任务是，深入学习贯彻党的十八届四中全会精神，深入学习贯彻习近平总书记在庆祝全国人民代表大会成立60周年大会上的重要讲话和全省人大工作会议精神，就加强和改进全市人大工作、更好发挥人大在法治潍坊建设中的重要作用作出部署。市委书记、市人大常委会主任杜昌文出席会议并讲话、市委副书记、市长刘曙光主持会议并作总结讲话、市政协主席崔建平出席会议、市人大常委会党组书记、第一副主任胡岗出席会议并讲话、市委常委、副市长孙起生，市中级人民法院院长姜树政，市人民检察院检察长杨洪旭分别就自觉接受人大监督发言。会议通过了《中共潍坊市委关于进一步加强和改进人大工作的意见》。

**【市十六届人大常委会第十五次会议】** 2014年1月24日在市文化艺术中心大剧院举行。会上，市人大常委会秘书长王秀禄作了关于市十六届人大三次会议筹备工作情况的汇报；市人大常委会代表资格审查委员会主任委员张军作了关于个别代表的代表资格的报告；副市长夏芳晨受市政府委托提请授予潍坊市荣誉市民称号并介绍了候选人的有关情况。会议围绕有关议题进行了审议，议定了市人大常委会工作报告，表决通过了拟提请市十六届人大三次会议预备会议通过的大会议程草案、大会主席团和秘书长名单草案，市人大常委会代表资格审查委员会关于个别代表的代表资格的报告，人事任免名单和市人大常委会关于授予潍坊市荣誉市民称号的决定，并向荣誉市民颁发了证书。市人大常委会党组书记、第一副主任胡岗就切实改进作风、提高常委会工作质量讲了意见。

**【市十六届人大常委会第十六次会议】** 2014年4月28日在市文化艺术中心大剧院举行。会上，副市长夏芳晨作了关于全市社会救助体系建设情况的报告、关于全市现代服务业发展情况的报告；市人大教育科学文化卫生委员会副主任委员聂振萍作了市人大常委会执法检查组关于检查全市贯彻实施《中华人民共和国药品管理法》情况的报告；市人大常委会秘书长王秀禄作了关于潍坊市人民代表大会代表议案处理办法修订草案的说明；夏芳晨受市长刘曙光委托提请人事任免名单，市人力资源和社会保障局局长李静波介绍了提请任命干部的有关情况；市中级法院院长姜树政、市检察院检察长杨洪旭分别提请人事任免名单，介绍提请任命干部有关情况；部分被提请任命干部作了供职发言。会议分组审议了有关报告、办法和说明，酝酿了人事任免名单。市人大常委会委员赵军、王辉、孔宪俊、郭万欣、董光分别作了联组审议、评议发言。会议对全市社会救助体系建设情况、全市现代服务业发展情况进行了测评，得分分别为85分、80.33分，结果均为满意。会议还表决通过了潍坊市人民代表大会代表议案处理办法和人事任免名单。杜昌文向被任命干部颁发了任命书，并结合党的群众路线教育实践活动，就如何做好人大工作讲了意见。胡岗就学习好、领会好、落实好杜昌文讲话精神提出了要求。

【市十六届人大常委会第十七次会议】 2014年6月30日至7月1日在潍坊举行，会议期间对大气污染防治工作进行了专题询问。会上，市委常委、副市长孙起生作了关于全市大气污染防治工作情况的报告；市人大财政经济委员会副主任委员刘勤友作了市人大常委会视察组关于滨海建设情况的视察报告；市农业局局长王汉成作了关于全市农村土地承包经营权确权登记颁证工作情况的报告；市中级法院院长姜树政作了关于全市法院审判监督工作情况的报告；市民族宗教事务局局长李亚军作了关于全市宗教管理工作情况的报告；市人大常委会秘书长王秀禄作了关于开展专题询问有关情况的说明。会议分组审议了各项报告，对大气污染防治工作情况进行了专题询问，这是市人大常委会首次开展专题询问。专题询问会上，部分委员和全国、省、市人大代表，围绕工业废气、机动车尾气、燃煤锅炉脱硫脱硝和"煤改气"、城市扬尘、畜禽养殖异味等方面问题进行询问，有关部门负责人回答询问。孙起生代表市政府作了发言。市人大常委会委员毕孝圣、李进民、徐松萃、赵军、任洪武分别作了审议、评议发言。会议对全市农村土地承包经营权确权登记颁证工作情况进行了测评，结果为满意（得分为85.26分）。

【市十六届人大常委会第十八次会议】 2014年8月25日在市文化艺术中心大剧院举行。会上，副市长王桂英作了关于市十六届人大三次会议以来代表所提建议、批评和意见办理工作情况的报告；市人力资源和社会保障局局长李静波作了关于全民创业就业工作情况的报告；市科技局局长张宝胜作了关于全市科技创新平台建设情况的报告；市人大农业与农村委员会副主任委员徐松萃作了关于全市农产品质量安全情况的视察报告；市发展和改革委员会主任肖培灵作了关于潍坊市2014年上半年国民经济和社会发展计划执行情况的报告；市财政局局长田民利作了关于潍坊市2013年财政决算和2014年上半年预算执行情况的报告；市审计局局长宫智作了关于潍坊市2013年市级预算执行和其他财政收支的审计工作报告；市人大财政经济委员会副主任委员刘勤友作了关于潍坊市2013年市级财政决算审查结果暨潍坊市2014年上半年预算执行情况初审意见的报告。会议分组审议、评议了有关报告和决议草案。市人大常委会委员赵学坤、刘玉、姜滨、刘勤友、秦学昌，市人大代表秦伟堂、肖滔泓分别作了联组审议、评议发言。会议对全民创业就业工作情况，市十六届人大三次会议以来代表所提建议、批评和意见办理工作情况进行了测评，得分分别为83.71分、82.41分，结果均为满意。会议还表决通过了潍坊市人民代表大会常务委员会关于批准潍坊市2013年市级财政决算的决议。

【市十六届人大常委会第十九次会议】 2014年10月22日在市文化艺术中心大剧院举行。会上，市检察院检察长杨洪旭作了全市检察系统检务公开工作情况的报告；市政协副主席、市经济和信息化委员会主任李传恒作了关于全市工业技术改造、提升传统产业情况的报告；市食品药品监督管理局局长李平作了关于全市食品安全基层基础工作情况的报告；市人大农业与农村委员会副主任委员徐松萃作了关于检查全市贯彻实施《中华人民共和国农民专业合作社法》情况的报告；副市长潘强受市长刘曙光委托提请人事任免名单，市人力资源和社会保障局局长李静波介绍了提请任命干部的有关情况；被提请任命干部作了供职发言。会议分组审议、评议了有关报告，酝酿了人事任免名单。市人大常委会委员刘云江、徐玉军、毕孝圣、聂振萍、孙金生分别作了联组审议、评议发言。会议对全市工业技术改造、提升传统产业工作情况进行了测评，结果为满意（得分为82.14分）。会议还表决通过了人事任免名单，胡岗向被任命干部颁发了任命书。

【市十六届人大常委会第二十次会议】 2014年12月30日在市文化艺术中心大剧院举行。会上，副市长潘强作了关于办理落实市人大常委会对全市大气污染防治工作审议意见情况的报告；市农业局局长王汉成作了关于全市品牌农业发展情况的报告；市人大常委会秘书长王秀禄作了关于《潍坊市人民代表大会常务委员会质询办法》（草案）的说明；潘强受市长刘曙光委托提请人事任免名单，市人力资源和社会保障局局长李静波介绍了提请任命干部的有关情况；市中级法院院长姜树政、市检察院检察长杨洪旭分别提请人事任免名单，并介绍了提请任命干部的有关情况；部分被提请任命干部作了供职发言。会议还书面印发了市中级法院、市检察院关于办理落实市人大常委会对全市大气污染防治工作审议意见情况的报告。会议分组审议、评议了有关报告、说明、办法草案、决定草案和市十六届人大四次会议列席人员范围草案，酝酿了人事任免名单。市人大常委会委员徐松萃、市人大代表董玉坤分别作了联组审议、评议发言。会议表决通过了《潍坊市人民代表大会常务委员会质询办法》，市人大常委会关于召开市十六届人大四次会议的决定和列席市十六届人大四次会议人员范围。会议对全市品牌农业发展情况进行了测评，结果为满意（得分为83.42分）。会议还表决通过了人事任免名单，胡岗向部分被任命干部颁发了任命书。

## 重要工作

【把握正确方向】 加强理论武装。认真参加省、市组织的集体学习，举办法制讲座和专题报告会8次，开展交流研讨21次，增强常委会组成人员的政治意识、法治意识、群众意识和责任意识，始终保持正确政治方向。服务全市大局。围绕改革创新、转型发展、民生改善、法治建设等，听取审议专项工作报告11次，开展工作评议7次，组织调查、视察、执法检查56次。坚持党管干部原则，依法任免国家机关工作人员95人次。积极探索创新。完善监督方式，实现工作评议常态化，开展专题询问，研究制定质询办法，进一步加大监督力度。在改进会议机制方面探索实践，创新实施重点发言人制度，组织相关委员和代表，提前深入调研、深度思考，审议时作专题发言，会议质量有了明显提升；规范分组审议程序，完善代表列席会议制度，引入电子表决系统，提高了议事决策的效率、质量和水平。强化制度保障。依据法律规定和形势需要，对已有的90多项工作制度进行全面梳理，修订完善18项。

【加强改进监督工作】 积极推动改革事项落实。针对政府转换职能、简政放权，就全市行政许可实施工作开展调查。为推动现代农业综合改革试点工作顺利进行，听取审议全市农村土地承包经营权确权登记颁证工作情况的报告。对市委安排的民主法制领域的11项改革任务，研究制定实施路径和工作措施，各项改革举措稳妥有序推进。大力促进“转方式、调结构”。突出创新驱动，听取审议全市科技创新平台建设情况的报告。积极推动产业结构优化升级，听取审议工业技术改造、现代服务业、品牌农业等工作情况的报告，对农民专业合作社发展情况开展调查，强调加快实现工作指导重大转变，大力推进传统产业高新化，加快发展高端、高质、高效农业。跟踪抓好市委突破滨海决定和人大相关决议的落实，组织对滨海建设情况进行视察，就保护生态环境、优化产业布局、加快园区建设、集约利用资源等提出建议意见；为推动滨海旅游业健康发展，组织了专题视察，指出要突出海洋特色，提升旅游业品质，培育转型发展新优势。加强对计划、预算执行情况的监督。听取审议2014年上半年计划、预算执行情况的报告，审查批准2013年市级决算，并作出相应决议；听取审议审计工作报告，审查上年度审计提出问题的整改落实情况。依法加强对政府全口径预算决算的审查监督，把一般公共预算、政府性基金预算、国有资本经营预算和社保基金预算全部纳入审查范围。对改进预算管理制度进行调查，从完善预算体系、建立跨年度预算平衡机制、规范财税优惠政策等8个方面提出了建议意见。为提高预算监督的专业化水平，组织专题培训，成立咨询专家组、发挥“外脑”作用，积极筹建专门工作机构并取得重要进展。按照新修订预算法的要求，邀请部分人大代表参与，对2015年预算草案初步方案及2014年预算执行情况进行了初步审查。持续关注民生改善。对公共安全进行持续跟踪监督。着眼于保障“舌尖上的安全”，听取审议全市食品药品安全基层基础工作情况的报告，视察农产品安全情况，督促抓好源头治理，强化基础支撑能力。听取审议了全民创业就业工作情况的报告，强调更好地发挥市场在促进就业中的作用，加强政府公共就业服务能力建设，激发创业创新活力。听取审议社会救助体系建设情况的报告，建议加强工作协调和信息共享，建立“兜底线”的社会保障机制。常委会还对群众关注的25件民生实事、文明城市创建、鲁台会筹备和抗旱等工作进行了视察、调查和检查。助推生态环境改善。开展首次专题询问，常委会委员和人大代表围绕工业废气、机动车尾气、煤改气、城市扬尘、畜禽养殖异味等提出询问，12个应询单位负责人认真回答，询问全程进行了电视直播。年底，专门听取办理落实情况的报告。继续开展“风筝都环保世纪行”活动，督促加快消灭污水直排，提升河流水质、改善流域生态。

【深入推进依法治市】 倡树法治意识。对提请常委会任命的国家工作人员进行任前法律知识考试，要求供职发言作出忠于宪法、法律的庄严承诺。举办法制讲座，组织常委会组成人员、人大代表和“一府两院”干部学习宪法法律知识，着力提高法律素养和依法办事能力。推进严格执法、公正司法。对建筑法、药品管理法、农民专业合作社法开展执法检查，视察看守所工作情况，针对法律实施中存在的问题，提出改进工作的建议。听取审议宗教管理情况的报告，要求强化宗教政策法规的宣传教育，提高依法管理能力，确保各项宗教活动在宪法、法律范围内进行。加强对司法工作的监督，听取审议了市中级法院审判监督工作、市检察院检务公开情况的报告，组织市人大代表旁听市中级法院庭审。召开全市人大备案审查工作会议，全年共完成30件规范性文件的备案审查。配合上级人大常委会就大气污染防治法、献血法、行政复议条例、南水北调条例等9件法律法规，开展立法调研和执法检查。依法做好信访工作。常委会建立完善领导包案、网络受理、综合分析等工作机制，规范受理、交办、督查流程。重视发挥人大代表在信访中的作用，聘请6名人大代表为法律咨询员，完善代表参与信访、调处化解基层矛盾的做法。对涉法涉诉信访改革情况进行调研，在高密召开全市人大信访工作现场会，研究加强和改进信访工作的措施。2014年，共受理人民来信来访1411件次，对143件案件进行重点督办。做好立法准备工作。组织到上级人大常委会和深圳、淄博等有立法经验的地市进行考察学习，做好市人大法制委员会的筹建和立法人才储备工作。

【发挥代表主体作用】 扩大代表对人大常委会工作的参与度。2014年，代表列席人大常委会会议31人次，参加人大常委会组织的调查、视察、执法检查267人次，提出建议意见292条。拓展代表活动空间。加强对代表小组活动的指导，主任会议成员带头参加小组活动，每人分工联系2个代表小组。以“加强企业创新能力建设”为主题，开展专业小组活动，提出加强创新平台建设、完善企业创新体制机制、引进培育创新人才等建议，引起市委高度重视，批示有关部门研究落实。为拓宽代表知情知政渠道，组织驻潍全国、省人大代表到威海进行跨区域调研；在高密、青州开展联组活动，8个县（市、区）的46名代表观摩现场、交流经验，代表活动日趋活跃。深化“听民声、访民意”等主题活动，组织人大代表走访群众5820人次，征求群众建议意见537条。增强代表建议督办刚性。举办代表建议办理工作学习班，对53个承办单位进行培训，强化办理责任，规范办理程序。8月，听取审议市政府办理情况的报告，进行了满意度测评；年底，组织有关代表对各承办单位的办理工作分别测评，测评结果向各承办单位通报。对办理工作不力、答复不认真的，约谈单位负责人，指出问题，督促整改。

【加强自身建设】 大力加强作风建设。深入开展党的群众路线教育实践活动，征集“一府两院”、人大代表、县镇人大常委会和基层群众建议意见956条。贯彻整风精神，严肃认真地开展批评和自我批评。从严从实抓好“四风”问题整改，严格执行公务接待、公车改革等一系列制度，“三公”经费支出、印发文件数量大幅下降。坚持眼睛向下、重心下移，调研活动更加深入基层、深入实际，采取明查暗访、问卷调查、网上征求意见等多种形式，直接听取群众意见，实地了解突出问题，形成了一批高质量的调研成果。充分发挥各专门委员会和机关作用。结合自身职责积极开展调查研究，加强与有关方面沟通协调，在协助常委会依法决策、实施监督、发挥代表作用等方面做了大量卓有成效的工作。常委会机关连续5年被评为省级文明机关。密切与上下级人大常委会的联系。积极配合全国和省人大常委会开展的有关活动。加强与县镇人大的联系沟通。围绕基层人大建设，深入各县市区和市属开发区、50多个镇街，听取基层人大干部、人大代表的意见，推动人大常委会工作整体提升。

【人事任免】 2014年1月24日，潍坊市第十六届人民代表大会常务委员会第十五次会议决定：接受秦维强辞去潍坊市人民政府副市长职务的请求，报潍坊市人民代表大会备案。

2014年4月28日，潍坊市第十六届人民代表大会常务委员会第十六次会议，根据市长刘曙光的提请，决定任命：王立杰为潍坊市司法局局长。决定免去：尹凤来的潍坊市司法局局长职务；王玉春的潍坊市人民防空办公室主任职务。根据市中级人民法院院长姜树政的提请，任命：徐伟东为潍坊市中级人民法院未成年人案件审判庭庭长。根据市人民检察院检察长杨洪旭的提请，任命：张福全为潍坊市人民检察院检察委员会委员；李大欣为潍坊高新技术产业开发区人民检察院检察员、检察委员会委员、副检察长；王淑华为潍坊高新技术产业开发区人民检察院检察员。免去：高大汉的潍坊市人民检察院检察委员会委员职务；刘勤的潍坊市人民检察院检察员职务；陈华的潍坊市人民检察院检察员职务。

2014年10月22日，潍坊市第十六届人民代表大会常务委员会第十九次会议，根据市长刘曙光的提请，决定任命：高成勇为潍坊市人民政府法制办公室主任。决定免去：张国华的潍坊市教育局局长职务；韩国庆的潍坊市人民政府法制办公室主任职务。

2014年12月30日，潍坊市第十六届人民代表大会常务委员会第二十次会议，根据市长刘曙光的提请，决定任命：马中平为潍坊市经济和信息化委员会主任；徐友礼为潍坊市教育局局长；杨锡广为潍坊市卫生和计划生育委员会主任；秦明清为潍坊市民族宗教事务局局长；孙沂为潍坊市体育局局长；王丙为潍坊市统计局局长。决定免去：李传恒的潍坊市经济和信息化委员会主任职务；李亚军的潍坊市民族宗教事务局局长职务；耿文的潍坊市体育局局长职务；马中平的潍坊市统计局局长职务。根据市中级人民法院院长姜树政的提请，任命：王鹏飞为潍坊滨海经济技术开发区人民法院审判员、审判委员会委员、副院长。免去：王鹏飞的潍坊市中级人民法院审判委员会委员、审判员职务；王克田的潍坊市中级人民法院审判员职务；冯广林的潍坊市中级人民法院审判员职务；黄卫国的潍坊市中级人民法院审判员职务；杨向超的潍坊市中级人民法院审判员职务。根据市人民检察院检察长杨洪旭的提请，任命：周金明为潍坊滨海经济技术开发区人民检察院检察长。免去：周金明的潍坊市城郊地区人民检察院检察长职务；梁栩的潍坊市人民检察院检察员职务；林洪斌的潍坊市人民检察院检察员职务；王庆东的潍坊市人民检察院检察员职务。

（张慧萍　王玉娟）

# 潍坊市人民政府

*Weifangshi renmin zhengfu*

## 重要会议

**【市政府全体（扩大）会议】** 2月27日，市政府召开全体（扩大）会议，贯彻落实市委十一届五次全体会议、全市经济工作会议特别是市“两会”精神，分解任务，落实责任，强化措施，振奋精神，扎实工作，确保各项任务目标落到实处，促进经济社会持续健康发展，努力开创科学发展新局面。会议强调，今年政府工作总的任务就是紧紧围绕市委确定的发展思路和重点，以转变职能、提升效能、优化环境为核心，坚持发展导向、目标导向、问题导向，努力建设一流政府，为全市经济社会持续健康发展提供强有力保障。会议要求，要切实统一思想，在事关全市发展大局和加强政府自身建设的重大问题上达成共识，凝聚推动经济社会发展的正能量。要加快转变作风，形成真抓实干推动发展的良风正气。按照全市党的群众路线教育实践活动动员大会部署，真学、真查、真治，真正以党的群众路线教育实践活动推进政府转型、作风转变。要强化政府服务，在提高行政效能上下功夫，着力提高审批效能、服务效能、执行效能、内部运行效能，打造一流的发展环境。要提高队伍素质，在职业化建设上下功夫，不断提高政府履职能力和水平。会议还对落实市政府工作报告及扎实推动项目建设进行安排部署。

**【全市城建工作调度会议】** 2月22日，市政府召开城建工作调度会，听取潍坊市生态绿化发展规划、绿色行动计划、高铁潍坊站选址及加油站布局等方面规划方案的情况汇报，对城市重点片区、重点项目开发建设进行安排调度。会议强调，各级、各有关部门要增强紧迫感和责任感，把城建重点片区、重点项目建设摆上更加突出的位置，切实加强领导，完善推进机制，强化保障措施，按计划科学有序推进，确保圆满完成年度目标任务。

**【全市工业转型发展大会】** 3月31日，全市工业转型发展大会在市级机关综合办公大楼召开。会议要求，要进一步明确工业转型发展、加快发展的方向和目标，努力构建产业层次高、产业配套度高、创新贡献度高、产出效益高、排放污染少的现代工业体系，努力打造现代制造业基地，加快建设新型工业强市。大力实施生态化发展战略，由环境高污染、高耗能向资源节约型、环境友好型转变，走绿色、低碳、环保的路子。大力实施高端化发展战略，着力推进传统产业高端化、高端产业规模化，推动产业链、价值链向高端迈进。大力实施集群化发展战略，注重补齐延伸产业链，形成上下游、产供销密切协作的链式发展竞争模式。大力实施创新化发展战略，突出智能制造、创意设计等领域创新，推动工业转型由要素驱动向创新驱动转变。大力实施国际化战略，抢抓国内市场全面开放和国际资源全面重组难得机遇，加快“走出去”步伐，在更大范围内、更大舞台上聚集优质资源。大力实施品牌化战略，把品牌培育作为一项战略性措施来抓，通过品牌化提高效益、提升水平、优化产业结构。会上对2013年度工业百强企业和全市工业发展标兵进行通报表彰。

**【全市重点项目调度会议】** 5月4～5日，市政府召开重点项目调度会。会议要求，各级、各部门要充分认识重点项目建设对于全市经济社会发展的重要作用，围绕全市重点项目建设计划和既定时间表，抓住关键环节，解决关键问题，以更有力的措施、更高效的机制推进重点项目建设取得新突破。一要高点定位、高标准推进。二要统筹推进项目建设和招商工作。三要强化要素保障，提升服务效率和水平。四要科学组织、扎实推进，以更扎实的工作、更高的水平抓好重点项目建设，确保顺利实现预期目标。

**【全市经济形势分析暨“腾笼换鸟”转型升级现场会议】** 8月15日，全市经济形势分析暨“腾笼换鸟”转型升级现场会议在寿光召开，主要任务是回顾总结前段经济运行情况，分析当前经济形势，进一步研究落实稳增长和加快“腾笼换鸟”、转型升级要求的思路措施。会议强调，要客观看待当前经济运行情况，始终保持清醒头脑，既充分肯定成绩，坚定发展信心；又要对存在的问题和不足保持高度警觉，努力科学应对。要科学把握当前经济形势，既要充分估计不利因素，又要善于发现和抓住面临的机遇和有利条件，按照中央“稳增长、促改革、调结构、惠民生、防风险”和省里加快实现工作指导重大转变的要求，紧紧围绕市十六届人大三次会议确定的“两条底线、七个突破”的目标任务，顺势而为，积极作为，一手稳增长，确保经济持续健康发展，保障完成全年任务；一手促转型，加快“腾笼换鸟”、转型升级，实现更高质量、更高层次的新发展。要保持定力，坚持已有战略举措和发展思路不动摇，紧盯年初全市“两会”确定的各项任务目标不动摇，坚定不移加快转型发展不动摇。要精准发力，在解决现实问题上发力，在用好政策机遇上发力，在抢占商机上发力，在扩大消费上发力。要快速用力，坚持“快”字当头，获得信息要快，决策要快，政策出台要快，落实要快。要增强活力，按照市委改革领导小组的统一部署，抓好各项改革措施的落实，要充分用好国家、省赋予全市的各项改革试点，努力做到“一项试点，突破一点”，力争创出一批在全国、全省有影响力的改革成果。要推进“腾笼换鸟”，强化规划引领、龙头企业带动、园区建设、金融支持、专业招商和政策配套，加快构建现代产业体系。

**【全市财政金融工作会议】** 9月15日，全市财政金融工作会议在市级机关综合办公大楼召开，主要是贯彻落实全省深化财政改革优化支出结构和金融工作会议精神，交流当前工作，部署下步任务，推动全市财政金融工作再上新台阶。会议要求，要正确发挥政府与市场作用，全面优化财政资源配置，切实提高财政资金配置效率。要加快构建以预算改革为核心的现代财政制度，把有限资金真正用在刀刃上，发挥财政资金的最大效益。要深化投融资体制改革，加快政府投融资平台市场化运作，加快组建再担保公司，进一步优化债务结构，规范债务资金使用，增强持续发展的后劲。要通过加快企业改制、建设资本运作平台、强化市场监管等手段积极扩大私募市场融资，大力发展各类投资基金，探索建设基金聚集区，提高直接融资规模和水平。要全面落实“金创33条”，加快金融改革创新。要严守安全发展底线，把金融风险防控作为做好全市整体风险防控工作的一个重要方面，进一步建立和完善风险预警机制、高效联动处置机制、舆论引导机制，确保不发生系统性、区域性金融风险。要密切关注国家财税改革动向，牢牢把握中央财税体制改革精神，着眼长远提前做好改革各项准备工作，既要全面落实好各项改革任务，又要超前谋划应对措施，积极争取改革红利，推动财税金融工作再上新台阶，为全市的转型发展作出更大贡献。

**【全市国防动员委员会全体会议】** 9月22日，全市国防动员委员会全体会议召开，主要是传达学习济南军区国动委第八次全体会议暨国防动员实战化建设会议、山东省国动委第八次全体会议精神，回顾总结工作，分析当前形势，研究部署今后一个时期全市国防动员工作主要任务。会议强调，当前全国安全形势更趋复杂，各种风险挑战明显增多。各级一定要站在实现“强国梦、强军梦”的时代背景下，认清形势任务，切实增强责任感和紧迫感，自觉把加强国防动员建设摆上改革发展稳定的重要位置，进一步强化实现强国强军目标的政治担当，应对复杂安全威胁的使命担当，提升实战建设水平的责任担当，以时不我待的精神，大力加强国防动员整体质量建设。要把握工作重点，深入持久开展好国防教育，充分发扬党管武装优良传统，做足做实动员潜力核查、方案预案制定、实战化训练等工作准备，努力形成队伍精干、训练严格、保障着力的后备力量建设格局，不断提高国防动员建设质量效益。加快推动国防动员建设创新发展，不断提升国防动员实战化建设水平，为全市经济社会持续健康发展提供更有力保障。

**【“做主人、争先锋，我与城市共提升”主题活动动员会议】** 11月10日，“做主人、争先锋，我与城市共提升”主题活动动员会议在市级机关综合办公大楼召开。会议强调，开展主题活动，必须紧扣提升市区这一总体目标，准确把握提升市区的本质要求，努力在增强活动实效上下功夫。一是活动面要广。各级党政机关事业单位要发挥好带头示范作用，引导动员各方面力量广泛行动，共同参与、共同提升。二是活动层次要深。党政机关各科室、企业各班组、服务业各场站、城市建设各项目、城市管理各社区都要从实际出发，按照要求寻标、定标，扎实开展行动，让活动在城市每个角落遍地开花，不断增强市民的城市归属感、认同感，使提升市区活动成为大家的共同追求。三是方向要准。要按照“13364”的要求，立足各自实际，围绕提升产业发展层次、城市功能品质、创新发展能力、城市发展活力，进一步明确活动方向，确立活动重点，提高活动成效，更加有力推动提升市区工作。四是效果要实。要把开展主题活动作为巩固党的群众路线教育实践活动成果的重要措施，突出解决提升市区工作落实过程中认识不到位、责任不到位、措施不到位的问题，促进各项任务目标落到实处。

表 2 **2014 年潍坊市市政府常务会议一览表**

| 会议时间 | | 主 持 | 主 要 议 题 |
| --- | --- | --- | --- |
| 1 月 13 日 | 第 24 次 | 市委副书记、市长刘曙光 | 研究 2014 年财政收支预算安排、城市公共交通发展规划等工作，原则通过了《政府向社会力量购买服务办法》。 |
| 1 月 26 日 | 第 25 次 | 市委副书记、市长刘曙光 | 研究 2014 年政府工作报告（审议稿）、鼓励支持全民创业、创建“国家循环经济示范城市”等工作。 |
| 2 月 28 日 | 第 26 次 | 市委副书记、市长刘曙光 | 传达贯彻上级会议精神，研究城市能源结构调整、科技企业孵化体系建设、中美低碳生态试点城市建设、食品安全专项整治、安全生产等工作。 |
| 3 月 28 日 | 第 27 次 | 市委副书记、市长刘曙光 | 研究《潍坊市服务外包产业发展规划（2014—2018）》《关于推进工商注册制度便利化加强市场监管的意见》《推进全市电子商务跨越发展的若干政策意见》、进一步推进“三八六”环保行动等工作。 |
| 5 月 12 日 | 第 28 次 | 市委副书记、市长刘曙光 | 研究构建现代产业体系重点产业龙头企业、承载园区及招商体系建设、现代产业发展基金管理、支持驻潍高校创新创业教育和大学生自主创业等工作。 |
| 6 月 9 日 | 第 29 次 | 市委副书记、市长刘曙光 | 研究调整市政府领导成员工作分工、第二十届鲁台会筹备工作。 |
| 6 月 30 日 | 第 30 次 | 市委副书记、市长刘曙光 | 研究基本公共服务体系建设、行政审批改革创新、新能源汽车推广应用及修订完善科学技术奖励办法等工作。 |
| 7 月 27 日 | 第 31 次 | 市委副书记、市长刘曙光 | 听取了上半年全市经济社会发展情况汇报，研判了当前形势，研究了下步促进全市经济社会发展的意见。会议还研究了促进外贸发展、促进民营经济创新发展、优化现代产业重点项目建设竞争性用地管理等事项。 |
| 8 月 21 日 | 第 32 次 | 市委副书记、市长刘曙光 | 研究《关于加快产业转型构建现代产业体系的意见》《关于加快发展养老服务业的意见》《市政府工作规则》及促进会展业发展、城市抗旱应急供水保障等事项。 |
| 8 月 30 日 | 第 33 次 | 市委副书记、市长刘曙光 | 研究贯彻落实全省推进行政权力清单制度工作电视会议精神、安排筹备蓝黄“两区”招商推介会等工作。 |
| 9 月 28 日 | 第 34 次 | 市委副书记、市长刘曙光 | 研究安排政府智库建设、商务公共服务平台建设、县级公立医院改革、抗旱工程建设、加强烈士纪念工作及民生实事落实、城镇土地使用税土地等级适用范围调整、城区绿化建设等事项。 |
| 11 月 4 日 | 第 35 次 | 市委副书记、市长刘曙光 | 研究创业孵化器建设、重点工作落实问责办法、市区规划管理体制调整、总部经济发展、智慧城市建设、电子商务发展、公共资源交易平台建设、市政务服务中心功能布局优化、新能源汽车充换电设施建设运营等事项。 |
| 11 月 6 日 | 第 36 次 | 市委副书记、市长刘曙光 | 全市职工长期护理保险试点、滨海飞地工业园管理和进一步加强安全生产、政务督查、市区加气站建设运营等工作。 |
| 11 月 28 ~ 29 日 | 第 37 次 | 市委副书记、市长刘曙光 | 听取 2014 年重点工作进展和 2015 年工作谋划的情况汇报，分析研判当前形势，谋划做好 2015 年工作。会议还研究了中心城区创业孵化基地建设意见。 |
| 12 月 15 日 | 第 38 次 | 市委副书记、市长刘曙光 | 研究行政审批事项目录管理办法、精简下放行政审批事项、建立政府部门权力和服务清单、农村扶贫开发工作、创建国家食品安全城市以及潍坊市文化艺术中心管理、鲁辽大通道航线试运营、潍坊机场空运口岸对外开放等工作。 |

# 综合政务

【政务信息】 紧紧围绕市委、市政府重大决策部署和办公室工作要求，以“贴近领导需求、服务科学决策”为工作目标，快速反应，狠抓落实，政务信息工作取得明显成效。2014年共编报政务信息3900余条（篇），其中，国务院和省政府领导批示30余条，市领导批示100余条，政务信息上报工作位居全省前列。

【综合文稿】 围绕市政府中心工作和重点工作，自觉坚持标准、精益求精，撰写市政府领导讲话、工作报告、典型发言、情况汇报、会议纪要等各类文稿900余篇、500余万字，很好地发挥了参谋助手作用。严控文件制发规格和数量，严格代拟稿审核把关。2014年共制发各类文件3097件，其中，政府令2件、潍政呈84件、潍政发21件、潍政字82件、潍政函81件、潍政任10件、潍政办发32件、潍政办字195件、潍政办发明电156件、出国境件50件、批复件562件、便函1324件，其它120件。

【调查研究】 2014年，紧紧围绕全市经济社会发展战略重点和热点、难点问题，完成市政府确定的重大调研课题22个、重点课题23个、专项课题38个，大部分调研成果都得到市政府主要领导的批示，部分调研成果已进入政府决策程序。

【政府智库建设】 经过广泛调研，借鉴先进城市经验做法，结合全市实际，制定市政府智库建设方案和市政府顾问团工作规则，从海内外50多名高层次专家中筛选确定18人，组成潍坊市政府第一届顾问团。

【干部队伍建设】 修改完善机关事业单位绩效考核目标，认真做好干部调配工作，先后推荐1名正县级干部、调入1名科级干部，4名县级干部顺利通过试用期考核，保持了团结向上、风正气顺的良好氛围。

# 政府职能转变

【行政审批制度改革】 大力精简下放行政审批事项。坚持“应放尽放、一级审查、配套下放”的原则，分两批对市级行政审批事项进行了清理压减，共压减47大项、72小项，压减比为24.35%，圆满完成了年内压减20%以上的任务目标。同时，对国务院、省政府2014年下放的行政审批事项，及时研究提出了承接落实意见。规范行政审批事项管理。对市级行政审批事项进行重新梳理，编制《市级行政审批事项目录》，完善审批事项的设立依据、完成时限、提报材料等要素条件，共纳入审批事项267项。制订《潍坊市行政审批事项目录管理办法》，明确行政审批事项的设立、承接、取消、下放程序及有关要求，进一步提高行政审批规范化管理水平。编制县级行政审批事项模板，规范管理县级审批事项。优化审批流程。对审批事项进行逐项审查，清理审批环节、要件，市级审批承诺时限压减60%以上。出台企业登记并联审批、建设项目模拟审批实施办法，狠抓工程建设、企业注册等重点领域流程创新，对建设项目实行分段集成审批，对企业设立实行“一表登记、一窗受理、一次收件、五证同办”，进一步压缩办理时限，提升了行政审批效率。强化政务服务网上大厅建设。完善网上申报、在线签批、评议投诉、全程监督等核心功能，增设网络自动服务终端，进驻事项网上咨询、网上预审、网上公示功能实现三个100%。

【政府权力清单和服务清单】 深入贯彻落实党的十八届三中、四中全会精神，市政府印发《关于建立政府部门权力清单和服务清单制度推进行政权力公开透明运行的实施方案》，对推进“两个清单”工作做了部署。将74家单位纳入清单编制范围，研究确定包含10个类别的行政权力分类体系，按照依法依规、上下衔接、全面真实的原则，在全面摸清权力事项底数的基础上，对各部门行政权力进行了逐项梳理、审核确认和合法性审核。市县乡三级权力清单和服务清单已编制完成，并在各级政府门户网站上进行了公示。其中，市级权力清单事项由8523项压减为3163项，压减63%，单列服务清单事项488项。

【政府机构改革】 以实施大部门体制为重点，基本完成市县政府机构改革。市级层面在卫计、文化、农业等领域推行大部门制改革，调整完善“大农业”“大文化”管理体制；深化行政管理执法体制改革，整合规范卫计、城管、农业等领域的行政执法队伍，将相关执法机构由8个整合为3个。县级层面在卫计、城管、农业、文化等领域推行大部门制改革的同时，健全市场监管、环境保护、地方金融监管等领域管理体制，优化县级政府组织结构。规范市县政府机构设置，对部门管理机构、限额外行政机构作规范调整，对各类机构的设置、行政层级管理、领导职数配备等作明确规定。加大扩权强镇改革试点工作力度，印发《关于进一步深化扩权强镇改革试点工作的意见》，新增市级试点镇13个，公布第二批下放权限参考目录45项。扎实推进公共资源交易平台建设，整合相关部门交易管理职责和机构人员，建立健全“一委一办一中心”的管理体制。加强职责优化整合，理顺居民基本医疗保险、生猪定点屠宰监管等职责，调整完善招商、公积金、规划等领域的体制机制。

【事业单位改革】 制定《潍坊市事业单位分类目录》，完成全市5000余家事业单位分类工作。研究出台《分类推进事业单位改革重点任务分工》，明确牵头部门和完成时限。认真学习贯彻省委、省政府两办印发的事业单位分类改革配套文件精神，研究制订全市事业单位分类、转企改制、人事制度、党的建设等10个配套文件，为深化改革奠定制度基础。深入推进事业单位绩效考评，进一步完善考评制度，研究制定《潍坊市事业单位目标管理办法》，探索形成以“123456”工作法为主体的绩效考评“潍坊模式”。扎实开展2014年度绩效考评工作，印发《2014年度市直事业单位绩效考评实施方案》，对296家市直事业单位进行实地考评，实现市直事业单位绩效考评全覆盖。扎实推进中小学和公立医院去行政化改革，全部取消行政级别，实行校（院）长职级制。在市直公立医院推行法人治理结构试点的基础上，制订建立事业单位法人治理结构试点意见和实施方案，探索在市直中小学和县市区公立医院推行法人治理结构试点。

【依法行政工作】 制定《2014年潍坊市法治政府建设工作要点》，从规范行政决策、转变政府职能、完善制度建设、严格规范执法、化解矛盾纠纷、加强组织领导等方面，明确25项具体任务和措施。市委、市政府首次将依法行政纳入科学发展考核范畴，明确依法行政工作考核标准，把工作任务分解为6个大项、35个小项，逐一细化、量化，科学地对全市依法行政工作进行综合评价考核。

## 督查工作

【构建督查工作新格局】 建立健全督查工作制度。为结合群众路线教育实践活动，在建立健全日常工作记录制度、领导批示件办理制度、决策督查预案制度等的基础上，出台《关于进一步加强政务督查工作的意见》（潍政办发〔2014〕27号），进一步完善督查工作制度。充分发挥领导督查主体第一推动力作用。建立完善决策目标、执行责任、考核监督体系，通过市政府网络督查平台，对于确定事项的完成情况一律标注上分管领导，按照谁主管谁负责的原则，既抓好分管工作的决策部署，又抓好分管工作的督促落实，充分发挥在督查工作中的表率作用。大力开展联合督查。充分发挥市政府督查室承上启下、联系内外的优势，加强部门间的协调配合，依靠专业部门的力量，共同抓好对重点工作特别是政策性、专业性较强的重要事项的督查。全年围绕全市反恐工作、妇女儿童健康中心项目、招商体系建设、重点项目建设、民生实事、消防安全等工作，会同市委督查室、市委政法委等部门组成联合督查组开展督查28次，尤其对建设速度缓慢的个别项目，实行重点调度，不定期深入项目现场进行实地督查，找准影响进度的关键环节，督促解决，增强督查工作的针对性和实效性。实现网络督查。从2014年4月份开始，研发市政府网络督查平台，改变督查工作以向部门、县市区要材料为主的督查方式，实现对全市重点工作进展情况进行网上实时监督，从督查事项立项、执行、落实到考核进行全方位动态监管，以信息化促进政务督查工作，切实提高督查督办的时效性、实效性。平台试运行以来，共有1100多项工作在平台上立项并及时结项，提高了工作效率和质量。

【完成重点督查工作】 2014年，督查室共下发《督查通知》54期，《督查通报》35期，形成《督查专报》157期，有力推动市政府各项工作的落实。重点做好市政府工作报告的多层次、立体化督查工作。对2014年市《政府工作报告》确定事项进行立项分解，明确306项工作任务和25件民生实事的责任单位、责任人及完成时限，对各项工作任务实行台账式管理，对于完成全年任务目标的工作任务通过网络督查平台即时销号。重点做好市政府主要领导召开会议确定事项的分解立项和督查工作。全年先后对15次市政府工作会议、11次市政府常务会议、10次市长办公会议、16个专题会议和3个会议文件进行立项分解，共分解事项596项，并在规定的时限内进行跟踪调度督查，及时将落实情况报送给有关领导审阅。做好领导批示件办理和临时交办事项督查工作。共办理省政府领导批示件24件，市委领导批示件57件，并完成相关事项的督查落实及汇总反馈工作。办理市政府领导批示件1844件，其中，督办件600余件。共参加市政府主要领导调研活动16次，通过网络督查平台立项分解领导临时交办事项95项，已落实69项。做好督促检查人大代表建议、政协委员提案办理工作。全年督查相关县市区政府和市政府责任部门、单位办理省人大代表建议4件、省政协委员提案3件，已全部督促办理完毕；督促办理市人大代表建议150件，已答复148件；督促办理市政协委员提案293件，已全部办理完毕；督促办理市人大常委会审议评议意见落实情况报告24件，已按程序形成正式文件报市人大常委会；形成市十六届人大三次会议以来代表建议办理情况报告、落实人大常委会对市十六届人大三次会议以来办理情况评议意见的报告、政协十二届三次会议以来提案办理情况的通报；起草代表建议办理情况报告和政协提案办理情况通报；收集整理向省人代会和全国人代会提报的建议。做好主要经济指标、重要工作展板数据的展示工作。每月及时调度有关数据，以柱状图的形式，在市级机关综合办公大楼和阳光大厦大厅两侧设置展板，对全市25件民生实事、100个重点项目、10大重点工 程、10个重点片区、10个重点园区、10个重点平台和全市主要经济指标的月度完成进展情况进行展示。

## 打击走私工作

【打私专项斗争】 扎实开展“国货复进口”、棉纺行业加工贸易重点整治、打击牛肉等冻品走私，以及打击农产品走私“绿风”等专项行动，在清查整顿市场、打击非法资金流通、口岸管理、海上查缉等各环节开展专项整治，取得重大战果。全年共立案侦查刑事案件7起，案值8.6亿元，涉税2.3亿元，抓获犯罪嫌疑人50人，移送起诉4起。立案调查行政案件11起，案值1190万元，涉税253万元，审理处罚案件12起，罚没入库338.49万元。破获涉烟走私案件20起，查获走私卷烟64.13万支，总案值39.56万元。成功侦破某公司倒卖保税棉花制成品大案，案值4000余万元，涉税1500余万元。立案侦办走私柴油系列案件，总案值达8.1亿元，涉税2.05亿元，切实打出声势，形成强大震慑威力。

**【反走私综合治理】** 狠抓反走私宣传教育，发放宣传材料1.5万余份，在出海船舶和渔民中进行重点宣传，与船长签订责任状1360余份，进一步提高防范走私能力。举办规范企业进出口行为试点培训班，组织全市70余家试点企业和涉棉企业负责人进行集中培训，对重点进出口企业实行“每日约见”和分类管理制度，加大市场监管力度，定期对重点企业、重点地区、重点场所进行排查、检查，引导企业加强守法诚信体系建设，企业进出口经营行为更加规范。落实全员打私、立体防控、源头治理，召开全市海防工作座谈会，深入推进沿海治安防控体系建设，完善“警灯闪烁”街面巡控、村居群防联防、“天网”技防监控、海防视频监控等四大网络，提高对沿海一线的防范和打击走私违法犯罪活动能力。加强基层群防群治组织建设，创新开展“船管进社区”和“海上党旗红”工程，成立渔民协会7个，整顿群防组织32个、156人，构建起专群结合、警民联防、覆盖全面的治安防控网络。

**【长效机制建设】** 修订完善《潍坊市反走私综合治理工作检查考核标准》，明确反走私综合治理的总体目标、重点任务和工作措施。深化打击走私综合治理工作联系配合制度，建立重大案件通报机制和定期报告制度。采取签订《反走私责任书》、逐级分解任务目标、完善工作考核机制等方式，积极推动反走私责任落实到位。全省打击走私工作会议在潍坊召开。市打私办连续八年被省打私办表彰为“全省反走私工作先进单位”，在全省反走私综合治理检查考核中连续六年名列前茅。

**【打私队伍建设】** 市、县两级配齐配强打私专职人员，海关、公安、工商、烟草、边防等部门分别健全组织领导机构，配备专职人员，建立起适应打私工作需要的组织体系。开展政策法规和业务知识培训36次，积极开展反走私形势调研和情报分析，形成专题调研报告6篇。市、县两级财政列支120万余元支持海关、公安边防等部门开展打私工作，为反走私队伍建设和工作开展提供支持和保障。

# 应急管理工作

**【完善应急体制机制建设】** 建立视频点名制度，每周二对各县（市）、各开发区、市直有关部门进行视频点名，目前共点名50次。加快应急管理平台推广使用进度，以“潍坊市应急管理平台”和“协同统一办公平台”电子政务网络为依托，整合公安、交警、环保、市政、水利等部门系统资源，搭建政府综合应急值守平台体系，大大提高平台的实用性和科学性。7月，省政府部署全省应急会商系统，实现国家、省、市三级网络互联互通。汛期到来之前，会同有关部门到大型水库和城区检查防汛和防汛物资储备情况。12月4日，召开全市应急工作座谈交流会，学习市委有关文件和市长刘曙光对应急工作的3个批示并听取县市区和有关部门的工作意见和建议，认真研究2015年工作思路和工作措施。征求各县市区和市直有关部门的意见建议，制定2015年全市应急工作宣教方案。

**【提高应急处置能力】** 7月4～6日，组织对县市区应急办主任进行系统业务培训，不断提高应对突发事件的能力水平。加强突发事件信息报送工作，强化信息联络员网络，建立以应急终端为纽带的市级联络员队伍，充分保证应急信息的及时准确报送。加强应急预案体系建设，重新修订《潍坊市突发事件总体应急预案》和27个市级专项预案，制定发布《潍坊市突发环境事件应急预案》《抗旱预案》《防台风预案》等6个预案。加强应急预案演练工作，为实现预案的实用性和可操作性，积极开展应急工作演练，全年共参与6次应急演练。及时、准确地协助相关单位完成“10·12”滨海垂钓者坠海事故、“11·16”寿光龙源食品公司火灾事故等多起突发事件的处置，共形成《值班快报》45期。

# 市长公开电话工作

**【概况】** 市长公开电话受理中心（以下简称“中心”）认真受理处办群众反映的每件事项，使群众反映的问题得到妥善解决，达到“事事有着落，件件有回音”。2014年，中心共受理群众来电反映事项446320件次，其中，市长公开电子信箱邮件2035个，制单187640件次，转交各网络单位办理的事项122079件次，人均日通话量120个，人日均通话时长达到3.6小时，按时办结率99.9%，反馈率100%，收到群众送来的锦旗3面，表扬信2封。收到8件“潍坊民声”转办事项承办事项，全部按时办结。

**【服务技能培训】** 中心紧紧围绕“为群众提供优质高效的服务”的任务目标，从大处着眼、小处着手，加强对工作人员的政治素质和业务技能的培训学习，2014年共培训3600人次，学习各类政策、法律、法规、通知等600多个（条）。坚持日晨会、周业务分析会和周学习考核制度，进一步提高政策水平和工作能力。

**【业务工作】** 中心认真梳理工作流程

中的每个细节，对照“制度管理、质量监督、量化考核、技术支撑”四个体系的要求，查遗补缺，加强内部管理。下发《关于进一步加强市长公开电话宣传提高处办质量的通知》和《关于对市长公开电话网络单位承办事项加大处办力度与监督力度的通知》。充实市长公开电话资料库，加强市长公开电话信息资源的收集和整理工作，全年充实22条法律法规，相关政策知识96条。充分发挥市长公开电话渠道畅、反应快、信息灵、辐射广的优势，及时将群众反映强烈的社会热点、难点问题搜集、分析整理后，呈报市政府领导参阅。2014年共上报呈阅件4期、《月情况专报》9期、《季度通报》4期、《2015年潍坊市民生实事》征集意见建议34条，为领导民主决策、科学决策提供参考依据。

【管理监督工作】　结合党的群众路线教育实践活动，中心加强对各网络单位的管理监督和指导工作，特别是对经常申请延时、超时、办理质量不高的4个市直部门和4个县市区加大督办力度，采取季度通报、电话沟通、实地调研等方式督促这些部门单位充分落实工作责任，处办质量和办结率明显提高。

【宣传工作】　依托市长公开电话和网站关注民生、服务百姓的功能，及时对市长公开电话和网站上的“群众来电受理情况”“民生热点”等板块进行更新，2014年更新群众来电受理情况36次，民生热点内容23条，市民建议17条。在《潍坊电视报》全年公布民生热线电话，并将群众反映的典型案例在《潍坊日报》等媒体刊发，更好地宣传政府为民办实事、解难题的事迹，推动市长公开电话工作创新发展。

（康恒杰）

# 地方史志工作

【地情书籍编纂工作】　进一步理清工作思路，立足短线项目、打造城市名片，在深入挖掘区域历史人文资源、提升地情研究方面积极进行尝试。《潍坊人居环境志》于2014年上半年出版发行，共8篇37章、60万字，穿插图片200余幅，在宣传推介潍坊城市建设与管理方面起到了较好作用。为进一步挖掘、整理风筝这一独特文化资源，在多方调研、反复修改的基础上，研究确定《潍坊风筝志》篇目，由市政府办公室转发《〈潍坊风筝志〉编纂工作方案》，具体部署了《潍坊风筝志》编写工作，现阶段各项编纂工作正在积极进行中。

【年鉴工作】　采取多种措施加强同各供稿部门、单位的沟通联系，调动撰稿单位及撰稿人员的积极性，供稿质量和时效明显改进。连续两年编辑印行《潍坊年鉴》袖珍版，提高了年鉴时效性和服务性。2014年9月，《潍坊人物年鉴》出版发行，共收录全国各地有一定影响力的潍坊籍人士800多人，引起社会各界关注，在沟通信息、激励各地潍坊人为家乡建设献计出力方面发挥了一定影响力，探索了年鉴工作为现实服务的新途径。进一步健全完善年鉴质量管理的各项措施，年鉴编辑出版质量显著提高，在2014年度全省优秀年鉴评选中，《潍坊人物年鉴》获特等奖，2013卷《潍坊年鉴》获一等奖和总体框架设计奖。

【市情网站建设】　积极落实省史志办关于积极利用现代信息手段开发志鉴服务的要求，加大了市情网站建设力度，在2013年完成工信部ICP备案注册的基础上，2014年与有关专业机构合作开展了网站升级改版工作，规划投资15万元，建立以潍坊市情网为主站、以县（市、区）为子站的全市市情网站群，实现站群之间数据的共享和统一全文检索。加强网站管理维护，及时更新网站资料，开发网络服务功能，方便群众读志用志。丰富内容，年内更新、上传总量近600条，其中，新上传资料、信息、新闻稿件等100余条，全年网站点击量达到5万次。

【社会服务工作】　按时完成《中国城市年鉴》《山东年鉴》的供稿任务，上报《潍坊市行政区划沿革》资料10万余字，为省级各类志书的编纂提供了高质量稿件，及时完成了各项临时性、常规性统计上报工作。积极搜集、整理、研究、开发利用各类市情资料，年内共搜集、整理各类资料40余份，向社会提供资料查询服务30余次。为《潍坊市地图集2014》《潍坊历史文化名城保护规划》等提供了相关地情资料和修改意见。文秘、档案、工资、社保、财务等行政和后勤事务坚持制度化运作、制度化管理，保证了全办工作正常运转和各项业务顺利开展。

【业务指导工作】　2014年，在党的群众路线教育实践活动推动下，发挥专业优势，积极做好部门志、专业志的编修服务工作。全年共为市军分区、市文化局、市规划局、寿光广电局、营丘镇等部门、单位举办志鉴业务培训班6期，对《高密市志》《寿光市志》《潍坊军事年鉴》《潍坊盐业志》《沂山志》《寿光国土资源志》《寿光广电影视志》《营丘镇志》《刘家园村志》等综合志、专业志、基层志和相关地情文献的编纂工作，认真开展指导服务。潍城区《后姚家坊村志》在“山东省优秀史志成果奖”评选中获评省“优秀基层（专门）志”。

【扎实推进二轮修志工作】　2014年以来，结合开展党的群众路线教育实践活动，积极贯彻第五次全国地方志工作会议精神、全省史志工作电视会议精神，结合省史志办关于二轮修志工作倒排工期的要求，加大督促落实力度，各级进一步明确了任务、时限和责任，增强了按期完成任务的自觉性。年内，《高密市志（1986—2008）》顺利通过评审并出版发行，《坊子区志（1990—2007）》获评省“优秀市县级志书”，寒亭、昌邑、寿光、安丘等市区二轮修志工作明显加快，全市二轮修志工作取得新进展。

**【史志工作法制化建设】** 结合贯彻党的十八届四中全会精神，把史志工作法制化、规范化建设提上重要日程，在2013年市政府发布《潍坊市地方史志工作管理办法》基础上，积极督促落实，召开全市史志办主任会议专题调度法制化建设和网站建设工作。全市12个县市区政府均已出台史志工作规范性文件，史志工作进入了有法可依、有章可循的新阶段，为史志事业健康有序发展奠定了法制基础。

**【包村扶贫工作】** 积极为群众办实事，主要负责人高度重视、分管成员靠上抓落实，“第一书记”一线服务，共计协调各方面投资97.6万元，顺利完成改水、修路、建“村委大院”并配套办公用品、建“富民爱心农家书屋”和村民文化广场等规划帮扶项目，赢得广大村民好评。2014年11月，青州市朱王孔村顺利完成村“两委”换届工作。

**【强化史志人才培养】** 积极提升全市史志队伍专业素质，培养骨干人才，先后选派20人参加省史志办举办的业务培训班。举办“业务大讲堂”活动，采取授课与讨论相结合的方式，领导班子成员带头开讲，科室人员结合业务实际，自选课题进行讲解，提升了全办人员的专业素质。积极开展理论研讨，认真组织参与全省方志理论研讨会活动，编纂印行《实践与探索——潍坊市史志工作研究论文选》，收录全市2010年以来在省级以上学术刊物、学术论坛、学术研讨会所采用或获奖的研究文章35篇，有力推动了全系统钻研理论、钻研学术和提高专业素质的积极性。

**【党的群众路线教育实践活动】** 从2014年2月开始，市史志办按照市委统一部署，围绕“照镜子、正衣冠、洗洗澡、治治病”的总要求，深入开展以为民、务实、清廉为主要内容的党的群众路线教育实践活动。及时成立党的群众路线教育实践活动领导小组及相应工作机构，制定了《史志办教育实践活动的实施方案》和《教育实践活动配档表》，特别是紧密结合本单位实际，研究设计了以切实提高思想认识、深入开展群众路线学习教育为主题的教育引导活动；以增强“主人翁”意识，为纠正“四风”建言献策为主题的建言献策活动；以着力解决“庸懒散浮”问题，切实转变工作作风为主题的整改落实活动；以学习贯彻《中国共产党章程》，做焦裕禄式好党员、好干部为主题的标杆引领活动；以认真组织回头看，进一步巩固整改成效为主题的巩固提高活动——“五个主题”活动。截至2014年年底，需整改问题已全部整改到位。同时，围绕长期不懈地抓好作风建设，努力实现党的群众路线教育实践活动常态化和长期化。

（市史志办）

# 人事工作

**【高层次人才队伍建设】** 围绕临港、涉海、海洋领域和高端产业、重点产业需求，积极开展海内外高端人才技术网上引进活动，成功举办第二届海外高新技术项目推介会。全市共引进各类高层次人才3424人，选拔潍坊市第十二批专业技术拔尖人才115名，引进外国专家551人次，组织执行专家项目317个，成功申报蓝黄“两区”专项经费资助人才项目36个，新增1名外国专家入选国家“外专千人计划”，1人荣获国家“友谊奖”，2人荣获省政府“齐鲁友谊奖”，省引智资助经费数、国批经技类高端外国专家项目获批数、国批示范推广项目获批数居全省前列。改革完善职称评审办法，规范评审程序，有1125人取得高级专业技术职务任职资格，1430人取得中级任职资格。严格考务管理，顺利完成专业技术资格、公务员考录、事业单位公开招聘等大型考务工作，组织各类人事考试16万人次。组织职业技能鉴定9.1万人次，新职业考试1.3万人。

**【技能人才队伍建设】** 新增国家级技能大师工作室1家、省级技师工作站3家，2所技工院校入选省级专业示范群建设项目，全市共培养高技能人才2.2万人，技工院校招生1.3万人，全市被确定为全省高技能人才试点城市，工人技师王钦峰荣获国家技能水平最高奖“中华技能大奖”。

**【公务员管理】** 创新公务员管理机制，积极探索公务员职业化新路子，在相关县市区和市直部门开展了公务员职业化建设试点。严格公务员考录程序，重点加大对乡镇考录公务员的倾斜力度，提高服务基层人员的定向考录比例，全市共考录公务员543名。完善公务员考核评价机制，在市直部门全面开展科级及以下公务员量化绩效考核，进一步提升了考核的科学性和公平性。

**【事业单位人事制度改革】** 加快推进以人员聘用制和岗位设置管理为主要内容的事业单位人事制度改革，已推行聘用制的事业单位4257个，覆盖率达到100%，核准岗位设置方案的事业单位4225个，占总数的99.24%。

**【军转安置】** 军转安置任务圆满完成，企业军转干部解困维稳工作成效明显，共接收安置军转干部245名，其中，计划分配193名，自主择业52名，接收随调家属30名，军转干部安置率、安置政策落实率均达到100%。

（刘先谨）

# 外事与侨务

**【提高对外合作层次】** 2014年10月30日，泰国清莱府行政机构主席卜莎林·乌拉帕塔依率领代表团来访。市委常委、副市长孙起生会见代表团一行，双方签署《中华人民共和国山东省潍坊

2014年11月24日，以色列经济部部长贝内特（右三）授予寿光市“中以水资源综合利用示范城市”证书。主要人物：潍坊市市长刘曙光（左二）、寿光市市长赵绪春（左三）。（供图：齐艳玲）

市和泰王国清莱府缔结友好城市关系协议书》。2014年11月24日，寿光市成功申办中以水资源综合利用示范城市。省委常委、常务副省长孙伟，以色列驻华大使马腾及潍坊市市长刘曙光共同见证了以色列经济部部长贝内特授予寿光市“中以水资源综合利用示范城市”证书。

**【增强服务经济能力】** 应加拿大加中贸易理事会、美国能源部、墨西哥农业部邀请，2014年12月1～10，潍坊市市长刘曙光率访问招商代表团出访。代表团围绕科技孵化、高端人才、低碳城市、先进制造、医疗养老、现代农业等领域，与到访国家的政府机构、驻外使馆、科研组织、跨国企业、知名院校、社团协会等签订了一系列交流合作协议，确定了21个重点合作项目。在省外办的支持下，多次赴北京拜会外交部亚洲司，汇报了申报东亚畜牧产品交易所的相关情况，得到外交部的大力支持，该项目列入2014年东亚峰会中方对外重要合作项目清单。2014年12月22日，省政府召开项目协调会，对项目的正式申报工作进行部署。中国证监会函告外交部，支持建立东亚畜牧产品现货交易平台（交易所或交易中心）。

2014年12月3日，在华盛顿与美国绿色建筑委员会签署合作谅解备忘录。主要人物：市长刘曙光（后排居中）、住建局局长李广东（前排左一）、美国绿色建筑委员会资源顾问金斯伯格（前排右一）。（供图：齐艳玲）

**【塑造国际化品牌】** 《提升潍坊国际化水平对策研究》列入2014年市政府重点调研课题，与北京大学政府管理学院达成合作研究意向，召开专题座谈会，并赴深圳、成都、宁波等城市实地考察调研。向全市市民共发放调查问卷300份，就潍坊的国际化现状进行摸底调查。与北京师范大学副教授程龙签订协议，搜集潍县集中营相关资料、开展史实研究工作。召开“纪念抗日战争胜利70周年暨潍县集中营解放70周年大会”系列活动启动新闻发布会，筹划拍摄纪念世界反法西斯战争胜利和潍县集中营解放70周年的电影《天国与地狱》及纪录片《被遗忘了的潍县集中营》。

**【提升侨务工作水平】** 完善社区侨务，努力为侨服务。在归侨较为集中的昌邑市和临朐县开展归侨侨眷劳动技能培训需求情况的调查摸底。对全市归侨困难生活补助发放情况做专题调研。经市政府研究同意，与市财政局联合下发《关于调整我市归国华侨生活困难补贴的通知》。经国侨办、省侨办批准，授予诸城市鑫城社区为“全国社区侨务工作示范单位”，青州市南燕都社区和昌邑市北海社区为“全省社区侨务工作示范单位”。昌乐外国语学校被省侨办列为“山东省华文教育基地”，诸城恐龙国家地质公园被省侨办列为“山东省中华文化传承基地”。切实维护归侨侨眷权益。积极处理信访工作，共受理7起涉侨信访案件，为6名归侨侨眷办理了身份认证。

**【着力维护涉外安全】** 加强NGO（境外非政府组织）管理。摸清全市NGO的数量、人数及组织活动情况，高度重视NGO调查摸底和年终检查考核工作。规范对外邀请。2014年共办理到潍坊邀请函60个国家、513批、715人次。与外专、公安、教育等部门联合，对7家聘请外国专家资质机构的申请进行审核。积极开展领事保护。邀请外交部领事司领保中心领导到潍坊，在全市外事专办员培训会上作“海外安全——境外领事保护知识”专题讲座。开展“走出去”百家企业、人员摸底调研。积极与驻外使领馆联系沟通，协助处理利比亚撤侨及潍坊市公民在泰国旅游时溺水死亡、意大利人在高密死亡事宜。

**【积极践行服务宗旨】** 因公出国（境）管理工作取得成效。会同市委组织部、市财政局制定了《关于进一步规范县处级以下国家工作人员因公临时出国的实施意见》，出访数量大幅下降。2014年，全市累计审批因公出国（境）团组69批135人次，同比分别下降56.3%和64.4%。其中，党政干部84人次，同比下降67.3%；厅级领导5人次（含香港1人次），占年度计划的25%。7月份，在全省率先启动了电子护照二期工程，在因公护照中加入了指纹、签名等生物信息。APEC商务旅行卡办理工作稳中推进。2014年，共为304人申办APEC商务旅行卡，累计为277家企业1057人申办该卡，已发卡960张。6月19日，全省APEC商务旅行卡座谈会在潍坊市举办，同时举行了潍坊市突破千张授卡仪式。外交部领事司签证处、省外办副主任李荣参加座谈会，并为歌尔声学、盛瑞传动、孚日家纺等全市十家新办卡的企业代表授卡。

（张忠超）

# 中国人民政治协商会议潍坊市委员会

*Zhongguo renmin zhengzhi xieshang huiyi weifangshi weiyuanhui*

【概况】 中国人民政治协商会议第十二届山东省潍坊市委员会于2012年1月换届产生，任期5年。现有委员536人、常委83人。市政协第十二届委员会下设办公室、研究室、委员活动工作室3个办事机构，提案委员会、经济委员会、人口资源环境外事委员会、科教文卫体委员会、社会法制委员会、文史资料委员会6个专门委员会。

## 重要会议

【市政协全委会议】 2月9～12日，市政协十二届三次会议在富华国际会议中心举行。会议审议通过了第十二届市政协常委会工作报告和提案工作报告；列席了市十六届人大三次会议，听取并讨论了市政府工作报告及相关报告；进行了大会发言和联组发言；审议通过了市政协十二届三次会议决议和提案委员会关于市政协十二届三次会议提案审查情况的报告。会议增补王玉春、刘延民、李树春、宋立军、郑世诗、耿文、黄进、韩国庆等8名同志为政协第十二届潍坊市委员会常务委员。大会同意邱尔臣、张恒道、李志强、李春水、王柱田、王显贵等6名同志因工作和年龄原因辞去政协第十二届潍坊市委员会常务委员职务；王同业同志因病去世，市政协常委资格自然终止，并由市政协十二届三次会议备案。

【市政协常委会议】 市政协十二届十次常委会议 1月22日，在市级机关综合办公大楼召开。会议传达学习了习近平总书记在党的群众路线教育实践活动第一批总结暨第二批部署会议上的讲话精神；听取了市政协十二届三次会议筹备情况的汇报；审议通过了关于召开市政协十二届三次会议的决定；审议通过了十二届市政协常务委员会工作报告和提案工作报告，推举崔建平代表市政协常委会向大会作工作报告，推举刘伟代表市政协常委会向大会作提案工作报告；审议通过了市政协反映社情民意信息工作报告；审议通过了市政协其他专门委员会工作报告；审议通过了有关人事事项。

市政协十二届十一次常委（扩大）会议 2月8日，在富华国际会议中心召开。会议审议通过了市政协十二届三次会议的议程、日程、委员分组名单、联组发言分组名单、各组召集人名单、执行常委名单和有关人事事项。

市政协十二届十二次常委会议 3月25日，在市级机关综合办公大楼召开。会议传达学习了全国政协十二届二次会议精神；通报表彰了先进委员活动组；民主评议了市民政局、市住房和城乡建设局的工作；审议通过了《市政协2014年工作要点》《关于在城镇化进程中进一步加强农村民居抗震设防工作的建议案》和有关人事事项。

市政协十二届十三次常委会议 7月22日，在市级机关综合办公大楼召开。会议通报了市政协党组专题民主生活会的相关情况；民主评议了市城市管理行政执法局和市知识产权局的工作；审议通过了《关于全市知识产权工作情况的调研报告》和有关人事事项。

市政协十二届十四次常委会议 10月9日，在市级机关综合办公大楼召开。会议传达学习了省政协十一届九次常委会议精神；听取了市政府关于市政协十二届三次会议以来提案办理情况的通报；听取了市司法局和市水利局工作情况汇报，并民主评议了2个部门的工作；审议并原则通过了《关于我市社区矫正情况的调查报告》。

【市政协主席会议】 市政协十二届十二次主席会议 1月9日，在市级机关综合办公大楼召开。市政协主席崔建平主持会议并讲话。会议审议通过了市政协十二届十次常委会议议程和日程；审议了市政协十二届三次会议议程和日程（草案）；审议了市政协十二届三次会议委员分组名单、联组发言分组名单、各组召集人名单、执行常委名单（草案）和会议列席单位名单（草案）；审议了十二届市政协常务委员会工作报告（讨论稿）和提案工作报告（讨论稿），并分别推选了报告人；审议通过了优秀提案、提案承办先进单位和先进提案工作者初选名单；审议了《政协潍坊市委员会关于加强人民政协理论研究工作的意见》、市政协反映社情民意信息工作报告和其他专门委员会工作报告。会议还对有关人事事项进行了审议。

市政协十二届十三次主席会议　3月21日，在市级机关综合办公大楼召开。市政协主席崔建平主持会议并讲话。会议审议通过了市政协十二届十二次常委会议议程和日程；审议了《政协潍坊市委员会2014年工作要点》和《关于进一步加强农村民居抗震设防工作的建议案》；审议通过了《政协潍坊市委员会关于表彰先进委员活动组的决定》；听取并审议了有关人事事项。

市政协十二届十四次主席会议　7月9日，在市级机关综合办公大楼召开。市政协主席崔建平主持会议并讲话。会议审议通过了市政协十二届十三次常委会议的议程和日程；审议了《关于全市知识产权工作情况的调研报告》；听取并审议了有关人事事项。

市政协十二届十五次主席会议　9月26日，在市级机关综合办公大楼召开。市政协主席崔建平主持会议并讲话。会议学习了习近平总书记在庆祝中国人民政治协商会议成立65周年大会上的讲话；审议通过了市政协十二届十四次常委会议议程和日程；审议了《关于我市社区矫正情况的调查报告》；审议通过了《关于制定年度协商计划的实施办法》（试行）。

市政协十二届十六次主席会议　12月24日，在市级机关综合办公大楼召开。市政协主席崔建平主持会议并讲话。会议研究了市政协领导班子成员工作分工调整事宜。

**【市政协其它重要会议】**　全市各界人士迎春茶话会　1月24日，在富华大酒店召开。市委、市人大委员会、市政府、市纪委、潍坊军分区、市法院、市检察院、市委统战部的主要负责同志，市政协主席、副主席、顾问、秘书长、副秘书长，各专委会主任，驻潍省里老同志，市政协往届主席、副主席、秘书长，市各民主党派、工商联、人民团体主要负责同志，潍坊市十佳节能减排企业代表，潍坊市十名人才代表，社会各界人士代表，市直有关部门主要负责人和部分社会知名人士参加了会议。

市政协党的群众路线教育实践活动动员大会　3月7日，在市级机关综合办公大楼召开，标志着市政协党的群众路线教育实践活动正式启动。市政协主席、党组书记崔建平出席会议并讲话，副主席、党组副书记刘伟主持会议，副主席王卫东、吴建民、王继怀、王贤臣、李士来，顾问杨肖青、杜国忠、刘维国，秘书长许华出席，省、市委督导组的负责同志应邀出席会议。

住潍省政协委员征求意见座谈会　4月8日，市政协在市级机关综合办公大楼召开住潍省政协委员座谈会，面对面征求委员们对市政协领导班子、领导干部以及市政协机关的意见和建议。市政协主席、党组书记崔建平主持会议并讲话，副主席刘伟、王卫东、吴建民、王继怀、王贤臣，秘书长许华出席座谈会。

文化创意产业发展专题研讨会　8月4日，市政协在市级机关综合办公大楼组织召开文化创意产业发展专题研讨会。市政协主席、党组书记崔建平，市委常委、宣传部部长初宝杰，市政协副主席吴建民，市政协秘书长许华出席会议。会议听取了全市文化创意产业发展情况介绍，邀请全国政协委员、国家一级美术师、享受国务院特殊津贴的尼玛泽仁先生作了文化创意产业发展主旨讲话，部分委员和企业家结合各自实际对发展文化创意产业提出了意见和建议。

庆祝中国人民政治协商会议成立65周年书画摄影展　9月19日，在市博物馆举办。市政协主席、党组书记崔建平，市委常委、宣传部部长初宝杰，市政协副主席王卫东、吴建民、王继怀、李士来，市政协秘书长许华出席活动。

五省十一市政协工作交流第五十三次会议　9月28～29日，在潍坊举行。河北保定，江苏无锡、常州，浙江嘉兴、湖州，安徽芜湖、铜陵、马鞍山、黄山，山东潍坊等十市政协的有关领导和同志出席会议。市政协主席、党组书记崔建平，市委副书记王献玲分别致辞。市政协副主席王卫东主持会议，市政协副主席吴建民、王继怀，市政协秘书长许华参加有关活动。

市政协党的群众路线教育实践活动总结会议　10月28日，在市级机关综合办公大楼召开。市政协主席、党组书记崔建平主持会议并讲话，副主席吴建民、王继怀、王贤臣、李士来，秘书长许华，省、市委督导组的有关同志出席会议。

创新社会治理专题研讨会　11月13日，市政协召开创新社会治理专题研讨会，围绕贯彻落实十八届四中全会精神，就“创新社会治理”开展协商议政。市政协主席、党组书记崔建平，市委常委、政法委书记苏立科出席会议并讲话。市政协副主席王卫东主持会议。市政协秘书长许华出席会议。

全市政协界别工作座谈会　12月9日，市政协在市级机关综合办公大楼召开全市政协界别工作座谈会，交流全市界别工作的新经验、新做法，研究探讨进一步做好界别工作的思路、方法和途径。市政协主席、党组书记崔建平出席会议并就加强和改进界别工作讲了意见，副主席刘伟主持会议，副主席王卫东、秘书长许华出席会议。

# 重要工作

**【考察调研】**　5月20～22日，市政协副主席吴建民带领部分市政协委员和市直有关部门负责同志，对全市专利工作情况进行专题调研。

6月17日，市政协副主席刘伟到昌邑市柳疃镇前官村调研指导软弱涣散村党组织整顿工作。

7月11日，市政协主席、党组书记崔建平带领住潍省政协委员到峡山区视察。委员们实地考察了华以农业科技孵化器、水中央公园、峡山双语学校等现场，听取了峡山区生态文明先行示范区创建工作情况汇报。副主席王卫东、李士来，秘书长许华参加活动。

9月2～3日，市政协副主席王贤臣带领由部分市政协委员，市中级人民法院、市人民检察院、市公安局、市财政局、市编办和市民政局负责同志组成的调研组，对全市社区矫正工作进行调研。

10月15～22日，人口资源环境外事委员会组织部分市政协常委、委员和市住建局、市政局、水利局、环保局、畜牧局等有关部门负责人，到部分县市区就全市“三八六”环保行动年度重点任务落实情况进行了专题视察。市政协副主席王继怀等参加视察。

10月23日，提案委员会组织各民主党派、工商联界部分委员到滨海区开展政协提案办理“回头看”暨委员知情明政视察活动。市政协副主席李传恒参加活动。

11月11日，市政协副主席李士来带领部分市政协委员对中心城区体育场馆的配套建设和运营管理情况进行专题视察。

12月2日，市政协副主席王卫东带领部分政协常委和社会法制委员会成员对市中级人民法院和市人民检察院司法公正和司法公信力建设情况进行专题视察。

**【全国及省级政协领导到潍坊考察视察】** 3月9～11日，省政协副主席陈光一行13人，就“如何大力发展混合所有制经济以激活企业创新创造活力”到潍坊调研。市政协主席崔建平陪同。

3月11～12日，省委督查室督查专员任朝荣、省政协提案委专职副主任孙青松等一行4人到潍坊督查中办发〔2012〕13号和鲁办发〔2012〕30号文件贯彻落实情况。市政协副主席刘伟陪同。

4月24～25日，全国政协副主席罗富和率调研组到潍坊就中小学生减负情况进行调研。市政协主席、党组书记崔建平、秘书长许华陪同。

5月12～15日，省政协原副主席、省政协理论研究会会长王久祜一行到潍坊考察政协理论研究工作。市政协主席、党组书记崔建平、副主席刘伟和秘书长许华等分别陪同活动。

5月14～16日，省政协副主席王新陆一行到潍坊调研现代职教体系建设和医改工作情况。市政协主席、党组书记崔建平、副主席吴建民和秘书长许华等陪同活动。

11月27日，省政协副主席张传林到基层政协联系点寿光市，就基层政协工作和当地经济社会发展情况进行调研。市政协副主席刘伟陪同。

# 各专门委员会工作

**【提案委员会】** 潍坊市政协十二届三次会议期间，共收到提案369件，立案322件。做好重点提案征集、遴选工作，全委会期间，将遴选出的22件重点提案，呈报市委书记、市长分别签批了重要意见。认真实施《潍坊市政协领导督办重点提案工作制度》，遴选出了32件重点提案，分别由市政协主席、副主席、顾问和秘书长等领衔督办，促进了提案的办理落实。为了使提案选题更加接地气、增底气、扣民生，潍坊市政协与“12345”市长热线、“行风在线”、潍坊民声网、市信访网“两线两网”联动，搭建了潍坊市政协征集提案线索综合平台。按照《关于委员活动组开展议政活动的意见》要求，将提案撰写贯穿于委员议政活动全过程，把提案撰写列为全年工程。为创新提案办理协商形式，增强提案办理实效，4月份召开了潍坊市教育系统政协提案办理协商面复会议，对市政协十二届三次会议教育系统提案办理情况进行协商面复；6月份组织召开了潍坊市文化系统政协提案办理协商面复会议。组织召开了县市区政协提案工作座谈会，各县市区政协作了交流发言。开展政协委员对提案承办单位的提案办理工作进行“背靠背”网上评议，着力推动解决委员“被满意”和承办单位“重答复、轻落实”等问题。创新和加强提案宣传工作。继续开展“我与政协提案”大型征文活动。加强与民主党派的联系与沟通，为市九三学社、民建骨干党员进行了政协提案知识辅导。协调配合中共组、民主党派一组和二组开展丰富多彩的委员界别活动。

**【经济委员会】** 按照十二届三次政协主席会议的部署要求和经济委员会2014年工作计划，将“推动潍坊海洋经济发展”列为协商议政重点，多次赴滨海区实地调研，通过走访听取基层意见，召集国土局、经信委、规划局、“三区”推进办等相关部门负责同志和省市部分政协委员以座谈等形式，广泛征集归纳各类意见建议，并仔细研究了专家论证的几个方案，圆满完成了调研和《关于突破滨海几个问题的建议案》的起草任务。《关于突破滨海几个问题的建议案》得到了潍坊市市委书记杜昌文和市长刘曙光的高度重视和充分肯定。围绕经济发展的热点和难点问题，围绕潍坊市畜牧业园区化建设情况等组织了专题视察和调研。指导经济界、农业界和工商联界等各界别委员开展活动10余次，如调研潍坊港建设运行情况、全市民营经济发展座谈会、潍坊中小微企业上市暨二八〇〇跨界峰会等取得了良好效果。加强了与市供销合作联社、畜牧局等对口联系部门的联系活动，推动了各部门更好地履职尽责。配合省政协到潍坊开展发展混合所有制经济的专题调研活动。

**【人口资源环境外事委员会】** 在市政协主席会议和常委会议领导下，围绕中心，服务大局，积极为重大战略实施议政建言。2月和3月，组织部分市政协委员和相关部门负责同志组成联合调研组，先后深入到寒亭、高密、青州、安丘等地，开展了关于新型城镇化进程中进一步加强农村民居抗震设防情况的专题调研，起草了《关于新型城镇化进程中进一步加强农村民居抗震设防工作的建议案》，报市委、市政府审批。10月组织部分市政协委员和市环保局、市住建局、市市政局、市水利局、市畜牧局等部门的负责同志，对全市“三八六”环保行动年度重点任务落实情况进行了专题视察，形成了《关于全市“三八六”环保行动年度重点任务落实情况的视察报告》。建立了与对口联系部门经常性交流协作制度，使专委会的工作计划安排地得时得体，与对口部门的工作合频同拍。4月、9月、10月份分别到寿光市、临朐县、峡山区召集驻寿光市、临朐县、峡山区的的市政协委员召开座谈会，面对面征求政协委员的意见建议。4月、6月、9月份分别对市住建局、市市政局、市水利局进行了工作考察，写出了考察报告，在政协常委会审议考评，并及时将考评情况向有关单位进行了反馈。

**【科教文卫体委员会】** 根据市政协主席会议的部署要求，将全市知识产权情况列为协商议政的重点，在市政协副主席吴建民的带领下，先后到高新区、昌乐县、山东科技职业学院、高密市，通过实地察看和召开座谈会等方式，了解了全市知识产权工作情况，形成了《关于我市知识产权工作情况的调研报告》，报告得到市委书记杜昌文的亲自批示。11月，组织部分市政协委员，会同市体育局有关负责人组成视察组，在副主席李士来的带领下，先后赴潍坊市奥体公园体育场、在建的潍坊市体育学校和竞技体育学校以及铭鼎马术俱乐部进行了实地视察。根据市政府提出的“依托潍坊历史文化，建设潍坊名人园（馆）”的初步设想，会同市规划局和文广新局，组织文化艺术界和教育界的委员，并聘请了博物馆、高校等有关专家学者对潍坊名人名单进行了长达数月的遴选工作，最终确定了潍坊名人名单，为下一步潍坊名人馆园的建设做了充分的准备工作。11月，组织医疗卫生界的专家委员赴市政协扶贫村和扶贫村所在的乡镇卫生院进行义诊，给偏远山区的百姓送去城市专家的高端医疗服务，结合农村实际情况，对有关常见病症的预防和自我护理进行现场指导。

**【社会法制委员会】** 在市政协常委会议和主席会议领导下，围绕中心、服务大局，立足以人为本，为促进社会热点问题解决建言献策，组织开展专题调研活动。根据市政协秘书长工作会议意见，3月份和9月份分别对市民政局、市司法局进行了工作考察，写出了考察报告。9月初，副主席王卫东、王贤臣率领部分政协委员，深入奎文区、潍城区和临朐县部分社区，通过实地察看、走访座谈等形式就全市社区矫正工作进行了专题调研。通过听取有关部门的情况汇报、召开座谈会、实地查看等方式，找出薄弱环节及存在的问题，提出意见建议。调研报告经政协常委会审议通过后，报送市委和市政府。10月中旬，根据市委统一安排，市政协副主席、市创建文明城市工作领导小组副组长、第八督导组组长王卫东率部分市政协委员及第八督导组成员，先后赴峡山区、滨海区和高新区督导视察文明城市创建工作。12月初，副主席王卫东带领部分政协委员开展了全市司法公正和司法公信力建设情况的专题视察。视察组分别参观了市中级人民法院立案服务大厅、信息管理中心、审判庭和潍城区检察院计算机中心、讯问监控室等科室，并与有关负责人就如何在新形势下加大工作力度，保证司法公正，提高司法公信力，以促进潍坊和谐社会发展进行座谈。针对当前推进司法公正和影响司法公信力的困难与问题，提出了六点建议，形成报告后报送市委。

**【文史资料委员会】** 根据市政协2014年总体工作安排，编辑出版《潍坊现代书画名家》史料专辑。该专辑主要记载新中国成立以来，潍坊籍或不是潍坊籍但在潍坊成长起来的、在书画艺术方面有较大影响的书画名家。该专辑分上、下两册，共收录297名书画名家资料，80余万字，850幅照片。积极做好省政协部署的协作任务。圆满完成《记忆山东》系列丛书《记忆小清河》《记忆胶济铁路》以及抗战史料、《天南地北山东人》等资料征集工作。积极做好《山东区域文化通览》的发行工作。协助市史志办及有关部门编纂《潍坊市志》《潍坊风筝志》两部专著，以及为纪念抗战胜利70周年系列活动提供资料。《春秋》杂志的发行始终保持着稳步增长的好势头，2014年全市《春秋》杂志的征订数达到10584份，位居全省前列。

（惠　刚）

# 中共潍坊市纪律检查委员会

*Zhonggong weifangshi jilv jiancha weiyuanhui*

## 重要会议

**【市纪委十一届五次全会】** 2月20日，中国共产党潍坊市纪律检查委员会十一届五次全体会议召开。出席会议的市纪委委员36人，列席277人。全会深入学习党的十八大和十八届三中全会精神，贯彻落实十八届中央纪委三次全会和省纪委十届四次全会的部署要求，总结回顾全市2013年党风廉政建设和反腐败工作，研究部署2014年工作任务。市委书记杜昌文出席全会并讲话。市委、市人大常委会、市政府、市政协领导班子成员，市中级法院院长、市检察院检察长出席会议。全会审议通过了邹庆忠同志代表市纪委常委会所作的工作报告。

**【市纪委十一届六次全会】** 12月19日，中国共产党潍坊市纪律检查委员会十一届六次全体会议召开。全会传达学习党的十八届四中全会、十八届中央纪委第四次全会和省纪委十届五次、市委十一届七次全会精神，对全市纪检监察系统落实从严治党要求，以法治思维和法治方式推进党风廉政建设和反腐败工作进行了全面部署。市委常委、市纪委书记邹庆忠出席会议并讲话。

## 重要工作

**【维护党的纪律】** 坚持把严明政治纪律放在首位，对有令不行、有禁不止，信谣传谣、信奉邪教等违反政治纪律的行为及时查处，全市纪检监察机关共对6名参加邪教组织的党员开除党籍或除名。坚持把贯彻落实上级重大决策部署作为严明党的纪律的重要方面，开展对国务院、省政府和市政府行政审批制度改革措施落实情况的监督检查，查纠不落实行政审批有关制度规定、擅自增设审批材料等问题135个；对各县市区、市属开发区和市直部门落实国家、省、市2012年以来出台的促进经济发展的47个主要政策文件情况进行专项督查，查纠房地产建筑、新能源汽车等方面政策不落实、落实不到位等具体问题83个，促进了政令畅通。

**【加强作风建设】** 结合党的群众路线教育实践活动，积极协助党委抓好作风建设，持之以恒地纠正党员干部“四风”方面的突出问题。加强对中央“八项规定”精神落实情况的监督检查。围绕落实中央“八项规定”精神和省委、市委加强作风建设有关规定，建立常态化明察暗访机制，突出节庆等重要时间节点，严肃查处违反作风建设规定的问题。全市纪检监察机关共查处公款旅游、用公款大吃大喝、利用婚嫁喜庆事宜借机敛财等问题383个，给予党纪、政纪处分304人。协助市委开展以清房、清车、清股、清兼职、清公款消费为内容的“五项清理”工作。市纪委主要抓好对市直部门和县市区清理情况的检查监督及违纪问题的处理，共查纠超标准使用办公用房问题25个、违规配备使用公车问题205个、违规投资入股和兼职取酬问题155个；立查案件81起，给予党纪、政纪处分102人。开展工作纪律松弛问题专项整治。重点围绕解决违规乱检查、乱收费、乱罚款，上班时间上网聊天、玩游戏、看影片等方面的问题，查纠工作纪律松弛问题716个，处理责任人878人，其中，给予党纪、政纪处分322人。开展中介服务市场秩序专项整治。采取公布投诉举报电话、发放信函、实施暗访、开展专项巡查等方式加强监督检查，查处主管部门与中介机构“明脱暗挂”、指定特定中介机构服务、党政机关及其工作人员违规在中介机构摊派款物等违纪违法案件16起，给予党纪、政纪处分21人。开展损害群众利益问题专项治理。加大对征地拆迁、环境保护、食品药品安全、低保救助、城市供热等领域突出问题的查处力度，共查处问题227个，给予党纪、政纪处分133人。

**【查处党员干部违纪违法案件】** 实行有群众反映就调查了解。建立信访举报件大台帐，对重点信访件由市纪委相关室和派驻机构直接调查了解，对一般信访件牵头抓好调查了解，确保群众反映的问题事事有回音、件件有着落。全市纪检监察机关共受理信访举报6559件次，其中，市纪委建立信访台帐32期、汇总信访件2585件，直接调查了解876件，同比增长147%。深化全员执纪办案。组织纪检监察机关具有办案职能的科室和派驻机构，结合各自职能查办案件，既查大案要案，又查违反纪律和作风建设规定的案件，通过查小案防大案、查违纪案件防违法案件、查作风方面的案件防止大的腐败案件。全市纪检监察机关共立查案件2406起，给予党纪、政纪处分2264人，同比分别增长64.8%和79.3%，其中，立案涉及科级干部331人、县级干部28人。依纪依法安全文明办案。建成使用市廉政教育中心，为办案工作提供安全场所；认真落实办案安全责任制，开展5次办案安全检查，加强对办案点、录音录像、暂扣款物管理和审查过程的监督，切实做到依纪依法、安全文明办案；加强案件审理监督，协审县市区、市直部门党员干部违纪违法案件107起，纠正县市区纪委对案件定性建议11起，纠正量纪建议18起。认真发挥组织协调职能。加强与反腐败协调小组成员的沟通与协作，健全联络机制，定期召开反腐败工作协调会议，每季度开展1次案件线索和案卷材料的移交移送工作。2014年共召开协调会议4次，组织审计、法院、公安等单位移交有关线索6条，移送司法判决书和审计报告共计200多件。落实“一案双查”“一案三究”。对发生违纪违法案件的地方和部门，既追究当事人责任，又追究相关领导的责任，还追究监督者的责任，共对45起案件涉及的84名领导干部进行了责任追究，同时对8名在环境保护、行政审批工作中监督不力的同志进行了约谈，责令作出书面检查。

**【开展有针对性的廉政教育】** 分批组织全市50221名党政机关党员干部参加德廉知识学习集中测试，及格率达97.67%；编印潍坊市党员干部廉洁从政警示教育读本，分机关、镇街、村居三个版本，发给党员干部学习；市纪委在新闻媒体点名道姓曝光典型案件20批、106起，梳理2012年以来查处的涉及479名科级以上干部的案件，深入开展警示教育；邀请中国纪检监察学院原副院长李永忠到潍坊就加强作风建设进行授课，举办全市《惩防体系工作规划》电视知识竞赛和“为民、务实、清廉”主题演讲比赛，开通市纪委监察局官方网站，开展廉政文化艺术作品创作展演和廉政文化创建活动，扩大了教育效果。

**【加强对党员干部的监督】** 完善廉政谈话监督。坚持和完善市纪委常委同下级党政主要负责人廉政谈话制度，围绕落实党风廉政建设主体责任和监督责任，市纪委常委约谈了12个县市区、4个市属开发区党委、政府、纪委主要负责人和74个市直部门党组（党委）书记；针对党风廉政建设责任制考核、受理信访举报和专项治理发现的问题，约谈了41个市直部门主要负责人。坚持抓早抓小，市纪委针对群众反映的党员领导干部政治思想、道德品质、廉政勤政、选人用人等方面的问题，函询63人；针对少数党员干部存在的苗头性、倾向性问题，诫勉谈话115人。深化述廉监督。组织全市138名镇街党（工）委书记向县市区纪委全委会述廉，全面推行县级党政领导班子成员向同级纪委全委会述廉工作，使领导干部廉洁从政情况在更大的范围内接受监督，促进了权力公开透明运行。加强对行政执法部门履职情况的监督。对行政执法部门执法情况独立地开展事中、事后的检查监督，及时查处行政执法部门不作为、乱作为甚至失职、渎职等问题。全市纪检监察机关共查纠行政执法部门存在的问题226个，处理责任人332人，给予党纪、政纪处分196人。开展专项巡查监督。针对专项资金使用、房地产开发建设、减轻企业和基层负担、安全生产监管等方面暴露出来的问题，对相关部门履职情况进行倒查和有针对性的巡查，共查纠问题310个，强化了对部门履职行为的监督。

**【落实党风廉政建设责任制】** 创新落实党风廉政建设责任制工作，结合潍坊实际，协助市委将中央《关于实行党风廉政建设责任制的规定》确定的八个方面内容细化为26项，以党风廉政建设责任书形式下达到县市区和市直部门；代市委起草《关于建立党风廉政建设主体责任落实情况定期检查和分析通报制度的实施方案》，进一步明确各级党组织履行主体责任的目标任务；把党风廉政建设责任制的考核分数纳入全市科学发展考核，对违反或未能履行党风廉政建设责任制规定的追究责任。2014年以来，全市共对59名领导干部实施了责任追究，其中，县级干部13名。

**【纪律检查体制改革】** 制定《关于深入推进党风廉政建设和反腐败工作领域改革的实施方案》及《2014年纪律检查体制改革工作要点》，从加强对权力行使的制约监督、健全反腐败领导体制和工作机制、强化上级纪委对下级纪委的领导、健全反腐倡廉法规制度体系等七个方面，积极稳妥地推进改革。加强和改进对主要领导干部行使权力的制约和监督，制定《关于在全市开展县级党政班子成员向同级纪委全委会述廉工作的意见》。推动党的纪律检查工作双重领导体制具体化、程序化、制度化，组织起草《市管干部案件线索管理暂行规定（讨论稿）》。突出主责主业，深入推进“转职能、转方式、转作风”，在对纪委机关第一轮内设机构调整的基础上，将办公室、监察综合室整合为办公室；撤销干部室，设立组织部；撤销宣传教育室，设立宣传部；将研究室、政策法规室整合为研究室（政策法规室）；将党风政风监督室、执法和效能监督室整合为党风政风监督室（市政府纠正行业不正之风办公室）；设立第五纪检监察室、第六纪检监察室、纪检监察干部监督室；市纪委参与的议事协调机构从206个精减到14个。（赵延明）

# 民主党派 工商联 人民团体

*Minzhu dangpai Gongshanglian Renmin tuanti*

## 中国国民党革命委员会潍坊市委员会

【自身建设】 积极稳妥做好组织发展工作，2014年考察民革党员12人，其中，具有高级职称的占33%，全部拥有大学及以上学历，拥有硕士学位的占21%，进一步优化了组织结构，提高了整体素质。继续完善市委班子联系支部和支部工作“千分制考核”制度，支部的活力和凝聚力都得到增强。12月，召开基层组织工作评议会，对支部工作进行考核评议，评选出优秀支部9个。

【参政议政】 全年参加各级党委、政府召开的民主协商会、意见征求会、情况通报会及座谈会20余次，就重大问题的决策、重大方针政策的制订进行协商。全市民革党员中各级人大代表4人，各级政协委员35人，担任各类特邀（约）监督员18人。市政协十二届三次会议上提交集体提案6件，其中，1件提案作大会发言，另有1件得到市领导批示。扎实搞好重点课题调研，将“农村产权交易改革”作为调研重点，围绕土地确权、农村宅基地使用制度改革、土地征用及补偿等3个方面进行专题调研，形成有较高价值的调研报告。社情民意信息工作方面，进一步健全机制，充实队伍，完善考评激励制度，被民革山东省委表彰为社情民意工作先进集体，3名民革党员被评为先进个人。

【社会服务】 重点组织开展“博爱·牵手”系列活动。多次赴青州、临朐、安丘等地开展义诊、助学、帮扶等活动。青州支部被民革省委评为“伸出博爱之手——民革基层组织牵手困难群众”优秀基层组织。开展形式多样的“同心”社会服务活动。市委会“同心”专家服务团和寒亭、青州等支部，多次开展“专家服务进社区”“医疗科技文化农业等下乡”活动，开展义诊活动4次。发挥专业特长，民革党员李宗习参加“1+1”中国法律援助志愿者行动，到云南陇川开展为期一年的法律志愿服务，被司法部等联合授予“2013年度守护边疆促进民族团结的模范志愿律师”荣誉称号。

【祖国统一工作】 积极开展“台情”通报会、台胞台商座谈会、“庆中秋”联谊会等活动。8月，赴高新区与台资企业开展“关注台资企业发展”主题座谈会，详细了解台资企业的生产经营状况和在潍台胞的生活情况，积极联系帮助解决他们在生产生活中遇到的困难和问题。

（刘大伟）

## 中国民主同盟潍坊市委员会

【组织建设】 2014年，民盟潍坊市委坚持贯彻“人才立盟、人才强盟”战略，着眼于盟员结构的优化，为各项工作奠定人才基础。2014年民盟潍坊市委会共发展盟员18人。现有盟员357人，19个支部，2个小组。

【参政议政】 2014年提交个人和集体提案20余件。其中，民盟潍坊市委提交的《关于建立潍坊中小企业融资服务平台，解决中小企业“融资难”的建议》和《关于加快建设潍水文化生态保护实验区的建议》的提案、副主委张敬军提交的《提升餐饮服务层次，拉动潍坊消费升级》的提案、以及委员徐伟提交的《抢抓机遇，创建潍坊韩国经济合作示范区》的提案，这四件提案被列为大会发言。民盟潍坊市委提交的《关于统筹规划建设潍水文化生态保护实验区的建议》被列为2014年市政协重点提案。提交《我为全面深化改革献一策》8篇，其中2篇被市委统战部选中，上呈市委、市政府主要领导阅。1篇提案被民盟省委选为山东省政协十一届二次会议提案素材。上报的《关于创新强化科技支撑体系，促进我市经济社会事业科学发展的调研报告》被确定为市委统战部重点调研课题。2014年，4位同志荣获民盟山东省委反映社情民意信息工作先进个人荣誉称号。

【社会服务】　积极参加市委统战部组织的全市统一战线庆祝建国65周年"同心"系列宣传活动，选送的2个文艺表演节目获得文艺汇演二等奖，选送的2幅书画作品获得书画摄影作品展二等奖，3幅书画作品获得三等奖，2幅书画作品获得优秀奖。继续深入开展形式多样的帮扶活动。2014年8月，民盟潍坊市委科技支部组织赴临朐县蒋峪镇刘家营小学开展帮扶活动，为该小学捐赠笔记本电脑3台、投影设备三套和辅助材料一批，并现场施工建成多媒体教室3个；10月，由市委统战部召集、民盟潍坊市委坊子支部筹集赞助的123套广场舞服装送达临朐县蒋峪镇长命沟村村委；11月，民盟潍坊市职业教育支部在临朐县蒋峪镇刘家营小学捐赠成立烛光电子书屋，职业教育支部盟员共捐赠2套多媒体设备、3台笔记本电脑和一批网络设备，建成了一个功能齐全的现代化电子书屋，为改善农村基层教育环境、促进农村教育事业发展贡献了力量。

（孙照军）

## 中国民主建国会潍坊市委员会

【组织建设】　2014年新发展会员8名，经济界人士4名、公务员4名，平均年龄32.4岁，5名会员具有本科以上学历。截至2014年12月，全市民建会员259名，平均年龄51.4岁，经济界人士占81%，全国政协委员1名，省政协委员1名，市政协委员19名，县市区政协委员、人大代表24名。支部建设焕发生机，各支部成立规范化会员活动室，市委会出台进一步加强组织发展的意见，增设参政议政专委会和理论专委会。2014年8月，对8个专委会进行了调整。

【参政议政】　在各级人大、政协会议上提交提案、议案计30余篇。在市政协十二届三次会议上，民建潍坊市委会共提交涉及职业教育、城镇化建设、文化产业发展、环境治理、城市建设方面的8篇集体提案，其中，《发挥职教优势打造蓝黄经济技能型人才培养基地》在政协会议上作联组发言。为进一步强化人才队伍，成立参政议政专委会，组织召开新任支部主委、副主委及新会员培训班。3月，市委会配合民建中央就化解过剩产能进行调研，期间全国人大副委员长、民建中央主席陈昌智同市委会委员，支部正、副主委及部分企业家会员进行座谈。2014年，市委会围绕民营企业如何参与孵化器建设、加快全市文化产业发展、食用盐如何科学加碘、餐厨垃圾处理、农村集体经营性建设用地流转等课题开展调研，报送新闻信息50余篇次，向民建省委、市政协及市委统战部报送社情民意信息16篇，采用3篇，完成重点调研课题2项，被市委统战部评为2014年度信息工作先进单位。

【社会服务】　2014年，市委会开展"三下乡"活动4次，走访会员企业4次，开展培训讲座1次。6月28日，第3所"民建·思源"农家书屋在安丘市柘山镇西古庙村建立，市委会捐赠图书及动画片共计2000余册（部），价值5万余元。市委会组织会内的医疗专家赴孙家社区、锦绣苑社区开展义诊，赴潍坊市辅读学校、潍坊盲校、坊子区李家庄小学等地捐资助学。12月，市委会赴市社会福利院看望慰问孤寡老人，捐赠价值6000余元的物品。

【思想建设】　把学习贯彻中共十八大，十八届三中、四中全会精神作为首要政治任务，全面开展坚持和发展中国特色社会主义学习实践活动。抓好市委会和支部领导班子建设，先后参加中央社会主义学院第三十二期党外干部进修班、民建中央组织的民建市级组织专职副主委培训班、民建省委组织的骨干会员培训班和市委统战部组织的全市党外代表人士培训班。全面开展学习实践活动进社区，推动支部与街道社区结对共建。在全市统一战线庆祝中华人民共和国成立65周年系列活动中，获得文艺汇演一等奖、三等奖，演讲比赛二等奖，书画摄影比赛三等奖，征文比赛特别奖，市委会荣获优秀组织奖。

（惠铁英）

## 中国民主促进会潍坊市委员会

【自身建设】　民进潍坊市委会对新会员进行培训，组织会员90余人到多处教育基地参观学习。积极参加全市统一战线庆祝建国65周年系列活动，20余名会员在各类比赛中获奖。市委会机关编辑《潍坊民进信息》，将市委会的主要工作情况、支部的活动情况进行网上沟通交流，充分发挥新兴媒体在信息交流、政治引导、参政议政等方面的优势和作用。倡导并引导广大会员"双岗建功"，积极树立和践行社会主义核心价值观。围绕组织建设年活动，切实加强组织建设，调研基层组织建设情况，为基层组织换届打下良好的基础。2个基层支部分获民进全国、全省先进基层组织，2名基层组织负责人分获全国、全省基层组织建设先进个人。

【参政议政】　围绕全市经济社会发展中的重大问题，市委会领导积极参与政治协商活动。在市政协十二届四次会议上，提交集体提案5件，其中，《关于加快我市现代蔬菜种业发展的建议》被市长签批，1件被列为大会口头发言提案，1件被列为大会书面发言提案。奎文支部、潍城支部、寒亭支部、潍坊外国语支部、坊子支部切实发挥党派组织优势，积极履行参政议政、民主监督职能，开展调研活动，完成两个重点调研课题。将提报社情民意信息作为参政议政的一项重点工作，市委会机关及时、准确地收集上报社情民意和相关信息，助推经济社会发展，2014年编印上报信息16期。

【社会服务】 在春节前走访慰问奎文门社区、工福街社区困难户15户，送去花生油、大米和慰问金共计6500元。赴奎文区东关街道工福街社区和潍州路街道黄家社区，开展潍坊市民主党派"同心社会服务团"义诊服务进社区活动。到临朐县冶源镇开展"同心·捐助优秀贫困大学生活动"，向10名家庭困难的优秀大学生发放了每人2000元的助学金。开展"同心·捐助优秀贫困大学生活动"以来，累计捐款6万余元，捐助优秀贫困大学生30余名。

（王晓菲）

## 中国农工民主党潍坊市委员会

【自身建设】 2014年，新发展党员14人。全市共有农工党党员192人，其中，医药卫生界党员109人，占党员总数57%；博士、硕士41人，占21%；高中级知识分子174人，占91%；省、市、县市区人大代表、政协委员37人。积极开展坚持和发展中国特色社会主义学习实践活动，成立学习实践活动领导小组；转发农工党中央及省委《关于开展坚持和发展中国特色社会主义学习实践活动的决定》，印发《农工党潍坊市委2014年开展坚持和发展中国特色社会主义学习实践活动工作计划》《农工党潍坊市委开展坚持和发展中国特色社会主义学习实践活动工作方案》等文件。积极组织广大党员开展"讲同心、传承优良传统"活动，参加《前进论坛》杂志、农工党中央网站联合举办的"中国梦，农工情"征文活动；参加农工党省委举办的"中国梦，农工情"演讲比赛；积极参加市委统战部组织的全市统一战线庆祝建国65周年"同心"系列活动。

【参政议政】 在市政协十二届三次会议上，农工党潍坊市委会提交大会发言材料、联组发言材料各1篇，集体提案9件，个人提案24件，社情民意2条。《关于加强灰霾天气防控，建设生态潍坊的建议》提案获市委书记杜昌文和副市长孙起生分别签批，并印发各县市区党政主要领导和分管领导参阅；《对胶济铁路坊子支线沿线进行保护开发，建设休闲旅游走廊的建议》提案得到杜昌文签批；《关于加强我市市区饮用水源地保护的建议》提案得到市长刘曙光签批。在全市党员中开展"一委员一提案、一支部一调研课题、一党员一建议"的活动，发动党员就经济社会发展中的热点、难点问题撰写社情民意信息。2014年，上报省委统战部《议政建言集萃》、市委统战部《我为全面深化改革献一策》及农工党省委信息20余篇。其中，1篇建议被市委统战部《我为全面深化改革献一策》刊登后，市委书记杜昌文先后两次做出批示；1篇建言在省委统战部的《议政建言集萃》刊登；2篇被市政协采用。

【社会服务】 以"中国环境与健康周"和"国际科学与和平周"为载体，组织开展"农工服务进社区"系列活动。5月和11月，组织医卫界农工党党员专家分别到临朐县蒋裕镇长命沟村、奎文区工福街社区开展了"送医送药、送健康进村"活动，捐赠一批价值3000元的药品，发放保健宣传材料1000余份。积极参加全市民主党派"同心服务团"活动。5月，市委会组织部分医药卫生界党员到奎文区黄家庄社区开展免费义诊活动，为社区群众免费诊疗、解答咨询、发放健康教育资料，共接待就诊咨询群众100多人次。拓宽社会服务渠道，探索社会服务新形式。9月25日，农工党潍坊市委会与潍坊健康产业促进会筹备委员会在富华国际会展中心联合举办2014中国（潍坊）健康产业博览会。

（孙秀珍）

## 中国致公党潍坊市委员会

【参政议政】 2014年，致公党潍坊市委会深入开展调查研究，积极建言献策，分别被致公党省委、市政协、市委统战部表彰为参政议政工作先进单位。完成科技金融、教育改革、知识产权、农村食品安全以及基层矛盾调解5个方面的省、市级重点调研课题。举办第3期参政议政工作培训班。组织开展"一支部一课题、一党员一建议"活动，其中，《对<无线电管理条例（修订草案征求意见稿）>的几点建议》被致公党中央和全国政协采用，《关于保护和加快我市传统工艺美术产业发展的建议》《关于创新"智慧潍坊"组织机构和运行模式的建议》得到市委书记杜昌文批示。突出"侨""海"特色，对全市海归人员情况进行深入调研的《关于进一步加强我市留学归国人员工作的建议》在市政协会上作联组发言讨论。

【社会服务】 重点开展"致公服务进社区"系列活动。先后组织人口与计生政策义务宣传、社区义诊、"传统文化与现代生活"免费讲座、向社区养老机构捐赠生活用品等活动。继续开展捐资助学活动。在临朐县蒋峪镇吕庄小学捐建"同心·致福书屋"1所；到昌乐县高崖库区学校进行"一帮一"帮扶捐助，为库区中小学21名贫困学生送去助学金；协助致公党省委会向诸城市偏远山村小学捐建2所"同心·致福书屋"。充分发挥企业界党员联谊会作用，配合相关单位到临朐辛寨镇盘阳小学开展"梦想双行线"实践活动，捐赠价值2000元的书籍和文具。积极参加省委会“同心·服务社会实践周”和市各民主党派“同心·社会服务团”工作。

【自身建设】　2014年，市委会连续两年被省委表彰为组织建设工作先进集体。对原有4个支部按地域分布进行调整，各支部全部与当地党委统战部门建立对口联系。全年新发展党员10人，全部具有大学本科以上学历和侨海关系。举办新党员培训班，进行党史、党章和统战理论的培训，增强新党员的组织归属感。继续开展“党员大走访”活动，有力增进市委会、支部与基层党员的沟通交流。成立市委会文化交流联谊会，主办十方欢喜——张羽翔书法作品展，在市委统战部庆祝建国65周年系列宣传活动中，获得演讲比赛一等奖第一名，书画比赛一等奖、二等奖和征文比赛三等奖的成绩。切实加强宣传载体建设，率先开通“潍坊致公”微信公众号。有1名同志被市委统战部选派到全市党外代表人士实践锻炼基地挂职锻炼，被省委会表彰为机关先进工作者。有9名党员被省委表彰为“同心·创先争优”优秀党员，有1名同志被省委统战部选派到全省党外代表人士实践锻炼基地挂职锻炼。

（孙鹏飞）

## 九三学社潍坊市委员会

【概况】　截至2014年年底，全市九三学社辖10个支社，共323名社员，平均年龄52岁，其中，大学以上文化程度占98.7%，高级职称170人，占52.6%。全年新发展社员19人，平均年龄41.9岁，其中，研究生以上学历5人，高级职称13人。社员中各级人大代表、政协委员39人，约占社员总数12.1%；担任县（处）级以上领导职务的13人，各级人大、政协、政府部门聘任的特约人员11人。顺利完成9个支社换届和高新支社成立工作，17名骨干社员进入支社领导班子，支社班子年龄和学历结构得到优化。

【参政议政】　九三学社潍坊市委会将经济发展和社会民生问题作为参政议政的重点，提出一批质量较高的提案建议，其中，市委会集体提案建议11件，个人提案建议34件。市委会《关于加快推进我国再制造产业发展的建议》转化为社中央在全国政协会议提案；市委会《关于促进我省城镇化过程中居民就业和社会保障的建议》转化为社省委在省政协的提案，李士来《关于抢抓机遇加快发展我省健康服务业的建议》在省政协立案，同时被省委统战部《议政建言集萃》采用；市委会《农村水体污染问题应引起重视》《关于打造滨海高质量生态环境的建议》《关于抢抓机遇加快发展我市健康服务业的建议》3件提案得到市主要领导批示。参加“我为全面深化改革献一策”活动，市委会《关于加强鲁台会展中心周边配套设施建设打造潍坊会展高地的建议》得到市委书记批示。3月24～26日，全国人大常委、九三学社中央副主席丛斌到潍坊市调研新农村建设中农业面源污染情况，召开有关部门和专家参加的座谈会，到寿光、安丘和市区进行实地考察，参观张雪岩纪念馆、会见市委会班子成员，听取汇报并对潍坊市九三学社的工作给予充分肯定。积极参与社省委“黄河滩区扶贫开发问题”调研工作，为社中央形成《关于黄河下游滩区扶贫开发的调研报告》作出贡献。市委会《关于加快推进我市物联网产业发展的建议》、梁文道《关于加强社会工作专业人才队伍建设的建议》、赵同祥《关于加快产业发展增强镇域经济发展活力的建议》、潘世军《关于加强基层医院二手医疗设备监督管理的建议》4件提案获“市政协十二届一次会议以来50件优秀提案”表彰。

【社会服务】　注重发挥社组织整体优势和社员专业特长，奉献爱心、服务社会，市委会和支社先后9次组织医疗和农业专家分别到市区同心社会服务基地、峡山库区和安丘偏远山区开展专家义诊、科普宣传、法律下乡、农技服务等社会服务活动，出动64人次为社区居民办实事，发放防病和健康知识资料200余份，2900余名村民受益。热心公益，广泛开展爱心帮扶活动。市委会出

2014年3月24～26日，全国人大常委、九三学社中央副主席丛斌（左三）到潍坊调研。市政协副主席、九三学社市委会主委李士来（左一）陪同参观张雪岩纪念馆。

（供图：岳建利）

资并派专人到市民主党派同心社会服务基地对4户困难家庭进行走访慰问。社员捐资4.6万余元，帮助9名贫困大学生和孤寡残疾老人解决实际困难。

【自身建设】 深入开展坚持和发展中国特色社会主义学习实践活动，先后开展坚持和发展中国特色社会主义论坛、参政党理论研究、九三论坛和纪念建国65周年等活动，形成一批理论研究成果。其中，1篇论文获社中央参政党理论研究成果二等奖和社省委“思想宣传工作优秀作品”特别贡献奖，3篇论文入选社省委《2013～2014年参政党理论论文选编》，1篇论文获市政协“三等优秀研究成果”。5月9～10日，社省委专题研究部署学习实践活动的常委会在潍坊市召开，山东省副省长、九三学社省委主委王随莲出席会议并对下阶段学习实践活动工作提出要求。对骨干社员和新社员进行专题辅导培训，在全市开展骨干社员与老社员结对子活动，骨干社员与104名已离退休的老社员结成互助对子，增强社组织凝聚力。注重完善市委会网站、潍坊九三QQ群和手机快讯平台，印发《九三潍坊社讯》20期，省市媒体刊用30篇，社中央、社省委、市委统战部网站登载72篇次。市委会获九三学社中央“组织建设先进集体”称号、议政成果贡献集体二等奖，社省委“思想宣传工作先进集体”一等奖、“参政议政工作先进集体”二等奖、“网站供稿工作先进单位”二等奖，被市委统战部表彰为“全市统战信息工作先进单位”，45人次获社中央、社省委和市委统战部表彰奖励。

（王兴全）

## 潍坊市工商业联合会

【招商与转调创工作】 带领部分市直单位、县市区、开发区和企业，主动对接全国工商联及其直属商会，“走出去”宣传推介潍坊重点产业园区和招商项目，寻求合作意向。先后邀请11家全国工商联直属商会300多家知名企业来潍坊市考察，参与筹办首都企业家潍坊经贸合作恳谈会、全国知名企业家蓝黄“两区”投资洽谈会、全国工商联知名民营企业与潍坊项目对接会等3个大型专题招商活动，累计签约项目191个，总投资额2046亿元。

【参政议政】 先后开展对《国务院办公厅关于强化企业技术创新主体地位全面提升企业创新能力的意见》（国办发〔2013〕8号）贯彻落实情况调查评估、2013年度全国工商联民营企业社会责任调研等12项专题性调研，形成调研报告，为上级科学制定政策提供依据。开展全市民营企业发展情况大调研活动，撰写的《关于当前我市民营企业存在问题的调查报告》，市委主要领导批转各市委常委并交由相关经济主管部门认真研究解决。向市政协十二届三次会议提交团体提案3件，个人提案45件，其中5件被列为市重点提案。

【经济服务】 举办中国（潍坊）中小企业发展论坛，开展2014年经济政策与民营经济发展形势等培训9次，培训人数3000多人，培训工作形成品牌。先后组织企业家参加鲁台商会交流年、民营企业高科技成果展等经贸活动，赴杭州、宁波、长沙等地进行学习考察，接待黑龙江、浙江等十几批外地考察团，经贸交流广泛紧密。通过举办银企对接会、推动建立担保“资金池”、引进外部资金等方式，帮助企业克服资金瓶颈，破解企业发展瓶颈。积极开展企业用工招聘活动，帮助企业达成用工意向4000余人，有效缓解企业用工瓶颈。先后与市政法委、市发改委、市经信委、市纪委效能监察中心等建立长效合作机制，出台《市发改委、市工商联促进服务非公有制经济发展合作机制》，畅通企业诉求渠道，优化非公有制企业发展环境。

【中国（潍坊）中小企业发展论坛成功举办】 6月18日，由《中国民商》杂志社主办，潍坊市工商联企业家互助合作商会、潍坊市恒赢文化传媒有限公司承办的中国（潍坊）中小企业发展论坛在富华大酒店举办。中央统战部原副部长、全国工商联原党组书记胡德平，省政协副主席、省工商联主席王乃静，原副省长谢玉堂，省工商联副主席刘冠凤等分别出席有关活动；国务院参事、全国工商联原副主席谢伯阳主持论坛；市委领导杜昌文、张小梅、李传恒、胡立等陪同出席有关活动，来自省内外的300多名企业家参加论坛。

【思想政治工作】 深入开展非公有制经济人士理想信念教育实践活动，突出信誉主题教育，在《潍坊日报》开设《追梦之路——潍坊市非公有制企业发展撷英》专栏，成立潍坊市非公有制企业信誉建设服务促进中心，组织开展非公有制企业“关爱员工、实现双赢”评选表彰活动。从3月份开始，按照“照镜子、正衣冠、洗洗澡、治治病”的总要求，牢牢把握“为民、务实、清廉”主题，抓实学习教育，查实找准问题，召开高质量专题民主生活会和组织生活会，狠抓整改落实，不断把党的群众路线教育实践活动推向深入。大力弘扬“致富思源，富而思进”的光彩精神，筹措资金30万元，为帮扶村硬化2条村内道路和村部大院。

【组织和队伍建设】 召开全市工商联商会建设经验交流会议，制定《市工商联商会管理办法》，进一步规范商会管理和运作模式。大力发展潍坊在外异地商会，先后推动成立北京、上海、广东、烟台（潍坊）商会，实现异地商会建设“零”的突破。全面加强县级工商联建设，制定下发《潍坊市工商联2014年“五好”县级工商联建设工作实施意见》，向省工商联推荐3个“五好”县级工商联和1个县级工商联建设示范点。

（王　莉）

# 潍坊市总工会

**【发挥工人阶级主力军作用】** 完成全国、省、市三级劳动奖状、奖章评选表彰工作。组织全市第六届职工职业技能大赛，参与工种150余个，参赛人数8000多人，带动100多万名职工参与各类技术比武竞赛活动。开展选树“金牌职工”活动，常国丽被授予“齐鲁金牌职工”，王世杰等10名同志被授予“潍坊金牌职工”。深入推进劳模“五进”活动，先后有708名劳模组织宣讲269场次，志愿服务1233人次；王钦峰等13个劳模创新工作室分别被表彰为省、市级劳模创新工作室；总结宣传市劳模秦贞福服务农村养殖业户致富先进事迹。下拨30万元专款用于帮助职工群众解决人畜饮水问题；引进鲁粤文化交流中心并落户潍坊。

1月7日，市委副书记王献玲（中）出席潍坊市总工会十三届十四次全委（扩大）会议并作重要讲话。（供图：赵春光）

**【扩大工会组织覆盖面】** 出台《关于加强和改进新形势下工会工作的意见》，省总工会主要领导作出批示并以《工运信息》形式印发。深入开展“依法普遍建会百日集中行动”；深化“四亮三比一创”活动，提升基层工会规范化水平。截至2014年年底，全市新建基层工会1652个、新建工会基层组织（涵盖单位）8031家、新发展会员19.2万人，“四亮”覆盖面达到95%以上。

**【劳动关系更加和谐稳固】** 将厂务公开民主管理和工资集体协商工作纳入全市科学发展综合考核体系。全市建会非公有制企业厂务公开民主管理覆盖面达到97.7%，职代会建制率达到97.5%。诸城新郎集团在全省非公企业厂务公开民主管理现场会上作发言，全总民管部领导专程到潍坊调研并给予充分肯定。深入开展“春季要约”集中行动，全市建会企业工资集体协商建制率达到95%，被全国总工会表彰为“落实工资集体协商三年规划工作先进集体”。

**【职工权益维护工作】** 开展“工友创业示范园、示范企业”创建活动，筹资设立200万元的工友创业基金，总结提炼区域集中型和龙头带动型两种模式，命名工友创业示范园61家，示范企业110家，扶持183人成功创业，带动8488人实现就业；全省工会“工友创业”工作现场推进会在昌乐召开。继续实施全市工会联企下乡招聘活动暨工会就业援助大集，70多家企业提供岗位7600多个，266人现场签订用工协议。加大困难职工帮扶力度，元旦、春节期间，全市各级工会共筹集“送温暖”资金911.9万元，走访慰问困难企业216家，慰问困难职工7936户。筹集“送清凉”资金530万元，走访车间班组和工地352个，慰问一线职工46万人次。开展“金秋助学”活动，对1221名考上大学的困难职工子女进行资助，发放资助金162.3万元。推进职工服务体系建设；开展女职工“美丽健康·创新创业”讲堂活动，组建讲师团队伍和志愿者队伍送课30余场，培训女职工干部5200名。组织参加全国第二届书香“三八”读书征文活动，5名女职工获得入围奖。女职工权益维护“七种模式·关爱女工”被省总工会评为工作创新奖，全总女职委到潍坊专题调研并给予充分肯定。扩大职工互助保障计划覆盖面，共有22万余人次加入职工互助保障活动，为5636名会员发放互助金361.9万元，完成互助保障费908.5万元，列全国同类办事处第一名。

**【职工精神文化生活丰富多彩】** 开展“中国梦·劳动美”主题宣传活动、“中国梦·梦的家园”主题演讲比赛、摄影展及文艺展演系列活动，开展“做主人，争先锋，我与城市共提升”主题活动。孚日集团等5家企业入选省总工会“齐鲁文化大道”。加强职工教育阵地建设，建成24个全国、省级职工书屋和职工教育示范点。出资165万元，建成50所市级职工子弟四点半学校，为职工特别是农民工解除子女放学无人看管的后顾之忧。成功组织第三十一届潍坊国际风筝会风筝扎制创新比赛和放飞活动。到16家企业、建筑工地进行演出，慰问职工和农民工达1万余人。在《工人日报》《山东工人报》《潍坊日报》等各级新闻媒体刊发稿件1780余篇，其中，头版头条53篇。

**【工会干部进企业促安全活动扎实有效推进】** 3月，市总工会在全国工会群众性安全生产工作现场会上作了大会发言。全总办公厅以《业务工作通报》的形式印发潍坊市经验，全总副主席、书记处书记李世明批示在全国工会系统学习推广；市委书记杜昌文作出批示，市委办公室以《参阅件》形式印发。组织全市第二届职工安全生产“金点子”合理化建议有奖征集活动，对70个项目进行表彰。扎实开展“安康杯”竞赛活动，2家企业、3个班组、1名个人受到全总、国家安监总局表彰，市总被表彰为全国“安康杯”竞赛优秀组织单位；3万余名职工参加“全国职工公共安全健康知识普及竞赛”答题活动。对包靠的安丘市6个镇（街、区）、22家企业安全生产工作进行督导检查，共排查安全隐患（问题）176个，现场整改84个，限期整改92个。

**【党的群众路线教育实践活动】** 按照市委统一部署，全市各级工会在同级党委的领导下，以“为民、务实、清廉”为主要内容，按照“照镜子、正衣冠、洗洗澡、治治病”的总要求，深入开展党的群众路线教育实践活动。活动期间，各级工会成立领导小组和办公室，制定实施方案，召开动员会议，认真完成了学习教育、听取意见、查摆问题、开展批评、整改落实、建章立制等任务。市总工会先后收集各类意见建议131条，对梳理出的52条逐一列出自查问题清单并认真加以整改，制定《关于进一步规范公务活动的意见》等7项制度，对机关活动、经费使用等明确规范标准，不折不扣落实中央“八项规定”精神，会议、文件、评比表彰明显减少，公务接待、行政开支有较大幅度压缩。总结推广昌邑市工会干部写工作日志的做法，各级工会干部作风有明显转变。

（赵春光）

## 共青团潍坊市委

**【概况】** 2014年，团市委深入开展党的群众路线教育实践活动，扎实履行工作职能，圆满完成各项工作。团市委继续获“山东省红旗团委”荣誉称号，团省委部室综合评比总成绩全省第一，综合性工作五项行动被团省委评为优秀等次，全省科学发展综合考核青少年权益保障项目被评定为“好”的等次，全市共青团工作继续保持走在全省前列。成功举办全国农村青年领头雁特色产业交流和未来500强全省优秀青年企业家助推转调创活动，中学生科技创新成果大赛被评为全国示范竞赛项目，青年电商联盟等3个服务品牌被评为团省委两项工程优秀项目；区域化团建、团员管理、志愿服务3项工作分别被《中国青年报》头版头条报道，典型矩阵等工作被《大众日报》等省以上媒体报道77次，希望乐园、青年创业等工作被省委《山东信息》《调查与研究》刊发。

**【服务中心工作】** 汇聚青年力量共奋进。开展学习宣传市委重大战略系列活动，举办主题知识竞赛和演讲比赛，组织理论辅导和领导宣讲63场。开展“做主人，争先锋，我与城市共提升”主题活动，明确13项重点工作任务，举办“我为提升市区做什么”大讨论、“新常态、新机遇、新发展”研讨活动和“鸢都青年看发展、潍坊发展我成长”主题实践，开展创建文明城市志愿服务1.5万人次。投身经济建设主战场。组织青联青企协赴滨海考察，为滨海发展献计出力。举办未来500强全省优秀青年企业家助推转调创活动，吸引全省200名优秀企业家来潍坊考察，吸纳全省资源，助力全市发展。举办全市青年创新创意大赛和中学生科技创新成果大赛，征集创意作品611件，科技创新成果大赛被评为全国示范竞赛项目。助力生态建设树新风。实施美丽乡村行动，发放环保明白纸10万份，动员青年清理农村卫生死角，积极组织农村好青年评选，3人获“全省乡村好青年”称号。积极服务“三八六”环保行动，实施开发两河青年行动，在全市开展收旧利废集中活动136次，大力推进青少年绿化基地建设，全市1处基地获评省级“青少年绿化基地”称号。

**【思想引导工作】** 打牢思想基础。召开全市各界青年“我的中国梦”座谈会，举办“奋斗的青春最美丽”分享活动139场。推进社会主义核心价值观教育，开展做一个有道德的人、“三下乡”服务、学雷锋志愿服务1200多场，举办我为核心价值观代言、我和国旗合个影、我为祖国点个赞等网上活动，培养青少年正确的价值观。组建2800人的网络宣传员队伍，积极配合党政开展网络正面引导，努力营造清朗的网络环境。营造文化氛围。举办全省少先队辅导员风采展和中学中职书画大赛，参加全国“向上·向善”微电影大赛，2部作品入选全国百部优秀影片展播，潍坊市获全省少先队风采展团体第一和个人前两名。举办花young年华欢乐送、魅力潍坊·浓情四季等文化活动114场，努力弘扬健康文化。丰富手段载体。建立“潍坊青年”微信公众平台，建成各级团组织微博、微信403个，发表微博1.5万条，推送微信191期，吸引粉丝24万人，有力提升对青年影响覆盖面。开通《寻找身边好青年》网上专栏，集中表彰好青年和先进典型390个，强化典型引领作用。

**【服务青年创业】** 构建平台体系。举办全国农村青年领头雁特色产业交流活动，吸引全国150家龙头企业参展。成立潍坊青年电商联盟，吸纳会员企业70家，积极开展研讨考察、论坛讲座、业务交流等活动，搭建起青年电商交流平台。打造青商服务机构汉鼎财智，组织银企对接活动5次，举办企业管理、文化创意等主题沙龙110余次。加大青年创业孵化基地、创业园建设力度，寿光双王城获“全国领头雁培训基地”称号，高新软件园获省首批“青年创业孵化基地”称号。强化资金扶持。成功举办第六届全市青年创业大赛，深入实施金种子、中英创业致富、鲁青农信贷等项目，评定青年信用户906个，授信2.2亿元，为创业青年发放贷款8000余万元；开展农村青年创业扬帆行动，争取500万元资金，帮助70余名农村青年建立农资超市创业店，当好青年创业强大后盾。加强培训指导。召开全市青年创新创业报告会，举办岗位成才报告会、创业典型报告会、创业导师进校园等活动92场，影响青年2.4万人，培训农村青年4200人，带动万名青年共同致富。举办全市首届青年职业技能大赛，积极参加第十届全省青年职业技能大赛，全市5名选手获奖，一等奖获奖人数占全省三分之一，居全省首位。

【服务青年成长】　全方位满足青年实际需求。全面完成服务青年八件实事，新建希望乐园25家，该项工作被省委《调查与研究》刊发。开展"12355阳光行动"，举办考前心理辅导30场，服务考生2万人次，切实关怀青少年心理健康。开展社区服务、志愿消防、阳光助残等主题活动135次，潍坊市人民医院团委书记和安丘市义工公益服务中心分获中国青年志愿者优秀个人和组织奖。分领域服务弱势青年群体。开展圆梦校园、心愿直通车等活动，筹资173万元建设希望小学1处，资助贫困中小学生1300人，帮助留守儿童满足心愿1600个。深化极特殊青少年关爱工程，成立希望工程公益志愿服务队。多角度织密权益维护网络。开展法制进校园活动65场，联合教育部门配备中小学法制副校长。开展代表委员面对面活动12次，基层青年座谈会33场，建设基层维权工作站13处，开展青年社会组织调研，进一步拓宽维权网络。

【自身建设】　在全市49个街道创新实施区域化团建，团市委在全国区域化团建培训会上做典型发言。加强农村专业合作组织和社区（片区）组织建设，合作社团建被《中国共青团》报道。建成中学生社团网上信息库，配齐三级少先队总辅导员，团队一体化建设被选定为团中央重点工作创新试点，团市委作为全省唯一地市代表在团中央少先队工作会上作典型发言。提升规范化水平。制定团员队伍建设意见，在全省率先对团员发展工作进行标准化规范。开展基层团建工作督导，深化基层团建典型和示范性团组织创建工作，打造基层团建工作样板。优化基层环境。市委出台《加强新形势下少先队工作的意见》，第一次以市委文件形式对团的工作给予制度性保障。建立镇街以奖代补激励机制，选派193名公安、金融干部基层挂职，免费培训基层团干部骨干1340人次。

（周　密）

# 潍坊市妇女联合会

【积极为妇女儿童办实事】　下发《关于认真抓好2014年为妇女儿童办实事项目的通知》，市妇联加强协调督促力度，建立目标责任制度，将为妇女儿童办实事项目进行备案和职责分解，制定办实事工作台帐，健全了为妇女儿童办实事的长效机制。健全社会救助工作协调机制。继续落实关爱"失独"家庭"三个一"长效帮扶机制（与计生部门联合，每周开展一次关怀帮扶活动，每月组织一次心理疏导活动，每季度开展一次生活关爱活动）。健全"春蕾计划"长效救助机制，"春蕾计划"实施以来，累计发动捐款1508万元，资助60228名贫困女童。建立妇联牵头帮扶机制，加强与教育、民政、市女企业家协会等部门和社会团体的沟通协调，广泛开展关爱帮扶活动，为留守流动儿童、贫困母亲等困难群体送温暖。支持和发展志愿服务组织。全市共组建巾帼志愿服务队伍3100余支，开展巾帼志愿服务活动2万余场次，在创建全国文明城市中发挥了积极作用。亲子共成长工程、"周末爱心妈妈"、学雷锋"暖情"春风行动等服务活动，已成为影响广泛、社会认可的志愿服务工作品牌。开展"平安家庭"创建活动。深入开展"百万妇女学法律、百万家庭创平安""零家庭暴力社区"和"优秀妇女维权岗"创建活动；在"三八"维权周、"12·4"国家宪法日期间，面向广大妇女及家庭广泛开展普法宣传，举办"安全知识进校园""建设新农村、平安进我家"问卷调查等活动，提高妇女群众的依法维权和创建"平安家庭"的能力；积极参与联合帮教活动，与潍坊监狱共同举行"感恩母亲·重塑新生"亲情帮教大会，倡导遵纪守法、共赢平安。

【农村妇女"两癌"救助工作】　在完成全国、省农村妇女"两癌"检查试点任务的基础上，推动各县市区农村妇女"两癌"检查实现全覆盖，全面完成省考核的年度任务目标。市县两级共落实专项经费2500万元，为19.5万多名农村妇女进行了"两癌"免费检查，在全省17个地市中经费投入最多、检查人数最多。加大贫困"两癌"患病妇女救助力度。争取全国"两癌"救助专项基金42万元，救助42名贫困患病妇女；争取市级贫困"两癌"患病妇女救助经费100万元；协调市民政局对255名贫困"两癌"妇女患者每人发放临时救助金1000元；推动将"两癌"救助的内容纳入到修订的《潍坊市城乡医疗救助办法》当中。

【招商与转调创工作】　围绕突破滨海，组织女企业家到滨海实地观摩，鼓励她们到滨海投资兴业；举办第十六届女性人才就业招聘洽谈会、女大学生创业就业专场招聘洽谈暨项目展示活动；举办8场涉及企业法律、战略管理、资本运作与投融资决策、现代企业运营提升等内容的高端培训；组织110多名女企业家赴北京大学参加高级研修班，在潍坊创业大学举办小微女企业家创业能力提升研修班；与潍坊广播影视集团联合举办第二届中国（潍坊）妇女产业博览会，70多家企业参展。围绕产业转型，发动妇女积极参与现代农业发展，发展妇女经济合作组织3260家、巾帼科技示范基地139处、妇字号龙头企业241家，充分发挥其培训、示范、服务作用，引领妇女增收致富；组织女企业家带头发展现代服务业，节能减排，创新发展。围绕提升市区，下发《关于开展"做主人，争先锋，我与城市共提升”主题活动的实施方案》，广泛开展“我为提升市区做什么”大讨论、“优化发展环境·巾帼争当排头兵”主题实践活动。扎实推进村、城市社区女性进“两委”工作，按照市委、市政府的工作部署，全市村、农村社区党组织、第十一届村民委员会和城市社区党组织、居民委员会（简称村、城市社区“两委”）于2014年10月至2015年春节前进行换届。

**【助推妇女创业就业】** 继续实施“女企业家成长行动”，深入实施“巾帼创业信贷担保助推行动”，为创业妇女协调小额贴息贷款1.2亿元；联合潍坊市金融办、日照银行潍坊分行开展“银企对接”活动，为创业妇女解读金融政策，提供低息贷款690余万元。1月17日，联合市文明办、大力开展新农村（社区）新生活培训，市县两级分别成立领导小组，制定《实施方案》《培训计划》；争取市级专项培训经费100万元、县市区培训经费90万元；成立了170人组成的首批市级培训讲师团；联合教育、公安、环保、卫生、计生等部门，编写印制5万本家庭教育、孝老爱亲、平安进家、绿色环保、卫生保健等方面的通俗读本、宣讲教材，免费发放；通过“一县一特色”分类培训、镇级“三公里”集中培训、“点对点”现场培训、“报告团下基层”专题培训等4种方式，举办培训班1518场，培训妇女21.2万人次，转移妇女劳动力5500余人。创新推动巾帼家政服务工作，广泛开展家政服务业座谈调研，组织赴广东、江苏、安徽等地学习考察家政工作，下发了《关于合力打造“好潍姐”家政服务品牌，推进全市巾帼家政服务工作的意见》，注册“好潍姐”商标，重点打造“好潍姐”潍坊佳益家政服务公司作为品牌店，建立市巾帼家政培训基地，协调市县两级财政拨付专项资金，对全年培训的2185名中高级家政服务员给予适当贴补。

**【开展妇女社会主义核心价值观教育】** 举办“巾帼建新功·共筑中国梦”百场巾帼先模事迹报告会，举办“良好家风家教”宣传、家规家训征集、和谐家庭幸福人生大讲堂活动，开展寻找最美家庭、百名美德少年评选活动，倡树新风正气。评选出最美家庭1000余户，其中，谭瑞霞、崔玉贞、马金英、张兴芬4户家庭荣获省“最美家庭”、省“五好文明家庭标兵户”称号，2户荣获全国“最美家庭”提名奖。办好妇女儿童活动中心，建成436平方米、能容纳180人的高标准市级巾帼道德讲堂，定期开展活动。截至2014年，共举办传统文化体验、家和万事兴、亲子共成长、幸福之道等公益讲堂12场次，2000余人受益。

**【召开市女企业家协会2014年年会暨慈善工作站成立大会】** 10月13日，在滨海开发区召开市女企业家协会2014年年会暨慈善工作站成立大会，总结部署女企协工作，成立女企协慈善工作站，会议增补了1名副会长、24名新会员，组织会员观摩了滨海的重点项目建设，并对会员进行了电子商务和小微企业融资策略的专题培训。

市女企业家协会召开2014年年会暨慈善工作站成立大会。（供图：丁　琳）

**【举办专场招聘会】** 3月10日上午，市妇联、市人力资源和社会保障局、潍坊科技学院联合在潍坊科技学院成功举办庆“三八”女大学生创业就业专场招聘洽谈暨项目展示活动。此次招聘会共组织了来自电子、动漫、生物、医药、环保、纺织等行业的430多家单位入场招聘，共提供包括经理助理、机械设计、医师、计算机、会计、文秘、导购等在内的5600多个岗位，应聘者和企业达成初步就业意向的达到1200多人次。山东中动文化传媒有限公司、万声集团等16家企业与潍坊科技学院达成长期校企合作意向。

**【成立潍坊市女大学生创业联盟】** 11月5日，召开潍坊市女大学生创业联盟成立大会，会议审议通过《潍坊市女大学生创业联盟章程（草案）》，选举产生了女大学生创业联盟的首届领导机构。联盟与潍坊银行签署合作协议，为女大学生创业提供资金支撑，首批聘请34名创业导师和10名律师为女大学生创业保驾护航。

（丁　琳）

## 潍坊市文学艺术界联合会

**【“文联社会，艺进万家”文艺志愿服务扩大影响】** 文艺志愿服务队伍不断壮大。已建立市、县、镇文艺志愿服务组织100余支，文艺志愿者遍布城乡，总人数达到1万余人。文艺志愿服务基地有新的扩展。按照“四个一”标准（有特色文艺队伍、有经常性文艺活动、有定期文艺辅导培训、有一定数量的文艺志愿者），2014年全市文艺实践基地达到20余处。先后成立了青少年爱乐交响乐团、音乐家协会音乐产业发展联盟、合唱联盟等协会组织。文艺志愿服务活动丰富多彩。市文联与市教育局联合在全市教育系统学校开设中小学书法培训课程，已培训书法教师200余人。文艺志愿者走进临朐县寺头镇、潍坊市社会福利院举办文艺演出，举行“文艺下基层·畅想中国梦”暨奎文区文艺志愿服务周活动。组织书画家和篮球队赴潍坊武警支队潍城中队进行军营文化联谊活动，在潍坊商业学校进行古琴知识专题讲座，在胜利东小学讲授传统风筝的扎制与欣赏知识，组织指导北宫大街小学汉字书写大赛等。一年来，市文联及文艺家协会共举办文艺志愿活动80余次、近1500人次参加文艺志愿者服务分队赴农村社区开展活动，活跃了基层群众的精神文化生活，受到广大人民群众的一致好评。

【文艺精品创作实现新突破】　全市文联系统出版文学作品集40余部，中国线装书局出版寿光李彩桦、黄清香、张艳秀、魏然、马俊、国乃全、肖食候、童叶、李冠群9名青年作者的“中国梦·家乡情”新活力作家文丛小说卷9部，在文学界产生影响；出版于雪的长篇小说《奇心轶事》、周庆武的长篇小说《烽火青春》、付彩霞的短篇小说《方向》、秦丽月的诗集《绿叶上的露珠》等作品集。在国家级、省级专业刊物发表文学文章300余篇。各类艺术作品在全国、省级文艺展示展览中有新的突破。第十二届全国美术作品展中，全市20余件作品取得好成绩，杨德君的国画《使命》获全国优秀奖。王晓光获第二届全国兰亭理论奖二等奖，中国文联主办的全国农民画、剪纸艺术大赛中，李金波、顾鸿雁等5人获优秀奖。黄鑫的《狐狸的友情》入选中国作协重点扶持项目，市文联推荐的12个艺术门类48件作品参评山东省第七届“泰山文艺奖”，其中，8件作品获奖，现代吕剧《李二嫂的新故事》获一等奖（《文广新局报》），王晓光的艺术理论研究类著作《新出汉晋简牍及书刻研究》获二等奖。

【主题性文艺活动影响广泛】　积极承办中国油画风景展和第七届文展会民间艺术展。5天展会共接待参观者50余万人次，民间艺术展区交易额达460余万元，意向交易额2000余万元，取得较好的社会效益和经济效益。展会期间，市委书记杜昌文，市委常委、宣传部长初宝杰，山东省民协常务副主席王映雪、副主席郭泮溪等亲临展区检查指导工作。围绕大局，助推滨海，积极开展群众性文化活动。全市文联系统开展群众性文化活动200余场次，先后围绕蓝黄“两区”建设，开展“文艺走进滨海”“文艺助推高新”，举办“蓝色·梦想·未来”——潍坊市文艺志愿服务走进滨海，作家写滨海、摄影家拍滨海等系列活动，为突破滨海助力。围绕科教兴市，组织“文艺进校园”“书法进校园”活动，积极参与“百县千村书法文化下乡”系列活动。举办“爱乐天使2014”新春音乐会，首届中国画都迎七日书画展，“和平颂·中国梦”——纪念中国抗日战争胜利暨世界反法西斯战争胜利69周年文艺晚会。启动文联成立三十周年系列活动。

【文艺人才队伍建设成效显著】　2014年，有10余名文艺工作者在各自艺术领域获得荣誉，朱建霞、颜克臣获第二批齐鲁文化之星，王高宗、傅绍相获山东省第七届“泰山文艺奖”艺术突出贡献奖。16家民间艺术馆当选为山东民间艺术馆联盟理事单位，2名同志分别当选为副会长和常务理事。发展中国美协、作协、书协等重点艺术门类会员达150人，省美协、作协、书协等会员达到750人。实行优秀文艺人才宣传推介制。先后召开秦丽月作品研讨会暨《绿叶上的露珠》诗集首发式，于雪作品研讨会，张玉坦画展，首届“中国潍坊古琴艺术节”，人物画课题班潍坊籍学员写生汇报展，刘怀勇、李国强、岳介中、潘宝罗师生四人国画展，青年画家牟介宇油画作品展、山东老年书画名家任柏榴、王先宝、刘伟、韩效友潍坊四人作品展书法展等。加大文艺人才库建设。形成老中青年龄梯次结构较为合理的人才储备库，积极吸纳新会员。创新机制，营造文艺人才脱颖而出的良好环境。开展“德艺双馨中青年文艺工作者”评选表彰活动，积极推进作家签约制，重点作品作者扶持机制。邀请专家授课，提高艺术水准。邀请天津音乐学院青年教师范冉到潍坊举办“古筝教学艺术”专题讲座。邀请山东摄影家协会主席侯贺良先生到潍坊讲课等。

【对外文化交流工作日趋活跃】　加强与全国大专院校的交流。与清华美术学院、首都师范大学、天津美术学院、西南民族大学等知名院校，举办清华大学美术学院写意花鸟画工作室导师李志向教授花鸟画展，感惠徇知——西南民族大学沙马拉毅、王书峰书画展，《翰墨华彩》——天津美院三教授国画精品联展，以心接物——首都师范大学刘大为工作室人物画课题班潍坊籍学员写生汇报展。加强与国内文艺组织的交流。接待国内文艺组织10余个，中国文联全国中青年文艺人才高级研修班50余人来潍坊进行社会实践活动。加强与国内外艺术家的交流。组织承办国内各类艺术家的展示、展演和展览300余场次。先后举办了郑振国、陈振铎画展，“丹青映和”——肖映梅大写意画巡展潍坊展，“溪山无言”——张风塘山水画作品展，“水墨当歌”——武建业中国画作品展，吴宪生师生作品巡回展，“逸笔大风歌”——马刚中国山水画展，灵羽拂石·中国画篆刻展，“北势南韵”曾先国中国画作品巡回展，郑瑰玺大景花鸟画精品展，朱法鹏中国画精品展等。举办展示比赛扩大影响。参与主办《书法报》30年·书写大美潍城当代全国书法名家作品大展，《书法报》社社长舟恒划先生出席了开幕式。3月，与其他单位共同组织举办了首届“万印楼奖”国际篆刻大赛暨篆刻名家邀请展。据统计，网络点击达到60多万人次，共收到海内外投稿1200余件，提升了万印楼在海内外的影响力。

**【助推书画产业发展成效明显】** 助推文艺产业项目。积极参与中国（青州）书画艺术城项目的规划、研讨和招商等工作。发挥画廊协会作用。潍坊全市专业画廊经营单位有千多家，画廊协会成员140余家，每年举办书画展览800余场，书画产业年交易额超过百亿元。书画产业已经成为潍坊文化产业链条中举足轻重、不可替代的关键一环。加强与拍卖公司合作。积极探索二级市场拍卖，争取保利落户潍坊。与河南鸿远拍卖有限公司共同举办2014中国书画潍坊专场保真拍卖会。整场拍卖会以75%以上的总成交率创造了地级城市拍卖会的高点。

（李龙启）

## 潍坊市科学技术协会

**【科学普及工作】** 联合财政局推荐的13个基层科普组织、3个科普带头人被省科协和中国科协通报表彰，3个基地被省科协授予“星级科普教育基地”。为坊子、寒亭、寿光、诸城、临朐、昌乐、峡山等7个县（市、区）新建数字科普终端320台，制作数字科普管理制度栏620个。召开全市社区科普工作座谈会，与13个县（市、区）、5个基层社区进行座谈交流。联合市委组织部等五部门印发《关于进一步建立健全农村科普工作长效机制，提升全市基层科普服务能力的意见》，筹措资金为1040名大学生村官订阅科普杂志。新建院士专家工作站5家，开通“鸢都科普”微信公众平台，印发《关于加强科普宣传推动文明城市创建工作的通知》，投资10万元，编印家庭生活、科学保健科普挂图2套5万张。推荐127件作品参加山东省青少年科技创新大赛，122件作品获奖，10件作品被省科协推荐参加全国创新大赛。组织全市青少年机器人竞赛、七巧科技竞赛、太空种子种植、农村中小学课外科技活动等多项科技科普活动。启动以“创新发展、全民行动”为主题的潍坊市2014年全国科普日活动。建立516人的科普志愿者队伍。

**【全民科学素质工作】** 召开全民科学素质工作领导小组第六次全体（扩大）会议，由市委、市政府分管领导任组长，28个市直部门为领导小组成员。与12个县（市、区）人民政府签署共建协议。印发《潍坊市全民科学素质工作目标管理考核办法（试行）》，建立工作评估考核台账，围绕五大人群科学素质提升召开现场推进会。表彰14所市级反邪教示范学校，18个市级“科学·关爱·和谐”示范乡镇（街道）、社区。参加中国反邪教协会“加强社会治理、引导回归社会”主题论文征集，12篇成果参与省级以上交流，5篇论文被中国反邪教协会表彰。

**【学会工作】** 吸收6家协会加入市科协，市科协业务主管的学会达到36家。推荐3家学会参加第二批社会组织评估，具备承接政府转移职能能力的学会达到3家。组织30家学会参加科技周、科普日宣传活动，发放科普宣传资料1万余份。开展送科技下乡活动，举办科技讲座、科普大集、科技展览活动60余场次，参加科技人员2000余人次，组织学术交流、学术报告46场次，交流论文900余篇。组织第十一届优秀学术论文评选，表彰优秀奖论文174篇，组织第二届潍坊名医、名护评选，表彰60名优秀医务工作者。推荐3人参加山东省优秀科技工作者评选，2人被表彰为山东省优秀科技工作者，1人被表彰为全国优秀科技工作者。

**【科技馆建设】** 完成四期5800万元的展品招标，进行2次中期检查，2次展品展项出厂验收，对发现的问题及时提出整改意见。协调指挥部、财政、建设等部门，加快推动科技馆建设进度。做好巨幕影院试运行工作。在市直事业单位信用等级评定中，市科技馆被授予“A级信用单位”。

**【自身建设】** 中国科协副主席陈章良、唐启生，中国农技中心主任公坤后，省科协领导王春秋、秦维强等先后到潍坊检查指导，对潍坊市科协工作给予充分肯定。2014年，市科协党组被表彰为学习型党组织，被市直机关表彰为文明单位，科协机关党支部被表彰为先进基层党组织，2人分别被表彰为优秀共产党员和优秀党务工作者，在市直机关组织的排舞比赛中获得一等奖；8个社团被评为山东省大学生优秀科技社团，9名大学生被评为优秀大学生科技社团干部。全年在市级以上报刊、杂志等新闻媒体刊发稿件120余篇。

（尹以成）

## 潍坊市归国华侨联合会

**【党的群众路线教育实践活动】** 突出侨联特色，按照“为民、务实、清廉”要求，以贯彻落实中央“八项规定”精神为切入点，把学习提高、整改落实、群众参与、领导带头和“两手抓、两促进”贯穿始终，持续聚焦“四风”，着力改进作风。重点抓好中央“八项规定”和中央、省、市委布置的50个专项整治工作。坚持开门搞整改，召开侨界群众座谈会4次，征求服务对象、上级单位工作人员及服务对象的意见建议120多人次，共梳理意见建议60条。制定班子及个人问题整改方案，建立问题台账，实行整改落实销号制度。市侨联领导班子及个人整改19项问题清单已全部完成年度任务，建立5项关于改进自身作风和联系服务侨界群众的长效机制。

【服务经济建设】 主动适应经济发展新常态，将引资引智、帮助归侨侨眷民营企业开展转方式调结构作为服务经济建设的重点。为引进海外资金、技术及各类专业人才和智力资源牵线搭桥，着力推动侨联系统的招商引资转型创新。达成合作意向4个，协议利用资金10亿元。加大对归侨侨眷民营企业发展的支持和帮扶力度，着力促进全市归侨侨眷民营经济的快速健康发展。坚持领导班子成员联系点制度，帮助解决企业实际困难，提供各类信息，引导企业进行经济技术合作，发展高新技术和外向型经济。全市归侨侨眷民营企业发展到700多家，产值及营业额达30多亿元。

【参政议政】 围绕经济社会发展的重大问题和涉及群众切身利益的突出问题，科学选题、深入调研、反复论证，侨联界别市政协委员共报送提案11件。潍坊市侨联主席、市政协常委柳松波提出的《关于潍坊市深入实施创新驱动加快转型发展的建议》被确定为市政协十二届三次会议书面发言材料，并在委员联组会议上发言。潍坊市侨联副主席、市政协常委温明春针对现今社会养老难、问题多等热点问题，提出了完善社会养老体系、把居民养老费用纳入社会统筹财政集中支付费用的意见和建议。

【联络联谊】 做好"重点项目信息库""海外重点人物信息库""海外侨社团信息库"等基础性信息库的更新充实，健全海外联谊网络，确定120位知名海外侨胞作为联络重点，向侨胞介绍潍坊市投资环境，提供政策信息。积极参与山东省侨商会、潍坊国际风筝会、莱博会等大型活动，借助平台加强对外联络工作。接待参观考察的海外知名华侨华人、重要侨社团、重点客商6批30余人次，分别来自港澳地区和美国、加拿大、印度等国家。面向广大海外侨胞，大力宣传推介潍坊滨海区投资优惠政策，为他们来潍坊投资兴业提供服务，累计发送各类政策信息2000余件次。

【为侨服务】 成立潍坊市侨联维权服务中心。与山东王杨律师事务所签订涉侨案件法律援助协议，加大对涉侨案件的参与和服务力度，对涉侨案件的受理采取优先办理、免费咨询等优惠政策。坚持矛盾纠纷排查化解相关工作机制，依法维护归侨侨眷及海外侨胞的合法权益。处理来信来访25件（次），处结率100%。争取华侨华人捐资10万元用于公益教育事业。组织开展了《归侨心·中国梦》征文活动，收录24名归侨的文稿共计12万字，图片120余幅，与中国华侨出版社签订了图书印刷出版协议。深入开展侨界"送温暖、献爱心"活动，走访慰问贫困归侨、侨眷130多户次，发放救济慰问金、各类物资折合人民币近3万元。（王凤阳）

## 潍坊市社会科学界联合会

【应用理论研究】 完成2012年度潍坊市社会科学规划重点研究课题评审鉴定。经潍坊市社会科学学术委员会鉴定委员会鉴定，有142项课题准予结项，其中，24项课题鉴定为优秀课题。完成2013年度潍坊市社会科学规划重点研究课题评审鉴定。10月，组织召开课题评审鉴定会议。经过严格评审，共有115项课题通过课题鉴定，其中，15项被评为优秀课题。完成突破滨海发展专项研究课题评审鉴定。10月，组织召开课题评审鉴定会议。有26项课题通过课题鉴定。其中，5项被评为优秀课题。完成2014年度"潍坊市社会科学规划重点研究课题"立项工作。明确研究方向和重点，组织引导广大社科工作者，紧紧围绕市委、市政府确立的目标任务和思路举措设计研究课题。压缩立项数量，提高立项课题质量。提高资助课题经费额度，提高研究人员积极性，鼓励多出精品成果。全市共申报课题419项。9月下旬，召开课题立项专家评审会议，经过专家评审，市社会科学学术委员会研究批准，确定立项课题150项，其中，资助课题15项。课题完成时间为1年，课题完成后，将以适当形式将优秀课题研究成果呈报市委、市政府领导及有关部门参阅。

【应用对策研究】 为落实市委关于开展重大问题调查研究工作的要求，市社科联结合全市发展实际，研究确定潍坊新型城镇化进程的现状、问题及对策研究，提升潍坊软实力对策研究，新常态下滨海新区发展有关问题研究，寿光市东斟灌村民主自治模式探析等4个研究课题，组织全市社科研究精干力量进行联合攻关，2014年年底前各项研究课题全部完成，并先后呈报市领导参阅。其中，《新常态下滨海新区发展有关问题研究》从滨海新区发展当前面临的主要问题、产城融合发展、产业培育发展、生态环境建设、投融资机制、需要审视的几个问题等六个方面，进行系统科学的分析研究，提出发展的有关思路对策。该研究成果得到市委主要领导和分管领导的充分肯定。

【举办第十届社科普及周】 5月18日上午，潍坊市第十一届社会科学普及周开幕式在潍坊职业学院举行，主题是传播社会主义核心价值观、提升公众人文社会科学素养。省社科联副主席李海萍，市领导于生、毛秀凤、杨肖青等领导出席开幕式。各县（市、区）委宣传部分管部长、社科联主席，市委党校、各高等院校分管负责人、社科联主席，市属各学会、协会、研究会负责人及部分社科理论工作者，共200余人参加开幕式。同时举办《图说社会主义核心价值观》大型展览，邀请中国石油大学教授、博士生导师张荣华到潍坊作社会主义核心价值观专题讲座。

【举办主题社科普及活动】 结合第二批党的群众路线教育实践活动的要求，组织开展"社科理论面对面，专家服务进万家"社科普及主题活动，着力打通社科普及工作联系服务群众的"最后一公里”。对照“三贴近”原则（群众需求为目标原则，常态化原则，公益共享原则），面向乡镇街道、农村社区和学校等基层单位和广大群众，组织社科专家深入基层面对面举行专题讲座，并与市委远程教育中心联合，利用现代远程教育网络这一平台进行录播，实现一点授课、全市共享、万家受益。讲座内容涵盖政策理论、经济社会文化民生等方方面面。通过组织省、市有关专家到昌邑市、寒亭区、临朐县、青州市的部分乡镇街道学校等举办专题讲座。市委《今日信息》对这一做法给予推介，省社科联主办的《山东社科界》在《基层探索》栏目给予重点宣传推介。

【社科优秀成果评奖】 潍坊市社会科学优秀成果奖是市委、市政府颁发的全市社会科学研究成果最高奖，每年评选一次。为做好评奖工作，保证评奖的科学性、权威性和公正性，着力做好三方面改革：一是在评奖数量上进行大幅压缩，评奖率由上届的75%压缩到39.5%。二是在评奖方法上进行改革。本次评奖专门增加专家评审环节，组织20名学科专家，分5个学科组，采取统一地点、集中时间、封闭运行的方式进行评审。在总评委会上对候选一、二等奖实行差额评选，自觉接受群众和社会监督。公示期间未接到任何不良投诉和反映，评奖公信力进一步提高。4月，市社科联印发《关于组织潍坊市第二十二次社会科学优秀成果评选工作的通知》，全市共申报候选成果376项。经过严格评选，最终评出一等奖11项、二等奖49项、三等奖90项。

【优秀社科人才评选】 为加强对社科研究人才的培养和扶持，鼓励多出成果、多出人才，更好地为全市经济和社会发展服务，评选出张军等10名中青年社科研究“十佳拔尖人才”和赵红卫等10名中青年社科研究“优秀人才”，进行表彰奖励。

【加强对基层社科联工作指导督导】 6月，组织全市县（市、区）高校社科联负责人21人参加省社科联举办的全省县（市、区）、高校社科联负责人培训班。通过组织开展社科普及、社科评奖、社科规划重点研究课题立项等工作，有针对性地对基层社科联工作进行推动。为加强对县市区、高校社科联指导服务，市社科联建立领导班子成员联系点制度，每季度至少到联系点走访一次，熟悉掌握基层工作情况，及时总结推广好经验、好做法。

【社科理论服务水平提升】 在社科宣传普及工作中，社科联坚持“两个面向”：面向广大群众开展社科知识普及，面向全市领导干部宣传推介社科研究最新成果，为领导决策提供多角度理论参考服务。市社科联于2007年创办品牌刊物《社会科学动态参阅》，在社会上产生广泛的影响，2014年共出版32期。

【建立特约研究员队伍】 为进一步整合汇聚全市社科研究力量，围绕全市经济社会发展的重大理论问题和实践问题开展研究，开展特约研究员推荐聘请工作，聘请50名热心社科工作、研究能力较高的同志为市社科联首批特约研究员，聘期为三年。 （张鸿光）

## 中国国际贸易促进委员会潍坊市委员会

【中日韩产业博览会】 2014年4月21日，市政府确定中日韩产业博览会由市贸促会牵头筹备。按照“参照东盟博览会模式，在潍坊打造国际级展会”的办会要求，先后10余次赴国家贸促会和省贸促会对接磋商，认真策划中日韩产业博览会方案、做好经费预算、配置组委会办公室设施设备。通过积极沟通协商，已争取到中国国际商会为中日韩产业博览会的主办单位，相关工作正在紧张推进中。

【2015意大利米兰世博会】 积极参与筹备2015年意大利米兰世博会，向世博会组委会推荐寿光种子谷物墙、《齐民要术》农书展示等潍坊元素和非物质文化遗产资料，现已确定《齐民要术》农书展示是山东省唯一入选参与中国馆整体展示的元素。

【2014中国（潍坊）装备制造业博览会】 市贸促会携手市机械电子行业

11月13～15日，2014中国（潍坊）装备制造业博览会成功举办，省、市领导到会视察。 （供图：市贸促会）

办公室和潍坊蓝博会展服务有限公司于11月13～15日在潍坊鲁台国际会展中心成功举办2014中国（潍坊）装备制造业博览会。本届展会参展企业322家，展出面积15000平方米，实现国内交易额5.16亿元。观众人数3.5万人，专业观众2.8万余人。设置机床工模具展、轴承及专用装备展和五金机电及焊接切割展3个专业展区，形成了以机床及功能部件为主、五金焊接工具及机械零部件共同发展的专业化格局。江苏扬力集团、宁波凯博、潍坊艾森、潍坊万方等企业现场签订销售合同，成交额1000多万元。

【经贸活动】　组织2014山东（济南）台湾名品博览会和2014中国（满洲里）中俄蒙国际机械建材博览会。全市有66家企业、72家采购商150余人参加2014山东（济南）台湾名品博览会，现场采购台湾产品129万元，达成合同意向2600万元；中俄蒙国际机械建材博览会促成山东凯马汽车制造有限公司与马伊科普斯基汽车制造厂签订车辆研发及整车销售合作协议、山东泸河集团有限公司与车里亚宾斯克艾杰里维斯公司签订轮胎销售合作协议。

【国内外展览】　坚持"广覆盖,抓重点"的原则，结合全市产业结构调整和产品优势，以及企业开拓国际市场需求，以纺织服装、食品、消费品等优势产业作为企业参展重点，全年共向1500家企业发放各类展会信息70余种，组织31家企业申请33个摊位，分别参加了日本千叶国际食品展、法国巴黎食品展、美国纽约纺织品展览会、2014香港礼品赠品展等9个国际展（博）览会，签订进出口贸易额近1亿美元。同时，充分利用国家和省市鼓励企业开拓国际市场补贴优惠政策，多渠道争取省市两级财政资金支持，对重点市场、展会进行扶持，提报市级外经贸发展资金支持展会项目20个，帮助企业降低出展成本，促进企业发展和对接国际市场进程。

【对外联络】　构建联络平台，拓宽对外联络渠道。与国家贸促会、省贸促会及台湾贸协、香港贸发局等贸促机构和商协会组织定期联络机制初步形成。提升系统影响力，扩大品牌知名度。门户网站扩容升级已经完成,内容更加丰富、使用更加便捷；宣传册发放1000余册，贸促品牌知名度、影响力进一步提升。突出重点，招商引资实现突破。成功引进青岛蓝博会展有限公司潍坊分公司落户潍坊市，完成了发展总部经济任务。借台唱戏，经贸活动凸显成效。成功组织企业参加第八届中国企业跨国投资研讨会、"丝绸之路经济带"高端对话等活动。促成山东长城建材科技有限公司与波兰工业集成建筑公司等境外企业签署承建工业园区等项目协议，山东瑞其能电气有限公司与波兰风力发电厂发电项目和风力发电机合资项目达成初步合作意向。

【法律服务】　全年签发一般原产地证27392份，优惠制产地证1264份，认证涉外商业单据2392份，代办领事认证868份。年审企业795家，新增注册企业158家。严格执行国家关于免收货物原产地证书费政策，为出口企业减负50余万元。努力开拓服务领域，与山东省贸促会留学服务中心合作，为山东晨鸣集团、潍坊优博化学品有限公司等企业办理赴日签证7人次。积极开展涉外法律服务，依托国家贸仲委和省贸促会法律资源，积极协助潍坊泉鑫铝箔有限公司做好欧盟对中国转换器用铝箔反倾销调查工作，为企业更好地走向国际市场提供法律保障。

【深入开展党的群众路线教育实践活动】　按照中央和省、市委的部署，市贸促会深入开展党的群众路线教育实践活动。活动中，领导班子及班子成员完成整改项目25个，完成率100%；修订完善各类规章制度28项，作风建设长效机制初步形成。

（徐　菁）

## 潍坊市残疾人联合会

【民生实事全面完成】　2014年，共有五项残疾人工作被纳入民生实事内容。截至2014年年底，市残疾人康复托养中心已全面交接，康复医院、物业、餐饮入驻，康复托养工作逐步展开；投入资金342.6万元，帮扶1142户农村贫困残疾人家庭脱贫致富；为2.13万名低保重度残疾人发放生活补贴2654万元，为5553名残疾人发放护理补贴519.8万元，让残疾人得到更多实惠；投入资金1000多万元，使800名0～9岁残疾儿童得到抢救性康复救助。

【康复工作扎实有效开展】　开展"辅助器具适配年活动"，利用流动服务车为2800名贫困残疾人适配辅助器具。投入资金860多万元，免费为54名贫困听障儿童实施人工耳蜗植入手术。为320名低视力患者配发助视器1223件，为200名贫困白内障患者免费实施复明手术，对100名重性精神病患者给予免费住院3个月的救助，为86名肢体残疾儿童实施免费肢体矫治手术。

【社会保障取得突破】　全市共4497名年满55周岁的重度残疾人提前1～5年领取到养老金；助残日期间，全市开展向贫困残疾人颁赠轮椅活动，共颁赠轮椅2683辆。各级政府残工委成员共走访慰问1600余名残疾人，发放价值65万余元的生活物资和慰问金；共投入资金380.4万元，为4090名残疾学生和贫困残疾人子女发放助学补助金；为1300名残疾人发放托养补贴260万元；实施"温馨安居入住"工程，按每户2000元标准为500户已实施危房改造的农村贫困残疾人家庭配备基本生活用品，改善残疾人家居条件。

【教育就业工作稳步推进】　开展残疾人职业技能培训，免费培训残疾人2600人次；圆满完成全省第五届残疾人职业技能竞赛的承办工作，潍坊市取得总分第二名的优异成绩；实施“共享阳光——百千万残疾人就业创业扶贫工程”，扶持256名残疾人从事自主创业项目，按每人3000元的标准给予创业扶持。评选出优秀残疾人就业扶贫基地10处、残疾人自主创业标兵和残疾人致富能手各10名，发放自主创业扶持资金134.8万元；举办第十届残疾人就业创业洽谈会，在中心城区设置残疾人公益岗位75个，为就业困难的残疾人提供了就业机会；实施“基层党组织结对助残扶贫工程”，帮扶1550名贫困残疾人家庭实现脱贫致富。

【宣传文体工作广泛开展】 开展2013年年度残疾人事业好新闻评选活动；市残联与市广播电台举办“向全市1000名盲人赠送收音机”公益活动，丰富残疾人的文化生活；开展百家博物馆文化助残公益行动，方便残疾群众积极参与；参加第九届省残运会，共取得金牌16.5枚、银牌20枚、铜牌11枚的好成绩。

【组联维权工作成效明显】 成功推荐青州市地税局成为“全国助残先进集体”，为全市助残工作争得荣誉；按每人每月220元标准拨付乡镇（街道）残疾人专职干事补贴，突破残疾人专职干事待遇瓶颈；规范残疾人证办理程序，提高办证效率，全市共办理残疾人证13.53万件；受理残疾人来信来访236件（次），处结率达98%，有力维护了残疾人的合法权益。2014年，市残联被省委、省政府授予“全省助残先进集体”荣誉称号。

（许　祥）

## 潍坊市红十字会

【概况】 2014年，在市委、市政府和省红十字会、市卫生局的正确领导下，积极参加党的群众路线教育实践活动，加强队伍建设，努力提高服务能力。加大宣传力度，大力弘扬“人道、博爱、奉献”的红十字精神，中央、省、市媒体十余次报道市红十字会工作，提高了红十字会的知名度和美誉度，赢得了群众的支持，促进了救灾救助、遗体器官及造血干细胞捐献、应急救护培训、疾病应急救助制度建设和市级疾病应急救助基金经办管理等重点工作开展，较好地履行了红十字会在政府人道救助领域的助手作用。

【应急救护培训】 举办应急救护班15期，培训急救员890人。多次组织应急救护讲师及山东省南丁格尔志愿服务团潍坊医学院服务队的志愿者走进企业、社区，传授应急救护知识。联合潍坊学院承办全省高校医疗保健机构急诊急救培训班；在潍坊医学院举办大学生应急救护技能比赛。

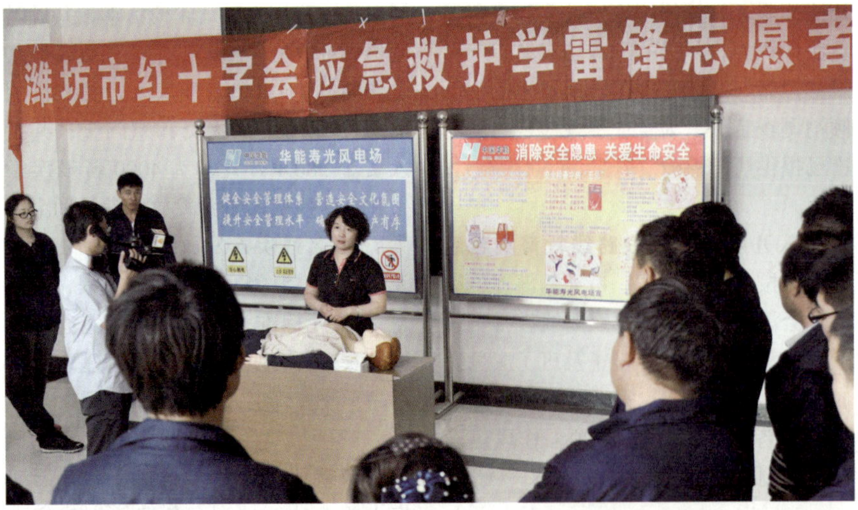


2014年5月27日，潍坊市红十字会在华能寿光风电场开展应急救护培训。

（供图：张敏英）

【造血干细胞、遗体、人体器官捐献】 采集造血干细胞志愿捐献者血样700份，全市入库数据累计10381份。完成造血干细胞捐献5例，其中，跨国捐献1例。实现遗体捐献8例、角膜捐献12例、器官捐献5例。10月4日，中央电视台《焦点访谈》以《不能忘却的纪念：生命之光》为题，播出潍坊女孩吴金红捐献肝脏、双肾、心脏挽救4名患者生命的感人事迹，全市多家新闻、网络媒体进行报道，吴金红被评为“昌乐好人”“潍坊好人”，山东财经大学追授她为“荣誉校友”。

【救灾救助】 云南鲁甸地震发生后，市红十字会迅速向社会发出救灾呼吁，接收募捐款353568.2元，汇交省红会后统一用于灾区救灾，物资价值37080元，全部发往地震灾区。开展“博爱在齐鲁，温暖送万家”为主题的送温暖活动，慰问困难群众款物总值1.7万元，向各县市区拨发省红会36万元救助物资。为35名白血病患儿办理求助手续，每名患儿将获中国红基会不超过3万元救助。开展困难先天性心脏病患儿救助工作，17名患儿每人获中国红基金会1万元左右的救助。

【市级疾病应急救助基金经办管理】 根据国家、省疾病应急救助制度建设的政策文件和市政府要求，市红十字会负责疾病应急救助基金的经办管理，并从9月起参与潍坊市疾病应急救助制度建设，联合市卫生、财政、公安、民政、人社部门起草《潍坊市疾病应急救助基金管理实施办法（试行）》，12月26日召开有关部门负责人员及医学专家参加的汇审会，共审核21家医院的398份支付申请，报市财政局核准后将由社会保障基金专户直接拨付相关医院。

（张善绘　贾俊德）

# 人民武装

*Renmin wuzhuang*

## 潍坊军分区

【概况】 2014年，潍坊军分区认真贯彻党的十八大和十八届三中、四中全会精神，以党在新形势下强军目标为统领，坚持“固本培元铸军魂、聚焦中心谋打赢、正风肃纪改作风”，圆满完成各项任务，全面保持良好发展势头。

思想政治建设。坚持把学习贯彻习近平总书记系列重要讲话精神作为首要政治任务，集中轮训副团职以上领导干部，深入开展“五学活动”，专题召开党委扩大会议，学习贯彻全军政治工作会议精神，理论武装不断深化。认真组织“牢记强军目标、献身强军实践”主题教育、军魂教育和党史军史教育。积极开展“四反”和深化改革形势政策教育，跟进做好经常性思想工作，坚决肃清徐才厚案件影响，确保官兵思想纯洁巩固。总结宣扬昌乐县人武部和老干部齐克先进典型，新闻报道、信息要讯、双拥共建、计划生育、涉军维权、信访等工作成效明显。

军事斗争准备。严格规范军分区战备物资器材配备标准，狠抓战备值班系统综合整治、民兵信息员队伍和民兵应急分队建设。严格按纲施训，现役干部、民兵应急营和民兵应急维稳骨干封闭式集训扎实有效开展，年度军事训练检查考核组织严密，3个高炮分队赴潍北靶场参加实弹战术演习，奎文区民兵高炮连考核成绩优秀，被省军区通报表彰。组织寿光市、青州市、临朐县出动民兵近千人次参加火灾扑救，高标准筹备保障军区和山东省国防动员委员会第八次全体会议暨国防动员实战化建设会议，严密组织全市国防动员指挥演练，指导昌乐县人武部完成观摩现场准备和战时保交护路行动汇报演练任务。召开市国动委全体会议。

国防后备力量建设。突出抓好民兵应急分队编组建设，统编统建预备役部队、国防动员专业队伍和基干民兵三类队伍。指导预备役高炮团首次召开预备役工作述职会议。将征兵工作纳入县市区科学发展综合考评体系，认真开展“征兵宣传进校园”活动，加大廉洁征兵巡查倒查力度，高标准迎接总部征兵工作调研，圆满完成4218名新兵征集任务。联合市委、市政府出台《关于支持保障部队“打胜仗”的决定》，被军区国动委转发，受到军委、总部首长肯定。市委书记杜昌文被济南军区表彰为“党管武装好书记”。印发《关于积极参加潍坊市经济社会建设的实施意见》，大力推进支援老区“六项工程”建设。

部队正规化建设。坚持“三委”（政法委员会、安全委员会、保密委员会）联动抓安全，持续开展“学法规、用法规、守法规”活动，集中组织“大谈心、大排查、大整治”教育整顿，狠抓安全隐患排查和专项整治，促进安全管理工作末端落实。开展涉密载体“清零”行动，完成集中文印室建设，机关办公安全保密秩序更加规范。扎实开展公务用车清理整治，认真组织防暴恐袭击训练和私家车驾驶员技能考核，狠抓兵员管理和从严执纪，顺利完成士官选晋和士兵退役工作，军分区实现第11个“安全年”。《军事志》续修工作卓有成效。

综合保障能力。开展后勤实战化理论研究，完善后勤战备计划方案，配套后勤战备库室建设。突出财务秩序整治，“阳光理财”工作制度全面推开，经费使用管理效益得到提高，筹备保障省军区预算评审暨“阳光理财”现场观摩会受到好评。扎实开展基本建设项目和房地产资源普查、纠治违规住房问题“回头看”和办公用房清理，加强营区绿化、配套设施建设。顺利完成退休职工移交安置、军交运输、军需油料、卫生防疫、有偿服务等工作。严格民兵武器装备仓库管理制度，动态枪弹管理安全规范。扎实开展武器装备技术普查、枪支弹药和民兵武器装备仓库专项整治，投入30余万元新建高压脉冲电网、防暴应急照明装置等设施。顺利完成8.42吨报废弹药调运销毁任务。

干休所建设。积极抓好老干部理论学习和政治教育，干休一所老红军齐克“矢志学理论、忠贞跟党走”的先进事迹在军地引起反响。广泛开展政策法规“学考用”活动，探索建立“八上门”（上门送学、巡诊、祝寿、谈心、办实事、查安全、节日慰问、征求意见和建议）

服务制度，干休所工作人员业务能力和服务质量进一步提高。持续推进干休所现实矛盾问题解决，投资10万元帮助干休二所建成荣誉室。加快干休所“三个中心”（生活服务中心、医疗保健中心、文化活动中心）建设，老干部医疗、生活和文化服务保障条件得到改善。深入开展“三先”（先进干休所、先进老干部工作者、先进老干部）评比表彰活动，干休五所卫生所所长李雪梅被总政表彰为“全军先进老干部工作者”。圆满完成退休干部移交安置任务。

党委班子和干部队伍建设。扎实开展党的群众路线教育实践活动，坚持领导示范、严字当头、问题导向，大力纠治作风方面的积弊顽症。以开好专题民主生活会为重点，认真进行批评和自我批评，党内政治生活好传统得到恢复。以开展“三清”和行业系统及专项问题清理整治为抓手，纠治公车私用、私客公待、变通开支和兵员征集中的吃拿卡要、收受钱物等问题。以解决基层急难问题为重要标尺，立项为基层办实事，部分干休所取暖接入市政管网减免接口费、人武部职工补缴社保“五险”、机关伙食改善等问题得到有效解决，军分区开展党的群众路线教育实践活动的做法受到军区、省军区充分肯定。认真开展廉政法规学习和“讲党性、守党纪、严党规”学习教育，利用徐才厚、谷俊山、鲁先诚等违纪违法反面典型搞好警示教育，突出抓好党员领导干部双重组织生活、个人有关事项报告等制度落实，加大廉政监督和巡查督导力度，有力促进党风廉政建设。

（油朝康　余建国）

2014年3月13日，潍坊军分区召开党的群众路线教育实践活动体会交流会议。
（供图：段增顺）

**【军分区扎实开展党的群众路线教育实践活动】** 2014年2～10月，军分区认真组织开展党的群众路线教育实践活动。军分区党委主要领导带头研究活动方案，亲自主持起草党委班子对照检查材料。党委书记郝树东、副书记万伟锋积极参加各项活动，常委先后6次为部队和机关上党课、搞辅导。先后4次召开常委会，认真学习习近平总书记系列重要讲话精神和上级指示要求，准确把握党的群众路线教育实践活动重大意义和实践要求。军分区党的群众路线教育实践活动领导小组先后7次召开会议学习文件、分析形势、研究问题。常委分别与18个团级单位和30个基层武装部、民兵（预备役）营连建立活动联系点，先后3次到联系点面对面指导。对团级单位党委班子成员对照检查材料和自查自纠情况认真进行审核，派出工作组参加各团级单位党委专题民主生活会和情况通报会。活动中，先后组织6次集体学习、3次大会讨论，2次组织专题函授作业。通过编发党员干部心得体会，汇编学习资料，组织观看《焦裕禄》等系列红色影视片，依托王尽美烈士纪念馆等红色教育基地搞好实践感悟，中央查处周永康、徐才厚等通报组织警示教育，持续深化学习教育效果。聚焦“四风”查找问题，发放征求意见函17份、征求意见表500余份，常委组织召开座谈会22场次、面对面征求380人次，征集意见和建议370条次。严格党内生活，各级班子成员人人列出党委班子问题、个人“四风”问题和班子成员问题三张清单，深挖细抠问题表现和思想根源。深入开展谈心活动，每名常委主动亮明自身存在的问题，诚恳指出对方的问题，深入探讨解决问题的意见和建议。军分区各级分别召开专题民主生活会和组织生活会，查清了问题，增进了团结。围绕解决本级存在的4个方面36个问题，军分区党委研究制定50项具体措施。立说、立行，边整、边改，军分区共清理违规住房6套，封存非常用车辆29台，收回老干部用车3台，行政消耗性开支同比下降36%，军分区机关压减超标办公用房面积60平方米，清退“家门口”士兵33人、超编超占兵员2人。围绕战备训练、经费管理、物资采购、车辆使用、兵员征集等方面，制定和完善了10余项制度规定，做到用制度管人、管事、管思想、管作风。济南军区政治委员杜恒岩上将、政治部主任姜勇少将和省军区司令员荣森之少将等首长先后7次到军分区检查指导，对党的群众路线教育实践活动给予充分肯定。官兵对解决问题和开展活动的总体满意度分别达到95.3%和98.4%。

（皮先标　刘广富）

**【济南军区国防动员委员会第八次全体会议暨国防动员实战化建设会议在潍坊召开】** 9月18～19日，军区国防动员委员会第八次全体会议暨国防动员实战化建设会议在山东潍坊召开。中央军委委员、国务委员兼国防部部长常万全上将出席会议并作重要讲话。

副总参谋长孙建国中将，军委办公厅副主任张海燕少将，国家机关有关部门、军委、总部和国家国防动员委员会各办公室有关领导到会指导。军区司令员赵宗岐中将出席会议并讲话，军区政委杜恒岩上将和副司令员刘沈扬中将分别主持会议，副司令员王军中将作工作报告，山东省省委书记姜异康和河南省省长谢伏瞻出席会议并讲话。军区和军区机关领导同志张烈英、马宜明、姜勇、韩志庆、胡修斌、谌腊宗出席会议。参加会议的还有：各集团军、北海舰队、军区空军有关领导，山东、河南省人民政府兼任军区国动委成员的领导，两个省军区司令员、政委，各军分区（警备区）司令员、预备役师（旅）长，各地市分管领导，共计200余人。会议期间，潍坊军分区等8个典型单位和个人介绍了经验，与会人员观看了昌乐县人武部实战化建设和军区国防动员潜力专题录像片，观摩了昌乐县人武部国防动员实战化建设课目演示和鲁豫两省国防动员潜力展示，讨论修改了军区《关于加强国防动员实战化建设的意见》和《关于加强新形势下县（市、区）人民武装部建设的意见》。

（郇　敏　李振华）

**【山东省国防动员委员会第八次全体会议在潍坊召开】** 9月19日，山东省在潍坊召开全省国防动员委员会第八次全体会议。会议传达学习济南军区国动委第八次全体会议暨国防动员实战化建设会议精神，总结省国动委第七次全体会议以来全省国防动员工作，部署今后一个时期国防动员建设任务。济南军区副司令员王军、副参谋长谌腊宗莅会指导；省委书记、省国动委第一主任、省军区党委第一书记姜异康讲话；省军区司令员、省国防动员委员会副主任荣森之作报告；省军区政委、省国防动员委员会副主任吕民松主持；省政府副省长、省国防动员委员会副主任孙绍骋，省军区副司令员吴建初、参谋长胡少平、后勤部部长王楠、装备部部长曹建军、副参谋长王德礼、政治部副主任刘玉昂及省直机关、各市政府、各师（旅）级单位相关领导出席会议。

（郇　敏　李振华）

2014年9月19日，山东省国防动员委员会第八次全体会议在潍坊召开。（供图：段增顺）

**【潍坊市召开国防动员委员会全体会议】** 9月22日，在市政府第二会议室组织召开全市国动委全体会议，总结全市“十二五”国防动员工作情况，部署下步工作任务。市国动委成员单位负责人、各办公室主任、军分区部门以上领导和各科负责人，预备役高炮团团长、政委、参谋长、政治处主任、后装处长，各县市区国动委主任，各人武部部长、政委，高新区、峡山区国动委主任，人武部部长、副部长等共计104人参加会议。市国动委副主任、副市长夏芳晨传达了军区和省国动委会议精神，市国动委副主任、军分区司令员万伟锋大校作国防动员工作报告，市国动委主任、市长刘曙光围绕进一步做好新形势下国防动员工作做重要讲话。会议研究确定了当前和今后一个时期进一步加强国防动员实战化建设，积极推进军民深度融合，由“军队提需求”向“政府主动问需”转变的工作思路和落实措施。

2014年8月2日，潍坊市召开市国防动员委员会全体会议。（供图：段增顺）

会议由市国动委副主任、军分区政治委员郝树东大校主持，市国动委全体成员参加会议。

（郇 敏 井 盛）

【高标准完成年度军事训练任务】2014年，全年共完成民兵训练57期，约达到年度训练任务要求的106%，其中，成建制分队参训率为96%，所训课目均达到及格以上。军分区本级首长机关主要进行军事理论、军事技能、一体化指挥平台操作技能、体能、共同业务、战术作业、指挥所演习和国防动员演练，参训率95%，总评成绩优良。人武部和预备役高炮团首长机关主要进行一体化指挥平台操作技能、共同业务、战术作业、指挥所演习和国防动员演练，参训率91%，总评成绩优良。组织基层专职武装干部、民兵预备役连排长、教练员等各类骨干集训16次，预备役高炮团分队军官和现役战士共完成75个训练日。

（郇 敏 李振华）

【民兵预备役训练质量得到提升】2014年，选送参谋、通信、工兵分队教练员和防空分队专业骨干参加上级业务集训，组织海空军预编士兵返营补训，人才队伍建设取得明显成效。4月，组织600余人次参与国际风筝节、寿光蔬菜博览会、昌乐宝石节等大项活动执勤，在用兵中强兵。6月，组织民兵营干部骨干进行15天封闭式强化训练，训练内容为体能、轻武器实弹射击、刺杀和警棍盾牌术，并参加省军区比武考核。8月2～15日，组织预备役高炮团在青岛市胶南大珠山镇地区附近海域完成海上适应性训练任务。同月，组织全区民兵应急维稳骨干在国防综合基地进行30天强化训练，主要进行军事理论、防暴叉操作使用、警棍盾牌操作使用、应急棍操作使用、警用甩棍操作使用、防暴队形运用等训练课目，提高了全市应急维稳骨干组训能力。9月，以参加和保障济南军区国动委第八次会议暨国防动员实战化建设现场会为契机，组织昌乐县人武部保交护路民兵专业分队，以保障作战部队战时机动过境为演练背景进行6天训练，受到国防部部长常万全上将亲切接见，并给予高度评价。10月10～16日组织预备役高炮团和奎文区人武部民兵高炮分队参加省军区实弹战术演习，取得优异成绩。

（郇 敏 李振华）

2014年10月12日，奎文区双37高炮民兵连在潍北靶场参加省军区实弹战术演习。（供图：张杰培）

【积极组织民兵应急分队参加抢险救灾】4月7日，临朐县嵩山风景区758.9高地发生火灾，过火面积约3.3公顷。接到情况报告后，军分区司令员万伟锋大校、参谋长郇敏大校带军分区应急指挥组人员，亲临一线指挥抢险，途中对全市有山的县市区下发通知，要求加强值班，应急分队保持人员在位，充分发挥民兵信息员作用，有情况迅速报告。临朐县人武部迅速启动应急预案，出动民兵应急排10个400人，经过军民共同努力，于18时00分将明火扑灭。7月9日，寿光市晨鸣集团位于洛城街道的一处草料厂

2014年4月7日，潍坊市临朐县民兵应急分队参加扑灭山火战斗。（供图：张杰培）

因雷击突发大火，军分区司令员万伟锋大校、政治委员郝树东大校、副政治委员皮先标大校先后亲临一线指挥抢险，寿光市人武部紧急启动应急预案，组织民兵应急分队240人参加救火，配合武警消防部队连续奋战24小时，终将大火扑灭，受到当地政府和人民群众一致好评。

（郇　敏　李振华）

2014年3月24日，军分区组织全区车辆进行安全环保检测。　（供图：杨启珍）

**【圆满完成年度兵员征集任务】** 5月，部署展开直招士官工作，6至7月组织适龄青年进行网上报名、体检、政审和专业审定，7月底前完成档案交接，8月上旬组织人员报到，圆满完成直招士官征集任务。6月，组织召开全市年度征兵宣传工作协调会，组织开展“征兵宣传进校园”和“征兵宣传月”活动，组建征兵宣讲团到全市各高校进行巡回宣讲。联合市教育局、市人社局下发《关于认真做好学校兵役登记工作的通知》，认真抓好网上兵役登记工作，做法被省军区转发。针对体检政审标准调整、定兵辅助决策系统使用等新情况，及时组织各县市区政审、体检及征兵骨干业务培训。山东省军区廉洁征兵巡视组先后两次到潍检查巡查，未发现重大违规违纪问题。截至9月底，圆满完成征兵任务。

（郇　敏　井　盛）

**【潍坊军分区实现第十一个安全年】** 2014年，军分区以依法治军、从严治军方针为指导，以条令条例和廉政法规为依据，坚持突出重点，预防为主，按照“学习教育求深、对照检查从严、整改落实见效”的思路，突出“五项整治”，深入开展“大谈心、大排查、大整治”和“学法规、用法规、守法规”等集中教育活动。严格车辆管控。对全区车辆进行技术普查，对驾驶员进行理论和技能考核，邀请地方交警对全区驾驶员进行集中授课辅导，严格落实“一包三集中”（驾驶证、行驶证、点火钥匙集中保管在行车包中）、车辆派遣、车辆维修和驾驶员教育管理等制度。严格枪弹、危险品管控。投资30余万元，对民兵武器装备仓库库区安防系统进行调整改造，协调潍城公安分局调试“110”联动系统，顺利完成8.42吨报废弹药调运销毁任务。严格火灾坍塌事故管控。组织对营区、办公楼各点位消防器材进行检修，对营区、办公楼安全用电进行检查，对无漏电保护装置线路、乱拉电线、擅自安装的超荷载电器进行清理。对营区住房、装备仓库、车炮库等营房进行普查，对达到或超过设计使用年限、影响住用安全的营房，进行及时处理。聘请技术人员对营区避雷设施进行检修，对营区下水道进行疏通，对配电室、换热站、锅炉房设施设备进行保养维护。严格信息安全管控。开展涉密载体“清零”行动，完成集中文印室建设，机关办公安全保密秩序更加规范。军分区实现第十一个安全年。

（郇　敏　王洪志）

**【学习教育深入扎实】** 2014年，军分区认真抓好党的创新理论武装，深入学习宣传党的十八大、十八届四中全会精神、习近平总书记系列重要讲话和全军政治工作会议精神。广泛开

2014年3月13日，军分区组织党的群众路线教育实践活动辅导报告会。
（供图：段增顺）

展“五学”活动，每季度从党报、党刊等权威媒体中遴选领导讲话和理论学习文章，编印下发《习近平讲话选编》《习近平报道集》《政治理论学习手册》，为党委机关和各团级单位理论学习提供参考。组织参加军区师旅以上领导干部读书班，组织全区团以上领导干部参加集中同步培训，促进理论学习常态化落实。扎实开展“牢记强军目标、献身强军实践”主题教育，采取覆盖全员、贯穿全年，统分结合、区分层次、分步实施的方法，深入学习领会习近平总书记系列重要讲话精神特别是关于国防和军队建设的重要论述，广泛开展战斗力标准大讨论。以省军区编印的《学习教育材料》为基本教材，分阶段抓好“铸牢听党指挥这个灵魂，自觉做到政治坚定和思想道德纯洁”“突出能打胜仗这个核心，不断强化履行使命任务的责任担当”“扭住作风优良这个保证，始终保持人民军队性质宗旨本色”“把握深化改革这个大局，切实增强政治意识、全局意识、纪律意识”四个方面教育，着力打牢广大官兵和民兵预备役人员投身强军实践的思想和理论基础。

（皮先标　季晓冬）

2014年1月24日，潍坊市召开县市区人武部第一书记党管武装述职工作会议。

（供图：段增顺）

【召开党管武装述职会议】 1月24日，潍坊市召开县市区人武部党委第一书记党管武装工作述职会议。市委书记、军分区党委第一书记杜昌文，市委副书记、高新区党工委书记、预备役高炮团第一政委王献玲，市委常委、寿光市市委书记、人武部党委第一书记孙明亮，市委常委、组织部部长刘炳国，市委秘书长刘德成，副市长、滨海经济开发区党工委书记王树华，军分区党委常委、部门副职领导，各县市区党委书记，综合保税区、峡山生态经济发展区党工委书记，人武部、干休所、预备役高炮团各主官，市委、军分区党委表彰的2013年度“党管武装好书记”、关心国防建设“十佳”个人参加会议。潍城区区委书记王兆辉、坊子区区委书记贾有余、诸城市市委书记陈汝孝、安丘市市委书记刘兴明、临朐县县委书记顾建华5名同志作大会述职，8名同志作书面述职。军分区司令员万伟锋大校宣读表彰“党管武装好书记”和关心国防建设“十佳”个人通报。军分区党委第一书记杜昌文在讲话中强调：要着眼实现强军目标，不断强化管武装、抓武装的政治责任；要增强改革创新观念，努力推动国防后备力量建设创新发展；要弘扬求真务实作风，确保党管武装工作有效落实。军分区政治委员郝树东大校就认真学习贯彻会议精神提出三点要求：要切实用上级的决策部署统一思想，要在推进各项工作有效落实上下功夫，要实施强有力的组织领导和指导。

（皮先标　刘广富）

【老干部工作】 2014年，军分区认真学习贯彻《干休所工作条例》，多次召开会议研究解决干休所建设存在的突出矛盾和问题，促进了干休所全面建设及老干部工作健康发展。深入贯彻军区“敬老爱老四项工程”《意见》和省军区加强干休所建设《三年规划》，指导干休所立足实际，开展适合老年人运动、有益于老干部健康的活动，丰富文化娱乐生活，认真做好节日期间走访慰问工作，受到老干部好评。主动做好待移交老干部的教育管理和解难帮困工作，顺利完成2名退休干部移交安置。认真开展“三先”评比表彰活动，引导工作人员端正服务态度，改进服务方法，提高了服务质量。加强对老干部工作的指导和督导，总结宣扬干休一所老干部齐克等先进典型事迹，发挥了示范导向作用。

（皮先标　孙允胜）

【后勤管理】 2014年，军分区后勤部严格执行各项法规制度，着力提高后勤正规化管理水平。规范党委理财内容和程序，明确经费审批权限，严格结算审核报销手续，形成了体系完整、制度完善的财务管理办法。组织对军分区本级及所属单位2012年以来财经管理情况进行自查，全区财务管理秩序进一步规范。以推行财务公开为主要方式，以健全监督机制为重点手段，探索出了一条“靠制度约束权力，靠公开实施监督，靠监督规范管理”的阳光理财方法路子，省军区在军分区组织召开现场观摩会。认真组织开展有偿服务，改进经营措施，增加服务创收项目，保证了有偿服务工作持续发展。继续开展资源节约活动，突出抓好后勤经常性管理和重点区域的节能降耗。严格落实中央“八项规定”“六条禁令”，简化公务接待，接待费用比往年明显下降。依托职工党支部加强职工队伍的教育管理，积极稳妥地落实职工工资保险待遇，顺利移交安置2名退休职工。指导干休所抓好非现役公勤人员教育管理，组织完成军队非现役公勤人员劳动合同续签工作。严密组织军车安全环保检测和车辆驾驶员年审，利用地方驾校考试设备，组织全区驾驶员进行交通法规理论和驾驶技能考核，提高了驾驶员队伍综合素质。结合“隐患排查整治”活动，组织各有偿服务单位展开教育整顿，聘请地方技术人员和高新区消防大队对单位职工进行业务技能培训，规范工作流程和服务行为，提高了安全防范能力。加强医疗机构医疗服务管理，组织开展“饮食卫生百日安全”活动，定期对机关食堂和饮用桶装水进行检测，确保了全区卫生安全。

（胥 辉 王 锋）

**【山东省军区在潍坊召开综合预算评审暨“阳光理财”现场观摩会议】** 20～25日，山东省军区在潍坊军分区组织召开2014年年度综合预算评审暨“阳光理财”现场观摩会议。省军区后勤部副部长景慎彪大校、后勤部财务处处长王世克上校、审计处处长李健上校和省军区所属单位共70余名财务人员参加会议。会议邀请济南军区财务部工薪处处长高世光上校做辅导授课，由潍坊军分区介绍“阳光理财”经验做法，现场观摩“阳光理财”图片展。

（胥 辉 董 珊）

# 双拥工作

**【双拥工作成效明显】** 2014年，军分区着眼密切军政、军民关系，充分发挥桥梁纽带作用，积极推进双拥工作。春节前，会同地方各级走访慰问生活困难党员、老党员、老干部和生活困难复转军人。协调召开市委常委议军会议，联合市委、市政府下发《关于支持和保障部队“打胜仗”的决定》，做法被《济南军区要讯》和省军区《工作简报》刊发，得到军委、总部和军区首长批示肯定，并被军区转发。“八一”期间，邀请国防大学教授徐焰给全市领导干部作《我国国防建设和周边安全形势》报告、召开全市双拥工作会议和军地领导座谈会、走访慰问维和部队驻训官兵和开展双拥宣传月等活动，进一步营造关心支持武装工作和部队建设的浓厚氛围，做法被省军区机要报转发。高度重视抓好支援地方经济社会建设工作，在省军区率先印发《关于积极参加潍坊市经济社会建设的实施意见》，指导昌乐县人武部深入总结帮扶工作做法，在省军区支援老区建设工作会议上介绍了经验。

（皮先标 刘广富）

**【迎接全国“双拥”办检查调研】** 4月18～19日，全国“双拥”办、总政群工办副主任巴谋国大校带领全国“双拥”办秘书组负责人、总政群工办双拥处副师职干事吴传俊大校，全国“双拥”办政研组负责人、总政群工办“双拥”处正团职干事吴开胜上校，全国“双拥”办政研组研究员、总政群工办“双拥”处副团职干事田红彬中校到潍坊检查调研“双拥”共建工作。军区政治部办公室秘书长廖发银大校、军区政治部办公室群工处处长崔波上校和山东省军区副政治委员朱利大校、省军区政治部组织处处长栾中军上校、省军区政治部秘群处干事冯云驰、省“双拥”办主任张魁中、省“双拥”办干事阮泱陪同调研。调研期间，参观了潍柴动力工业园和炮兵旅圩河生产基地，听取了潍坊市“双拥”工作和第26集团军拥政爱民工作情况汇报，组织了军地座谈。军区、省军区、省“双拥”办机关领导一行5人，第26集团军政治部副主任吕运成，军分区政治委员郝树东大校，副政治委员皮先标大校，政治部主任李树春大校，市委常委、常务副市长陈白峰，市民政局局长、“双拥”办主任吴海源，市双拥办副主任刘清华，市委组织部、市人社局、市教育局、市财政局各1名有关科室负责人参加座谈并陪同调研。

（皮先标 刘广富）

**【积极开展帮贫扶困活动】** 2014年，军分区首长3次到帮扶村实地查看，采取组织座谈、签定帮扶协议、组织挂牌、走访慰问等方式，对临朐县柳

2014年4月18～19日，全国“双拥”办副主任巴谋国大校（中）到潍坊检查调研“双拥”工作。（供图：段增顺）

2014年9月29日，潍坊军分区政治委员郝树东大校（左）为“军民共建示范村”揭牌。

山镇郭家庄村进行帮扶慰问，军分区出资15万元，积极协调地方筹资15万元为帮扶村硬化了村主干道路。指导各人武部和预备役高炮团与15个贫困村、团以上干部与45名贫困学生结成对子，实施助学兴教活动，受到人民群众好评。9月29日，潍坊军分区政治委员郝树东大校、副政治委员徐延田大校、副政治委员皮先标大校、后勤部部长胥辉上校、司令部作训科科长范长青中校、政治部组织科科长刘广富中校、政治部宣保科科长李孝东中校、后勤部战勤科科长王锋中校、后勤部供应科科长孙思晓中校到临朐县柳山镇郭家庄村开展帮扶活动。活动期间，在郭家庄村委会议室召开了军地座谈会，讨论交流帮扶事宜，签定了帮扶协议书，悬挂了“军民共建示范村”标牌。为3户军烈属、10名特困户和10名贫困学生发放慰问品和慰问金。临朐县县委副书记杨锡栋、临朐县副县长王永刚、临朐县人武部部长姜先福、临朐县柳山镇党委书记耿怀金、临朐县柳山镇党委副书记李霞和郭家庄村“两委”干部及3名党员、3名群众代表参加活动。

（皮先标　刘广富）

**【抓好双拥模范城（县）考评】** 下发了潍坊市《关于做好省双拥模范城（县）年度考评工作的通知》，明确了考评标准要求。各县市区及时召开会议，落实了责任分工，进行了自查、自评、自纠。市双拥办及时跟进指导，组织县市区互相检查观摩、交流学习，查漏补缺，多次召开会议梳理点评，促进了工作任务落实，迎检的5个县市区均取得了良好成绩。

**【深化双拥共建宣传教育】** 7月29日，举行全市领导干部国防教育报告会，邀请国防大学战略教研部教授徐焰作“中国国防建设”辅导报告。市委书记杜昌文、市长刘曙光等市级领导班子成员在主会场出席，县市区党政军领导在分会场收听收看了报告会。报告会还通过潍坊电视台科教频道进行现场直播。市里充分发挥好《鸢都子弟兵》栏目作用，结合“双拥宣传月”，积极开展宣传教育活动，先后总结宣扬了冯涛、董玉坤等一批全国、全省优秀退伍军人典型。全市大中小学校都与驻军建立起了共建关系，将国防教育纳入教学计划。

**【深入推进军民融合发展】** 成立了分管副市长为组长的军民融合发展课题调研领导小组，召开会议进行了专门部署调度。市综合调研组对驻潍部队和相关单位进行了重点调研，形成了专题调研报告，起草了《军民融合深度发展实施意见》。7月28日，市委、市政府、潍坊军分区出台了《关于支持保障部队“打胜仗”的决定》，得到了中央军委、济南军区首长的充分肯定，杜昌文被评为“党管武装好书记”。济南军区山东省第八次国防动员会议在潍坊市召开。在部队规划审批、土地征用、设施配套等方面给予大力支持，市政府全年为部队解决具体困难15件。坊子区帮助71155部队解决新营区建设用地、通电、通水问题，减免各种费用60余万元。昌邑市减免北海舰队某重点工程各种费用32万元。组织开展“八一”、烈士纪念日、“潍坊舰”海外执行任务、元旦、春节等系列双拥共建活动，赠送了慰问金和慰问品。

**【帮助部队办实事解难题】** 对随军家属的安置，采取对口对等、突出重点、分期安置的办法，协调举办了庆祝建军87周年军民鱼水情深人才招聘大会，多次举办军嫂培训班，建立军嫂就业信息库，积极推动随军家属就业。对非本人原因暂无工作的随军家属，市里每年拿出200余万元为其发放生活补助金。全市残疾军人、“三属”抚恤金和在乡复员老军人定补做到了按标准及时足额发放。义务兵家庭优待金全面达到2013年度农村人均纯收入水平。退役士兵免费培训意愿参训率100%，培训合格率98.6%。建立了优抚对象抚恤补助标准自然增长机制、特困优抚对象及特困部队官兵家属救助机制和重点优抚对象医疗保障制度。落实了军休干部政治、生活待遇，全省军休服务管理现场会在潍坊召开，民政部和总政治部领导到会指导。深入开展“双帮扶”“慈善进军营，情暖子弟兵”活动，及时救助驻潍部队特困官兵、优抚对象。成立了市、县两级维护军人军属合法权益领导小组、军人军属法律咨询站和涉军案件法庭，军人军属合法权益得到有效保障。

（董德才）

# 中国人民武装警察部队潍坊市支队

**【政治工作】** 突出抓好十八届四中全会、全军政治工作会议和习近平总书记系列重要指示精神的学习贯彻；注重抓好主题教育和经常性思想教育，组织“中国梦·强军梦·我的梦”大讨论，开展“尊干爱兵、兵兵友爱”教育活动；持续开展“读书伴我成长”活动，定期组织“文艺大篷车”巡演，为强军兴警注入正能量。

**【中心任务】** 扎实开展“三哨”（练哨兵、研哨法、强哨位）活动，发动官兵为执勤安全献计策；大力抓好反恐力量建设，加强人装结合和应急处置训练，部队遂行多样化任务能力不断增强。年内先后完成市“两会”、菜博会、风筝会、鲁台经贸洽谈会等各类临时勤务，成功抓捕1个持枪犯罪团伙。

**【依法治警】** 认真贯彻上级依法从严治警精神，召开正规化管理现场会，修订完善精细化管理和士官管理等措施办法；深入开展“条令学习月”、安全大检查和常态化巡查活动；突出防范重大安全问题，建立安全风险评估机制，有效促进部队安全稳定。

**【基层建设】** 按照“三帮一强化”（帮带干部、帮抓骨干、帮解难题和强化组织功能）要求，建立“常委包片、股队挂钩”责任制，加大帮建力度；积极开展“学成武找差距、促内涵争先进”活动，组织专题研讨、交叉观摩，分批次创建“成武式”中队，形成争先创优的浓厚氛围。

**【后勤保障】** 及时修订各类应急保障预案，大力开展专业训练和实兵演练，严密组织炊事员、驾驶员等各类培训；扎实开展“伙食管理年”活动，基层中队伙食费节余均达2万元以上；强力推进潍北新建中队整合搬迁，争取1000万元用于机动中队建设。

2014年5月16日，组织党员干部到潍坊市警示教育基地参观学习。
（供图：汪帮林）

**【纠风正向】** 严密组织第二批党的群众路线教育实践活动，广泛征求官兵意见、梳理问题，深入开展“战斗力标准”“三严三实”大讨论。积极帮助官兵协调解决转业安置、子女入学和家庭涉法等实际困难，让官兵感受到教育活动带来的“实惠”。

**【党委三届四次全体（扩大）会议】** 1月20～21日，召开支队党委三届四次全体（扩大）会议。潍坊市市委常委、政法委书记苏立科，市公安局局长、支队第一政治委员于永生等领导出席会议并为获奖单位和个人颁奖。

**【参观警示教育基地】** 5月16日，组织党员干部到潍坊市人民检察院警示教育基地参观学习。

**【抓捕持枪犯罪团伙】** 7月15～16日，支队配合公安机关成功抓捕1个持枪伤人犯罪团伙。抓获犯罪嫌疑人4名，缴获仿54式手枪1支、散弹枪2支、弓弩1把、砍刀1把、菜刀1把。

**【王建平视察指导】** 9月12日，武警部队司令员王建平率工作组一行6人，莅临诸城市中队视察指导工作，看望慰问官兵。

**【欢送退伍老兵】** 11月25日，举行

2014年9月12日，武警部队司令员王建平上将（前排右一）莅临诸城市中队视察指导工作。
（供图：汪帮林）

2014年11月25日，潍坊市委常委、政法委书记苏立科（右一）看望慰问退伍老兵。
（供图：汪帮林）

2014年度退伍老兵欢送仪式。潍坊市委常委、政法委书记苏立科、市公安局局长于永生和潍坊监狱、潍北监狱、潍坊市看守所等目标单位领导看望并欢送全体退伍老兵。

（汪帮林）

## 人民防空

**【党的群众路线教育实践活动】** 按照中央和省市委的统一部署，紧扣“照镜子、正衣冠、洗洗澡、治治病”总要求和“为民、务实、清廉”主题，坚持把学习教育活动贯穿始终，坚持聚焦“四风”找准问题，坚持立说立行，狠抓整改，实现了作风建设明显转变、服务能力明显提升、应急应战水平明显增强、依法行政能力明显突破。开展了清房、清车、清“股”、清兼职、清公款消费和“小金库”治理工作。利用人防工程开展便民行动，开放国防、人防、民防教育基地等干道为群众消暑纳凉提供方便。按照市委、市政府向社会购买服务的要求，风筝广场实现物业化管理。被国家人民防空办公室表彰为2014年度《中国人民防空》通讯报道先进单位。

**【防空防灾一体化建设】** 建成人防骨干网，完善人防信息系统。组织制定特殊情况下人防应对方案。6月15日，成功试鸣防空防灾警报。8月，安排部署修订全市三级防空袭方案。8月，参加“潍动－2014”国防动员演练。9月，参加全省人防系统“鲁防－2014”研究性演习。10月，组建人防救护专业队参加济南军区威海防空区实战演练。11月，参加济南军区装备展。

潍坊市召开三级防空袭方案修订工作会议　（供图：张秀峰）

市委书记、市人大常委会主任杜昌文（左一），市委副书记、市长刘曙光（左三），潍坊军分区司令员万伟锋（左二），市委常委、潍坊军分区政委郝树东（左四）视察人防地下指挥所。
（供图：孙光海）

**【人防工程建设】** 坚持“以建为主，以收促建”，扭住人防工程建设不放松，全市人防工程建设有了长足发展。9月，《潍坊市人民防空工程规划》颁布实施。12月，编制完成《潍坊市胜利西街—火车站片区地下空间开发规划》和《新华地区人防工程控制性详细规划》，并通过专家评审。胜利东街（畜牧学院）地下人防过街通道工程建成并投入使用。完成早期人防工程巡查和测绘，组织早期人防工程普查建档。

**【依法行政】** 编制完成人防权力清单和服务清单。加强易地建设费减免审批管理，清理和废止了一些地方性规定，征收管理工作日趋正规。开展“应建未建”“应收未收”在建项目的行政执法工作。3月，组织全市人防法律法规贯彻落实情况检查。

**【人防机关“准军事化”建设】** 加强对党员干部的培养和管理教育，积极创建学习型党组织，全面提高党员干部的能力素质。注重用制度管人、用制度管事、用制度管钱。落实党风廉政建设主体责任。5月，事业单位按事业性质恢复档案工资。8月，完成技术人员职称聘任。10月，组织机关工作人员进行封闭式军事训练。

（孙光海）

# 法　治

*Fazhi*

## 政法委及综治工作

【概况】 2014年，在市社情民意调查中心对全市群众安全感和满意度调查中，群众安全感和满意度调查的5项指标连续三年全部提升。在全市科学发展综合考核群众满意度电话访问中，全市群众对社会治安状况的满意度在访问的六项指标中分数名列第一。全市有3个政法单位被省委、省政府表彰为“人民满意政法单位”，安丘市公安民警杨秋生被评为“全国公安系统爱民模范”，受到习近平、李克强等中央领导接见。

【维护社会稳定】 加强反恐应急处突能力建设，指导全市重点目标部位全面落实人防、物防、技防措施。妥善处置敏感案件，及时回应社会关切的问题，牢牢掌握舆论主动权。坚持常态化打击和专项整治相结合，全市刑事发案率同比下降3.52%。深化打黑除恶专项斗争，打黑除恶综合成绩全省第一。着力推进进京非正常上访治理工作，突出“事要解决”，全力化解信访积案；对重大信访积案，全面落实领导包靠制度，推广安丘市实行听证法进行化解的做法，切实提高处结质量；建立依法处理进京非正常上访涉法、涉诉信访问题联席会议制度，对重点涉法、涉诉信访案件开展评查；严格落实工作责任制，建立定期通报、约谈和黄牌警告制度。

【服务经济发展】 主动服务全市经济社会发展大局，组织召开全市政法机关服务保障、环保、食品药品、农产品质量安全工作座谈会，全市政法工作服务促进非公有制企业发展座谈会，出台《中共潍坊市委政法委员会关于服务和保障全市城镇化建设工作的意见》《中共潍坊市委政法委员会关于支持服务“两河”流域综合开发的意见》《中共潍坊市委政法委员会关于服务和保障全市村（社区）“两委”换届选举工作的意见》等相关意见措施，保障和服务突破滨海、提升市区、开发“两河”等市委确定的重点工作。整顿和规范市场经济秩序，全年依法审结金融借款、买卖合同等各类一审商事案件2万余件，审理各类侵犯知识产权案件363件，查办职务犯罪案件238件，促进经济健康运行；严厉打击经济犯罪特别是非法集资等涉众型犯罪，共破获案件473起，避免和挽回经济损失6.5亿余元。做好法律服务工作，组建法律服务团，为突破滨海提供法律服务；实施“法律顾问全覆盖”工程，推动普遍建立法律顾问制度，全市13名律师被市政府聘任为法律顾问。

【社会治理工作】 制定《潍坊市社会管理综合治理委员会关于在全市城乡社区实行网格化管理的指导意见》《潍坊市社会管理综合治理委员会办公室关于进一步健全完善四级综治维稳体系深入推进基层综治工作平台规范化建设的意见》《潍坊市社会管理综合治理委员会关于开展“无命案镇街、无刑事案件村（社区）”综治主题创建活动的实施意见》《社会稳定风险评估考核工作方案》《中共潍坊市委办公室、潍坊市人民政府办公室关于创新群众工作方法依法规范信访秩序的实施意见》《中共潍坊市委办公室、潍坊市人民政府办公室关于做好农民工工资支付保障工作促进社会和谐稳定的意见》《潍坊市社会治安重点地区排查整治工作规定》。积极推进视频监控全覆盖工程，全市社会面视频监控探头总数达到33万个，一、二、三类监控目标的覆盖率分别达到100%、100%和91%。将铁路护路工作目标纳入全市视频监控全覆盖工程的范围，列为市委、市政府同各县市区、市属开发区党委政府签订的《综治暨平安潍坊建设承诺责任书》的重要内容；推广昌乐县铁路护路工作经验，发展全市铁路护路沿线县市区物建信息员，发现化解影响铁路安全的各类因素。做好对见义勇为人员的表彰奖励、权益保护、帮困扶住等工作，年内表彰奖励了11名先进个人；加强见义勇为先进典型推树工作，沈星同志被授予“全国见义勇为英雄”。

【法治潍坊建设】 出台《中共潍坊市委办公室、潍坊市人民政府办公室关于依法处理涉法涉诉信访问题的实施意见》《深化司法体制和社会体制改革2014年工作意见和分工方案》《开展司法专项整治工作方案》《中共潍坊市委关于贯彻落实党的十八届四中全会和省委十届十次全会精神全面推进依法治市的实施意见》，开展“百名法学家百场报告会”活动。开展普法宣传教育，确定“谁主管、谁普法，谁执法、谁普法”的原则，建立“大普法”体系。推进依法治理和法治创建工作，7个单位被表彰为全国、全省“六五”普法中期先进集体。推进社区矫正工作，再犯罪率低于全省及全国平均水平。发挥法学会作用，加强法律人才库建设，开展法学研究。

（张伟强）

## 法治政府建设

**【简政放权工作】** 2014年，市法制办对原有行政审批事项进行清理精简。全年累计压减47个大项、72个小项，相对市级行政审批事项年初保留的193个大项，压减比例为24.35%。理顺市区审批权限划分，对市区存在交叉、重复设置的审批事项进行调整。对不能下放区级审批的43项审批事项，按照“一窗受理、一级审批、一站式服务”的要求，实行一级审批，避免市区之间多头受理、层层审批、多头审批。开展政府部门权力清单和服务清单清理工作，市本级对74个市直部门和驻潍上属单位的8523项权力事项和服务事项进行清理，依法压减为3163项，压减比62.9%。

**【落实政府法律顾问制度】** 印发《潍坊市人民政府法律顾问工作规则（试行）》，明确政府法律顾问的工作职责，组建158人潍坊市政府法律顾问专家库，选聘15名市政府法律顾问。市政府及所属有行政执法权的单位和各县市区政府、市属开发区管委会要全部聘请法律顾问。自9月聘任法律顾问到年底，市政府法律顾问和法律专家参与市政府常务会议、办公会议、合同协议审查、重大涉法事务等共计67人次。制定《潍坊市政府合同法律审查办法》，对政府民事合同进行合法性审查。共审查政府合同、协议38个，涉及金额2000多亿元。

**【规范性文件管理工作】** 审查出台《潍坊市滨海飞地工业园管理规定》《潍坊市居民基本医疗保险实施办法》《潍坊市市场主体住所（经营场所）登记管理暂行办法》《潍坊市政府投资建设项目审计管理办法》等重点领域规范性文件。落实合法性审查制度，共审查市政府规范性文件78个，审查市政府各部门规范性文件66个，对出台的文件按照《山东省行政程序规定》要求进行统一登记、编号和公布。开展规范性文件专项清理工作，对市政府现行的528件规范性文件进行清理，对涉及地方垄断、违反市场经济规律的2个违法文件分别提出修改或作废意见。加强对县市区规范性文件制定工作的监督，各县市区共报备规范性文件51个，发现存在问题并整改1个。

**【行政执法监督工作】** 开展行政执法人员资格专项清理工作，重点对从事行政执法工作的劳动合同制人员、劳务派遣人员、临时借调人员以及其他未取得执法资格人员进行清理，共清理不具备执法资格人员512人。建立行政执法网上公开运行平台，全市所有行政处罚事项均在网上运行，由政府法制机构进行日常管理和监督。建成市、县两级涉企检查网上报备系统，所有涉企检查必须网上报备，经法制机构同意后才能到企业进行检查。开展执法监督活动，聘请83名社会行政执法监督员，对市食品药品监督管理局、市质量技术监督局、市工商局等8个重点执法部门开展执法巡视活动，发现并指正执法问题21个，提出执法建议43个。

**【行政复议工作】** 一是集中行政复议职权。把工商、质检和公安系统的行政复议职权全部集中到了市政府，市、县两级相对集中复议权改革工作已全部完成。二是认真办理行政复议和应诉案件。全市的行政复议案件立案数量为588起，较往年相比基本持平。从复议案件情况来看，主要包括不服工伤认定（65起，占立案总数的11.4%）和不服行政处罚（221起，占立案总数的27.8%）及不服行政信息公开（135起，占立案总数的23.7%）等。全市行政应诉案件共351起，最终行政赔偿1起。

**【仲裁工作】** 2014年，潍坊仲裁委员会受理各类仲裁案件510起，案件标的额2.78亿元。在受理的案件中，保险合同纠纷208起，占受案数的41%；房屋买卖合同91起，占受案数的17%；建设工程合同纠纷49起，占受案数的9%；买卖合同纠纷21起，占受案数的4%；借款合同纠纷21起，占受案数的4%；其他合同纠纷共120起，占受案数的23%。全年共审结案件429起，收结率达到84%。其中，裁决180起，占审结案件的41%；调解、和解252起，占审结案件的59%；快速结案率和自动履行率分别达到25%和98%。实现案件由以裁决为主到裁决与调解共同发挥作用的转变。

（赵　昕）

## 公安工作

**【概况】** 2014年，在市委、市政府组织的全市科学发展综合考核群众满意度电话访问中，全市群众对社会治安状况的满意度列六项指标第一名，其中，13个县市区居第一名、2个县市区居第二名。省公安厅委托省社情民意中心调查显示，潍坊市群众对公安工作的满意度达97.72%，比2013年上升0.19个百分点，连续两年位列全省第二名。省公安厅对市级公安机关主要业务工作考核的136项业务指标中，潍坊市优秀指标为100项，优秀率为73.53%，优秀数和优秀率均居全省第一名；市局有考核任务的31个警种单位中，28个居全省第一或并列第一。市公安局被授予2014年度“省级文明单位”荣誉称号。

【维护治安稳定能力提升】 坚持常态化打击和专项整治相结合，健全完善“一长四必”（“一长”即县公安局局长对现场勘查工作负总责，“四必”即现场勘查工作做到“必勘、必采、必录、必比”）、现场勘查、情报支撑、合成作战打击犯罪新机制。融合各项主要打击指标的“打黑恶、反盗抢、防诈骗、扫毒害、追逃犯”安民行动综合成绩全省第一。深化打黑除恶斗争，打黑除恶综合成绩全省第一，省打黑办专门发来贺电。开展打击整治农村黑恶势力专项行动，为农村“两委”换届净化选举环境。强化侵财性案件侦破，组织开展打击侵财犯罪“利剑”专项行动。深化禁毒人民战争，破获毒品犯罪案件429起，缴获各类毒品折合冰毒22.41公斤，接近前10年总和。

【社会治安管控能力提升】 坚持警情主导警务，对110指挥调度平台进行数字化升级改造，建设高效快捷的指挥调度系统、警情智能分析研判系统、一体化实战勤务系统，16个县市区公安局统一安装服务器，实现对全市真实警情数据的实时抽取、智能分析，动态研究警情数据，完善打防管控机制，实现精准打击、精确制导。实行合成化巡防，全市每天保持巡防车辆1159台次、警力3156人次四班三运转，实行24小时不间断巡逻的“警灯闪烁”民心工程，共出动巡逻车辆19.9万台次、巡逻警力56.9万人次，全市刑事、治安警情同比下降7.5%。深化社区“六进”，推进刑侦、国保、法制、信访、禁毒等工作进社区，针对不同社区、不同群体“量身定做”服务新举措，全面实施“红袖标”工程，全市群防群治队伍达1800支、8万余人。建立警情主导下“微警务”机制，先后开展“《平安来敲门》进万家”“防范两抢一盗犯罪”等18项主题宣传活动。坚持科技支撑，提前完成省公安厅确定的大数据警务云计算基础建设任务。推进视频监控建设，购置两架警用无人机，与视频监控、电子警察、电子卡口、电子围栏形成互补，实现了空中地面结合、人车物关联。

【保障经济社会发展能力提升】 围绕全市招商和转调创、突破滨海等重点战略，主动服务重点区域、重点工程和重点项目建设，确保了相关工作顺利推进。全警动员参与创城工作，投身全市“三八六”环保行动，加快推进黄标车淘汰治理，黄标车累计淘汰数量全省第一。加强经济领域风险预警，围绕民间借贷、涉众型经济犯罪等方面开展专题调研，为市委、市政府领导决策提供参考。打击经济犯罪特别是非法集资等涉众型犯罪，避免和挽回经济损失6.5亿余元。成立食品药品与环境侦查支队，加大对食品药品安全、环境污染等民生领域犯罪打击力度。优化为民服务工作，出台一系列便民利民措施，最大限度地服务群众，在全省率先对小型汽车挂牌选号进行改革。全面落实短信全面访、民警重点访、督察抽查访“三级回访”机制，组织开展大走访活动，加强与群众的沟通交流。强化公共安全监管，开展消防、交通、危化品、校车、渣土车安全隐患专项整治，提升公共安全监管水平。

【队伍凝聚力战斗力提升】 创新问题数据运行机制，整合网上网下、内部外部所有监督渠道，将民生警务平台、警务回访、公安信访、法制审核、网上涉警舆情等26个监督渠道中群众投诉举报的问题全部整合到一起，全面准确地分析、研判、查找队伍和执法中存在的问题，把每一个群众不满意的数据落实到具体单位、具体民警、具体案件，对核查属实的问题数据一律问责。公安部对潍坊市的做法通报表扬，省公安厅在潍坊市召开现场会推广，中央、省等各级新闻媒体相继刊发。落实市公安局从优待警十五条措施，推进农村派出所“六心警营”建设。

（梁国庆）

# 检察工作

【概况】 2014年，市检察院在全省检察机关年度综合考评中名列第一，被表彰为“全省优秀检察院”，被省委、省政府授予“人民满意政法单位”称号。

【查办和预防职务犯罪】 全年共查办职务犯罪案件238件、300人，其中，大案要案269人，查办菏泽市委原常委、统战部部长刘某某（副厅级）和潍坊护理职业学院原院长李某某（副厅级）涉嫌受贿案，在科技系统查办包括6名局长、4名副局长在内的职务犯罪案件13件、13人。开展查办和预防发生在群众身边、损害群众利益的职务犯罪专项行动，查办项目审批监管、危害粮食安全、非法占有和破坏耕地、土地承包经营权流转等领域职务罪犯50人，粮食和农机补贴、征地拆迁补偿、新农合等领域虚报冒领、侵吞截留惠农资金的职务罪犯69人，教育就业、医疗卫生、社会保险、扶贫开发等领域职务罪犯51人。强化职务犯罪预防，搭建“巡回宣讲、警示教育、公益宣传”等平台，依托56个警示教育基地开展警示教育430余场次，受教育人数71000余人，17个警示教育基地被命名为全省和全市法制宣传教育示范基地。

【强化诉讼监督】 全年共批捕各类犯罪嫌疑人3672人，起诉8875人。严格落实宽严相济的刑事政策，对730余起轻微刑事案件依法建议从宽处理，对960名轻微犯罪人员作出不捕或不诉决定。设立未成年人刑事检察机构，全面实行分案起诉、犯罪记录封存等措施，依法宽缓处理305人。加强刑事立案监督、侦查监督和审判监督，共监督立案、撤案395起。对不符合逮捕、起诉条件的依法不捕、不诉1782人。对应当逮捕、起诉而未提请批捕和移送起诉的依法追捕、追诉389人。提出刑事抗诉34起，法院已改判和发回重审21起。加强民事行政诉讼和行政执法监督，对认为确有错误的民事行政判决裁定，抗诉、提请抗诉和发出再审检察建议40起，法院采纳36起，监督纠正行政执法不作为、乱作为案件77起。加强刑罚执行监督，纠正违法收押等监管违法情形132起，纠正脱管、漏管等监外执行和社区矫正违法情形173起。开展判前未羁押罪犯判处实刑后交付执行专项监督，督促交付执行127人，全市看守所实现连续30年无超期羁押，成为全国检察机关知名单位。

【维护人民群众合法权益】 依法解决群众最关注、最现实的民生、民利问题。组织开展危害食品药品安全犯罪和破坏环境资源犯罪专项监督，依法严惩制售假药、劣药和有毒有害食品等危害食品药品安全罪犯31人，盗伐滥伐林木、非法采矿、非法排放有毒有害污染物等破坏环境资源罪犯41人。深化大走访活动，走访农村、社区、学校、企业等3000余个、群众11800余户，提供法律服务715次，帮助解决困难问题527件。全市54个派驻检察室结合地域特点，因地制宜，探索打造“渔业检察室”“安全环保检察室”“产业园区检察室”等个性化检察室，以特色法律服务保障特色产业和区位发展。在派驻检察室建设便民服务“信息超市”，为群众查询、咨询提供方便。在乡镇、街道设立民生联系点，在村居、企事业单位聘请民生联络员，全年共为基层群众提供法律服务1417次，协调解决医疗、低保、维权救助等问题465件次，帮扶困难家庭139户。

【加强执法规范化建设】 把开展党的群众路线教育实践活动作为解决突出问题、改进工作作风、锤炼职业操守的重要指导，先后组织换位体验等活动36次，征求意见建议345条，确定整治任务63项。坚持问题导向，对司法办案、工作纪律、检查评比、“三公”经费开支等问题进行集中整治，查找并解决突出问题161个。建立健全践行党的群众路线教育实践活动长效机制，先后制定畅通群众诉求反映渠道机制、公务接待管理规定、公务用车使用管理办法等21项。狠抓党风廉政建设，严格落实中央“八项规定”精神，组织开展规范司法行为专项整治活动，共组织各类培训和练兵活动146次，评选“办案能手”“工作标兵”“学习状元”124名。坚持抓亮点、抓创新，大力推行年初亮点工作申报立项、全年过程推动、年终总评的创新工作机制，各基层检察院及市院机关共推出亮点工作30项。实施青年检察官成长工程，搭建团队学习、业务练兵、岗位成才等平台。以规范司法行为、提升司法公信力为目标，健全完善以案件管理中心为主导的案件流程控制系统，共受理各类案件16078件，预警处置2036次，发现并纠正问题1499个。建立常态化案件质量评查机制，严格落实司法过错、有责信访事项责任倒查机制，评查案件4261件，发现纠正问题839个。不断完善司法制度，修订、新建制度性规范553项。建成标准化大案要案指挥中心、监所检察信息指挥系统和视频接访系统，做到了即时指挥、疏导和监督。大力推行检察权透明运行机制建设，创建“阳光检察”新品牌，向社会公开涵盖各项检察工作的80项内容，搭建5个公开平台，借助新兴媒体，开通检察门户网站14个，建立官方微博和检察微信35个，发布信息27万余条。建立检察宣告制度，对不立案、不批捕、不起诉等13类检察决定进行公开宣告，共有85起案件全部实现定分止争。依托案件信息公开系统，先后导出案件程序性信息4966件，发布重要案件信息360余条，公开终结性法律文书779份。

（孙立波）

# 法院工作

【概况】 2014年，全市法院共受理各类案件104325起，办结99170起，同比分别增长7.2%和7.5%，结案标的额222亿元。其中，中级法院受理各类案件10766起，办结10382起。2014年，市中级法院被表彰为“省级文明单位”，被最高法院确定为“全国多元化纠纷解决机制改革示范法院”；中级法院和相关部门先后被最高法院授予“全国法院远程视频提讯工作先进集体”“全国法院司法行政工作先进集体”等称号；全市法院有28个集体、25名法官获得省级以上表彰奖励，涌现出“全国法院办案标兵”邓涛等一批优秀法官。

【刑事审判】 全市共审结各类一审刑事案件5732起，判处罪犯8058人，同比分别上升8%和4.4%。依法严惩严重危害社会治安和人民群众生命财产安全的严重刑事犯罪，审结杀人、绑架、抢劫等严重暴力犯罪以及盗窃、抢夺、诈骗等多发性侵财犯罪案件1175起，判处罪犯1753人；从重从快审结王海岩等36人控制垄断潍坊市区餐具消毒行业黑社会组织案等大案要案；加大毒品犯罪惩治力度，审结毒品犯罪案件141起，同比上升194.1%。依法惩治职务犯罪，审结青岛市李沧区公安分局原局长冯越欣重大贪污受贿案等职务犯罪案件202起，判处罪犯263人；公开开庭审理菏泽市原市委常委、统战部部长刘贞坚涉嫌受贿858万元一案。依法惩治危害群众生命健康、破坏经济秩序犯罪，审结制售假冒伪劣产品、危害食品药品安全等犯罪案件86起，判处罪犯190人，同比分别上升258.3%和118.4%；审结合同诈骗、非法吸收公众存款等犯罪案件39起，判处罪犯54人。加强对未成年被告人的教育、感化和挽救，实行前科封存等机制，共判处未成年罪犯280人，同比下降5.4%。严格减刑假释案件审理，对重大案件和社会广为关注的案件一律实行开庭审理，全年共办理此类案件3839起。市中级法院在全国首次引入人民陪审员参与减刑假释案件审理，首次对1起职务犯罪假释案件进行庭审网络直播。

【民事审判】 共审结各类一审民事纠纷案件40961起，同比上升2.1%。审结交通事故、医疗损害赔偿等人身纠纷16134起，财产权属、相邻关系等所有权纠纷896起，依法保护群众的合法人身财产权益；审结婚姻家庭、抚养赡养等纠纷8666起，其中，调解、撤诉结案的占55.8%，促进良好社会风尚的营造；审结土地补偿、宅基地纠纷等涉农纠纷137起，审结建设工程、房屋拆迁纠纷744起，促进新农村建设的稳步推进。开设农民工维权“绿色通道”，成立“专业合议庭”，出台12条司法保障措施，依法妥善审结涉农民工案件5332起，切实维护农民工合法权益。

【商事审判】 共审结一审商事案件20340起，同比上升31.3%。注重推动完善优胜劣汰的市场竞争机制，依法审结企业破产、清算案件6起，支持优势企业实施兼并重组，促进产业结构的调整升级。审结金融借款合同纠纷7995起，同比上升76.3%；审结买卖、物流等合同纠纷6399起，维护诚信交易行为；审结专利权、商标权、商业秘密等纠纷418起，妥善审结歌尔声学与楼氏电子专利权纠纷、拉芳家化与潍坊雨洁注册商标专用权纠纷等疑难复杂案件。

【行政审判】 审结各类一审行政诉讼案件1048起，审查执行非诉讼行政案件1298起。加强行政诉讼协调工作，全年经协调结案的占50.2%。审慎处理“阳光100”建设项目房屋征收发生的行政纠纷，引导20余户居民与政府自愿签订补偿协议。加强司法与行政的良性互动，与市政府联合制定《潍坊市行政首长出庭应诉办法》，推动行政机关负责人出庭应诉；完善与行政机关的联席会议制度，定期通报情况，发布行政审判白皮书。

【执行工作】 共执结金融债权、劳动争议、涉特殊主体等特殊案件和各类案件20932起，标的额56.7亿元。通过实施执行信息公开，特别是建立失信被执行人黑名单制度，将全市7764个拒不履行还款义务的“老赖”纳入失信黑名单，并在大众网、中级法院官方网站、户外电子显示屏等全方位曝光。同时，协调有关部门对其采取限制高消费等信用惩戒措施，共限制贷款348笔、6164万元，限制出境13人次，限制高消费148件次，限制审批84项，有820个失信被执行人迫于经济、信誉等各方面压力而主动履行法律义务。对实施恶意转移财产，伪造、隐瞒、毁灭重要证据，妨碍法院执行等严重违法行为的被执行人，及时移送公安机关依法追究刑事责任168起221人，司法拘留1885人。

【立案、信访和司法救助工作】 践行司法为民宗旨，加强诉讼服务中心建设，实行专人导诉，提供立案保全、案件查询、信访投诉“一站式”服务；加强便民诉讼网络建设，健全“人民法庭——巡回审理点——法官联系点——联络员”四位一体的基层便民服务网络，推行“流动法庭”“车载法庭”“巡回办案”等做法；加强“诉访分离”机制建设，建立远程视频接访系统，共处理来信、来访1972件（次），审查申诉、申请再审案件227起，依法提起再审60起；继续加强司法救助制度建设，为生活确有困难的当事人减少或免收诉讼费用144.6万元，联合财政、民政部门发放司法救助金121万元。

【规范审判权力运行】 强化审判监督指导，发挥二审、再审监督纠错职能，审结二审、再审案件4450起，依法改判发回672起；加大案件评查力度，组织评查庭审1205个、裁判文书3821份。推行随机组成合议庭做法，发挥合议制度的功能作用；建立司法权力清单制度，明确院庭长、合议庭、审判委员会的审判权力及责任，重点强化法官办案责任终身负责制，让审理者裁判、由裁判者负责。

【人民陪审员工作】 实施人民陪审员“倍增计划”，全市共增选人民陪审员647名，总数达1159人，其中，社区工作者、普通居民所占比例超过70%。加大人民陪审员参审力度，落实随机抽选原则，全市人民陪审员参审案件3.6万起，占一审普通程序案件的86.3%，同比上升44.4个百分点。吸收人民陪审员参与诉前调解、信访处理和执行工作，全市人民陪审员共协助送达、调解、执行案件8100余起。

【司法公开工作】 构建“办案流程同步告知、案件信息同步查询、庭审听证同步直播、司法活动同步监督”的“四同步”司法公开机制，对应当公开的裁判文书一律上网，共在中国裁判文书网公布4.4万篇；对审判执行工作进度及时公开，共向当事人发送案件节点信息26万余条，提供查询11万余次，当事人足不出户即可查询案件进度；坚持庭审“依法公开、每庭必录、每周两播”，全市两级法院所有庭审案件全部同步录音、录像，公民凭有效证件可以自由旁听庭审，中级法院每周选取2起典型案件通过门户网站或官方微博进行直播，共直播案件182起，居全省第一位。在全省率

6月17～18日，山东省高级人民法院党组书记、院长白泉民到潍坊法院调研。
（供图：耿倩倩）

12月4日，潍坊中级法院举行法官宣誓活动。（供图：耿倩倩）

先建立司法公开评估体系，委托潍坊学院法学院作为第三方评估机构，对全市法院司法公开工作进行评估。

（王凤涛）

## 司法行政工作

【概况】 2014年，市司法局被省司法厅表彰为“全省司法行政系统先进集体”，并记“集体二等功”，被表彰为全省“六五”普法中期先进单位。市委、市人大、市政府、市政协及省司法厅领导多次专题视察。

【普法依法治理工作】 编印《常用法律法规汇编》《普法依法治理典型案例》，免费发放给全市副科级以上干部和农村（社区）干部；制作法治宣传挂图1.5万余套，在每个农村（社区）张贴悬挂，在《潍坊日报》整版刊发。2014年全市共组织开展法治宣传活动2889次，送法下乡2466次，组织法治学习2457期，开办法治讲座1610次，组织普法考试387次。获评全国法制好新闻优秀新闻作品17件、全省“法治文化建设示范基地”5个、“法制宣传教育示范基地”4个。在全市评选首批“两个基地”60处。市司法局和6个县（市、区）被表彰为全国、全省“六五”普法中期先进集体。

【人民调解工作】 各县（市、区）建立医疗卫生、道路交通、消费者权益保护、劳动人事、建筑物业等行业领域的调委会及调解专家库。创新调解工作方式方法，安丘市推广“听证法”，坊子区实行“合议式”“3+X”调解模式，诸城市设立“个人品牌调解室”，临朐县采取媒体调解法，潍城区开展“警民联调”等经验做法。深化“平安潍坊”建设会议在全市推广安丘市《听证法》、潍城区“警民联调”等典型做法。2014年全市共排查调处各类矛盾纠纷92662件，调处成功率达98.9%。全市3个调委会和7名调解员分别被授予“全国模范人民调解委员会”和“全国模范人民调解员”称号。

【社区矫正工作】 举办全市社区矫正档案管理工作培训会议。落实《社区矫正实施办法》，坚持依法监督管理，加强执法规范化建设，严格落实监督管理、教育矫正和社会适应性帮扶三项基本任务，坚持分类管理、情况报告、教育学习和社区服务计划上报等制度，创新“教案制”、传统文化教育方式。全市社区服刑人员再犯罪率低于全省平均水平。8月27日，市委、市政府在临朐县召开全市社区矫正工作会议。

【法律服务工作】 举办全市律师事务所主任培训班、合伙人培训班、青年律师培训班和刑事辩护业务专题培训，以及公证业务培训班、司法鉴定培训交流会和基层法律服务所主任培训班。制定律师业务案卷归档管理以及保障律师执业权利、规范律师与办案人员关系的规定；引入ISO9001质量管理认证体系，推行公证员质检、互检；开展“诚信规范、执业为民”行风建设专项活动。推广《基层法律服务执业手册》。坚持“应援尽援”，实现法律援助工作质量评议、回访和当事人满意率“三个100%”。积极服务中心工作，组建法律服务团，引导3家律师事务所到滨海设立分所。实施“法律顾问全覆盖”工程，配合市政府法制部门，推动普遍建立法律顾问制度，截至2014年年底，全市各级政府和工作部门全部聘任法律顾问。全年全市律师共担任常年法律顾问1529家，其中，144名律师成为市政府法律顾问团组成人员，有13名律师被市政府聘任为法律顾问，代理诉讼案件7954起，办理公证事项51447件，完成司法鉴定案件10723起，办理法律援助案件6919起。

**【司法行政改革】** 成立市司法局全面深化改革领导小组和办公室，制定改革工作要点和分工方案，明确牵头领导和责任部门。强化推进机制建设，对牵头和参与的改革任务，逐一明确分工、建立台账，先后召开由20家相关部门参加的改革事项协调推进会1次、系统内调度会4次，推动各项改革任务的落实。经省政府、省司法部批准，潍坊市劳教所转型为昌潍监狱。出台《关于加快推进公共法律服务体系建设的意见》。

**【开展首个“国家宪法日”系列宣传活动】** 围绕首个“国家宪法日”，开展系列宣传活动。一是全民普法依法治市工作领导小组成员单位，市直各律师事务所，奎文区、高新区等200余家单位在人民广场参加宣传活动。二是组织法律知识考试。组织开展领导干部及公务人员、执法单位人员、企业中层以上管理人员法律知识考试。三是组织开展宪法知识竞赛。11月27日、29日，分别举行全市宪法知识竞赛和全省宪法知识竞赛潍坊赛区预赛。四是组织以法治为主题的书画创作活动。12月13日，“翰墨弘法”——庆祝设立“国家宪法日”书画笔会在求是大厦举办。五是开展“法治县（市、区）创建活动先进单位”和“民主法治示范村（社区）”评选活动。

（王跟良　秦　伟）

# 经济监督管理

*Jingji jiandu guanli*

## 宏观经济管理

**【概况】** 市发展改革委员会被评为“省级文明单位”，被市委、市政府评为“市直部门绩效综合考核先进单位”“全市政府信息公开工作先进单位”“全市政务信息工作先进单位”“建设学习型党组织先进单位”等20余个称号。在企业评议部门（单位）活动中，市发展改革委员会位列市直部门第二名。

**【宏观调控】** 研究提出促进全市经济持续健康发展的38条政策措施，有效应对经济下行压力。启动“十三五”规划编制，提报拟纳入国家和省规划的重大事项32个。牵头编制“831”系列规划。准确把握宏观经济走势，加强对经济运行中苗头性、倾向性问题的分析研究，及时提出对策建议，每季度形成分析报告，为市委、市政府科学决策提供参考。组织实施2014年全市国民经济和社会发展计划，圆满完成各项任务指标。牵头编制《2015年经济社会发展计划草案》，提出发展思路、目标任务和工作重点。加大信息报送和新闻宣传力度，市委、市政府信息采用量位居市直部门前列。

**【固定资产投资】** 全市完成固定资产投资3969亿元，增长15.7%，投资对经济增长的贡献率达56%。“963363投资热线”服务平台纳入服务项目1551个，总投资2.3万亿元。9个项目列入省重点建设项目，居全省第二位。争取各类资金60亿元。其中，中央、省无偿资金项目184个、资金9.1亿元，成功发行债券5支、募集资金43亿元。鼓励引导社会资本参与基础设施等领域项目建设，推出总投资260亿元的20个项目向社会资本开放。

**【重点项目建设】** 潍坊港2万吨级码头建成投用，万吨级集装箱实现靠泊。鲁辽陆海货滚甩挂运输大通道成功首航。潍日高速滨海连接线开工建设，潍县路改造工程具备通车条件。济青高铁市域线路及站点优化对接。潍坊机场运送旅客超过39万人次，同比增长194%，货邮吞吐量突破2万吨，机场迁建新址确定。国华寿光电厂获批建设，潍柴林德液压国产化、福田汽车一工厂二期及中高档卡车扩能技改工程、盛瑞8AT产业化等重大项目顺利实施。

**【产业转型发展】** 推动服务业提质增量，9大重点服务业强力推进，建设承载园区49个，培育龙头企业79家，电子商务、健康养老等新兴产业发展迅速。3个团队入选全省25个省级服务业创新团队，入选数量全省第一。服务业增加值占全市GDP比重提高1.5个百分点，增长幅度居全省第二位。推动生物基材料产业化集群和北斗卫星导航产业重大应用示范列入国家战略性新兴产业重大工程，获得连续三年资金补助，已到位资金7000万元。32个省级战略性新兴产业项目和16个国家支持的高技术项目顺利实施。山东多盈节能环保产业创业投资基金成功运营。过剩产能综合利用率达到80.48%，超额完成省考核目标。加快实施千亿斤粮食产能建设工程，开工建设高产、稳产粮田48.8万亩。峡山水库增容工程、滨海第二平原水库、高密市孟家沟水库、昌乐县南寨水库建设项目获省批复。推动创新能力提升，全市拥有省级工程实验室12家、省级工程研究中心1家、国家认定企业技术中心8家、国家地方联合工程实验室4家。积极推进碳排放权交易，制定了全市碳排放权交易管理办法。

**【区域发展】** 编制完成滨海区产业规划、能源规划和海洋动力与工程装备产业规划，谋划建设潍坊北海岸经济新区。潍坊港中港区项目获省核准，滨海区第二平原水库完成立项。牵头编制中心城区产业规划、能源保障规划、产业健康发展工作计划，形成关于支持光伏产业发展的意见。谋划提升市区重点项目140个，总投资4790亿元。编制“两河”开发产业发展规划，潍河、弥河治理工程列入国家规划，3座水闸除险加固工程获批建设。寿光市、诸城市成为“全省县域科学发展试点县”，省发改委在诸城市召开试点县座谈会。组织4

家企业参加“济南战区国民经济动员会议成果展示”活动，5家企业参加实战化会议产品展示活动。

【改革开放】 推进行政审批制度改革，审批环节压减40%以上，健全重大项目稽查监管体系，对中央投资项目、重大水利工程项目进行专项督查。研究制定全市现代农业综合改革试点实施意见，对“两河”流域和南部山区农业发展情况开展专项调研，寒亭区、潍城区宅基地换房试点取得良好效果。启动第二批县级公立医院综合改革，推进医疗联合体建设，鼓励社会力量投资医疗服务事业，全市民营医疗机构发展到2731家、占比34.9%。牵头推进全市公务用车制度改革，制定全市社会信用体系建设工作方案和规划。核准和推动一批外商投资和境外投资大项目，帮助7家企业进口设备免税7300万元。争取农产品进口关税配额20.98万吨，位列全省第二。成功创建“国家电子商务示范城市”“信息惠民国家试点城市”。与瑞士马利克管理中心合作项目一期结束，中欧城镇化合作形成“十大领域、多个项目”合作发展框架。推动与美国佐治亚州建立长期合作关系。对接北京项目700余个。

（胡德利）

## 能源保障

【概况】 全市电力总装机容量536.5万千瓦，其中，新能源发电装机容量114.4万千瓦，占电力总装机的21.3%。投运新能源项目中，风电装机容量106万千瓦，居全省第二位；光伏发电装机容量8.4万千瓦，居全省第四位；生物质发电装机容量达到7.3万千瓦。在建新能源项目装机容量47万千瓦。全市全社会用电量431.8亿千瓦时，位居全省第一位，同比增长7.68%。全市新建各类天然气管约300公里，新增各类天然气用户约10万户，新建设汽车加气站7座，天然气总消费量预计约6.5亿立方米，同比增长约12%。

【电力】 全市用电量431.81亿千瓦时，位居全省第一位，同比增长7.7%。开工建设3项500千伏、3项220千伏、20项110（35）千伏工程，正在加快推进建设2项500千伏、2项220千伏、14项110千伏及以下工程。全市电网累计投资达132亿元，电网负荷和负荷均占全省十分之一，基本建成全省规模最大、售电量最高、结构最合理、可靠性最高的地区电网。

【天然气】 全市各类燃气企业达到300家以上。其中，管道燃气企业23家，汽车加气站60座，液化石油气站230余座。全市各类燃气管网长度超过4300公里，民用天然气用户发展到90万户，工商业用户2450户；液化石油气用户约160万户，发展天然气汽车9万辆。潍坊城区共有管道燃气企业4家，汽车加气站22座，液化石油气站24座。建成中压以上燃气管网461公里，发展民用天然气用户37万户、工商业用户1000余户，发展天然气壁挂炉约1.5万台、天然气采暖锅炉30余台。全市新建各类天然气管网约300公里，新增各类天然气用户约10万户，新建设汽车加气站7座，天然气总消费量预计约6.5亿立方米，同比增长约12%。

【新能源】 风电领域，核准风电项目8个，总规模39.15万千瓦，总投资40亿元，拉动直接就业120人，项目全部建成后，可贡献发电量9.8亿千瓦时，实现产值6.7亿元，每年节约标煤29万吨，减少二氧化硫排放量约560万吨、一氧化碳约77.36吨、氮氧化物3176吨、二氧化碳68.8万吨，灰渣排放量约9万吨。6个项目列入国家“十二五”第四批拟核准风电项目计划，规模28.35万千瓦，项目数量居全省第一位，项目总规模居全省第二位。光伏领域，备案分布式光伏项目34个，规模22.89万千瓦，省备案地面光伏电站项目4个，规模15.5万千瓦，这些项目建成后，总投资规模约40亿元，按照25年的光伏使用寿命计算，累计发电量114.8亿千瓦时，节约标准煤38.2亿吨，减排二氧化碳1000万吨、二氧化硫3.3万吨和氮氧化物2.832万吨。争取省分布式光伏指标22.89万千瓦，计划外多争取15.89万千瓦，总量位居全省第一位。国内规模最大的民营光伏企业顺风光电集团一期10兆瓦分布式光伏项目即将动工建设。滨海区渔光互补50兆瓦光伏项目、寿光市山东万海电力35兆瓦地面电站项目、安丘市天恩荣辉50兆瓦、临朐县天能20兆瓦四个地面光伏电站获省发改委备案。生物质发电领域，安丘市盛源2×15MW生物质热电联产工程和寒亭区热源建设项目列入国家能源局生物质能供热示范项目。

【重点项目】 全市能源项目超过80个，总投资超过500亿元。榆横—潍坊和锡盟—江苏泰州两条“特高压入潍”工程加快推进，工程建成后，新增变电容量1400万千瓦，每年向潍坊输送电力260万千瓦时，可减少标煤消耗3300万吨，减排二氧化碳6000万吨、二氧化硫7万吨，可满足全市未来20年内的电力需求。神华集团总投资160亿元的山东神华国华寿光发电厂项目分两期实施。一期总投资85亿元，建设2×100万千瓦发电机组，8月获国家发改委核准，正在加快建设。总投资107.2亿元的国电集团高密热电联产项目，规划建设4台66万千瓦超超临界供热机组，一期投资53.6亿元，建设2台66万千瓦超超临界供热机组。一期建成投产后，年可发电72.6亿千瓦时，实现销售收入32.45亿元、税收5亿余元。目前，开展前期工作的请示已报送国家能源局，项目可行性研究报告已通过专家审查。总投资44亿元的临朐县抽水蓄能电站项目，规划建设4台100万千瓦机组，前期工作已启动。

（胡德利）

# 国有资产监督管理

**【概况】** 全市国有及国有控股、参股企业88家，资产总额1327.1亿元，国有资产641.7亿元，营业收入67.7亿元，实现利润2.88亿元。其中，国有独资83户，国有控股2户，国有参股3户；市级企业39户，资产总额892.23亿元，国有资产451.74亿元，营业收入31.6亿元，实现利润0.9亿元。

**【市级政府投融资体制改革】** 按照现代企业制度要求，完善公司治理运营结构，规范内部运营机制。推进公司人才建设，开展定岗、定员工作，对公司机构设置、人员配备进行审核把关，规范人才招聘工作。综合调度投资集团公司运营情况，定期分析财务状况、土地资源运用情况，汇总督导市级重点项目进度和投融资情况，促进了公司健康发展。

**【混合所有制经济调研】** 认真学习十八届三中全会《中共中央关于全面深化改革若干重大问题的决定》及省《关于深化省属国有企业改革完善国有资产管理体制的意见》，准确把握发展混合所有制经济精神实质。主动协调，联合有关部门和县（市、区）政府，开展了混合所有制经济专题调研，形成了《我市发展混合所有制经济调研报告》，为发展混合所有制经济探索了思路和举措。

**【国有企业改革】** 完成潍坊港务有限公司组建工作。协调引进战略投资者森达美港有限公司，由潍坊市、山东高速集团、森达美港三方共同出资10亿元组建潍坊港务有限公司。公司首期注册资本2亿元，于4月挂牌成立，二期出资6亿元全部到位。推进亚星化学股份有限公司战略重组。促成亚星化学集团与汉红股权投资公司合作，亚星化学通过证券市场定向增发预计募集资金14.8亿元。督导亚星化学按照进度签署股权转让协议，科学制定非公开发行股票预案，保证重组工作按计划进行。山东海龙股份有限公司重整后续工作稳步推进。协调市投资公司将所持海龙3.57%股权无偿划转恒天集团，解决海龙对晨鸣控股5.18亿元借款资金偿还问题，改善了恒天海龙资产负债状况。推进山东新华印刷厂潍坊厂改革、改制工作。指导企业制定改制工作方案，完成工商变更登记和产权变更登记，完成清产核资工作，形成资产评估报告。做好市民卡与公共自行车卡互联互通工作。委托智慧潍坊建设专家委员会组织省、市一卡通方面专家论证，聘请会计师进行专项审计，评估核算报告及审计情况。

**【提升经济运行质量】** 制定下发了《潍坊市国有经济三年（2014—2016）发展计划》，提出发展目标和重点发展任务。通过股权无偿划转、合并等多种方式，组建大型集团公司，进一步发挥集团公司协同效应，提高国有资本运营效益。支持有条件的大型企业采取发行股票、债权、中期票据等方式进行融资，进一步优化企业债务结构，严格控制债务风险。建立国有资本有进有退机制，积极推动处于竞争性领域、规模较小的国有资本有序退出，提高国有经济的整体运营质量。

**【健全和完善监管制度】** 制定《市管企业负责人业绩考核办法》，会同市人社部门研究市投资集团公司负责人薪酬管理实施意见，按步骤建立考核结果与薪酬分配挂钩、与任期目标挂钩的激励约束机制。制定了《潍坊市市管国有独资公司外部董事管理试行办法》，明确了外部董事管理原则、任职条件、选聘程序、考核评价等问题，完成第一批外部董事的报名、考察、建库等工作。制定了《潍坊市市管企业监事会管理暂行办法》，在市管企业建立专职监事制度。规范国有资本经营预算管理。全年市级国有资本经营预算收入、支出分别安排1189万元，实际收入1205万元，超额完成16万元。认真落实财务监管制度，建立国有企业财务月报制度，加强预警分析，评估企业运营风险，做好风险防控。（推进国有企业资产转让进场交易，严格控制国有产权协议转让。年内完成3项产权转让项目，转让标的评估价值364.19万元，成交价975万元，溢价率达167.72%。

（孙伟康）

# 国土资源管理

**【耕地保护与土地规划】** 市政府印发《耕地开垦费征缴使用管理暂行办法》，全市验收土地整治项目19个，新增耕地1073.3公顷。做好土地综合整治项目（农用地整治部分）竣工验收准备工作和高标准基本农田及其数据库建设工作。国土资源部、省国土资源厅把青州、寿光土地综合整治项目列入国际会议观摩现场。编制年度报部规模方案，批复271.4公顷。国家级工矿废弃地复垦利用试点获国土资源部批复，规模253公顷；增减挂钩国家试点累积立项实施项目区164个；低丘缓坡开发利用国家试点上报规模124.47公顷。全省节地挖潜三项试点现场会议在潍坊召开。

**【建设用地与地籍管理】** 全市供应各类建设用地面积5613.33公顷，出让总价315.4亿元。构建现代产业竞争性用地机制，推进低效利用建设用地二次开发，盘活低效利用土地1473.33公顷。青州、昌乐被评为“山东省首届国土资源节约集约模范县（市）”。推进国土资源部在潍坊开展农村集体建设用地和宅基地使用权确权登记发证示范基地建设工作，土地登记动态监管查询系统国家级示范基地建设通过国土资源部验收。2014年市级审核土地登记报件初始变更登记205宗，查封登记397宗，上市交易188宗，抵押登记403宗。潍坊市国土资源局获“第二次全国土地调查先进集体”称号。

**【地质环境与矿产资源】** 做好汛期地

质灾害防治工作，汛前对87处地质灾害隐患点进行排查巡查，完成了安丘市部山镇马家旺村滑坡搬迁避让。青州、安丘、临朐三县（市）成为全国首批地质灾害防治高标准“十有县”（有制度、有机构、有经费、有监测、有预警、有评估、有避让、有宣传、有演练、有效果）。昌乐火山地质公园被国土资源部授予“第七批国家地质公园”称号，诸城恐龙国家地质公园正式揭牌开园。严格采矿权审批，做好矿山整顿关闭工作，公告注销并清理过期采矿权346宗，全市采矿权保留176宗。加大矿产资源补偿费征缴力度，征收入库5129万元。科技管矿实现全矿种、全区域覆盖，对97宗遥感监测采矿图斑进行实地核查，配合查处违法开采行为13起。

**【测绘管理】** 山东地理信息产业技术创新战略联盟正式成立，山东测绘地理信息产业基地建设有序推进。8月29日，国土资源部副部长、国家测绘地理信息局局长库热西·买合苏提到潍坊市参加“测绘法宣传日”活动。地理国情普查已完成外业工作量的90%。“数字潍坊”地理空间框架在全省率先成功升级为“智慧潍坊”时空信息云平台。县级“数字城市”全面建成并应用。全省测绘及地理信息产业发展年度考核连续数年位居第一。

**【执法监察】** 运用综合施治措施，强力拆除复耕违法用地，全市共扣减用地指标47.07公顷、乡镇财政经费4145万元、村干部工资13万元；暂停挂钩试点项目5个，暂停4个县（市、区）土地审批项目；禁止纳入全市招商引资考核项目67个，处理副科级以上干部28人，全市国土资源管理利用秩序持续好转。建成基于网格化实时监管的执法监察系统，加强日常执法监管，积极开展“小产权房”清理、清查专项行动。

（于　倩　魏一菡）

# 安全生产监督管理

**【概况】** 全年发生各类生产安全事故205起，累计死亡107人，死亡人数控制在省政府下达的指标之内。

**【安全生产责任体系】** 严格落实政府及部门安全监管责任。市委、市政府出台了《关于进一步加强安全生产工作的意见》，建立健全“一岗双责、齐抓共管，党政同责、常务分管，安监专责、严查促管”和“管行业必须管安全、管业务必须管安全、管生产经营必须管安全”的安全生产责任制，地方政府属地管理、行业主管部门直接监管、安全监管部门综合监管有机结合，形成安全监管工作合力。严格生产经营单位安全生产主体责任落实。市政府安全委员会制定印发了《关于实行安全生产网格实名制的意见》。按照属地管理和分级管理的原则，逐一明确各生产经营单位的主体责任、部门监管责任和政府领导责任，做到责任清晰、任务明确、人员到位、管理规范。各级安监部门加大监管执法力度，督导各企业建立健全安全生产管理机构和人员，落实全员安全生产责任制，保证安全生产资金投入，完善安全生产条件。加强安全生产目标责任考核。市委、市政府继续将安全生产纳入2014年度全市科学发展综合考核，在“一票否决”的基础上，对安全生产管理加严一个层次，对完不成当年安全生产目标任务和发生重大以上生产安全事故或重复发生较大生产安全事故的县（市、区），取消年度评先树优资格，党政主要负责人一年内不予提拔重用。

**【标准化、规范化建设】** 全面动员部署。市委、市政府下发了《关于深入开展安全生产标准化、规范化建设促进全市安全生产形势持续稳定的意见》，计划用两年时间，分地区、分行业、分系统完善安全生产标准规范，实现岗位达标、专业达标和生产经营单位达标，全面提升安全生产水平。完善标准规范。对国家和省已有具体行业标准规范的，严格按照上级的标准规范执行；对国家和省暂时还没有制定行业评定标准的，由市直相关部门参照《企业安全生产标准化基本规范》，结合潍坊实际，制定本行业、本系统的安全标准规范，并组织实施。共公布各类安全标准规范114项，其中，自行制定的安全标准规范39项。加强督查调度。市政府每季度召开一次调度会，并建立标准化、规范化工作任务分解立项督查工作机制，指导推进面上工作。严格考核。将安全标准化、规范化创建工作纳入县（市、区）科学发展综合考核和部门绩效综合考核，与领导干部年度考核挂钩，加大考核力度。市政府安全委员会制定出台了《潍坊市安全生产标准化规范化工作考核办法》，从严要求，严格把关。截至2014年年底，全市达标企业（单位）11674家，规模以上工业企业达标率52%。

**【隐患排查整治】** 加强重点领域安全监管。烟花爆竹领域，制定下发了《潍坊市烟花爆竹经营（零售）规范化星级管理办法（试行）》，规范烟花爆竹经营（零售）安全管理。截至2014年年底，全市22家批发企业全部通过三级以上安全生产标准化达标验收。非煤矿山领域，注销、关闭、取缔非煤矿山19家。全市37家非煤矿山企业通过三级以上安全生产标准化达标验收。危险化学品领域，通过多种形式的检查、调度，督促危化品企业落实主体责任。全市化工及危险化学品领域586家企业通过三级以上安全生产标准化达标验收。工贸行业，深入开展涉氨企业液氨使用专项治理工作，共检查发现隐患4112处，督促整改隐患2976处，取缔关闭企业86家，停产整顿企业199家。全市共有2307家工贸行业企业通过三级以上安全生产标准化达标验收。职业安全健康方面，以确保不发生群体性职业中毒或职业中毒死亡事故为重点，大力推进职业病危害基础信息库和职业卫生分类分级管理系统建设，对职业危害重点企业实施职业卫生分级、分类监管。全市466家用人单位进行了职业卫生“三同时”或现状评价，6267名劳动者职业健康岗前查体、16494人岗间查体、648人离岗查体。创新督查检查机制。市领导经常性采取不发通知、不打招呼、不听汇报、不陪同接待，直奔基层、直插现场的“四不两直”方式，对全市安全生产工作情况进行暗查、暗访，针对暗访发现的问题，认真分析原因，采取针对性措施，强力推动安全生产各项措施落实。各级、各部门分别成立检查组和暗访组，深入企业开展检查督查活动，全面排查整改安全隐患。扎实有效开展专项行动。按照“全覆盖、零容忍、严执法、重实效”的要求，先后组织开展了百日安全集中整治、安全生产资质专项检查、油气管线隐患专项整治、道路交通安全隐患整治、安全生产百日攻坚行动等一系列安全专项治理行动，深入排查整治事故隐患，严厉打击违法生产经营建设行为。

**【基层管理】** 推进安全监管信息化，建设“潍坊市安全生产综合监管系统”工程，运用现代化信息技术，实施对全市高危行业企业、规模以上企业的实时监控，提高安全生产的管控能力。健全完善应急预案体系，全市规模以上工业企业全部完成应急预案年度修定、编制和上报备案工作。加强应急实战演练。市、县两级重点加大对人员密集场所的应急逃生演练力度，先后组织小商品城消防实战演练和中小学应急疏散演练等人员密集场所应急演练。大力开展安全示范创建活动。全市共有59家企业获市级及以上安全文化示范企业称号（其中，国家级1个、省级21个、市级37个），6家企业通过省级应急管理示范企业考核验收，69个基层班（组）受到市级及以上安全班（组）表彰（其中，省级16个、市级53个），1个区、8个镇（街）被命名为“全国安全社区”，22个镇（街）被命名为“省级安全社区”。强化宣传教育。宣传贯彻新修改的《中华人民共和国安全生产法》和开展“安全生产月”活动，在电视、广播、网络等主要媒体开设专栏或专题，利用公交移动传媒、户外电子显示屏等设施，播放安全生产法律法规和公益广告，广泛普及安全知识。编印《安全生产知识丛书》12万本，免费发放到基层群众手中，大力营造关注安全、关爱生命的浓厚氛围。

**【队伍建设】** 挂点联系镇（街）、社区、企业53家，对口帮扶10户低保特困家庭。参加行风在线等与群众的互动活动4次，接收、答复和处理群众意见14个。强化服务意识。全年办结审批事项18834项，提速25%以上。委托国家安监总局培训中心对县（市、区）、市属开发区和市直有关部门分管负责人进行了为期一周的专题培训，进一步提升各级领导干部依法监督能力。创建标准化执法监察队伍。市财政拨付专项资金430余万元为执法队伍增加装备仪器，提升全市执法队伍执法能力。市安全生产监察支队和各县（市、区）监察大队全部通过省级执法监察队伍标准化考核验收。

**【重大安全事故】** 11月16日18时36分，位于寿光市龙源镇的寿光市龙源食品有限公司厂房发生重大火灾事故，共造成18人死亡、13人受伤，4000平方米主厂房及主厂房内生产设备被损毁，直接经济损失2666.2万元。

（孙垂涛）

# 工商行政管理

**【扎实推进商事制度改革】** 在全省率先制定《推进工商注册制度便利化加强市场监管的实施意见》，明确实行注册资本认缴制、放宽注册资本登记条件、实行“先照后证”等19项具体改革事项，实现了改革措施具体化、工作责任明晰化。积极创新改革举措，率先出台《市场主体住所（经营场所）登记管理暂行办法》，允许“住改商”“一照多址”“一址多照”。下放冠市名称核准权，在高新区、滨海区试行市级名称审批，实行“筹建”登记制度，大力优化审批流程。各项改革政策有效激发了投资创业热情，全市新登记各类市场主体9.8万户，注册资本（金）806.9亿元，同比增长41.7%和109.5%。各类市场主体总量达到52.4万户，注册资本（金）总额4832.4亿元，同比增长20.5%和34.6%。

**【积极服务经济转型升级】** 9月，全国广告产业园区建设和运营管理培训班在潍坊成功举办。组织成立潍坊市广告联盟，服务和推动广告产业与优势产业融合发展。全市广告经营单位达到

工商登记制度改革实施当天，我市颁发首张新版营业执照。（供图：邱新华）

3996家，广告经营额15.3亿元，同比增长42.9%和56%。实施商标战略，新创驰名商标6个、著名商标32个，总量分别达到116个和365个；新注册地理标志证明商标22个，总量达到77个，居全省第一位。深入开展“守合同、重信用”创建活动，累计公示国家级“守重”企业30家、省级395家。开展动产抵押融资银企对接活动，办理动产抵押登记456件，助企融资148.5亿元。

【维护公平竞争市场环境】 认真贯彻落实《企业信息公示暂行条例》，积极构建以信息公示、信用监管为核心的新型监管体系。组织开展查处不正当竞争，打击“傍名牌”、虚假违法宣传和农资市场、成品油市场、中介市场、汽车交易市场专项整治，有效净化了市场环境，规范了市场竞争秩序。深化区域协作执法，省工商局在潍坊召开了景芝酒业专项打假维权协调会议。启动“无传销城市”创建，组织打击传销专项执法活动，开展集中打击行动3次，取缔传销窝点和场所20处，教育遣散传销人员401人；开展直销市场专项检查和直销企业履行社会责任督导工作。完善网络交易监管机制，市工商局电子取证分析实验室一期建设完成，建档网络市场主体2.9万户，在线检查网站3489个次，查处网络交易案件33处。

【创新开展消费维权工作】 深化“12315”投诉举报网络建设，“12315”申诉举报指挥中心受理消费咨询、投诉、举报2.3万件，处结率100%。以新《中华人民共和国消费者权益保护法》实施为契机，对新《中华人民共和国消费者权益保护法》和“新消法、新权益、新责任”消费年主题进行了集中宣传。在全市范围内组织开展商品零售行业消费者满意度调查评议和交通客运站服务体验调查活动，进行汽车售后及维修服务情况调查，促进了维权热点问题解决。推动建立市级消费投诉和联络单位100个、县级310个，有效提高了消费纠纷调处水平。强化流通领域商品质量监管和有关服务领域消费维权，组织开展电子电器、装饰装修材料等重点领域消费侵权专项整治，指导经营者开展了形式审查与实质检验相结合的质量准入工作。开展不公平合同格式条款整顿规范，检查银行、电信和汽车销售企业236家，发现并处理问题条款51条。

【工商行政管理体制调整】 2013年11月17日，市政府制定出台《关于改革完善市（县）食品药品工商质监管理体制的实施意见》，明确市属开发区综合设置市场监督管理局（挂食品安全委员会办公室牌子），作为开发区管委会内设机构，业务上接受市级食品药品、工商、质监管理部门指导和监督，对生产、流通、消费环节的食品安全和药品的安全性、有效性实施统一监督管理，同时承担食品安全委员会的具体工作和工商行政管理、质量技术监管工作。2014年10月15日，市委、市政府印发《关于潍坊市人民政府职能转变和机构改革的实施意见》，明确将原由省垂直管理的市工商行政管理局列入市政府工作部门；印发《关于县（市、区）政府职能转变和机构改革的意见》，明确整合工商行政管理部门、质量技术监督部门、食品药品监督管理部门的职责，组建县（市、区）市场监督管理局，同时承担县（市、区）食品安全委员会的具体工作。

（孙永刚　邱新华）

全国广告产业园区建设现场交流会暨广告产业园区建设和运营管理培训班在潍坊举行。国家工商总局副局长甘霖出席会议并讲话，市委副书记、市长刘曙光与会致辞。

（供图：邱新华）

## 价格管理

【概况】 全年CPI累计上涨1.3%，较2013年同期降低0.3个百分点，低于全省（1.9%）、全国（2.0%）平均水平。

【价格管理】 电价：落实了新能源发电价格补贴政策，争取国家补贴资金1.26亿元。继续实施居民生活阶梯电价和超标准耗能电价政策。热价：潍坊城区居民生活两部制供热价格，基本热价由11.00元/平方米调整为7.68元/平方米，低保户家庭基本热价为3.68元/平方米，差价（4元/平方米）由市财政承担；计量热价由0.14元/千瓦时调整为0.17元/千瓦时。非居民生活两部制供热价格，基本热价由13.50元/平方米调整为9.36元/平方米；计量热价由0.17元/千瓦时调整为0.21元/千瓦时。气价：潍坊市辖区内车用天然气销售价格，每立方米由4.30元调整为4.60元。非居民天然气存量气销售价格，每立方米由3.66元调整为4.06元。特殊行业（洗浴等）用气价格，每立方米由3.96元调整为4.36元。农价：落实了省烟叶、小麦最低收购价格政策（中准级烟叶每50公斤1080元；三等小麦每50公斤118元）。运价：潍坊城区客运出租车起租费由6.00元/3公里调整为7.00元/3公里，3公里以上1.60元/公里，豪华车型租费1.80元/公里。出租车公司代理服务费由200元/车·月调整为最高300元/车·月。自9月5日起增设了出租车燃料附加费，每乘次0.50元。制定了K16路等12条新增公交线路（车型）票价。服务业价格：落实了服务业用水、用气、用热、用电与工业同价政策。对养老、基层社区服务等机构，用水、用气、用热执行居民价格，用电执行居民生活用电的非居民用电价格。

10月9日，潍坊市物价局、财政局、国土资源局联合举行潍坊市征地地面附着物和青苗补偿标准听证会。（供图：姜 波）

【收费管理】 收费年审：审验了市直38个系统250个部门2013年度收费情况，共审验收费项目460项，审验收费总额64.08亿元，收回收费许可证64个，变更收费项目（标准）70项。经营服务性收费：落实省政策，放开了培训班、民办教育等31项市场竞争充分的原政府定价服务项目。制定了潍坊中心城区建筑垃圾运输、消纳价格政策，运距10公里以内最低限价23元/立方米，超过10公里每公里增加1元/立方米；建筑垃圾消纳费3元/立方米。编印了《潍坊市经营服务性收费目录（2014年版）》和《潍坊市涉房地产开发建设环节经营服务性收费项目目录》。医药价格改革：批复了各县（市）医改试点医院取消药品加成后收入补偿方案，自10月1日起，调整价格总量不超过2013年药品价差总量的80%。制定了《潍坊市公立医疗机构非普通病房床位价格核定办法》，核定了潍坊市公立医疗机构非普通病房等级床位中准价格。落实了医疗机构销售药品进销差率和最高零售价“双控”及国家基本药物零加成销售政策。其他：调整了征地地面附着物和青苗补偿标准，总体提高幅度在52%以上。

【价格监督检查】 开展工商、交通、建筑、环保、消防等行业领域，以及涉农、涉企和银行服务收费专项检查。全市共立案查处价格违法案件53起，实施经济制裁445.18万元。12358价格服务电话共受理价格咨询、投诉、举报4900余起，为群众挽回经济损失12.35万元。推进明码标价工作，组织开展了虚构原价、虚假打折等价格欺诈行为专项整治行动。

【成本监审】 严格落实成本监审制度。全市共开展成本监审项目37个，核减不合理成本3.17亿元。积极开展了农产品成本调查工作。完成小麦、玉米等农产品成本调查任务，撰写分析材料70余篇。

【价格认证】 开展涉案物品价格鉴证，涉税、涉纪财物及经济领域价格认定工作，全市共完成各类价格鉴证业务案件4599起，总标的额10.7亿元。探索建立价格、司法联动机制，指导基层乡（镇）设置了价格矛盾调解室，及时化解价格纠纷。

【民生价格服务】 搭建民生商品价格信息发布平台。通过网络、电视、手机、社区显示屏等渠道，对城区4家超市、3家集贸市场的20个品种的当日价格进行实时发布。完善民生工作“双挂钩”联动机制。市政府发文，完善了社会救助和保障标准与物价上涨挂钩联动机制。

【价格法制】 制定了部门权力清单和服务清单，其中，权力清单事项39项，服务清单事项5项。严格履行法治制度。全年共完成19个定调价（费）方案的集体审议，召开价格决策听证会5场。制定落实了法律顾问制度。明确了市、区两级价格管理权限。将涉及42个单位的价格管理职责下放到县（市、区）。将潍坊城区物业、停车收费、商品和服务明码标价等市场特点明显的价格行政管理事项下放到区级管理。

（姜 波）

## 质量技术监督

【质量强市战略全面推进】 组织开展全市工业产品质量合格率调查统计工

作，为全市各县（市、区）科学发展综合考核指标提供数据支持。在国务院对山东省政府的质量考核中，潍坊市承担了被考核任务，质量工作受到国务院考核组的充分肯定。诸城市获批创建“全国质量强市示范城市”，成为全省首个获批创建“全国质量强市示范城市”的县级市。寿光市的王乐义获得“2014年度省长质量奖”，累计已有4家企业、4名个人获此奖项，居全省各市前列。组织开展了潍坊市“市长质量奖”评审工作，有5家企业、2名个人获得“2014年度市长质量奖”，全市已有31家企业、14名个人获此奖项。

**【标准化战略深入实施】** 推动山东新龙集团有限公司承担全国化学催化剂标准化分技术委员会低汞触媒催化剂工作组，全市已落户国家标准化技术委员会工作组3个；累计有1216个产品通过了采用国际标准和国外先进标准验收，位居全省第一位；指导帮助14家企业成功创建国家级标准化良好行为企业，全市创建国家级标准化良好行为企业373家，居全省第一位；组织有关单位起草制定了4项省地方标准；新制定、发布、实施了6种作物安全生产技术规范；新获批创建2个省级农业标准化示范区项目，全市已获批国家级农业标准化示范区（市）45个，建成42个，获批数量和建成数量均居全省首位；全市已获批创建国家级服务业标准化示范项目8个，居全省第2位，其中3个通过了验收；创建省级服务标准化试点项目24个，居全省第3位。

**【质量安全监管不断加强】** 建立市级监督抽查机制，组织实施服装、内燃机等产品的监督抽查。加强了特种设备使用安全标准化、规范化建设，强化了特种设备“百日攻坚”专项行动、建筑施工预防坍塌事故专项整治等。开展全市电机生产企业能效标识专项核查、水表计量授权单位检定比对等活动，完成了全市153家获证实验室的检验检测统计上报工作，部署有机产品认证监督检查、管理体系认证监督检查、机动车检验机构安全隐患排查等工作。

**【简政、放权力度持续加大】** 全面落实省质量技术监督局简政、放权措施，市级行政审批权限进一步下放，组织机构代码办理等权限全部下放至各县（市、区）、市属各开发区，进一步减轻了企业负担。省质量技术监督局委托办理的许可事项通过预先指导全部实现了现场办结，市质量技术监督局审批的事项全部提速50%以上。

**【检验检测能力进一步提升】** 目前市质检所有1336种产品、818种产品的11476个产品参数和1739个方法通过了实验室资质认定，有369个产品（项目）通过了国家实验室认可。山东省内燃机质检中心有48个产品、21个产品的285个参数及87个方法，共计156项通过了实验室资质认定初次评审。市计量所已建立社会公用计量标准206项，建标数量居全省地市级计量所首位；4个实验室被评为二级实验室，实验室等级和数量均居全省地市级所首位；计量授权检定校准项目272个，通过实验室认可的校准项目123个、检测项目16个；通过实验室资质认定的产品（项目）19个；在全省地市级计量所中率先建立了500毫米口径液体流量标准装置，率先具备了三坐标测量机集校准检测、精度恢复于一体的业务能力，率先完成了电声标准装置的建标工作，填补了潍坊电声计量检测能力的空白。

**【名牌战略取得成效】** 青州敞口山楂和青州柿干获批成为“国家地理标志保护产品”，潍坊国家地理标志保护产品总数达9个，居全省第一位；争创山东名牌产品21个，总数达209个，列全省第二位；争创山东省服务名牌6个，总数达54个，居全省第三位。

**【质监管理体制改革和食品生产监管职能划转】** 2011年，《国务院办公厅关于调整省级以下工商质监行政管理体制加强食品安全监管有关问题的通知》下发，质监部门的省垂直管理体制改革启动。2013年，《山东省人民政府关于改革完善市县食品药品工商质监管理体制的意见》《潍坊市人民政府关于改革完善市县食品药品工商质监管理体制的实施意见》先后印发，确定将质监省级以下垂直管理改为地方政府分级管理体制，质监部门承担的生产环节食品安全监管职责划归给新组建的市食品药品监督管理局。2014年4月，市质监局及下属单位的相关编制、人员划转市食药监局到位。10月，《关于潍坊市人民政府职能转变和机构改革的实施意见》确定将市质监局列入市政府工作部门；《关于县（市、区）政府职能转变和机构改革的意见》确定整合县（市、区）工商、质监、食药部门的职责，组建县（市、区）市场监督管理局，同时承担县（市、区）食品安全委员会的具体工作。12月，市政府办公室印发了《潍坊市质量技术监督局主要职责、内部机构和人员编制规定》。

（刘成文）

# 食品药品监督管理

**【“三基”建设】** 组织开展了“基层组织、基础支撑、基本规范”建设强化年活动。健全基层监管网络，在全市118个镇（街）、县级开发区共设置了124个监管所，在全市行政村和城市社区设立协管员9000余名，形成了“四级组织、五级联动”的食品药品监管网络。夯实监管基础支撑，完成了食品生产经营单位，特别是小作坊、小食品店、小餐饮单位的基本信息采集，形成了“一企一档”“一店一档”。市局机关开展集中政治业务培训27次，举办基层监管业务培训班11个，培训县级局及镇（街）监管所人员1480余人次。落实监管基本规范，组织对现行内部规章制度进行修订完善，进一步细化日常工作运行、行政审批、行政监督、行政处罚等各项工作流程。在市直部门首家建立了权力清单和服务清单，市编办将做法在市直执法部门中进行了全面推广。通过制定规章制度、完善工作机制、严格许可准入、实施分类监管、建立诚信档案等措施，督促企业落实主体责任，强化了各项监管工作日常规范落实。

**【食品药品专项整治】** 市政府常务会议专题研究了食品安全专项整治工作计划，配套制定了各分项实施方案和抽检方案，采取突击检查、检打结合、边检边打、严打重处等措施，组织开展了肉及肉制品、桶装水、药品生产企业空调净化系统及工艺用水系统、医疗器械“五整治”等19个专项整治行动，共查办案件2269起，涉案货值85万余元，罚没款800余万元。共抽检食品7951批次，抽检药品1770批次，全市地产基本药物抽检合格率达到100%。

**【食品药品日常监管】** 强化落实日常监督检查、质量约谈、量化分级管理等监管措施。共检查各类单位8.92万余次，下达监督意见书和整改通知书9300余份，约谈企业负责人和质量负责人78名。开展“清洁厨房”行动，提升餐饮厨房卫生环境，共有1563家持证餐饮单位通过清洁厨房标准审查。深入开展“食安潍坊”品牌引领行动，共评选并向省局推荐了22个食品生产示范企业、91个食品流通示范单位、11条餐饮服务品牌示范街区、30家餐饮服务示范店、19家示范学校食堂。全面承接了省局下放的8大类食品生产许可职能，下放县（市、区）审批事项5项，共办结审批事项7232起，按时办结率达100%，连续保持了“红旗窗口”称号。

**【监管创新】** 创新推进检验检测体系建设，基本建立起了市级为骨干、县级为基础、快检广覆盖为补充的检验检测体系。积极推进快检广覆盖，在全市大型食品批发市场、农贸市场及大型超市建设了100个快检室。创新推行阳光开放行动，推动食品生产加工、流通、餐饮服务环节分别实施“亮企”“亮店”“亮厨”行动，共有320家食品生产企业、218家商场超市和513家餐饮单位实现了开放“亮化”。推动行业联盟建设，全市已建立各类合作组织约1.2万个，正在组建全市肉类和酒类生产企业联盟。创新实施食品流通“一本通”制度，实现了“以供控购、以购溯源、管住供货商、规范购货商”的链条式管理。积极推进信息化建设，被省局确定为“全省系统信息化建设试点单位”。

**【“双四”宣教活动】** 创新推行以网络、电视、热线、广播“空中四条线”和一条街、一个文化大院、一个公示栏、一张服务卡“地上四个一”为载体的“双四”宣教活动，已覆盖至全市75%左右的行政村和社区。《中国医药报》以“阵地常在，常讲常新”为题对“双四”宣教活动进行了专题报道。开展食品安全现场宣传活动342场次，在市局网站和信息公开平台发布信息750余条，在各级各类媒体发稿200余篇，广泛宣传食品药品安全常识，实现了“空中地上”立体发声，进一步提高了公众辨假识假和参与监督的能力。广泛宣传“12331”投诉举报电话和有奖举报政策，全年共接收投诉举报事项4151件，全部进行了调查处理。

（王燕燕）

2014年1月29日，潍坊市市长刘曙光（右二）带队到市食品药品检验所视察工作。

（供图：赵　亮）

# 审计监督

**【概况】** 在保持“全国文明单位”“全国‘五一’劳动奖状”“全国巾帼文明岗”等多项称号基础上，5月又被审计署授予“全国政府性债务审计先进公务员集体”，并记嘉奖奖励，2013年全省审计工作综合考核第一名，审计局党组书记、局长宫智被人社部、审计署授予“全国审计机关先进工作者”称号。2014年，全市共审计单位（项目）671个，查出违规金额198.0529亿元，为国家增收节支33.52亿元，提交审计信息1481条，审计提出建议1087条，向司法、纪检监察机关移送案件27起，移送其他部门处理事项7件。推进机关精细化管理，日常管理实现制度化、规范化。编制权力清单和服务清单，确保了清单的全面、真实、合法。加快审计信息化建设，市委办公室、市政府办公室联合下发了《关于做好信息化条件下审计工作有关事宜的通知》，为大力开展信息系统审计和采集相关电子数据提供了重要依据。大力推动潍坊审计数据管理分析平台项目建设。开发完成潍坊审计数据管理平台软件，实现对财政、社保、地税、公积金、经济责任等行业原始数据、标准数据的综合管理，具备了

全市审计工作会议　（供图：张同波）

数据交换和法规查询功能。

【财政审计】　围绕促进提高财政管理绩效，加强财政审计。开展2013年市级预算执行审计，对25个部门单位预算执行和其他财政收支情况进行了审计，注重向二、三级单位延伸，力求审深、审透，努力实现财政性资金全覆盖。税收征管审计重点对19户重点纳税单位2013年度的纳税情况进行了延伸，对部分市直单位贯彻中央“八项规定”精神、“三公”经费用及会议费用管理使用情况进行审计，延伸调查了相关所属单位。全市共审计（调查）单位643家，审计查出主要问题金额649.41亿元。

【政府投资审计】　围绕促进城乡建设发展、加强政府投资项目开展审计。完成了对鲁台会展中心的审计工作，审定工程结算值18.47亿元，审减工程造价5.99亿元，审减率24.5%。组织开展了示范镇建设情况专项审计调查，对互通式立交桥进行竣工决算审计，对东风街、虞河路、玉清街三条道路进行跟踪审计。全市共完成政府投资审计调查项目225个，核减投资10.90亿元。

【企业金融审计】　对全市8家市级政府投融资公司改制组建及运营情况展开审计。重点对公司改革组建及运营情况进行摸底评估，揭示公司在“事改企”、内部管理控制、重大投融资决策和公司规范运作等方面的问题，提出有针对性和建设性的意见和建议，促进企业持续健康发展。全市共完成审计（调查）单位19家，审计查出主要问题金额16.35亿元。

【民生项目审计】　结合民生领域改革和发展情况，不断加大重点民生项目的审计力度。开展中心城区学前教育发展现状专项审计调查，针对审计中发现的规划建设、规范化管理和专项资金使用等问题，提出审计建议6条。开展中心城区2011～2013年土地管理利用情况专项审计调查，为提升市区工作实现新突破提供有力支撑。组织完成了审计署安排的全市保障性住房审计工作，基本摸清了城镇保障性安居工程目标任务完成和资金筹集情况，针对保障性安居工程资金使用和筹集管理不严格、部分项目未严格执行基本建设程序等问题提出了审计建议。完成了临朐县2011～2013年财政扶贫资金分配和使用管理情况审计调查工作，确保了国家扶贫资金的落实到位。组织开展住房公积金资产清查结果审计，确保了全市住房公积金管理体制调整工作顺利完成。

【经济责任审计】　经济责任审计工作规范化和运行机制建设有了新进展，审计对象分类管理进一步健全，经济责任审计联席会议成员单位间协调与联系更加紧密。制定了《潍坊市领导干部自然资源资产离任审计2014年工作方案》。进一步健全经济责任审计对象分类管理办法，突出重点，点线控制，加大对财政资金量大、经济管理职责复杂、下属管理单位多的行政事业单位领导干部和重点国有企业法定代表人的经济责任审计力度。认真总结推广坊子区开展镇（街）、村（居）审计工作的经验，积极推进全市镇（街）和村（居）审计工作。全市共审计领导干部199人，其

省纪委领导到市审计局检查指导工作。　（供图：张同波）

中，党委政府 21 人、党政部门 67 人、事业单位 102 人、人民团体 4 人，查出负直接责任的违规金额 88 万元，负主管责任的违规金额 56.74 亿元。

（宿铭远）

# 统计工作

**【概况】** 潍坊市统计局扎实开展党的群众路线教育实践活动，逐级签订《潍坊市统计系统行风建设责任书》。认真落实《山东省文明单位创建活动实施意见和考核细则》和《山东省统计系统文明单位管理办法》，制定《潍坊市统计局科级及以下工作人员量化绩效考核工作实施方案》。潍坊市统计局先后被评为“省级文明单位”“山东省第三次经济普查先进集体”“中国信息报社统计宣传先进单位”“全省统计工作先进单位”“全省统计宣传工作先进单位”“潍坊市先进党组中心组理论教育工作先进单位”“全市‘六五’普法先进集体”。

**【第三次经济普查工作】** 经过全市 2.4 万名普查员和普查指导员的共同努力，完成了 9.5 万个法人单位（比第二次经济普查增长 67%，列全省第一位）和 48.9 万个体工商户的数据采集、审核等工作。通过查遗补漏、迂回对比等方法严把审核关，强化大数审核评估和数据质量控制，加大评估力度，切实保证了普查数据质量。涌现出了寿光市圣城街道“全国最美普查员”吴海燕等先进典型，其感人事迹在《中国信息报》《经济日报》等主流媒体宣传报道。普查工作期间，省统计局在潍坊市专门召开了现场会，对潍坊市普查工作给予了充分肯定。

**【统计服务工作】** 支持和服务突破滨海、提升市区工作。实施“突破滨海、提升市区、开发‘两河’”三大战略，以重点区域率先突破，助推全市发展优化升级、转型跨越。市统计局围绕提升市区“13364”工作部署，制定了《统计局提升市区工作实施方案》。按照《潍坊市滨海飞地工业园区管理规定》，每月对特色工业园区投资总量进行全面统计，计入各县（市、区）、开发区投资总量，并实行考核双倍积分。积极承担构建现代产业体系相关工作。抽调业务骨干全程参与现代产业体系构建相关工作，研究制定了《潍坊市现代产业体系统计报表制度》，牵头制定了构建现代产业体系县（市、区）、市属开发区、市直相关部门考核评价办法和考核评价细则。为县（市、区）科学发展综合考核提供技术支持。对涉及科学发展考核的主要经济指标做好前瞻性分析，对增幅较低的指标提前分析原因，进行预警，提出改进措施。积极参加潍坊市创建“全国循环经济示范市”活动。研究制定潍坊市循环经济统计体系建设实施方案，编制潍坊市资源产出率统计调查方案，开展潍坊市资源产出率调查。

**【统计信息咨询工作】** 对工业、投资、能耗、房地产、贸易等重点领域敏感指标，提前调度，分析预警，为市领导把握形势、科学决策及时提供参考依据。全局撰写统计分析文章 141 篇，统计政务信息 202 篇，被市委、市政府采用 118 篇，被省统计信息网采用 136 篇，被国家统计信息网采用 13 篇。开通了统计政务微博和微信公众平台，为民服务的渠道进一步拓宽。

**【统计调研工作】** 针对经济运行回落、企业经营成本上升、资金紧张、投资意愿不高等问题，分阶段组织实施了 2 次大调查活动。对全市 8954 家“四上”（四上，是现阶段我国统计工作中对达到一定规模、资质、限额及以上企业的统称，具体包括规模以上工业企业、房地产企业和资质等级以上建筑业企业，限额以上批发零售业、住宿和餐饮业企业，规模以上服务业企业。）企业的主要负责人开展一次全面问卷调查。此次调查共回收问卷 8794 份，占 98.2%，调查内容涉及生产情况、效益情况、用工情况、资金情况、趋势预测、投资意愿等方面，对调查情况编制了专门程序进行汇总分析，形成专题报告 6 篇，并编印成册上报市级领导。

**【社情民意调查工作】** 在潍坊学院建立社情民意调查平台，现已运行 14 个月，完成了全市科学发展综合考核群众满意度、事业单位绩效考评满意度、教育工作满意度、社会治安群众满意度等 30 余项县（市、区）党委政府和市直部门委托的调查。

**【网络安全保密工作】** 强化对保密知识的学习。专门邀请了省局对保密知识进行专题讲解，计算机室人员定期对全局工作人员进行培训，提高了机关工作人员的保密意识和保密工作水平。建章立制。制定了严格的计算机网络安全管理办法、网上信息发布和保密等制度，实施了数据备份、“一套表”用户密码及“谁上网谁负责”等制度。做好信息安全等级保护测评和风险评估工作。拟定了招标要求，目前该项目进入招标阶段。实施内、外网物理隔离，提高防风险水平。计算机设备现已配备到位，全局人员达到了人均两台计算机配置，台式机用于工作和上内网，笔记本电脑上外网。服务器保障、内网防火墙到位。更新了路由器防火墙，升级了入侵防护系统，与网络杀毒软件和漏洞补丁扫描分发系统形成了较为完善的防御体系。

**【统计数据质量建设】** 在严格执行省统计局数据质量管理办法的基础上，结合潍坊实际，制定了《潍坊市统计数据质量控制办法》。该办法涵盖了统计工作的 11 个专业，突出了数据来源渠道、报表管理、数据审核、上报使用、归档管理等控制重点，加强了对基层源头数据质量的控制，适应了新形势下对统计工作的新需求，对提高统计数据质量起到了很大的推动作用。以统计法制建设和统计执法为主线，对全市"一套表"联网直报企业进行了专项整治。针对IP地址重复、企业数据变化异常、乡（镇）区域内企业主要数据增幅大面积相似、冒名报送、指令性报送等问题，对全市统计数据联网直报企业进行了全面整治。市局出台了整治方案，组成8个检查组，对各县（市、区）进行了现场检查，并有针对性地提出了整改建议，进一步规范了企业数据报送流程，强化了统计的法律权威性。高度重视数据的匹配性分析。对数据间出现的矛盾点，认真分析内部产生的原因，为社会解疑释惑，提高了统计公信力；对于重要统计数据，班子集体研究确立，实现了民主决策。

【法制建设】 做好"六五"普法工作。利用"12·4"全国普法宣传日及"12·8"统计法颁布实施纪念日集中开展普法宣传活动。在全市统计系统开展了纪念《中华人民共和国统计法》颁布三十一周年书画展览及法制建设主题征文等活动。全力搞好全市统计业务骨干培训。邀请山东省统计局副局长左振华作统计法律知识讲座；利用举办全市乡（镇）统计站业务骨干培训班的时机，讲解统计法律法规知识；积极组织统计局领导干部参加市法制办、司法局安排的全市领导干部法律知识考试；利用统计局"统计大讲堂"给市局及五区（含开发区）统计局全体人员专题讲解统计法律知识。建立法律顾问制度。与山东鸢都英合律师事务所合作，聘请了常年法律顾问，通过借助专业法律人士的智力，为全市依法统计，规范履责，合理防范统计风险，提高依法行政水平，提供了有力的法律保障。

【统计基层基础建设】 不断推动统计机构规范化建设。各县（市、区）通过建立计算机培训教室、配备基层统计人员等软硬件设施，依据本地经济总量与工作任务配足统计人员，进一步夯实乡（镇、街道）统计基础。加强统计人员教育培训。由市统计局牵头，组织各科室和县（市、区）统计业务骨干参加省局举办的统计业务培训。完成2014年度全市统计从业资格考试，723人报名，587人参加考试，办理统计从业资格证483个。各县（市、区）统计局也定期采取培训形式，不断提高乡（镇、街道）统计人员业务素质。扎实推进部门、联网直报企业统计规范化建设。对部门统计规范，主要从组织领导、机构人员、统计调查、统计资料、信息化等方面入手，夯实统计基础；对联网直报企业，重点解决好企业法人学法、守法问题，自觉做到依法、真实、及时上报统计数据。观摩交流。在推广寿光市基层统计工作经验的基础上，10月，市统计局主要领导带领各县（市、区）统计局局长和重点乡（镇）统计站负责人，到东营市六合社区和广饶县统计局观摩学习。

（郭　川）

# 检验检疫

【概况】 全年共检验检疫出入境法检货物116171批，货值48.2亿美元。检验检疫批次、货值、人均批次分别位居全省第二位、第五位和第一位，签发各类原产地证书数量居全省第二位，突显了潍坊作为外贸大市的地位和潍坊检验检疫在全省的作用。

【外贸出口】 全年共检验检疫出境法检产品109853批，货值39.8亿美元，去除法检目录调整的影响，实现了稳步增长。其中，检验检疫出口食品农产品73693批、25.4亿美元；检验出口工业品29312批、12.3亿美元。潍坊禽肉、蔬菜出口继续保持全国领先位置，年出口禽肉量6.5万吨，约占全省1/4、全国1/8；年出口蔬菜量101万吨，约占全省1/4、全国1/8。在全球经济持续低迷、全国外贸形势严峻的大背景下，潍坊外贸出口实现了稳步增长。

【执法把关】 严把出入境检验检疫关，进口货物不合格检出率14.6%，出口国外预警率同比降低6%，实现了外贸进出口"质、量"双丰收，有力地维护了"潍坊制造"在国际市场上的形象。其中，全年出口欧盟禽肉熟制品1.3万吨，占全国输欧量的50%以上；检出不合格进口产品908批，货值1.3亿美元，进口检出率明显提高；对外索赔409批，为企业挽回损失1000余万美元。首次从入境粮谷、木材、动物中截获检疫性杂草三裂叶豚草、刺苍耳、硬雀麦，检疫性害虫三齿双棘长蠹、窄吉丁和二类动物传染病伪狂犬病和阿留申病，保证了国民安全。

【服务发展】 认真落实国务院促进进出口稳增长、调结构十二项政策措施要求，出台了《当前形势下促进外贸稳定增长工作措施》《提升服务水平支持突破滨海加快发展七项措施》。依规减免检验检疫费1500余万元，大大降低了企业成本。签发各类原产地证书41873份、19.4亿美元，减免进口国关税7146万美元，为企业增创效益超过4亿元。助推潍坊保税区、青岛保税港、诸城保税物流园区、寿光晨鸣场站、高密晟绮场站等特殊监管区建设，扩大进口货物直通业务的开展；指导潍坊港顺利通过国家质检总局口岸核心能力验收，推动二期3个万吨级码头成功通过省政府的开放验收。发挥技术中心的技术支撑和服务功能，全年共为企业和政府部门检测样品31205批、64119个，提供数据153164个。

【改革创新】 根据法检目录调整和法检制度改革需要，迅速调整工作重心，创新监管体制机制，探索实行出口食品农产品、出口工业产品监管模式和关检合作"三个一"（一次申报、一次查验、一次放行）通关模式改革，提高服务外贸便利化水平，方便了企业出口通关，降低了出口成本。在全省系统率先开展了"三个一"通关试点工作，提高了通关效率，减少了货物滞港费用，增强了潍坊地区特殊监管区的保税、物流作用，目前已通关货物238批，为出口企业节省了100余万元。大力开展直通检疫业务，潍坊综合保税区、晟绮物流场站进口棉花7.3万吨，晨鸣物流场站等进口废纸62.1万吨。

**【示范区深化提升】** 继续深入推进出口食品农产品质量安全示范区建设，潍坊市成功获得“山东省出口农产品质量安全示范市”称号，现有国家级示范区5个、省级示范区3个，安丘、高密两市通过了中韩食品安全示范区共建韩国官方验收，示范区建设继续领跑全国地市。7月，山东省创建出口农产品质量安全示范省动员暨现场会议在潍坊召开。9月，新华社、《人民日报》《中国日报》、中央电视台等中央媒体对潍坊示范区建设工作进行了专题采访报道。12月，全国有机认证示范创建工作会议在潍坊召开。

**【政风、行风转变】** 组织了“进农村、进企业、进一线，促发展、促和谐”的“三进二促”主题实践调研活动，走访企业100余家，发放征求意见表100余份，征集意见和建议70余条，解决实际问题50余个。在市纪委进行的行风测评中，出入境检验检疫局在22个执法部门中名列第三。扶贫帮困向扶贫村派驻“第一书记”工作、与潍城区南关社区接对子文明共建活动得到了地方党委政府的肯定，被评为潍坊市“包千村联万户促和谐谋发展”活动先进单位。向社会和学校开放实验室，让消费者和学生了解检验检疫工作和食品安全知识，获得了社会各界的好评。

（吕海波）

## 海　关

**【概况】** 燃料油等重点商品，实现税款入库31.9亿元，增长47.6%，审价补税4633万元，增长1.25倍；专项稽查补税125.5万元，有效率100%；加工贸易内销征税6610.6万元，下降16.1%；审批减免税234票，审批货值8.6亿元，实际减免税款6410.2万元，分别增长74.6%、30.9%和43.2%。全年共核放报关单17.2万张，居关区首位，降幅由年初的47.2%缩小为2.19%。监管进出口货运量796.5万吨，货值77.6亿美元，分别增长27.3%、1%。口岸进口查验率28.1%、出口查验率4%，查获率23%，实现双达标。备案加工贸易手册3675本，备案进口总值21.8亿美元，实际进出口总值54.7亿美元，分别下降6.7%、11.9%、8.6%；保税仓库入出库货运量78.6万吨，货值7.7亿美元，分别增长64.4%、36.5%。全年开展常规稽查16起，专项稽查5起，验证稽查5起，核查148起，移交案件线索34起，共补征税款275万元。开展特许权使用费等专项行动6次，查发案件12起，补征税款149.6万元。

**【风险管理】** 组建监控中心，应用HZ2011、HL2008等系统，加强部门合作，共同提升风险管控水平。2014年上报各类风险信息77条，其中，被总署采用59条，采用率75.6%，超额完成指标任务；人工风险布控有效率6.87%；风险信息转化有效数18条，其中，转稽查处8起，实现稽查补税208万元。在HL2008系统应用方面，组织开展专题培训，详细讲解系统功能；指定专人负责系统应用，及时处理风险提示，2014年共制发HL2008联系单254份，移交缉私线索4起，补征税款235万元，系统应用取得显著效果。

**【统计职能】** 稳妥完成统计系统切换，坚持每天开展CSD（报关单数据质量检控系统）和TSD（贸易统计系统）数据审核工作，加强统计数据分析应用。向海关总署上报统计专报24篇，被海关总署《海关要情》采用6篇，其中2篇被中央领导批示；向地方政府报送进出口情况分析11篇，被市委、市政府主要领导批示3次，为政府决策提供了有力支持。2014年上报统计数据及时率和准确率达到100%。

**【企管效能】** 发挥职能作用，主动帮助全市企业争取更高管理类别，顺利完成总署企业管理执法检查，并取得优异成绩。新注册企业1143家，企业换证295家，企业变更4937家，注销企业23家，企业巡查1168家。积极开展企业类别调整，上报总关审批上调AA类企业2家，上调A类企业57家，上调B类企业1家，下调B类企业2家。

**【服务经济发展】** 为16个县（市、区）开展政策宣讲5次，受益企业400余家，参与人员1000余人，现场发放宣传材料600余份，征集意见建议40余条，解答企业问题150余个。制定支持潍坊“突破市区”战略16条措施，为市区发展提供针对性服务策略。2014年共监管潍坊港进出境船舶319艘次，占关区监管船舶总量的85.1%。完善卡口辅助管理系统，在关区率先实现车辆自动验核、“零等待”放行，实现监管服务双提升；推动跨境电子商务建设与发展，综保区全年共验放报关单6万张，一线进出境总值8.1亿美元，监管货运量3.9万吨，分别增长48.9%、29.9%、58.9%。

**【行政执法】** 破获JN04走私燃料油大案，涉及成品油10万余吨，案值超过10亿元。2014年共立案侦查刑事案件7起，案值9.2亿元，涉税2.5亿元，立案调查行政案件12起，案值2078.7万元，涉税456.2万元，实现罚没入库543.1万元。组织开展业务执法专项督察，累计分析电子数据5000余条，制发业务联系单212张，及时纠正执法偏差7起。

（于帅帅）

# 农　业

*Nongye*

## 农业现代化

**【概况】** 全市农民人均纯收入达到14776元，同比增长11.3%；完成农、林、牧、渔业总产值895.8亿元，增长4.0%；完成农业增加值456.2亿元，增长4.0%。

**【品牌农业加快发展】** 以优质、安全为核心，加快构建结构合理、梯次布局、充满活力的现代农业品牌体系，打造一批知名的地域品牌、产业品牌、企业品牌和产品品牌。全市“三品”基地面积发展到540万亩，“三品一标”认证数量达到1608个，认证数量居全国同类城市首位。绿色食品认证数量占到全国的1/17；有8个区域品牌先后被命名为“中国特产名品之乡”，28个产品获得“农产品地理标志”登记，8个专业村镇被评为“省级一村一品示范村镇”。潍坊禽肉、蔬菜出口继续保持全国领先位置，年出口禽肉量6.3万吨，约占全省1/3、全国1/8；年出口蔬菜量92万吨，约占全省1/4、全国1/8。积极打造“中国食品谷”高端品牌平台，核心区开工建设了总投资40亿元的中凯冷链物流园项目（一期已形成20万吨储藏能力）、总投资10亿元的食品谷总部基地一期项目、总投资5亿元的“中国百姓大厨房”项目。

**【“四化”发展深入推进】** 积极推进规模化经营、标准化生产、企业化管理、社会化服务，加快建设现代农业示范基地。全市粮食播种面积达到1096万亩，粮食高产创建田面积达到180万亩，粮食总产量突破46.5亿公斤，被评为“全国粮食生产先进市”。肉蛋奶、蔬菜、水产品等产量稳中有升，肉蛋奶总产量256万吨，禽肉出口6.5万吨，增长8%；蔬菜产量1200.4万吨，增长3.0%；水产品总产量60万吨，增长3.7%；烤烟产量2.8万吨，水果产量87.7万吨。全市畜牧产业链实现销售收入1089亿元，增长2.3%，居全省第一。全市土地流转面积达到288.1万亩，占全市家庭承包面积的30.3%。新建改建100亩以上现代农业（种植业）示范园区110个。新创建市级生态循环农业示范园区50个，休闲农业示范园区40个，智慧农业示范园区10个。全市建成国家级蔬菜、水果标准化生产示范园区达到26处，国家级现代农业示范区1处，省级现代农业示范区2个，市级优质农产品示范园区150个。新增标准化生态养殖园区123个、总数达3539个，畜产品加工园区5个、总数达266个，兽药饲料生产园区6个、总数达366个；新增国家级畜牧示范园区1个、总数达22个，省级畜牧示范园区22个、总数达82个，市级畜牧示范园区56个、总数达206个。建立了农业投入品监管和农产品质量安全风险监管等一系列制度，县、镇、村三级农产品质量安全监管体系进一步健全，机构和人员基本到位。加大农产品质量抽检密度和频次，全市共抽检蔬菜样品25018个，其中，定量检测3420个，合格率99.58%。全市在工商部门登记注册的农民合作社达14452家，新增2077家。全市经工商登记注册的家庭农场总数为3292家，新增1484家。种苗产业发展迅速，年种子生产经营能力达0.6亿公斤、种苗15亿株。寿光被确定为“国家蔬菜种业基地”。积极扩大涉农抵质押物范围，引导金融机构因地制宜推出9大类、83个创新业务产品，累计支持农户超过23万户，发放贷款300余亿元。积极打造现代农产品流通体系，全市农产品批发市场达到162处，各类农产品交易市场发展到1500余处，年交易额过亿元的达到41处。通过“保姆式”全托管、“菜单式”环节托管等形式，托管土地208.25万亩。

**【生态文明乡村建设扎实推进】** 把农村饮水安全、农村公路村村通、农村环境综合整治、乡村绿化和乡村文明行动作为重点，强化措施，狠抓落实，着力解决关乎群众生产、生活的要事、难事。全市建成规模化集中供水工程70处，其中，千吨万人以上规模化集中供水工程50处，建成小型单村、联村集中供水工程634处，集中供水覆盖人口率达到94.7%。全市共完成新建改造农村公路2675.1公里，完成投资24.33亿元，合格率100%，优良率78.8%。青州、诸城、安丘、昌乐四个县（市）被列入村级公路网化示范县。大力推进农村环境综合整治和城乡环卫一体化工作，重点整治道路泥泞、排水不畅、垃圾乱扔、人畜混居等突出问题，全市共整治村庄1400个，村庄整治总数达到9400个，占村庄总数的100%，基本建立起了“户集—村收—镇运—县处理”的农村垃圾处理长效机制。完成造林33.6万亩，新建农田林网8.4万亩，四旁植树3304万株；全市森林面积达564.7万亩，活立木蓄积量1467.6万立方米，林木覆盖率35.5%。深入开展乡村文明行动，创建市级以上“巾帼”现代农业示范基地163个，县级以上和谐家庭13.2万个，全市有3个镇被确定为“省文化特色示范镇”、69个村被确定为“省级乡村文明家园示范村”。

**【“两河”流域综合开发顺利启动】** 按照“全域统筹、生态优先、三产融合、四化同步”的思路，综合考虑流域空间规划、生态环境、产业发展和要素配置，积极稳妥地加快以潍河、弥河为重点的全流域综合开发，把“两河”流域打造成功能完善的生态带、经济转型升级的隆起带、农业现代化与城镇化互动发展的示范带。开发“两河”总体规划已通过专家评审，防洪安全、淡水资源可持续利用、生态系统培育、基础设施建设、新型城镇化体系建设、产业体系布局等6个专项规划已编制完成，其中3个通过专家评审。市发改委相关部门组织沿河县（市、区）包装筛选了九大类283个项目，总投资1761.3亿元，主要涉及休闲旅游、文化创意、养生养老、现代农业、安全食品、低耗能无污染的轻质工业项目、生态环保、基础设施及其他项目。共争取中央和省投资8.3亿元，重点支持了“两河”流域先进制造业、高新技术产业及资源综合利用、垃圾处理厂、污水处理厂、农村饮水安全、新增千亿斤粮食、河流综合治理及南水北调工程等基础设施建设。市水利部门认真组织列入2013～2015年国家规划内流域面积3000平方公里以上的潍河、弥河可研报告编制工作，目前已经淮河水利委员会审查复核。列入2013～2015年中小河流规划的22个项目初步设计已全部批复。市交通部门因地制宜规划建设沿河交通网，加快推进沿河县、乡道公路和桥梁升级改造建设。市林业部门搞好沿河路域、堤坝和镇、村的组团式、片区式绿化，构建绿色生态廊道，加强生态湿地保护区网络建设。先后在潍河、弥河、汶河等河流滩地内栽植芦苇、菖蒲、香蒲等水草植被3400余公顷；正在建设污水处理厂出水口人工湿地18处，总面积达9300余亩。两河流域共建立湿地公园20处，总面积73.16万亩。市环保部门深入推进“三八六”环保行动，加大沿河排污企业、农业畜牧业面源污染等查处力度，加快流域内环保基础工程建设，消灭污水直排。对现有城镇污水处理厂进行一级A升级改造，新建污水处理厂全部按一级A标准设计，一级A污水处理厂比例达90%以上。“两河”流域内所有市控以上企业全部纳入自动在线监控范围。对污水直排企业提升排水水质控制标准，要求企业废水能够纳入集中处理的，全部纳入城市污水处理厂集中处理，原则上不再审批新建污水直排工业项目，工业点源直排现象基本消除。

**【农业基础条件不断改善】** 完成农田水利基本建设投资33.9亿元，建成各类水利工程6371处，新增改善灌溉面积72.6万亩，发展节水灌溉面积46.2万亩，建成“旱能浇、涝能排”高标准农田38万亩。农业机械化水平进一步提高，全市农业机械总动力1371.3万千瓦，增长0.8%；联合收获机达到2.4万台，增长8.6%。全年共完成机耕面积975.8万亩，机播面积1492万亩，机收面积1365万亩，机耕水平、机播水平、机收水平分别达到98.9%、88.8%、81.2%。在全市组织实施土壤改良工程，有计划地对全市耕地状况进行普查与诊断，利用物理技术，配合生物手段，对土壤性状进行全面改良，率先在设施农业比较集中的寿光、青州、昌乐三县（市）开展了试点。全面推广测土配方施肥、“水肥一体化”、绿色控害等技术，全市测土配方施肥面积1352万亩，“水肥一体化”面积25万亩，绿色控害面积达到350万亩，化学农药使用量减少4%。全市供销社建设商贸中心4处，新建村级综合服务社309个，发展各类连锁经营网点1156个。新建、改造区域性综合仓储物流中心6个，县域综合配送中心12个，农产品批发市场及冷库15个。全系统已购置智能配肥机16台，建成放心农资配送中心12家，规范改造放心农资店1176个，熏蒸土地超过10万亩，销售生物有机肥6.8万吨。建成高毒农药储备库11处，组建专业服务队伍18支，收缴高毒农药1526.1公斤，会同有关部门针对病虫害疫情开展专业服务，使用高毒农药23.1吨，储备高毒农药20.06吨。

**【农村民生持续改善】** 民生和社会事业全面发展，农村劳动力转移就业10.5万人，减少农村贫困人口11万人。城乡低保和五保供养标准不断提高，中心城区和诸城、寿光农村低保提高到每人每年不低于3100元，其他县（市、区）不低于2900元。农村五保集中和分散供养标准分别达到每人每年不低于5400元和4000元。农村义务教育公用经费标准提高到小学710元、初中910元，改造农村校舍99万平方米。新农合和城镇居民医保实现并轨，城乡一体的居民医保制度全面建立。城乡居民基础养老金提高到每人每月75元，发放率保持在100%。为基层配备广场文化活动器材1679套（件），80%以上的行政村（社区）建成乡村文化小广场；对375个农家书屋进行了数字化升级。

（王敏廷）

## 农村改革

**【概况】** 认真贯彻中央和省委、省政府安排部署，围绕激活农村生产要素、保障农民财产权益，不断深化农村改革，着力解放农民、转移农民、富裕农民，构建起了城乡要素平等交换和公共资源均衡配置的体制机制，为加快形成城乡发展一体化新格局奠定了基础、创造了条件。

【现代农业综合改革试点获国家发改委批复】 3月21日，国家发改委批复潍坊市为现代农业综合改革试点市。综合改革试点是国家发改委首次设立，潍坊市是全国唯一的现代农业综合改革试点。同时也是山东省唯一的国家发改委综合改革试点市。市委、市政府对这项工作高度重视，成立了现代农业综合改革试点专项小组，切实加强对改革试点工作的领导和指导；《关于推进现代农业综合改革试点的实施意见》初稿已经形成，正在进一步修改完善中。

【供销社综合改革试点获省政府批准】 5月30日，省政府批复潍坊为供销合作社综合改革试点市。寒亭、安丘、高密为供销合作社综合改革试点县，同时开展新型农村合作金融专项试点。6月30日，省供销社批复同意潍坊市供销合作社综合改革试点实施方案。供销合作社综合改革试点实施以来，取得了明显成效。探索了生产合作、供销合作、信用合作“三位一体”的合作经济组织组建和运作新模式，领办农民合作社达到1008家，组建专业性农民合作社、联合社72个，乡（镇）级区域性农民合作社、联合社52个，县级区域性农民合作社、联合社4个。构建“供销社+村两委+农民合作社+信用互助社”“四位一体”发展新机制，参与社、村共建的基层社92个，开展“社村共建”的村庄502个，共建项目735个，助农增收6950万元，村集体增收1516万元，基层社区收益435万元。依托山东经贸职业学院和中华全国供销总社潍坊培训基地，开展新型职业农民培训，全市累计培训农民、社员30747人次。积极推动建设为农服务中心，推广“保姆式”全托管和“菜单式”半托管服务模式，为农服务中心达到45处。建设商贸中心4处，新建村级综合服务社309个，发展各类连锁经营网点1156个；新建、改造区域性综合仓储物流中心6个、县域综合配送中心12个、农产品批发市场及冷库15个。寒亭、安丘、高密3个金融试点单位开展信用互助业务的达到37家，全系统达到42家，成立资金互助合作社1家（诸城相州泰丰资金互助社），信用互助规模达到5740.5万元。

【齐鲁农村产权交易中心获省政府批复筹建】 9月3日，省政府正式批准齐鲁农村产权交易中心成立，是全省唯一的省级综合性农村产权交易机构。农交中心由潍坊市金融控股集团发起成立，股东包括山东省国际信托有限公司、潍坊市农商银行、潍坊兴农土地整治有限公司、潍坊汇银融资租赁有限公司，涵盖了各类金融业态。农交中心以“立足山东、服务全省、创建全国一流的农村产权交易机构”为目标，主要经营范围包括农村土地承包经营权、集体林权、水域滩涂养殖权、农村集体股权、农业知识产权、农业生产工具及设施流转交易服务；农村产权资产评估、农村集体资产招投标；农村金融产品及服务（农村产权抵质押登记、土地信托、农村产权资产证券化）；农业订单服务、农产品电子交易、农业信息数据发布及咨询等相关配套服务。共设立15个分中心及134个乡、镇（街道）办事处，实现了全市所有涉农县（市、区）农村产权交易服务体系全覆盖；并在济宁邹城市设立了第一个省内区域分支机构。已办理农村土地承包经营权流转交易623宗，涉及土地流转面积5600余亩，涉及交易金额6900余万元；办理农村产权抵押登记业务35笔，涉及贷款融资额320余万元。

【农村产权制度改革深入推进】 开展农村土地承包经营权确权登记颁证工作，全市有7416个村完成确权登记颁证工作，占应确权登记颁证村数的98.4%；完成确权面积791.7万亩，占确权面积的98.3%。已发证户数147.3万户，占应确权户数的98.3%。开展农村集体资产改制工作，全市有8104个村已完成成员资格认定，占应改制村数的96.8%；7697个村已完成改制，占应改制村数的92%；6199个村已进行工商登记，占应改制村数的74.1%。

（王敏廷）

# 种植业

【粮食生产】 全市共安排建设农业部小麦高产创建万亩示范片30个、46万亩，玉米高产创建万亩示范方27个、34万亩；整建制乡（镇）4个、43万亩；省粮食高产创建示范方14个、66.65万亩，全市粮食高产创建田面积达到180万亩，推动了大面积平衡增产。全市粮食播种面积1096万亩，粮食总产46.44亿公斤，潍坊市连续三年被农业部表彰为“全国粮食生产先进单位”。

【农产品质量安全监管】 市委、市政府出台《关于进一步加强农产品质量安全监管工作的意见》，进一步完善监管办法，强化监管手段，落实监管责任。健全了农产品质量安全监管体系。在县级农业主管部门成立监管科，在镇级设立专门的监管办公室，在村级明确1名村干部为安全监管员，县、镇两级农产品质量安全监管机构和人员已基本到位。全市6273个行政村均明确了1名村干部担任本村农产品质量安全监管员。加强了农业投入品监管。建立了高毒农药政府储备制度、农药经营告知制度和购买农药实名登记制度。4月起，持续开展了农药经营使用集中整治行动，共检查农药生产经营企业9381家，整顿农资市场1239个，查获违法农资143.5吨，货值98.2万元，受理投诉、举报案件79起，查处各类案件共314起，其中，立案查处各类案件275起。落实了农产品质量安全风险监控制度。

按照每月每万名常住人口抽检一批次的标准，建立了常态化的农产品强制性例行速测制度和定量检测制度。全市共抽检蔬菜样品25018个，其中，定量检测3420个，合格率99.58%。对检测不合格的农产品，一律追根溯源，依法查处，排除质量安全隐患。

**【农业转型升级】** 全市土地流转面积达到288.1万亩，占全市家庭承包面积的30.3%。新建、改建100亩以上现代农业（种植业）示范园区110个。新创建市级生态循环农业示范园区50个、休闲农业示范园区40个、智慧农业示范园区10个。全市建成国家级蔬菜、水果标准化生产示范园区达到26处，国家级现代农业示范区1处，省级现代农业示范区2处，市级优质农产品示范园区150处。在原有420项农产品生产技术规程的基础上，整理制定了60项标准化生产技术规程，汇编成册，无偿发放给农产品生产者，做到有标可依，依标生产。在安丘市实施了出口农产品质量安全示范产业集群建设，在寿光、诸城、高密等市实施了出口农产品质量安全示范企业基地建设。组织开展了农业产业化省级财政扶持项目申报工作，39家省级以上重点龙头企业申报了贷款贴息、订单类项目，38家企业获得省财政扶持资金1193万元。全市新认证绿色食品66个、有机食品16个、无公害食品18个，“三品”总数量达到1370个，基地总面积发展到540万亩。昌乐县宝都街道被评为第四批“全国一村一品示范镇”。寒亭区朱里街道潍县萝卜生产专业镇等8个专业村镇被评为“省级一村一品示范村镇”。开通了潍县萝卜专业网站，成功举办了首届潍县萝卜品牌大赛暨拍卖会。

**【农业持续生产能力改革】** 加快治理农业面源污染。以农村沼气建设和秸秆综合利用为重点，大力推广“畜—沼—菜”等生态循环农业模式。大力推行绿色控害技术，全市绿色控害面积达到350万亩，蔬菜、水果、花生绿色防控覆盖面积达到播种面积的40%，有害生物综合防治面积达到播种面积的25%以上，化学农药使用量减少4%。5月，联合中国农药发展与应用协会在潍坊举办了第三届绿色农药博览会和第五届生物农药发展与应用交流大会，组织近万名农民合作社社员、种植大户等业者参观学习。实施土壤改良工程。在全市组织实施土壤改良工程，有计划地对全市耕地状况进行普查与诊断，利用物理技术，配合生物手段，对土壤性状进行全面改良，率先在设施农业比较集中的寿光、青州、昌乐三县（市）开展了试点工作，全面推广测土配方施肥、“水肥一体化”等节肥节水技术，全市测土配方施肥面积1352万亩，水肥一体化面积25万亩。加快种苗产业发展。深化种业科技体制改革，推进国家现代蔬菜种业创新创业基地建设，集中力量在种业领域进行科研攻关，做强、做大一批“育繁推一体化”种业企业。全市持经营许可证种子企业达到38家，培育具有自主知识产权的新品种55个，其中，蔬菜新品种49个，标准化种苗生产基地43处，良种繁育基地面积10.8万亩，年种子生产经营能力达0.6亿公斤，种苗15亿株。

**【农村改革】** 农村土地承包经营权确权登记颁证工作基本完成。全市有7416个村完成农村土地承包经营权确权登记颁证工作，占应确权登记颁证村数的98.4%；完成确权面积791.7万亩，占应确权面积的98.3%。已发证户数147.3万户，占应确权户数的98.3%。农村集体资产改制工作进展较快。全市有8104个村已完成成员资格认定，占应改制村数的96.8%；7697个村已完成改制，占应改制村数的92%；6199个村已进行工商登记，占应改制村数的74.1%。全面推行村级事务公开专项整治。全市8516个村全部对资金、资产、资源状况和群众关注的征地补偿等重大事项和财务收支、债权债务情况全面进行了“三榜公示”。农民合作社、家庭农场取得较快发展。全市在工商部门登记注册的农民合作社达14452家，比上年增加2077家。全市经工商登记注册的家庭农场总数为3292家，2014年新增1484家。

（马玲玲）

# 林 业

**【概况】** 全市完成造林2.27万公顷，森林面积达到37.6万公顷，林木蓄积量1467.6万立方米。进一步深化林业改革，推动产业转型升级，全市年实现林业产值860亿元。狠抓森林防火、病虫害防治、林地管理、林权改革、林业执法等工作，林业资源管护能力进一步增强。

**【国家森林城市创建】** 出台《关于创建国家森林城市推动生态美丽潍坊建设的意见》，印发实施方案，成立领导小组，召开动员电视会议，明确创建任务目标、实施步骤和责任分工，全力推动创建工作开展。邀请专业规划设计单位，以“亲山近水享绿色福利，五彩鸢都创森林潍坊”为理念，编制创建总体规划，力争通过十年建设期，在全市建成较为完善的城市森林网络体系，让群众共享生态建设成果。总体规划于10月通过专家评审，并于11月经市政府批准实施。会同市委宣传部印发新闻宣传方案，多形式开展宣传活动，全面宣传国家森林城市创建工作，提高创建工作市民知晓率，调动市民参与创建的积极性和主动性。

**【生态建设】** 全市以沿海绿化、城市森林圈和生态带建设、河道生态修复绿化、荒山绿化、绿色通道建设、镇村绿化为重点，大力开展植树造林，共完成造林2.27万公顷。突出抓好滨海绿化全覆盖工程，共完成绿化覆盖2000公顷。组织济青北线沿线对断档路段林带进行补植完善，共完善林带36.02公里、造林104.5公顷，加强裸露、破损山体的植被恢复，推动远山和零星荒山的绿化，完成荒山绿化7400公顷。推进“两河”专项规划编制工作，突出抓好潍河、弥河、虞河等17条河道生态修复绿化工作，完成水系绿化造林9933.3公顷。扎实推进镇、村绿化，全市新建农田林网化面积4533.3公顷，新增10个镇（街道）、484个村（社区）达到市级绿化示范镇（村）标准。

【林业产业】 培植壮大林业专业合作组织，全市有24家林业合作社被评为“省级示范社”。积极推进公益林、商品林政策性森林保险，完善实施方案和险种条款，全面开展政策性森林保险业务，全市签订保险合同4.47万公顷。配合推进齐鲁农村产权交易中心建设，制定农村集体林权交易规则等相关工作流程，推动农村林权确权登记和交易工作开展。以发展品牌林业为统领，着力培植发展潜力大的林业企业做头雁、当龙头，鲁丽集团、诸城松源木业两家公司晋升为“国字号”林业重点龙头企业。以青州（国际）花卉创业园和中国（昌邑）北方花木城现代产业园区为依托，不断培育和壮大青州北方花卉交易市场、昌邑国家级苗木市场。积极拓宽花卉苗木交易平台，建成“中国绿色交易网”和“青州花卉电子商务平台”。成功举办2014中国（昌邑）北方绿化苗木博览会和第14届中国（青州）花卉博览交易会，中国花协盆栽分会秘书处落户青州。圆满完成青岛世界园艺博览会潍坊园建设任务，潍坊展园获“室外展园竞赛创意金奖”。依托康成江北木材物流集散基地和鲁丽木业产业园，聚集了近200家木材加工企业，打造全省木材加工产业集群试点。

【森林资源保护】 印发《关于加强林地保护和林木采伐管理工作的通知》，组织开展专项行动，全年共查处各类涉林案件439起，严厉打击了涉林违法犯罪活动。扎实开展林业有害生物防控，强化监测预警和督查指导，实行综合防控，突出抓好飞防，全市完成防治作业面积26.2万公顷（次），全面完成省政府《潍坊市美国白蛾和松材线虫病防控目标责任书》规定的各项目标任务。开展“森林火患集中整治”，强化督导检查，确保全市防火形势稳定。印发《关于加强以水灭火扑救森林火灾能力建设的通知》，推动各地加强以水灭火基础设施和能力建设，着力提升处置重大森林火灾能力。全市共完成634个批次的省、市级果品质量安全监督抽检点和风险监测点抽检任务。积极推进森林资源普查，召开动员会议，组织开展巡回检查指导，加快推进内业小班区划和外业调查工作。

【林业科技】 加强与中国林业科学院的对接协调，推动“国家林业局滨海林业研究中心”建设。经市机构编制委员会批复恢复设立潍坊市林业科学研究所，积极搭建科技合作平台。积极开展新品种审定工作，抗盐碱杨树“潍北一号”和花卉“青州仙子”兰等10个新良种通过了省林木良种审定委员会审定，柽柳属新品种“盐松1号”“盐松2号”被国家林业局授予“植物新品种权”。加快推进智慧林业建设，昌邑市被评为“全国林业信息化示范县”。

（侯占勇）

## 畜牧业

【现代畜牧产业】 加大龙头企业培育，有8家畜牧业企业入围全市百强龙头企业，一家企业入围全国民营企业500强。引导企业积极申报出口认证，扩大畜产品出口，在巩固原有市场基础上，乐港、尽美两家公司的产品成功打通了加拿大和美国市场。全市禽肉出口6.5万吨、增长8%，名列全省第一。以畜牧业龙头企业为依托，明确产业发展承载园区，园区化建设成效显著。全市新增标准化生态养殖园区331个、总数达3539个，畜产品加工园区5处、总数达266处，兽药饲料生产园区6处、总数达360处，省级畜牧旅游示范区8个，具有国内领先水平的畜产品冷链物流园区1处。建立了“原种—祖代—父母代—商品代”四级畜禽良种繁育推广体系，培育提升畜禽良种繁育基地20处、总数达183处。诸城外贸等9家畜牧业企业被评为市级“育繁推一体化”种苗企业，潍坊中基等80家畜牧业企业被评为市级标准化种苗基地。突出重点项目建设，统筹规划并开工建设畜牧项目66个，总投资266.72亿元，年内完成投资83亿元、占计划数的106%。

【畜牧业品牌创建】 坚持“认证与监管并重、数量与质量并举”原则，着力打造优势畜牧业品牌。全市争创国内外知名龙头企业38家，其中，国家级8家（销售收入过百亿的畜牧业龙头企业2家）、省级30家；争创全国生猪调出大县6个、奶牛项目县4个；争创有机食品3个；绿色食品14个、国家地理标志产品3个，新增无公害畜产品109个、总数达564个，品牌畜产品产量达133万吨、占全省的1/4，畜产品品牌数量和产品产量均居全省第一。加强品牌推介，组织200余家企业参加了在青岛举办的中国国际农产品交易会、在济南举办山东省畜牧业博览会以及第六届中国国际农产品对接会暨2014中国（潍坊）国际品牌食品展览会。

【畜牧业污染治理】 积极开展示范创建活动，全市新建、改造畜禽粪污处理示范工程100个，新建改造标准化饲养场100个，“三品一标”（无公害农产品、绿色食品、有机农产品和农产品地理标志）认证109个，完善了治污设施，推广了治污新技术、新成果，减少粪污排放37万吨，较好地控制了养殖业污染。积极推广生态养殖技术，新建生态养殖场区100家，总数达2754家，减少粪污排放50万吨。大力推广“畜—沼—粮（林、果、菜）”种养结合等生态循环消纳模式，利用畜禽粪污生产沼气，沼气用来发电、用作燃料，沼液用作果树、蔬菜等的有机肥料，实现了养殖业与种植业的良性循环发展。截至2014年年底，全市采用“畜—沼—粮（林、果、菜）”新模式的畜牧业养殖场区达到1156家，年处理利用畜禽粪便65万吨。严格落实禁养区、限养区、适养区有关规定，禁养区内已关闭或搬迁养殖场（户）577家，限养区内145家养殖场（户）完善了粪污无害化处理设施，减少畜禽粪污排放12万吨。

**【安全监管】** 扎实开展执法人员“提素质、强能力”行动，培训人员3900余人（次）；对178个检疫申报点进行了规范化建设，占总量的85%；配备电子出证设备209台、离线出证客户端148个，实现了检疫证管理信息化；完成了生猪屠宰管理职能划转，增设了管理机构，狠抓畜禽屠宰环节监管，开展了生猪定点屠宰专项整治，依法取缔无证生猪屠宰点13个，潍坊市的经验做法在全省推广。制定印发了《关于加强畜牧投入品管理工作的实施意见》，理清了监管思路，强化了监管措施，开展了专项治理，规范饲料生产企业186家，兽药经营环节登记备案管理深入推进。与食药、公安等部门联合，扎实开展畜产品质量安全专项整治行动，查处案件31起，下达整改通知书121份。加强检测检验，全市共检测畜牧样品6万余份，为畜产品质量安全监管提供了有力技术支撑。

**【改革创新】** 与潍坊银行联合建立了信贷支持畜牧业转型科学发展的长效机制，年内畜牧业信贷额度达12亿元。积极探索信贷抵押模式，在昌乐推出省内首单以奶牛作为抵押物的特色贷款。加强检测体系创新，市内首家食品安全第三方检测机构——潍坊市安食捷检测服务有限责任公司成功建立，并顺利通过山东省质量技术监督局资质认定，获得计量认证证书，农牧产品第三方检测机构正式进入食品安全检测领域。2014年可依法检验农牧产品8000余批次，涉及检测项目68项，其中，绿色食品26项、饲料原料24项、动物饲料9项、动物疫病9项。以加快推进国家级诸城市病死畜禽无害化处理长效机制建设为契机，将处于主要水源地的诸城市、峡山区作为病死畜禽无害化处理长效机制建设的重点，指导两地研究出台了《病死畜禽无害化处理办法》，支持畜牧业龙头企业、大型养殖场建设不同类型的病死动物无害化中心，落实病死猪无害化处理补助政策，建立养殖保险与病死动物无害化处理联动机制，扎实开展病死动物的收集和集中处理等工作，确保正常运转、依法经营，诸城、寿光、峡山区3处无害化处理中心已建成运营。

（贾文才）

## 海洋与渔业

**【概况】** 全市海洋主要产业总产值1435亿元，渔业总产值319亿元，水产品总产量60万吨，分别同比增长10%、10%、7%。在海洋管理上，全力保障潍坊港、寿光港、滨海生态旅游度假区等重点建设项目用海，申请省政府批复用海445公顷，完成市级审批项目用海8706公顷。国家海洋局在寿光设立了海域海洋综合减灾示范区，成为全国4个海洋减灾综合示范区之一。在现代渔业发展上，打造了5处省级渔业公园、3处省级内陆休闲垂钓基地、10处城市水系渔业景观、17家省级现代渔业园区、55家省部级健康养殖示范场。在海洋与渔业项目、资金争取上，全市在建项目12类92个，总投资43.78亿元，争取上级资金6.04亿元。其中，共获批海洋经济区域示范项目36个，上级补助1.75亿元。在海洋与渔业执法上，加大了渔政、海监执法力度，市海洋与渔业局、市海洋与渔业行政执法处、寿光市海洋与渔业局3个单位获“全省伏季休渔管理先进单位”。

**【积极推动“海上粮仓”建设】** 全市已形成30万亩浅海筏式扇贝养殖带、40万亩底播贝类增殖带、15万亩池塘虾蟹参养殖带、120万立方米水体名贵鱼工厂化养殖带和70万立方米水体冷水鱼集约养殖带。新规划人工鱼礁区3处，投放礁体10万立方米，形成人工礁区3万亩。加大增殖放流力度，放流中国对虾、梭子蟹、海蜇、毛蚶等水产苗种3亿单位。全市休闲渔业企业达到29家，休闲渔业基地达到200余处，其中，省级休闲渔业点15处，寿光林海生态博览园被评为“全国休闲渔业示范基地”。大力推进远洋渔业发展，全市具有涉外生产能力的大马力渔船有403艘，其中，42艘渔船赴朝东海域生产，80艘涉日渔船、31艘涉韩渔船获得涉外生产资格。

**【海洋综合管理工作】** 保障重点建设项目用海，为潍坊港、寿光港、滨海生态旅游度假区等15个重点项目建设用海办理了报批手续，申请省政府批复用海445公顷。完成市级审批项目用海8706公顷。同时，积极推进海域使用权流转工作，为全市32家企业办理87宗海域使用权抵押登记，贷款总额近19亿元。加强海洋生态保护和防灾减灾工作，积极争取海洋生态修复及能力建设项目13个，申请资金总额5908万元；全面推进海洋环境监测与评价工作，开展海洋环境突发应急监测、风险监测等5大类15项监测，采集样品4395个，出具监测数据11140个，编制并发布了海洋环境质量公报。

**【重点工作对接任务】** 3月19日，省海洋与渔业厅和市政府签署《海洋与渔业重点工作对接任务书》，对蓝黄“两区”项目建设、项目用海保障、海洋生态环境保护、现代渔业建设、基础能力建设五大方面19项重点工作给予了全力支持。通过工作对接和项目实施，争取项目资金1.6亿元。潍坊港及保税区等一批重点项目用海需求得到保障，小清河口等处海域得到整治，渔业园区、休闲渔业、增殖放流等一批项目启动建设，促进了渔业结构调整，海洋经济发展区域示范和海洋新兴产业发展等工作走在了全省的前列。

【加快培育现代渔业产业体系】 积极推动渔业种苗产业发展。新认定两处省级原、良种场，两家市级“育繁推”一体化企业以及两家省级淡水增殖站。全市已建成省级水产原、良种场6家，年产水产苗种13.7亿单位，良种覆盖率达65%以上。强化与科研院所合作，中国对虾“黄海3号”和单环刺螠培育和池塘养殖技术方面取得了巨大突破，填补了国内空白。重点推广了以大菱鲆、半滑舌鳎为主的名优鱼类工厂化养殖和以南美白对虾为主的反季节工厂化养殖，养殖水体已达120万平方米，年产量1.4万吨，产值11亿元。积极推动休闲渔业发展。新申报昌邑潍河公园等五处省级渔业公园和寿光市洰淀湖、马宋水库牛槽湾等三处省级内陆休闲垂钓基地，打造了以“渔文化”为主题的渔业公园及城市水系渔业景观十处。园区的示范带动作用显著，全市省级现代渔业园区总数达到17家，园区养殖面积18万亩，产量9万吨，产值71万元，占总养殖面积12.8%，占渔业总产量的15.7%，占渔业总产值的24.8%。

海上救生演习　　（供图：侯江宏）

【海洋与渔业执法工作】 认真开展了海洋与渔业“三大”执法行动。渔政执法，开展了违规渔具整治专项行动和整治“地笼”专项执法行动，共出动执法人员635人次、执法车辆78车次、执法船（艇）50航次，检查渔船800余艘次，清缴“地笼”440余块。强化伏季休渔管理，严厉查处各类伏休违规违法行为，开展海陆执法检查438次，检查渔船682艘次，船位排查14次，检查港口码头192个，依法查处违规案件28起，维护了伏季休渔秩序的持续稳定。海监执法。维护海洋开发利用秩序，以规范区域用海规划实施和查处非法围填海为重点，深入开展了“海盾2014”执法行动；以海洋工程建设项目和海洋生态特别保护区、排污口为重点，深入开展了“碧海2014”执法行动，全年共开展海监联合执法7次，配合执法12次，专项执法6次，日常执法16次，检查用海项目138个。渔业安全执法。组织开展了打击利用泡沫船筏等非法从事渔业生产专项整治行动、安全生产资质专项检查行动、渔船船用产品质量专项整治行动、渔港渔船消防安全专项检查、渔业“打非治违”和隐患排查整治专项行动等联合执法和专项执法行动，全市共派出检查组62个，检查基层单位52家，检查渔业生产单位1902家。

（马　康）

伏季休渔停港渔船　　（供图：奚春波）

# 水　利

【现代水网建设】 列入2013～2015年国家中小河流治理规划的安丘汶河、青州大石河、昌邑丰产河上游段3个项目全面完成建设任务，寒亭潍河、昌邑丰产河中游段、高密胶河柏城段、高密五龙河4个项目完成主体工程。青州中小河流治理重点县基本完成。

南水北调配套工程寿光、昌邑段开工建设，引进山东水发投资建设滨海第二平原水库，工程建设进入招投标阶段。高密王吴水库除险加固工程开工建设，丈八沟等5座小型水库除险加固完成招标工作，青州弥河拦河闸、安丘汶河卧龙闸除险加固工程完成年度建设任务。

【农村水利建设】 青州、安丘等10个小、农、水重点县完成了2013年年度建设任务，省绩效考评连续五年获得优秀等次，县级获8个优秀、2个良好等次；诸城、临朐、昌乐成功入围第六批小、农、水重点县。青墩、嵩山2个重点中型水库灌区项目完成竣工验收，墙夼、冶源、峡山水库灌区节水改造按计划推进。青州、临朐列入农田水利设施产权制度改革省级试点。完成移民大中型水库结余资金项目188个，完成小型水库移民扶助基金项目50个，积极争取临朐县第一批避险解困试点村补助资金1810万元，临朐县暖水河村等16个整体移民村入围第二批避险解困试点村。开展了对库区移民的技能培训和年度人口自然变化核查工作，发放移民直补资金1.39亿元。

【农村饮水建设】 实施了农村饮水安全管网提升工程，完成中央预算内农村饮水安全投资1.77亿元，34.2万农村居民和1.93万农村学校师生受益。完善了3个县级水质检测中心，申报了4个省级农村供水规范化管理先进单位。成立了市级农村公共供水管理办公室。编制完成了全市农村饮水安全信息系统规划，市级信息系统已基本建成。对全市农村供水管理人员及水质检测人员进行了专业培训，组织了检测人员业务"比武"，提高了管理水平和水质检测能力。落实了水厂日检、县级月抽检、市级季抽检和第三方检测制度，水质合格率在全省保持较高水平。

【水系生态建设】 重点开展了20条小流域水土保持综合治理工作，面上治理水土流失面积192平方公里，超额完成年度任务。开展了以"清理河道垃圾、清除行洪障碍、绿化河道水系"为内容的水域环境专项整治，全市共清理河道垃圾18.5万立方米，清除行洪障碍1970处，河道水系绿化4.06万亩。"三八六"环保行动河道生态修复战役完成了23个河道生态治理项目、26个生态湿地建设，河道水系生态不断修复。寿光洰淀湖、青州弥河水利风景区被评为"国家水利风景区"，临朐巨洋湖水利风景区被评为"省水利风景区"，全市已建成国家级水利风景区14处、省级水利风景区18处，居全省首位。

【水资源管理】 严格实行用水总量控制，市和大部分县（市、区）落实了水资源论证作为建设项目审批立项的前置条件。严格取水许可审批，市级换发、新发取水许可证105份。开展了"三八六"环保行动自备井整治战役，全市关闭自备井1667眼。严格用水效率控制，制定了分区、分行业的节约用水措施。强化用水定额管理，全市范围内下达了非农业取用水计划，对自备水源和公共管网内非农业取用水户实行计划用水管理。严格水功能区限制纳污管理，顺利完成第一批国家水资源监控能力建设项目，安装取用水户监测点35个。全市万元工业增加值取水量下降到11.45立方米，农田灌溉水利用系数达到0.6519。

【执法管理】 扎实推进行政审批制度改革，市局精简下放审批事项6项，确定权力清单事项44项，落实了法律顾问制度。建立健全了全市水利工程质量与安全监督体系，工程招投标进一步规范。圆满完成安全生产刚性目标任务，市水利局被评为"全市安全生产先进单位"。荆山水库、石门水库晋升为省一级规范化管理单位，冶源等6座水库创建为省二级规范化管理单位。潍城、青州等7市（区）全部通过"第二批全国水土保持监督管理能力建设县"省级初验和淮河水利委员会复验，其中，潍城得分全省第一。各县（市、区）均出台了《中华人民共和国水土保持法》配套规范性文件，全部将水土保持方案作为环评前置条件，提高了水保方案编报率、实施率、验收率和收费率。圆满完成68个生产建设项目水土保持监督检查。开展了河道执法规范化建设，全面落实《潍坊市河道采砂管理办法》，建立健全了河道管理巡查制度和登记报告制度，加大了河道巡查力度，严厉打击非法采砂，河道管理秩序持续好转。共查处水事违法案件213起，处罚73起。市水利局和寿光市水利局被评为"全省水政执法规范化建设示范单位"。

【抗旱工作】 2013年8月以来，潍坊市发生了罕见的连续干旱，截至2014年年底，全市降水量为1952年有水文记录以来同期最低值,农田大面积受灾，城市供水严重不足。为应对严重旱情，市防汛抗旱指挥部及时启动了抗旱应急响应措施，对全市水资源实行统一调度，通过水系联网工程跨流域调水1.26亿立方米，其中，调引长江水1500万立方米、黄河水4500万立方米。先后建成了城区应急调水工程、应急调水延伸工程、方家屯泵站改造工程，诸城、安丘、寿光等市通过改建水网工程实施跨流域调水、在水库内打井、调引黄河水等措施增加供水量，保证了全市正常供水。充分发挥市、县、镇三级抗旱服务组织作用，积极开展抗旱服务，保障了大旱之年粮食不减产。

（周 岩）

## 胶东调水

【概况】 胶东调水工程是山东省"T"型调水大动脉的重要组成部分，是目前已投入运行并发挥巨大作用的山东省最大的跨流域、跨地区、远距离大型调水工程。输水线路总长482公里，其中，潍坊段全长118.4公里，途径寿光、寒亭、昌邑、高密4个市（区）、20个乡（镇）、137个自然村。辖段建有宋庄、王耨两座大型泵站，倒虹及穿输水河倒虹67座，各类涵闸34座，公路桥、生产桥129座。

【多元化调水取得新突破】 潍坊辖段共分为冬季输水、冬季蓄水保温、春季输水、夏秋冬季输水四个阶段，共计运行276天，总计引水30576.08万立方米。主要以保证青岛用水为主，同时尽量满足潍坊“三北”地区农业用水、潍坊城区生活用水，形成了“一主多元”的调水大格局。自7月22日起，引水送水工作正在有序进行，加上冬季和春季输水，全年运行时间长达9个月，创历史最高；历史性地与南水北调工程共同实施了长江水、黄河水的联合调配，实现了真正意义上的多水源综合配置。8月以来，潍坊市有效降水量少，出现秋冬春夏四季连旱，发生了60年来最严重的旱灾。春季，为工程沿线分水2572.69万立方米；引南水北调双王城水库水1500万立方米；为昌邑市和潍北农场用水便利，利用引黄济青渠道引峡山水库水2200万立方米。共计灌溉农田13333.33余万平方米，有效地缓解了旱情，得到工程沿线地方政府及群众的高度评价。同时，为确保潍坊市区生活用水，自10月16日起，从胶东调水工程输水河引黄济潍分水闸向潍坊应急调引黄河水。截至2014年年底，已向潍坊市区供水1955.56万立方米。

【工程管理】 继续全面推行管护责任制，认真落实《山东省胶东调水条例》，以“队伍一流，保障有力”为目标，依法健全各级执法队伍，加强了执法人员的岗位培训，广泛开展全方位工程巡查，加大执法力度。认真执行并不断完善省水利局《工程管理办法》，继续严格执行工程月检、季检制度，通报检查结果，对存在的问题提出整改措施并跟踪催办落实。

【“引黄济青”改扩建工程】 “引黄济青”改扩建工程是省政府重点督导项目，时间紧迫，任务艰巨，责任重大。在建立健全组织机构的基础上，经过多次调研、论证，结合辖段的实际情况，制定了《“引黄济青”改扩建工程潍坊段2014年工程实施工作方案》。认真按照规范程序，对辖段工程（第一期）5个标段，采用国内公开招标方式，择优确定了施工队伍。妥善处理好调水与改扩建的关系，实行日报、周报制度。

【绿色生态产业链】 坚持标准化种植、规范化管理、社会化服务，构建绿色长廊和生态保护体系，把胶东调水工程真正建设成为“水清、岸绿、景美”的人水和谐工程。继续坚持绿化、美化一体，生态、经济效益并重，以苗木园区为龙头，以输水河两岸为依托，以培育高端、高效绿化苗木为重点，做强绿色产业链。充分发挥寿光管理站的示范作用，积极实施“以

2014年9月3日，在昌邑王耨泵站召开“引黄济青”改扩建工程潍坊段工作会议，部署辖段改扩建工作。 （供图：侯运建）

2014年10月16日，国务院南水北调工程建设委员会办公室副主任于幼军（前排左三）等检查调研胶东调水工程。潍坊市市委书记杜昌文（前排左四）、山东省胶东调水局党委书记卢文（前排左一）等陪同调研。图为在宋庄分水闸听取胶东调水潍坊分局局长马安堂（右一）介绍情况。 （供图：侯运建）

强带弱”战略，狠抓苗木的选育、栽培、管理、销售环节，全年共培育、种植、更新、补栽、销售各类苗木9.63万余株，实现销售收入350万元。

（侯运建）

## 南水北调工程

**【概述】** 潍坊市南水北调工程主要作用为抽引长江水，经双王城水库调蓄后，在引黄济青非引水期，通过引黄济青输水河，向青岛、潍坊、烟台、威海等胶东地区供水，在潍坊市境内实现了引黄河水、引长江水与当地水资源的联合运用，为潍坊市的社会经济发展与生态文明建设提供水资源保障。潍坊市南水北调续建配套工程分为寿光、滨海（一期、二期）和昌邑等3个供水单元。按照省南水北调工程建设管理局的安排，寿光、滨海一期工程2014年年底前完成供水单元，昌邑和滨海二期工程2015年完成工程项目。2014年，市南水北调工程建设管理局完成南水北调主体工程双王城水库工程征地移民验收工作，并加快推进南水北调续建配套工程3个供水单元（寿光、滨海、昌邑）的建设和管理工作。

**【双王城水库工程征地移民工作】** 2014年是南水北调东线一期工程双王城水库工程竣工验收的关键年，通过各单位工作人员的共同努力，全面完成了双王城水库工程征地移民县级验收工作。7月25日，完成了双王城水库工程征地移民档案县级专项验收；8月8日，完成了双王城水库道路复建工程和复建道路排水工程的验收；12月27日，完成了双王城水库工程寿光市征地移民县级验收。

**【续建配套工程建设和管理】** 滨海一期工程已全部完成，完成投资4.9亿元；寿光市供水单元已开工建设，完成双王城供水泵站基础浇筑，安装管道29公里，南线主体工程已基本完成，

2014年12月8日，潍坊市“引黄入白”抗旱应急调水工程开工仪式在“引黄入白”工程提水泵站站址处举行。（供图：秦　良）

完成投资2.54亿元；昌邑供水单元工程已完成管道14.1公里与泵站主体建设，完成投资2700余万元；滨海二期工程已完成初步设计评审批复，工程可研批复投资5.44亿元，正在组织招标投标工作。

**【配套工程水厂和管网工程建设】** 寿光市已经在弥河建设晨鸣集团供水站、联盟集团供水站和科技工业园供水站，水源主要是弥河原水。昌邑市配套工程主要是向柳疃项目区供水，项目区已建自有供水系统，配套工程完成后，就可具备供水条件。滨海供水单元需建设部分连接工程，与现有供水系统对接，实现配套工程引江水量的调配使用。

**【综合水价改革】** 南水北调引长江水价格分为基本水价和计量水价，潍坊属东平湖以下，基本水价为每立方米0.82元，供水水价为每立方米1.65元，潍坊市调引长江水量为每年1亿立方米。由于引长江水供水价格太高，用水企业难以承受，采用区域综合水价政策是适当平和引长江水供水价格的有效方法。11月，在市政府常务会议第三十六次会议上，对受水区水资源优化配置方案和区域综合水价工作进行了安排部署。

（张召军）

## 农业机械化

**【概况】** 全市农机总值达到98.72亿元，农机总动力达到1371.35万千瓦，拖拉机18.75万台，联合收割机2.44万台。

**【农业机械化综合水平】** 主要农作物耕种收综合机械化水平达到90.55%。全市机械收割小麦566.5万亩，机收率达到99%。玉米机械收获面积577.75万亩，机收率达96.74%。马铃薯、花生、大姜等大宗、特色经济作物收获机械发展到21742台（套），畜牧、水产、林果和农产品加工机械也都有了较大发展。

**【农机化投入及农机服务体系建设】** 农机化惠农政策落实有力。2014年是全市实行全价购机、直补到户的第一年。全市共争取农机补贴资金15900万元，其中，报废更新补贴资金1251万元，深松补贴资金280万元。全年共报废各类拖拉机133台，报废各式小麦、玉米联合收割机265台；更新各类拖拉机128台，更新小麦和玉米联合收割机192台。寒亭区、昌邑市、

昌乐县作为深松整地试点单位，落实农机深松整地作业面积8.8万亩，深松受益农户19541户。农机专业合作社“企社共建”工作进一步巩固。潍坊市农业机械管理局与福田雷沃重工重新研究出台了深化合作的新内容，并举办了合作社理事长培训班，对上年“企社共建”的优秀合作社进行了表彰。支持农机专业合作社参加各种农业生产发展和建设项目，采取委托作业的办法让农机专业合作社成为实施技术、推广项目的主体。全市农机合作社发展到633家，位居全省首位，合作社资金达12亿元，年服务收入44902万元，国家级和省级示范合作社再增5家。其中，参与“企社共建”的合作社达40余家，享受购机优惠、配件维修、培训合作等资金达1500余万元。农机推广机制进一步完善。随着《潍坊市特邀农机技术推广员制度》的深化实施，服务公益、支撑有力、运行高效、充满活力的农机化科技推广体系逐渐完善。3月25日，潍坊市农机局在福田雷沃重工组织召开了潍坊市特邀农机技术推广员工作会议，聘任了第三批99名市特邀农机技术推广员。全市共聘任特邀农机技术推广员305名，涵盖了潍坊市所有农业镇（街），达到每个镇（街）至少有1名特邀农机技术推广员。

**【农机化科技推广】** 农机科技水平不断提高。为进一步完善全市农业植保环节，潍坊市农机局加大对植保无人机进行试验推广力度，在高密市宏基农机专业合作社成立了潍坊市首个航空植保培训基地，拥有航空植保无人机5架，具备了大规模航空植保作业的能力，在全市推广臭氧水防治病虫害机械50台。寿光市农机合作社购买了2台采棉机和2台烘干机，实现了全市机采棉的新突破；开始了粮食烘干试验。保护性耕作有新进展。通过示范引导、现场观摩、技术指导、机具引进、培训宣传等工作的实施，不断推进保护性耕作技术的普及应用。潍坊市农机局争取到临朐县、高密市、昌邑市、安丘市4个省财政支农保护性耕作项目。同时，临朐县还承担农业部保护性耕作工程创建项目，总投资357万元，临朐县改变以往有限的保护性耕作作业补贴的模式，从“租赁机具、技术培训、基础设施建设”三个方面，积极试验、示范以保护性耕作为核心的现代农业耕作新体系和作业新模式，提高了农业生产的经济效益、社会效益和生态效益。各级保护性耕作项目的实施，促进了保护性耕作这一革命性技术在全市的推广应用进程，全市共实施保护性耕作面积206.5万亩，覆盖率达到38%以上，小麦免耕播种机保有量达到5311台，新增245台。玉米机收有新突破。全市始终把主要粮食作物之一的玉米机收工作放在头等位置，召开科技下乡、三秋农机化作业现场演示会等，积极探索研究玉米脱粒收获生产机械化技术模式，进一步加强农机和农艺的融合，通过引进种植成熟期含水量较低的玉米品种，进行脱粒收获试验，一次性完成摘穗、升运、脱粒、集箱、秸秆处理等多道工序，取得初步效果。秸秆综合利用有新亮点。为更好地利用小麦、玉米秸秆，防止浪费，杜绝焚烧，保持生态平衡，潍坊市农机局充分利用三夏、三秋生产的有利时机，大力推广秸秆综合利用机械化技术。6月5日，在坊子区召开全市小麦秸秆综合利用现场会。9月23日在诸城市召开全市玉米秸秆综合利用现场会，大力推广秸秆综合利用技术，重点演示了福田雷沃生产的秸秆捡拾打捆机及“一条龙”作业模式，并积极联系潍坊华潍热电有限公司等，为秸秆收集利用寻找出路。经济作物生产机械化水平有新提高。大力开展了以马铃薯、大姜、花生机械化生产为重点的推广工作。3月13日，全市春季农机生产暨马铃薯播种机械化演示现场会在诸城市召开，演示了马铃薯、花生机械化播种作业等。据统计，全市春季共举办各类经济作物生产现场会、培训班等26场次，培训机手5000余人次。狠抓经济作物生产机械化推广示范基地建设。通过经济作物示范基地的发展，规范全市经济作物生产机械化技术路线，解决主要生产环节的配套机具，提升经济作物生产机械化水平。全市共建立市级经济作物示范基地38个、市级发展对象35个。现代农业品牌建设进一步提升。3月6～8日，第八届中国（山东）农业机械博览会成功召开，来自省内外的160余家知名农机装备企业参展，参展机械涵盖13个类别、1000余个品种，展区面积达2.2万平方米，约5000名农机大户到会选购机械，现场观众达21000人次，达成交易额5000余万元。为进一步创新品牌服务平台，潍坊市农机局与中国电信潍坊分公司进行战略性深度合作，共同建设“智慧农机”信息服务平台。到昌乐县、潍坊鲁星农机公司、中国电信江苏南京开发基地等地进行了调研和座谈，有针对性研究和探讨，力求“智慧农机”最大限度地服务于群众，已初步开发出“智慧农机”信息服务平台，并在全局进行了演示。

**【农机化公共服务】** 农机维修管理水平有新提高。重点开展了“星级文明农机维修网点”创建活动，共创建四星级文明农机维修网点15家、五星级文明农机维修网点4家，办理农机职业技能鉴定人数达4288人。农机技术培训有新发展。多措并举规范各县（市、区）社会办学机构，采用专题培训、现场演示等多种形式，培训各类农机人员6万余人次，其中，新培训农机操作员5200人。农机安全监管有新业绩。组织开展了农机“安全生产月”“百日攻坚”“打非治违”等各项安全生产隐患排查治理活动，在重点乡（镇）、社区开展了典型案例宣传教育活动，分发宣传资料2万余份，累计开展安全检查1500余次，检查农业机械16000余台次。2014年，办理拖拉机、联合收割机车牌证6000余副，驾驶证5000余个，检验拖拉机、联合收割机近2万台。

（岳燕燕）

# 农业综合开发

【概况】 全市农业综合开发，主动适应经济发展新常态，加强高标准农业基础设施建设，积极培育新型农业经营主体，加大山区开发力度，创新土地项目建设机制、资金投入机制和建成项目运行管护机制，促进项目区农业转型升级和农民增收。全年共完成省以上财政资金投入19084万元，同比增加5%。实施土地治理、产业化经营、科技推广、山区开发等项目85个。全年竣工验收的开发项目全部达到优秀标准，接受省抽验的安丘市、临朐县、坊子区等3个县（市、区）均得到省综合检查组的高度评价。

【土地治理】 着力抓好以农田水利建设为重点的基础设施建设，集中力量建设旱涝保收和高产、稳产、高标准农田，增强农业抗御自然灾害的能力。全年实施土地治理项目31个，总投资13210万元，其中，财政无偿资金12361万元，建设高标准农田11.9万亩。新建和维修机电井799眼，铺设管道399公里，配套输变电线路257公里，建设渠系建筑物2377座，开挖疏浚沟渠377公里，高标准硬化机耕路378公里，营造农田防护林0.32万亩，林木覆盖率由开发前的16%提高到22%；科学培训农民2.9万余人次，项目区每10户就有一个科技带头人，良种普及率达到100%。项目区优势农产品种植面积达到8万亩，年新增粮食生产能力1637万公斤。整个项目区达到了“农田成方，集中连片；灌排配套，设施先进；道路畅通，设计规范；土地平整，土壤肥沃；林网适宜，生态良好；科学种植，产业明显；高产稳产，优质高效；严格管理，运行顺畅”的建设目标。

【产业化经营】 按照竞争立项、重点倾斜、连续扶持、做大做强的原则，投入财政资金4498万元，扶持辐射带动能力强、经济效益好、管理规范、与农户建立紧密利益联结机制、诚实守信的流通服务、农超对接、龙头带动产业试点等新型农业经营主体41家。建设厂房车间2.7万平方米，购买生产加工设备441台（套）、设施大棚67个；修建道路22.5公里，配套机井18眼，铺设地下管道38.5公里；引进种猪640头；培训农民3200人次。通过对新型农业经营主体的扶持，项目区新增干鲜果品1637万公斤，家禽年出栏670万只；新增农产品883万公斤，储藏保鲜农产品180万公斤，农产品交易量1亿公斤，交易额34.6亿元。提供种苗12万株，提供种畜（禽）17万头（只）、果蔬110万公斤，提供畜禽产品200万公斤。项目区直接受益农户4.7万户，人均增加收入1800元，新增就业6928人。

【山区开发】 全年实施山区开发项目13个，完成总投资1231万元，其中，财政资金980万元。治理面积2.3万亩，发展经济林、生态林2000亩，新修道路26.6公里，新建水利设施32处，埋设输水管道32公里，铺设地下电缆2500米，新修水渠1100米，改善灌溉面积7200亩，新增旱涝保收田3400亩，新增林地面积2030亩。项目区年新增粮食22万公斤、干鲜果品101万公斤、中药材11万公斤，农民新增纯收入达2089万元，年人均纯收入增加1000元以上。

【项目建设管理】 创新土地项目建设管理机制，积极尝试由龙头企业或农民专业合作社承担土地治理项目的路子，企业或合作社成为土地治理项目实施的主体。项目区规划布局及建设内容根据企业基地生产的需要来确定，打破原有中低产田改造固有的建设模式，有效地提高了项目实施的科学性、实用性和投资效果，促进了土地流转和规模经营，解决了土地治理项目在规划设计、组织实施、自筹资金筹集、工程运行管护等方面存在的诸多难题。创新资金投入机制，通过引导、扶持农民专业合作社、农业龙头企业等建设规模化、标准化、品牌化、国际化优质农产品基地，吸引龙头企业、种植大户、农民合作社以及其他涉农资金投入农业综合开发，不断拓宽投资渠道。创新建成项目运行管护机制，由以乡村集体管理为主的计划经济模式向以企业和农民专业合作社为主的市场经济管理模式转变。实行规模化基地建设和合作社建设的项目，工程竣工验收后，在明晰产权的基础上，把工程经营管理权直接移交给企业或农民专业合作社，由企业或农民专业合作社负责运行管护，有效地解决了工程看护、维修、运行的难题，确保了工程长期发挥效益，企业或合作社在使用中不断完善、提升现有设施，提高了利用效率。

（孙亮东　郭忠春）

# 扶贫开发

【扶贫工作】 成立了潍坊市农村扶贫开发精准识别工作领导小组，制定了《潍坊市农村扶贫开发精准识别工作方案》，召开了全市精准识别工作会议，对全市农村扶贫开发精准识别工作进行了安排部署。各县（市、区）都制定了工作方案，召开了专题会议，开展了宣传活动和业务培训，按《方案》要求开展精准识别工作。6月30日，全市有扶贫开发任务的14个县（市、区）精准识别任务全部按时完成，共识别出省定贫困村337个、贫困户187631户、贫困人口435363人（2013年人均纯收入3322元）。其中，符合国家贫困标准（2013年人均纯收入2736元）的93774户191753人。并将全部信息录入到国务院扶贫开发领导小组办公室信息系统，基本摸清了全市贫困村、贫困人口情况。

【开展干部驻村帮扶工作】 根据省委组织部、省扶贫开发领导小组办公室《关于以“第一书记”为主体开展干部驻村帮扶工作的通知》的要求，市委组织部、市扶贫开发领导小组办公室下发了《关于以“第一书记”为主体开展干部驻村帮扶工作的通知》，对驻村工作队工作进行了安排部署。8月，全市337个省定贫困村全部选派了“第一书记”、包村干部、专业技术人员或大学生村官等组成的驻村工作队，全部到村开展工作。

**【实施扶贫开发项目】** 产业开发项目。在临朐、峡山区28个村实施省产业开发项目，项目资金840万元，其中，临朐县24个村720万元、峡山区4个村120万元。在青州8个村、诸城5个村、安丘5个村、临朐13个村、峡山区8个村共39个村实施市级财政补贴项目，项目资金400万元。28个省级项目都由村申报，县审批，市审核，报省备案。39个市级项目由村申报，县审批，市备案。所有项目全部实行招投标制度。贷款贴息项目。对临朐县盛安食品有限公司、山东省百纳城酒庄葡萄酿酒有限公司、诸城市绿源花农产品专业合作社、诸城市颖青茶厂、安丘鲁派食品有限位公司等5家公司，每家公司安排贴息资金10万元，带动企业贷款指导计划1700万元。通过贴息项目实施，这5家企业带动建档立卡贫困户1833户，并与贫困村签定了扶贫责任书，以产业发展带动贫困户脱贫。扶贫互助资金增资。省级财政对潍坊市互助资金工作奖励20万元，对九山镇的牛寨村、寺头镇的桥沟村、嵩山旅游区的垛庄村和山旺镇的齐家庄村4个试点村开展了增资工作。目前，潍坊市52个互助资金试点村入会会员11154户，入会率91%，贫困会员1861户，入会率98%，资本金总额达到1682.5万元。雨露计划项目。在临朐县职业教育中心学校实施，对400名贫困在校生发放生活补助20万元。

**【帮助贫困人口脱贫致富】** 全市省定标准贫困人口减贫109425人，国定标准贫困人口减贫43833人，超额完成省下达的减贫任务。

（孙增平）

# 工　业

*Gongye*

## 综　述

【概述】　工业生产增速平稳。全市规模以上工业增加值同比增长 10.5%，高于全省平均 0.9 个百分点，居全省第十二位。工业用电量 331.7 亿千瓦时，增长 8.6%，绝对额居全省第一位，增幅居第三位。经济效益明显提高。主营业务收入达到 12602.5 亿元，增长 8.7%，实现利税 1070.6 亿元，增长 10.1%，利润总额 695.1 亿元，增长 9.2%。工业投资较快增长。工业累计完成投资 2008.2 亿元，增长 20.3%，占全社会固定资产投资的 50.6%，其中，技术改造投资 1550.3 亿元，增长 20.2%。100 个重点转型升级项目当年完成投资 251 亿元。福田诸城汽车厂高端轻卡项目积极推进。部分行业较快增长。机械行业实现主营业务收入 3221 亿元，增长 11.5%；医药行业实现主营业务收入 300.2 亿元，增长 13.2%；电子行业实现主营业务收入 505.2 亿元，增长 23.7%。化工行业效益增长较快，利税、利润总额分别增长 22.3%、19.4%。重点企业发展良好。800 家重点企业实现主营业务收入 8291.3 亿元，占规模以上工业的 65.8%。晨鸣集团主营业务收入突破 500 亿元，歌尔声学收购高端音响品牌丹拿音响，盛瑞传动 8AT 生产线投入商用，康跃科技成功上市，景芝酒业获"全国质量奖"。

【工业转型升级】　"三个比重"逐步提高。出台《潍坊市现代制造业转型升级工作实施方案》，力促产业转型升级。高新技术、新兴产业、非加工制造环节占工业总产值比重分别为 30.62%、14.66%、14.54%，分别提高 1.63、2.05、2.05 个百分点。各项建设取得新突破。共有 484 个项目列入省级技术创新项目计划，新增省级企业技术中心 19 家，盛瑞传动被列为国家级自主创新示范企业，潍柴动力、歌尔声学两家企业项目列入国家强基工程（全省共 3 家），省级以上新型工业化示范基地达到 13 个。潍坊工业展馆建成开馆。节能工作进展顺利，在 2013 年度全省节能目标考核中潍坊市居第 3 位，2014 年前三个季度全市万元 GDP 能耗同比下降 3.4%。加快淘汰落后产能，列入国家淘汰计划的 11 家企业共淘汰落后焦炭产能 40 万吨、造纸产能 6.6 万吨、印染产能 1.03 亿米、纺纱产能 5.2 万锭，超额完成省下达的淘汰任务。实施《潍坊市信息化和工业化深度融合行动计划》，启动"两化"融合助企等七大工程，潍柴、福田、晨鸣 3 家企业获批国家"两化"融合贯标试点，国内首个"软件工程内核国际标准中国认证中心"落户高新区。规模以上工业企业核心业务信息化全覆盖比例超过 25%，主要行业关键工艺流程数控化率达到 60%。制造服务化加快推进，确定了 100 家示范企业，并与国内知名高校开展制造服务化专项辅导。完成潍坊特钢、鲁丽钢铁和寿光巨能特钢 3 家钢铁企业的兼并重组，进入工信部符合规范条件钢铁企业（第三批）公示名单。积极协调推进恒联、海龙、亚星等重点企业实施退城进园转型升级。积极营造转型升级氛围。以工业转型升级、现代产业体系构建为重点，组织工业转型升级专题研修班、青年精英企业家培训班和五期工业发展讲坛，编印推广重点企业转型升级案例，着力提升企业转型意识，取得明显成效。

【现代产业体系】　建立工作推进机制。成立了市经济和信息化委员会现代产业体系工作领导小组和产业推进办公室，从各行办抽调业务骨干合署办公，并建立了市、县联动的工作机制。高质量编制产业规划。现代制造业基地规划已完成专家论证。12 个产业全部制定了产业发展规划。出台《关于加快化工产业健康发展的意见》。邀请国际知名咨询机构安永公司对机械装备、节能环保、生物医药、智能装备 4 个产业进行全面诊断规划。确立龙头企业及承载园区。制订龙头企业标准，共确定 62 家龙头企业、46 个承载园区，确定了潍坊节能环保产业园、潍坊光电产业园等提升市区十大园区。突出抓好招商引资。承办 2014 中国（潍坊）信息服务业发展峰会，举办第七届亚洲制造业论坛年会，组织参加第二届世界

3D 打印技术产业大会，积极搭建企业招商平台，取得了明显成效。

**【智慧潍坊建设】** 构建完善工作推进体系。积极探索推进具有潍坊特色的信息化发展道路，形成了市、县联动工作推进、多样化投资运营、覆盖全市的绩效考核等信息化工作推进体系。加强“智慧潍坊”顶层设计。编制《潍坊市信息化发展规划纲要》《“智慧潍坊”建设行动计划》《潍坊市区信息产业规划》《潍坊市中心城区智慧城市建设市场化运作方案》，指导全市信息化和智慧城市建设。加快完善信息基础设施。截至 2014 年年底，全市互联网用户数 555.1 万户，互联网普及率超过 60%，光纤总长度 106.4 万芯长千米，互联网出口带宽达到 600G。积极推进无线城市建设，建设 4G 基站近 5000 个，完成了对市区、县（市、区）城区、重点乡（镇）和交通主干道的无缝覆盖。新建无线电监测基站 6 个。加快发展电子商务和信息消费。出台《加快促进信息消费扩大内需实施方案》，确定了潍坊恩源、山东颐高和新海软件为信息消费产业龙头企业。加快推动电子商务发展，出台了《关于推进电子商务跨越发展的意见》《加快电子商务发展实施方案》和《电子商务人才培训实施方案》等一系列文件，积极推动电子商务发展。“淘宝网・特色中国・潍坊馆”上线运营，80 余家生产企业、农场、合作社和 300 余家网商企业及卖家入驻。引进淘宝大学，在潍坊设立了分校，形成了电子商务“培训 + 实践 + 经营”紧密结合的实战型电商培育模式。全市 75% 以上的规模以上工业企业开展电子商务。18 家企业获得省级电子商务企业认定（全省数量居第一）。

**【国家循环经济示范城市创建】** 建立工作推进机制。成立全市创建国家循环经济示范城市工作领导小组，出台了工作考核办法、工作调度和信息提报等制度，对县（市、区）、开发区及专项推进小组创建工作开展情况定期进行督查，形成了“年计划、月调度、月通报、季督查、年考核”的工作推进机制。确立目标任务体系。形成以《潍坊市创建国家循环经济示范城市实施方案》为总领，《创建国家循环经济示范城市 2014 年度推进计划》及 18 个分类实施方案为支撑的创建目标任务体系。加快实施支撑项目。92 个项目已完成投资额 110.2 亿元，占三年计划的 49.3%，52 个项目进度超过 50%。其中，潍柴动力股份有限公司太阳能屋顶并网电站示范工程等 9 个项目已完工运营，山东鲁星钢管有限公司余热综合利用发电项目等 9 个项目已进入试运行阶段。规范化再生资源回收站点建设、自行车绿色出行系统、资源产出率调查统计体系建设、餐厨废弃物资源化利用和无害化处理等工作取得阶段性成果。

**【新能源汽车推广应用】** 1 月，潍坊市被列入国家第二批新能源汽车推广应用城市。成立了市新能源汽车推广应用工作领导小组，出台了《关于加快新能源汽车推广应用促进新能源汽车产业发展的意见》《潍坊市新能源汽车充换电设施建设运营管理实施意见》。全市推广新能源汽车 439 辆，在全国同类别城市中排第二位，建设充电站 2 座、充电桩 278 个。天恩公司、市新能源投资公司等 4 家企业组建了新能源汽车租赁公司，积极探索应用商业模式。凯马汽车取得新能源汽车生产目录资格。泰汽集团与上汽集团、南京金龙合作成立了新能源客车研发基地。天恩公司与青岛特锐德公司合作成立了新能源汽车科技公司。

（刘　忞）

# 信息化

**【概述】** 市经济和信息化委员会结合信息消费、信息惠民、电子商务示范、电子政务云平台等国家级试点以及“两化”融合、智慧城市等省级试点建设，大力推动以电子商务为典型代表的“两化”深度融合推进工作和信息消费产业发展工作，重点在惠及民生、政府提效、智慧工业、基础设施等领域，加快实施综合性信息化工程，推进信息资源共享和经济社会各领域信息化应用，取得了一定成效，被评选为“2014 中国城市信息化 50 强”（已连续四届获得该殊荣）和“智慧城市惠民发展优秀城市”，中国潍坊门户网站连续七年进入全国政府网站绩效评估地市级前二十名，居山东省第一名。

**【“智慧潍坊”建设】** 按照市委、市政府部署，完成了《潍坊市信息化发展规划纲要》《“智慧潍坊”建设行动计划》和《潍坊市信息化和工业化深度融合行动计划》以及《潍坊市中心城区智慧城市建设规划》《潍坊市中心城区智慧城市建设市场化运作方案》等编制工作，强化了智慧城市顶层设施。围绕“以人为本”的智慧城市建设核心，构建智慧城市惠民服务体系。“中国潍坊”政府门户网站发布了移动端微门户 APP，将政府信息、办事资源等推送到了市民的手机、iPad 等便携终端。“百米生活万店上网惠民生”项目已在中心城区多个商圈开展试点建设，开始搭建市民免费上网平台和移动电子商务平台。依托市电子政务云服务平台，建成了市级卫生数据中心，开发了远程医疗、预约挂号、电子病历和居民健康档案等医疗便民应用。潍坊公共自行车已发卡 26 万余张，系统和手机 APP 应用方便了市民绿色出行。智慧化的养老服务开始在多个社区开展。地理信息公共平台在向公众提供地图浏览、出行参考等多种实用信息的同时，最大限度地满足政务部门对地理信息的需求和管理应用。在全省率先实现了多媒体“班班通”，建成了潍坊数字教育应用服务平台，实现了市、县、乡学校间的网络交流、网络管理和资源共享，是全省覆盖面最广、注册人数最多的区域性教育应用服务平台。

【信息网络设施建设】 全市互联网用户数593.74万户，互联网普及率达到64.36%，光纤总长度106.89万芯长千米，互联网出口带宽达到660G。移动互联网建设全面推进，投资超过5.5亿元，已建设近5500个4G基站，完成了对乡（镇）及以上区域和高铁、高速公路沿线的无缝覆盖。在全市重点公共区域建设WLAN无线宽带网络热点约1.1万个。在行政审批服务中心等区域开通了“i-weifang”移动宽带网的免费应用。在高新区、奎文区、潍城区等试点中心城区的商业区等集中区域开通了百米免费WiFi覆盖，方便了市民使用手机、iPad等实现移动上网。

【“两化”建设】 实施了“两化”融合示范园区引领工程。开展了“两化”融合试验区、园区试点建设，共确定了2个市属开发区和3个县（市）为市级信息化与工业化融合试验区，确定了7个县（市、区）园区为市级信息化与工业化试验园区，启动了“两化”融合示范园区建设。实施了产业集群支撑工程。围绕动力传动、汽车整车、石化盐化等产业集群，储备了159个“两化”融合示范项目。加快48个列入《省两化融合专项行动计划方案》工程项目建设，项目已完成投资7.9亿元。推行了“两化”融合管理体系。3家企业获批成为国家“两化”融合管理体系贯标试点，并获国家资金和政策支持。实施了“两化”融合助企工程。邀请高层次专家来潍举办八期“两化”融合助企活动，培训企业人次超过3000人次，探索开展企业“两化”融合“一对一”咨询服务。开展了“两化”融合评估工作。结合全市行业特点和区域特色，配合省经信委开展了“两化”融合发展水平评估，探索建立企业“两化”融合梯次培育机制。实施了公共平台建设工程。启动了市级云平台建设试点，开展了工业云（设计云）平台推广工作，创新服务企业模式，全方位、多层次推动信息技术在工业领域的覆盖渗透、应用集成和融合创新。举办了2014中国（潍坊）信息服务业发展峰会，国内首个“软件工程内核国际标准中国认证中心”落户高新区。全市5家企业被确定为“省级信息技术推广中心”，4家企业被确定为“省级数字化装备制造中心”，1家企业被确定为“省级智能化供应链管理中心”，1家企业被确定为“能源监测自动化控制中心”；18家企业获得省级电子商务企业认定（全省数量居第一），6项技术列入省第三批《“两化”融合先进实用技术和装备重点推广指导目录》（全省数量居第一），6个项目被确定为“省农村信息化推广应用示范工程”（全省数量居第一），11个单位被确定为“省农村信息化推广应用示范单位”（全省数量居第一），争取省级信息公共服务平台和“两化”融合奖励资金288万元，国家及省级示范试点项目数量均居省内前列。

【电子政务服务】 大力推进电子政务私有云公共服务平台应用。目前，已为市水利局、卫生局、环保局等18个部门的业务应用提供独立虚拟服务器120个，为67个单位提供91个网站和业务系统托管服务。推进了全市统一的协同办公平台和网上审批升级改造工作。开启了全市智慧社区试点示范工作。进一步加强了信息资源共享体系建设。

【信息市场化探索】 按照PPP等模式，以政府投入为引导，积极探索社会资本参与“智慧潍坊”建设投资和运营。配合市国有资产监督管理委员会等部门，开展了潍坊智慧城市建设管理有限公司组建的有关工作。采取政府购买服务的方式，招标确定了第三方专业机构进行市级部门信息化建设项目的评审论证工作。积极推动与东软集团在智慧健康、智慧交通、智慧医疗等方面的合作和与大有数字资源公司在便民服务、超市物流等领域的合作，与闪联产业联盟合作的“百米生活万店上网惠民生”项目正加快推进实施。

（刘 丞）

## 轻工业

【概况】 全市轻工业经济运行质量和效益显著提升，规模以上企业完成工业总产值2911.25亿元，增长8.4%；完成主营业务收入2882.42亿元，增长8.2%；实现利税151.1亿元，增长7.4%；实现利润222.1亿元，增长6.6%。各项主要经济指标保持健康增长态势，超额完成2014年计划目标。全市轻工业销售收入居全省第二。

【抓现代产业体系建设】 市轻工行业管理办公室负责全市造纸包装行业优化产业结构工作。造纸包装行业是潍坊市工业传统支柱产业之一，为促进全市造纸包装产业转型升级，对全市造纸包装业进行调研，不断优化造纸包装业转型升级规划，经多次修改完善，形成了《加快产业转型构建现代产业体系规划——潍坊市造纸包装产业体系发展规划》《潍坊市造纸包装产业关于构建现代产业体系推进意见》《潍坊市造纸包装产业推进计划》等文件，明确了存在的问题，指出了今后努力的方向。

【轻工业经济运行调度】 深入基层了解情况，准确掌握第一手资料。搞好行业发展规划，引领行业发展。建立了经济运行数据统计系统和月调度分析报告制度，为领导研判经济形势、应对各种困难提供决策参考。积极参加全市运行调度会，分析汇报行业经济运行情况，全力做好经济运行的协调和保障。

【加快“转调创”步伐】 继续加大先进制造业的投入力度。全市轻工系统共有投资项目190个，总投资384.9亿元，其中，续建133项，投资187亿元，新开工57项，总投资195.9亿元，项目全部建成后，可新增销售收入1048.5亿元，利税181.3亿元。大力实施科技创新和技术中心建设。全市轻工系统共有49个项目列入山东省技术创新项目计划，共有337项新产品、新技术获得市级以上奖项，其中8项填补国内空白或达到国际先进水平；天成食品等6家企业被认定为市级技术中心，全市共认定市级以上技术中心49家，其中，晨鸣集团、得利斯集团2家企业为国家级，恒联投资、诸城外贸等9家企业为省级。抓好淘汰落后产能和节能减排，确保能耗钢性任务目标的完成。全年淘汰落后造纸生产线3.4万吨，落后制浆产能6.4万吨。全力推进企业重点节能和回收综合利用项目建设，实现低碳循环发展。

【工艺美术产业发展】 工艺美术产业具有工业、文化、旅游多重性，在2013年成功承办第一届工艺美术节基础上，市轻工行办下大气力，推动全市工艺美术产业的快速发展。搞好调研，科学谋划。提出了"五个一"工程建设一个规划，即"潍坊市工艺美术产业发展规划"；一届展会，即"中国潍坊首届工艺美术博览会""第二届潍坊工艺美术节"；一项基金，即"潍坊工艺美术发展保护专项基金"；一个园区，即"工艺美术园区"；一座工艺美术馆。市政府领导给予肯定和支持，其中，举办年度展会和建立专项资金已付诸实施，关于建设工艺美术园区和博物馆等工程也在积极落实中；4月4～8日风筝会期间，在富华国际会展中心成功举办了第二届潍坊工艺美术节，共有50余家工艺美术企业、220余位大师艺人、50个门类、5000余件展品参展，是全市工艺美术界历史上规模最大的一届盛会。编辑出刊《第二届工艺美术节精品集》，共收录了本届展会参展的196位大师艺人作品1500余幅，体现了近年来工艺美术发展的最高水平。创建了工艺美术创新发展专项资金，为工艺美术研究所申请创新基金100万元。承担了"山东省工艺美术大师"推荐工作，共推荐83位符合条件的省工艺美术大师人选，最终确定25位获得"山东省工艺美术大师"称号；参与了潍坊市工艺美术名人的评选工作，共有76位获得"潍坊市工艺美术名人"称号；此外，承担了"2014年技师和高级技师申报"推荐工作，共推荐技师7人、高级技师13人；承担了"潍坊市高级工艺美术师专业技术职务任职资格申报"推荐工作和中级工艺美术师专业技术职务任职资格评审日常工作，共推荐高级工艺美术师7人，其中，破格申报5人，正常申报2人。建立健全了360名历届国家、省、市工艺美术大师、名人和民间艺人等详实档案。组团参加了第六届中国（山东）工艺美术精品博览会，共组织68家工艺美术企业和大师艺人，近千件工艺美术精品参展，是潍坊历史上参展人数最多、面积最大、门类最全的一次博览会。与市旅游局，就加强工艺品与旅游业结合进行了研讨，确定了长、中、近三期规划。长期规划为合作建立工艺美术博览园，中期规划为借助世纪华润商务酒店汇集商品展销和进行产品结合，近期规划为借助双方优势资源合作办好"第三届潍坊工艺美术节"。

【安全生产工作】 按照安全第一、预防为主、综合治理的工作要求，对轻工企业安全生产工作主要从落实安全生产责任制、排查、治理事故安全隐患、加强职工培训、危险化学品管理、职工自我保护、安全投入等环节入手，全面做好安全生产工作；按照省轻工集体企业联社的部署，抓好全市轻工企业的安全标准化升级达标工作，组织开展了"安全生产首季开门红""安全生产月"等活动。

【招商引资工作】 按照全市支持滨海新区建设的号召，组织联社全体人员到滨海深入调研和进行业务对接，进一步增强紧迫感和针对性。邀请香港投资基金会主席伦惠明和西藏证券潍坊分公司经理吕浩亲临滨海新区进行现场考察。招商引资工作取得了实质性进展，西藏证券（华宝信托有限责任公司）与滨海区签署了"白浪河入海口生态示范带一期工程项目"6亿元的融资合同，目前已到账4.5亿元。

（赵新华）

## 纺织工业

【概况】 全市665家规模以上纺织服装企业主营业务收入完成1503.7亿元，同比增长4.7%；利税128.4亿元，同比增长5.9%；利润完成83亿元，同比增长4.5%。

【产业发展规划】 制定行业详细的工作计划，编制《潍坊市纺织服装现代产业体系发展规划》，指导全市纺织服装产业的发展。确定了诸城西服男装、高密家纺、昌邑印染3个承载园区和孚日家纺、新郎、同大、仙霞、桑莎、耶莉娅6家龙头企业，充分发挥其示范带动作用。加强产业体系培育项目的调度和跟踪服务。对滨海华鸿涤纶、皓天再生涤纶、诸城天耀服装的婴童服装、希努尔工业化社区、昊宝服饰年产400万套高档西装等十多个重点项目进行重点调度推进，促成早日投产达效。

【企业创新工作】 搭建了服务招商引资的纺织产业组织资源库、科研院所资源库、专业人才资源库"三库"平台，利用行办纺织专业优势，整合资源，筛选项目，重点推介在科技、品牌、创新、区位、政策等方面的优势项目。全市纺织服装业共有8个项目列入山东省企业重点技改项目导向计划，总投资112亿元；有90个项目列入市企业重点技改项目导向计划，总投资250亿元；19个项目列入市企业技术创新项目，投入研发经费1.48亿元。

【骨干企业发展壮大】 骨干企业的经济运行质量不断提高，对整个行业的拉动作用明显。全市纺织服装骨干企业强化企业管理，加大技术改造力度，善于开拓市场，紧跟市场需求的步伐，不断培植新的经济增长点，生产适销对路的产品，持续保持着良好的发展势头。新郎希努尔集团实现利税5.96亿元，同比增长32.8%，利润4.89亿元，同比增长43.4%；耶莉娅集团实现利税2.4亿元，同比增长8.4%，实现利润1.8亿元，同比增长9.9%。

（邵明国）

## 机械电子工业

**【概况】** 全行业共有规模以上企业907家，主要生产内燃机、汽车、工程机械、拖拉机、收获机械、石化设备、环保节能设备、起重机、锻压设备、印刷设备、电子元器件、汽车零部件及内燃机配件等产品。全行业规模以上企业完成主营业务收入2817.6亿元，同比增长10.5%；实现利税261.3亿元，同比增长4.2%；其中，利润183.6亿元，同比增长4.2%。

**【现代产业体系建设】** 成立了由市机械电子行业办公室及高新区等县（市、区）相关部门组成的机械装备、汽车制造产业培育推进工作领导小组。编制了《机械装备产业和汽车制造产业两大传统优势产业规划》，制定了《机械装备产业2014发展计划》和《汽车制造产业2014发展计划》，提出了到2015年、2020年行业转型升级的主要目标、发展方向、主要路径和坚持主攻高端、强化基础、实施创新驱动、“两化”深度融合、坚持绿色环保、发挥集团优势的工作措施。对确立的潍柴控股集团有限公司气体机扩产能、装备厂搬迁改造，北汽福田诸城汽车厂中高端卡车、北汽福田山东多功能汽车厂一工厂二期等重点项目，实行一月一调度。编制了《机械装备产业基金申报指南》，建立了机械装备产业基金项目库，申请产业基金支持，助推产业发展。机械装备产业3个项目得到产业基金支持，基金额度达4500万元，吸引银行资金支持额度达7150万元。

**【技术创新】** 全市机械装备产业新增6家省级研发中心，239个项目列入省级技术创新项目。盛瑞传动股份有限公司成为全市首家“国家技术创新示范企业”。公司董事长刘祥武荣获2014年度潍坊市唯一的“最高科学技术奖”。潍柴控股集团有限公司联合国内外55家优秀零部件供应商，发起成立了“潍柴动力研发共同体”；福田雷沃国际重工股份有限公司加强技术创新平台建设，打造了欧洲、日本、山东多位一体的全球研发体系，开发出自动导航、自动驾驶拖拉机。

**【招商引资】** 成功举办了2014中国（潍坊）装备制造业博览会。参展企业322家，参展观众达3.5万人次，展出面积1.5万平方米，实现国内交易额5.16亿元。潍坊市以外参展企业296家，参展面积1.36万平方米。组织企业参加了2014第九届中国（山东）国际装备制造业博览会、第十七届青岛国际机床模具展、第十五届武汉国际汽车展览会暨中国国际新能源汽车发展与合作峰会、第十七届中国（上海）国际工业博览会，推介了一批投资大、科技含量高、经济效益好、节能环保的机械装备招商项目，达成了一批合作意向和协议。加强与全国工商联和相关商会的联系，与中华全国工商联五金机电商会进行对接，承接北京产业转移招商对接的工作取得了一定成效，开辟了合资、合作新渠道。

**【安全生产】** 牢固树立红线意识，强化安全生产监督检查工作。多举措推进安全生产标准化、规范化建设。按照标本兼治、固本强基的要求，从强化企业安全生产基础管理入手，狠抓安全生产基层建设。企业修定和完善了安全生产例会制度、检查制度、隐患整改备案制度、安全生产奖惩制度，并配套完善了考核机制。加强安全生产的检查和督查工作，全年共组织安全生产各类检查7次，查出事故隐患55处，对查出的事故隐患，全部下达了《行业安全生产监督检查事故隐患整改通知书》，整改率达到90%以上。行业企业全部通过了不同级别的标准化达标验收，为行业发展提供了安全保障。

（冯远征）

## 化学与建材工业

**【概况】** 全市化工行业共实施项目102个，其中，续建项目72个、新开工项目30个，总投资722.1亿元，投资过5亿元项目33个、过10亿元项目24个。全市建材行业共实施项目38个，其中，续建项目23个、新开工项目15个，总投资162.1亿元，投资过5亿元项目12个、过10亿元项目4个。全市化工和建材行业全年完成项目投入136亿元人民币，超额完成2014年任务目标。

**【现代产业体系建设】** 组织起草了《关于促进全市化工产业健康发展的意见》并经市政府正式发布，编制了《潍坊市石化、盐化产业发展规划》。研究制定了石化、盐化产业基金申报指南，帮助2家企业申报了产业基金项目。加快推进山东海化、石化、盐化一体化项目等5个重点项目建设。全市石化、盐化产业销售收入、利税、利润同比分别增长11.3%、32.4%、34%。

**【自主创新】** 全市化工建材行业已建立国家级企业技术中心2个、省级企业技术中心13个、市级企业技术中心53个，建立了8处省级工程技术中心。山东墨锐化学联合18家单位组建了卤水精细化工省级产业技术示范联盟，山东海化联合20余家单位共同组建了海洋化工及石化盐化一体化省级技术创新示范联盟。

**【行业安全生产】** 市化工建材行业办公室认真落实安全生产责任制，扎实履行安全生产监管责任，狠抓企业安全生产监督检查。先后组织开展了各类安全生产大检查 4 次，查出隐患 30 余处，逐一下达整改通知单，督促企业明确责任、落实措施，进行了彻底整改。全市化工建材行业未发生重特大安全生产责任事故，死亡人数未超过市政府下达的控制性指标。

**【党的群众路线教育实践活动】** 市化工建材行业办公室组织深入开展了党的群众路线教育实践活动。成立了党的群众路线教育实践活动领导小组，制定了《化建行办教育实践活动实施方案》和活动配档表，召开了行办机关及直属单位全体人员大会。认真听取意见、查摆问题，解决群众反映强烈的突出问题，广大党员干部的工作作风进一步转变，干群关系进一步巩固。

（赵玉群）

# 医药工业

**【概况】** 全市纳入统计范围的 39 家医药工商企业累计完成主营业务收入 278.6 亿元，同比增长 8.39%，实现利税 13.4 亿元，同比增长 9.46%，实现利润 7.88 亿元，同比增长 11.68%。完成工业增加值 28.12 亿元，同比增长 11.62%。其中，21 家工业企业完成主营业务收入 150.22 亿元，同比增长 2.87%，实现了医药经济保持平稳增长态势。

**【技术创新】** 有选择性的对 12 家医药工商企业进行了调研，对医药产业现状、产业特点、产业发展形成了 1 篇质量较高的调研报告，调研报告被市政府办公室以《情况交流》印发有关领导和部门参阅。协助潍坊制药厂有限公司争创省级企业技术中心。在稳定持续增长的基础上，鼓励、引导大型原料药企业积极研发制剂新产品和原料药深加工，进行产业结构调整。鼓励、引导生产企业与发达国家大型医药企业对接与合作，引进先进工艺、技术，通过工艺创新，进一步提质增效。对列入全市投资导向计划的医药类新建、续建项目进行了调研和调度，及时做好跟踪服务。鼓励、引导企业积极探索具有开发治疗性的生物药品，积极参与园区建设，促进新医药发展。

**【招商引资】** 根据市委招商工作要求，医药行业管理办公室积极发挥企业为招商主体平台，鼓励企业加强与北大、清华、中科院等国内外知名科研院校（所）和世界 500 强及国内 100 强企业进行对接合作。帮助临朐隆德药业有限公司与国药控股有限公司合资合作，在临朐设立国药控股分公司。组织企业积极参与全国工商联大企业对接会，进行推介招商。

**【职称评审】** 完成了 2013 年度药品技术系列高级职称的推荐和初、中级职称评审工作。其中，初级职称 1104 名、中级职称 10 名，推荐高级职称 1 名。认真做好 2014 年度药品技术系列高级职称的推荐和初、中级职称评审前的准备工作。组织完成了 2014 年度医药行业专业技术人员的继续教育工作。

**【安全稳定】** 组织医药企业参加省、市安监部门开展的各类专项治理活动，配合市安监部门落实安全生产岗位责任制，明确职责，落实责任，确保行业全年无事故。稳定工作主要是对医药企业改革改制遗留问题的处理。对处理的破产、解散、改制企业的人、财、物、事进行了梳理，对可能存在的隐患进行摸底排查，并研究制定处理原则，确保行业稳定。

（谢树斌）

# 煤炭冶金工业

**【概况】** 全市煤炭冶金行业突出抓好安全生产、节能减排工作，大力推进科技创新，坚持依法行政，促进了行业科学发展。全市 2 处煤炭企业共生产原煤 73.5 万吨，实现销售收入 12.95 亿元，利税 0.96 亿元，连续安全生产 42 个月；3 处重点钢铁企业产生铁 700.9 万吨，粗钢 694.6 万吨，钢材 619.3 万吨，完成销售收入 257.6 亿元，实现利税 7.48 亿元。

**【安全生产】** 全市煤炭冶金行业实现安全生产。市煤炭冶金行业办公室制定了《2014 年煤矿安全工作要点》，与各县、区煤炭管理部门签订了年度安全目标责任书，对各矿矿长进行了考核，落实了目标管理。开展了一系列专项整治行动。深化隐患排查治理，各矿每月一次全面排查分析，市行办每月对隐患进行调度，每半年进行一次隐患排查确认，隐患整改率 100%。强化科技保安，完成了省、市、县、矿四级安全生产综合监管信息平台建设。加大安全投入，提取和使用安全资金 1017 万元，完成安全技术措施项目 86 项；新方煤矿投入 160 万元新添了综合采煤机组，五图煤矿投入近 2000 万元进行生产系统改造。按照全年培训计划，共培训安全管理人员 102 人、特种作业人员 637 人、班（组）长 87 人。开展煤矿安全质量标准化和“双基”（基层建设、基础建设）建设，改进安全检查和达标验收的方式方法，做到动态达标和岗位达标。以粉尘、噪声危害综合治理为重点，完善防尘系统，配齐相关设备，预防职业危害，组织职工健康体检，保障职工安全健康。在钢铁企业扎实开展了安全生产标准化、规范化建设工作，组织安全专家对潍坊特钢、鲁丽钢铁、巨能特钢 3 家钢铁企业进行安全检查，督促企业整改安全隐患，提高了行业安全生产水平。

**【五图煤矿重组】** 4 月，山东矿机集团控股五图煤矿完成了资产重组，恢复了矿井技术改造，预计总投资 2.3 亿元，年内完成 1800 万元，完成村庄搬迁 1 个，解放煤炭储量 640 万吨。

**【钢铁行业规范条件核查】** 7 月 2 ~ 6 日，国家工信部专家组对潍坊特钢集团有限公司、山东寿光巨能特钢有限公司、山东鲁丽钢铁有限公司等3家企业的生产现场按照钢铁行业规范条件进行了核查。通过核查，全市钢铁企业生产装备、环保设施先进，各项指标控制良好，核查结论符合《钢铁行业规范条件（2012年修订）》，向工信部推荐这3家企业进入符合条件企业名单。8月25日，国家工信部在其网站上进行了公示并予以确认。

【坊子炭矿遗址文化园】　11月19日，由山东新方集团投资的坊子炭矿遗址文化园正式对外开放。文化园在原坊子煤矿矿区遗址上建成，系统展现了原坊子煤矿的百年历史变迁，是目前山东省唯一一家煤炭博物馆。坊子炭矿遗址文化园项目建设分三期推进，先期开放场馆主要有炭矿博物馆和井下体验区。炭矿博物馆建筑面积1100平方米，主要介绍煤炭的形成、种类、分布、开采、利用、地质构造及坊子炭矿矿井变迁史等知识，是煤炭科普教育、安全知识培训、历史回顾的教育基地。井下体验馆由近代德国建的坊子竖井及井下保留的历史矿道改建而来，尽可能地保留、还原历史原貌。参观者可进入地下175米的历史矿道中，近距离参观提升、排水、通风、绞车、架空人车、拉人车等煤矿工作流程。另外，百年古槐园休闲区、煤矿工人生活村、火车装运站及煤炭的筛选、输送、加工等展示整个炭矿遗址文化的工业文化旅游项目将于2020年底前竣工。届时，炭矿遗址文化园将与坊茨小镇融为一体，成为潍坊工业文化旅游的新亮点。

（郭明杰）

## 电力工业

【概况】　国家电网公司潍坊供电公司始终坚持“四个服务”（服务党和国家工作大局、电力客户、发电企业、经济社会发展）企业宗旨，加快电网和公司发展方式转变，为全市经济社会发展提供了可靠的电能保障。截至2014年年底，潍坊电网有500千伏变电站4座、220千伏变电站35座（均居全省第一位），35～110千伏变电站297座，35～500千伏变电容量、3484万千伏安/输电线路7917公里，全市10千伏线路2.27万公里/配变2.23万台。

【电力安全生产】　国家电网公司潍坊供电公司积极倡树系统安全思想和大安全理念，扎实开展“安全管理提升”活动、春季安全大检查、防外破专项治理，安全生产基础进一步巩固，实现连续安全生产16周年、连续安全调度34周年。严格落实各级安全责任制，严肃安全问责和安全事故“说清楚”制度，输电线路防外破专项治理取得实效，220千伏线路外破故障同比下降71.4%。成功应对迎峰度夏期间负荷连续3次刷新历史记录、最高达641.3万千瓦的严峻局面，全市未出现拉闸限电现象。创新安全管理现代化手段，实现检修施工现场“远程视频化、网络信息化、实时公开化”安全管控。首次举办了潍坊市处置电网大面积停电事件政企联动实战演练，在潍坊市“两会”、风筝会、国庆等重大活动期间，潍坊电网实现零差错、零故障、零失误运行。

【提升供电能力】　国家电网公司潍坊供电公司全力推动“特高压入潍”，积极开展特高压工程前期工作，在全省率先完成榆横—潍坊交流工程支持性文件办理。投资19.16亿元用于电网建设，投产220千伏宋庄等35千伏及以上工程27项，投产线路292公里/变电容量262万千伏安。深入开展学制贯标和创优夺旗站排头活动，220千伏涓河工程获“中国安装工程优质奖”。加大配网建设投入，统筹城乡电网协调发展，实施配网建设改造“三个三千”工程，建设改造配网线路3212条，新增配变3516台，低压电网治理3609个村，农村户均配电容量由0.87千伏安提高到1.16千伏安。完成“一户一表”接收改造12.9万户，推广安装智能电表128万只，在全省率先实现用电信息采集全覆盖。9个县中心城区全部实现配网智能化改造，智能配网工程通过国家电网公司实用化验收。

【优质服务保障】　国家电网公司潍坊供电公司始终秉承“真诚服务，共谋发展”理念，以保供电、促服务为核心，进一步深化“彩虹工程”服务品牌。开展潍电义工百千万进企业、进社区、进农户、进学校“四进”公益宣讲活动，对客户义务上门开展安全用电宣讲、用电隐患排查和电工培训，结合行业特点履行社会责任，彰显国家电网形象。精简优化业扩报装流程和资料，报装周期同比缩短9.8%。建成全省首个“服务在线”监控平台，实现全市149处营业窗口在线监控。大力支持绿色能源发展，建立大客户经理“一对一”服务制度，为电能替代和新能源项目并网提供从报装到送电全过程“一站式”服务。认真做好配套电网建设方案和市场消纳，规范新能源电量收购、补贴支付工作，新能源服务水平全省领先。持续加强党的建设、企业文化建设、队伍建设，潍电义工“善小·圆梦”项目获首届中国青年志愿服务项目大赛银奖，公司营销部团支部获“全国‘五四’红旗团支部”，公司获“山东省思想政治工作先进企业”。

（郑海健）

## 盐及盐化工

【概况】　全市生产原盐1310万吨，同比增长10.5%；销售原盐1249万吨，同比增长1.9%；生产盐化工产品34.7万吨，同比增加8.9%；销售33.7万吨，同比增长4.7%。其中，生产溴素7.41万吨，销售7.36万吨。全行业实现销售收入119亿元，同比增长0.72%，其中，原盐实现销售收入12.7亿元，盐化工产品实现销售收入96亿元，完成其他收入10亿元。全行业完成国税、地税入库16.1亿元，同比增长42.8%。潍坊盐业公司获得山东省轻工业系统“企业文化建设示范单位”和省管企业“文明单位”，寿光市卤水制盐工艺被列入国家级非物质文化遗产代表性名录。

【行业管理】 深化制盐企业结构调整，加强行业管理，实现了盐行业平稳健康发展。受整体经济下行影响，原盐价格下滑，出现了较大面积的亏损。针对出现的新情况、新问题，市盐务局及时召开原盐产销形势座谈会、现场观摩会、产销碰头会，加强信息沟通和共享，积极引导企业理性营销，保障行业健康发展。对全市制盐企业进行大摸底，全面掌握全市盐业资源情况，完成了全市制盐许可证年检换证工作。加强横向联系，宣传推介潍坊盐业，多次接待并组织外省（市）考察调研团队，对周边井矿盐企业的生产经营情况进行考察学习，科学谋划全市原盐经营策略，应对盐业市场的变化。市、县盐务局加强与政府相关部门的协调，按总体开发规划有序推进盐田拆除。全年共占用盐田1630公顷，减少原盐产能65万吨。大力发展新技术。寿光市卤水快速浓缩新技术的推广使用，有效提高了原盐单产。浮卷式塑苫技术、气象联网速报、卤水清洁输送、远程卤水控制、工厂化制卤、机械活茬等新技术、新设备的开发应用，提升了盐业现代化水平。深入开展溴素冬季休产，促进溴盐配套联产，有效地保护了地下卤水资源。昌邑市扩大二次提溴生产能力，进一步提高资源的综合利用率。推进盐化工和盐外业务发展，推动产业优化升级。全行业原盐以外产品和业务的营业收入已占到总收入的80%以上。加强行业安全生产管理，落实“管行业就要管安全生产”的安全工作要求，建立健全制度，层层落实责任，实现了全年安全生产无责任事故。

【食盐专营】 全市共销售食盐9.29万吨，完成年计划的125.57%。其中，小包装食盐销售2.45万吨，完成年计划的92.14%。其他工业盐销售8.58万吨，完成年计划的117.49%。全面落实了政府“减盐降压工作”措施，做好低钠盐的宣传推广工作。宣传“少吃盐、吃好盐、科学用盐”“食用低钠盐、防控高血压”的健康理念，制做了海藻低钠盐、绿色低钠盐宣传内容的广告宣传画、宣传手袋，在全市公共场所、住宅小区宣传做好各类低钠盐上市推广工作，全年共销售低钠盐1500吨。全面落实客户经理责任制，加强批发企业规范服务、建立潍盐连锁商贸流通模式等事关食盐专营的基础性工作，通过加强专业配送队伍、专业营销队伍、专业市场监管队伍建设，进一步优化服务结构，树立以满足客户需求为中心的现代营销理念，对客户实行全天候送货、全过程负责、全方位优质服务。全面加强食盐储备管理工作，落实《潍坊市食盐供应应急预案》，加强了应急训练，保障了全市食盐供应。

【盐政执法】 进一步加强盐政队伍建设，推进依法行政，规范执法行为，加大盐业市场监管力度和联合执法力度，多次组织开展市场整治专项行动，维护了全市盐业市场秩序。加强学习培训，编写了《潍坊市盐务局盐政执法实用读本》，为盐政执法人员的日常学习和实际执法工作提供了充足的材料。加强盐政执法考核，组织了全市盐政执法技能“大比武”活动，进一步提高了执法人员的执法技能和技巧。加大边界联合执法力度，开展边界盐业市场的联合行动。分别与青岛、淄博签订了《边界盐业市场联合管理协议》，有效地遏制了外地（市）私盐对边界的冲击。与公安部门联合执法，并联合下发《关于健全潍坊市公安局潍坊市盐务局协作联动机制的意见》，依托双方网络、设施，实现了盐政和公安部门涉盐案件信息资源共享。全市共出动盐政执法人员3.06万人次，公安联合出警151人次，查获各类涉盐案件1438起，查没各类盐产品758.8吨，罚款42.85万元，端掉窝点2个，联合办案24起，移送司法机关处理案件7起。

（朱培青　冯怀志）

# 食品工业

【概况】 全市食品工业继续保持持续稳步发展，已形成3大类、18个种类、500余种食品品种，为全市第三大产业，是市支柱产业之一。实现主营业务收入1625.5亿元，同比增长6.4%，环比增长9.87%。利税112.9亿元，同比增长7.3%，环比11.12%。利润79.5亿元，同比增长7.1%，环比增长11.06%。全市工业百强企业中，食品企业有10家，占全市百强企业的10%，实现主营业务434.63亿元，其中，诸城外贸、得利斯2家企业主营业务收入超过百亿。

全市有11家企业获“全国农业产业化龙头企业”，73家企业获“山东省农业产业化龙头企业”。国家级企业技术中心1个，国家级蔬菜检测中心2个，省级畜禽产品质量与安全控制重点实验室1个。山东名牌42个，2家企业荣获“省长质量奖”，全年新增省级企业技术中心3个，达到8个，新增市级企业技术中心2个，达到13个。

【农副产品加工业】 全市有500余种农副食品出口到日、韩、欧盟、北美等120余个国家和地区，玉米加工业、畜禽加工业、果蔬加工业在全国甚至全球都有显著竞争力。玉米加工业，年生产加工玉米淀粉700万吨，玉米淀粉深加工能力300万吨，产品国内市场占有率约为20%，是全国最大的玉米淀粉、玉米淀粉深加工生产基地。具有亚洲最大的淀粉、变性淀粉生产企业和全球最大的肌醇生产企业。主要产品有：玉米淀粉、麦芽糖浆、玉米蛋白粉、玉米油、玉米胚芽粕、玉米皮粉、口服葡萄糖、麦芽糊精、山梨糖醇、高端柠檬酸盐、赤藓糖醇等系列产品。具有国际先进水平的DCS集散控制系统，实现了生产的自动化管理。畜禽加工业在全省、全国具有明显的竞争优势。目前，鲜、冷藏肉年产284万吨，其中，外贸肉鸡产品对日出口量占全国对其出口总量的10%，对马来西亚和欧盟出口量各占全国对其出口总量的50%，是全国最大的肉鸡出口生产基地之一；低温肉制品年产15万吨（本地产量），产品国内市场占有率达10%，居全国同行业第一；调理食品年产24万吨，其中，速冻肉丸在国内市场占有率达60%，居全国同行业第一。果蔬加工业已成为全国有名的蔬菜生产、交易、加工、出口基地。形成了以寿光为主的蔬菜生产、交易、物流中心。以华裕实业有限公司、潍坊金椿食品、鲁丰集团等企业为主的低温脱水蔬菜、速冻蔬菜、保鲜蔬菜、AD（空气干燥）、FD（冷冻干燥）等蔬菜深加工产业。具有优质的乳制品资源，是乳品生产大市，有全国第一家生产羊奶的乳制品企业——阳春羊奶，自有养殖场的紫鸢牧业，同时潍坊丰富、优良的乳业资源，吸引了著名乳品企业伊利、三元、娃哈哈等入驻。

**【特色产业布局】** 食品加工产业经过不断的转型升级，逐步向食品加工业全产业链的纵深发展，涵盖了农、副业生产，农副产品加工，各类食品及相关产品生产、加工、仓储、物流、研发、交易等多个领域。形成了以中国食品谷集食品研发、检测、交易、物流等功能于一体的核心区，寿光、诸城、安丘、峡山区、昌乐为特色生产基地的产业布局。确立建设一个核心区、三个特色园区，即：中国食品谷产业园区核心区、诸城市山东省新型工业化产业示范区（食品）、安丘市食品（农产品）加工基地和齐鲁酒地文化创意产业园。

**【龙头企业不断壮大】** 确定了带动作用明显、核心竞争力强、起带头作用的诸城外贸有限责任公司、得利斯集团、潍坊英轩实业有限公司、山东景芝酒业有限公司、诸城东晓生物科技公司、山东惠发食品有限公司、山东鲁丰集团等7家标杆龙头企业，7家龙头企业实现主营业务收入391亿元，占全市规模以上食品企业主营业务收入的24.05%。

（李向珍）

# 服务业

*Fuwuye*

## 现代物流

【概况】　全市物流业保持平稳较快发展。全年实现物流总额16942.9亿元，居全省第5位，同比增长8.3%。其中，农产品物流总额731亿元，居全省第一位；工业品物流总额12871亿元，居全省第四位。

【现代物流产业规划体系】　强化现代物流发展的顶层设计，加快物流规划的编制工作。在《潍坊市现代物流基地（区域物流中心）规划》确定的"五极驱动、两带联动、多点互动"（五极驱动：即在潍坊重要对外、对内辐射区位，建设鲁东物流中心、滨海临港物流园区、中国食品谷、潍坊机场航空物流中心、综合保税物流中心区五大核心物流节点，形成物流产业集聚发展格局，培育具有区域、城市双重辐射和服务功能的现代物流产业系统；两带联动：即依托潍坊具有竞争优势和产业布局较为密集的产业走廊，打造具有区域产业布局竞争能力和辐射能力的工业物流带、农副产品物流带，并通过相互服务支持和运作联系，在物流业与服务对象之间、工业物流带与农副产品物流带之间，形成具有良性联动发展关系的物流产业带；多点互动，即以五极、两带为依托，在潍坊辖区内各个产业、中心城市功能区域和各县市，合理布局物流节点设施，完善交通运输组织条件，在物流服务功能和运作网络上，形成具有互动关系的多点物流业布局发展格局）的总框架下，相继启动了《中心城区现代物流基地规划》和《城市共同配送体系建设规划》等物流专项规划的编制工作，目的是立足于"一带一路"、蓝黄"两区"建设等国家战略，将潍坊打造成为山东半岛物流枢纽、全国特色产业物流基地、东北亚国际物流节点城市。

【物流园区和物流基础设施建设】　推动全市8个在建物流园区加大招商和基础设施建设力度，24个建成园区综合服务水平和集聚效能有效提升，滨海临港物流园、鲁东物流中心、中国食品谷、综合保税物流中心、潍坊机场物流中心等重点承载园区建设步伐加快。滨海临港物流园新签约落地项目11个，在谈项目26个，合计投资60多亿元。鲁东物流中心宝利冷链物流园、银座物流配送中心等6个物流项目开工建设。中国食品谷中凯冷链物流园一期基本完工并实现运营，600余家大型食品企业签约入驻；中央大厨房项目开工建设。综合保税区国际保税物流中心项目加快推进。重点调度的50个新建、续建物流项目完成投资107亿元。

【骨干物流企业培育】　大力推进A级物流企业创建，促进企业提档升级。对照《物流企业分类与评估指标》规定的六大类18项指标，选取了26家物流企业作为创建储备企业。山东晟绮疏港国际物流有限公司从4A级晋升为5A级，实现了全市5A级物流企业零的突破；潍坊顺丰速运有限公司等6家企业评为4A级物流企业，潍坊龙威物流有限公司评为3A级物流企业。截止到2014年年底，全市3A级及以上物流企业达到20家，其中，4A级10家、5A级1家。

【城市共同配送试点】　把城市共同配送体系建设作为提升市区物流发展水平、引领物流产业转型升级、加快现代物流基地建设的重要机遇，发挥试点政策和扶持资金的引导作用，着力解决物流配送"最后一公里"问题。选取潍百集团、中凯冷链等9家大型连锁商业企业和第三方物流企业开展试点，项目涵盖连锁商业配送、医药配送、农产品冷链、生鲜食品配送等多个领域，拉动社会投资16.4亿元，有力提升了城市专业配送水平。突出"绿色、联合、共同"的理念，设计了城市共同配送统一标识，统一使用于城市共同配送车辆、公共仓储中心、末端配送点、智能储物柜、共用托盘等载体上，扩大了试点影响力。

【物流产业招商】　制作了潍坊现代物流宣传片，论证、包装了7个产业园区和12个重大物流项目，建立了现代物流招商项目库，利用专题招商、平台招商、网络招商等多种渠道，大力宣传推介。突出点对点招商，积极与香港贸易发展局、平安银行、山东高速集团、阿里巴巴、京东等大企业、大机构对接。菜鸟网络科技有限公司多次考察电商物流布局情况，就中国智能骨干网（China Smart Network，简称 CSN）节点项目落地事宜进行洽谈对接，达成了初步合作意向。2014 年，全市新开工物流招商项目 5 个、签约项目 8 个、在谈项目 9 个，投资总额 156 亿元。

（王积富　张昭利）

## 金融服务

【金融运行】　全市社会融资规模达 954.14 亿元，较去年增长 17.1%。2014 年年末，全市银行信用总量达 2330 亿元，新增贷款居全省第 4 位；全市全口径信用总量新增 2330.2 亿元，同比多增 20 亿元；全市本外币各项贷款余额 4450.5 亿元，比年初增加 444.7 亿元，增长 11.1%；新增贷款比临沂少 57.8 亿元，比烟台多 102.4 亿元，居全省第 4 位；全市本外币各项存款余额 5536.2 亿元，比年初增加 476.4 亿元，增长 9.4%，高于全省贷款平均增速 0.3 个百分点；新增存款比临沂少 68.3 亿元，比烟台多 79 亿元，居全省第 4 位。全市金融业实现财政总收入 49.6 亿元，占 8.1%；实现地方财政收入 37.4 亿元，对地方财政收入的贡献率达 10.4%，居各行业第二位。

【股票和债券融资】　2014 年，康跃科技在深圳证券交易所挂牌上市，融资 1.64 亿元，成为省内两家在境内资本市场发行上市的企业之一。25 家企业分别在“新三板”和齐鲁股权交易中心挂牌。共发行各类债券 17 只，融资 150.3 亿元。其中，中小企业金融专项债 20 亿元，短期融资券 24.5 亿元，可转债 25 亿元，可转换私募债 12 亿元，中小企业私募债 11.3 亿元，企业债 28 亿元，中期票据 18 亿元，公司债 10 亿元，非公开债务融资工具 1.5 亿元。

【保险业发展】　全市保险机构实现保费收入 131.9 亿元，同比增长 18.77%，增幅居全省第一位；各项赔付 40.38 亿元，同比增长 8.05%。由阳光财险发起设立的阳光融合医院已经成功立项，是全国首例将保险资金运用到医院建设的项目。

【金融组织体系建设】　建成中国（潍坊）路演平台，通过项目路演的方式，与国内外近百家企业达成合作意向，并成功对接资金 1.5 亿元，帮助 35 家企业实现融资。金融机构“引进来”步伐加快，浙商银行、平安银行、威海市商业银行和广发银行 4 家股份制银行来潍坊市设立分支机构已获银监会批复，全国 12 家股份制商业银行已有 11 家进驻潍坊市；新引进东北证券、海通证券和中信建投 3 家证券公司；奎文中成村镇银行获批开业，使潍坊市村镇银行达到 8 家，居全省第一位。推进民间资本“阳光化、规范化”发展，新设立小额贷款公司 2 家，截至 2014 年年底，全市 51 家小额贷款公司运营资金达到 62.55 亿元，贷款余额 67.57 亿元，累计实现税收 1.96 亿元；新成立民间资本管理机构 38 家，民间融资登记服务机构 13 家，吸引民间资本 20.2 亿元，通过对潍坊市实体经济项目开展股权投资、债权投资、短期财务性投资及受托资产管理等业务，累计投资额达 17.92 亿元。

【农村金融改革】　建成齐鲁农村产权交易中心，促进农村生产要素加速流转和优化配置。2014 年，齐鲁农村产权交易中心已设立了 12 个市县区分中心和 114 个乡镇（街道）办事处，共收集信息 2018 条，办理农村土地承包经营权流转交易 372 宗，涉及土地流转面积 746.7 余公顷。

【金融稳定】　全市金融业整体运行平稳，各种潜在风险因素得到较好控制。高利贷、非法集资金融犯罪活动得到有效遏制。金融知识宣传普及活动积极开展，开辟了“潍坊金融大讲堂”。制定了《关于完善金融风险防控机制的工作方案》，推动金融风险类别化、前置化、模式化处置，为构建和创建金融安全区做出了重要制度性安排。妥善处置了昌乐乐港资金链断裂风险。

（苑靖康）

【信贷投放】　面对存款增速持续放缓的不利局面，不断加大信贷投放力度，按照“区别对待、有保有压、有扶有控”的信贷投放政策，引导全市银行业切实做好信贷投放计划与潍坊市经济发展规划的有效对接，积极向上争取政策和资金倾斜，2014 年贷款增速高于存款增速 1.76 个百分点。截至 2014 年年底，贷款余额 4452.3 亿元，较年初增加 447 亿元，增量居全省第 4 位；增长 11.16%，信贷投放总量居全省第 1 位（不含济南、青岛，下同）。信贷资金进一步向县域倾斜，8 县市贷款余额 2774.94 亿元，较年初增加 346.59 亿元，增长 14.25%，分别高出全辖各项贷款、市区贷款 3.15 个、8.03 个百分点。对经济薄弱环节支持力度进一步加大。2014 年年末，全市银行业涉农贷款余额 2688.9 亿元，较年初增加 362.3 亿元，增长 15.6%；小微企业贷款余额 1308.6 亿元，较年初增加 207.28 元，增长 18.82%。小微企业贷款余额、户数分别居全省第 1 位、第 2 位。

【组织体系建设】　按照市委、市政府“招大商、大招商”决策部署，银监分局在银行业组织体系建设方面确立了“引进来、深下去、走出去”的工作举措，目前已基本形成广覆盖、差异化、高效率的银行业组织体系。一是积极吸引优质异地银行进驻潍坊市。向银监会、山东银监局积极争取机构设立政策，2014 年，推动新设立浙商银行、广发银行、平安银行和威海市商业银行潍坊分行 4 家异地银行；截至 2014 年年末，12 家全国性股份制银行已在潍坊市批准开业 11 家，股份制银行设立数量居全省首位。二是积极推动县域银行业完善组织体系。2014 年，新设支行级机构16处，县域银行网点布局进一步优化；全市8县市设立股份制银行支行已达19处，股份制银行省内率先实现县域全覆盖；新设立奎文中成村镇银行、昌乐村镇银行2家法人机构。三是积极引导全市法人机构跨区域发展。辖区寿光、青州两家农商银行已主发起设立10家村镇银行；诸城农商银行主发起设立8家村镇银行的计划已获银监会批复同意。潍坊银行滨州分行顺利开业，异地分支机构达到14处（含村镇银行）。

【金融服务满意度进一步提升】 银监分局高度重视金融创新工作，推动辖区银行业研发针对性、差异化信贷产品，提升服务能力和发展活力。综合运用承兑汇票、信用证、保函、贷款承诺等表外融资方式，有效拓宽融资渠道，2014年年末，辖区银行业表外业务余额1551.98亿元，较年初增加153.89亿元，增长10.94%。引导辖区银行业研发推出了供应链金融、产业集群贷款等批量营销新模式，整合分散的小微企业客户资源；推动全市银行业成立65个小微信贷专营部门，搭建300余个批量营销平台。推动辖区农商银行积极开展村村通、富农惠民、阳光信贷农村金融服务“三大工程”建设。辖区高密农商银行业务部、临朐聚丰村镇银行市场营销部被山东银监局授予小微企业金融服务优秀团队称号。与市金融办、中小企业办联合举办了第三届“小微企业金融服务宣传月”活动，地方各主流媒体进行了宣传报道，累计为辖区30万金融消费者提供了宣传教育服务。推动潍坊银行微贷中心成为持牌经营的小微企业专营机构；推广网点延时服务，将8处市区网点营业时间从17：00延长到20：00。

2014年，辖区银行业实现了科学稳健发展，规模、速度、质量、效益稳步提升，各项存款余额5536.2亿元，较年初增加476.4亿元，增量居全省第4位，增长9.4%；各项贷款余额4452.4亿元，较年初增加447亿元，增量居全省第3位，增长11.2%。不良贷款率1.49%，低于全省平均水平0.37个百分点。实现利润总额94.3亿元，居全省第3位。全市银行业营业网点1381处，ATM机4172台，从业人员20510人。

【银行业信贷服务能力持续提升】 引导全市银行业进一步加大信贷投放，实现了增速高于全省平均水平，涉农和小微企业贷款增量高于上年、增速高于全市贷款平均增速的“三个高于”工作目标。一是落实产业政策调控。督促辖区银行业切实加大对企业技术改造、行业龙头企业、战略性新兴产业和现代服务业的信贷支持力度，2014年年末，全市制造业贷款余额1854.88亿元，贷款增加额占各项贷款增加额比例达55.48%；余额较年初增长15.44%，高于全市各项贷款增速4.28个百分点。对全市经济结构调整和产业升级支持力度不断加大，钢铁、电力、烧碱等高耗能、高污染行业贷款较年初减少7.1亿元。二是有效支持涉农和小微企业。将涉农和小微企业贷款“两个高于”目标纳入监管考核，积极强化监管引导。2014年年末，全市银行业涉农贷款余额2688.9亿元，较年初增加362.3亿元，增长15.6%；小微企业贷款余额1308.6亿元，较年初增加207.28元，增长18.82%。潍坊市银行业小微企业贷款连续六年实现了“两个不低于”目标；连续四年全市小微企业贷款增幅高于全省平均水平。截至2014年年底，潍坊市小微企业贷款余额、贷款户数分别居全省第一位和第二位。三是积极扩宽融资方式。综合运用承兑汇票、信用证、保函、贷款承诺等表外融资方式，有效拓宽融资渠道，为经济发展提供多样化的金融服务。辖区银行业表外业务余额1551.98亿元，较年初增加153.89亿元，增长10.94%。

【银行业金融服务质效进一步提高】 按照银监会服务小微企业“银十条”等政策要求，引导银行业领会、贯彻上级政策，通过改革、转型，作实、作细小微企业金融服务工作。一是抓引领。建立监测通报和后评价机制，按月监测、按季通报小微企业监管指标完成情况，督促刚性指标的推进工作；把评价结果作为风险评级、高管人员年度考核、小微企业服务先进单位的重要参考指标；引领辖区银行业服务产业结构调整，进一步增强小微企业贷款的投放力度。二是抓创新。督促辖区银行业金融机构统筹规划，推进产品创新，根据融资需求特点，加强新型融资模式、服务手段、信贷产品及抵（质）押方式的研发和推广；指导将知识产权，海域、摊位使用权，奶牛、黄金等纳入抵质押物范围，合理确定抵押率，有效解决小微企业担保难问题。以避险和增利为动力，设计新业务、新产品、新工具，不断开发新的业务增长点，促进转型。三是抓服务。认真分析总结，查找存在的问题与不足，作为有益借鉴；持续宣传先进做法，正面引导社会舆论，不断提升社会影响力；探索、加快信息科技系统的上线和应用进度，实现技术保障；进一步规范经营行为，继续严格执行贷款的相关规定，科学合理确定收费标准，提高金融服务公正性和透明度。

（刘国峰）

## 总部经济

【概况】 近年来，按照市委、市政府决策部署，把发展总部经济作为构建现代产业体系、推进转型升级的重要举措，坚持政府引导与市场主导相结合，整合各类要素资源，助推总部经济升级，在经济“新常态”下实现了新发展。截至2014年年底，全市经认定培育引进的企事业单位总部（分支机构）突破1000家，涵盖机械制造、物流、金融、营销及研发等现代产业，对支撑全市经济发展发挥了重要作用。

【坚持规划引领，提升中心城区聚集辐射能力】 围绕“提升市区”战略，出台《潍坊市中心城区发展总部经济工作指导意见》，按照“一主多辅”的原则，规划建设10个企业总部基地，“一主”即潍坊企业总部群，“多辅”包括金融产业、高新技术产业、国际贸易产业、文化创意产业、商务会展业、现代物流产业、电子信息产业、海洋产业、高端食品产业等9个基地。其中，总投资100亿元的“潍坊总部基地”项目，已设立潍坊新华总部经济投资有限公司，注册资本1亿元，项目建设和招商工作全面启动。“食品谷”项目，通过引入汉富投资等基金公司推进总部基地楼宇建设，一期工程部分裙楼已封顶；落实扶持政策，推进山东中凯兴业贸易广场孵化基地建设，进驻企业达到150余家。

**【做强本土企业，提升经济贡献率】** 以本土企业为载体，大力发展总部经济，不断提升总部企业的发展层次和经济贡献率。将全市原有86家本土总部企业纳入重点扶持范围，2014年上缴税金过千万元的达到58家，实现营业收入2958亿元，上缴税金106亿元，分别比2013年增长6.48%、5.09%。推进新引进项目投产达效，2012年以来，潍坊市共引进企业类总部（分支机构）795家，上缴税金企业达200余家，过千万的8家。引导企业向区域总部跨越，通过政府优化服务环境、企业自我提升，使一批企业由单体公司发展为区域总部。潍坊顺丰速运公司发展成立鲁东区总部，特别是新成立的呼叫服务中心成为顺丰集团全国三大区域总部之一，服务北方9省2市，拉动就业2500余人，年可增加税收2300多万元。

**【提升招商水平，培育总部经济新业态】** 围绕提升全市项目发展质量，修订《引进企事业单位总部（分支机构）认定办法》，区分不同行业、不同类型的总部和分支机构，分别提高注册资本数额、市外资金比例等认定标准，引导提升招商引资层次。经认定，2014年全市新引进企事业单位总部（分支机构）410家，其中，县市区引进345家，市直有关部门、单位引进65家；从类型上看，企业类344家、事业单位和中介机构类49家、社会组织类17家；从区域分布上看，中心城区219家、县市191家。其中，依托国内外知名企业，着力培育了德邦物流、中储粮总公司、中化石油等一批区域性职能总部；世界500强德国麦德龙在潍设立销售公司，预计年实现税收1000万元以上；中国医药集团设立分公司，预计年销售收入4亿元以上，实现税收500万元以上。

**【加强载体建设，推动总部经济“集群化”发展】** 把总部载体建设作为促进总部经济发展的重要载体，创新建设模式，发挥集聚作用，全市建设各类总部载体38个，搭建起“腾笼换鸟”“优巢选凤”的新平台。其中，发挥市场主体作用，通过引进北京恩源公司投资5.15亿元在高新区建设运营食品电商总部基地，目前一期工程已建成运营，签约入驻企业80余家，全部投入使用后年交易额达30亿元。寿光企业总部群总投资45亿元，建筑面积88万平方米，已进驻企业50余家；昌乐企业总部基地公园总投资50亿元，建筑面积112万平方米，确定入驻企业40余家。

（李伟嵩）

# 银行业

**【概况】** 全市本外币各项贷款余额4450.5亿元，比年初增加444.7亿元，增量居全省第4位。本外币各项存款余额5536.2亿元，比年初增加476.4亿元，增量居全省第4位。

**【中国人民银行潍坊市中心支行】** 在全国率先成功试点信贷资产质押业务，探索发放全国首笔4亿元信贷资产质押再贷款，得到总行副行长胡晓炼充分肯定。

实现全省应收账款融资服务平台业务零突破。充分利用应收账款质押融资服务平台，推广应收账款质押业务，探索破解企业两项资金占比高和融资难问题的新思路，为两家企业办理了1420万元的应收账款融资业务，在全省率先实现应收账款融资服务平台业务成交零突破。

创新支持现代农业加快发展。推广“订单+信贷+保险”蔬菜订单融资业务，发放订单融资贷款16亿元，支持订单蔬菜生产14.7万亩。依托农业龙头企业和农业装备制造企业，创新开办“现代农业票据通”业务，为6家金融机构、31家农业企业办理再贴现业务96笔、金额6.3亿元。实施新型农业经营主体“主办行”制度，选取33个新型农业经营主体进行重点扶持，《金融时报》对金融支持家庭农场做法予以报道。

不断提升民生金融工作质效。深入推进农村公共服务与财政金融服务融合，实现手机支付业务行政村全覆盖，县域及以下地区手机支付用户174.7万个，用户数量居全省第1位。赴上海学习考察地方信用信息平台建设；联合有关部门修订《关于进一步加快社会信用体系建设的意见》和《潍坊市信用信息共享管理办法》。

实体经济支持力度不断加大。发放了全省首笔5亿元支小再贷款，支持潍坊银行获得50亿元小微企业专项金融债发行资格。对滨海区贷款支持力度加大，对滨海区贷款余额130.5亿元，支持企业463家。积极引入境外资金支持实体经济发展，年境外融资额31.2亿美元。实施重点企业外汇服务制度，选取50家企业实施重点企业联系制度。

（赵振民）

**【中国工商银行股份有限公司潍坊分行】** 面对复杂多变的经济金融形势，工商银行潍坊分行在市委、市政府和总、省行的正确领导下，认真贯彻稳健货币政策和金融监管要求，坚持加快发展与强化管理相结合、经营转型与业务创新相结合、金融服务与市场需求相结合，统筹推进经营管理各项工作，在倾力服务地方经济发展的同时，各项工作取得新成效、迈上新台阶。

努力扩大信贷投放，倾力服务实体经济。2014年年末本外币各项贷款余额640.13亿元，较年初增加38.89亿元。在信贷投向上，一是坚持抓大促重，促进产业结构优化升级。积极进入传统优势企业和行业龙头企业，贷款重点投向在建续建项目、先进制造业、现代服务业、战略性新兴产业和文化产业等行业领域，全年累计对33个重点项目发放项目贷款37.46亿元。二是坚持扶小济微，服务中小企业和民生领域。依托供应链和产业集群，积极推广网贷通、票据直贴等新产品，全年累计投放小企业贷款114.68亿元，较好地解决了小企业融资难问题。合理把握个人住房和经营消费贷款增长点，全年累计发放个人贷款49.3亿元，办理银行卡分期付款12.22亿元，较好地满足了居民创业兴业、消费升级需求。三是坚持创新发展，积极支持企业“走出去”。主动适应全市外向型企业需求，全年累计办理国际结算量76.5亿美元、结售汇29.51亿美元、国际贸易融资15.64亿美元，较好地支持了“走出去”企业发展。

积极推进改革创新，提升竞争发展能力。深入推进实施“大零售”和“大资管”战略，积极面向市场客户提供多元化产品、多渠道支持和综合化服务，不断提升可持续竞争发展能力。年末本外币各项存款余额567.94亿元，较年初增加27.38亿元。面对资本和信贷约束增强、盈利增长不确定性因素增多的形势，主动加快转变增长方式，努力提升盈利能力。全年实现中间业务收入7.83亿元，向地方财政缴纳税金2.71亿元。积极调整优化物理网点布局，加快推进自助银行建设步伐，全年迁址改建物理网点3处，新建离行式自助银行38家，整体服务功能更加完善，服务覆盖面更加广泛。大力推进网上银行、手机银行、微信银行、“工银e支付”“融e购”线上POS等新型互联网金融产品营销，方便广大客户“7x24小时”足不出户轻松办理查询、转账、购物等业务。始终坚持“以客户为中心”的经营理念，深入开展“人民满意银行建设年”活动、“金融知识进万家”宣传活动，持续强化客户服务规范管理，不断提升金融消费者权益保护意识，全行整体服务水平明显提升。

全面强化基础管理，实现安全稳健运营。主动把握经济复杂经营环境下各类风险的新趋势，不断强化信用风险、操作风险和合规风险管理，确保全行安全稳健运营。面对经济增速放缓、不良贷款反弹的严峻形势，在严把新增贷款投向的同时，积极开展风险监测排查，严格落实逾期贷款催收责任制，突出抓好重点业务、重点领域风险管控，通过加快潜在风险贷款退出、加大不良清收处置力度等措施，有效遏制了不良贷款反弹势头，保持了资产质量总体稳定。严格落实监管部门要求，不断完善事前、事中、事后全过程风险管控，持续抓好员工行为动态管理和案防法规警示教育，切实加强安全管理，积极开展各类应急预案演练，全年实现安全稳健运营。

（聂　聪）

**【中国农业银行股份有限公司潍坊分行】** 面对复杂多变的外部经济金融形势，农行潍坊分行紧紧围绕市委、市政府战略重点，积极贯彻省农行2015年工作会议精神，向上争取政策资源，加大信贷投放力度，加快金融服务创新，强化大行责任担当，为推动富裕文明新潍坊建设做出了积极努力。截至2014年年底，各项贷款及表外资产余额达到694.7亿元，其中，各项贷款余额563.9亿元，居全省农行第2位，比上年增加42.1亿元；银行承兑汇票余额94.1亿元，居全省农行第1位。各项存款余额达到785.3亿元，比上年增加49.1亿元，均居全省农行第3位；累计上缴利税2.2亿元。

为支持实体经济发展，农行潍坊分行主动适应经济发展新常态，转变服务方式，围绕中央全面深化改革、加快提质增效和市委、市政府“突破滨海、提升市区、开发‘两河’”的战略布局，突出支持重点，拓展融资渠道，积极助推全市产业转型升级，发挥国有银行服务实体经济的大行担当和主渠道作用。2014年年末，实体经济贷款余额384.6亿元，占全行的97.7%，高于农行系统平均水平3.2个百分点。

在支持重点项目和骨干企业方面，该行围绕机械装备、汽车制造等传统产业转型升级，现代物流、文化

召开中国农业银行潍坊分行2015年工作会议，贯彻省行2015年工作会议精神。
（供图：吕宝良）

创意等新型服务业态，战略性新兴产业，节能环保、再生能源等绿色信贷，重大基础设施、城市基础设施以及民生工程，加大重点企业和重点项目支持力度。储备项目25个，审批通过项目8个，批复贷款金额16.1亿元，按进度发放6.8亿元。为助推小微企业发展，农行潍坊分行在全省农行率先启动小企业信贷业务工厂化审批试点，小微企业贷款总量居全省农行第1位。调查摸底小微企业、产业集群（专业市场）427个，筛选确定服务重点200个，小微企业贷款余额30.7亿元，比上年增加5.3亿元，分别居全省农行第1位和第3位，贷款增幅20.8%，高于全行平均水平12.7个百分点。

在拓宽融资渠道方面，破解企业融资难题，产品创新考评居全省农行第1位。创新推广跨境双币通等外汇新产品7个，实现跨境人民币结算量84.2亿元，占到全市金融系统的20%；累计办理跨境参融通41.7亿元、跨境双币通3亿美元，占到全省农行的10%。外币贷款增加2亿美元，居全省农行第2位。银行承兑、信用证、保函等表外业务余额达到130.8亿元。

在支持“三农”和县域经济发展方面，该行始终坚持服务“三农”的责任担当，将80%的信贷规模配置在县域，大力支持现代农业、新型城镇化和农村金融基础建设。同时，推动山东省农行与潍坊市签订支持现代农业发展战略合作协议，在2014～2016年3年内对潍坊市现代农业新增不低于150亿元的信用合作额度。

为支持现代农业发展，农行潍坊分行创新产业链金融服务模式，积极开展农业产业链金融服务，形成了“农行+公司+农户”“农行+合作组织+农户”“农行+专业市场+农户”等服务模式，推出30个农业产业链（特色产业集群）服务方案，全市88家省级以上农业产业化龙头企业业务覆盖面达到94.3%，发放农业产业链农户贷款8.9亿元；农户贷款余额27.4亿元，占全省农行总量的23%，占全行个人贷款总量的15%；发行惠农卡175.1万张，比上年增加52万张，存量和增量均居全省农行第1位。在全省农行系统率先开展融资增信、农村土地承包经营权抵押贷款试点，发放融资增信贷款100万元、储备客户239户。

为打通农村金融服务“最后一公里”，农行潍坊分行强化金融基础建设，扎实推进“惠农通”工程，构建起了物理网点、电子渠道、“惠农通”服务点、助农取款服务点“四位一体”的农村金融服务平台。累计在县域设立网点135个，占比77%；装修改造县域网点100个；累计布放自助设备680台（套），投放转账电话、POS机3.5万部，电子银行客户达到292万户。建立“惠农通”工程服务点3675个，电子机具行政村覆盖率达到76.1%；建设助农取款服务点2922个，取款金额3046万元。

为推动民生事业发展，农行潍坊分行主动适应城乡居民金融新需求，提升服务水平，组织开展进政区、社区、商区综合服务活动，在全市筛选确定20个政区、30个社区和30个商区作为重点服务区域，强化金融综合服务，个人贷款余额达到179.4亿元，比上年增加20.1亿元，存量和增量均居全省农行第3位。累计装修改造网点143个，占全部网点的81.7%，布放自助设备1078台，设立离行式自助银行18个。网点服务考评始终保持全省农行前3位；辖属诸城支行和青州支行营业部双双被中国银行业协会授予“文明规范服务百佳示范单位”，3家网点入选全国银行业协会“五星级营业单位”。积极代理民生项目，发行惠农社保IC卡94.5万张，占全省发卡总量的32.9%，代理乡镇40个，覆盖人口127.2万。以“惠农一卡通”为抓手，代理粮食直补、农机补贴等财政或民生项目17个。

农行潍坊分行主动适应外部环境新变化，强化精细管理，推动稳健和谐发展。始终坚持前瞻谋划、合规经营和以人为本理念，扎实开展党的群众路线教育实践活动，强化基层和基础管理，严守风险底线，加强企业文化建设，连续多年实现无案件和责任事故，全行内外部形象持续提升。

（吕宝良）

**【中国建设银行股份有限公司潍坊分行】** 认真贯彻国家宏观经济政策，坚决落实监管部门的工作要求，牢牢把握市委、市政府“转、调、创”的工作导向，为推动全市又好又快科学发展提供了坚实的金融支撑。

全力支持经济发展。有效应对复杂多变的经营环境，通过存款等业务的增长全力争取信贷规模，重点支持潍坊市战略性新兴产业、先进制造业、基础设

积极参与小微企业金融服务月宣传活动　（供图：常城）

施、节能环保、民生服务等领域和行业的发展，着力强化对实质性风险的判断，对于经营有市场、产品有盈利、具备持续经营能力、总体发展向好的企业，充分适用总行、省行有关政策，保持信贷业务的连续性和稳定性，协助企业共度难关。同时，优先支持小微企业成长，大力推广和应用新产品，有效满足小微企业的融资需求。截至2014年年底，全行新增对公非贴贷款17.89亿元，位居当地四行第2位，小微企业贷款余额53.18亿元，位居全省系统首位。

稳步推进战略转型。积极稳妥地推进经营方式转变和业务结构调整，秉持“大资产”的理念，顺应利率市场化加速推进的趋势，着力提供“量体裁衣”式的综合化金融服务方案，有效满足了客户的多样化需求。截至2014年年底，全行在私募债、超短融等业务领域实现了突破，成功办理全省系统首笔出口组合盈和外汇期权业务，累计实现新型融资额74.1亿元，带动实现跨境人民币实收实付业务量136.5亿元，首次突破百亿元大关。主动顺应电子商务发展的形势，成功与寿光市人民政府签订《电子商务金融服务战略合作框架协议》，帮助寿光企业和商户实现产品的网络分销，进一步促进了当地经济的转型发展。

有效助推消费增长。认真落实国家房贷新政，发挥房贷业务领域的优势，优先满足居民个人首套自住用房的贷款需求，积极支持住房消费。加大个人消费贷款、个人助业贷款等业务的应用和推广，有效扶持大众创新、万众创业。着力发展以汽车分期付款为重点的信用卡分期业务，大力推广“善融商务”综合性电子商务平台的应用，不断拓展商户收单市场，努力为广大客户提供全新的消费应用体验。截至2014年年底，个贷余额达到168.55亿元，消费信贷投放额达到8.46亿元，累计实现信用卡交易消费额96亿元，均居全省系统和当地同业前列。

积极助力民生改善。扎实推进社保卡在医疗就诊领域的功能拓展和创新应用，并取得积极突破。11月，与市人社局、市卫生局共同推进的社保卡通用诊疗功能在潍坊市人民医院和中医院成功上线运行。此功能应用在全国处于领先水平，社保卡持卡人可享受自助建档、自助缴费、自助挂号、自助取单等6项自助服务，有效缓解了挂号排队长、候诊排队长、缴费排队长等问题，切实方便了广大患者就诊和就医，取得了良好的应用效果。大力推进自助渠道建设，全年新建45家离行式自助银行，新增各类自助设备93台，总体自助设备保有量达到711台，进一步延伸了服务触角，完善了服务网络。

与寿光市人民政府电子商务金融服务战略合作协议签约仪式　（供图：常　城）

持续提升服务水平。以抓服务效率提升为突破口，突出抓好规范执行，持续完善神秘人现场检查和远程监控非现场检查相结合的监督管理模式，有效巩固并提升了全行服务水平。完善了包括受理登记、分转协调、过程调度、后续评价等环节在内的客户投诉处理机制，进一步明确了各部门的责任，对各类客户投诉问题进行了及时妥善处理，不断提升客户满意度，获“山东省服务名牌”称号，成为当地大型国有银行中唯一获此殊荣的单位。

扎实做好风险防控。始终把防范和化解风险摆在首要位置，统筹做好信用风险、操作风险、声誉风险和其他各类风险的防控工作，确保了银行安全稳定运行。针对出现的重大风险事项，充分发挥债权银行委员会的作用，有效防范了乐港食品的授信风险，为当地处置同类风险事项提供了成功的范例。截至2014年年底，全行不良额为1.13亿元，不良率为0.24%，不良额和不良率在全省系统和当地同业中都处于较低水平，为后续发展奠定了坚实的基础。

（刘　猛）

**【交通银行潍坊分行】**　截至2014年年底，交通银行潍坊分行本外币资产总额195.63亿元，本外币各项贷款余额139.95亿元，本外币各项存款185.84亿元。人民币各项存款余额185.22亿元，存款总量在全国辖属行中排名第14位。人民币贷款余额133.86亿元，全国辖行排名居16位。

加快产品创新，拓宽融资渠道，积极推动战略转型。充分利用交行全牌照、综合化、国际化的优势，全面发展各类表内外、本外币、境内外业务，综合利用信托、融资租赁、资产证券化、供应链金融等金融产品和工具，多渠道扩大信用规模。截至2014年年底，表外业务余额达到102.97亿元。办理融资租赁4笔、额度5.95

亿元，办理资产证券化业务2笔、额度4亿元，办理信托业务1笔、额度2.57亿元，办理资产池业务1笔、额度2000万元。实现国际结算量28.16亿美元。为更好地支持小微企业发展，推出知识产权质押贷款“智融通”——小企业智权融资业务、国内贸易信用险项下融资业务等新业务品种。

加强自助银行和电子渠道建设，优化网点布局，提升金融服务质量和效率。不断推进自助银行、银亭、社区银行建设步伐，为公众提供更贴心便捷的金融服务。调整优化网点布局，加快县域支行建设步伐。经过近年来的发展，交行潍坊分行已经设立寿光、诸城、青州、高密、昌乐五家县域支行，安丘支行建设工作正在稳步推进，目前，交行潍坊分行是山东省交行系统内县域支行数量最多的分行。“好客交行”服务品牌创建取得新成效，分行营业部在中国银行业协会千佳示范单位评选过程中，获2014年度中国银行业协会“文明规范服务千佳示范单位”称号。组织“财富管理进社区”“财富管理进企业”“财富管理进学校”等系列活动30余次，进一步提升了金融服务质量，扩大了金融服务辐射群体；交通银行“洋潍坊通太平联名卡”成功发行，通过实现公交车、出租车刷卡付费，助推了潍坊市公共交通事业发展，更好地服务了市民公共交通出行需求。

加强内部管理，增强经营活力。持续完善考核激励机制，取消时点性考核指标，提升存款稳定性。坚持完善客户策略，以优质的产品和服务，培育和壮大客户基础。加大培训力度，制定全行年度培训计划，全面提供干部员工整体素质。持续加强风险和案件防控，严格落实员工失范行为排查，通过深化流程建设防风险、促发展。

（王洪波）

**【中国银行股份有限公司潍坊分行】** 中国银行潍坊分行认真贯彻国家宏观调控政策和监管要求，全面落实总行“担当社会责任，做最好的银行”战略，自觉把自身发展与市委、市政府发展战略紧密结合起来，积极应对经济下行环境的严峻挑战，各项工作取得新业绩，成为支持全市社会经济持续健康发展的重要金融力量。

奋力拼抢市场，各项业务快速增长。全面加强预算管理，扎实推进预算执行，全行各项业务持续增长。一是经营效益保持稳定。坚持以效益为中心，加大授信投放，做好结构调整，积极克服外币成本上升、资产质量下降等因素，保持了经营效益的稳定。二是各项存款快速增长。持续扩大客户规模，提升网点效能，强化产品吸存功效，大力拓展农村市场，各项存款保持稳定快速增长。2014年年末，各项存款余额432亿元，增幅11.4%。三是授信投放持续扩大。发挥海内外一体化优势，借助本外币两种资源、境内外两个市场，围绕全市经济结构调整重点、“三农”、小微企业、“走出去”企业以及滨海新区建设等重要领域，全面加大授信投放力度。截至2014年年底，各项贷款余额461亿元，较年初增长100.2亿元，居全省第1位。

有效管控风险，发展质量不断提高。积极应对经济下行环境的新挑战，全面加强各类风险管控，取得明显成效。一是加强信用风险管控。在大力清收不良贷款的同时，把全面加强风险管理作为全年工作重点，主动调整风险偏好，持续开展风险排查，全面加强信贷基础工作，认真总结不良贷款并调整业务发展方式，提升了全行信贷管理水平，推动了各项业务持续发展。截至2014年年底，不良贷款余额3.82亿元，不良率0.83%，居五大行前列。二是有效管控案件风险。围绕关键岗位和关键业务，加强过程管理，强化监督检查；推动合规文化建设，增强广大干部员工的法纪观念和合规意识；加强“平安中行”建设，继续保持了“零案件、零事故”的良好局面。三是加强声誉风险管控。密切关注舆情动向，加强舆情风险排查，妥善解决客户投诉问题，确保全年无重大声誉风险目标的实现。

加强基础建设，服务水平不断提升。持续推进网点转型，推动人员、产品及资源下沉，全面增强网点服务功能，提升客户服务水平；顺应互联网金融发展趋势，持续加强物理渠道与电子银行渠道建设，着力提升客户体验。截至2014年年底，全行企业网银、个人网银、手机银行用户分别较年初增长14%、7.9%和62.5%。认真开展“金融知识进万家”“小微企业服务宣传月”等系列活动，扩大金融知识普及面。以深入开展党的群众路线教育实践活动为契机，积极向客户征求意见建议，认真解决服务客户“最后一米”问题，全面提升了金融服务水平。

（李　强）

**【中国农业发展银行潍坊市分行】** 2014年，农发行潍坊市分行以开展党的群众路线教育实践活动为动力，强化营运管理，各项业务稳步发展，综合考核居全省第三，开创了市农发行成立近20年来稳健发展的大好局面。

发挥政策性银行优势，大力支持全市新农村建设。坚持“两轮驱动”发展战略，信贷结构持续优化，支农力度不断加大。全年投放各类贷款86.4亿元，2014年年末各项贷款余额183亿元，比年初增加29.3亿元，增长19%。全力保障政策性收储。做好支持政策性收购、市场收购、储备粮增储和轮换工作，全年投放粮棉油购销及化肥等收、储贷款6.5亿元。重点支持农业开发和农村基础设施建设。全面提高办贷质效，突出支持了昌邑北部水利枢纽工程、诸城土地综合整治、寿光城乡增减挂等一批地方政府高度关注的重点项目。全年累放贷款34.1亿元，同比增加10.7亿元。支持新农村建设的作用更加彰显，受到了各级党政机关的高度赞扬。择优支持实体企业发展。坚持有保有压、区别对待，投放自营性贷款30.3亿元。

有效管控信贷风险，确保稳健经营。分类施策，预警企业风险妥善处置。创新风险监测体系，设计了《自营性客户贷款风险监测分析指南》，分析监测企业到期偿债能力和可持续经营能力。强化了贷款保障度，2014年年底客户对外担保余额占净资产比例，较年初下降了4个百分点。加强经营核算，努力实现增收节支，经营绩效再创新高。全年实现利润3.62亿元，同比增盈6651万元，增幅22.5%。各项存款日均余额36.3亿元，较去年增加5.5亿元，增长17.8%；实现中间业务收入1093万元，同比增长531万元，增幅95%。国际业务实现新突破。全年办理全额人民币质押外汇贷款1138万美元、发票融资业务4348万元、跨境人民币结算业务269万元，增加业务收入276万元。

深化管理基础，全面提高队伍素质。将基础管理年活动扩大到全行各条线，建立行长约谈、检查辅导、行长包点整改、责任人员档案及违规惩戒等机制，季度"两基"检查常态化。国际业务被总行授予"三星级业务经办行"称号、被省行确定为"四梁八柱"样板行。条线考核平均成绩列全省系统第2名。被总行授予全国信贷基础管理年先进单位称号。内控建设持续深化。加强财务会计管理和反洗钱工作。计算机机房视频集中监控。积极推进档案工作等级化管理和保密工作，全部营业机构档案达标升级。加大安全检查力度，保障了全行安全稳定运行。内部控制评价达到一类行标准，全年实现"四无"目标。队伍素质全面提升。党的群众路线教育实践活动扎实深入，"两方案一计划"基本落实到位，党性观念、宗旨意识、群众观点进一步树立。队伍建设进一步加强，大力开展员工培训，队伍素质与业务发展逐步匹配。党风廉政建设责任有效落实，企业文化建设持续推进，加强社会主义核心价值观、农发行价值体系、山东农发行管理文化宣传，深入开展文明创建活动。

（李桂超）

**【潍坊银行股份有限公司】** 截至2014年年底，全行总资产813亿元，增长28.4%；存款551亿元，增长1.1%；贷款415亿元，增长17.2%；实现经营利润16.38亿元，新增3.38亿元；上缴税金5.75亿元；资本充足率11.45%，不良贷款率1.86%，拨备覆盖率173.58%。2014年运行主要呈现以下特点：

定位差异化进一步凸显。小微战略地位持续加强，微小金融迈入3.0时代。加强产品创新，推广即时贷业务，打造微贷产品超市；拓宽融资渠道，发行小微金融债20亿元，争取支小再贷款9亿元；推广移动微贷系统和微网营销平台，成立小微企业商学院，组织开展创业大赛，小微业务综合服务能力持续提升。2014年年末小微贷款余额260亿元，增长24%，占比达62.7%。微贷中心专营牌照获批，为加快发展和提升品牌影响力夯实了基础。农村金融实现新突破。积极拓展"合作社金融"，融资增信业务、农业加盟店会员电子钱包支付业务、果蔬专业合作社贷款组合业务、家庭农场贷款等都取得了"名利双收"的成效。农民合作社金融产品获山东银行业服务"三农"十佳金融产品奖。艺术金融再上新层次。艺术品仓储库运行日益规范，策展服务日渐成熟，推出"竞拍贷""艺术品消费按揭贷款"等创新产品，服务链条不断延伸。发起的中国艺术金融数据研究中心、开展的中国艺术金融数据库建设及应用研究项目初见成果，在中国艺术金融年会上发布了《中国艺术金融发展年度研究报告》，首刊《中国艺术金融》，"中国艺术金融数据库"系统上线运行，彰显了艺术金融"桥头堡"品牌。市民金融品牌不断延展。潍坊区域相继开设5家社区支行，其中，苗圃社区支行是全省首家持牌社区支行，潍坊首辆流动服务车运行，"88便利金融"品牌得以延伸；金融IC卡与市民生活融合度不断提升，"鸢都绿卡"品牌凸显，公共交通功能、电子现金应用等极大方便了用户。互联网金融破冰前行。成立"3580"网络金融事业部，加快推动网络平台搭建及产品创新，整合线上开户、业务缴费、理财产品展示、C2B网络服务、DIY卡制作、积分兑换等功能，完成空中营业厅研发。

服务综合化初见成效。交叉营销模式初步确立。提出了交叉营销理念，对交叉营销产品组合进行分类梳理，完善统计及考核机制，交叉销售力度不断加强。唯一性管理得以强化。年内制定出台小微客户唯一性管理指导意见，统一认识，唯一银行客户营销由被动向主动转变。2014年年末全行唯一银行客户授信率持续提升。

业务规模化亮点纷呈。微小金融方面，强化品牌运营，微小金融事业部获得良好口碑，"微小金融"品牌深入人心。2014年年末微小金融授信用户突破1万户，贷款余额18.2亿元，增长21%。农村金融方面，针对农民合作社、畜牧龙头企业、养殖大户开展规模化营销，推出全省首笔农业企业土地承包经营权抵押贷款、全省首笔奶牛抵押贷款。全年新增农业贷款40亿元，占全部新增贷款的65%。艺术金融方面，预收购规模不断扩大，区域覆盖范围更广，结构日趋优化，2014年年末艺术金融贷款余额5.7亿元。书画艺术品质押融资业务获"山东省银行业服务小微企业十佳金融产品奖"。电子银行业务方面，增设各类自助设备120台，网上银行客户数是去年的5倍，网银交易量增长163%，手机银行是去年的34倍，POS机突破1万台，电子银行业务综合替代率达65.5%，提高10.5个百分点；微信银行、手机银行、手机钱包、无卡取款等业务成功推出，移动金融渠道建设步伐加快。货币市场业务方面，努力提高组合收益，合理布局同业存款，取得良好收益，实现利润4.75亿元。财富中心完成事业部改革，首次发行私人银行理财产品，首次代销货币市场基金产品。全年发售自有理财产品61期，发行规模及存量大幅提升。

管理精细化持续增强。业务结构调整成果初显。做精公司业务，强化核心存款营销，压降保证金占比。全年退出压缩公司授信客户76户，压缩授信敞口15.5亿元，置换承兑敞口9.3亿元，压降保证金存款19亿元，保证性质存款占比下降0.93个百分点。风险管理水平进一步提升。启动全面风险管理体系建设，系统化、统筹化推进风险管控工作。一是切实强化信用风险防范。着手搭建集中化、专业化的贷后管理模式，提高贷后管理水平；开展全面授信业务风险隐患排查，提前做好风险应对。二是严密布防操作风险。严格落实案防“五项制度”“两项意见”；按季开展案防和操作风险自查和飞行检查，增强自查、自纠能力；认真开展员工合规教育，组织案例培训，持续提升全员依法合规经营水平；有效发挥内审作用，强化监督检查，严格责任追究，营造合规氛围。三是着力抓好流动性风险。严格资本约束，实施资本管理框架下的预算目标管理体系和约束机制，推进风险资产合理配置；严格偏离度考核，防止存款大起大落；按季开展压力测试，强化风险限额和预警管理，提升风险管理能力。四是前瞻性防范声誉风险。坚持“疏堵并重”，加强信访投诉及消费者权益保护工作；强化舆情监测，发现问题及时妥善处置，减小了负面影响。五是严格科技风险防控。聘用外脑进行全面科技风险排查，抓好整改提高；加强系统维护和运维管理，积极开展压力测试，严防宕机事件发生，全年网络系统安全、高效、稳定运行。管理支撑进一步强化。一是人力资源管理不断优化。扎实抓好在职员工培训、3580人才工程培训和新员工教学改革三项重点工作，“3580”启航计划培训有效推进，启动学员挂职锻炼工作，学员精神面貌和工作能力均得到明显提升。二是柜面服务水平持续改进。深入开展提升营业网点服务水平活动，火车站支行获“2014年度中国银行业文明规范服务千佳示范单位”“中国银行业文明规范服务五星级营业网点”称号，营业部获“山东省银行业文明规范服务示范单位”称号。三是科技支撑水平不断提高。加大移动互联网技术的落地应用，先后上线手机非接支付、网上审贷平台、微信银行二期等系列科技系统及平台。研发的“移动微贷系统”和“移动开卡系统”先后获得国家版权局颁发的计算机软件著作权专利证书。

品牌化运营有效提升。系统品牌建设持续深化。完成“微小金融”“88便利金融”视觉形象设计和品牌推广方案，确定“网络金融”“金鼎财富”“农村金融”等子品牌LOGO设计，完成SI系统设计，为未来各级别网点建设提供了依据。微信平台推介作用持续加强。通过微信平台实现了与客户的良好互动，促进了营销活动的开展。品牌宣传效应持续扩大。充分利用传统平面媒体的同时，强化与网络媒体的合作，加大自媒体宣传力度。年内在国家级、省级以上媒体分别宣传11次、86次，提升了品牌形象。

（闫少卿）

**【潍坊市农村信用合作社联合社】** 截至2014年年底，有员工7185人，潍坊辖区农村合作金融机构共有农商银行9家，机构网点556个，较上年减少34个。2014年，机构撤并34个，机构迁址30个，机构更名9个，机构设置不断优化，网点布局更加合理。连续5年名列地方行风评议金融服务行业第一名。在全国第十八届地方金融论坛上，潍坊市联社获“服务小微企业及三农十佳银行”称号；作为市唯一一家金融企业，被潍坊市委、市政府授予“中央、省属驻潍单位支持地方发展突出贡献单位”和“服务全市农村经济发展成绩突出单位”称号。市联社和寿光、青州、诸城、安丘、高密、昌乐、昌邑农商行均获省级文明单位荣誉称号，市联社实施的“833暖心助企”工程和潍坊农商行实施的免评估抵押贷款被市政府评为优质服务项目，寿光农商行被省国有资产监督管理委员会授予省管企业“思想政治工作先进单位”，安丘、高密农商行获“山东省服务名牌”，诸城、青州被评为“山东省思想政治工作优秀企业”，全市农信系统共136人次获得市级以上各类表彰奖励。

精神文明建设。持续推进人文关怀战略，加快“五小”改造，实行了基层网点差别化薪酬，全面落实了网点轮休、带薪休假等关爱政策。积极发挥“工青妇”群团组织作用，举办自行车联赛、职工运动会等一系列员工喜闻乐见的文体活动；在省国有资产监督管理委员会、省银行业协会、省联社组织的系列文体活动中屡创佳绩，并成功夺得全市银行业业务技术比赛团体六连冠。全市创新实践的支农惠企潍坊农信模式，得到了各级媒体的广泛关注，《人民日报》、新华社、中央电视台等国家级主流媒体进行了跟踪系列报道，在社会引起强烈反响，农信企业社会知名度、美誉度大幅提升。

业务规模创历史新高。截至2014年年底，全市农信系统资产总额2401亿元，其中，各项贷款1059亿元，比年初增加102亿元；负债总额2211亿元，其中，各项存款1545亿元，比年初增加188亿元，存款市场占有率28%，同比提高1.1个百分点，新增存款市场占有率39.4%，同比提高7.5个百分点；实现了辖区内金融机构增加、农信市场份额不减反增的目标，存贷款余额、新增存款余额和市场占有率均居全市银行业和全省农信系统首位。

运营质量创历史新高。实现各项收入147亿元；经营利润52亿元，同比增加10.5亿元；综合费用率21.04%，较年初下降1个百分点，比全省低3.9个百分点，继续排名全省第一；实际成本收入比32.46%，同比下降4.72个百分点。2014年全市入库税金15.25亿元，比去年增加1亿元。青州农商行成为潍坊市首家人均利润过百万的法人机构。在省财政厅公布的2014年山东地方金融企业绩效评价结果中，潍坊农信系统有7家被评为优秀（全省农信系统被评为优秀的共有40家），其中，4家居全省农信系统前10位（分别为高密、临朐、安丘、青州），且被评价为AAA级地方金融企业（其中高密居全省农信系统第一位）。

综合实力创历史新高。资本充足率为13.34%，贷款损失准备覆盖率达219.58%，全面完成银监会各项监管指标。寿光、青州农商行被评为标杆银行。在省联社对各市地办事处综合考核中，潍坊市联社继续排名全省第一；在全省115家县级行社（市级农商行）综合考核中，潍坊市有6家排名前20位（依次为昌乐、寿光、昌邑、青州、诸城、高密），其中，昌乐、寿光农商行居前10位；在全省115家县级行社（市级农商行）综合实力排名中，潍坊市有7家排名前20位（分别为青州、寿光、诸城、昌乐、临朐、昌邑、高密），其中，青州、寿光、诸城农商行居前10位。

（陈志成）

**【中国邮政储蓄银行股份有限公司潍坊市分行】** 邮政储蓄银行潍坊分行于2008年4月29日正式挂牌成立，全辖共有277处机构，其中一级支行10个、城区营业部1个（下设8个二级支行）、二级支行45个、代理网点231个；现有单功能网点11个、多功能网点15个、全功能网点19个，逐步形成了全国联网、遍布城乡的全功能金融服务网络。

业务平稳发展，结构不断优化。截至2014年年底，全辖各项存款余额280.49亿元，较年初增加27.08亿元；全行各项贷款余额76.89亿元，较年初增加13.92亿元，其中，涉农贷款48.32亿元，较年初增加12.16亿元；小企业（含个商）贷款余额18.23亿元；个人消费贷款余额为47.40亿元，较年初增加14.76亿元。

加快业务创新，打造金融品牌。加快对新型农业经营主体的信贷支持力度。2014年年初，总行确定邮储银行潍坊分行为“服务三农金融创新实验区”后，该行先后发放邮储银行系统首笔家庭农场贷款、全省首笔保险公司担保的农民专业合作社贷款、全省首笔农民专业合作社贷款。辖内11个支行全部实现了新型农业经营主体贷款业务放款。推出了农机贷、烟草贷、小额循环贷等新产品，助推新型农业发展。丰富小微企业业务品种，获得了劳动密集型小企业贷款、接力贷、保函贷、小企业法人按揭贷款业务的授权，并发放全省首笔个人商务快捷贷款。

服务工作稳步提升，客户满意度不断提高。专门开通5095580信贷业务咨询热线、实行“阳光信贷”限时服务等措施，有效提升客户服务水平。自主开发了商易通、柜面、自助查询机渠道，强化电子社保服务功效。2014年12月18日，全省电子社保建设推进会在潍坊召开，现场观摩的省、市级相关领导对福寿东支行的示范网点服务和设备的服务社区功效给予充分肯定。积极开展文明单位创建工作，2014年辖内共16家单位取得不同等级的文明称号，其中，含1家省级文明单位，3家省级青年文明号。诸城市支行营业部被山东省银行业协会评为2014年度“山东省银行业文明规范服务示范单位”，优质服务标杆逐渐形成。

强化风险防控，完善风险管理体系。逐步建设全面风险管理体系，全面加强合规管理，发挥合规监督职能，提升资产保全能力，不断增强风险防控的主动性、前瞻性和有效性。深入开展信用风险防控工作，实时监测存量资产业务，强化信用风险的限期整改。强化会计分析、监督检查和现金管理职能，切实抓好会计风险管控，组建银企集中对账中心，实现银企对账全覆盖。

（王振伟）

**【兴业银行股份有限公司潍坊分行】** 截至2014年年底，兴业银行潍坊分行各项存款余额156.99亿元，其中，人民币对公存款余额140.28亿元，储蓄存款余额16.72亿元；各项贷款余额102.62亿元，其中，公司贷款余额85.5亿元，个贷余额17.11亿元。各项经营指标稳居全市股份制商业银行前列。

盈利能力持续提升。自2008年开业以来，兴业银行潍坊分行累计缴纳利税达2.3亿元。截至2014年年底，全行累计实现账面净利润3.1亿元，人均利润达149.1万元；当年计提贷款损失准备7658万元，剔除减值准备因素实现拨备前利润3.9亿元，较去年同期增加2280万元，增幅6.3%。

服务网络建设稳步推进。截至2014年年底，营业网点共计5家。目前，昌邑支行也在积极筹建过程中。自助机具铺设达48台，网点辐射面不断扩大，服务网络不断完善，服务地区的能力持续提升。

信贷支持力度持续增强。在行内信贷资源严重不足的情况下，兴业银行潍坊分行积极向上级行争取信贷规模，加大信贷投放力度，全力支持潍坊市重点项目及中小型企业发展，2014年累计投放贷款96.79亿元。同时，强化与信托、证券、租赁等非银机构的合作，积极协助客户对接行外融资渠道。

创新产品，提升服务品质。在个人经营贷、“兴业芝麻开花”等小企业贷款的基础上，兴业银行潍坊分行相继推出了简捷贷、交易贷等便捷的授信品种，丰富中小企业产品货架。充分利用兴业银行绿色金融产品优势和优惠政策，积极推广节能减排等绿色信贷产品。截至2014年12月月末，兴业银行潍坊分行为全市节能减排客户发放贷款共计28.2亿元。大力推动网上银行、手机银行等电子渠道建设，加快发展电子银行业务，加大企业网银营销力度，畅通资金划转渠道，为客户提供高效优质的金融服务。

企业文化建设不断推进。成功举办了第四届“兴业银行杯”羽毛球邀请赛和第二届职工秋季运动会，积极组织员工参与每周开展的羽毛球、篮球、足球等体育兴趣小组活动，丰富员工业余文化生活的同时，增进员工学习交流，增强团队凝聚力。通过“行长邮箱”，鼓励员工为发展建言献策。关注员工八小时内外情况，急员工之所需，解员工之所急，全力打造“风正、气顺、人和、业兴”的家园文化氛围。

兴业银行潍坊分行凭借真诚的服务、优质的产品、良好的口碑，市场地位、综合竞争力及品牌影响力持续提升。2014年，在中国银行业协会开展的首次“中国银行业文明规范服务五星级营业网点”评定试点活动和2014年度“中国银行业文明规范服务千佳示范单位”评选中，兴业银行潍坊分行荣获两项殊荣，优质高效的服务能力再获肯定。

（杜洪利）

**【中国民生银行股份有限公司潍坊分行】** 截至2014年年底，资产总额92.81亿元，较年初增加18.34亿元，增长24.63%。负债总额为91.14亿元，较年初增加18.99亿元，增长26.32%。各项存款余额88.64亿元，比年初增加17.56亿元，增长24.69%。各项贷款余额65.07亿元，较年初增加10.45亿元，增长19.13%。

找准市场定位，助推经济发展。按照全市发展规划和重大战略部署，从各个层面对接政府和企业，探讨金融支撑经济发展的新思路、新措施。一是争取资源，支持政策导向产业、项目和客户。主动选择供水、旅游、交通等基础领域的项目以及“三旧改造”“新型城镇化”等项目进行重点支持，先后投放贷款超过30亿元。二是批量服务各类产业集群、专业领域。先后支持诸城汽车零部件、青州液压机械等产业集群，授信总额达到了9.5亿元。支持医疗卫生产业，已批复8家医院。三是创新服务模式，支持企业发展。引进多家租赁公司，先后融资7亿元。

推进“两小”战略，服务小微企业。创新模式、整合资源，全面支持“两小”金融，解决好金融服务“最后一公里”的问题。一是把服务小微企业作为核心战略来抓，突出“普惠”金融导向，依托小微信贷工厂、小微互助基金等模式，加快发展产业链小微金融业务，研究上下游产业链特点，找准切入点进行重点支持。二是围绕“便民、利民、惠民”这一原则，在全市建设39家自助银行，把金融服务送到百姓家门口。主动承接临朐县公共自行车卡、寿光市公交卡等便民服务项目，综合服务能力得到增强。

加强基础管理，提升管理水平。始终把加强管理、主动合规、审慎经营等作为业务发展的核心，通过深入开展“合规经营年”主题活动、“风险文化教育实践”活动等各类专题活动，对员工进行教育培训、对业务进行监督检查、对流程进行梳理规范，有力地夯实了业务发展的基础。潍坊监管分局对民生银行潍坊分行2014年经营管理与风险状况综合评估分类结果为2级。在中国人民银行潍坊市中心支行组织的全市金融机构2014年度综合评价中，获得潍坊市金融机构综合管理评价中的最高级别“A级”评价。

（齐少鹏）

**【招商银行股份有限公司潍坊分行】** 2014年年末，各项存款余额84.88亿元，较年初增加19.29亿元；各项贷款余额75.4亿元，全年转出贷款15.26亿元，余额较年初增加5.45亿元；实现利润2.4亿元。共有员工229人，辖内营业网点5处。

经营规模进一步扩大。2014年年末人民币各项存款余额83.37亿元，较年初增加18.96亿元，月日均新增25.11亿元。其中，对公存款余额61.65亿元，较年初增长14.5亿元，月日均新增19.6亿元；储蓄存款余额21.71亿元，较年初增长4.46亿元，月日均新增5.51亿元。各项贷款余额75.4亿元，全年转出贷款15.26亿元，余额较年初增加5.45亿元。其中，一般性贷款余额67.78亿元，较年初减少5838万元；票据融资余额7.66亿元；银行承兑余额34.84亿元，较年初增加14.45亿元。

积极支持小企业发展。将信贷资源重点向中小企业倾斜，积极支持了核心企业贸易链、创新成长型企业、特色产业集群和商贸专业市场四类客群，加强了对集团企业上下游供应链及科技企业、孵化产业园区的区域开发。2014年年末小企业贷款余额14.63亿元，较年初增加4.37亿元。

大力发展小微信贷业务。深入开展小微客群综合经营，健全小微企业贷款管理体系，持续开展“贷贷相传”贷款客户转介活动，并通过“生意会”拓展客户，全年举办生意会80余场，进一步宣传了招商银行小微零售贷款优势品牌。2014年年末小微贷款余额12.5亿元，全年累计发放小微贷款5262笔、19.4亿元。

中间业务快速发展。加快业务创新，围绕资本市场、交易市场、同业市场、银行间市场，以资产托管、债券承销、融资租赁、入池业务、信托融资等非信贷融资业务和融资性担保业务为抓手，积极拓展了新兴中间业务。实现中间业务收入13507万元，其中，公司中间业务收入2333万元，同业中收1905万元，零售中间业务收入4633万元，国际业务实现中收1879万元，票据业务中收1441万元，收入结构得到了进一步改善。

精神文明建设取得较好成果。始终坚持“因您而变”的服务理念，把服务作为各项工作的生命线，通过组织开展网点创赢服务活动，积极努力，精心营造，使客户感受到了招商银行的优质服务。通过落实服务检查、奖惩、督导机制，开展“客户服务升级体验季”活动和“零售服务资格认证”情景演练通关，按期召开服务评审会，不断提升了网点服务质量。丰富员工文体生活，举办了“3·8”妇女节趣味运动会等活动，增强了员工的凝聚力和向心力。积极回报社会，联合潍坊市体育局、老干部局、老龄委，举办了庆祝国庆节、老人节“和谐潍坊、和谐招行”文体表演。服务先进创建方面，寿光支行被中银协评为2014年度“中国银行业文明规范服务千佳示范单位”，并被命名为“中国银行业文明规范服务五星级营业网点”，是济南分行辖内唯一获得以上荣誉的县域支行，并得到了中银协领导的高度评价。

（祝秀杰）

【华夏银行股份有限公司潍坊支行】截至2014年年底，各项存款余额34.97亿元，贷款余额29.16亿元，实现帐面利润7000多万元，到期贷款收回率、利息收回率100%。

细化营销措施，对公营销工作取得新突破。公司业务注重产品营销，强力推进区域营销，着力推进结算类客户维护，优势资源向优质客户倾斜，12月，对公存款达到29.9亿元，完成国际结算量5.75亿美元，创出历史新纪录，新增贸易融资户30户，新增国际外汇专项贷款5000万美元。

丰富服务手段，个人业务稳步快速发展。通过与公司客户联动，加大公私联动力度，重点抓好阵地营销、社区营销和厅堂人员的营销，注重多种服务手段的运用，取得了较好效果。到2014年年末，支行个人金融资产较年初增长3.47亿元，储蓄存款较年初新增1.3亿元，新增个人有效客户3278户，新增贵宾客户242户，新增个贷客户387户，客户基础不断增强。

强化风控管理，资产质量优质高效。在经济下行情况下，全行采取多种举措保持资产质量高效运行。一是协作联动，积极开展风险排查。二是多措并举，稳步推进信贷结构调整。三是积极推进，问题贷款防控见效果。到2014年年末，支行授信客户120余户，授信总额216.88亿元，用信余额63.32亿元，其中，一般授信用信余额56.45亿元。从资产质量方面看，目前五级分类均为正常一、二档。

突出细节管理，服务水平快速提高。深化华夏银行服务品牌建设，实现服务水平快速提升。一是全行服务工作由支行运营管理部统一管理，全员服务意识增强。二是强化网点建设，依托最美营业厅的创建工作，规范服务流程、优化服务环境和服务设施，提高华夏产品的关注度和客户体验度。三是通过聘请人员暗访、查看监控录像和现场检查，查找服务不足，持续改进服务质量。四是开展服务导入培训，提升全行的服务意识、服务水平和服务能力。五是配备专项服务经费，为服务提升助力。六是针对特定客户群体开办特色业务，按照“风险可控、人性服务”的原则处理特殊人群服务需求，开通老年人专属通道等，做到特事特办、急事急办，可采取专项服务计划的方式，经分行审批后专项实施。通过以上措施，全行的服务水平有了较大提升：在“神秘顾客”网点服务检查中营业部被评为总行优秀网点，奎文支行被评为总行良好网点；服务工作在济南分行异地支行季度考核中排在前列；奎文支行被奎文区妇女联合会授予“巾帼文明岗”称号。

狠抓内部管理，注重企业文化建设，内控管理能力逐步增强。华夏银行潍坊支行多措并举，从六个方面扎实开展工作。一是优化了内控管理机制，定岗定责，实现岗位间的相互制约和控制，管理体制进一步理顺。二是加强合规文化建设，开展多种形式的教育培训，加强举一反三整改，坚持依法合规经营。三是完善了案件防控机制，有效遏制案件的发生。四是强化人员合规管理，杜绝员工参与民间融资，抓好案防工作的落实，全行共签订案防责任书82份。五是认真开展自查自纠工作，每季针对重点岗位和环节进行排查，排查覆盖面达到100%。六是严格落实有关要求，在高管交流、重要岗位人员轮岗、强休、亲属回避等方面均符合监管部门要求。

（梁晓斌）

# 保险业

【概况】 2014年，全市共有市级保险机构62家，比2013年增加2家；县市区保险机构由2013年的284家，增加到299家。保险业的社会覆盖面进一步扩大，发展速度明显加快。全市保费收入131.92亿元，比上年增长18.77%；各项赔给付40.38亿元，比上年增长8.05%。其中，财产险保费收入49.17亿元，比上年增长14.90%，赔款支出25.54亿元，比上年增长10.25%；人身险保费收入82.75亿元，比上年增长21.20%，赔给付14.84亿元，比上年增长4.48%。运行质量明显提高。

财产险市场运营。企业财产保险实现保费2.1亿元，占财产险保费的4.28%，比上年增长18.1%；机动车保险实现保费42.54亿元，占财产险保费的86.52%，比上年增长15%；责任保险实现保费0.93亿元，占财产险保费的1.89%，比上年增长32.77%；货运保险实现保费0.52亿元，占财产险保费的1.05%，比上年增长0.64%；农业保险实现保费0.71亿元，占财产险保费的1.45%，比上年降低21.5%；其他险种实现保费0.06亿元，占财产险保费的0.12%，同比降低30.62%。

财产保险市场前10位。人保财产保险潍坊公司保费收入14.72亿元，占市场份额29.94%；平安财产保险潍坊公司保费收入5.49亿元，占市场份额11.16%；太保财产保险潍坊公司保费收入5.42亿元，占市场份额11.03%；中华联合财产保险潍坊公司保费收入2.85亿元，占市场份额5.8%；人寿财险潍坊公司保费收入2.53亿元，占市场份额5.15%；阳光财产保险潍坊公司，保费收入2.35亿元，占市场份额4.78%；安盛天平财产保险潍坊公司保费收入2.11亿元，占市场份额4.04%；长安责任保险潍坊公司保费收入1.39亿元，占市场份额2.84%；大地财险潍坊公司保费收入1.29亿元，占市场份额2.63%；安华农业保险潍坊公司保费收入1.27亿元，占市场份额2.59%。

人身险市场运营。人身保险个险业务实现保费42.95亿元，占人身险保费的51.38%，比上年增长16.96%；团体险业务实现保费5.68亿元，占人身险保费的6.8%，比上年增长21.49%；银行代理保险业务实现保费34.96亿元，占人身险保费的41.81%，比上年增长30.09%。

人身保险市场前10位。中国人寿保险潍坊公司保费收入20.41亿元，占市场份额24.67%；太保寿险潍坊公司保费收入10.81亿元，占市场份额13.07%；新华人寿保险潍坊公司保费收入10.68亿元，占市场份额12.91%；平安人寿保险潍坊公司保费收入7.41亿元，占市场份额8.95%；泰康人寿保险潍坊公司保费收入5.47亿元，占市场份额6.61%；华夏人寿潍坊公司保费收入5.16亿元，占市场份额6.23%；生命人寿潍坊公司保费收入5亿元，占市场份额6.04%；太平人寿保险潍坊公司保费收入3.47亿元，占市场份额4.19%；民生人寿保险潍坊公司保费收入1.83亿元，占市场份额2.21%；人民人寿潍坊公司保费收入1.65亿元，占市场份额1.99%。

区域保险市场运营。寿光市保费收入13.57亿元，青州市保费收入10.61亿元，诸城市保费收入10.39亿元，高密市保费收入8.66亿元，安丘市保费收入7.41亿元，昌邑市保费收入6.55亿元，临朐县保费收入6.76亿元，昌乐县保费收入4.5亿元，坊子区保费收入2.56亿元，奎文区保费收入5.39亿元，潍城区保费收入3.25亿元，寒亭区保费收入2.59亿元，高新技术开发区保费收入2.41亿元，滨海区保费收入0.75亿元。

（王依勤）

【中国人民财产保险股份有限公司潍坊市分公司】 2014年实现保费收入14.8亿元，业务总量居全省人保财险系统第一，并以市场份额第一的绝对优势引领潍坊财险市场的发展方向。

保障能力显著增强，服务领域不断拓宽。公司已为全市3500多家企业、65万多个家庭、60多万辆机动车、240多万亩农作物提供了5300多亿元的风险保障；连续多年独家承保了潍坊国际风筝会、鲁台经贸洽谈会、中国（寿光）菜博会等大型节会；开办了政策性农业保险、校方责任保险、社保补充保险、安全生产责任保险和首台（套）技术装备保证保险，服务领域不断拓宽。

补偿职能得到发挥，社会贡献行业领先。通过开展文明优质服务、方便快捷理赔等一系列理赔“提速”举措，万元以下赔案理赔周期居全国人保财险系统前列，理赔质量指标考核位居全省人保财险系统第一。2014年，共处理灾害事故16万多起，赔款总额占全市保险行业的三分之一，为企业恢复生产、灾民重建家园作出了贡献。2014年缴纳地方税金9600多万元，代收代缴车船税1.25亿元，居全市保险行业首位。

2014年9月17日，中国保险监督管理管员会山东监管局副局长姚飞到中国人寿潍坊分公司调研居民大病保险业务开展情况。（供图：于德利）

创新服务，提升形象，社会信誉稳步提升。潍坊“人保之友”俱乐部推出了代办年审验车、酒后代驾、微信、搭电、换胎、送油、免费救援、自驾游八项增值服务项目，客户信誉度和社会美誉度明显提升，公司先后被授予潍坊市“市级重点企业”“突出贡献企业”“文明和谐窗口”“金融创新奖一等奖”，被中华全国总工会授予“全国模范职工之家”。

（赵礼忠）

【中国人寿保险股份有限公司潍坊分公司】 2014年总保费收入达到20.41亿元，成为潍坊市首个年度总保费规模超过20亿元的保险公司。公司为客户提供风险保额达82.84亿元，赔款支出1.94亿元，支付满期保险金4.74亿元，带动并解决再就业人员6400余人，有效发挥了商业保险风险补偿功能和基本养老、医疗保险的重要补充作用。获得了“潍坊市老龄工作先进单位”“潍坊市消费者满意单位”等称号。

服务民生保障。公司认真落实市政府提出的为民办实事工作部署，全面做好全市居民大病保险补偿服务，带头履行企业社会责任，发挥社会管理功能，不断提高服从服务于潍坊经济社会发展的能力和水平。2014年，全市“银龄安康工程”参保老人达到80.45万人，累计向4312名客户赔付了986.33万元的意外伤害理赔金。承办的潍坊市城镇和新农合居民大病保险为全市660万人提供了20类重大疾病住院（含门诊、慢性病）医疗费用补偿服务，累计赔付42012人、74216人次，赔付金额1.01亿元。

满足多层次保险需求。在市委、市政府及相关部门的指导配合下，公司创新开展了针对计划生育家庭、学生、大学生村官、农民、公安干警、女性群体、环卫工人等特色保险业务，大力开拓企业年金、小额信贷保险、员工福利计划等领域保险市场，积极推进医疗健康、补充养老、意外伤害等保险保障计划，不断满足多层次、多样化的保险保障需求。

（于德利）

**【中国太平洋财产保险股份有限公司潍坊中心支公司】** 公司全年完成保费收入5.4亿元，同比增长1.2%，市场排名第三；赔款支出3.5亿元，综合成本率88%，实现承保利润5465万元。

积极应对市场变化，实现业务平稳发展。面对宏观经济环境的整体放缓和市场竞争异常现象涌现的局面，公司按照上级公司安排部署，变被动应对为主动调整，着力提升盈利能力。一是加大车险精细化水平，细化车商、电网销、产寿交叉和中介业务管理，大力拓展个人客户业务，稳步推进团体客户业务，坚决剔除劣质业务，实现了车险盈利能力的稳步提升。二是着力强化非车险业务续保管理，巩固传统业务优势，大力开拓新领域，实现了非车险保费规模、政策性农险、新险种与新领域的拓展和重大客户达成情况的突破。三是先后优化并调整了渠道业务架构，进一步理顺了各渠道的管理制度和流程，大力提升电网销业务获客能力，优化车商业务合作模式，提升产寿交叉业务共享水平，逐步实现了渠道业务的专业化经营模式。

合理管控综合成本率，提升整体盈利能力。在上级公司安排部署下，公司从承保业务质量提升、理赔品质化完善和费用资源使用效率优化三个方面入手，通过加强承保和理赔互动，实现了跨部门的协作，提升了客户黏度；通过聚焦车险理赔维修环节、人伤案件跟踪和理赔关键数据考核，有效提升了理赔质量和水平；通过严格的预算管理办法、条线竞赛预算测算和差异化费用政策，严格管控费用支出。公司全年综合成本率88%，超额完成了上级公司下达的任务目标，优于潍坊市同行业平均水平。

持续推进改革，实施以客户需求为导向的战略转型。一是大胆进行内部组织架构调整，根据业务管理专业化、渠道体系垂直化的要求，设置了专业化部门和科室，实现了业务管理与上级公司的有效对接。二是在县域机构推进专业化条线改革，设置专业化条线和专员，进一步理顺了人员流动与淘汰机制，打通了专业人才的晋升渠道。三是稳步推进全员考核机制建设，实现了公司经营成果与个人收入的挂钩，逐步建立了以利润贡献为导向的薪酬分配机制和客观有效的联动考核机制，进一步增加了员工关心公司发展的主观能动性。

大力完善基础管理工作，丰富企业文化建设。面对激烈的市场竞争和领导班子配置不齐、人力资源不足等严峻的形势，公司围绕总体发展目标，通过完善基础管理、丰富企业文化等手段，为公司转型改革提供了发展引擎和内生动力。2014年下半年推进的全员调资工作，管理部门每人平均上调300元左右、销售岗位人员每人平均上调600元左右；为服务“三农”设置的峡山、台头和谭坊3个营销服务部在服务地方经济建设和落实保险“新国十条”方面做出了积极贡献，得到了地方政府和当地群众的一致赞扬。人均产能从2012年的157万元逐步提升至2014年的188万元，其在人员流动机制中的考核力度不断加大。友谊运动会、大型公众宣传活动、职工文艺汇演等群体性活动的推出丰富了企业文化，实现了公司经营和员工价值的有效融合。免费放心午餐、帮扶救困活动和养老基数的调高切实解决了职工的实际问题，进一步增强了干部员工的归属感。

不断完善内控管理机制，构筑风险防御体系。围绕公司总体发展目标，根据市场形势和监管环境的变化，按照“重合规、防风险、优管理”的整体思路，狠抓风险管理和合规经营，取得了较好的成绩，风险防御能力得到了进一步增强，自查自纠工作逐步走向常态化，内部稽核工作逐步实现了制度化。2014年，在公司各项内外部检查中，未发现有重大违规问题的发生。

（韩庆国）

**【新华人寿保险股份有限公司潍坊中心支公司】** 新华人寿保险股份有限公司潍坊中心支公司（以下简称“新华保险潍坊中支”）成立于2002年4月，主要业务范围有：个人意外伤害保险、个人定期死亡保险、个人两全寿险、个人终身寿险、个人年金保险、个人短期健康保险、个人长期健康保险、团体意外伤害保险、团体定期寿险、团体终身保险、团体年金保险、团体短期健康保险、团体长期健康保险；同时代理中国保监会批准的中国大地财产保险股份有限公司山东分公司所经营的险种。

截至2014年年底，新华保险潍坊中支下设10个部门（营销部、培训部、保费部、银行代理部、团体业务部、人力资源部、计划财务部、办公室、风险管控部、运营管理部），10家四级机构（奎文支公司、潍城支公司、寿光支公司、青州支公司、昌乐支公司、昌邑支公司、临朐支公司、高密支公司、诸城支公司、安丘支公司）和4家五级机构（马庄营业部、何官营业部、海化营业部、饮马营业部），拥有内、外勤员工及代理制营销员2600余人，2014年实现总保费收入10.68亿元，同比增长16.2%，市场排名第三位，其中，规模保费收入8269万元，同比增长20.6%，价值保费收入6522万元，同比增长40.4%。2014年11月，新华人寿在中天下·潍坊国际购买了三层写字楼作为新华保险潍坊中支的营业场所，显示出新华人寿强大的经济实力。

目前，新华保险潍坊中支后援支持扎实稳固，管理干部体系健全，后备人才储备充足，所有中层干部均在公司服务6年以上，基层管理经验丰富，专业技能过硬。风险管控体系不断健全完善，行政工作高效运作，文化建设氛围浓厚。

新华保险潍坊中支将坚持以科学发展观为统领，积极践行“抓服务、严监管、防风险、促发展”的指导思想，秉承“稳健守法经营，服务精益求精”的经营理念和“以客户为中心”的发展战略，为潍坊市保险业的持续健康发展而不懈努力。

（曲　超）

# 证券业

**【齐鲁证券有限公司潍坊分公司】** 截至2014年年底，齐鲁证券潍坊分公司员工总数为239人，客户33.49万户，客户资产247.53亿元。2014年实现股票+基金交易量1867.80亿元，实现营业收入3.1亿元。分公司秉承儒家文化“诚实守信、义利并举”的思想观念，强化创新发展、服务转型，紧紧围绕潍坊市“十二五”发展规划和黄蓝“两区”发展战略构想，高度重视战略合作，以服务实体经济、建设“四个潍坊”为目标开展各项工作，以公司“各种专业化证券业务协同发展”的战略目标为指导，加快转方式、调结构的步伐，积极拓展机构业务，服务潍坊本地企业的投融资需求，试点“大财富管理”业务，以“伴随客户共同成长”为宗旨，为客户提供全方位个性化综合服务，满足投资者的个性需求。

围绕“营销、客服、创新、协同”八字方针，在创新发展、业务协同方面，以创新人才工程建设为动力，创新业务加快规模成长，努力改善客户结构，积极参与多层次资本市场体系建设，深度服务潍坊市场，打造经纪、财富、机构业务为一体的综合金融服务平台。

**【中信万通证券潍坊四平路证券营业部】** 中信证券（山东）潍坊四平路证券营业部成立于2007年7月，截至2014年年底，营业部拥有员工30人，2014年实现营业收入2215.88万，纳税总额376.89万。

营业部业务范围：中国保监会批准的人身险和财产险（航意险及替代产品除外）；证券经纪；证券投资咨询；融资融券；证券投资基金代销；代销金融产品；为期货公司提供中间介绍业务。营业部交易席位号：沪A席位：22973、沪B席位：90187、深A席位：239000、深B席位：079200。

营业部秉承中信证券“规范经营、稳健发展”的经营理念，始终坚持“稳健、规范、诚信、高效”的宗旨服务客户。同时，依托中信证券全业务线，为广大企业及个人提供专业化的金融理财服务。

**【西藏同信证券潍坊东方路证券营业部】** 西藏同信证券潍坊东方路营业部积极应对复杂证券市场环境带来的挑战和机遇，以持续提升客户服务质量为主线，秉持公司“同己待人，信达天下”的理念，坚持稳健经营、合规发展，积极创新，营业部各项业务发展速度明显加快。截至2014年年底，营业部共有员工23人，全年交易量66亿元，实现营业收入470万元，理财产品销售额为7400万元，客户开户数量为4414户，在总公司的带动下积极调整业务模式，在原有证券经纪业务的基础上开拓创新，逐步形成“投融资业务、理财业务、经纪业务”三大经营体制。

**【招商证券潍坊通亭街证券营业部】** 招商证券潍坊通亭街证券营业部成立于2012年6月，营业部面积800平方米，营业区域分为大户室和办公区。客户总数2586户，截至2014年年底，营业部共有员工22人，本科以上学历19人，全部取得证券从业资格；客户资产合计12.03亿元，证券累计交易金额35.88亿元，金融产品累计销售0.92亿元。

开展的业务有：证券经纪；证券投资咨询；与证券交易、证券投资活动有关的财务顾问；证券承销与保荐；融资融券；证券投资基金代销；为期货公司提供中间介绍业务；代销金融产品业务；保险兼业代理。针对公司及企业可开展IPO、新三板、城投债、企业债、兼并重组、质押回购等业务。

**【长城证券潍坊玄武东街证券营业部】** 长城证券潍坊玄武东街证券营业部于2012年5月24日正式营业，下设运营中心、营销中心等部门，现有员工17人，绝大部分为年轻的高学历人员。

业务经营情况：截至2014年年底，营业部代买卖证券业务开户数量1461户，客户托管资产达49.85亿元，全年交易量占潍坊地区市场份额的9.14‰。传统经纪业务方面，营业部一方面坚持“满足客户综合性需求”的发展理念，以产品为核心，以产品销售为主线，坚持做好投资者教育和客户的适当性管理，引导投资者树立“价值投资”“理性投资”的观念，努力打造私人客户服务的金融理财终端；另一方面紧跟总部“互联网模式”战略步伐，做到线上线下相结合，争取实现客户线上导入预约、线下签约买卖，最终实现对高端客户的专享个性化服务。同时，在总部“业务综合化、管理扁平化”的战略指导下，营业部积极拓展创新及综合业务，在2013年年底成功签署10亿元中小企业私募债合作协议的基础上，于2014年成功签署并完成2亿元中小企业私募债合作协议。

内部管理情况：进一步完善营业部规章制度体系，涵盖营销管理、人力资源管理、财务管理、办公场所安保管理等多个方面。加强内部人员的业务和合规培训，提高客户服务能力，并完善绩效考核和奖励、淘汰机制，充分调动员工的积极性。加强营业部日常管理，梳理日常工作流程，严格遵守国家法律法规、上级监管部门的要求以及公司各项规章制度，规范各类业务办理，保证合规经营、稳步发展。

**【国泰君安证券潍坊东风东街营业部】** 潍坊东风东街营业部是国泰君安证券山东分公司在新设证券营业部放开后成立的第一家分支机构，经中国证监会核准于2009年10月起筹备组建，2010年3月正式营业。截至2014年年底，共有员工20人，实现营业收入1000多万元，共开立账户20000多户，股基交易量达19.72亿元。营业部以“倡导理性投资、增值客户财富”为经营理念，坚持合规经营、创新业务渠道，服务鸢都投资者，为繁荣和服务本地资本市场发挥着积极作用。潍坊东风东街营业部设有客户服务部、机构业务部、财富管理中心等业务部门，营业部已具备期货IB、融资融券、证券经纪人等业务牌照，约定购回式证券交易、股票质押式回购交易等“类贷款”业务全面上线。

**【西部证券股份有限公司潍坊东风东街证券营业部】** 西部证券股份有限公司潍坊东风东街证券营业部成立于2003年5月，位于潍坊市东风东街311号，截至2014年年底，共有员工48人，客户24016户，托管客户资产13.3亿元，累计实现交易量171.66亿元，实现营业部收入2683万。

自营业部成立以来，连续五年被评为“山东证券业优秀营业部”。全体员工秉承“以客户为中心”的经营理念，不断团结拼搏、务实进取，赢得了广大投资者的认可。

业务范围：A股、B股、债券、基金、权证、创业板、商品期货、股指期货、融资融券、约定购回、国债、国债回购及代办股份转让等的代理买卖服务；同时，公司代理销售多家优秀基金管理公司的开放式基金，可满足投资者多元化的投资理财需求。

**【中国银河证券潍坊福寿西街证券营业部】** 中国银河证券潍坊福寿西街证券营业部是经中国证监会批准，在潍坊设立的首家营业部，下设运行管理部、理财服务部、营销管理部3个部门，截至2014年年底，营业部共有员工22人。交易品种齐全：沪深A、B股、代办股份转让、国债、国债回购等一系列产品。目前公司主要经营范围是：证券经纪，证券投资咨询，与证券交易、证券投资活动有关的财务顾问，融资融券，开放式证券投资基金代销，为银河期货经纪公司提供中间介绍业务，代销金融产品业务等。同时，开展“天天利”、银河水星1号、水星2号等一系列资产管理计划，并有满足中小企业及个体经营者股权质押融资新型融资产品“金时雨约定式回购”，为融资需求者提供了新的融资渠道。

（杜　峰）

## 投资业

**【潍坊市投资公司】** 潍坊市投资公司（以下简称公司）认真分析新常态下经济运行的新规律和新特点，积极应对复杂多变的新挑战，通过改革创新提升发展动力，通过狠抓落实推动提质增效，通过改进作风促进工作开展，继续保持了平稳健康发展的良好态势。

主要指标保持稳定增长，国有资产实现保值增值。2014年，公司实现业务收入8.86亿元，实现利润3.93亿元；截至2014年年底，公司资产总额147.83亿元，净资产额98亿元，持有潍柴动力等4家上市公司股票市值近30亿元。

发挥国有资本引导作用，重点项目投资建设取得新进展。公司紧紧围绕全市经济和社会事业发展战略及产业政策要求，积极发挥国有资本在产业布局、资源配置中的引领、带动作用，以市场化为导向、以经营性项目为主体，着力开展了十笏园文化街区项目建设、潍坊港务有限公司组建、潍坊农村商业银行增资扩股、滨海蓝黄创业产业园招商等大型基础设施、重点产业和重点项目，在全市“突破滨海”与“提升市区”两大发展战略中发挥了积极作用。

推动国有资本有进有退，资产结构优化取得有效突破。公司按照“调整资产结构、突出主业经营、盘活存量资产、优化增量资产”的思路，通过市场化方式对现有投资业务进行整合和重组，清理盘活低效资产，资产结构调整取得有效突破。同时，公司以建立健全集团管控为目标，注册成立了潍坊市国维创业投资有限公司、潍坊市国维汇金投资有限公司、潍坊市国维实业投资有限公司3个全资子公司，重点推进资源整合、新兴优质项目储备和项目库建设，着力打造“创业投资、金融投资、实业投资”三大投资板块。通过实施“有进有退”，优化了资产结构，提高了资产质量，实现了国有资本的合理流动和创新发展。

积极履行社会责任，助推全市国有资产布局调整。公司作为市属国有企业，积极履行社会责任，在依法经营、安全生产、节能环保、扶危济困等方面做出了很大成绩，在地方国有资本调整、金融环境维护等方面圆满完成了市委、市政府赋予的工作任务。2014年，公司为亚星集团有限公司等相关企业提供了资金支持和担保服务，无偿划转了持有的恒天海龙股份有限公司股权，认真完成了省调控资金本息收缴工作，有效维护了潍坊市良好的信用环境和金融市场秩序，在全市国有资产布局调整中发挥了积极作用。

加强各项保障措施，改革完善企业内部管理。公司在融资方面，改革创新融资手段，不断优化债务结构，积极探索中期票据、中小企业扶持债、创投债、私募债等直接融资模式，保证了重点项目投资和业务发展的资金需求。公司在投资项目管理方面，各参控股企业经营平稳，效益稳定，股权收益大幅提升。公司在人力资源管理方面，形成了薪酬改革和绩效考核制度的初步框架，继续选派骨干员工参加国企经营和管理培训，配合办好浙江大学EMBA课程班，参学率达95%以上。公司在厉行节约反对浪费工作方面，完成了公务用车改革和清理超面积办公用房工作，“三公”经费同比下降达60%。

党的群众路线教育实践活动和企业文化、精神文明建设成效显著。根据市委统一部署，公司党的群众路线教育实践活动围绕“为民、务实、清廉”主题，聚焦反对“四风”，成效明显，受到市委教育活动办公室和督导组的高度评价，并被考核测评为A级。同时，公司精神文明和企业文化建设扎实开展，组织参与全市文明城市创建活动，充分发挥对外网站、OA系统、综合展厅、LED显示屏和道德讲堂的宣传平台作用，不断融入推广企业文化内涵。同时，公司工会工作、妇女和计生工作也取得了很大成绩，获得了上级部门的多项表彰奖励。

（董晨胜）

**【潍坊高新技术产业开发区融达小额贷款股份有限公司】** 公司于 2010 年 12 月 27 日获得山东省金融工作办公室的批准设立，并于 2011 年 1 月 6 日工商注册成立，由潍坊市投资公司等 5 个法人股东和 4 个自然人股东共同出资设立，注册总资本 1 亿元。经营范围包括办理各项小额贷款和开展小型企业发展、管理、财务的咨询业务。

公司以支持中小企业和“三农”为宗旨，坚持小额分散原则，选择符合国家产业政策、发展远景、经营效益、信誉程度较好的企业和个体工商户成为公司的优质客户，建立起一批相对稳定的客户群体。针对“三农”及小微客户分散经营，规模较小的特点，通过引入多种担保组合方式，大大增强小微及“三农”客户融资额的可获得性。同时，加大对信用良好、还贷能力强的客户的营销及维护力度，为今后的业务发展打下了良好基础。

2014 年，公司累计发放贷款 18427.59 万元，全部为小微企业及涉农贷款，2014 年年末各项贷款余额 11937.59 万元，全年累计实现贷款利息收入 2838.56 万元，上缴税金 767.52 万元（含个人所得税 116.28 万元）。

在业务经营过程中，始终坚持强化信贷风险防控，实行了贷款风险管理总经理责任制，坚持审贷分离原则，建立健全了贷款风险管理组织机构，逐级对各部门责任人进行责任追究的划分，对风险贷款责任人进行处罚和赔偿。公司严格执行国家政策，严格遵循省、市、区三级金融办要求，同一借款人最高限额控制在注册资本 5%以内，贷款利率控制在国家的 0.9 ~ 4 倍的区间内，无利率超 4 倍的贷款业务，无跨地域经营的贷款业务。到期贷款和利息收回率均实现 100%收回，信贷资金实现良性循环，取得了较好的经济和社会效益。

**【潍坊市奎文区民兴小额贷款有限公司】** 公司是在山东省政府有关政策许可下，经政府批准成立的小额贷款公司，成立于 2010 年 11 月 23 日，注册资本 1 亿元，主要为中小企业、个体经营户、“三农”产业提供方便、迅捷的贷款业务、管理、财务咨询业务。

全年累计投放贷款 254 笔，贷款金额 23905 万元，截至 2014 年年底，存量贷款 204 笔，贷款余额 16156 万元；其中，“三农”贷款户数 29 户，贷款余额 2450 万元，发生额 1653 万元；中小企业贷款户数 161 户，贷款余额 13706 万元，发生额 22252 万元。

全年实现营业收入 1475.68 万元，税前利润 1135.47 万元，税后利润 850.96 万元。在连续 3 年被评为一级情况下一直坚持小额分散，截至 2014 年年底，按文件《山东省人民政府办公厅关于印发〈山东省小额贷款公司监督管理暂行办法〉的通知》（鲁政办发〔2009〕82 号）规定单户贷款余额 200 万元以上的不能超过注册资金的 30%，单户贷款余额 200 万元以上的贷款共 5 户 2230 万元，占比 13.8%，达到文件要求。全年发放贷款息率最高执行到月息 15‰，最低执行到月息 10‰，不超当前银行基准利率的 4 倍。文件《山东省人民政府办公厅关于进一步推进小额贷款公司试点工作有关问题的通知》（鲁政办发〔2010〕18 号）规定在单位所在辖区内所发放贷款不低于 80%，公司区域内贷款余额 13112.8 万元，占比 81.16%，达到文件要求。从整体来看，公司稳步发展。

（苑靖康　林　浩）

## 健康养老

**【实施“十百千万”工程】** 加快实施“十百千万”工程，全年新建城市社区日间照料中心 125 处，覆盖率达 80%以上；新建农村幸福院 281 处，覆盖 50%以上的农村社区。新增机构养老床位 7600 张，平均每千名老年人 29 张。免费培训养老服务从业人员 2540 人次，持证上岗率达 80%以上；发展养老志愿服务者 5100 名；举办了第三届全市养老护理职业技能竞赛。新建养老服务信息平台 6 处，培育居家养老服务组织 8 家，基本构建起“10 分钟为老服务生活圈”。

**【实施三年提升计划】** 拟定了全市养老服务业三年提升计划（2014—2016 年），计划利用 3 年时间，培育品牌居家养老服务组织 150 家，与 10 万户家庭签订居家养老服务合同，为 3000 户困难老年人家庭实施无障碍设施改造。新建、改扩建标准化城市老年人日间照料中心 80 处，新建农村幸福院 380 处。新增机构养老床位 30000 张，每千名老年人拥有养老床位 40 张，其中，养护型和医护型养老床位达到总数的 40%以上。建设以信息化为手段、以服务实体为支撑的居家养老服务网络。集中精力抓好华都老年幸福健康产业园、峡山湖养老养生基地等十大项目，把潍坊打造成全国健康养老基地。

**【推进养老服务业综合改革】** 稳妥推进公办养老机构改革。在确保国有资产不流失、养老用途不改变、服务水平明显提高的基础上，按照新建公办养老机构一律实行公建民营、原有公办养老机构逐步改制的思路，指导昌乐县养老服务中心等 4 家公办养老机构实现公建民营。创新养老服务供给方式。潍城区重点发展智慧养老，初步打造起 10 分钟为老服务生活圈；奎文区创新社区老年日间照料中心运营机制，获得由国家民政部基层政权和社区建设司、中国社会福利基金会颁发的 2014 年度“暖心工程创新奖”。完善了养老服务的准入、退出、监管、评估制度，支持成立潍坊市养老服务协会，推动行业自律发展。通过政府购买服务，鼓励社会组织开展培训、评估和认证等第三方服务，逐步建立起政府依法管理、行业规范自律、实体自主运营的格局。

【强化政策措施支撑】 在全省率先出台《关于加快发展养老服务业的意见》，在政策层面实现了五大突破：放宽补助条件、增加运营补助、购买保险补助、免费培训护理员、加大对老年护理、临终关怀机构补助力度。强化监督考核，对重点工作实行月调度、季通报、年终综合考评，加强对部门履职和县市区任务目标完成情况的督查。加强舆论宣传。充分利用报刊、网络等各新闻媒介，普及涉老政策法规，弘扬尊老优良传统，营造爱老、孝老、助老的浓厚氛围。

（董德才）

# 信息消费

【信息消费发展】 编制出台了潍坊市《加快促进信息消费扩大内需实施方案》和《重点任务分工表》。建成以宽带和TD-LTE为主的融合、安全、泛在的信息基础设施，实现信息产业跨越发展，推动面向生产、生活和管理的信息消费快速健康增长，信息消费成为支撑经济社会转型发展的重要增长点。全市信息消费规模约为575亿元，增幅达到23%；电子商务交易额约为1300亿元，增幅达到60.5%，网络零售交易额约为162.5亿元。

全市电子信息、软件与信息服务产业主营业务收入达到505.2亿元，同比增长23.7%，利润59亿元，增长33.4%，利税71亿元，增长19.5%，总量全省排第5位。歌尔声学和共达电声分别以第4名、第64名再次入围2014年（第二十七届）中国电子元件百强。歌尔声学以第44名连续三年上榜中国电子信息百强。潍坊软件园目前已有70余家软件与信息服务企业和科研机构入驻，测绘地理信息基地数据加工园区重点发展测绘地理信息数据加工处理、应用及存储等，山东测绘地理信息产业基地已建成测绘地理信息研发中心、加速器、测绘地理信息装备制造园区。

将电子商务等特色信息消费服务作为重要内容予以推进。市政府先后出台了《潍坊市电子商务跨越发展意见》《加快电子商务发展实施方案》和《电子商务人才培训实施方案》。高新区被确定为“国家电子商务示范基地”，寿光软件园被确定为“省级电子商务示范基地”。潍柴动力、潍坊恩源成为“国家级电子商务示范企业”。全市已有32家企业通过省级电子商务企业认定，爱购商城、新海软件成为省级电子商务示范企业。依托山东颐高电子商务产业园，运作上线了“淘宝网·特色中国·潍坊馆”，已入驻380余家网商企业和卖家，销售额已达1600余万元。全市75%以上的规模以上工业企业通过自营或第三方平台开展了电子商务，传统企业应用电子商务数量快速增长，80%以上的商贸流通企业实施了B2B和B2C的电子商务，40%的中小企业通过第三方电子商务平台开展了商品展示、网上营销等业务。全市各级各部门正在开展电子商务人才培训工作，已完成培训电子商务人才150期、近5万人次。

【信息消费试点工作】 一是开展了省、市两级信息消费试点县市区建设工作。高新区、高密市和昌邑市被省经信委确定为“山东省首批信息消费试点县（市、区）”。同时，确定了3个市级信息消费试点县（市、区），在5个智慧城市试点县（市、区）同步开展市级信息消费试点工作；二是开发了多款移动互联网APP应用。结合智慧城市建设，搭建了“中国潍坊”手机门户和“潍V”平台等多款便民移动互联网APP应用；三是建设各类信息消费体验中心。设计建设了潍坊市工业展览馆智慧城市实体展厅，将信息消费、智慧城市等优秀项目和案例进行了集中展示，高新区光电产业园3D打印展馆建成并对外开放，各通信运营企业在自建营业厅和手机卖场等区域建设4G应用体验中心；四是组织开展信息消费宣传和体验活动，引导全社会培养信息消费观念。结合4G网络商用和“5·17”世界电信日等，在全市开展了“构建智慧城市，促进信息消费”专题宣传活动。与移动公司共同举办了“智慧潍坊，信息消费”4G应用展示体验会，向全社会推广了各类基于4G网络的信息消费应用，提高了全社会信息消费体验度。

（刘　忞）

# 交通　邮政　通信

*Jiaotong Youzheng Tongxin*

## 交　通

【概况】　全市交通建设完成投资77.33亿元，以市区为中心，以港口为龙头，以鲁中、鲁西为腹地，公路、铁路、水路、航空多种运输方式协调一体的综合交通运输体系基本形成。截至2014年年底，市域内5条高速公路和5条铁路纵横交织，胶济铁路贯穿东西，陆路交通四通八达。全市公路通车里程达2.57万公里，中心城区与各县（市）之间全部实现一级以上公路贯通、各县（市）之间实现二级以上公路连接，行政村通油路率达到100%，公路通车总里程和农村公路通车里程均居全省前列。全市营运性机动车11.35万辆，营业性货运汽车中厢式车（含集装箱车）和专用载货汽车所占比例达到13.3%；船舶108艘、95.9万载重吨，连续多年居全省首位。潍坊机场开通北京、上海、广州、重庆、大连等航线15条，年旅客运送量突破39万人次，货邮吞吐量2.02万吨。潍坊港为国家一类开放口岸和区域性重要港口，是鲁中、鲁北、鲁西物资出海陆路运距最短、最便捷的港口，也是目前“黄三角”地区唯一运营集装箱业务的港口。渤海湾黄金水道——鲁辽陆海货滚甩挂运输大通道项目实现首航，成为潍坊对接国家“一带一路”战略的重要平台。市交通运输局被中央文明委表彰为“全国文明单位”，被省政府评为“安全生产工作先进单位”；市港航局被交通运输部评为“全国交通运输行业文明单位”，潍坊汽车总站被省文明委评为“省级文明单位”。“最美司机”宋丰升被中华全国总工会授予“全国五一劳动奖章”，被交通运输部评为“2013年感动交通十大年度人物”。

【公路建设】　全市公路建设完成投资49.8亿元，其中，潍日高速完成投资7.82亿元，干线公路完成投资14.8亿元，潍县路改造完成投资2.9亿元，农村公路完成投资24.3亿元。

潍日高速公路滨海连接线段正式开工建设，桥涵工程全面展开，接线段全长34.2公里，北接疏港路，南连青银高速，设计时速120公里，双向四车道路基宽度为28米，目前已累计完成总投资的27.9%，占年度投资计划的87.4%，建设完成施工便道27.5公里，清理现场1867.8平方公里；完成强夯96.6平方公里，碎石桩完成39127根，桥梁开工33座，桩基完成884根。潍县路改造工程主体完成，基本具备通车条件；潍昌路项目全面启动，完成施工图设计和潍城段拆迁。北环路东西延伸段工程（除100米未拆迁段外）和进港路港区段全部完成；宝通街东延伸项目上报省发展和改革委员会。潍高路东西延伸段、下小路安丘段等改建项目基本完成，临伸路改建工程完成年度计划；S221下小线四海官庄至西纪庄段大修工程、S325胶王线高密胶州界至诸城段曹家泊段大修工程、S222央赣线大修工程项目及2个中修工程全部完工；宝通街东延伸，央赣路、胶王路等重点项目前期工作取得阶段性成果。全市农村公路完成路面项目2597个、2675.1公里，完成投资24.3亿元，竣工里程和完成投资分别占今年任务目标的178%和186%，圆满完成《2014年政府工作报告》25件民生实事之一“投资13亿元，新建改建农村公路1500公里”的任务目标。借助省交通运输厅第二批“村级公路网化示范县”活动，推动新一轮农村公路建设高潮，第二批网化示范县已完成路面项目1855个项目、1488.7公里，完成投资9.19亿元，主体工程建设任务全部完成，正完善路肩培护、边沟开挖、沿途绿化和路域环境治理工作。全市农村公路建设质量控制较好，合格率100%，优良率78.8%，比上年提高2.6个百分点。公路养护管理水平稳步提升，突出抓好路面保洁和小修保养，加大巡查检查力度，及时处置坑槽、沉陷、拥包等路面病害，确保公路安全畅通。服务全市经济社会发展大局，争取省投资5000余万元对309国道潍坊西外环路口至昌乐西环路口段进行中修；同时，投资1500万元对宝通街实施中修、投资1000万元安装中央护栏，潍坊市区西部通行条件得到有效改善。市政府下发《关于开展国省道路域环境专项整治活动的通知》，明确2014～2016年三年规划和年度任务目标。全市共完成国道、省道公路综合整治投资7.2亿元，清理迁移集市贸易137处，解决一批长期影响公路通行安全的顽疾。农村公路养护工作成效显著，全市农村公路列养率达到100%，经常性养护率县道100%、乡道88%、村道70.5%；综合优良路率74.9%，其中，县道86.2%、乡道83.5%、村道71.6%，完成大中修工程449.6公里，实施安保工程729.6公里，危桥维修改造50座，创建文明路351公里，挖补、灌缝、封面等日常养护投入1.53亿元，共完成养护投入7.9亿元，农村公路路域环境实现新提升。

截至2014年年底，全市公路通车里程达到2.58万公里，其中，国道672.2公里，省道1558.5公里，农村公路通车里程2.36万公里（县道2274.7公里，乡道3491.8公里，村道17651.9公里，专用路137.5公里），居全省第一位。按技术等级：高速公路427.7公里，一级路1438.9公里，二级路2575.7公里，三级路2578.1公里，四级路1.88万公里。乡镇116个，建制村7053个全部通畅。全市公路密度达到159.7公里/百平方公里，农村公路密度达到145.9公里/百平方公里。

**【铁路建设】** 全市境内铁路网形成“两横三纵”的布局（“两横”指胶济铁路、大莱龙铁路；“三纵”为胶新铁路、青临铁路和益羊铁路），铁路总里程414.2公里，其中，国家铁路222.7公里（胶济铁路172公里，胶新铁路50.7公里），地方铁路191.5公里（益羊铁路86.9公里，青临铁路36.6公路，大莱龙铁路68公里），货运专用线17条，境内12个县（市、区）全部连通铁路，铁路网密度达3.7公里/百平方公里，高于全国和全省平均水平。全市境内铁路道口155处，其中，有人看守道口13处，监护道口68处，无人看守道口74处，无人看守道口占47.7%；铁路专用线21处，其中，青州市南站10处，昌乐站3处，潍坊西站3处，山东世茂国际物流有限公司2处，坊子区煤矿专用线1处，青州西车务段二十里堡车站1处，中国石油化工股份有限公司山东潍坊石油分公司1处。

开展济青高铁潍坊北站、青州北站选址和大莱龙铁路股权确认工作。推进疏港铁路项目，与新加坡凯地投资集团等签订《会谈备忘录》，确定以PPP模式投资建设，完成全线放线勘界和施工图设计工作。全年地方铁路建设完成投资2.5亿元，益羊线寿光段改线工程完成投资1亿元，累计完成投资7.8亿元；寿平线寿光至广饶段工程完成投资1.5亿元。寿平铁路是山东省“四纵四横”铁路网规划的重要组成部分，铁路建设等级为国铁Ⅱ级，设计为单线，东起寿光境内既有益羊线的田柳站，终至邹平县孙镇，正线总长110.774公里，其中，寿光至广饶段全长36.839公里，于2012年9月开工建设。益羊铁路寿光段改线工程，南起寿光市孙家集街道边线王村，北至古城街道更新庄村，全线长21.9公里，铁路建设等级为地方铁路Ⅰ级，正线数目为单线，牵引质量为5000吨，工程由南向北穿过孙家集、文家、化龙、古城4个镇街，共涉及39个自然村。新建铁路线北接在建德大铁路，中接寿平铁路，南接胶济铁路，建特大桥2座，大中桥27座，小桥及框架涵洞116座，铁路新线与公路交汇处全部建设立交桥，不再产生道口。2014年11月，工程通过上级主管部门验收。12月9日，寿平铁路寿光至广饶段暨益羊改线段建成通车。

**【港航建设】** 潍坊港航建设完成投资18.6亿元，其中，潍坊港5万吨级航道一期工程（3.5万吨级）完成投资7.5亿万元，占年度计划的126%；森达美港完成投资7.3亿元；山东高速集团完成投资0.6亿元；西港区累计完成投资3.2亿元。潍坊港建设码头项目8个、23个泊位，新增岸线总长4359米，设计通过能力3630万吨，建设项目数量、规模等级和建设投资三项主要指标超过历年总和。截至2014年年底，潍坊港共有泊位26个，其中，中港区15个（7个3000吨级泊位、2个5000吨级泊位、3个10000吨级泊位、3个20000吨级泊位）、西港区11个（5个3000吨级生产性泊位、6个5000吨级多用途泊位）。

港口基础设施建设和投资实现重大突破。潍坊市上报交通运输部的潍坊港6个泊位、1347米岸线全部获得批复，为潍坊港提供了充足的发展空间。潍坊港中港区5万吨级航道一期工程（3.5万吨级）是交通运输部、山东省合作开发投资建设的重大港口航道工程项目，也是山东省重点建设项目、潍坊市2014年十大工程项目之一，工程投资约12.8亿元，获交通运输部和省级专项补助总计5亿元，已实际到位资金3.1亿元，是潍坊港开埠以来首次获得国家资金补助，也是潍坊市交通单体工程获上级补助最多的项目。市级财政和“区域战略推进”专项资金安排1亿元用于潍坊港建设。市级财政和滨海区财政安排资金392万元，扶持潍坊港集装箱市场发展。滨海区投资4亿元，将连接中港区东西作业区拦海坝改建成高标准疏港通道，对疏港东路进行拓宽改造。山东高速物流投资有限公司增资至12亿元获省国有资产监督管理委员会批准，为潍坊港建设及临港物流园区建设发展提供有力的资金保障。

3月6日，潍坊市政府、潍坊森达美港有限公司和山东高速交通物流投资有限公司共同出资10亿元（潍坊市政府占38%、森达美集团占37%、山东高速集团占25%）组建潍坊港务有限公司。开展《潍坊市港口经济发展战略规划》研究，启动《潍坊港总体规划》修编工作，港口及港口经济区建设加快推进。立足潍坊港的区位优势，与大连港和营口港的合作加紧推进，潍坊港至辽宁营口港货滚航线实现首航，潍坊至旅顺港客滚航线签署四方合作框架协议。

4月10日，潍坊港中港区5万吨级航道一期工程（3.5万吨级）开工，总工期15个月。投入各型作业船舶17艘，完成航道疏浚2478万方，累计完成投资7.18亿元，占年度计划的119%，吹填形成土地2000亩，航道疏浚至-10米，实现2万吨级通航，2015

年底前竣工并达到试运行条件，潍坊港将具备集装箱、散杂货、液化品、客货滚装、海河联运五大服务功能，有望成为贯通渤海湾两岸经济带陆海联运大通道的重要节点，山东省综合运输体系的重要枢纽、海河联运区域物流中心。森达美港2个5万吨级液化品泊位主体及配套罐区引堤护岸工程完工，码头主体项目已开工；3个5万吨级通用泊位、3个5万吨级多用途泊位获省发展和改革委员会核准，码头主体工程即将开工。山东高速2个5万吨级通用泊位和2个2万吨级滚装泊位通过省发展和改革委员会专家会评估，施工通道建成，施工码头沉箱开始预制，货场围堰开工建设。西港区6个5000吨级多用途泊位建成运营，3个5000吨级液化品泊位将投入使用，完成航道维护性疏浚工程，实现5000吨级通航。森达美物流园一期堆场建成投用，潍坊港航运中心规划方案完成优化设计，山东高速物流园区正在调整规划方案，港口配套服务功能明显提升。投资拓宽改造中港区疏港东路港区段和码头作业货场，硬化集装箱堆场，港容港貌得到明显改观。西港区4个液化品泊位开工建设，实现集装箱运输首航。小清河河口段航道维护性疏浚工程完成，实现5000吨级通航。

**【民航建设】** 机场迁建取得新突破，确定新机场场址；正式启动预可研报告编制工作并完成初稿；编制完成《新机场（民航）飞行程序设计》《飞机性能分析报告》；完成新机场临时气象观测站建设和设备安装，签订运转维持协议。

4月起，在潍坊至北京、上海、广州、大连航线基础上，选择客源相对集中、有效规避高铁竞争的城市，陆续开通宁波、杭州、沈阳、深圳、哈尔滨5条航线，潍坊机场固定客运航线达到8条，每周航班80个，全部由海南航空股份有限公司B737-800机型执飞，发展能力和服务水平实现跨越式提升。

在加强航线拓展的同时，努力提升航线航班运营质量，充分利用机场官方微博、微信等新型媒体及时公布航班票务及动态信息，推出“百元机票”等一系列低折扣促销政策和相关服务举措，方便旅客出行。加强机场基础设施建设，启动设施设备改造，圆满完成机场换证检查。

**【综合运输】** 全市营业性道路运输车辆达10.5万辆，其中，线路客车（含旅游）2747辆，载货汽车97544辆，客运出租车4854辆（潍坊城区2221辆，峡山区25辆）。全市共有公交车2891辆（3227标台），其中，潍坊市公共交通总公司（以下简称：市公交总公司）1262辆（1538标台）。全市道路运输完成客运量0.7437亿人次，同比减少2.6%，旅客周转量48.5亿人/公里，同比减少1.7%；完成公路货运量2.2亿吨，同比增长1.5%，货物周转量487.83亿公里，同比增长3.9%；城市公共交通累计完成客运量2.54亿人次，其中，市公交总公司完成客运量1.26亿人次，同比下降8%。潍坊火车站是胶济铁路中部最重要的铁路交通枢纽，全年发送旅客705.4万人，日均发送1.93万人，高峰突破3.5万人。12月10日，中国铁路总公司实施新列车运行图，经行潍坊站旅客列车达76对，上行列车152趟，其中，高速动车组列车31对，动车组列车16对，直达特快列车1对，特快列车2对，快速列车2对，普通列车2对。青临铁路完成货运量295.6万吨，同比增长111%；益羊铁路完成货运量1701.3万吨；大莱龙铁路完成货运量806.06万吨。全市水路运输企业达到55家，内贸运输船舶108艘，运力总规模达到95.9万载重吨，水上单船运力最大已达4.5万载重吨，连续多年居全省首位，全年货运量完成1403.04万吨，货物周转量完成101.1亿吨/公里，同比增长5%；潍坊港完成货物吞吐量2603万吨，同比增长12%，其中，外贸货物吞吐量71.5万吨，同比增长29%。潍坊至大连、烟台、京唐、盘锦和营口5条集装箱航线实现班轮化运输，全年累计完成17.37万标准箱，为年计划的173%，成为港口经济发展的新亮点和重要增长极。潍坊机场安全起降飞机5298架次，同比增长47%；旅客吞吐量完成39.44万人次，同比增长194%；货邮运量完成2.02万吨，同比增长17%，达到潍坊机场通航18年来最高水平。全市快递服务企业业务量累计完成2976.78万件，同比增长24.94%；业务收入累计完成4.69亿元，同比增长9.22%，量收位居全省第4位。全市人均快件量达到3.23件，其中，同城业务收入累计完成0.46亿元，同比增长61.17%；异地业务收入累计完成3.01亿元，同比减少0.49%；国际及港澳台业务收入累计完成0.71亿元，同比下降0.06%。全市具备经营快递业务资格的法人企业及分支机构达100余家，服务乡村、街道、社区的快递营业网点1000余个，所有制形式涵盖国有、民营、外资等多种类型。

**【公共交通】** 截至2014年年底，全市城市公共交通运营线路295条，运营线路总长度6629.5公里，其中，市公交总公司运营线路82条，运营线路总长度1586.5公里，公共交通事业实现稳步健康发展。发展绿色公交，优化运力结构，完成市委、市政府提出的“三年内购置新能源和清洁能源公交车300台”任务目标，潍坊城区公交车总数达到1289台，其中，空调车313台，18米铰接车30台；淘汰“黄标车”129台，提前一年完成淘汰黄标车任务。优化调整线网布局，按照“城市中心区减负、一环组网，中心城市区覆盖、远郊扩网”的原则，在满足中心城区主次干道“街街有公交、路路公交连”的同时，突出卧龙街、东方路、玉清街、东风西街等重点路段，不断拓展公交线网，方便沿途市民出行，对14条老旧线路进行优化调整，新开设线路4条，填补卧龙街、宝通街等新建道路公交盲区；在开设购物专线、风筝会专线、高考专线、艺考专线、摆渡车等特色线路的基础上，开设潍坊机场至阳光大厦的定制公交线路。坚持公益优先，推行公交运营延时，主干线路运营时间同比延长30分钟，夏季末班车发车时间延长至22:08，市民晚间出行更加便利。在继续对老年人、儿童、残疾人等特殊群体实行乘车优惠或免费的同时，全面实现城区65岁以上老年人免费乘坐公交车。寿光市完成原110台个体民营公交车辆的收购退市，投入电汽混合动力新能源公交车60台、纯电动公交车20台，重新规划调整19条线路、390个站点，组建政府控股的公共交通运输有限公司，结束17年来寿光城市公共交通由个体经营的历史，开启“公车公营”的新时代。昌邑市开通城区至碱厂、双台的公交线，城乡公交线网覆盖昌邑市60%的乡镇。寿光市陆续完成寿光至卧铺、清河、林海生态博览园、彭家道口、袁桥等农村客运班线车辆的收购退市，先后开通城区至台头镇、化龙镇、彭家道口以及城区至北单村、卧铺村、刘家河头村的公交线路，城乡公交线网覆盖寿光市80%的镇（街）区，成为省内最早基本完成农村班线公交化改造的县级市之一。临朐县开通2条县城至冶源镇城乡公交线，新上CNG新能源车16辆。青州市完成邵庄和薛庄农村客运班线车辆退市，开通2条城乡公交线，迈出城乡客运公交化改造第一步。

**【场站物流】** 全市交通场站物流园区建设完成投资5亿元，《鲁辽陆海货滚甩挂运输大通道与枢纽规划》《潍坊现代物流基地发展规划研究》《潍坊市交通物流发展规划》《滨海区城市综合交通规划》等规划已基本编制完成。

鲁辽陆海货滚甩挂运输大通道项目快速突破，鲁辽陆海货滚甩挂运输大通道项目于2013年12月启动，是交通运输部，山东、辽宁两省，潍坊、营口两市贯彻落实党中央关于推动物流业健康发展，把环渤海湾区域打造成为我国经济增长和转型升级新引擎指示精神、实施“一带一路”战略的重要举措。项目以潍坊港和营口港为起点，以山东、辽宁两省为中心区域，利用渤海湾水运资源，向南延伸至海峡西岸、向北延伸至哈大齐经济带，借助甩挂场站体系和陆路干线网络，形成纵贯我国东部地区南北方向千余公里的多式联运通路。与中外运深圳长航滚装物流有限公司达成合作意向。与项目配套的潍坊港2万吨级滚装码头、森达美物流园一期堆场等项目稳步推进。2014年12月23日上午11时，搭载2000余吨货物的“长达隆”号滚装船从潍坊港驶往辽宁省营口港，鲁辽陆海货滚甩挂运输大通道（潍坊—营口）实现首航。潍坊至营口这条渤海湾“黄金水道”正式贯通，并首开我国海上绿色货滚甩挂运输通道。

顺丰速运潍坊一级分拨中心是顺丰速运（集团）有限公司在山东省内设立的唯一的快件集散中心，目前承担山东境内全部快件的出港和国内其他省、市及香港、澳门、台湾到达山东省内快件的分拨中转功能。6月，以潍坊为总部调整组建顺丰鲁中管理区，下辖潍坊、临沂、东营等7个地级区域。11月5日，奎文经济开发区与顺丰速运（集团）有限公司签订潍坊顺丰电商产业园项目投资合作协议，顺丰速运计划投资3.6亿元、建设占地140亩的潍坊顺丰电商产业园将正式落户奎文经济开发区，项目涵盖电商、仓储、快件中转、陆路运输和配套服务设施等全部功能。建成后，将成为以潍坊为中心，辐射华东、华北、西北、华中的地区电商配送网络，年营业额预计8亿元以上，年税收1000万元以上，新增就业岗1500～2000人，辐射潍坊全市中小物流企业，带动行业发展。

站（场）建设步伐加快。经济区公交枢纽站工程主体建设已完成；高新区王谭枢纽站（扩建）、银通街公交场（站）两处场（站）建设手续正在办理中，2015年开工建设。鲁台会展中心、经济区顺通街场（站）、高新区潍安路场（站）、峡山区公交场（站）土地手续正在办理之中。加快推进滨海铁路物流园区前期工作，项目占地4000亩，投资约20亿元人民币。

**【节能减排】** 节能减排量化目标完成情况：全市国道、省道公路养护大修工程S221下小线四海官庄至西纪庄段大修工程、S325胶王线高密胶州界至诸城段曹家泊段大修工程、S222央赣线大修工程项目利用老路里程67.624公里，旧路利用率100%，工程临时占地复垦率均达100%，循环利用路用材料的项目比率为100%。在荣乌高速公路、青莱高速公路2个高速公路管理处开通ETC电子不停车收费系统，潍坊市公路管理局ETC客服中心2014年累计发售鲁通卡7418张，安装电子标签（OBU）6875个，预收通行费1.22亿元，节能减排效果明显。2014年年底，全市道路运输行业（比2005年）营运车辆单位运输周转量能耗下降9.5%，营运客车单位运输周转量能耗下降5.7%，营运货车单位运输周转量能耗下降11.2%，营运车辆二氧化碳排放强度均达到规划指标要求，超额完成节能减排目标任务。全市新增LNG货车239辆、班线客车31辆、公交车148台，新增CNG公交车188台；潍坊中心城区2223辆出租车全部改装“双燃料”，改装率达100%，潍坊地区出租车油改气率100%。营业性船舶单位运输周转量能耗（千克/千吨海里）比2005年下降16.4%。港口生产单位吞吐量综合能耗为3.17吨标煤/万吨吞吐量。港口生产单位吞吐量综合能耗比2005年下降8.3%，减排目标均超额完成。

调整交通运输结构，鼓励发展大型、中高级客车，倡导低碳生活、绿色出行观念，积极淘汰营运“黄标车”，淘汰高能耗、低效能班线客车，潍坊市在客运车辆中鼓励发展大型化、舒适化客车，推广集约化经营，采取2更1、3更2等方式优化线路结构和班次，提高车辆档次和实载率，对于实载率低于70%的客运线路不再新增运力。高档客车占客车保有量的30%以上。2014年年底，全市注销营运“黄标车”19959辆，提前完成省政府下达的任务目标。寿光市投资1100余万元，投入公共自行车3000辆，设置站点100处，运营里程214.3万公里。临朐县投资2500余万元，设立公共自行车点104处，设置锁车器2600个，配备公共自行车2200辆，累计办理租车卡11787张。安丘市公共自行车项目，第一期建设95处站点，投放2280辆公共自行车，办理公共自行车卡 12304 张，日骑行 7000 人次以上；二期工程计划新建 36 处站点，增加 1200 个锁车器。“青州市公共自行车自助交通系统应用”项目被省交通运输厅节能减排工作领导小组确定为山东省交通运输行业 2014 年度绿色循环示范项目 7 个项目之一。目前，潍坊市公共自行车租赁系统在潍坊中心城区与县（市、区）基本实现“一卡通”借车通用。市公交总公司 2014 年购置的 43 台 CNG 公交车和 24 辆 LNG 公交车投入运营，另购置气电混合动力新能源空调公交车 135 台、纯电动空调公交车 48 台，与港华燃气合资成立潍坊港华公交压缩天然气有限公司，已建成并投入使用加气站 2 座，收购 1 座加气母站。安丘市道路运输行业建成 CNG、LNG 充气站各 2 座，日供气能力达到近 8 万立方米。寿光市 LNG 燃料货运车辆达 1000 余辆，新能源车辆达 187 台，其中，纯电动公交车 20 台，占公交车总数的 67%。寿光市万赢运输有限公司、潍坊申易物流有限公司（昌乐）在天然气车船主题项目中分获交通运输部节能减排专项资金补助 168 万元、63 万元。

【行业管理】 推进法治政府部门建设，建立权力清单和负面清单，共梳理登记市级行政权力事项 232 项，政务服务事项 12 项，冻结行政权力事项 9 项；深化审批制度改革，下放审批权限，市级审批事项精简为 14 项，全部纳入市公共行政服务中心办理。开通交通热线 12328，政务热线电话接通率达到 100%，对各类投诉回复率达 100%，群众满意率达 95% 以上，畅通了交通运输与社会群众的沟通渠道。在市区 1200 余台公交车、2000 余台出租车、汽车站、民航机场等电子显示屏上循环播放公益广告；在公交车车内悬挂 2000 幅公益广告看板，公交车车体公益广告占比 20% 以上。开展城区客运出租市场集中整治活动和道路客运市场秩序整治行动，运输市场秩序持续稳定。开展道路旅客运输企业 2013 年度质量信誉考核工作，全市参加信誉考核客运企业 32 家，其中，AAA 级 12 家、AA 级 19 家、B 级 1 家。开展全市机动车维修质量信誉考核工作，全市共有机动车维修业户 1660 户，其中，一类汽车维修 41 户，二类汽车维修 342 户，三类维修企业（业户）1196 家；全市考核维修企业 1579 家，合格 1522 家，不合格 57 家；开展综合性能检测机构质量信誉考核工作，全市 12 个综合性能检测站中质量信誉 AAA 级 3 个、AA 级 9 个。加大“黄标车”淘汰力度，注销营运客车 201 辆、营运货车 12489 辆、公交车 29 辆，合计 12719 辆。培训经营性道路运输从业人员 61 期（其中，普通货运和客运驾驶员 40 期，危险品驾驶员 10 期，危险品押运员 11 期），经培训考试合格 24394 人（其中，货运驾驶员 10743 人，客运驾驶员 2783 人，危险品驾驶员 3065 人，危险品押运员 2346 人，危险品装卸管理人员 31 人）。全市道路运输驾驶员继续教育共报到 29745 人，29573 人参加考试，合格 29052 人，不合格 521 人，合格率 98.24%。组织对城区 15 家客运出租经营企业进行年检；开展城区客运出租车年度审验和全市客运出租经营企业年检工作，参审率达到 100%，合格率达到 99.9%。调整运力车型结构，全年潍坊城区客运出租车更新 65 辆。

全年监督重点工程及国省道在建项目 2 个，全长 45.22 公里，总投资 1.22 亿元；交工验收项目 1 个，全长 10.991 公里，总投资 0.58 亿元；全年省下达潍坊市国、省道干线公路养护工程计划共 12 项，总投资 4.43 亿元。其中，普通国省道大修工程 3 个，大修里程 67.622 公里，普通国省道中修工程 2 个，中修里程 79.427 公里；高速公路养护工程 1 个，全长 20 公里；普通国省道危桥工程 5 个，改造长度 762.06 延米；普通国省道安全设施完善提升工程 1 个；市重点项目潍县路，全长 22.699 公里，完成投资 2.08 亿；农村公路共完成路面项目 2597 个、2675.1 公里，危桥改造项目 16 个、1687.68 延米，完成投资 24.3 亿元。完成 5 家施工、监理企业的 32 个项目信用评价工作，审核 59 家施工监理单位履约行为评价信息。对潍县中路等项目施工和监理单位的 12 家工地试验室进行检查考核，全部通过考核验收，并取得工地试验室合格证。完成全市 21 家试验检测机构 2013 年度信誉评价的初评工作，初评率 100%。

（杜　峻）

# 海　事

【现场监管】 加强协作，形成水上安全监管合力。组织召开了全市水上交通安全工作会议，形成了水上交通安全监管合力。严防死守，加强旅游船舶安全管理。下发《关于加强旅游旺季期间旅游船舶安全管理工作的通知》，要求辖区各旅游船公司落实安全主体责任。为辖区 37 艘载客 10 人以上的旅游船舶安装 GPS 船舶定位设备，对旅游船舶的实际位置、航行轨迹等数据实时掌握。多措并举，加强小型危险品船舶管理。建立了船载危险货物风险“管—控—闭—环”管理模式，从进港至停泊、作业到出港，从港口到船舶、船员，实施全方位督导和监管，严防“小船闯大祸”。依法推进隐患排查治理工作。与港航局联合下发了《加强冬季停泊船舶安全管理的通知》，并采取有效措施消除了春节期间羊口港长期停航船舶安全隐患。圆满完成恶劣海况防抗工作。按照“早准备、早安排、早检查、早落实”的原则，牢固树立安全防范意识，抓好“风前预警、风中监控、风后评估”等环节，圆满完成台风及其他恶劣天气的防抗工作，共发布大风预警信息 28 期，指导船舶避风 13000 余艘次，由于预防措施到位，救助及时有效，辖区未发生一起水上交通安全事故。

【海事服务】 三个支持：全力支持港口建设和港口发展。重点扶持潍坊森达美港 3 个 2 万吨级泊位、5 万吨级航道疏浚、滨海中心渔港等市重点工程项目，提前介入、跟踪指导、全程服务。支持潍坊港口岸对外开放。推进3个万吨级港口泊位顺利对外开放、锚地规划等工作，全面推行国际航行船舶进口岸网上申报，全面实施“大通关”工程，提升港口功能。扶持海员培训教育机构健康发展。两个十项举措：推出了《服务“三区”建设十大举措》和《潍坊海事处助推滨海发展十项举措》，海事公共服务成效得到显著提高。一个服务品牌：深化“四零四办”服务品牌创建，即与行政相对人零距离，业务办理零差错，船舶在港零待时，行政执法零投诉；常规业务立即办，特殊业务上门办，专项业务预约办，行政审批公开办。

【队伍建设】 强化海事文化建设。进一步丰富“碧海方舟”品牌支部文化内涵，利用“安全生产月”“6·5世界环境日”和“6·25世界海员日”等活动，深入各航运公司传播“平安是福”安全文化理念。深入推进作风建设。进一步建章立制，扎紧制度笼子，以严密的制度、严肃的监督、严格的执行，改进工作作风和加强纪律建设。深化“清廉海事”建设。按照惩防体系工作规划，组织开展了“廉政教育月”活动，深化“廉政文化长廊”和“碧海蓝盾”廉政品牌建设，进一步提高了全处党员干部廉政责任意识。

（罗　凯）

## 口　岸

【概况】 潍坊港货物吞吐量累计完成2603万吨，集装箱17.3万TEU，同比分别增长12%和181%。其中，外贸吞吐量70.96万吨，出入境船舶318艘次。同比分别增长19.4%和10%。一站式服务联合办公实现了常态化，通关服务质量稳步提升。

【口岸开放】 编制完成了全市“十三五”口岸发展规划。规划拟在“十三五”期间加快潍坊旧机场升级改造和新机场迁建，实现空运口岸对外开放，到开放第一年和第三年，潍坊空港出入境旅客吞吐量分别达到7.5万人次和12万人次，国际货邮吞吐量达到1.2万吨和3万吨；潍坊港口岸开放水域范围内新启用作业点12个（共27个泊位），开放泊位总数达到40个。航空口岸对外开放工作正式启动。为深入贯彻市委、市政府关于提升市区重大战略部署，加快推动潍坊空运口岸的对外开放，起草了《潍坊机场空运口岸对外开放工作实施方案》，提出“潍坊（南苑）机场先争取临时开放、新机场建成后实现正式开放”的工作思路。11月25日，市政府第三十八次常务会议决定，启动潍坊（南苑）机场临时开放工作，力争在2015年9月之前实现临时开放。

【口岸建设】 建成了功能齐全、技术设施先进的口岸综合服务区。追加建设了西作业区海关信息联网接口项目、海关闸口实时监管接口项目、码头前沿警务室视频监控大屏及业务网至通关中心段的光缆传输等4个项目；潍坊港3个2万吨级集装箱码头口岸监管综合业务网络项目列入2014年底市财政基建投资计划，总投资约390万元；吹填海域4万余平方米，总投资约1600万元的通关中心外贸监管货场基础设施全部建成。潍坊港通关中心已建成为占地5.33万余平方米、建筑面积1万平方米以上，集一站式联合办公、口岸监控及综合业务平台指挥中心、口岸应急事件调度中心、生物媒介实验室、外贸监管验放货场和查验人员综合后勤保障为一体，功能齐全、技术设施先进的口岸综合服务区，总投资额约5700万元。潍坊港的口岸综合功能和查验监管水平有了显著提升，在全省处于领先位置。

【口岸管理】 口岸监控网络“三个一体化”模式效果显著。按照网络监控系统一体化设计、一体化施工、一体化维护管理（简称“三个一体化”）的建设思路，配备移动式高空作业设备一套，专职网络管理员1名，对潍坊港口岸网络监控设施进行统一整体维护，并通过技术和工作创新，先后解决了监控“主控权”高空探头维护难等问题，建立形成了监控网络系统故障快速响应机制。监控网络平台建设和管理难题得以彻底解决，网络平台设备完好率始终保持在100%。突出特色外贸货种亮点，全市抓住国家放宽对活牛及牛肉进口贸易的机遇，通过潍坊港进口澳大利亚、新西兰奶牛共计5000头，潍坊市因此成为国家境外活体畜牧产品进口的重要口岸之一。此外，协调海关出台了进口煤炭管理办法，较好解决了长期困扰船代、货代企业进口煤炭的审价问题。协调检验检疫局解决了进口煤炭到港后需异地化验，时间长、滞港费用高的问题。煤炭进口取得井喷式增长，全年进口量超过2013年全年总量6倍以上，突破了

口岸综合服务区　　（供图：焦宗轩）

潍坊港煤炭进口的瓶颈。

（刘楠楠）

## 邮 政

【概况】 潍坊市邮政管理局于2012年10月25日正式成立，下设办公室、普遍服务科、市场监管科3个科室，实行“中央和地方双重管理、以中央为主”的管理体制，邮政业务、机构编制、干部、财务等以上级邮政管理部门管理为主。潍坊市邮政管理局主要职责为：贯彻执行国家邮政法律法规、方针政策和邮政服务标准，研究拟订本地区邮政发展规划，监督管理本地区邮政市场以及邮政普遍服务和机要通信等特殊服务的实施，负责行业安全生产监管、统计等工作，保障邮政通信与信息安全，承办上级邮政管理部门和地方人民政府交办的其他事项。

【行业发展】 全市具备经营快递业务资格的法人企业及分支机构达100余家，服务乡村、街道、社区的快递营业网点1000余个。全市邮政业业务收入（不包括邮政储蓄银行直接营业收入）累计完成10.04亿元，同比增长8.12%；业务总量累计完成9.60亿元，同比增长10.53%。全市快递服务企业业务量累计完成2976.78万件，同比增长24.94%；业务收入累计完成4.69亿元，同比增长9.22%。

【行业安全监督】 严格落实企业安全主体责任，督促寄递企业建立健全安全生产组织管理体系，行业应急管理机制基本完善；借助社会力量保障行业安全发展，邮政特邀监督员队伍继续优化，社会监督实效不断提高；督促企业改善服务质量、提升服务水平，切实维护消费者合法权益；充分发挥协会桥梁纽带作用，进一步强化企业交流和行业自律。

【行业规范】 建立健全依法行政工作机制，建立政府法律顾问制度，促进全系统依法行政能力和水平的提升；健全行政决策机制，完善了“三重一大”事项审批制度；落实《山东省快递业务经营许可流程规定》，建立快递业务经营许可“绿色通道”制度，优化许可备案流程。

【发展环境优化】 坚持“保障生产安全、服务民生需求、促进地方发展”的工作原则，将邮政行业作为一项“民生工程”，着力提升行业服务水平。开展定期普遍服务检查工作，保障人民群众享有邮政普遍服务。加强快递服务质量管控，督促服务问题突出网络限时整改。推进青年文明号创建，强化活动引领，3家快递企业优秀集体被表彰为“市级青年文明号”。

（秦 莹）

## 中国移动潍坊分公司

【概况】 中国移动通信集团山东有限公司潍坊分公司（以下简称潍坊移动）成立于1999年7月，下设13个县（市、区）分公司，现有员工2000余人。截至2014年年底，公司客户总规模达到690万户，4G客户超过27万户，有线宽带客户超过15万户。公司先后获得“全国文明单位”“中国移动创先争优先进基层党组织”“中国移动班（组）建设示范基地”“省级消费者满意单位”“省级劳动关系和谐企业”“诚信维权单位”“全市和谐创建示范单位”“潍坊市企业文化建设十佳单位”“全国‘安康杯’优胜单位”等称号。

【无线网络建设】 公司积极向上级公司争取网络建设资源和优质信息化项目，大力开展综合业务区建设，共计投入建设资金8.3亿元，成功完成LTE一期、二期和TD七期工程建设，4G网络质量和覆盖率同行业遥遥领先，工程进度、规划建设一致性、LTE基站总体开通率均居全省第一位。潍坊移动不断推动有线宽带网络建设，覆盖网点数量已达4000余个；不断加大网络覆盖的广度和深度，打造由移动有线宽带和“2G+3G+4G+WLAN”为主的无线网络组成的精品网络，积极推进“宽带中国”工程落地，为推动潍坊地区信息化建设提供了有力的支撑。

【“智慧潍坊”建设】 发挥“无线”优势，公司积极与政府部门密切合作，促进基层政府电子政务信息化。先后开展了工商信息查询、计生通项目、高校信息化以及无线城市便民信息等信息化项目，有力地推动了“智慧潍坊”建设步伐，助力地方发展和经济腾飞。

为潍坊卫计委搭建“分娩专线”，项目全部建成后全市将实施住院分娩个案登记直报制度，可提高人口出生数据统计监测的准确性、及时性。与潍坊环保局合作推出“移动视频监控系统”，范围涵盖全市200家重要企业。助力潍坊文化执法局开展信息化建设，借助移动4G网络和手机，可对书籍、报刊、影音光盘等出版物进行现场扫码和拍照，实现实时辨别真伪、实时存储、实时回传等功能。助力潍坊供电公司搭建集电话、短信、电力e行手机客户端、微信、支付宝、有线电视六位一体的智能互动服务平台。推出“税务通”手机应用APP，利用移动4G手机即可实时采集和储存纳税人的文档、图片等资料，具有云存储、多界面、征纳双方共享等功能，能够显著减少业务办理等待时间。

【企业文化构建】 公司以“打造企业正气、争创优秀业绩、倡导担当有为”为核心，建立并弘扬“务实、担当、诚信、和谐”的企业文化，推动公司企业文化建设持续健康发展。公司开展了“乡（镇）经营部优秀班（组）文化先进典型”评选、《2014年度潍坊移动“好故事”》汇编、乡（镇）经营部“六小文化”（责任文化、创新文化、服务文化、执行文化、和谐文化、关爱文化）示范点建设活动、践行企业文化演讲比赛、“记录转型发展，讲述劳动者故事”征文比赛、道德讲堂——最美基层员工和党员事迹报告会、员工技术大比武等活动，把企业文化贯穿于企业发展的全过程，努力打造员工求实、探索和合作精神，以及力争进步和发展的进取精神。

（李盼伟）

# 中国联通潍坊分公司

【概况】 中国联通有限公司潍坊分公司继续保持“省级文明单位”称号，市公司党委被授予“先进基层党组织”，获山东联通员工技能大赛团体第二名；4人获山东联通“技术能手”称号，4人获潍坊联通“技术能手”称号，3人获潍坊市“富民兴潍”劳动奖章。

【网络支撑能力进一步加强】 WCDMA网络重点解决核心价值区域的覆盖弱问题，覆盖率明显改善。在全省率先实现全IP化RNC成功上线，有效解决3G网络RNC负荷超载问题。在全省首创农村FTTH改造工程，单端口造价低于全省平均水平15个百分点，启动了“光网潍坊”建设。积极开展机房整合工作，年收益482万元。积极开展管线资源清查工作，清查异网小区9000余个，逐步采取清退、资源共享、租赁等方式解决。在全省举行的城域网维护、网络优化、网络与信息安全三个专业的技能大赛中，获得团体第2名的优异成绩。

【客户服务水平显著提高】 落实专业线管理，理顺内部流程，各项服务指标有明显提升。高度重视申诉管控工作，实行一把手责任制，圆满完成管控目标。落实大服务机制，将责任投诉与职能部门横向关联考核，服务问题解决关口移至专业部门。深入实施“1+0”纠错机制，由点及面，着力解决影响客户感知的16类重点问题，从根源上减少同类投诉重复发生。梳理完善各类服务制度及规范，投诉、咨询工单均执行一小时联系制度，疑难、重大投诉严格执行内部升级三级答复制度。装维质量进一步提升，装移机自动回访满意率和修机自动回访满意率均位居全省第3位。

【运营管理效益全面改善】 顺利开展营改增工作，各项目获票率全部达标并持续提升。完成了县级分公司的专业线改革，专业线管理延伸到了营销末端。全面质量管理工作取得突破性进展，获集团和省级“优秀QC小组”称号。加大房产盘活力度，完成合同收入594万元。集中采购和公开招标力度不断加大，内部商城应用再上新台阶。

【考核培训工作】 完善绩效考核办法，完成了社会渠道、集客、驻地网、营业4条专业线以及县级分公司市场线人员的全面归集，实行全市专业线范围内统一标准、量化考核。培训工作不断加强，培训人员达到2.2万人次，人均培训7.5天。组织开展“助力决战90天员工金秋健身跑”活动，将业务宣传和健身活动完美结合。

（徐　娜）

# 无线电管理

【概况】 市无线电管理办公室牢牢把握工作主线，高标准、高质量地完成了2014年年度各项工作任务，被市事业单位绩效考评委员会确定为“2014年度市直事业单位绩效考评A级单位”，并被评选为“先进单位”。

【无线电台站管理】 结合开展党的群众路线教育实践活动对52项规章制度进行修改、补充和完善，新增规章制度9项，对财务管理、公车使用、公务接待、公务出差审批及管理等制度重新进行了规范，并汇编成《潍坊市无线电管理办公室制度汇编》，作为干部职工的行为规范。将无线电管理权力清单、服务清单及无线电行政审批事项运行流程图进行了认真梳理、优化与完善，拓展服务方式，探索“网上申报、网上传递、网上办公”，促进行政服务中心窗口提速增效。全年共受理各类无线电行政审批事项140件，其中，指配频率（含呼号）147个，核发电台执照309个，换发电台执照1546个，提前办结率100%，用户零投诉。根据国家和省无线电管理办公室“十二五”无线电技术设施建设规划，2014年高标准完成了潍坊滨海开发区1个Ⅱ级监测站的建设，青州、诸城、高密3个Ⅲ级监测站的建设，临朐、峡山2个Ⅳ级监测站的建设，以及2个移动监测站。基本达到了覆盖潍坊港、3个军用机场、峡山水库及重点县（市、区）城区的无线电监测网络。

【无线电行政执法】 加大监管力度，依法查处各类无线电干扰，切实维护好空中电波秩序。全年共受理群众投诉19起。2月，针对有关部门非法安装使用卫星电视干扰器的现状，对潍坊市辖区内非法安装使用卫星电视干扰器进行了集中治理，共查处非法使用卫星干扰器14起，查获卫星干扰器40余台。根据全省打击“伪基站”专项行动无线电管理会议精神并结合受理“伪基站”干扰投诉案，扎实开展打击“伪基站”专项治理活动。专项活动期间在青州市、寿光市、中心城区、临朐县等地共查处7起利用“伪基站”发送垃圾短信案。

【无线电安全保障】 圆满完成了第三十一届潍坊国际风筝会、第四届中国画节·中国（潍坊）第七届文化艺术展示交易会、第十五届中国（寿光）蔬菜科技博览会、第二十届鲁台经贸洽谈会等在潍举行的4项重大活动期间的无线电安全保障任务。参加了研究生入学考试、高考、司法考试、会计师资格考试、医师资格考试、公务员录取考试等各类考试保障15次，会同考试组织部门、公安部门查处作弊案件5起，压制作弊信号13起。

【市长公开电话受理】 全年共办理市长公开电话受理事项约500件，做到了件件有着落、事事有回复，回复率100%。8月1日，组织召开了移动、联通、电信三家通信公司的市长热线“12345”受理专项工作座谈会，进一步理顺了受理环节，提高了办理效率和回复速率。

（孙　超）

# 建设　环保

*Jianshe　Huanbao*

## 城镇化发展

【城镇化体系建设】　编制完成了《潍坊市新型城镇化发展规划》，启动了市域、中心城市和滨海海洋经济新区空间功能布局规划编制工作。出台了《关于推进新型城镇化的意见》《推进新型城镇化重点工作实施方案》和《关于开展小城市重点培育工作的意见》，印发了《深化扩权强镇改革试点工作的意见》等若干配套文件。2014年常住人口城镇化率达到53.57%，同比提高1.81个百分点，增幅高于全省平均数0.55个百分点。城镇化质量系数位居全省前列。

【小城镇建设】　以示范镇建设为引领，带动和促进小城镇建设发展。16个示范镇完成公共财政预算收入32.33亿元，比上年增长38.3%，羊口镇、侯镇进入全省示范镇考核前十名，第二批示范镇完成总体规划评审，邵庄镇规划获评全省一等奖。会同华高莱斯公司编制完成《潍坊新型城镇化与现代农业融合发展项目顾问报告》，确定了5个试点镇特色化发展的方向、路径。辉渠镇被命名为“2014好客山东最美乡镇”和全国第二批“宜居小镇”，梯田风貌获得“2014年中国美丽田园”称号。开展小城市试点评审工作，初步确定在羊口、景芝、柳疃3个镇率先开展小城市试点。启动编制新型城镇特色风貌规划，定位74个镇街特色风貌和镇区建筑风格。

（王明志）

## 城市规划

【概况】　潍坊市规划局围绕全市“突破滨海、提升市区、开发‘两河’”和推进新型城镇化的战略布局，较为圆满地完成了各项任务目标。在业务提升、体制理顺、依法行政及管理创新方面实现了“四个突破”：即在提升规划编研能力、强化统筹引领上取得了“创造性”突破，在规划管理体制改革、市区（主要是市属开发区）审批权限划分上取得“历史性”突破，在强化依法行政、优化审批流程上取得“结构性”突破，在数字化规划建设、技术手段升级上取得“时代性”突破。市规划局被省人社厅、住建厅授予“全省建设系统先进集体”，获潍坊市绩效综合考核“优秀等次”；全市企业“双评”活动中，在市政府序列部门中居第5名。

【重要规划编制】　创造性地组织编制了《潍坊市中心城市（2650平方公里）空间功能布局规划》。明确耕地保护控制线、基本生态控制线、城市建设用地增长边界线、工业区块边界线等相关内容，使规划编制由城市建成区延伸到了市域。开展了提升市区系列规划编制。编制了《潍坊中心市区水系生态规划》《潍坊中心市区交通基础设施规划》；开展编制了《潍坊市城市家具规划》《潍坊市“城市色彩”规划》，走在了全国前列；组织编制了《潍坊市区农贸市场及大集规划》，方便市民与规范城市管理，对下一步农贸市场的建设及大集的设置进行了统一的安排与部署。助推滨海和“两河”区域发展。组织编制了《滨海海洋经济新区区域规划（2013—2030年）》《“两河”流域开发和保护规划》，积极推进《潍坊市现代物流基地规划》《潍坊渔港经济区总体规划和控制性详细规划》等与突破滨海密切关联的规划。对滨海区设立保税区北区事宜，多次到住建部进行衔接，顺利通过规划司审查。持续完善城乡规划体系。总体规划已按照国家部级联席会的要求进行修改，上报国务院待批；潍城、坊子、寒亭、经济四片控规已在市规划委员会上进行专题讨论，相关区域进行修改提升后待市政府审批；《白浪河城区中心区域城市设计》已通过市政府批复，《北海路中段城市设计》《市政府周边城市设计》和《中国食品谷核心区暨食品小镇城市设计》已完成方案招标，形成了编制成果；编制了《电动汽车充电桩（站）布局规划》《市区加油站布局规划》等各类专项专业规划方面。同时，做好了村（镇）规划示范和新型城镇化试点工作。

【重要规划调研】　开展城市概念性空间发展战略研究。聘请国际知名规划大

市委书记杜昌文（左五），市委副书记、市长刘曙光（左六）听取中规院院长李晓江（右中）汇报《潍坊市域（2049 平方公里）战略发展规划》及《潍坊市域（1.61 万平方公里）空间功能布局规划》编制思路。（供图：张明杰）

师刘太格先生，立足本世纪末的长远视角，对潍坊城市远景发展的功能定位和空间布局进行研究。优化城市空间结构布局研究。开展了《潍坊市城市性质与城市功能布局研究》，提出了“依山面海、港城融合、双核驱动、七城一体、生态间隔、组群发展”的中心城市空间结构布局。高质量完成各类专项调研。结合新情况调研制定了新的“城中村”改造政策。形成了《潍坊市中心城市市级医疗机构规划建设情况》，服务于提升市区工作；与北京大学联合开展了城市社区公共服务配套设施的调研，对社区公共服务设施建设中政府保障与市场运作、基本需求与高端服务的关系作了进一步论证。

**【规划审批管理】** 打造了规划管理信息平台。促进了规划审批的阳光透明和规范公开，在全国规划系统来看处于领先地位。实现了网上报建，报建服务方便快捷；从方案设计源头开始规范方案，技术审查效率提升；快速了解项目数量、分布科室、具体经办人、办理时限等，实现审批流程“可追溯”；凡是侵占规划强制性内容的规划方案，将由电脑校验，自动退出不受理，更好的维护社会公共利益。出台规划审批“四个清单”。出台了市规划局的 9 项权力清单和 7 项服务清单；形成新版《城市规划管理技术导则》，并从中抽取 30 条细则形成《城市规划导则三十条》，明确十个“必须”的责任清单和二十个“不”的负面清单。完善并制定了一系列规范性文件和技术规范。创造性地开展了案例剖析，主动揭短亮丑。由局党委、市纪委派驻纪检组和相关人员组成案例剖析小组，对已审批规划中存在问题的原因剖析透，规范今后的审批工作。该办法得到了省住建厅的高度认可，在两次重要会议上作了典型发言。重视依法行政。新成立了法规督查办，加强法律法规和技术规范建设，聘请优秀律师作为法律顾问。在全市规划系统举办了“推进依法行政，防范法律风险”的法律讲座。积极做好行政复议和行政诉讼工作。组织了 4 次听证会，规划听证工作逐渐步入了正轨。坚持阳光规划。严格确保所有规划都进行公示公开，在局网站、规划展馆、项目现场公开的基础上，增加报纸公示渠道。同时聘请 19 名规划社会监督员，更好的起到对规划行政许可的监督以及和社会群众积极沟通的作用。

**【规划体制改革】** 由于行政区划调整和部门职能调整等历史原因，长期以来形成了“切块式”规划管理的模式。市

市委书记杜昌文（前排左五）到市规划局调研，听取《潍坊中心城市（2650 平方公里）空间功能布局规划》汇报。（供图：张明杰）

委、市政府高度重视，印发了《关于调整理顺市区规划管理体制和明确职责划分的意见》，从根本上解决了上述问题。通过与市编办对接，成立了5个开发区直属分局以及滨海区规划编研中心共6个正科级单位，实现了市区规划管理的一体化。做到了“集中统一管理”，解决了依法依规的问题。市局及9个直属分局一律使用带有统一编号的审批业务章，以市规划局名义对外颁发规划审批证件。“分级、分类负责”明确了市（区）审批职责划分。通过到济南、重庆、江苏等地学习，实行“分级、分类负责”的方式。实行权力下放，市级审批面积由109平方公里，减少为43平方公里。实行“一级审批”，提高了审批效率。以往4个分局受理的部分项目由市局审批，现在一级审批模式明确为市局受理的项目市局审批，分局受理的项目原则上不再报市局审批，简化建设项目规划审批程序。批后监督管理做到权力下沉。批后监管等一些事务性工作下放到各区分局具体负责。同时对土地出让强化了监管，分局提出规划设计条件后由市局备案，市局负责审查“四线”等强制性内容。

（徐永海 张明杰）

## 城市建设

**【概况】** 全市共计完成城市基础设施建设投资79.77亿元，其中，中心市区29.51亿元。全市人均道路面积29.67平方米，建成区绿化覆盖率42.75%，较上年分别增长2.52%、0.17%，其中，中心城市人均道路面积28.16平方米，建成区绿化覆盖率40.83%，较上年分别增长3.45%、0.16%。

**【市政工程建设】** 围绕打通城市断头路、拓宽改造狭窄路段，全面实施城市道路畅通工程。开展了“六路两桥”工程建设，卧龙西街（西外环—长松路）、金宝街（四平路—北海路）、和平南路（潍胶路—宝通街）、凤凰街（北海路—虞河）等7项工程建成通车，累计通车12.5公里。会同市供电公司开展了城区占道线杆摸排、清除工作，对严重影响群众出行的第一批16根占道线杆全部迁改完毕，为市民出行及环境提升创造了良好条件。

**【提升市区生态环境】** 按照“海绵城市建设”理念，对城市东南片区白沙河、张面河和麻沟河3条河流进行综合整治，总长度约28.9公里。截至2014年年底，白沙河工程已竣工验收，张面河现有工作面正在加快建设，麻沟河工程方案及施工图设计已经完成。项目建成后，将恢复已消失河道18.9公里，新增城市绿地280万平方米，全面改善城市东南片区25平方公里的水源和空气质量，形成“水系贯通、连片成网”的水系和生态绿廊。“虞河上游湿地综合整治工程”和“寿光市城市绿荫系统建设项目”两项工程被住建部授予“中国人居环境范例奖”。

**【老旧小区整治提升】** 市政府印发了《市区老旧小区改造整治提升行动方案》，启动了新一轮老旧小区整治提升行动，计划利用5年时间完成282户危房搬迁、3800户棚户区改造，整治提升老旧小区5.6万户，惠及群众20余万人。截至2014年年底，危房拆除工作进展顺利，奎文苇湾社区3113户居民春节前实现了集中供暖，寒亭三建家属院完成了供水、供热改造，樱园社区等既有建筑节能改造完成约40万平方米，提升了市民的供暖质量，成效显著，3303户居民实现集中供暖。

（王明志）

## 住宅与房地产业

**【概况】** 2014年房地产完成投资396.2亿元，同比下降20.9%；施工面积6504万平方米，同比增长7.5%；新开工面积775.4万平方米，同比下降19.6%。新建商品房批准预售1631.94万平方米，同比增长8.4%。新建商品房网签110386套、1074.3万平方米，同比分别下降15.7%、17.6%。

**【房地产业转型升级】** 房地产业转型升级步伐加快，新增一级开发企业5家、二级开发企业18家，潍坊市被评为“山东省建筑产业现代化试点城市”，昌大集团、绿城科技、金鹏钢构、金伟达、山东华元建设等6家企业被确定为“山东省建筑产业现代化生产基地”，紫藤花园、宝通陆号2个项目获国家“广厦奖”，中央生活城、寿光左岸绿洲和水木清华3个小区通过了2A级住宅性能认

白沙河治理 （供图：王 帅）

定，潍坊市国家“广厦奖”项目达到3个、A级性能认定项目达到19个，位居全省前列。

【房地产市场管理】 完成了2014年房地产开发企业信用评价和资质到期审核，共对市区583家开发企业进行了信用评定及资质核查，对有严重违规行为的98家开发企业给予限售处理。配合市纪委对市区房地产市场开发建设领域进行了专项执法检查，开展了2014年全市房地产市场专项检查活动，共检查市区房地产开发企业563家、在建在售开发项目390个，查处各类问题188条，下达《限期整改通知书》88份，房地产市场秩序进一步规范。

【存量房市场监管】 不断完善房地产经纪机构备案制度，截至2014年年底，全市登记备案经纪机构达到323家，备案率85%。在全市范围内全面推行存量房买卖合同网上签约，保障房屋交易安全。规范估价机构管理，注销8家不符合规定条件的房地产估价机构资质。开展全市危旧房屋排查，对全市城市规划区范围内建成年代20年以上的危旧房屋进行了全面排查，建立了危险房屋台帐。

【住房保障】 全市开工各类保障房项目80个、19090套，基本建成各类保障房8700套，圆满完成2014年度住房保障任务，争取上级专项奖补资金3.44亿元。将低收入标准从人均22000元调整为24128元，进一步扩大了住房保障覆盖面。3月，首次对市直99套廉租住房进行配租，群众满意度高。全年发放廉租住房租赁补贴2800户、458.67万元；市区发放经济适用房补贴193户、1502.8万元；配租、配售各类保障房4703套，极大改善了中低收入住房困难群体居住条件。在全省2013年度住房保障考核中，潍坊市被评为“优秀等次”。

【房屋登记管理】 市区2014年共办理各类房屋登记17万件次。其中，办理房屋所有权证3.9万个，他项权证2.67万个；网上签约房屋4.9万套、531万平方米；企业抵押登记566件、贷款金额142亿元；民间借贷登记321件、贷款金额3.3亿元；出具各类档案证明10万份。研究形成《潍坊市房屋登记工作规程》，提高房屋登记规范化水平。与东营市合作完成房地产市场信息系统数据异地备份，保障房屋登记数据安全。印发《潍坊市房屋登记信息查询规定》，进一步规范房屋登记信息查询行为。对延期办证问题突出的开发企业和开发项目，重点盯靠、随时跟进、分层逐次推进解决，规范了房地产市场秩序。深入开展三上门服务，为21个小区上门服务22次，现场办理房产证2300余本；为老弱病残等特殊群众到病房、进家门服务，送证217次。

【商品房预售监管】 市区共批准商品房预售55906套、639.68万平方米；其中，商品住房43953套、501.31万平方米。办理房屋预售资金监管备案230件，房屋51861套、576.08万平方米，累计监管资金84余亿元。进一步规范商品房预售行为，查处商品房预销售环节、商品房预售资金使用等方面违法、违规问题，下达限期整改通知书35份，行政处罚决定书10份。

【物业管理】 全市物业服务企业达到755家，从业人员6.1万余人，实施物业管理面积1.3亿平方米，物业管理覆盖率达到90%。全面落实住宅专项维修资金制度，完善使用程序，提高拨付效率，市区累计归集专项维修资金29.54亿，拨付使用1716万元。稳步推进物业质量保修金制度，加强房屋保修期内的维修管理，市区归集保修金6508余万元，累计余额2.32亿余元。开展了住宅小区专项治理和物业规范服务年活动，73家企业被注销资质或限期整改。

（王明志）

潍坊市直廉租住房实物配租大会现场 （供图：姜晓霞）

## 城市管理行政执法

【队伍建设】 2月19日，市机构编制委员会下发了《关于整合组建市城市管理行政执法支队的通知》，对市城市管理行政执法局所属的直属大队、滨河景区大队和市城市管理监督指挥中心3个单位予以整合，组建潍坊市城市管理行政执法支队，为市城市管理行政执法局所属事业单位，副县级规格，财政拨款，定编91名，配支队长1名、副支队长3名。主要职责是负责对各区城市管理行政执法队伍的业务指导、协调、考核和监督工作，负责城市管理跨区及重大违法案件的查处，负责城市供排水、燃气、供热和污水处理等市政公用事业的执法监督，负责“12319”热线建设、运行等工作。根据市编办《关于市城市管理行政执法支队内部机构的批复》规定，市城市管理行政执法支队内设办公室、政策法规科、财务装备科、受理调度科、信息技术科、监督监察科、规划执法大队、公用事业执法大队、市政设施执法大队、园林景观执法大队、峡山区执法大队（定编12名）、综合保税区执法大队（定编8名）等12个内部机构。

**【园林绿化工作】** 对城区道路的分车带、墙基和景区、公园、广场内的模纹植物进行了精细化养护，共计栽植乔木2146株，灌木46021株，模纹32612平方米，地被28633平方米。完善病虫害防治四级网络体系，实行病虫害监测“周报告”制度，有效遏制各类病虫害的发展蔓延。加快推进城区裸露土地绿化，累计绿化裸露土地701块、551.53万平方米。实施了虞河、张面河景区公厕新建工程，人民广场、张面河景区设施设备维修更换工程，虞河景区座椅和健身器材新增工程以及人民公园归真园、谊园设施维修等景区提升工程。实施五级提水，从市污水处理厂向白浪河城区段每天调水4万立方米用于河道景观绿化，确保了白浪河景观效果。组织开展了“无偿供苗、送绿进社区”“绿化十年大家谈”等社会绿化活动，免费向社会供应绿化苗木6.7万株、对近百个社区开展技术咨询服务指导。高标准完成了山东省第五届园博会（东营）潍坊园建设，获“主题展园金奖”“最佳施工金奖”两项大奖。

**【环境卫生管理】** 深入推进城乡环卫一体化工作，制定了2014～2016年三年工作计划，组建了专门的督查队伍，实行“村村到”不间断巡查督办。建成运行生活垃圾无害化处理厂8座、垃圾转运站187座，配备环卫机械车辆1649台，设置垃圾桶20万个，环卫作业人员达2万余人，生活垃圾无害化处理能力每日达到3390吨，城乡环卫一体化基本实现全覆盖，省政府在潍坊市召开了全省城乡环卫一体化管理推进现场会议。中心城区全面推行了“机吸为主、人工捡拾为辅”的环卫保洁作业模式，实现了数字化在线监控管理，环卫保洁工作逐步向机械化、集约化模式转变。建设完成公厕12座，提升改造城市生活垃圾转运站14座。建成年产生物柴油10万吨的“地沟油”处理车间和日处理规模200吨的餐厨废弃物处理工程，在市域内建立了16家收运中心，与中心城区700余家饭店、食堂签订了《废弃油脂清运协议》，实现了废弃油脂的无害化处理、资源化利用。加快推进了潍坊（光大）国际静脉产业园项目建设。

**【市政设施养护管理】** 完成了市区公共自行车系统扩容，新增1万辆公共自行车、400个站点。完成玉清街（虞河路—北海路）、虞河路（健康街—东风街）和东风街（永安路—和平路）等道路微表处理工程；完成胜利街虞河桥、东风街虞河桥、健康街白浪河桥、北宫街白浪河桥4座桥梁的维修加固和市区29座桥梁的常规性检测。针对镜面人行道板雨雪天气路滑伤人的问题，按照“先急后缓、分类实施，先行试点、稳步推进”的原则，采用火烧等技术进行防滑处理10万平方米。组织实施了城区消火栓改扩建工程，共新建、补建及维修1752个消火栓，城区市政消火栓数量由307个增加到2059个。

**【城市照明】** 实施了胶济铁路桥涵和玉清街等7条道路路灯安装工程，完成中心城区市管79个街巷照明设施的节能新型灯具置换和导线绝缘化处理等改造工程，共敷设电缆约33400米，更换道路照明线路27000余米。维修各类照明设施4421盏次，处理箱站、线路故障956处，消除各类安全隐患、危险源90余处，中心城区路灯亮灯率、设施完好率始终保持在99%和95%以上，确保了城市照明安全有效运行。

**【城市防汛和污水处理】** 建立完善了预警与物防、技防、人防相结合的应急处置机制，严格落实领导带班、双人双岗的24小时防汛值班制度，对城区排水设施进行全面排查和维护，清挖雨水斗2万余个，检查井6000余个，疏通管道4000余米，外运淤泥6000余方，更换雨水篦子1700余个，确保城市安全度汛。分步推进雨污分流，《潍坊市城区雨污分流可行性研究》形成初步成果。完成虞河污水处理厂升级改造工程，10月正式投入商业运营，市污水处理厂迁扩建工程已完成工程总量的98%，完成投资2.58亿元。全年共处理污水1.1亿吨，COD削减量达到41.8吨，处理污泥10.6万吨。征收城市污水处理费7198余万元，同比增长1.7%。

**【公用事业】** 城市供水。积极开发备用水源，建成“引峡入白”城区应急调水工程主体工程，保障城市供水安全。新建、改造供水管网13.94公里，完成旧居住区户表改造2609户，在10个小区、600余户试点安装远传水表。对全市13家供水企业水质检验机构进行了C等级检测机构评定。加强工业节水技术改造，启动了中心城区城市节水专项规划修编工作，工业用水重复利用率达到91.79%，万元GDP取水量和万元工业增加值取水量分别下降到17.1立方米和22.01立方米。城市供热。顺利完成了2013～2014年度供热任务，供热投诉和供热故障同比下降19.22%和37.93%。深化城区供热管理体制改革，出台了《关于加强城区供热管理工作的意见》，将供热经营许可审查、市场监管、工程监管、财政补贴兑现等职责下放到各区（开发区），形成了市级统筹协调、区级属地管理、权责明确的供热管理格局。积极推广使用天然气、地热能等清洁热源，加快推进“汽改水”改造工程，敷设热水供热管网15.8公里，改造换热站15座，置换蒸汽供热面积150万平方米，供新增集中供热面积103万平方米，集中供热上网面积达到3975万平方米、供热用户约36万户，供热计量建筑面积达到950万平方米。城市供气。全市消费天然气折合6.6亿立方米，其中，城区消费天然气折合2.4亿立方米。继续推进“煤改气”，中心城区10吨以下燃煤锅炉已全部完成拆改（261台），拆改20吨以下燃煤锅炉15台；全市出租车、公交车、社会车辆气化率分别达到100%、25.5%和6.2%。全市建成压缩天然气加气站7座，液化天然气加气站2座，新建天然气管网150公里、总长度达到4350公里，新增管道燃气用户7.5万户、总数达到90万户，城市管道燃气普及率均超过65%，其中，中心城区超过70%。全市29个镇开通了管道天然气，占总量的46.7%。

【行政执法】 牵头组织实施了中心城区整治人行道“三乱”（乱停、乱摆、乱建）集中行动。出台了《关于加强中心城区便民摊点管理工作的指导意见》，对中心城区现有的便民摊点（群）进行整治、规范、提升。出台了《关于依法规范中心城区露天烧烤和店外餐饮经营行为的通告》，组织开展了露天烧烤专项整治。开展了城区重点区域、突出问题综合整治行动，组织集中或联合行动50余次，清理疏导各类占道经营4390余处，整治乱扯、乱挂等现象2300余起，查处车辆撒漏污染路面120余处，查处毁绿损树、破坏市政设施等各类违法违规行为43起，拆除整改“破、旧、丑”广告牌匾461块、3000余平方米，动员100余户烧烤业户使用了无烟环保烧烤炉具，对100余个点位的建设施工现场、露天煤场等进行了防尘除尘督查整改。

【数字化城市管理】 完成了数字化城市管理续建工程，建立了60余万个部件组成的底层数据库，网格化管理面积达到330余万平方公里，形成了包含数字环卫、数字园林、数字执法、数字公用、数字照明、数字养护、数字节水和数字防汛等八大板块，公用产品质量在线监测监控系统、GPS监控和市政设施视频监控系统、城市网格化管理系统、城市管理展报系统、城市广告管理系统和全民城管系统六大系统，建成了市、区、街办、社区四级数字化城市管理新框架。参与了《数字化城市管理系统第三部分：地理编码》《数字化城市管理系统第四部分：绩效评价》两项国家标准的起草发布工作。认真做好城市管理监督考核工作，全年组织联合检查11次，编发考核通报13期。全年共受理各类城市管理问题投诉48.05万件，其中，市民来电25.61万件，巡查发现21.19万件，公用电话报警1.25万件。督查督办城市管理案件43.96万件，案件处置率和办结率均达到100%。

（凌晓峰）

## 村镇建设

【美丽乡村建设】 深入实施农村环境整治，推进村庄环境提升，全年完成村庄整治1438个。抓好传统村落、特色村庄和传统民居的申报、保护工作，辉渠镇下涝坡村等8个村被命名为“全省第一批传统村落”，饮马镇山阳村被住房和城乡建设部评为第二批“宜居村庄”。大力改善农村居住条件，将农村住房建设与农村新型社区建设、村容村貌整治相结合，新建集中居住农房31812户。开展侵害群众利益突出问题专项整治，规范农村危房改造工作，完成改造农村危房5616户。抓好消灭污水直排工作，建成16项镇污水处理设施工程，10个镇污水处理厂完成一级A升级改造工程，建成农村新型社区污水处理设施90个。

（王明志）

## 建筑业

【概况】 全市建筑业完成总产值879亿元，实现利税25.4亿元，同比分别增长7.2%和11%。施工面积8803万平方米，竣工面积3257万平方米，同比分别增长1%和9.5%；对外施工产值77.8亿元，同比增长23.5%；代收养老保障金4.75亿元，位居全省第五位；建筑业劳动生产率29.1万元/人，同比增长18%。全市竣工工程质量合格率保持100%。全年共创出“国家优质工程奖”1项、“全国建筑工程装饰奖”3项、“泰山杯工程”13项（含装饰）、省级新技术应用示范工程立项21项、省级工程35项、市质量诚信和用户满意工程80项、市施工现场综合管理样板工程60个。

【建筑市场管理】 全市共有建筑业企业1145家，其中，总承包企业318家，专业承包企业536家，劳务分包企业291家，结构进一步优化。鼓励企业转

安丘辉渠梯田　（供图：索建国）

型升级，全年共为73家企业办理了资质升级或增项业务，新发展劳务企业34家，审批房屋承包三级企业9家。强化建筑市场管理，开展建筑市场包靠督导和健全考核通报制度，共查处各类违法违规行为1010项，下达《市场不良行为整改通知书》105份，停工整改通知书37份，有效规范了建筑市场秩序。

**【质量安全监管】** 印发了《关于提升建设工程质量安全水平的通知》，积极开展工程质量治理两年行动，加大建筑材料检测和预拌混凝土试验室执法检查处罚力度，对有违法违规行为的7家检测机构和12家预拌混凝土生产企业给予停业整顿处罚，切实保证了工程主体结构安全。工程质量创优水平不断提高，鲁台会展中心获得“国家优质工程奖”，沈潍幕墙施工的济南军区联勤部综合服务楼等3项工程获“全国建筑工程装饰奖”。创建省级优质结构杯工程27个，省级无质量通病工程7项。狠抓建筑领域安全生产，启用了“建筑施工现场远程视频监控系统”，开展了春季复工、夏秋汛期施工、冬季停工等专项检查行动，全年累计抽查5236个工程施工现场，下发隐患通知书1440份，勒令停工工地342个，有效保障安全形势持续稳定，实现建筑施工全年安全零死亡、零事故。制定《施工现场综合整治标准》，建立了施工现场综合整治日检查台账，并与监督责任人签订《综合整治责任书》，全市所有在建工地全部落实扬尘治理防治措施，全年共创建金都聚福园等10个样板示范工程和万达广场、虞河生活城两个“绿色建筑工地”。

**【渣土扬尘治理】** 出台了《潍坊市防控城市扬尘污染实施细则》等一系列文件，全市6186个建筑工地均按照标准进行了整治，扬尘污染得到有效遏制。实行了中心城区建筑垃圾特许经营制度，通过公开招标确定了7家中标企业，新采购210台（套）运输车辆，全部按要求进行密闭改装、统一标识、加装GPS系统，建筑垃圾运输装备达到全省领先水平，在全省城市建筑渣土运输规范化管理现场会议上,潍坊市作了典型发言。

**【勘察设计管理】** 全市勘察设计行业从业人员达到3527人，其中，注册执业人员总数为564人，同比增长10.6%；完成营业收入4.58亿元，实现利税2.09亿元，同比增长2.0%；全市甲级（一级）资质的勘察设计单位达到18家，其中，建筑工程甲级设计单位达到8家。

**【招投标管理】** 全市应招标工程项目616个，造价225.03亿元，面积1690万平方米。完成招标代理机构资质办理初审19家，外地进潍招标代理机构登记23家，完成对全市668名评标专家的换证工作。完成对全市招标代理机构和外地进潍招标代理机构信用评价工作。

**【农民工工资清欠】** 全面贯彻落实全市清理拖欠农民工工资工作调度会议要求，建立了清理拖欠农民工工资联席会议制度，建立健全了属地管理和部门联动清欠相结合的长效机制。成立了建设领域劳务工维权服务中心，落实专门场所和专业人员，实现住建、人社、公安、司法等部门联合办公，集中受理建筑领域农民工工资清防欠工作，安丘、寿光、临朐以及昌乐等县（市）也相继成立了劳务工维权专门机构，全力协调解决拖欠农民工工资问题。2014年，市清欠办共接待上访案件312起，涉务工人员8659人，处结率达95%，有效维护农民工合法权益。

（王明志）

## 建设科技与建筑节能

**【低碳生态试点城市】** 在全国率先出台了《中美低碳生态城市试点工作方案》，以30个示范项目和6个示范区域为依托，抓好绿色建筑、绿色交通、生态环境、资源利用、智慧城市等重点工作。启动实施了“211”绿色低碳建筑行动，计划利用两年时间，在全市建设100个、1000万平方米绿色低碳建筑，其中，2014年已开工建设绿色低碳建筑项目45个。12月，与美国能源部太平洋西北国家实验室签署《低碳生态城市技术合作的谅解备忘录》，并签署了《潍坊市住房城乡建设局和美国绿色建筑委员战略伙伴关系》，全面深化中美双方企业合作、园区合作和产业合作，加快推动低碳生态城市建设。

**【可再生能源建筑应用】** 全力推进可再生能源建筑应用工作，前3批共落实可再生能源建筑应用示范项目191个，补助资金6908.99万元。全市太阳能光热建筑一体化应用面积累计达到3500万平方米；地源热泵建筑应用面积累计达1300万平方米，位居全省各市前列。10月15～16日，全国可再生能源建筑应用现场会成功召开，全国37个省、市及可再生能源建筑应用示范市（县）负责人、太阳能企业代表400余人与会，建设部科技司司长杨榕出席会议并致辞，对潍坊市可再生能源建筑应用工作给予了高度评价，潍坊市作了典型发言。

**【绿色建筑】** 实行绿色建筑设计专篇制度，从图审开始把关，要求政府投资或以政府投资为主的办公建筑、公益性建筑、保障性住房，以及大型公共建筑、10万平方米以上的住宅小区，全部达到一星级以上绿色建筑设计标准。全年通过图审的绿色建筑项目有31个，有8个项目获得绿色建筑评价标识，全市累计获得绿色建筑标识项目38个，其中，13个项目入选“全省绿色建筑行动百项示范工程”。6月，被省住建厅授予“一星级绿色建筑评价标识”认定权限。滨海区成功申报“省级绿色生态示范城区”，“未来之家”项目成为全省首个通过评审的“被动式超低能耗绿色建筑试点”示范项目，并被建设部列为2014年中德国际合作科技计划项目，12月9日在德国专家监督下通

全国可再生能源建筑应用现场交流会　（供图：张志国）

过了气密性检测。

**【建筑节能改造】** 全年完成既有居住建筑节能改造138万平方米，超额完成省下达的120万平方米改造任务。稳步开展公共建筑节能，新建公共建筑全部安装公共建筑能耗监测系统，全年安装公共建筑能耗监测系统14套，完成公共建筑节能改造17.2万平方米。

（王明志）

## 农村社区建设

**【农村新型社区建设】** 强化规划引领，省级示范镇、特色镇率先完成农村新型社区布局规划。编制县域、镇域农村新型社区布局规划，全市计划建设农村新型社区663个，到2015年建成200个，到2020年基本形成布局框架。采取城乡建设用地增减挂钩、商业捆绑式开发等方式，稳步推进农村新型社区建设。2014年年底，全市累计建成农村新型社区147个，合并村庄335个，入驻10.28万户、36.9万人。

（王明志）

**【优化社区规划布局】** 提请市政府出台了《关于做好全市农村社区布局规划修订工作的通知》，规划修订注重与其他规划的有机衔接，保护和利用自然资源，合理设置农村社区人口规模，科学确定社区类型。遵循地域相近、规模适度、利于资源整合、方便服务群众的原则，通过召开村民大会、村民代表大会等形式，在充分征求群众意见基础上，将5～8个村规划为一个社区，选择一个基础设施完备、交通便利、班子基础好、发展潜力大的村作为中心村，形成“2公里·半小时”社区服务圈。至2014年年底已建成农村社区978个。

**【创新社区治理机制】** 加强基层自治组织建设，依法按程序扎实抓好第十一届村委会和居委会换届选举工作。健全完善基层民主制度，指导健全了民主决策、民主管理、民主监督等制度，发挥村民大会和村民代表大会在基层民主管理中的作用，保障群众民主权利。诸城市推行了“四务公开五制管理”，即对社区党务、社区事务、社区财务、社区服务全公开，实施社区党委初议、社区联席议事、社区事务决策听证、社区事务公开办理和社区民主评议五项制度。寿光市东斟灌村推行“自主议事、自治管理、自我服务”，坚持群众的事情群众说了算，推动由干部当家转变为群众做主，提升了社区自治水平。寒亭区利用现代信息技术，建立村务公开民主管理信息网站，公开接受社会、组织和干部群众的查询监督，被群众称为“永不消逝的公开栏”。坊子区推行村级事务契约化管理，明确了村级组织和村民之间的权利义务，促进了村级事务民主管理的有序运转。

**【提升社区服务水平】** 加快社区服务设施建设，升级改造了10%以上的社区服务设施，对偏远山区和落后地区的农村社区，结合当地实际实施了新建或改扩建。将30余项基本公共服务延伸到社区，推行信息采集、首问负责、事务代理、限时办结等制度，实行集中受理、“一站式”服务，为群众提供基本公共服务。按照“谁投资、谁所有、谁受益”的原则，鼓励、支持社会力量进社区兴办社区服务业，实行市场化运作，为居民群众提供多层次、全方位服务。鼓励和支持驻社区单位、居民和志愿者积极参与社区建设，广泛开展邻里互助等群众性自我服务活动。采取政府买岗、公开选聘的办法，多渠道选配优秀人才充实到农村社区，完善了社区人员培养、评价、使用和激励机制，全年

诸城市以农村社区为单位进行换届选举　（供图：董德才）

培训3000余人次，服务意识、职业素质和专业水平持续提高。

【开展两区同建】 积极开展产业园区和社区“两区同建”，推动农村社区与产业园区同步规划、同步建设和同步投入使用。社区根据园区特点设置服务项目，帮助园区解决用工、生产、职工生活等方面的问题。园区企业积极参与社区建设，使农村社区和产业园区同促进、共发展。寿光市菜都物流园为村民提供了大量的就业机会，菜都社区为物流园提供医疗卫生、休闲娱乐、文体活动以及便民商业服务，实现了社区与园区的共赢。

（董德才）

## 环境保护

【概况】 全市环保系统按照市委、市政府“四一三”总体决策部署，以“生态美丽潍坊”建设为核心，全面推进“三八六”（围绕三个目标、打响八大战役、强化六项保障）环保行动。持续推进生态系列创建工作，8个乡（镇）被国家命名为“国家级生态乡镇”。截至2014年年底，全市共创建国家级生态乡（镇）43个，省级生态镇83个；寿光市、诸城市已成功创建为“省级生态市”，寿光市顺利通过国家级生态市技术核查，高密市顺利通过省级生态市技术核查。

【“三八六”环保行动顺利推进】 全市共完成606项“三八六”环保行动重点任务，完成投资74余亿元。消灭污水直排战役。全市开工建设了40项污水处理设施和一级A升级改造工程。其中，计划2014年建成的35项工程已全部完工。自备井整治战役。全市已于9月底完成了自备井整治任务，共普查自备井11448眼，整治非农自备井8219眼，关闭自备井1667眼。河道生态修复战役。河道治理工程建设方面，全市共完成寒亭区桂河等23项河道治理工程，完成昌邑市堤河等6个河道治理工程项目规划设计，滨海区丹河治理工程项目已按计划开工建设。生态湿地工程建设方面，全市共建成昌乐县丹河等26个生态湿地工程，完成临朐县第二污水厂出口湿地等17项生态湿地工程，滨海区丹河等3个生态湿地建设工程项目正按计划施工。推行“煤改气”战役。严格控制煤炭消费总量，全市共拆改小型燃煤锅炉66台。大力推行汽车“油改气”，出租车、公交车、社会车辆气化率分别达到100%、25.5%、6.2%。加快推进天然气基础设施建设，城市管道燃气普及率超过65%，中心城区超过70%，气化乡（镇）比例达43.5%。不断调整优化城区供热结构，研究通过了《关于城区供热结构调整的框架意见》，计划构建东、西、南、北“四大集中供热片区”，实现供热企业联合重组、资产置换，优化城区供热结构。整治空气异味污染战役。滨海区、寿光市、昌邑市和高新区先后制定了片区工业异味专项整治方案并予以实施。完成脱硫、脱硝、除尘、工艺废气和挥发性有机物等工业燃煤和异味重点治理项目170个，完成投资20.24亿元。重点污染源安装在线监控设施184套。完成储油库、加油站、油罐车等油气回收治理项目1388个。完成城区规模以上餐饮单位安装高效油烟净化设施项目313个。淘汰黄标车战役。按省最新统计数据，全市已淘汰黄标车（含老旧车辆）163984辆，完成省定2014年度任务的310.7%。其中，通过审核提前淘汰黄标车11832辆，发放财政补贴资金4590.68万元。潍坊市淘汰黄标车总量全省第一，查处黄标车违法行为数量全省第一，完成任务比例全省第二，发放财政补贴资金全省第三。防控城市扬尘污染战役。积极开展建筑施工工地、道路保洁、露天堆场、商混企业、渣土运输等扬尘综合整治，投资317万元购买5台12吨多功能洒水车。招标7家企业，新采购210辆标准化建筑垃圾运输车，推行建筑垃圾运输特许经营制度。累计绿化裸露土地750块，累计绿化面积650.2公顷，占裸露土地绿化的84.2%。治理农业面源污染战役。全市已有88.27万公顷农田推广使用测土配方施肥技术。建设绿色控害技术示范区26处，实施绿色控害面积23.33万公顷。新建畜禽粪污处理设施示范工程131个，新建、改造标准化饲养场123个。

【大气污染治理取得阶段性成效】 围绕“减煤、治味、控车、降尘”四项措施，深入推进大气污染综合整治。全市规模以上企业煤炭消费总量同比减少106.2万吨；推动华电潍坊发电有限公司余热供热，逐步形成“大热源”供热布局；完成重点脱硫、脱硝、除尘、工艺废气和挥发性有机物等治理项目170个，安装废气排放自动监控设施197套；提前淘汰黄标车1.4万辆，发放财政补贴近4600万元；开展建筑施工、道路保洁、渣土运输、露天堆场扬尘污染综合治理，1000余个在建项目安装了视频监控系统，新购5台12吨多功能洒水车，对市管道路及其周边道路进行洒水作业。2014年，全市主要大气污染物$PM_{2.5}$、$PM_{10}$、$SO_2$、$NO_2$年均浓度分别同比改善18.9%、11%、23.8%、5.1%，“蓝天白云、繁星闪烁”天数居全省第五，获省空气质量生态补偿金1345万元。

【水污染防治保持良好势态】 全力推进工业废水污染源治理、污水处理厂升级改造和河道综合整治等重点项目建设。小清河流域治理规划项目已完成122项，完成率69.7%，水质达标率100%，获小清河流域污染防治工作年度综合考核奖励资金3017万元。全市省控重点河流COD、氨氮浓度分别为27mg/L、0.92mg/L；市控以上23条河流COD、氨氮浓度分别为38.5mg/L、2.27mg/L，同比分别改善15.6%、16.8%，Ⅴ类以上水质断面达75%。峡山水库、白浪河水库水质常规监测指标全部符合国家三类标准以上。

【污染物总量减排稳步推进】 健全落

后产能退出机制，制定了重点污染行业和企业整治计划，加大现有重污染企业关停和搬迁力度。严格控制煤炭消耗增量，制定实施了高耗煤行业降煤措施，全市规模以上企业煤炭消费总量总体得到控制。采取限制行驶和鼓励淘汰措施，积极推进黄标车淘汰，全力突破机动车污染减排。建成592项减排工程，预计分别削减COD2.5%、氨氮2.5%、$SO_2$4.47%、$NO_x$9.44%，全面完成2014年度减排目标。

【环境监管效能不断提升】 建立空气质量、河流断面水质的环境承载能力预警机制，先后对14个区域、流域涉水涉气项目实施区域限批。制定了化工类重污染行业审批总量控制制度，促进产业更新和淘汰落后产能。“三八六”环保行动实施以来，全市拒批化工、燃煤类重污染项目110个。开展了环境执法检查百日行动、中心城区异味巡查、城区扬尘污染综合整治等专项行动。落实在线数据联动查处制度，将在线监控范围扩大到工业窑炉、危废焚烧炉等重点行业重点排放环节，实施“超标即应急、超标即处罚”，查处超标行为248起。建立环保、公安联动执法机制，加大环境违法犯罪打击力度，共破获污染环境案件10起，抓获犯罪嫌疑人44名，查处恶意倾倒危险废物环境违法企业4家，刑事拘留8人。

（孟建明　陈艳丽　冯　伟）

# 节能工作

【概述】 全市万元GDP能耗同比下降5.13%，超额完成省政府下达的万元GDP能耗同比下降2.5%的任务目标，以较小的能源消耗支撑了经济社会的平稳较快发展，实现了能源消耗与经济发展的协调推进。

【全面推进循环经济工作】 国家循环经济示范城市创建开局良好。为期三年总投资223.34亿元的92个重点项目已完成投资额110.18亿元，占三年总投资的49.3%，工程进度超过50%的有52个。资源综合利用企业数达到93家，完成自愿清洁生产审核验收138家。滨海、经济、寿光经济开发区、青州经济开发区的循环化改造方案通过省批复。

【严格落实节能目标责任】 节能工作走在全省前列。在全省17个地市2013年度节能目标责任完成情况的考核中，潍坊市位列第三。将省政府下达的2014年度节能任务目标按加严15%要求，层层分解落实到各县（市、区）、市属各开发区、市直有关部门和各重点用能单位。组织了对县（市、区）、开发区、市直部门和重点用能企业2013年节能任务目标完成情况的考核，落实了奖惩措施。开展了节能奖申报评选工作。山东禄禧新能源科技有限公司被评为“山东省节能突出贡献企业”，“IGBT晶体管节能中频电炉系统”等4个项目被评为“山东省优秀节能成果”。对市级节能先进企业和优秀成果进行了表彰。

【加强节能预警调控】 科学合理制定和分解用电指标，制定实施了《2014年区域用电量指标》。每月下达节能目标完成情况晴雨表和电力消费情况通报，对各县（市、区）、开发区用电情况和节能目标进展情况进行监测和调度。全市全社会用电量、工业用电量和六大高耗能行业用电量分别为431.81亿千瓦时、331.69亿千瓦时和156.24亿千瓦时，同比分别增长7.68%、8.58%和5.70%，实现了年初调控目标。

【固定资产投资项目节能】 从源头上做好节能工作，控制两高行业的过快增长，全市共对2333个新上固定资产投资项目进行了节能评估审查。其中，市级审查64个，新上工业项目平均万元增加值能耗0.58吨标煤，按照2013年基数计算，可拉动全市万元GDP能耗下降0.9%。年耗能5000吨标准煤以上，经专家论证的项目30个，共提出可行性节能措施200条，落实后可节约和少用能源6.3万吨标准煤。

【推进节能技术进步】 共推广小功率紧凑型荧光灯15万盏，大功率紧凑型荧光灯1.2万盏。组织实施电机系统能效提升试点工程。孚日电机进入国家“节能产品惠民工程”（电机）推广目录，在高密市、高新开发区开展了区域试点。开展太阳能工业集热系统示范工程。奥客隆、强胜和禄禧3家企业成为省太阳能集热系统财政奖励项目供货商，以寿光、坊子为重点，开展了区域试点工作。探索市场化节能工作机制。开展节能量交易试点，实现交易节能量8384吨标煤、价款42万元。8个合同能源管理项目获得国家财政奖励资金436万元，实现节能量1.8万吨标准煤。

【积极培育节能环保产业】 高密节能环保装备基地被确定为“山东省节能环保产业基地”（第三批，全省6家），潍坊雷诺特动力设备有限公司等13家企业被确定为“山东省节能环保示范企业”（第二批，全省120家）。潍坊市节能环保产业园筹建并落户潍城区，《潍坊节能环保产业园中长期发展规划（2014—2025）》通过评审。全年节能环保产业实现主营业务收入、利税和利润分别为520亿元、82亿元和63亿元，同比分别增长16.6%、13.4%和11.8%。

【执法监察和宣传】 推动依法节能。现场监察和书面监察101家企业，下达限期整改通知书15份、节能监察意见书6份、节能监察建议书5份。推进能源管理体系建设。重点用能单位中，共有11家单位通过专家评价，17家单位通过体系认证。组织开展了节能宣传周等活动，在全社会营造了良好的节能工作氛围，各重点领域节能扎实推进。

【全市工业转型升级成效显著】 技术创新成效明显，484个项目列入省级技术创新项目计划，新增省级企业技术中心19家，盛瑞传动被列为国家级自主创新示范企业，潍柴动力、歌尔声学两家企业项目列入国家强基工程（全省3家），省级以上新型工业化示范基地达到13个。节能降耗扎实推进，前三季度全市万元GDP能耗同比下降3.4%，截至11月底，全市节能目标完成等级为三级预警（节能进展基本顺利）。圆满完成淘汰落后产能任务，共淘汰落后焦炭产能40万吨、造纸产能6.6万吨、印染产能9470万米。“两化”融合深入推进，实施《潍坊市信息化和工业化深度融合行动计划》，启动“两化”融合助企等7大工程，潍柴、福田、晨鸣3家企业获批国家“两化”融合贯标试点，国内首个“软件工程内核国际标准中国认证中心”落户高新区。规模以上工业企业核心业务信息化全覆盖比例超过25%，主要行业关键工艺流程数控化率达到60%。制造服务化加快推进，确定了100家示范企业，并与国内知名高校开展制造服务化专项辅导。企业改革取得新进展，完成潍坊特钢、鲁丽钢铁和寿光巨能特钢3家钢铁企业的兼并重组，进入工信部符合《规范条件》钢铁企业（第三批）公示名单。

**【国家信息消费试点城市建设】** 出台了《加快促进信息消费扩大内需实施方案》《关于推进电子商务跨越发展的意见》《加快电子商务发展实施方案》和《电子商务人才培训实施方案》等，加快发展以电子商务为抓手的信息消费产业。高新区、高密市、昌邑市被确定为首批“省信息消费试点县（市、区）”。运作上线“淘宝网·特色中国·潍坊馆”，已入驻80余家生产企业、农场、合作社和300余家网商企业及卖家。诸城市政府与阿里巴巴集团签约打造阿里巴巴诸城产业带项目，总投资10亿元，建设线上和线下阿里巴巴诸城产业带。引进淘宝大学和中国国际电商中心培训学院等在潍坊设立了分校、分院，形成了电子商务“培训+实践+经营”紧密结合的实战型电商培育模式。全市75%以上的规模以上工业企业开展了电子商务，18家企业获得省级电子商务企业认定，数量居全省第一位。4G网络正式商用，打造高速便捷的移动通信服务。全市电子信息产业主营业务收入、利润、利税分别实现505.17亿元、58.99亿元、70.97亿元，分别增长23.68%、33.4%、19.5%。

**【国家循环经济示范城市创建】** 成立了创建国家循环经济示范城市工作领导小组，对县（市、区）、开发区及专项推进小组创建工作开展情况定期进行督查。建立了以《潍坊市创建国家循环经济示范城市实施方案》为总领，《2014年推进计划》及18个分类实施方案为支撑的创建目标任务体系。为期三年总投资222.09亿元的92个项目，完成投资额104.85亿元，占总投资的46.95%，工程进度超过50%的项目52个，占项目总数的56.5%，项目建设进展良好。其中，潍柴动力股份有限公司太阳能屋顶并网电站示范工程等5个项目已完工运营；山东鲁星钢管有限公司余热综合利用发电项目等9个项目已进入试运行阶段。高密节能环保装备基地被确定为“山东省节能环保产业基地”，潍坊雷诺特动力设备有限公司等13家企业被确定为“山东省节能环保示范企业”。先后有4家省级以上工业园区纳入“省园区循环化改造试点”范围，建设了4家“市级循环经济教育示范基地”。规范化再生资源回收站点建设、自行车绿色出行系统、资源产出率调查统计体系建设、餐厨废弃物资源化利用和无害化处理等示范工程建设取得阶段性成果，涌现出了临朐县“政府推动循环园区建设”、潍柴动力“绿色发展”、英轩实业“吃干榨尽”等一批新的循环发展模式和经验做法。

**【工业强基工程】** 国家工信部对列入全国工业转型升级强基工程的50个项目方案进行了公示。潍柴动力“工程机械用高端液压元件实施方案”、歌尔声学“单芯片集成超小型MEMS传声器实施方案”成功入选（全省3家），实现了潍坊市强基工程国家项目的首次突破。

**【亚洲制造业论坛】** 本次年会邀请了2010年诺贝尔经济学奖获得者、欧洲经济协会主席克里斯托福罗·安东尼乌·皮萨里德斯教授，英国48家集团首席执行官Mandi Sturrock，德国工业4.0科学咨询委员，德国弗劳·恩霍夫协会生产自动化研究所所长托马斯·保尔汉森，德国电子信息技术协会秘书长Dr.Bernhard Thies，美国辛辛那提大学教授Jay Lee等国际权威专家和斗山、卡特彼勒、旭硝子、伊顿等五百强企业参加。会议期间，诺贝尔经济学奖获得者克里斯托福罗·安东尼乌·皮萨里德斯、德国弗劳·恩霍夫协会生产自动化研究所所长托马斯·保尔汉森等来自英国、德国、美国、丹麦、韩国、日本和国内的权威专家、企业就“新一轮增长与未来制造业发展”展开了深入研讨。通过举办本次年会，进一步与国际接轨，推动潍坊制造业企业加快转型升级步伐。

（刘 态）

# 商贸 旅游

*Shangmao Lvyou*

## 商业贸易

**【概况】** 全市实现社会消费品零售总额1979.5亿元，同比增长12.6%，其中，限额以上社会消费品零售总额946.2亿元，增长9.1%，限额以下1033.3亿元，增长14.5%。

**【电子商务快速发展】** 首届中国（潍坊）农产品电子商务大会取得积极成果，全国24个省（区、市）知名电商企业与潍坊市农、牧、渔、企业深入对接，市政府与中国服务贸易协会电子商务委员会就共建农产品电子商务平台和电商产业孵化基地达成合作。市出台了鼓励电子商务发展的政策意见和实施方案。寿光市出台电子商务发展规划并启动“四项工程”，诸城市签约启动了阿里巴巴诸城产业带项目、设立了中国国际电子商务中心国内首家培训机构，安丘市“淘宝网·特色中国·潍坊馆”运行良好，寿光蔬菜市场、安丘颐高电商园、寿光农圣网等本地电商平台企业都取得了较快发展，潍百、全福元等骨干商贸企业网络零售额稳步提升。全市电子商务交易额约计1300亿元，同比增长60%。

**【特色商业街建设】** 市政府出台《潍坊市商品交易市场和特色商业街建设五年行动计划》，明确了任务目标，各县（市、区）都启动了特色商业街建设工作。组织开展特色街区招商，编制特色街招商项目17个，在系列招商活动中进行推介。潍城区规划确定了11条特色街，十笏园文化街区成为全省首批历史文化街区；奎文区编制了8条商业街专项规划，奎文门美食文化街开工建设；寒亭区风筝木版年画一条街形成一定规模，诸城市等县（市、区）出台商品交易市场和特色街转型升级意见。

**【国家级试点项目顺利推进】** 肉菜流通追溯体系已涵盖农产品市场、生鲜超市、屠宰企业、团体消费单位等六类单位115个节点，近3万个经营单位和业户登记备案，与中央平台实现了数据对接，在流通主渠道实现了肉菜流通信息正向跟踪、逆向溯源。城市共同配送体系突出了市区便捷配送网、社区便民配送终端、共同配送信息服务平台三个重点，明确了“政府引导、市场主导、突出重点、龙头带动”的总体发展思路和“一网一终端一平台”建设任务，以3000万元扶持资金撬动九家企业实现物流产业投入16.4亿元，首批共同配送车辆、智能储物柜已投入运行。

**【内贸统计分析和管理服务体系】** 在全省首创了商贸统计服务平台，每季度统计分析九大行业486家企业运行情况，为研判内贸流通发展走势、增强政策措施针对性奠定了基础。开展了电视购物整治、单用途商业预付卡管理等工作，有效规范了市场秩序、净化了市场环境。2月，代表山东省迎接了全国的现场检查。5月，在全省会议上作了典型发言，打击侵权假冒工作走在全省前列。“中国·昌邑生姜价格指数”顺利发布，成为继“中国·寿光蔬菜价格指数”后又一全国性指数，也是全国两个蔬菜单品种价格指数之一。

**【便民服务】** 举办了烹饪服务、家政服务等专项技能大赛，提高了城乡消费保障水平。全市培训各类家政服务人员3500余人，3家企业被评为“全省家政服务龙头企业”。认真做好“老字号”的保护与传承工作，5家企业被评为“山东老字号”。积极引导再生资源企业转型发展，培育了高密永平、滨海金信达等一批转型发展示范企业。提升“放心早餐”工程服务水平，出台了《加快推进放心早餐快餐经营示范工程建设实施方案》，研究制定了三年行动计划和扶持政策。放心早餐承办企业进一步壮大，正荣食品投资6200万元建设了主食加工配送中心，两家企业被省商务厅认定为“全省放心早餐工程示范企业”。规范快餐企业经营行为，印发了《潍坊市快餐企业经营规范（试行）》，开展了全市快餐经营示范门店评选认定，评出首

2014年7月31日～8月1日，省政府在潍坊市召开上半年全省商务形势分析会暨创建出口农产品质量安全示范省工作会议。（供图：王 军）

批快餐示范店23个。

（王积富 张昭利）

## 对外经贸

**【外贸总量取得突破】** 全市完成进出口总额177.8亿美元，比上年提升1个位次，居全省第四位，同比增长10%，高于全省平均水平6个百分点。市政府出台稳定外贸发展33条，商务部门从国家和省争取2130万元国际市场开拓资金，对参加国际展会的参展企业摊位费用给予补助。新发展认定市级外贸转型升级示范基地15个，帮助主体企业争取扶持资金800余万元。推动潍柴、福田、孚日等22个企业创建为“山东省重点培育和发展的国际知名品牌”。出口农产品质量安全示范区建设水平进一步提升，省政府在潍坊召开了“全省创建出口农产品质量安全示范省”工作会议。举办了出口信用保险及银行融资政策培训班，支持310家企业投保出口信用保险，165家企业享受“信保易”（是中国出口信用保险公司为小微企业提供的专属出口收汇风险保障方案，通过提供全面、简便的政策性金融服务，帮助小微企业开拓国际市场、提高出口竞争力。）政策，企业贸易风险和融资难题得到有效缓解。帮助5家炼油企业争取了进口配额，全年进口燃料油和成品油11.7亿美元，是上年的7倍。加大对先进设备、技术进口的支持力度，28家企业获得1876万元贴息资金支持，带动机械设备和技术进口分别增长13%和79%。全市进口占进出口总额的比重达到30.6%，比上年末提升2.4个百分点。

**【利用外资】** 实际到账外资8.97亿美元，比上年提升1个位次，居全省第五位，同比增长10.8%，高于全省平均水平2.7个百分点。创新提出了股权并购、增资扩股、境外上市、绿地投资“四位一体”利用外资工作思路，持之以恒加大推进落实力度。编印了对外招商项目册、商贸招商项目册和投资指南，在境内外招商活动中宣传推介。在香港、美国、德国、新加坡等国家（地区）及北京、上海、深圳、厦门等城市开展了系列招商活动，达成一批合作成果。与商务部投资促进局就共建中韩产业园等事宜达成战略合作，并在其国家级网站发布了113个重点招商项目。德国克拉斯集团并购金亿机械等3个外资并购项目顺利实施，到账外资7481万美元；67家企业增资到账4.7亿美元，增长24.3%；在潍坊和香港举办两次海外上市融资对接洽谈会，7家企业进入上市前期辅导程序；31个绿地投资项目出资1.01亿美元。服务业利用外资实现了新的突破，服务业实际到账外资2.7亿美元，增长94.3%。

**【对外经济技术合作】** 新设立境外企业61家，新增境外投资6.4亿美元，居全省第二位，同比增长30.6%。柬埔寨（山东）工业园启动了二期6万平方米厂房建设，非洲（乌干达）工业园完成了基础设施和3.5万平方米厂房建设，巴基斯坦纺织工业园17.5万平方米的一期工程开工。全年新设立境外资源开发项目7个，境外投资额1亿美元，松源木业等企业年加工回运木材23万立方米，中豪投资等企业在南美取得多个矿产和森林资源开采权。积极融入“一带一路”发展战略，沿线国家（地区）投资项目达到15个，投资额3亿美元。74家企业在海外设立了170余个营销服务网点，年拉动出口约22亿美元。11家企业在欧美、日韩等地设立研发机构22个。在支持境外投资布局的同时，更加注重引导走出去企业返程投资，潍柴动力法国博杜安公司在潍坊市设立了独资博杜安企业，林德液压潍坊工厂项目开工建设。

**【开发区转型发展】** 14个省级以上经济开发区完成进出口总额117亿美元，占全市的65.8%；实际利用外资6.5亿美元，占全市的72%。市政府召开了全市重点特色产业园区建设调度会和开发区（园区）转型发展现场会，各开发区按照“快、新、大、活”的要求加快了转型步伐。加快推进“政府主导、企业化运营、市场化运作”建设运营，各开发区组建或引进专业化开发运营公司42个，运作重点项目60余个，增强了持续发展能力。在中心城区筛选确定10个重点特色产业园区，每月调度招商项目进展和园区规划建设进度，10个园区新引进项目58个，开工在建项目229个，完成总投资759.9亿元。根据全省136个开发区综合评价排名，全

2014年4月22日，香港上市融资对接洽谈会在富华大酒店举行，香港贸发局、香港交易所、摩根士丹利、安永会计师事务所等大机构与全市120家重点企业现场对接。
（供图：王　军）

市12个省级经济开发区有6个进入全省30强。

（王积富　张昭利）

## 招商工作

【概况】　全市共引进招商项目1130个，到位资金847.27亿元，其中，到位资金过5000万元项目440个，到位资金599.74亿元；引进院所34个，引进“双创”人才27名。

【招商队伍建设】　围绕加快现代产业体系培育，研究出台《潍坊市重点产业重点园（片）区招商责任制意见》，明确各产业主管部门、各县（市、区）、开发区和重点园区工作目标、重点任务和保障措施，“1669”各产业主管部门、16个省级以上开发区和104个特色园区都成立了专门招商队伍，进行了业务培训，提高了能力素质，落实了招商责任制。全市各级招商队伍积极主动，开展了280余次小分队式、有针对性的对接洽谈活动，对接有明确投资意向的客商1000余名，扩大了对外影响，推进了项目落地。

【对外招商活动】　组织开展了招商“百日会战”和“集中突破季”活动。市领导带队先后赴深圳、广州、北京、上海、香港、台湾等地和美国等国家开展招商对接活动13项，促进了与北汽福田、龙源电力集团、汉富控股集团、东软集团、机械科学研究总院、闪联信息公司、浙江天宇药业、中欧经济文化基金管理中心、华安富控股集团等企业深入合作。举办了低碳技术院士专家潍坊行、全国工商联知名企业家潍坊行、亚洲制造业论坛年会、海洋产业投资洽谈会等活动20余项。积极参加西洽会、西博会、渝洽会、香港山东周、世界3D打印博览会以及省在北京、上海、广西、贵州举办的系列招商活动。大项目引进实现新突破，总投资189亿元的龙源电力集团新能源开发、投资120亿元的滨海航空产业园、投资54亿元的圣普闪联智慧产业园3个项目在全国知名民营企业入鲁助推“转、调、创”洽谈会上参加省集中签约。园区合作开发实现新突破，如天津滨海汽车零部件产业园有限公司采取“飞地园区、委托招商、市场化运作”的模式，对寒亭北海产业园1000亩土地进行招商开发，浪涌发电设备和内冲压设备2个项目正在办理开工手续。中欧（滨海）总小企业合作产业园也在洽谈当中。

【招商宣传推介工作】　加强与外地商会的联系合作，与深圳山东商会、广州山东商会、上海潍坊商会、北京潍坊商会联合开展了一系列对接活动，与商会合作建立了招商联络点，搭建起了良好的招商信息互动平台。开发了“投资潍坊”官方微信公众平台，与人民网、央视网、中国新闻网、搜狐网等30余家媒体合作推广，扩大了宣传效应。编制了《全国工商联直属商会、执委企业和民营500强招商指南》《世界500强招商指南》《央属企业招商指南》《北京招商指南》等资料，发放给各级招商队伍，增强了对接洽谈的针对性。充分利用各类节会扩大宣传推介，向全国知名企业、各大商会发放《投资潍坊》和项目材料1万余册，发放邀请信函2000余封，发布招商信息3000余条，发布招商项目600余个。充分利用各类活动和风筝会、鲁台会、蔬菜博览会等节会平台，集中宣传推介重点招商项目和投资环境。随着对外推介力度的加大，深圳宝能集团、上海人民企业集团、德国麦德龙集团、京奥港集团、星河互联集团等知名企业主动到潍坊考察对接，并达成投资合作意向。

【项目策划包装】　项目包装是吸引投资合作的基础性工作和关键性环节，按照现代产业体系要求，围绕突破滨海、提升市区、开发“两河”，对中国食品谷、齐鲁台湾城、机场迁建、城海轨道交通、文化艺术品交易中心、健康产业园、节能环保产业园、3D打印中心、工业设计中心等300余个重点园区和重点项目进行策划包装，制作成项目册和PPT，利用多种方式对外发布推介，在对外招商合作中发挥了积极作用。

【招商工作督查】　建立完善招商工作周调度、月通报、季考核机制。对全市签约项目和开工项目每周调度通报，对举办活动、对接项目成果每月调度通报，对大项目资金到位情况季度考核，确保项目真实、绩效务实。对重点在谈项目和签约项目，落实跟踪问效责任，

2014年10月28日，北京京津冀企业投资潍坊合作项目对接会。　（供图：陈志君）

促进项目落地；对已开工和在建项目，强化服务保障，抓好履约进度。

（陈志君）

# 供销合作经济

【概况】 全市供销合作社系统完成商品购进总值205.60亿元，销售总值215.85亿元，同比分别增长21.10%、21.57%，利润总额9623万元，同比增长22.29%。其中，日用消费品销售额达到106.74亿元，同比增长19%；农业生产资料销售额达到61.53亿元，同比增长19.99%；农副产品购进额达到85.24亿元，同比增长23.65%。

【实体性合作经济组织建设】 实施“实体性合作经济组织创新”工程，探索合作经济组织的组建和运作模式。积极发展农民合作社，注册成立乡（镇）区域性农民合作社联合社，登记成立县级区域性农民合作社联合社，构建县级供销合作社联合社、县级农民合作社联合社、资产运营公司三位一体，资产链结、上下联合、机制灵活的合作经济组织体系。以县级供销合作社资产运营公司的资产链结和股本的融合，作为利益联结的纽带。全市供销社领办农民合作社达到1008家，组建专业性农民合作社、联合社72个，乡（镇）级区域性农民合作社、联合社52个，县级区域性农民合作社、联合社4个。实施“社村共建、强基固本”工程，夯实合作经济组织根基。按照市委办公室、市政府办公室出台的《关于实施“社村共建、强基固本”工程的意见》，在全市推动实施“党建带社建、社村共建”工程，构建“供销社+村两委+农民合作社+信用互助社”四位一体发展新机制，创新农村基层组织发展新模式。全市所有县（市、区）全部出台了关于“党建带社建社村共建”的规范性文件，参与社、村共建的基层社92个，开展“社村共建”的村庄502个（共建3个以上项目的村庄96个），交叉任职干部86名，共建项目735个，助农增收6950万元，村集体增收1516万元，基层社收益435万元。实施“新型农民社员素质提升”工程，密切与农民之间的关系。加强职业农民培训，依托山东经贸职业学院和中华全国供销合作总社培训中心潍坊培训基地，面向农民合作社、家庭农场、服务的合作社和周边农民、种植大户、农产品经纪人开展技术培训。全市供销社系统累计培训人员达到30747人次，其中，昌乐职业农民讲习所累计培训人员达到了13260人次。

【现代农业规模化服务】 整合资源，形成推动现代农业服务规模化的合力。与农业局、农业机械管理局联合下发了《关于推进现代农业服务规模化工作的意见》。市和县（市、区）改革专项资金大幅度提高，市财政局积极参与机采棉加工项目建设，共同推动棉花产业发展。水利局支持建设了1000亩机采棉水肥一体化试验示范项目。搭建平台，积极推动建设为农服务中心。推广“保姆式”全托管和“菜单式”半托管服务模式，组建专业化、高效率的专业服务队伍，从2～3个环节入手，为用户提供种苗、生物有机肥、农药、机械播收等服务。全市为农服务中心达到45处，土地托管面积达到208.25万亩，其中，全托服务面积15万亩，环节服务面积193.25亩。服务品种涉及小麦、玉米、棉花、土豆、大姜、花生、瓜果、苗木等主要粮食作物和经济作物。打造全产业链服务模式。高密食用菌、寒亭土豆、安丘大姜、临朐花生、滨海机采棉等产业均已形成从良种研发到加工销售的全产业链发展模式，并带动了相关专业性农民合作社及其农民合作社、联合社发展，服务农民合作社、家庭农场等新型经营主体3056个。

【农村流通现代化】 规范发展连锁经营。整合县域物流资源，加强仓储物流设施建设，提高物流配送能力。大力发展电子商务，对具有地方特色的农产品实行网上交易。全市供销社建设商贸中心4处，新建村级综合服务社309个，发展各类连锁经营网点1156个。新建、改造区域性综合仓储物流中心6个，县域综合配送中心12个，农产品批发市场及冷库15个。组建网上交易平台3个，并积极参与“阿里巴巴·潍坊产业带”建设。实施“放心农资”工程。制定了《全市供销社系统“放心农资”工程实施方案》，完善流通网络，推广测土配方、精准用肥，积极参与土壤改良，在寿光、安丘、昌乐等县（市），利用“氯化苦”熏蒸，使用生物有机菌肥，参与实施“沃土工程”，恢复改良土壤活力。全系统已购置智能配肥机16台，建成放心农资配送中心12家，规范改造放心农资店1176个，熏蒸土地超过10万亩，销售生物有机肥6.8万吨。实行高毒农药政府储备管理服务。市政府办公室出台了《关于高毒农药政府储备管理使用实施意见》，明确供销社承担高毒农药政府储备管理服务职能。制定了《高毒农药政府储备管理使用工作方案》，对全市高毒农药实行统一购进，定点存放，封闭管理，专业服务，从源头建立农产品质量安全保障机制。全市供销社建成高毒农药储备库11处，组建专业服务队伍18支，收缴高毒农药1.526吨，使用高毒农药23.1吨，储备高毒农药20.06吨。

寒亭固堤供销社为农服务中心　　（供图：王建荣　鲍凌云）

【农村合作金融】　全年清理了27家信用互助业务不规范的农民合作社。寒亭、安丘、高密3个金融试点单位开展信用互助业务的达到37家，全系统达到42家，成立资金互助合作社1家（诸城相州泰丰资金互助社），信用互助资金总额达到5740.5万元。

【机采棉种植推广】　按照市政府出台的《关于推进棉花产业转型发展的意见》要求，牵头制定全市棉花产业发展规划并组织实施。推广种植机采棉5.1万亩，购置配备5行采棉机和3行采棉机各一台。通过对比，机采棉产量比常规棉每亩高出25公斤以上。渤海湾机采棉现代科技示范园已建成一条棉花加工生产线并投入使用，并完成第一批棉花加工任务，加工皮棉99.85吨。

（鲍凌云）

## 粮食流通

【概况】　扎实推进“粮安工程”建设，全社会粮食流通总量2100万吨，粮食购销活跃，市场平稳有序，逐步建立起了以确保全市粮食安全为中心、以调控储备为重点、以行政执法为手段、以质量检测为支撑、以产业发展为基础、以自身建设为保障的符合潍坊实际的现代粮食流通体系。

2014年6月10日，诸城市供销社对托管玉米地开展飞机喷洒农药防治病虫害服务。
（供图：王建荣　鲍凌云）

【储备管理】　搞好夏秋粮收购。召开全市夏粮收购联席会议，及早做好准备工作，满足农民售粮需求，维护农民利益。全市收购夏粮63万吨，同比增加12万吨；收购秋粮54万吨，同比增加9万吨。抢抓夏收时机完成地储粮轮换计划，省政府夏粮收购督查组对工作给予肯定。推进危仓老库维修改造。组织县（市、区）局长到江苏、浙江专项考察学习，量化细化项目建设，强化资金监管，完成了首批安丘、寿光两市项目建设。进一步完善市级储备体系，启动了潍坊擂鼓山国家粮食储备库3.6万吨仓容二期扩建项目。严格储粮管理。加快推进仓储信息化建设，市直两个直属库的信息化管理系统运行良好。5月，举办全市粮油仓储管理培训班，提升了仓储规范化管理水平。积极筹措专项资金600万元，完成年度1.5万户“小粮仓”制作发放任务，通过了省局现场核查验收，自2010年以来累计争取4.8万户计划指标。2014年年底，全市涉粮企业总仓容310万吨，其中，国有110万吨。

【产业发展】 推进放心粮油和居民厨房工程。2014年年初争取省财政资金450万元，扶持高密、青州、临朐三地建设。高密市“放心主食”工程列为政府十大民生工程之一，建成高标准中央厨房和配送中心及60余个营业网点，继2013年潍坊市财政和粮食部门联合在城区召开推进“放心粮油工程现场会”后，2014年10月，全市放心粮油暨居民厨房工程现场会又在高密召开，推动了面上工作开展；青州市把“放心粮油销售示范店和超市专柜建设”列为全市15件民生实事之一，依托军供站建设配送中心和旗舰店，开设粮油超市20处。临朐县统一对门店验收挂牌，建成配送中心和检测中心各一处，改造提升加工企业一家。全市“放心早餐”工程实施五周年来，隆泰食品早餐车发展到260部，成为中心城区一道亮丽风景。实施科技创新。举办粮油科技宣传周活动，对全市粮油加工企业科技研发情况进行调查，鼓励开展自主科技创新，着力提高科技进步对粮食行业发展的贡献率。认真做好粮食质量安全隐患排查整治，组织收购环节质量监测。开展食品安全宣传周活动，宣传展示推荐“放心粮油”产品，提高了群众的粮油质量安全意识。市粮食质量检测中心顺利通过“国家粮食质量监测机构”挂牌考核验收。

【监督检查】 开展年度粮食库存大检查。4月，组织对市辖区内各类存储粮食进行例行检查，做到了库存账账、账实相符，仓储管理规范，粮食质量安全。10月，组织全市粮油库存检查专业人员培训，提高了工作规范化、专业化水平。组织执法宣传活动。相继开展《粮食流通管理条例》颁布实施十周年和“全国爱粮节粮宣传周”活动，采取发放宣传手册，在《潍坊日报》刊发答记者问专题文章，走进“行风在线”直播间，制作播放公益广告和专题节目，组织中学生社会实践等形式，营造了良好的社会氛围。开展效能提升深化年活动。以“抓队伍、强素质、重实效、树形象”为主题，健全工作体系，强化监管手段，提高监管能力，保障各项监督检查任务顺利完成，寿光市被评为“全国粮食流通监督检查示范单位”。市粮食局下派多个工作组检查督导，通报情况，落实整改。完成夏秋粮收购、“转圈粮”等专项整治检查，维护了市场秩序。对辖区内粮食企业收购资格核查权限进行划分与上收，规范了粮食收购资格办理。

【军粮供应】 践行“以兵为本”服务理念，加强军粮筹措能力建设。签订军粮质量安全协议，对军供粮油随机抽检，确保实现军粮质量合格率和部队满意率100%。积极争创省星级军供站，推动规范化管理升级。开展粮油科技进军营活动，促进军地双拥共建。抓好副营业务建设，提升了军供企业实力。

（郭冬青）

## 烟　草

【概况】 全市种植烟叶12.54万亩，收购烟叶37.8万担。销售卷烟34.7万箱，同比增长1.9%。“两烟”合计实现税利16.52亿元，同比增长7.27%；实现税金11.74亿元，同比增长2.4%。市局(公司)被国家烟草专卖局评为“全

世界粮食日当天，市粮食局等四部门联合组织开展主题为“节约一粒粮　我们在行动”的爱粮节粮宣传活动。
（供图：丁洪智）

潍坊市粮食局在高密市组织召开全市放心粮油暨居民厨房工程建设现场会。
（供图：刘劲涛）

国烟草行业先进集体”，被山东省总工会授予“富民兴鲁”劳动奖状。

【烟叶生产经营】 积极创新发展机制，强化规模优势，突出减工降本，打造优质浓香，扎实推进现代烟草农业，生产水平和质量特色明显提升。不断完善生产组织方式，重点提升烟农专业合作社的服务运营和规范管理水平，全市11个合作社配备专业队141个，固定专业队员4849人，各项服务覆盖所有烟农和烟叶生产主要环节，专业化育苗、分级达到100%，机耕、烘烤专业化服务率分别达到87.6%、81.9%，商品化烘烤服务率由上年的10.2%提高到16.3%；烟农亩均收入4060元，同比增加341元。诸城孟友、舜旺烟农合作社在山东省烟草专卖局（公司）系统率先获得“山东省2014年农民合作社示范社”称号。扎实推进精益生产，实施特色优质烟叶开发重点项目，探索开展“烤烟水肥一体化”，烟叶风格特色更加彰显，收购等级质量列全省第一位。投入6735万元，为生态村修建道路、维修烤房设备、购置机械、建设育苗大棚，开展公益事业帮扶，进一步完善提升了生态村富民工程。

【卷烟销售和网络建设】 继续实施卷烟零售户致富工程，依托潍坊烟草亲情帮扶慈善基金，对全市困难零售户开展扶危、济困、助学、敬老、生产经营等帮扶，累计帮扶1.3万户次，帮扶金额348万元。通过举办培训班，宣传卷烟经营知识，助推卷烟零售户经营能力提升，全年培训零售户3.96万户次。

【专卖管理和市场控制】 推进“专卖精益管理年”活动，开展打击互联网和物流快递涉烟犯罪，打击卷烟非法流通，打击卷烟走、贩、私3个专项行动，强化了打假威力，维护了良好市场秩序。全市查获各类涉烟违法案件1343起、卷烟2809万支、案值1048万元；刑拘213人、逮捕61人、判刑91人；破获13起符合公安部、国家烟草专卖局标准的网络案件。市局连续五年被授予“全省卷烟打假工作特殊贡献奖”。

【企业基础管理】 推进办事公开民主管理，完善招标采购管理办法，抓好集中采购，公开招标率99.8%。积极推进法律风险防控体系建设，前移审查关口、开展全程法律服务，防范企业运营风险。推进创新型企业建设，全年获得授权专利42项、计算机软件著作权3项、山东省企业管理现代化创新成果4项，质量管理成果获得1项国家烟草专卖局二等奖。市局（公司）被评为“山东省质量管理小组活动优秀企业”，连续两年被评为“山东省管理创新优秀企业”。

【队伍建设】 深化人事用工分配制度改革，让每一类员工都有最合适的上升通道，平衡调整了各类人员利益。加大教育培训和技能鉴定力度，全年举办培训班71期，培训5200余人次，职业技能鉴定通过率86.6%。市局被国家烟草专卖局巡回督导组评价为“全省烟草系统的样板”。

（韩冬梅）

# 旅　游

【概况】 全市旅游系统紧紧围绕建设“区域性旅游集散中心”和“文化创意旅游基地”的目标，推动旅游业由观光型向观光与休闲度假并重转型升级，全市旅游业实现持续健康发展。全年共接待境内外游客5195.8万人次，实现旅游总收入499.5亿元，同比分别增长9.7%、13.3%。

【乡村旅游发展】 发挥乡村旅游资源丰富、民风民俗独特等优势，把乡村旅游作为全市旅游业的重中之重全力推进，乡村旅游发展步入快车道。聘请高端专业机构，对《潍坊市乡村旅游发展总体规划》进行了修编。争取省里补贴资金720万元，为12个县（市、区）、市属开发区编制县域乡村旅游发展规划，青州、安丘等8个县（市、区）的规划通过专家评审，峡山区的规划作为样板在全省推广。指导坊子坊安街道、安丘辉渠镇、青州侯王村、昌乐土埠沟村、诸城梅香园等重点镇、村、点编制发展规划，建立起较为完善的乡村旅游规划体系。争取省里扶持资金343.2万元，补贴369户农家乐完成“改厨改厕”，有力地改善了乡村旅游接待条件。协调相关部门，切实完善通向乡村旅游集中发展区的道路、旅游引导标志以及水、电、气、网络、通讯等基础设施建设，为乡村旅游快速发展提供了保障。培育了安丘辉渠镇、柘山镇、青州侯王村等一批乡村旅游示范标杆，8月，召开全市重点旅游项目建设暨乡村旅游发展现场观摩会推广其经验做法。在《潍坊日报·潍坊旅游》开辟专栏，全方位介绍外地先进经验。创建省级乡村旅游示范县、示范镇、示范村各1个，获省奖励资金190万元。加大培训力度，分两批组织105名重点村负责人赴台湾学习乡村旅游；组织旅游强镇（乡）负责人赴浙江大学进行培训；组织县（市、区）、重点镇、村、示范点、农家乐经营户等300余人赴全省5个片区学习先进经验；组织重点镇、村以及乡村旅游投资企业负责人赴北京、河北、浙江学习中高端乡村休闲产品开发，进一步转变观念，提升了境界。依托创建的13处省级乡村旅游培训基地，加强对管理服务人员的技能培训，提升了服务水平。起草了《潍坊市关于加快乡村旅游发展的意见（征求意见稿）》，从规划引领、产业布局、发展模式、标杆培育、商品开发、公共服务提升等11个方面提出指导意见。

【旅游项目建设】 编制《2014年重点旅游项目导向计划》，召开了重点旅游项目建设现场会，跟踪服务，强化调度，大力推进。全市在建重点旅游项目97个，完成投资101亿元。其中，安丘齐鲁酒地一期、青云湖水上世界、昌邑青山秀水旅游度假区一期、临朐揽翠湖温泉度假村、峡山野生鱼体验公园等重点项目建成投用，青州古城综合开发、高密东北乡文化旅游区、安丘青云山未来城等一批大项目取得阶段性重要进展，有力支撑了旅游业快速发展。高度重视旅游招商，成立产业招商小组，策划包装一批旅游大项目，针对港中旅集团等战略投资者以及全国工商联旅游业商会等进行了招商、推介。指导临朐沂山以成功创建AAAAA级景区为新起点，推进新一轮AAAAA创建，指导青州以古城为龙头，整合周边资源，以“青州古城”名称全面开展AAAAA级景区创建，促进更多“高峰”凸起，目前各项工作推进迅速。不断提高景区景点的品位和档次，全市A级景区发展到93家，其中，AAAAA级1家、AAAA级22家。

**【旅游度假区建设】** 协调相关部门和县（市、区）、开发区，依法依规开展青州云门山、安丘青云国际、寿光弥河生态、滨海欢乐海、诸城恐龙文化、昌乐寿阳山等6家省级旅游度假区的管理机构设置、领导班子配备等工作，为度假区的发展提供组织保障。各度假区进一步整合各类优质旅游资源，相继推出一批温泉疗养、滑草滑雪、文化演艺、康体娱乐项目，不断提高建设运营管理水平，初步构建了潍坊旅游发展的集聚区和新高地。安丘市百泉生态旅游区和峡山湖旅游区创建成为“省级生态旅游示范单位”，安丘市柘山镇创建成为“省级生态旅游示范镇”。

**【城区旅游】** 高起点策划规划。努力把城市打造成为最大的景观，着力促进城区旅游发展，推动由“旅游城市”向“城市旅游”转变。委托北京创景天下旅游规划设计研究院编制《潍坊市中心城区旅游业发展规划》，现已形成评审稿，近期将组织评审。积极做好旅游产业诊断咨询策划编制工作。配合毕马威企业咨询（中国）有限公司，坚持问题导向，编制诊断咨询报告，对全市旅游业特别是城区旅游发展进行整体把脉。

打造特色旅游产品。在提升金宝乐园、杨家埠民间艺术大观园、富华游乐园等现有项目的同时，以坊子坊茨小镇、寒亭禹王湿地、滨海欢乐海、峡山“传奇中华”数字文化体验园等项目为依托，高起点规划、高水平包装、多渠道招商，为提升市区旅游打造更多支撑点。积极推动金宝旅游集团加快开发在坊子区坊安街道占地1.33平方公里、总投资2亿元的都市休闲农业项目，打造以城区市民为主要消费群体，以生态农业体验、田园观光、城郊休闲度假为主要特色的乡村旅游示范区。

提升城区旅游公共服务水平。主动与建设、市政、经信、交通等部门衔接，依托公共自行车系统和下步开通的观光巴士，科学策划旅游线路，促进城市游、近郊游蓬勃发展，引导更多城市公共资源为游客提供服务。全方位展开培训，继续搞好职业化导游团队培训，着力开展外语导游以及饭店、景区管理人员的专项培训。突出旅游行业特点，组织开展“做主人，争先锋，我与城市共提升”主题活动，中心城区旅游接待服务水平进一步提升。

**【旅游品牌建设】** 宣传推介取得新成效。继续坚持“联合推介、捆绑营销”战略，与县（市、区）联手合作，在央视、山东卫视、辽宁卫视等主流媒体集中投放潍坊旅游形象和旅游资源宣传片。注重关键部位的宣传，在北京西站、潍坊火车站、青银高速等交通枢纽地设立了大型户外广告牌。印制四种文版（繁体中文、英文、日文、韩文）的《潍坊旅游攻略》和英文版《潍坊市观光地图》等一系列宣传服务资料，在中心城区星级饭店、星级餐馆、车站、机场等公共区域供游客免费取阅，潍坊旅游品牌知名度和影响力进一步提升。

旅游市场实现新开拓。着力实施“开发南京、突破上海；巩固京津、开发东北；依托威海、拓展韩国”的旅游市场开发战略，在上海东方明珠电视塔举办了为期60天的“天上风筝飞，天下潍坊美”陈卫中潍坊旅游摄影展，反响良好。组织重点县（市、区）赴南京、东北三省召开了多个旅游合作恳谈会，达成一批合作意向。借助澳亚卫视、韩国C&M电视台等境外媒体，加强海外市场的营销，入境旅游人次持续增长。

会展和网络营销迈出新步伐。利用风筝会、中国画节、菜博会、花博会、绿博会等影响较大的本地会展平台，举办了“美丽潍坊行”等系列旅游主题活动，邀请主流媒体记者、龙头旅行社负责人等采风推介、踏线考察，扩大了潍坊旅游影响力。高度重视网络等新兴媒体的作用，建成潍坊旅游政务网、资讯网和多媒体体验系统，开发了潍坊旅游APP；积极参与百度“捆绑营销”，网络营销力度明显加大。

**【产业素质提升】** 在培强做大市场主体上下功夫，经市政府批准，以股权投资方式组建了潍坊旅游投资控股有限公司，管理架构等事项基本确定，下步将进入实际运营阶段，切实发挥“整合资源、产业投资、招商引资、融资上市及政策优惠”五大平台作用。支持金宝旅游集团、滨海旅游集团等多元化发展，增强市场竞争力。引导全市星级饭店适应新常态，细分市场、转型发展，同时，引进国内外知名酒店品牌提升竞争力，高品质的万达铂尔曼酒店建成营业。落实潍坊旅游奖励办法，培强做大旅行社，全市发展到148家，其中，出境社8家，青州八喜争创“全国百强旅行社”进展较快。深入落实“好客山东服务标准”，培育了东方大酒店等知名服务品牌。组建了36支职业化导游团队，在全市高端政务商务接待中发挥了重要作用，达到省内一流水平。提升旅游购物消费的层次，积极开发风筝、年画、仿古铜、红木嵌银等蕴涵潍坊悠久地域文化的旅游商品，探索设立大型专业市场，临朐华艺雕塑艺术有限公司创建为国家旅游商品研发中心联合研发基地。

**【旅游市场监管】** 全面贯彻《中华人民共和国旅游法》，深入开展依法治旅，加强旅游市场监管，规范旅游市场秩序；妥善处理旅游投诉，结案满意率100%，营造了和谐的旅游发展环境。开展旅游行业精神文明建设，积极参与全国文明城市创建。狠抓旅游安全监督管理，未发生问题。

（王林庚）

# 民营经济和中小企业

*Minying jingji he zhongxiao qiye*

## 综　述

**【概况】** 全市民营经济注册单位数量发展到49.6万户、从业人员191.9万人、注册资金3567.4亿元，分别比上年增长20.2%、12.9%和39%；民营经济累计纳税额482.6亿元，同比下降3.16%，占全市税收总额的72.9%。私营企业发展到8.8万家，新增2.2万家。规模以上中小工业企业3799家，实现增加值累计同比增长10.8%；实现主营业务收入7988亿元、利润448.5亿元、利税666.3亿元，分别同比增长10.2%、7.2%和11%。以中小微企业为主体的民营经济，在调整经济结构、转变发展方式，增加财政收入、富裕城乡居民，保障劳动就业、维护社会稳定等方面发挥着越来越重要的作用。

**【产业集聚】** 提升产业集群。坚持把产业集群发展作为优化资源配置、推动转型升级的重大战略来抓，通过政策激励、“阶段性、递进式”扶持，加快推动县域块状经济向现代产业集群转型和以高附加值、品牌产品为主的创新型集群升级。全市纳入培育范围的中小企业产业集群45个，其中，市级以上43个、省级8个。完善创新创业基地功能。全市市级以上小企业创业辅导基地发展到60个，其中，省级14个，培育小企业6219家，创造就业岗位约16.7万个，有效缓解了创新难、创业难、就业难问题。发展镇域经济。按照“布局集中、产业集群、资源集约”的要求，鼓励引导中小微企业围绕产业基础和特色优势，向镇域集群、园区、创业基地集中发展，进一步增强镇域经济实力。全市市级以上特色产业镇发展到70个，其中，省级15个。

**【自主创新】** 推进技术创新。深入实施中小企业“一企一技术”战略，鼓励开展产学研合作，倾力打造知名企业、核心技术和品牌产品。全市民营企业已拥有高新技术企业449家，占全市的97%。新增市级“一企一技术”研发中心26家、创新企业36家，累计分别达到108家和99家；新增省级“一企一技术”研发中心14家、创新企业15家，累计分别达到45家和40家，稳居全省前列。引导企业向专、精、特、新发展。通过落实资金扶持、技术支持等政策措施，引导中小微企业立足小而精、小而专、小而特、小而优等优势，向科技小巨人和行业排头兵、明星企业迈进。全市共培育认定市级“专、精、特、新”中小企业76家，其中，省级53家。推进管理创新。积极开展“管理提升百千万”活动，先后组织管理服务需求对接活动30余次，开展点对点对接服务70余次，达成合作意向139项，累计培训企业领导者和各类专业人才2.89万人，受益企业近万家；组织法律服务机构为中小微企业开展免费法律咨询、体检和培训，服务企业1500家。狠抓市场开拓。成立中小企业外贸服务综合平台，引进阿里巴巴、中信保、港储物流等机构，为中小企业开拓国际市场提供保姆式服务；积极组织企业参加各类经贸展洽活动，先后组织企业参加第十一届中博会、第八届APEC技展会等大型展会10余次，签订合同意向3.9亿元。

**【中小企业融资】** 在继续推进银企合作对接的基础上，将工作重心转向帮助企业直接融资，推进股权融资与债权融资相结合，推动中小企业在齐鲁股交、北京新三板、上股交Q板和E板挂牌交易。先后与上海股交中心、北京二八OO等机构合作，开展中小企业Q板挂牌业务培训，组织中小企业实地考察了上海股交中心挂牌交易现场，助推山东和田旺生物肥科技公司等6家企业在上海股交中心挂牌；与深圳前海股交中心对接，助推潍坊爱购物商贸公司在该中心挂牌。狠抓担保机构的规范提升，支持担保机构运用大数据、企业信用信息系统等现代技术手段，提高风险控制水平，创新担保方式，拓展业务领域。帮助企业提高资金使用风险防范意识，合理配置资金使用时间节点，慎用高息贷款，远离非法集资。全市担保机构发展到76家，其中，融资性担保机构41家，在保企业6576家，担保金额79.2亿元。

【公共服务平台建设】 市中小企业公共服务平台积极开展县（市、区）服务活动周、专题服务活动周以及市直部门对接服务企业活动月等活动，举办了G3云平台推广、商业模式创新、企业危机管理等83场业务讲座，累计发放宣传资料1.2万余份，10136家企业来平台参观体验、接受培训、对接服务，累计办理业务3982笔。打造“技术货架”，开展“技术移植”。积极推进招院引所、产学研合作；建立起技术创新成果展示平台，利用线下和网上展厅，定期展示企业技术创新成果，加大产品宣传，提升品牌形象。建设工业设计云服务平台。联合北京数码大方等创新服务机构建设了中小企业工业设计云服务平台，主要为全市装备制造企业提供二维、三维CAD设计和PLM等方面的工业设计服务，采取政府购买服务的方式，免费给企业使用一年。共举办工业云设计培训班4次，培训工业设计人员1200余人，签约工业设计软件1138套，为企业节省软件购买及设计成本2200余万元、设计效率提高40％以上。推进中小企业电子商务发展。在引进百度、360等知名电商企业的基础上，培育引进了一批像商脉科技等能够提供电子商务咨询、信息技术等服务的电商服务企业，组建起专门的“电商团队”，召开了全市中小企业电子商务推进工作会议，成立电商服务联盟，出台推进方案，对下步中小企业电子商务推进工作做出部署。搭建企业征信平台。以市民营企业信用评价中心为依托，引入第三方征信机构，建立“11315全国企业征信系统管理平台”，为全市30余万家民营业户建立了信用档案，为4000余家企业完善了信用档案。

【潍坊市中小企业公共服务中心正式启用运营】 4月8日，市政府召开潍坊市中小企业公共服务中心启用动员会议，市委常委、副市长孙起生出席会议并讲话，山东省中小企业局副局长邢亚民、创新服务处处长张登方专程到会祝贺。会议由市政协副主席、经信委主任李传恒主持。各县（市、区）分管副县（市、区）长、经信局局长、中小企业办主任，市属各开发区管委会分管副主任、经发局局长，市直有关部门负责人，平台入驻机构、企业代表，以及驻潍各新闻媒体记者等百余人参加了会议。

【市委书记杜昌文到市中小企业公共服务中心调研】 4月14日，市委书记杜昌文到潍坊市中小企业公共服务中心调研。杜昌文强调建设服务中心是全面深化改革、转变政府职能的创举，作用不可替代。市委常委、副市长孙起生，市委秘书长孙明亮，市政协副主席、经信委主任李传恒，市委政研室、办公室、高新区及市直有关部门主要负责同志陪同调研。

【市长刘曙光到市中小企业公共服务中心调研】 5月16日上午，市委副书记、市长刘曙光同志到市中小企业公共服务中心调研。刘曙光指出，服务中心理念新颖、功能完善、层次很高，必定大有作为。市领导夏芳晨、李传恒等陪同调研。

【潍坊市首家企业在上海股交中心Q板成功挂牌】 6月26日，市中小企业办公室组织部分中小微企业参加了在上海股权托管交易中心举行的中小企业股权报价系统（Q板平台）潍坊专场挂牌仪式，来自潍坊市的山东和田旺生物肥科技有限公司（企业代码201060）成功挂牌，这是上海股权托管交易中心Q板业务推出后潍坊首家在此挂牌的企业。

【市中小企业公共服务中心晋升为国家级示范平台】 11月18日，潍坊市中小企业公共服务中心被工信部认定为“国家中小企业公共服务示范平台”（工信部企业〔2014〕490号文件公布），标志着市中小企业服务中心为企业提供信息、技术、创业、融资等方面的公共服务业绩突出，示范带动作用明显；也标志着市委、市政府提出的“完善功能配置，优化服务效果，努力建成全国一流服务中心、示范平台”阶段目标已经实现。

## 民营企业简介

【潍坊广生新能源有限公司】 潍坊广生新能源有限公司创建于1995年，是一家集新能源系列产品研发、生产、销售于一体的山东省高新技术企业，核心业务为新能源电动汽车研发制造和太阳能综合利用产品配套开发。公司通过了GB/T9001质量管理体系认证和GB/T14001环保质量体系认证，先后获中国太阳能热利用产业联盟2008年度“中国太阳能行业优秀企业”“山东省建设技术创新示范企业”及“潍坊市民营科技企业”。公司长期与中国科学院、山东省科学院、北京大学、山东大学、潍坊学院等单位密切合作，技术力量雄厚，创新水平一流，获国家专利44项，其中3项属国内首创，被评为“山东省专利明星企业”。公司产品涉及新能源汽车、太阳能综合利用产品、LED风光互补路灯、碳晶取暖等四大领域几十个种类。其中，新能源电动汽车业务主要包括纯电动汽车、太阳能电动车、旅游观光车、警用巡逻车、高尔夫球车、看房车、电动客车、电动货车、环卫车等九大系列20余个品种；太阳能综合利用产品开发业务，产品涉及光热、光伏、LED照明三大领域，涵盖太阳能热水器、太阳能光伏发电系统、LED封装、太阳能路灯、风光互补路灯等六大门类近30个品种。目前，广生系列电动车已畅销山东、江苏、河北、河南、安徽等省市，并远销英国、澳大利亚、南非、马来西亚、巴拿马等10余个国家。

【山东寿光万龙实业有限公司】 山东寿光万龙实业有限公司创建于1995年，是一家致力于汽车配件、冲压模具、汽车车架研发制造于一体的高科技民营企业。公司总占地面积53万平方米，员工1200余人，总资产6亿余元，下设寿光万龙汽车车身制造有限公司、寿光万龙模具制造有限公司、寿光万龙车业有限公司3个分公司。公司是山东省高新技术企业和潍坊市级企业技术中心，拥有工程技术人员200余人，科技研发实力雄厚。公司制造加工设备先进，拥有大、中、小冲压线10条，数控加工设备10台（套），中卡、重卡铆接车架线2条，车身、车架焊接生产线6条，总装线3条。公司建立了完备的质量保证体系和产品检测手段，先后通过ISO 9001：2000、ISO/TS 16949国际质量管理体系认证，拥有专业从事汽车造型开发的德国产ATOSII流动式光学扫描仪，能够实现逆向建模，能够完成自样件到最终产品模具的全开发过程，从而实现汽车配件的全过程开发。主导产品有汽车冲压件、汽车车架、汽车冲压模具以及塑料模具等，成为北汽福田、北奔重卡、北方奔驰、中国重汽等众多重卡、轻卡汽车生产厂家的主要配套供应商之一。公司已先后为日本富氏、长安集团、上海奇瑞、北汽福田等国内外汽车厂家设计加工过高档轿车、汽车车身模具。

**【绿特集团公司】** 绿特集团公司建有两大生产基地，是热泵、中央空调、冷冻冷藏和压力容器设备专业集团生产商。下设中美合作山东绿特空调系统有限公司、山东绿特新能源工程有限公司、山东绿特冷链系统有限公司和山东绿特特种设备有限公司4个全资子公司。公司是山东省重点扶持的高新技术企业、山东省首批战略新兴企业新能源重点调度企业和山东省可再生能源建筑应用技术产品认定企业、山东省打造千亿级产业链重点新能源扶持企业和科技部创新基金支持单位、国家压力容器定点生产和设计企业、中国制冷工业协会以及中国制冷学会的会员单位。公司自主研发了海水源、城市污水源、地热尾水源热泵机组、多功能多效水源热泵机组、多功能多效冷水机组、特种污水源超高温热泵机组、螺旋速冻塔等数十项国家专利产品，是我国地源热泵十大领军品牌之一和冷链行业知名品牌。产品销往全国20余个省、市（自治区），并远销美国、英国、德国、意大利、乌克兰、东南亚等国家和地区。

**【山东佳士博食品有限公司】** 山东佳士博食品有限公司创建于2001年5月，注册资本1000万元，员工1000余人，地处诸城市昌城镇工业园，拥有花园式厂区和现代化、标准化的生产厂房。公司以食品加工业为主，从日本、德国等国家引进整套先进设备，依据本地优越的农副产品自然条件，结合精心研制的工艺配方，生产出高蛋白、低脂肪、口感细嫩、味道鲜美、包装精致的“佳士博”系列速冻食品，产品涵盖肉丸、肉串、鱼糜、调理、灌肠、油炸、蛋品七大类近200个品种，销售网络遍布北京、上海、天津、山东等全国31个省、市，深受广大顾客的青睐，成为市场上同行业产品的佼佼者，位居行业领先地位。公司被认定为农业产业化省级龙头企业、山东省肉制品行业标准化生产示范基地、山东省肉制品行业十大品牌企业、中国食品安全报社质量跟踪单位、中国食品工业实施卓越绩效模式先进企业，通过了ISO 9001、ISO 22000等多项管理体系认证。“佳士博”商标先后获得山东省著名商标、山东名牌产品、山东省食品行业十佳品牌、中国消费市场食品安全放心品牌等多项称号。佳士博农牧科技有限公司被中国农业部认定为“国家级蛋鸡标准化示范场”，获得“潍坊市十佳养殖场”称号，通过“国家检验检疫局出口基地”认证，佳士博“安咯”鸡蛋被认定为“无公害农产品”“绿色食品”。

**【山东大元实业股份有限公司】** 山东大元实业股份有限公司是以建筑材料产业为主，集科研、生产、经营为一体的综合性的“国家重点高新技术企业”，下设商品混凝土、混凝土外加剂、道钉锚固剂、污水处理厂、金元电器和天然气加气站6个子公司。公司拥有山东省科技厅认定的山东省耐久性混凝土及外加剂工程技术研究中心，是中国高性能混凝土委员单位、中国混凝土外加剂协会会员和山东混凝土外加剂协会副主任单位。公司长期聘请国家高性能混凝土委员会主任、清华大学教授冯乃谦等6位专家为技术顾问，与山东省建科院、国家建科院、中国建材院、中国铁道科学研究院等大专院校、科研院所建立了长期、稳定的合作关系，自主研发了DB混凝土泵送剂、DBM混凝土早强剂、DBC混凝土膨胀剂、DBF超细粉、DBG灌浆料、DBS防水剂、道钉锚固剂等七个系列30余个品种的建筑材料产品，享誉省内外。公司秉持“以科技为动力、重信用为根本、争创一流企业”为宗旨，坚持“感情留人、事业留人、待遇留人”的用人理念，打造大元品牌，创建温馨家园。公司技术装备先进，检测设施齐全，2003年通过了ISO 9001质量体系认证和3C认证。“大元”牌系列产品已在青岛2008年奥运会工程、高层建筑、中建三局、中铁八局、中建八局、中铁十二局、昌大集团、中建五局、胶新铁路、胶济铁路改造、潍河特大桥、黄河大桥等国家重点工程中得到应用，受到了用户的信赖与好评。

**【潍坊牵手娃服饰有限公司】** 潍坊牵手娃服饰有限公司成立于2008年，公司座落于齐国首城蓝宝石之都——昌乐县。公司是集设计、研发、生产、销售于一体的多元化企业，以生产0～3岁、4～10岁可洗天然棉花儿童棉衣、纯棉服饰、用品为主导，同时生产可洗天然棉花成人保暖内衣、天然棉花内胆纯棉床上用品、洗涤用品等系列产品，公司现拥有员工176人，其中，技术研发人员58人。公司资产5571万元，是国内唯一一家生产可洗天然棉花系列产品的企业，拥有独立的进出口权。牵手娃牌童装及用品全部采用企业专利面料制作，该专利面料采用100%精梳针织面料，中间夹层为绗缝可洗天然无公害棉花，天然环保、健康舒适、柔软透气、保暖性强、防静电、不易寄生细菌。公司拥有专业的技术、研发、设计人员，充分考虑到婴幼儿的体态特征、安全性、穿着舒适度、易于穿脱及穿着寿命和美观而精心设计。图案印染全部采用天然环保染料，主色浅粉、浅蓝、浅黄，给人可爱、清新、阳光的感觉。

## 2013年度百强民营企业和百佳民营服务企业

【2013年度潍坊市百强民营企业名单】北汽福田汽车股份有限公司诸城汽车厂、山东联盟化工集团有限公司、孚日集团股份有限公司、歌尔声学股份有限公司、诸城外贸有限责任公司、新郎希努尔集团股份有限公司、潍坊英轩实业有限公司、山东潍焦集团有限公司、山东世纪阳光纸业集团有限公司、鲁丽集团有限公司、山东寿光第一建筑集团有限公司、山东潍坊龙威实业有限公司、山东大地盐化集团有限公司、得利斯集团有限公司、山东寿光鲁清石化有限公司、豪迈集团股份有限公司、潍坊特钢集团有限公司、山东全福元商业集团有限责任公司、山东恒联投资有限公司、寿光富康制药有限公司、山东裕源集团有限公司、山东墨龙石油机械股份有限公司、山东景建集团公司、山东耶莉娅服装集团总公司、山东矿机集团股份有限公司、山东万山集团有限公司、山东寿光健元春有限公司、康跃科技股份有限公司、山东尧王控股集团有限公司、山东银鹰化纤有限公司、山东惠发食品有限公司、山东华建铝业集团有限公司、昌邑华晨集团、寿光卫东化工有限公司、山东广潍集团有限公司、山东浩信机械有限公司、山东大源建设集团有限公司、诸城市义和车桥有限公司、潍坊伊利乳业有限责任公司、山东潍坊润丰化工有限公司、山东龙震集团有限公司、潍坊市华夏建安有限责任公司、安丘山水水泥有限公司、山东东方宏业化工有限公司、山东默锐化学有限公司、山东北联集团总公司、潍坊山水水泥有限公司、山东昌邑灶户盐化有限公司、山东乐化集团有限公司、潍坊顺福昌橡塑有限公司、诸城市中纺金维纺织有限公司、昌乐德润化工有限公司、青州市坦博尔服饰股份有限公司、盛瑞传动股份有限公司、潍坊滨海石油化工有限公司、山东同大集团有限公司、山东昌邑廒里盐化有限公司、山东鲁丰集团有限公司、诸城东晓生物科技有限公司、山东海王化工股份有限公司、潍坊绿霸化工有限公司、山东天普阳光生物科技有限公司、山东银宝轮胎集团有限公司、山东高强紧固件有限公司、潍坊帅克机械制造股份有限公司、临朐山水水泥有限公司、山东美晨科技股份有限公司、潍坊万宝矿业有限公司、山东金宝集团有限公司、潍坊市三建集团有限公司、山东金亿机械制造有限公司、山东青能动力股份有限公司、诸城市正大置业有限公司、昌乐山水水泥有限公司、山东阳光金源置业有限公司、潍坊豪德贸易广场开发有限公司、山东华特磁电科技股份有限公司、青州惠泽新材料科技有限公司、潍坊裕川机械有限公司、山东雷奥新能源有限公司、山东胜伟园林科技有限公司、山东海利尔化工有限公司、诸城市恒信基汽车部件有限公司、山东省昌邑市玉海盐化有限公司、山东汉兴医药科技有限公司、山东鲁星钢管有限公司、山东凯加食品股份有限公司、山东寿光神润发海洋化工有限公司、潍坊浩泰机械有限公司、山东荣利中石油机械有限公司、潍坊联兴新材料科技股份有限公司、楼氏电子（潍坊）有限公司、山东金典化工有限公司、青州金青云新材料有限公司、山东汇强重工科技有限公司、山东昌邑乾隆杯酒业有限责任公司、青州市铸威新材料科技有限公司、诸城市鑫城房地产开发有限公司、潍坊康地恩生物科技有限公司、潍坊千业色纺有限公司

【2013年度潍坊市百佳民营服务企业名单】 山东德勤投资担保有限公司、山东龙楷投资担保有限公司、山东亿邦投资担保有限公司、山东万邦国际物流有限公司、潍坊方圆网通科技有限公司、青岛韦尔奇企业管理顾问有限公司潍坊分公司、潍城区鑫泰小额贷款股份有限公司、山东瑞通投资担保有限公司、潍坊百乐源保鲜包装有限公司、潍坊金通耐磨管业技术研究中心、潍坊豪润纺织有限公司、潍坊鑫汇投资担保有限公司、山东北方国际物流中心有限公司、潍坊华润燃气有限公司、潍坊钧翰大酒店有限公司、潍坊恒联物流有限公司、潍坊上实环境污水处理有限公司、山东天元盈康药业有限公司、山东中凯兴业贸易广场有限公司、山东港天物流有限公司、青州泰和旅游发展有限公司、山东省仰天山桃花坡度假村有限公司、山东天保工贸有限公司、青州顺驰汽车贸易有限公司、山东华邦建设集团、青州市高柳蔬菜购销有限公司、青州市双喜家具有限公司、青州市东方投资担保有限公司、青州雅集轩文化传播有限公司、山东新郎欧美尔家居置业有限公司、诸城市正大置业有限公司、诸城百盛商场有限责任公司、诸城金安热电有限公司、潍坊康泰置业有限公司、诸城密州宾馆有限公司、诸城海王医药有限公司、诸城市康源供水有限公司、诸城市刘罗锅食府有限公司、诸城市华润投资担保有限公司、诸城千禧有限责任会计师事务所、山东东武律师事务所、山东寿光奥博斯网络智能有限公司、寿光圣城有限责任会计师事务所、山东鲁派食品股份有限公司、招商银行股份有限公司寿光支行、山东寿光市亿嘉进出口有限公司、寿光市鑫源金店有限公司、山东三元盐化有限公司、山东寿光果蔬批发市场有限公司、寿光乐义蔬菜旅游专业合作社、寿光市天丰海运有限公司、寿光香格里拉商务酒店有限公司、寿光市桑家花卉专业合作社、山东宏大生姜市场有限公司、昌邑新嘉大酒店有限公司、山东新大印刷有限公司、潍坊天勤房地产评估有限公司、山东康利莱医疗器材有限公司、昌邑市方舟出租汽车有限公司、中国平

安财险昌邑支公司、潍坊市技师学院昌邑分院、昌邑市新华印刷有限公司、昌邑宾馆有限责任公司、山东盛德物流有限公司、山东永平再生资源有限公司、潍坊新世纪酒店有限公司、山东晟绮疏港国际物流有限公司、高密市辉煌国际家居广场、山东泰运物流有限公司、山东惠影科技传媒股份有限公司、高密市经贸汽车销售有限公司、山东天鹰电子科技股份有限公司、山东潍坊百货集团股份有限公司安丘中百佳乐家超市、安丘市鲁安药业有限公司、潍坊市宏宇电力设备防护有限公司、安丘市希望旅行社有限公司、潍坊市大江建安有限公司、潍坊景泰装饰工程有限公司、临朐县兴隆建安有限公司、临朐县恒丰小额贷款有限公司、潍坊力元有限责任会计师事务所、潍坊润金投资担保有限公司、临朐华建铝业技术服务有限公司、山东宇明律师事务所、昌乐清林餐饮有限公司、昌乐县宝城医院、昌乐思源教育培训学校、潍坊金大有电子有限公司、潍坊龙海安信运输有限公司、山东昌明重光律师事务所、潍坊金辉实业有限公司、山东长富物流集团有限公司、山东新海软件股份有限公司、潍坊经济开发区鲁信小额贷款股份有限公司、潍坊绿盾征信有限公司、潍坊商脉信息科技有限公司、山东滕氏名门经贸有限公司、潍坊支点信息科技有限公司、山东转折点知识产权代理有限公司、山东东建市政园林工程有限公司。

（刘桂玲　王平礼）

# 财政　税务

## Caizheng　Shuiwu

### 财　政

【概况】 2014年，全市公共财政收入完成430.2亿元，增长12.1%，高于全省平均额1.9个百分点；全市税收收入完成355.6亿元，增长11.6%，占财政收入的比重为83%，高于全省平均额4.1个百分点，居全省第4位。全市公共财政支出完成527.8亿元，增长6.8%，与居民生活密切相关的教育、医疗、就业和社会保障、保障性住房、文化体育、强农惠农等民生支出完成317.1亿元，占公共财政支出的60.1%，比上年提高1.9个百分点。

【保障改善民生】 以普惠民生为导向，加快公共财政建设步伐，统筹财力向民生领域倾斜，着力构建公平普惠、城乡一体的公共服务体系。教育保障能力增强。全市教育支出139.8亿元，占总支出的比重达到26.5%。支持提高义务教育生均保障水平，所有县市区农村义务教育公用经费标准均达到或超过省定标准；继续实施教育重点工程，市区新建、改扩建中小学81所，竣工45所，全市新建、改扩建幼儿园195处，缓解“大班额”“入园难”问题；完善家庭经济困难学生资助政策体系，资助约10万学生。支持实施名师培养和引进计划，增加优质教育资源。城乡一体的社会保障体系建立。完善城乡社会保障制度，支持城乡居民基本医疗保险制度并轨，并采用向商业机构购买服务方式，实施城乡统一的居民大病保险制度。加大投入力度，统筹提高城乡医疗保险政府补助、城乡低保等保障标准，并将城乡居民养老保险基础养老金提高到75元。在此基础上，填补保障空白，建立困境儿童基本生活保障制度、中心城区临时困难救助制度等。文化、交通等公共服务水平不断提升。实施文化惠民工程，新建20所乡镇图书馆，支持博物馆、图书馆、艺术馆等免费开放。通过融资租赁方式新购置新能源公交车300台，支持新增公共自行车1万辆，新建农村公路1300公里，打造便捷的公共交通体系。服务“三农”工作扎实有效。拨付农村“一事一议”财政奖补资金1.7亿元，支持实施乡村连片治理和“美丽乡村”建设；支持实施耕地改良修复和农田水利建设，提高农业综合开发水平；创新引导金融资本投入，培育农业龙头企业、农民合作社等新型农业生产组织，支持现代农业加快发展；支持实施抗旱调水紧急工程，全面完成农村饮水安全工程，保障全市用水安全；加快公益性农产品批发市场建设，被财政部确定为全国试点市；推进畜禽养殖废弃物综合利用，被财政部列入全国9个试点地区之一。

【助推产业转型发展】 立足财政职能，把握市场对资源配置的决定性作用，转变经济扶持方式，完善财政产业政策，优化经济发展环境，支撑经济转型发展。做大做强政府引导基金。继续整合财政专项资金设立政府引导基金，运用现代金融手段管理运作，撬动金融、社会资本投入，支撑产业转型发展。截至2014年年底，政府引导基金规模已达20亿元，先后组建起22支子基金，累计撬动各类金融、社会资本投入100亿元以上，支持食品谷等67个重点园区和项目建设。潍坊市改革走在全国、全省前面，得到省长郭树清签批肯定，央视《新闻联播》、人民网等数十家媒体对改革做法进行宣传报道。培育发展新型金融业态。率先在全省组建注册资本10亿元的再担保公司，面向全市提供担保、再担保服务，将有效缓解中小企业“融资难”问题。组建全省首家政策性资产管理公司，化解金融机构不良债务，防范金融风险。支持设立省内首家农村产权交易中心——齐鲁农村产权交易中心，搭建城乡资源要素自由流动的平台。支持全民创新创业。把握经济发展的核心驱动力，完善扶持政策体系，支持大众创业、万众创新。加快建设“众创”空间，支持筹建潍坊创业大学，推进大学生创业孵化中心招商运营，吸引150家企业入驻，带动2000名大学生创业就业。设立1.1亿元市级创业带动就业扶持资金，综合实施创业补贴、培训补助等扶持措施；发放小额担保贴息贷款11.4亿元，带动3.7万人实现创业就业。优化税费政策环境。稳步推进“营改增”，将铁路运输和邮政服务业、电信业纳入试点范围，累计减轻企业负担超过10亿元。制定总部经济发展规划，完善考核认定标准，全市新引进企业事业单位总部（分支机构）410家，并引导社会资本投资建设潍坊总部基地；落实税费减免政策，取消3项、对小微企业免征16项行政事业性收费。

食品谷总部基地效果图

正在建设中的高密北大王庄项目　　（供图：韩　冰）

**【支撑提升城市品质】** 争取政策资源，创新管理运营机制，支持公共事业建设布局，推动区域协调发展，提升城市品质。支撑公共事业建设。争取地方政府债券资金10亿元，支持平台公司化解债务，保障城市建设资金链条安全；争取国开行棚改贷款获批57亿元，规模居全省首位，支持完成棚户区改造1.2万户。改善城市环境。加大环境保护和治理投入，支持实施“三八六”环保行动，补贴提前淘汰黄标车5576辆，拆改10～20吨燃煤锅炉15台，建设环境空气自动监测站点35个，城市空气质量得到改善。支持国家森林城市创建，加大植树造林、森林抚育等投入，全市森林面积不断增加。支持突破滨海战略。安排专项资金，充实滨海产业发展基金，引导银行、投资基金等各类资本投入18.8亿元，支持滨海重点项目建设。依托滨海教育投资发展公司，推进滨海科教创新区和公共实训基地建设。推动对外开放。补贴1.5亿元，支持潍坊机场新开通杭州、宁波、大连等新航线；争取专项资金2亿元，支持潍坊港3.5万吨级航道建设，打造环渤海湾“第二条黄金水道”；推动鲁辽陆海货滚甩挂运输大通道航线试运营，完善交通口岸对外开放功能。

正在建设中的食品谷总部基地项目　　（供图：张　通）

**【构建现代财政制度】** 坚持把基础管理作为提升理财水平的关键，强化体制机制创新。推进预算综合改革。推进绩效预算，提升财政资金使用效益。扩大预算公开范围，市县两级公开财政总预决算、部门预算和“三公”经费预算，市级率先公开社保基金预算、地方政府性债务情况，并全面梳理公开七大类67项民生政策。根据清华大学发布的《2014年中国市级政府财政透明度研究报告》，潍坊市全口径财政透明度居全省第一、全国第9位。改进基础管理。推进政府采购、评审中心职能转型，全年完成评审额179.2亿元，净审减资金27.6亿元，市级完成政府采购预算18.7亿元，节支2.6亿元。推行政府购买服务，在全省率先出台政府购买服务办法和指导目录，将六大类317项服务纳入购买范围，编制1.5亿元的政府购买服务预算。推行公务卡结算方式，全市公务卡支出增长360%，县级公务卡改革全部推开。强化基层财政管理，2014年年内58个财政所通过验收，全市147个镇街财政所已全部创建为省级规范化财政所。加强会计管理和注册会计师行业监管，组织考选“会计领军人才”33名，推进会计准则贯彻实施，促进提高会计信息质量水平。统筹资源、资产管理。加强国有资产配置管理，将资产配置纳入部门预算，提升资产配置效率。全面清查清理市直机关单位办公用房和公务用车，腾退房产4万平方米，收回公务用车371辆，处置收入全部上缴国库。推进公共资源市场化配置，编制公共资源市场化配置目录和实施方案，公开招标拍卖河道采砂经营权、地下过街通道经营权，提高公共资源利用效益。

（李伟嵩）

## 住房公积金管理中心

【概况】 归集扩面工作成绩显著。全年实现归集总额38.3亿元，同比增长12%。提取使用政策规范完善。修订住房公积金提取管理办法，实现住房公积金提取直接拨付到个人，严格执行提取材料拍照标准，确保提取工作规范。贷款制度建设成绩突出。修订出台《潍坊市个人住房公积金贷款管理办法》等一系列规范性文件，优化贷款流程，压缩办理时间，当年发放个人公积金贷款23亿元，同比增长16.5%；创新逾期贷款回收方式，加强逾期贷款回收管理，全市逾期贷款率降至0.00008‰；与中信银行联合推出了住房公积金缴存职工网络信用消费贷款业务，为职工提供更多的融资渠道。加强财务管理和资金核算，提高资金使用效率。规范全市住房公积金银行账户设置和管理，实现了零余额管理；严格执行会计核算制度和财务管理各项规定，确保核算准确和资金安全；科学调度资金，提高资金利用率，实现增值收益1.9亿元，同比增长45.39%，增值收益率达1.83%。

潍坊市住房公积金法人内部授权签订仪式 （供图：于继进）

【全市住房公积金管理体制调整工作】 2014年10月底，全市管理体制调整到位。从11月1日起，各县市区住房公积金管理中心成为市公积金中心的分支（办事）机构，全市住房公积金管理工作实现“统一制度、统一决策、统一管理、统一核算”。

（于继进）

## 国家税务

【概况】 2014年，潍坊市国家税务局被公安部、国家税务总局授予“全国打击发票违法犯罪活动工作先进单位”；获得全省国税系统目标管理考核第一名，实现四连冠；获得全国“五一劳动奖状”；市局班子被省局党组表彰为“先进领导班子”；在全市企业双评活动中，获得第一名；在每季度开展的全市机关效能和投资环境监测评议中，保持第一名；承担并顺利推进总局“数字人事”试点任务，得到国家税务总局局长王军、副局长解学智的批示肯定。

【组织收入】 全市国税系统共完成各项税收收入330.98亿元，同比增长12.02%，增收35.51亿元。剔除海关代征后，完成国内税收收入301.38亿元，居全省（不含青岛，下同）第三位，同比增长9.08%，增幅比全省平均增幅高1.36个百分点，居全省第七位，增收25.09亿元。完成市及以下级收入72.98亿元，居全省第三位，同比增长13.65%，增收8.76亿元。

【落实税收优惠政策】 全市国税系统及时足额兑现各项税收优惠政策118.47亿元，同比增长3.52%。其中，落实出口退（免）税77.6亿元；用于生产乙烯、芳烃类化工产品的石脑油燃料油退消费税2.63亿元；固定资产进项税额抵扣25.2亿元；落实高新技术企业所得税优惠3.9亿元，惠及49户纳税人；落实居民企业之间的股息红利减免所得税额3.59亿元，惠及59户纳税人；落实研发费用加计扣除所得税优惠1.14亿元，惠及85户纳税人；落实农林牧渔减免所得税额2.09亿元，惠及480户纳税人；落实小型微利企业所得税优惠政策0.55亿元，惠及11920户纳税人；残疾人就业等即征即退税收优惠1.77亿元。

【依法治税】 2014年，将铁路运输和邮政业、电信业纳入“营改增”范围，截至2014年年底，全市“营改增”试点纳税人达到19516户，试点纳税人申报率、入库率均实现100%。制定实施《税收执法过错问责追究实施意见》。开展税务稽查，严厉打击各类涉税违法行为，全市国税系统共查补入库税款4.55亿元，同比增长29.57%。

【纳税服务】 开展“便民办税春风行动”，实施《潍坊市国税局关于转变职能改进作风更好为广大纳税人服务的实施意见》，从优化涉税审批、减轻纳税人负担、维护纳税人权益等10个方面改进服务事项。加大简政放权力度，深化税务行政审批制度改革，前移涉税受理环节28项、下放审批权限18项，105项涉税申请事项实现厅内受理、审核和审批，实现凡纳税人发起的涉税事项全部在办税服务厅受理、市级以下审批权限全部在办税服务厅办结。取消调查核实事项53项、纳税人报送资料25种，减少办税环节58个，60项涉税审批事项减少办税时限290天。推行简并征期和按季申报纳税人3.87万户，试点实施工商营业执照、组织机构代码证、税务登记证“一表登记、一证三码”的并联审批登记模式。开发应用自助开具发票系统和开票机，在全省率先实现纳税人自助开具发票。研发普通发票网上购票系统，实现“网上申领、网上验旧、送票到门”，纳税人通过网络领购发票22.35万份。作为全省试点，推行邮政公司网点代开普通发票，代开金额达到3031万元。全面落实《全国县级纳税服务规范》，对纳税服务岗责、规程、服务时限和标准等事项进行全面规范。其中，高密市国税局成为全国首家国家级纳税服务标准化示范单位。

国税干部为公交公司上门办理新能源汽车购置税免税手续 （供图：曹君志）

国税干部向小微企业纳税人宣传辅导优惠政策 （供图：曹君志）

【税收征管】 推进税源专业化管理，规范全市税源管理模式。充实重点税源管理力量，推进一般税源分行业管理和个体税源社会化管理，深化分级分类管理。开展评估、稽查、非居民企业所得税反避税，共增加入库税款17.97亿元，同比增长22.4%。金税三期信息系统稳定运行。改造升级税收分析平台——数据中心，并成为全省国税系统报表平台，提高对税收数据的分析利用水平。研发“税务通”系统，实现对常用涉税资料的影像化采集、传输、共享。增值税发票系统升级版应用工作顺利，研发的委托代征管理系统、注册税务师行业管理信息系统在全省国税系统推广。制定普通发票代开管理办法，规范普通发票代开行为。推行网络开具普通发票，开具发票1.09亿张，实现税款37.63亿元。深化风险管理，开展“营改增”试点企业、成品油生产企业专项评估，实施所得税专项检查及汇缴检查，加大防范和打击出口骗税的力度，实施重点税源企业全流程税收风险管理，增强对税收风险的应对能力。

（胡大桢）

## 地方税务

【概况】 潍坊市地方税务局成立于1994年7月，内设13个职能科室，下辖3个直属分局、12个县市区局、5个开发区分局、2个直属单位。全系统在职干部职工1980人，担负着全市17万余户纳税业户的地方税收征管和纳税服务等工作。2014年，市长刘曙光对潍坊地税工作先后两次作出重要批示，给予充分肯定。市局继续被命名为全国文明单位、全国青年文明号，在2014年度行风评议中位列执法部门第2名，在市委、市政府全市社会服务综合排名中位居前列。

【组织收入】 2014年，全市地税收入共计完成330.64亿元，较上年增收33.76亿元，增长11.37%，高于全省平均水平0.99个百分点。其中，地级收入完成302.88亿元，同比增长10.53%。地税部门提供的公共财政预算收入为293.03亿元，较上年增收28.69亿元，同比增长10.9%，占全市公共财政预算收入的68.1%。

【基层工作创新】 坚持问题导向，遵循从实际出发、解决突出问题的原则，全系统研究确定立项17个创新项目。市局机关开展“三查两促一联创”活动，机关各单位发挥上联省局、下接县局的优势，对县市区局创新项目进行点对点精心指导，促进创新工作有序、有力、有效开展。坚持工作实效，注重求真务实，对探索创新过程中遇到的困难和问题，有的放矢地研究解决。加强对创新项目的跟踪调度和效果评估，对成效明显且具有推广价值的项目给予总结、推广。坊子分局探索试点的“人机结合式”纳税评估新模式，在提高税源管理质量和提升工作效率方面效果明显，省局领导集体听取汇报后给予高度评价。寿光地税局探索开展的国际税收“专精合联”管理新模式，在《新华社高管信息》《中国税务报》等刊发推介。

【纳税服务】 开展“便民办税春风行动”，实行纳税人诉求快速响应机制，累计受理和反馈诉求61226个，通过诉求分析，制定落实改进办税服务的合理化措施75条。建立应用潍坊地税微信公众平台，实时向纳税人推送最新政策、优惠政策及涉税事项提醒，并一对一提供涉税咨询、政策答疑，已互动交流1200余人次，让广大纳税人在第一时间掌握税收新政。聚焦纳税人办税资料重复填报多的问题，在坊子分局试点研发应用电子档案管理系统，通过让信息数据“多跑路”，实现纳税人“少跑腿”。在奎文分局探索实行国地税双合双控管理与服务，纳税人“进一个厅、取一个号、办两家税”，降低纳税人办税成本30%以上。

【服务经济发展】 落实税收优惠，助推经济转型升级。2014年，全系统共组织上门辅导宣传税收优惠政策3600多人次，累计为高新技术、小微企业等减免企业所得税4.53亿元，加计扣除研究开发费用4.45亿元，减免营业税2.01亿元，减免土地使用税等税收3522万元。加大经济发展扶持力度。制定出台《服务全市经济持续健康发展26条措施》《支持民营经济加快发展23条措施》《服务全市“走出去”企业发展意见》。2014年，全市非居民税收同比增长37.21%，为“走出去”企业减免税收755万元，指导企业依法降低境外税负300多万元。加强经济税收分析研判，发挥参谋助手作用。市局提报《关于促进地方税收增收提质的报告》《中心城区房地产业地方税收风险分析》等税收分析3篇，在市政府主办的《决策研究》《情况交流》上刊发。

（靖树春　樊继泉）

中共潍坊市委副书记、市长刘曙光（前左）等领导同志到市地税局调研

地税工作人员深入建设项目现场调查了解税源情况　　（供图：朱　骅）

# 教　育

*Jiaoyu*

## 综　述

**【全省基础教育综合改革工作现场会在潍坊召开】** 11月19～20日上午，根据省委书记姜异康、省长郭树清要求，省政府在潍坊召开全省基础教育综合改革工作现场会，省委常委、常务副省长孙伟主持会议并讲话。会议推广潍坊校长职级制改革、中考改革、课程教学改革、学校教师评价制度改革、社会参与教育治理等五个方面的经验。12月30日，省委办公厅省政府办公厅《关于推进基础教育综合改革的意见》印发，标志着潍坊历经十年改革探索所形成的改革经验上升为省委省政府的决策。

**【省长郭树清到潍坊调研教育工作】** 11月4日，省委副书记、省长郭树清专程到潍坊调研基础教育工作，深入课堂听课，召开座谈会，对社会主义核心价值观、法律法规、传统文化教育等做法给予肯定。勉励继续深化综合改革，为全省乃至全国提供教改经验。

**【第三十个教师节大会隆重召开】** 9月9日，市委、市政府隆重召开庆祝第三十个教师节大会，市委、市人大、市政府、市政协主要领导出席会议，市委书记杜昌文作重要讲话，市长刘曙光主持会议。各县市区委书记、县市区长、相关部门主要负责人和校长、教师代表2100余人参加会议。会议肯定广大教师所作的贡献，要求各级党委政府要把教育摆在全面深化改革的优先领域，争当“教育书记”“教育县长”。

**【教育管理体制改革】** 7月3日，市委书记杜昌文主持召开市委全面深化改革领导小组第三次全体会议，研究深化教育综合改革工作。9月26日，市委、市政府出台《关于深化中小学管理体制改革若干问题的意见》，提出13项政策措施，推进政校分开、管办评分离，扩大学校办学自主权，建立现代教育治理体系。省长郭树清、常务副省长孙伟对此批示肯定。

**【义务教育发展更加优质均衡】** 实施农村学生艺术素养提升工程，为608所农村小学配备高素质、专业化音体美师资621名。引进全国素质教育报告团成员詹文玲、上海市特级校长张雪龙等7个全国知名教育管理团队来

表3　　2014年潍坊市教育基本情况统计表

| 学校类别 | 学校数（个） | 毕业生数（人） | 招生数（人） | 在校生数（人） | 教职工数（人） | 专任教师数（人） | 占地面积（平方米） | 校舍建筑面积（平方米） | 图书（册） |
|---|---|---|---|---|---|---|---|---|---|
| 总计 | 2881 | 402403 | 395292 | 1497689 | 120713 | 105049 | 56204964 | 20120097 | 53024905 |
| 普通高校 | 14 | 35942 | 49873 | 141747 | 10715 | 8217 | 11004193 | 4625568 | 12106900 |
| 中职学校 | 34 | 48498 | 36494 | 113864 | 5675 | 4475 | 4342439 | 1641874 | 2223119 |
| 普通高中 | 52 | 63648 | 58179 | 189143 | 17791 | 15625 | 7629883 | 3541904 | 7061721 |
| 初中 | 264 | 91234 | 81826 | 259066 | 27280 | 24983 | 13196573 | 4766909 | 13597431 |
| 小学 | 831 | 82211 | 95535 | 584414 | 38604 | 37141 | 15147522 | 3737900 | 16185480 |
| 特教 | 12 | 188 | 167 | 1438 | 526 | 445 | 147535 | 53355 | 73374 |
| 幼儿园 | 1674 | 80682 | 73218 | 208017 | 20122 | 14163 | 4736819 | 1752587 | 1776880 |

潍坊办学，引领带动市区办学水平提升。又有奎文、寒亭、青州、安丘、临朐5个县市区通过国家义务教育发展基本均衡县验收，全市共有9个县市区通过此项“国检”验收，总数占全省近六分之一。

【办学体制改革取得新突破】 发挥市政府大力发展民办教育的政策优势，2014年年内全市吸引社会资本投资教育53亿元，新建改扩建全日制民办学校26所。大力开展民办优质学校与公办薄弱学校集团化办学、共同体发展，涌现出昌乐二中“271”教育集团等一批区域龙头学校。4月23日，常务副省长孙伟来潍坊专题调研社会力量办学情况，给予高度评价。

【教育信息化水平快速提升】 加强“三通两平台建设”，投入1080万元建成全市统一的视频、监控、互联互通平台，建设市、县、校三级安全监控中心。参与教育部开展的“蜂窝行动”计划，开展城乡课堂实时互动、网上教研等教学应用。探索基于云资源平台的市县校三级资源管理共享应用模式，实现全市数字教育资源规范化管理。

【教育惠民服务机制不断完善】 建立起市、县、校三级服务网络，畅通群众诉求渠道，扩大教育公共服务，全年为民办实事4万余件。完善督学责任区建设，每月带着政策下去、带着问题上来，再带着解决措施和资源下去，全年深入学校334次，发现问题271件，发现推广典型做法325个，提出建议259个。实施重点工作项目30个，盘活专家资源268人，破解群众反映强烈的热点难点问题。

【教育改革品牌影响力增强】 10月27日，省委全面深化改革领导小组办公室专题将潍坊教育改革调研报告呈报中央改革办。国务院领导、省长郭树清和常务副省长孙伟先后7次对潍坊教育改革作出批示肯定，中央新闻媒体报道潍坊教育改革经验达到210多篇次，全国31个省市自治区来潍考察学习教育达到10多万人次。

## 学前教育

【基础设施建设成果显著】 全市共建设完成幼儿园195处，其中，新建87处，改扩建108处，完成投资5.65亿元，新增优质学位2万个。市财政单列专项奖补资金500万元，评选表彰25处普及学前教育工作先进镇街，2014年年内拉动镇街学前教育投入2亿余元，新建幼儿园50余处，农村幼儿园办园条件得到迅速提升。

【生均经费拨款机制稳步推进】 将按生均不低于300元标准拨付公办幼儿园经费列入综合督导方案，全市共对公办幼儿园的138416名幼儿拨付公用经费4352万元，同比增长13.2%，全市公办幼儿园幼儿数达到在园幼儿总数的67.4%。学前教育免费机制取得新突破，滨海区在园幼儿全部实现免费接受学前教育。

【幼儿教师队伍建设取得新成效】 2014年年内新进公办幼儿教师336人，分层次、多形式培训幼儿教师1万人次。推进名园长培养计划，联合华东师范大学、东北师范大学，对120名优秀幼儿园园长进行高水平培训。评选表彰150名优秀幼儿教师、28名优秀学前教育管理工作者。

【学前教育管理全面步入规范化轨道】 印发《关于进一步规范幼儿园招生、收费、编班、放假的通知》《潍坊市规范幼儿园办园行为十条规定》《潍坊市幼儿园课程实施指南》等文件，《临朐县落实〈指南〉演说教材》做法入选省学前教育培训资源库并在全省推广。12月7日，山东省第五届园长大会在潍坊召开，全方位展示潍坊学前教育发展的经验做法。

## 基础教育

【中小学办学条件大幅提升】 启动市区中小学建设提升工程，投资9.53亿元，在中心城区开工建设81所中小学，新建、改建校舍65万平方米，全面完成年度建设任务。农村中小学校舍标准化建设扎实推进，完成投资11.64亿元，改造校舍面积99万平方米，改造食堂餐厅54个，改造旱厕225个。

【考试评价制度改革不断完善】 推进“国家中小学教育质量综合评价改革实验区”建设，建立起全市一体化的网上阅卷数据分析系统，形成市、县、校三级教育质量监测网络。深化中考招生制度改革，建立起普通高中与职业教育统一招生平台，开展高中与中职学生互转互通试点。7月28日，副市长王桂英在全国学校体育工作座谈会上作典型发言，受到国务院副总理刘延东的肯定。中考招生制度建设被教育部授予国家级教学成果一等奖。

【校长教师队伍建设持续加强】 市、县财政拨付校长职级工资全部到位，建立起1480人的中小学校长后备人才库，新任校长全部从校长后备人才库中公开遴选产生，专家办学制度体系得到完善。全市2014年年内新进教师1802名，其中，1416名教师分配到农村学校，农村师资结构更加优化。建立每月700元的班级管理团队激励机制，完成全市20处镇街农村青年教师安居工程，评选57名市特级教师、400名市优秀教师和100名优秀教育工作者。投入资金1200万元，开展28个培训项目，参训干部教师达到1.2万人次。有17所学校、59名教师被评为全国全省教育先进集体、模范及优秀教师。

【教育质量领先优势更加明显】 在省教育厅2012 ~ 2014年组织的课业负担监测中，潍坊中小学生的课业负担连续三年全省最轻。普通高考重点本科上线人数连续13年位居全省第一。教育信息化稳步推进，全国中小学生电脑制作和科技创新大赛获奖数量连续10年蝉联全国地市级首位。4月25日，全国政协副主席罗富和一行来潍坊调研“负担轻、质量高”的经验做法。

【家庭教育蓬勃发展】 推动创新家庭教育内容和形式，在全国率先开发录制“家长开学第一课”。开展农村家庭教育，举办报告会141场，受益家长达到18万多人。与新东方教育科技集团签署合作协议，开发“潍坊市亲子共成长公共服务平台”，打造全国家庭教育示范城市。

【特殊群体学生得到“应助尽助”】 建立家庭经济困难学生、孤儿学生、残疾学生、留守儿童和进城务工人员子女等特殊学生群体的关爱救助体系，123名孤独症儿童享受到义务教育，1438名视力、听力、智力残疾学生和1229名特困生受到救助。奖、助学金总额达到1.34亿元，全部实现“应助尽助”。在全市推广小学生放学后延时看管服务工作，形成校内看管、社区看管、社会机构看管等多元化的延时看管服务模式。

## 职业教育

【国家职业教育创新发展试验区建设取得新突破】 落实省部共建国家职业教育创新发展试验区协议，教育部副部长鲁昕专门听取情况汇报，并明确支持建设海洋大学科技园。5月11日和10月31日，市委书记杜昌文先后两次主持召开全市职业教育改革领导小组会议，启动山东（潍坊）海洋科技大学园建设。山东（潍坊）公共实训基地建设加快推进，滨海科教创新区已有5所院校实现招生，在校师生达到3万人。

【服务全市产业发展机制逐步形成】 出台职业教育中长期发展规划，加快建立围绕产业设专业机制。建立10个专业建设指导委员会，打造10个特色品牌专业，推进产学研深度合作。开展人力资源统计、预测、供求信息发布试点，及时更新发布人力资源最新信息，加强职业教育人才培养与企业用工需求之间的无缝对接。

【人才培养模式改革持续深化】 深化职业教育招生改革，全市10所高职院校全部具有单独招生资格，占全省试点院校的25%；全市有9所中、高职院校实现与本科院校技能人才贯通衔接培养，为学生搭建起多元成才“立交桥”。下发《关于印发〈2014年潍坊市区初中学业水平考试及高中阶段学校招生录取工作实施方案〉的通知》，建立高中阶段职业教育与普通教育统一的招生平台。首批6所中职学校和8所技工学校双证互通试点工作全面展开。

【与台湾职业教育合作稳步推进】 确定模具制造技术、数控技术、数字媒体技术应用、物流、电子商务等9个专业与台湾职教模式全面对接，实现课程、教材、考核三统一，将台湾先进的职业教育模式整体植入潍坊。坚持引进台湾先进职教资源，助推职业教育创新发展。已引进台湾职业教育教学计划11个、专业教材285门，开发特色课程11门，7名台湾教师先后来潍开展教学活动。

【内涵发展再创佳绩】 全市14所中职学校全部成为省级标准化学校，6所中职学校成为国家示范学校，位列全省之首。在全国职业院校技能大赛上，潍坊获得27枚金牌，连续五年蝉联全省地市之冠。五年来，潍坊已获得73枚金牌，占全省总数的65%以上。4月，潍坊被教育部、发改委等六部委联合表彰为“全国职业教育先进单位”。5月，全国新型职业农民培育交流现场会在潍坊召开。

（周少平　宋炳华　李　健）

## 潍坊医学院

【概况】 潍坊医学院办学历史溯源于1881年的潍县乐道院，前身是1889年的乐道院医护学校（1950年发展为昌潍区中心卫生院附设护士学校）。1951年，根据华东军政委员会卫生部的指示，昌潍区中心卫生院筹建山东省昌潍医士学校，1958年扩建为昌潍医学院，1987年更为现名。学校1958年开始本科教育，1986年获硕士学位授予权，1998年获留学生招生资格，2000年，成为同等学力人员在职申请硕士学位和临床医学硕士专业学位授予单位。2012年，被国务院学位委员会批准为服务国家特殊需求博士人才培养项目单位。2014年，实现本科一批招生。学校是山东省人才培养特色名校建设单位，全国“卓越医生教育培养计划项目”试点高校，山东省高等学校协同创新中心建设单位。2008年，学校以优秀成绩通过教育部本科教学工作水平评估，人才培养质量和办学特色得到教育部专家组的肯定。

学校有17个院（系）、23个本科专业、6个硕士学位授权一级学科、51个二级学科硕士点。现有国家级特色专业4个、省级特色和品牌专业9个；有“泰山学者”设岗学科1个，省级重点学科（实验室）8个；聘有“泰山学者”海外特聘专家5人，享受国务院政府特殊津贴10人。有博士研究生导师5人，硕士研究生导师300余人，有省级教学团队5个。学校占地近120万平方米，建筑面积63万余平方米。图书馆藏书220余万册。有附属医院17所，省级研究生联合培养基地10个。学校有全日制博士、硕士研究生1000余人，本专科生17000余人，留学生近500人在校学习。

【预防医学专业获批一本】 预防医学专业获批一本，首次招收一本新生81人。1个专业获批省应用型人才培养支持计划专业。获批省级精品课程群3个，省级精品课程数量达到46门。卓越医生教育改革试点工作进展顺利。山东省本科高校学科专业评价报告统计中，学校5大专业类的10个专业居全省前列。获省级教学成果奖8项，其中，一等奖1项、二等奖3项、三等奖4项，获奖数量为该校历届之最。教师获省级以上教学比赛奖励11人次。

【协同创新平台建设不断推进】 参与复旦大学2011协同创新平台项目建设，召开健康领域社会风险预测治理协同创新中心高校联席会议。开展“健康山东”重大社会问题预测与治理协同创新中心相关研究，成立了健康风险预警中心。设立校级协同创新研究专项资金，立项专项课题17项，总资助金额近百万元。成立了人体组织再生再造研究中心、纳米医学技术研究所、生物药物研究所等实体性研究机构。获省科技进步二等奖1项。实施世界首例干细胞培育的软骨组织修复关节软骨缺损手术。

【新增专业硕士学位授权点4个】 推进建设“公共卫生危机管理博士人才培养项目”，新招收全日制博士生2名。新增护理、口腔医学、公共卫生、应用心理4个专业硕士学位授权点。试点“四证合一”培养模式，开展了临床医学专业学位研究生住院医师规范化培训。

【高层次人才引进培养取得新成绩】 新聘“泰山学者”海外特聘专家1人。招聘博士13名、硕士12名。1人获全国五一劳动奖章，1人获全国优秀教师称号，1人获省级教学名师称号，1人获省青年教师教学竞赛一等奖。

【社会服务能力快速提升】 附属医院通过三级甲等综合医院评审，获批为国家临床药物试验机构、国家级全科医生培养基地、国家住院医师规范化培训基地。人类辅助生殖技术、肿瘤消融技术等近10项技术已获省卫计委审批。心理健康服务中心已开业，口腔医院试营业，整形外科医院新病房楼启用，3所综合性医院、5所专科性医院的直属、相对直属附院集团框架已基本成形。

（吴周强）

## 潍坊学院

【概况】 潍坊学院是一所省属全日制综合性普通本科院校，已有63年的办学历史。现有23个教学院部，64个本科专业，涉及10大学科门类。有教职工2090人，全日制普通在校生25500余人。设有山东半岛经济社会发展研究院、潍坊金融财政研究院、量子通信研究所等59个研究院所，是省首批研究生联合培养基地、省应用型人才培养特色名校立项建设单位。

【推进省应用型特色名校建设】 论证完善名校建设总体方案和重点专业建设方案。18个专业类39个本科专业在省学科专业评价中名列前茅，7个专业类12个本科专业作为特色专业推介。举办省特殊教育学校校长和骨干教师培训班。完成省本科高校教学基本状态数据填报，首次发布《毕业生就业质量报告》。

【加强教学质量工程建设】 举办第五届青年教师教学竞赛，会计学列入省应用型人才培养专业发展支持计划，新增文物与博物馆学专业，职教对口贯通分段培养和春季高考专业分别增至5个和10个。新增省精品课程10门、成教特色课程2门，1部教材入选“十二五”国家规划。2人分别获得全国优秀教师、省教学名师称号，4人当选省首届本科教育教学指导委员会委员。获省第七届高等教育教学成果奖6项。学生学科竞赛获国家级奖42项，14篇论文获评省优秀学士学位论文。与国（境）外高校签署合作协议7项，首名学历教育留学生毕业并获学士学位，1名外教获“鸢都友谊奖”。

【召开第四次科研大会】 总结四年来科研工作，表彰获奖项目，提出科研发展目标任务和思路举措。2014年承担国家基金项目10项，8项成果获省高校优秀科研成果、社科优秀成果二、三等奖。22项专利授权，5人获评市中青年社科研究十佳拔尖人才。首次整批与山东科技大学联合培养的12名硕士毕业。承办省细胞生物学会年会等高层次学术会议。获评省社科普及工作先进单位。

【深入实施杰青计划】 引进博士19人，在职人员取得博士学位6人。5人入选第二批“杰青计划”，11人获批省高校优秀青年教师资助培养项目。新增享受国务院特殊津贴专家、省有突出贡献的中青年专家各1人，6人当选市专业技术拔尖人才。

【启用大学生创业孵化基地】 完善书院运行机制，优化大学生事务中心职能，启用大学生创业孵化基地。2人获评省高校优秀辅导员，1人获省辅导员职业能力大赛二等奖。深入开展“我的中国梦”活动，获国家级创新创业训练计划8项、省“创青春”大赛奖励10项。8名学生参加志愿服务西部计划，30多名学生入伍，14人在省师范类学生从业技能、大学生综合素质大赛中获奖。“学工在线”被评为第六届全国高校百佳网站，获最佳思政创新奖，大学生校园网络通讯站获全国十佳称号。

【完善基础保障条件】 学生综合管理系统运行，实现数字化迎新，科研管理系统验收，成为首批省教育信息化试点单位。完成计算机技术和电子电工骨干学科教学实验中心建设，高性能计算中心、3D打印、泽尔腾等特色实验室启用。特教教学实验综合楼基本建成。获选省高校校报研究会、教育审计学会、高校档案管理专业委员会副理事长单位，获选国家级第一批节约型公共机构示范单位、省古籍保护先进单位，被省公安厅授予集体二等功。

【服务潍坊领域不断拓展】 继续教育获准“新型产业工人培养和发展助力计划”试点，培训潍坊市干部自主选学

37 期、2405 人。与潍坊市教育局合作培训市中小学、幼儿园骨干教师 2640 人。继续面向社会开放百门课程。合作成立染整皮革助剂新技术研究室，加入全钢载重子午线轮胎产业创新战略联盟，新签订校企校地合作协议 26 项，潍柴节能改造、海盐文化研究等取得突出成果。2 项研究课题形成政府决策，1 人获“富民兴鲁”劳动奖章。

（孙玉敏）

## 潍坊职业学院

【概况】 潍坊职业学院是 2001 年 7 月经山东省人民政府批准组建的一所公办全日制普通高职院校，现为山东省技能型人才培养特色名校、山东省高职教育单独招生院校、山东省“3+2”分段培养本科生首批试点高校、山东省首批高等职业教育和技师教育合作培养试点学校。学院分为奎文、滨海两个校区，占地 2500 余亩，建筑面积 46.7 万平方米，教学科研仪器设备总值过亿元，图书馆藏书 100 多万册，教职工 930 人，其中，副高级职称以上 340 人，全日制在校生 20000 余人，其中，高职生 14000 余人。下设 10 个二级学院，开设 2 个“3+2”高职本科专业、51 个高职专业、17 个五年一贯制专业和 34 个中职专业，搭建起中、高、本贯通的技术技能型人才培养体系。学院先后被授予全国科教兴农先进学校、全国职业教育先进单位、全国学校规范化管理示范单位、山东省教书育人先进单位、山东省德育工作优秀高校、山东省依法治校示范学校、省级文明校园、省级花园式单位、省级文明单位、潍坊市文明和谐单位等称号。

【名校建设】 围绕“特色培育”和“重点项目”，2014 年年内投入名校建设资金 2000 多万元，重点加强 10 个重点专业及专业群建设、校园信息化建设等。学院、二级学院和重点专业层面分别成立校企合作理事会、产学研合作委员会和专业建设指导委员会，“三级联动”校企合作机制初步形成；10 个重点建设专业及专业群教师基本轮训一遍；“产教结合、学岗融通”人才培养模式初步建立，各专业形成特色鲜明、具有示范和推广价值的典型案例；教学资源信息化平台建设与整个数字化校园建设整体规划加快步伐；“三融合一对接”办学特色初步形成，高质量通过教育厅中期检查。

【师资队伍】 按照“四有”教师标准，强化师德建设和提升教师业务能力，开展“师德建设月”、院级教学名师评选活动，实施教师培养“五个计划”，教师参加境内外培训达 500 多人次。新进教师 14 人，270 余人专业技术职务职级得到晋升，8 名教师分获全国职业教育先进个人、省优秀教师、省高校教学名师、山东高校十佳辅导员、“富民兴鲁”劳动奖章、潍坊市十大创新青年等称号。

【教学改革与建设】 省教育厅、农业厅、林业厅依托学院成立农林职教专业建设指导委员会，充分肯定学院农林类专业建设成效。新增 3 个高职专业，新增 1 个“3+2”本科专业、2 个与技师学院合作办学“双证书”试点专业，中职市场营销专业被评为市级特色品牌专业。35 门专业核心课程制定了新课程标准，20 余门课程实施了“教学做”一体化教学模式改革。7 本教材入选国家职业教育“十二五”规划教材，73 门校本特色教材立项开发。

【实践教学】 投入 2700 余万元新建和改扩建 21 个实训室、16 个计算机室，新增校外实训基地 10 余家，与多家企业互设教师（专家）工作站（室），实验实训基地管理与使用推行 6S 管理模式。成功承办省、市职业院校技能大赛部分赛项，2014 年年内学生参加各级职业院校技能大赛获奖近 70 项，其中，获国赛一、二等奖 6 项，省赛一、二等奖 15 项。教师有 1 项成果获国家级职业教育教学成果奖，7 项获山东省职业教育教学成果奖。

【招生就业】 招生就业工作实现数量、质量双提高，2014 年年内中高职招生 7870 人，其中，高职学生 5805 人。成立学院大学生创业辅导中心，加强毕业生就业创业教育。学院连续三年承办山东省春季高校毕业生服务蓝黄“两区”专场招聘会。2014 届高职毕业生总体就业率为 99.28%，获省人社厅充分肯定。

【校企合作】 拓展校企人才共育新路径，2014 年年内与山东万声集团合作设立现代服务业学院，共建共管、共育人才，实施学费企业代偿、统一安置就业，培养现代服务业企业初级干部。与东软集团东软睿道有限公司等企业签署校企合作协议，在专业共建、创业教育等合作领域再迈新步伐；与山东龙威集团合作成立龙威商务科技研发中心，获上级科技立项资助。化工、机电职教集团推进校企资源共享，举办企业家进校园活动 12 场。

【科技与社会服务】 2014 年年内省市级纵向科研立项 71 项，开展横向科技项目 10 多项，科技到款额 284 万元；各类项目结题鉴定 72 项；获市级及以上成果奖励 16 项；发表各类论文 240 余篇；通过国家知识产权局审核专利 6 项。新获批成立 2 个市级工程技术研究中心和 1 个市级学科重点实验室。获批交通运输企业安全生产标准化考评机构，先后对 25 家企业进行了安全生产标准化考评；获“山东省就业创业培训省级项目定点机构”资质，为省服务外包企业培训员工 1000 余人；发展成人学历教育，扩大招生规模，学生达到 1393 人；全年累计完成各类职业资格、技术技能和社会培训 14345 人次，承接、组织会计类考试 12395 人次。组织科技创新服务团队开展各类服务活动，受益 8000 余人次。

【对外交流】 实施“引进来，走出去”战略，2014 年年内接待 12 个国（境）外友好学校和机构代表团 75 人次来访，与韩国、美国等地 6 所学校达成友好合作意向，与 5 所学校正式签订合作协议。

来自韩国、美国、巴基斯坦的外国留学生人数不断增加。与刚果（金）联合开展土壤肥力检测项目，获省科技厅经费资助。继续举办亚欧国家大棚蔬菜栽培技术培训班，为40多个国家培训专业技术人才、管理人员139名。

（隋 朋）

## 潍坊工程职业学院

【概况】 首次获得国家级教学成果二等奖1项，获得省职业教育教学成果一等奖1项、二等奖3项、三等奖2项，获得市政府高等职业教育教学成果三等奖2项。获批测绘与地理信息技术、工业机器人技术、园林工程技术3个高职新专业，1门省成人高等教育特色课程，7门省成人高等教育精品资源共享课。5部教材入选教育部第一批“十二五”职业教育国家规划教材。

【科研工作】 4项科研成果通过鉴定，其中，3项达到国内领先、1项达到国内先进。获国家发明专利2项。成功转让“生态型柿叶护肤霜系列产品制作技术”，获转让费30万元。获山东高等学校优秀科研成果三等奖2项，潍坊市社会科学优秀成果二等奖2项、三等奖4项。获批地市级及以上课题30项。发表论文250余篇，其中，核心期刊24篇，EI收入3篇。果蔬产品质量安全控制实验室被确定为市级重点实验室。

【师资队伍】 招聘新教师19人，聘任高技能型兼职教师10人。6名教师获得高级职称资格，12名教师获得中级职称资格，聘任正高级职称3人、副高10人、中级20人。组织12名教师赴台湾研修访学，4名教师赴德国、美国研修，139名教师参加了国家级、省级及各类省内外培训，3名教师参加国内访问学者研修。1名教师被评为“山东省优秀教师”，1名教师获得“山东高校优秀辅导员”称号。组织51名教师参加省教育厅高校教师岗前培训。

【实训条件】 投资608.26万元，完成中央财政支持机电一体化技术专业实训基地建设，新建或扩建汽车检测与维修、多媒体录播、组装与维护、网络信息安全、测绘、动漫游戏设计与制作、游戏软件开发等7个实训室。投资202万元的9个实训室正在建设中或已建成等待验收。新建多媒体教室17个、机房2个，新购电钢琴45架、钢琴36架，新购纸质图书2.1万册、电子图书4万册。

【技能大赛】 在全国职业院校技能大赛中获得三等奖2项、全省职业院校技能大赛中获得三等奖5项。在其他各级各类比赛中获得特等奖1项、一等奖17项、二等奖34项、三等奖44项。在山东省第二届高职院校微课教学比赛和全省高校青年教师多媒体教学课件竞赛中，4位教师获得一等奖、2位教师获得二等奖、3位教师获得三等奖；在第二届全国高校数字艺术作品大赛中，教师荣获一等奖2项、二等奖1项、三等奖2项。

【招生就业】 录取新生3195人，比去年增加300余人。其中，山东普通高职考生最低分理科291、文科286，超过2013年最低分平均近20分。定向培养直招士官机电一体化技术、计算机信息管理2个专业，面向山东、安徽、陕西和甘肃4省投放招生计划，圆满完成招生计划。其中，山东考生45人达到本科二批第一次填报志愿资格线，其余3个省份的考生全部达到本科最低录取控制线。中职和五年一贯制高职学生报到注册1499人。高职毕业生一次就业率99.87%，较上年增长2.52个百分点。

【校企合作】 牵头组建潍坊市工程机械职教集团，以此为主题的新闻稿件被大众网评选为“2014年山东高等职业院校十大新闻”。与潍坊市国土资源局合作，在山东测绘地理信息产业园内合作建成地理信息工程系。潍坊高新区学前教育实训中心工程主体封顶。东校区工程中心主体封顶。与广东白云通用航空有限公司签订协议，联合定向培养中国航空紧急救援直升机飞行员和航空机务维修师。与潍坊电信公司合作的数字化校园建设进入招标程序。牵头成立潍坊市学前教育专业建设委员会，与哈佛摇篮幼教集团、晓雯音乐学校签定合作办学协议。

【校园文化活动】 成功举办驻青州高校大学生文化艺术节。学生组织召开的“学习习近平给西部支教大学生的回信、让青春绽放在祖国最需要的地方”主题班会，在中央电视台《新闻联播》栏目播出。开展大学生志愿者暑期“三下乡”社会实践活动，受到省委宣传部、省教育厅等六部门联合表彰，“青色成长”深化改革观察小分队获“优秀服务团队”称号，2名教师获“社会实践活动优秀指导者”称号，2名学生获“社会实践活动优秀学生”称号。在校外建立1个大学生爱国主义教育基地、2个大学生志愿（义工）服务基地和社会实践基地。获得青州市委办公室、青州市人民政府“2014年行业风采展演特别贡献奖”。院团委被共青团潍坊市委表彰为2014年度潍坊市“先进团委”。

（王兆才 刘 丽）

## 潍坊护理职业学院

【概况】 潍坊护理职业学院是教育部和省政府批准设立的全日制普通高等学校，由原山东省益都卫校和潍坊卫校合并组建而成。学院现有三个校区，主校区坐落在青州市云驼风景区内，主要承担高职教学任务；原益都卫校和潍坊卫校分别作为青州校区和潍坊校区，承担中专教学任务。学院总占地1000多亩，建筑总面积21万多平方米，建有附属医院3所、养老护理院1所、省级以上财政支持的实训基地2个、高标准实验室116个，教学仪器设备总值6000多万元。学院现有教职工500多人，专任教师80%以上具有中高级技术职称。学院聘请中国工程院副院长樊代明院士、中国科学院曾毅院士等100多名知名专家担任兼职教授。学院是教育部确定的东西部联合办学单位，建立40多个联合办学点，全日制在校生13000多人。先后获得省级文明单位、全省高校后勤服务工作先进单位、全省高校公寓管理优秀单位等10多项称号。

【专业设置】 学院专业设置集高职、中职、培训于一体，开设护理、助产、口腔医学技术、药学、康复治疗技术、医学检验技术、医学营养、医用电子仪器与维护、医疗美容技术、中药、医学影像技术、老年服务与管理、卫生检验与检疫技术等13个专业，并根据社会需求开展成人教育和社会培训。2013年，学院先后被民政部、省民政厅、市民政局批准为国家、省、市三级养老护理员培训基地。学院专业设置领先，在中专办学时期于1993年在全省率先开办英语护理专业，培养涉外护士；1996年在全省率先开办卫生信息管理专业；2000年在全省率先开办康复技术专业；2005年在全国率先开办军护专业；2007年创办了老年护理专业和社区护理专业。

【特色专业】 护理专业是品牌专业，潍坊市首批特色专业，创建于1909年，已有100多年的历史，护理专业的教学和改革在全省乃至全国处于领先地位。在全省首届职业院校护理技能大赛中，该校有4名选手参赛，包揽一等奖前4名；在全国职业院校护理技能大赛中，获得团体一等奖和个人全能一等奖；2011年，在首届全国英语护理技能比赛获得团体一等奖和4个个人总成绩一等奖。老年护理和社区护理两项科研成果被卫生部专家组鉴定为国内领先水平，被列为市级重点课题。老年护理是学院护理专业的重点方向。2008年在潍坊滨海开发区创办滨海常青园老年护理院，既是老年护理专业的实训基地，又面向社会服务。军队护理是是学院特色专业和热门专业，实行军事化管理，主要面向部队医院实习就业，被省卫生厅确定为全省卫生系统质量品牌。口腔专业是学院的重点专业，学院依托口腔专业建有潍坊牙科医院和潍坊口腔医院。康复治疗技术专业是学院特色专业，学科带头人是中医龙沙学派传承人，中医、消化是学院附属医院的特色科室。

【教育教学】 学院深化教育教学改革，坚持校企合作，实行订单培养，试点现代学徒制，充分发挥行业、企业专家和行业指导委员会的作用，在口腔工艺技术、药剂等专业开设冠名班，实行校企双重评价体系。开展“双证”“多证”培养，搭建行业需求人才的桥梁。实行课程设置改革，探索分方向、多元化教学。加强实验实训基地建设，培养学生动手能力，校内先后投入6000多万元建设高标准实验实训基地，校外与30多家医院合作建成实习教学医院，开展实践教学。

【实习就业】 学院实行实习就业一体化，与70多家医院建立稳定的实习就业关系，包括解放军总医院、空军总医院、二炮总医院、北京军区总医院等知名医院。学院有5000多名毕业生在北京、天津、上海、深圳等大城市就业。与北京安贞医院、潍坊嘉德隆义齿有限公司等签订“订单培养”协议，组建“冠名班”。开展出国护士培训，准备成立出国护士雅思培训中心，有300多名毕业生先后到美国、英国、加拿大、澳大利亚等国家就业。

（张明明）

## 潍坊技师学院

【概况】 潍坊技师学院是一所国办全日制普通高等职业技术学院，为社会培育10万余名高技能人才。学院先后被授予全国职业教育先进单位、国家级重点技工学校、省级教学质量优秀单位、潍坊市名牌学校称号，并被确定为山东省外派劳务培训基地、山东省技师培训基地、山东省金蓝领培训基地。

【体制机制改革】 出台《进一步加强办学体制改革的实施意见》和《教育教学改革实施意见》两个文件；制定《绩效考核方案》，坚持“多劳多得、优绩优酬、效率优先、兼顾公平”的基本原则，将教职工的奖励性绩效工资与实际承担的工作责任和业绩挂钩，深化人事制度改革，逐步建立与岗位聘任制相适应的分配制度。

【成功申报省级示范专业群建设项目】 省人社厅、财政厅确定学院酒店服务管理专业成为省级示范专业群建设项目，省财政将陆续投入1500万元支持购置实训设备与教学资源建设。

【获批全省高等职业教育与技师教育合作试点学校】 根据省教育厅、人社厅《关于开展高等职业教育与技师教育合作培养试点工作的通知》，与潍坊职业学院成为全省首批高等职业教育与技师教育合作培养试点院校，第一次招收高考统招学生97名，迈出学历教育第一步。

【校企合作】 全面深化校企合作，分别与山东青能动力等16家效益好的企业签订合作协议，在10家企业挂牌建立实习实训基地，举办10类15期11130人次的各项培训，对2620人进行技能鉴定办证，完成全市1500名技师、高级技师的申报考评工作。10月，学院被省人社厅、财政厅评为“山东省加强就业培训提高就业与创业能力五年规划先进单位”。

【校际合作】 潍坊市政府批准学院设立潍坊技术中等专业学校，共设置9个专业。与11家院校签订合作协议，其中，与潍坊职业学院数控技术和汽车维修2个专业开展合作培养试点94人，与山东海事职业学院合作培养烹饪工艺与营养专业高级工18人，与青岛新港科技学院合作培养海尔集团数控加工技术专业高级工29人，新增加预备技师注册学生996人、中专学籍注册403人，潍坊护理学院538人、菏泽单县职教中心109人在学院学习。

【师资队伍建设】 开展首批“双师型”教师评定活动，共有83名教师提交申请及评审材料，认定首批“双师型”教师一级20人、二级40人，三级22人。组织13名教师参加教师高校教师资格报名及认定工作。

【一体化校本教材编写】 两个省级立项课题按期结题，完成《数控加工技术》《电气自动化技术》《车削加工技术》《维修钳工技术》《计算机应用技术》《烹调技术》《烹调技术——实习菜谱100例》等7本一体化校本教材的编写工作，获省专家组肯定。被省鉴定中心确定为过程性与终结性相结合的教学与职业技能鉴定评价模式试点单位。

【教科研活动】 评出优秀论文35篇、教案30篇、课件19个，推荐参加省、市优秀教学研究成果评选，获省一等奖3个、二等奖3个、三等奖6个。承办人社系统组织的全市职业技能大赛3个工种的比赛，派出19名学生参加比赛，获一等奖4名、二等奖5名、三等奖8名，被评为最佳组织奖单位。

【平安校园建设】 进行法制安全教育3次、消防宣传教育2次、消防疏散演练2次，对女生进行专题心理辅导1次，与78名走读学生签定了安全协议，增强学生的安全防范意识。投资14.5万元安装摄像头70个、云台10个，实现校园全覆盖。

（玄建亮）

## 山东畜牧兽医职业学院

【概况】 山东畜牧兽医职业学院是山东省唯一所国办畜牧兽医类普通高等学校，1955年建校，是山东省示范性高职院校、国家骨干高职院校。学院设有7个系部，开设24个专业（方向），其中，国家重点建设专业6个、省级品牌和特色专业8个，建有25门国家级精品课程、国家级精品资源共享课、省级精品课程和省级成人高等教育特色课程。学院拥有教授、副教授134人，“双师型”教师占专业教师的90%。学院拥有潍坊市重点实验室2个，建有各专业实验实训室130多个，建有动物医院、动物疾病检测中心、饲料厂、GMP兽药厂、畜牧科技示范园等数量充足、门类齐全的校内实训基地。与国内外500多家畜牧企业建立合作关系，在业内龙头企业设立校外实训基地200余处。牵头组建山东省畜牧职业教育集团。学院被确定为山东省现代农业技术培训基地、农林牧渔类国家级师资培训基地，连续多年获“三下乡活动先进集体”“科技兴农先进集体”等称号，被山东省委、省政府授予“科教兴鲁先进单位”。获全国大学生综合满意度50强高校、全国农业高校毕业生就业工作优秀单位、山东省职业教育工作先进单位、山东省职业教育先进集体、山东省高校毕业生就业工作先进集体、山东省高校毕业生就业工作优秀单位、山东省大学生创业教育示范院校、山东省高职高专院校人才培养工作优秀单位、山东省高校德育工作和校园文明建设优秀单位、最受新农村信赖的学校、山东省科技兴农先进集体等称号。

【师资队伍建设】 开展全院教师课程开发培训，选派34名骨干教师参加省级培训；安排54名专业带头人和骨干教师赴台湾和香港研修学习。1名教师为山东省现代农业产业技术体系创新团队岗位专家，2名教师为综合试验站站长；2名教师被评为全国职业教育先进个人和全国优秀教师。5名教师被评为国家、省技能大赛优秀指导教师，8名教师获国家、省课程设计等比赛一、二、三等奖。

【专业课程建设】 2门国家级精品资源共享课，登陆中国大学精品开放课程网站（爱课程网）；2门国家级专业教学资源库通过教育部验收，2门课程被确定为省成人高等教育资源共享课。成功申报潍坊市重点实验室1个。新增野生动物保护和运动马驯养与管理等2个专业。

【科研工作】 2014年，2项成果被评为国家级教学成果奖二等奖。2项成果获得省级教学成果一等奖，3项获得三等奖。获潍坊市科技进步二等奖4项，三等奖3项；获全省高校思想政治教育优秀成果一等奖1项，高校工委校园文化建设优秀成果奖2项。成功申报山东省农业重大应用技术创新课题，山东省良种工程项目、潍坊市科学仪器设备协作公用升级改造项目各1项，潍坊市自然科学基金1项。科技部立项2项，科技厅、教育厅、省级重点实验室开放课题、省社科联等立项6项，潍坊市科技创新计划立项17项，潍坊市软科学研究计划立项10项。完成市级科技鉴定14项，教育厅鉴定科技4项，省级教改鉴定5项。

【强化实践教学】 持续深化教学改革，加大实践教学比重，在所有专业中，实施2+1人才培养模式和订单培养模式，加强顶岗实习管理，实现全国农业职业院校技能大赛五连冠；参加创业技能大赛总决赛，获“创青春”杯山东省大学生创业大赛一等奖和金奖，山东省英语口语大赛、大学生心理健康节微博大赛和潍坊市朗诵比赛获二、三等奖。

【对口支援四川甘孜州职业教育】 为贯彻落实教育部、国家发展改革委、财政部《关于加快西藏和四省藏区中等职业教育发展的指导意见》和教育部有关会议精神，学院与甘孜藏族自治州签署对口支援职业教育协议，2015年启动在甘孜州地区的招生工作。学院指导帮扶甘孜州顶层设计全州职业教育发展以及康巴职教集团筹建工作，帮助培育农牧企业等。

【就业创业】 学院2014届专科毕业生总体就业率达到99.79%，连续四年在全省专科毕业生就业率排名领先。成功举办山东省2014年高校毕业生畜牧兽医类就业市场暨2015届毕业生就业专场招聘会，供需比为1：5。《中国高等职业教育质量年度报告》对学院就业创业教育进行重点推介。

【继续教育】 多形式多渠道开展科技培训服务，开展新型职业农民、村级动物防疫员、农技推广等多种培训，培训学员由2011年的2300人次达到2014年的6000余人次。

（臧志强）

## 山东经贸职业学院

【概况】 山东经贸职业学院是山东省人民政府批准、国家教育部备案的具有高等学历教育招生资格的省属公办全日制普通高等学校。前身是成立于1977年的山东省昌潍供销学校，2003年7月，独立升格为山东经贸职业学院。学院占地715亩，校舍建筑总面积18万平米，教学仪器设备总值4103多万元，图书馆馆藏纸质图书55.2万册。学院现有教职工496人，专任教师359人，教师队伍学历、职称、能力结构合理。全日制在校生8826人，学院现设会计系、工商管理系、财政金融系、商务工程技术系、国际商务系、科学与人文系、继续教育中心等7个教学机构，拥有39个专业，文理兼收，全国招生。学院是山东省首批技能型特色名校立项建设单位、全国供销合作社示范性高等职业院校。通过省教育厅、财政厅专家组对学院特色名校建设的中期检查。完成省教育厅专家组对学院人才培养工作评估回访工作。6月，学院被确定为全国供销合作社示范性高等职业院校。

【教学改革与专业建设】 2014年，新增4个供销社行业指导委员会特色专业、6门供销社行指委精品课程、1个院级特色专业、15门院级精品课程、1个院级教学团队；12部教材被评为职业教育“十二五”国家规划教材，开发工学结合校本教材33部。成功申报5项成果分别获得省级教学成果奖一等奖1项、二等奖1项、三等奖3项。其中，《基于资产评估专业联盟的集合式订单人才培养模式探索与实践》获得2014年职业教育国家级教学成果奖二等奖。

【承办山东省春季高考技能考试2个专业的考试和大学英语四、六级考试】 承办2014年山东省春季高考技能考试国际商务、电子商务2个专业类目的考试，共有4450名考生参加；组织2次大学英语四、六级考试，包括山东科技职业学院、潍坊职业学院等7所市内高职院校学生3207人参加。

【技能大赛获佳绩】 2014年，学生参加全国职业院校和山东省职业院校技能大赛、全国数学建模大赛、全国大学生会计信息化技能大赛、全国大学生英语竞赛等在内的省级以上技能大赛中共计获奖48项，其中，省级以上特等奖2项、一等奖13项、二等奖9项、三等奖17项、优秀奖7项。

【科研工作】 出台《山东经贸职业学院横向项目管理暂行办法》等3个文件。发表学术论文217篇，其中，中文核心14篇，EI收录1篇；出版专著4部；课题通过鉴定结项31项，另报送结项材料13项。组织申报纵向科研项目145项，学院推荐申报96项，立项47项；评审院级科研项目29项，立项8项。教师获各级各类成果奖34项。推荐中青年教师申报各类优秀人才。2人被评为十佳拔尖人才，1人被评为优秀人才；2人被评为潍坊市优秀社科工作者，3人被评为潍坊市社会科学普及工作“先进个人”；1人被评为山东省企业培训与职工教育理论研究“先进工作者”。学院被山东省职工教育协会评为山东省企业培训与职工教育重点课题研究“先进单位”；推荐校内符合条件者竞聘各类项目库评审专家。2人入选山东省软科学研究计划项目评审专家，12人入选潍坊市科技项目评审专家，4人被聘任为潍坊市社科研究首批特约研究员。

【招生与就业】 2014年，学院报到新生3060人，录取最高分为539分，生源数量和质量均有提升。2014届毕业生2607人，截至12月31日，总体就业率达到98.89%。学院被评为综合实力前十强国办高职院校和最具专业特色高职院校。

【师资队伍建设】 出台《山东经贸职业学院校内专业带头人选拔与管理办法》等7项规章制度，修订《山东经贸职业学院高层次人才引进办法》等10项制度。共引进各级各类人才18人，16名教师参加2013年度骨干教师国家级培训，43名教师参加2014年度骨干教师省级培训，1名教师进行国内访问学者项目，推荐选拔45名教师出境培训。共选派61名专任教师到企业一线进行挂职锻炼。鼓励在职人员读研，有2位老师考取博士研究生，2位老师申请参加2015年度博士研究生考试，10位老师顺利取得硕士学位。完成2014年度专业技术职务推荐申报工作，申报高级12人、中级14人、初级3人。

【对外交流与合作】 与英国理启蒙伦敦美国国际大学和爱尔兰莱特肯尼理工学院及韩国大田保健大学进行合作交流。新聘请1名韩籍教师、4名美籍教师来校任教。派出2位同学赴韩国加图立关东大学留学，8位同学赴稻江科技暨管理学院研习，1位同学赴台湾圣约翰科技大学研习。

【社会服务】 2014年，开展技术咨询、技术服务23次。完善《山东经贸职业学院社会培训工作管理办法》，共举办培训3122人次，潍坊市科级干部自主选学培训共67人次。学院网络教育在校生数达到143人，2014年，新增自考报名学生153人，组织学生参加校内职业技能鉴定和考试、校外社会性考试总人数达6000余人次，承办2014年省属事业单位公开招聘工作人员笔试、潍坊市公务员录用考试，考生总数3210人次。

（李　君）

## 山东交通职业学院

【概况】　山东交通职业学院是经山东省人民政府批准成立的以交通类为特色的普通高等职业院校，实行山东省交通运输厅与山东省教育厅双重领导、以山东省交通运输厅为主的管理体制。学院占地1300余亩，校舍建筑面积44.28余万平方米，馆藏图书82万册。学院拥有教职工800余人，其中，享国务院特殊津贴获得者1人，全国优秀教师1人，全国职业院校教学名师1人，全国交通高等职业教育专业带头人3人，省级教学团队3个，省级教学名师2人，省级教学能手2人，山东省“十大优秀教师”1人。学院下设8个二级学院，开设汽车、路桥、机械、物流、航海、轨道交通等为主要方向的34个（含方向）全日制高职专业，文理兼收，全国招生，全日制在校生16000余人。

【专业建设内涵不断提升】　组织修订2014年版34个（含方向）专业人才培养方案，牵头编制全省汽车运用技术等3个五年一贯制专业培养方案，与青岛理工大学对接制订车辆工程专业“3+2”专本衔接人才培养方案。教学资源库建设取得阶段性成果，出版教材20部。2014年，新增城市轨道交通工程技术、城市轨道交通运营管理、高速铁路动车乘务、国际邮轮乘务管理等4个高职专业。

【定向培养士官扩招】　2014年，学院军事类专科提前批定向培养海军士官生由2013年的180人扩至2014年的220人，招生专业为航海技术、轮机工程技术、船舶电子电气技术3个专业。

【开放办学取得新进展】　2014年，省交通运输厅、山东海事局签订共建山东船员考试评估中心协议，由山东交通职业学院承建，该评估中心建设将参照国际船员考试评估的要求，按照示范性、先进性、国际性的标准，将山东船员考试评估中心打造成国内首家既开展海员教育与培训，又服务于海军定向培养士官教育的高水平、综合性培训基地；上海大众入驻学院，双方共建上海大众山东交通职业学院培训中心；唐俊欧铃投资电动车整车、部分车辆总成在学院建立培训中心；与山东省交通科学研究院在科研项目实现了全方位的对接。

【技能大赛取得突破】　出台《大学生科技奖励办法（实行）》《技能竞赛管理办法》等系列文件，鼓励师生员工参加高水平竞赛活动，2014年，在参加全国、山东省级各类竞赛中获得一等奖23项、二等奖25项、三等奖26项，其中，在2014年全国职业院校技能大赛高职组汽车检测与维修、汽车营销两个赛项中获得两个赛项的团体一等奖和3个单项一等奖，囊括汽车类所有赛项的金牌，成为唯一包揽汽车检测与维修赛项4枚金牌的院校；在2014年中国大学生iCAN物联网创新创业大赛全国总决赛中，“智能车位挡车器”荣获一等奖；在2014年全省职业院校物联网竞赛中获得全省第一名。

【科研水平逐步提升】　出台《科研工作管理办法》《科研奖励管理办法》等制度，提升教师参与科研技术服务的积极性。2014年，申报各级科研项目26项，批准立项26项，其中，省级科研课题4项，市级科研课题3项，院级课题19项。获得各类教学项目奖励12项，其中，省级教学成果奖5项。2014年，获批发明专利1项，发表科技论文EI收录49篇，ISTP收录1篇，SCI收录3篇，ISSHP收录1篇，中文核心13篇。

【招生就业形成品牌】　2014年，学院优化招生宣传网络，设立招生“校园开放日”，通过网络、报刊、电视、高咨会、热线电话等方式进行全方位宣传。2014年招生录取5937人，其中，海军直招士官报到201人、专本连读“3+2”分段培养试点168人、春季高考524人、泰山校区报到1666人。2014年大中专毕业生就业率达到97.50%。

【交流与合作成效显著】　学院坚持以服务行业为宗旨，在实践中探索出技术服务型、基地示范型、股份合作型等产学研结合的有效模式。先后举办山东省2014年春季高考汽车维修技术专业技能考试、山东省2014年道路货运驾驶员职业技能竞赛、青岛市机动车维修行业“马蹄杯”技能大赛、山东省2014年职业院校高职组汽车检测与维修、汽车营销技能比赛等诸多赛事；承办淄博临淄交通运输局全区干部职工业务能力培训班，扩大学院的社会美誉度。

（卞贵建　张吉林）

## 山东信息职业技术学院

【概况】　山东信息职业技术学院是山东省人民政府批准设立、教育部备案的公办省属普通高等学校，由山东省经济和信息化委员会和教育厅主管。学院是教育部批准的“国家示范性软件职业技术学院”首批建设单位，总参谋部、教育部确定的定向培养直招士官试点院校，山东省“3+2”对口贯通分段培养本科招生试点院校；是国家首批“电子信息产业高技能人才培养基地”“全国信息产业系统先进集体”“山东省职业教育先进集体”“山东省德育工作优秀高校”“山东省文明校园”“省级服务外包人才培训基地”“省级劳务外派培训基地”“潍坊市文明和谐单位”。学院占地1037亩，建筑面积22万平方米，馆藏图书58.01万册，电子图书

3039GB，建设了现代化的实验室、实训室、多媒体教室以及电子实训生产线，各类实验实训仪器设备达8000多台（套），建立了校外实训基地90余个，建设了数字化智慧校园，实现了学院教学、管理、服务手段现代化。学院紧跟产业发展大势，围绕产业设专业，以电子信息技术类专业为龙头，并向其他专业渗透融合，形成了数字媒体艺术、软件技术、网络工程、电子技术、信息技术、自动化、机械设计与制造、财经、商管、航空等特色鲜明、优势明显的专业群。学院拥有一支教育观念新、教学水平高、实践能力强的师资队伍，共有教职工531人，其中，副高级以上职称128人，硕士以上教师100多人，“双师”型教师占专业课教师的60%以上，现有省级特色专业3个、省级教学团队2个，建成省级精品课程9门。

**【被总参谋部、教育部确定为定向培养直招士官试点院校】** 2014年，我院被总参谋部、教育部确定为定向培养直招士官试点院校，为空军部队和公安消防部队定向培养直招士官，2014年开始招生，2015年招生计划为360人，招生专业为电子信息工程、应用电子技术、计算机通讯技术和会计电算化。

**【被省教育厅确定为“3+2”对口贯通分段培养试点院校】** 学院作为国家示范性软件职业学院建设单位，被省教育厅确定为“3+2”对口贯通分段培养试点院校，衔接本科院校为潍坊学院，衔接专业为软件技术专业。

**【顺利进行人才培养工作评估回访工作】** 2014年10月16～18日，山东省高职高专人才培养工作评估回访专家组通过访谈、查阅资料等方式，对我院人才培养工作进行了深入考察。专家组对我院一年多来整改所取得的成绩给予了充分肯定。专家组认为，学院评估整改工作领导重视，措施得力，成效显著，实现了预期目标，完成了整改任务，达到了以评促建的效果。

**【举办信息化教学大赛、教学设计大赛】** 为提升学院教师信息化教学水平和教师教学设计能力，推进教学改革，学院分别于6月和12月组织了微课教学比赛、项目化教学大赛。

**【加强教学资源库建设】** 不断强化教学资源库建设，加强精品课程的资源建设，学院LS平台的课程视频、网络课程资源更加丰富，课程管理、自主学习、师生互动、网上答疑、网上考试等功能进一步完善。

**【积极申报新专业】** 新增测绘与地理信息技术、室内设计技术、网站规划与开发技术、地图制图与地理信息系统4个专业。

**【学生在各类技能大赛中再获佳绩】** 2014年，我院学生在各类技能大赛中再获佳绩，获“蓝桥杯”全国软件专业人才设计与创业大赛山东赛区一等奖2项、二等奖2项；获全国CaTICs网络赛团体赛团体二等奖2项、三等奖2项，个人一等奖1项；获全国大学生计算机设计大赛省赛一等奖2项、二等奖1项；获“挑战杯—彩虹人生”全国职业学校创新创效创业大赛国家二等奖；获TI杯山东省大学生电子设计竞赛一等奖1项、二等奖1项；获全国信息技术应用水平大赛全国一等奖1项。

**【教师在教学竞赛中再获佳绩】** 我院教师在各类教学竞赛中屡获佳绩，获全省高校青年教师多媒体教学课件竞赛一等奖1项，二等奖1项；获山东省第二届高校微课教学比赛一等奖1项、三等奖1项。

**【校企合作取得新突破】** 学院与联想集体、华为集团、微软（中国）有限公司、中创软件工程股份有限公司、山东师创、潍坊歌尔声学股份有限公司等知名企业的校企合作关系进一步深化，与哇哈哈集团、深圳迅方公司、北京中清研信息技术研究院等单位新签订校企合作协议。

**【成功举办大学生创业设计大赛】** 2014年6月13日晚，学院以“我的精彩”为主旋律，以“凝聚青春智慧，放飞创业梦想”为主题，以“学习改变命运，创业成就梦想”为口号举办第七届大学生创业大赛。本次比赛充分展示了我院学生的青春风采和创业激情，在炎炎夏日为全院师生奉献了一场“文学与艺术起飞，视觉共听觉一色”的盛宴。

**【就业率保持较高水平】** 学院重视毕业生就业工作，加强对毕业生的就业指导教育，积极参与校企合作洽谈会。2014年12月27日，组织第七届山东半岛信息工程类大中专毕业生就业双选会暨山东信息职业技术学院2015届毕业生就业双选会，参会单位200多家，提供了18000多个就业岗位，先后举办了50余场专场招聘活动，为2015届毕业生高质量就业奠定了基础。

（李国栋）

## 山东工业技师学院

**【概况】** 2014年，学院全面贯彻落实党的十八大和十八届三中、四中全会及全国职业教育工作会议精神，深入开展党的群众路线教育实践活动，积极稳妥高效地推动学院内部机构和干部人事制度改革，为学院科学发展、长远发展奠定了坚实的体制机制基础；紧紧围绕教育教学中心，继往开来，求实创新，有力推动了学院各项工作的科学化、规范化、制度化，开创了学院工作的新局面。

**【教学科研】** 出版教材2部，一体化校本教材50种、236万字；发表论文17篇，其中，核心期刊1篇；获得省级技工院校优秀教研成果一等奖7项，二等奖4项、三等奖10项；省级课题研究项目结题1项；获得国家专利项目4项；增设高铁乘务、工业机器人、商业摄影、物流等新专业；获得全省技工院校教师说课比赛及优秀教研成果优秀组织奖；学院顺利通过国家级高技能人才培训基地项目验收工作；成功申报为山东省、潍坊市“金蓝领”技师与大学生就业创业省市两级培训基地。

【师资队伍】 招聘新教师9人，聘任高技能型兼职教师32人；新增山东省首席技师1人、潍坊市技术拔尖人才1人；16名教师获得中级职称资格；组织6名教师赴台湾研修访学，2名教师赴澳大利亚研修，70多名教师参加了高校及企业技术与研修培训；1名教师被评为“山东省技工院校优秀教师”；3名教师获得国家人社部的创业培训师；28名教师获得心理咨询师、电子商务师等职业资格。

【实训条件】 投资793万元，完成国家级高技能人才培训基地建设，新建仓储物流实训室、高铁航空服务专业实训室、多媒体影视动漫实训中心、电子商务呼叫中心等公共教学设施、电气类、信息及多媒体类、机械类、数控类、印刷类实训设备557台（套）；投资300万元的省级高技能人才培训基地正在建设中。

【技能大赛】 成功承办了中国技能大赛山东省选拔赛3个工种的比赛，并成为国赛集训基地；成功承办了潍坊市职业技能大赛数控类项目的比赛。获国家级大赛一等奖1项（亚军）、二等奖1项（第四名）；省级大赛一等奖13项、二等奖10项、三等奖13项；市级大赛获一等奖12项、二等奖11项、三等奖11项。1人获得全国电子商务商业精英挑战赛优秀指导教师，6人获得中国技能大赛山东省选拔赛优秀指导教师，4人获得山东省技术能手称号，3人获得潍坊市技术能手称号。

【招生就业】 全年录取新生3163人，比2013年增加95人。其中，农村考生2701人，高级技工班人数770人，圆满完成了招生计划。定向培养招生专业机电一体化、电气自动化、空调制冷、计算机信息管理、制浆造纸等5个，招生总人数达700余人。就业工作坚持以高质量就业为目标，推行用人单位准入门槛制，拓展就业市场，为学生选择知名的企业优质的岗位供就业选择，就业率达95%以上。

【校企合作】 与西门子(中国)工业软件公司合作，加入了西门子公司主导的中国工科高校人才培养计划，并获得价值6000余万元的NX软件捐赠，用于学校的教育与科研；与中国电建集团直属山东电建三公司、青岛海信集团、福田模具、海尔模具、歌尔声学、大连机床、北大方正、山东立辉重工有限公司等进行校企深度合作。

【校园文化活动】 成功举办2014年度“校园文化艺术节”，开展了以“颂歌献给党”“我是团员我光荣”“魅丽校园、展青春风采”“我的青春我的梦”等为主题的系列活动，广大学生积极参与，各项活动成绩斐然。创新德育模式，开设德育早课和周四下午专题教育，统一教学形式，统一教育内容，学生精神面貌和文明程度大有好转。组织广大志愿者积极到颐年园、福利院等开展志愿服务活动。学院被评为2014年度“省级文明单位”，院团委被评为2014年度潍坊市“先进团委”。

（仵 强）

2014年11月19～20日，山东省政府在潍坊召开全省基础教育综合改革工作现场会，省委常委、常务副省长孙伟主持会议并讲话。（供图：赵云福）

2014年11月4日，省委副书记、省长郭树清（前排右二）专程到潍坊调研基础教育工作。（供图：赵云福）

2014年9月9日，市委、市政府隆重召开庆祝第三十个教师节大会。（供图：赵云福）

# 科 学

*Kexue*

## 科技工作

【概述】 潍坊市科技工作紧紧围绕提高自主创新能力，扎实开展“科技合作提升年”活动，着力实施创新驱动发展战略，各项工作取得了显著成效。全市实现高新技术产业产值3847.9亿元，同比增长11.8%，占规模以上工业总产值比重为30.6%，比2014年年初提高1.63个百分点。全市新建成国家级科技企业孵化器1家、国家火炬特色产业基地2家、省级示范工程技术研究中心11家、省级院士工作站15家。全年共组织实施国家、省科技计划项目287项，获得扶持资金3.9亿元。获得省技术发明奖4项，省科技进步奖8项。组织召开了4次中科院科技成果对接洽谈会，发布科技成果1132项，组织517家企业与有关院所签署协议168项。

【科技合作与交流】 通过与中科院科技促进发展局、电工所、化学所等61家直属院所合作对接，建立了长效合作对接机制，与中科院合作取得历史性突破。先后在北京、沈阳、西安、潍坊等地召开了4次对接洽谈会，发布科技成果1132项，组织517家企业与有关院所在技术攻关、平台建设、人才培养等方面签署协议168项。充分发挥科技合作联络员作用，不断加大招院引所工作力度，先后组织招院引所小分队到高校院所集中的城市，开展专题招院引所活动23次。市政府与东软集团签署了战略合作框架协议，东北大学潍坊研究院、山东信息通信技术研究院潍坊分院等先后挂牌成立。全市已建成高校院所分支机构46家，60%以上的规模企业与高校院所建立了产学研合作关系。

【高新技术产业】 潍坊市新培育认定高新技术企业123家、火炬计划重点高新技术企业3家，高新技术企业总数达到461家，火炬计划重点高新技术企业总数达到21家，均居全省第二位。新建成滨海海洋化工、寿光新型防水材料2家国家火炬特色产业基地，全市国家级特色产业基地发展到11家。全市实现高新技术产业产值3847.9亿元，同比增长11.8%，占规模以上工业总产值比重为30.6%，比2014年年初提高1.63个百分点。围绕培育壮大生物医药产业，编制了《潍坊市生物医药产业发展规划（2014—2020）》，委托安永公司进行了产业诊断和规划完善提升。全市生物医药产业实现营业收入300.2亿元，同比增长13.2%，成为高新技术产业发展的增长点。

【科技创新载体建设】 全市新建成省级院士工作站15家，居全省第一；省级示范工程技术研究中心11家，居全省第二。新建成市级工程技术研究中心67家、重点实验室45家、产业技术创新战略联盟10家。按照科技企业孵化器改造提升计划，组织专门力量，加大扶持力度，全面推进孵化器建设步伐。全市新增国家级科技企业孵化器1家、市级孵化器7家，新增孵化面积21.7万平方米。全市市级以上科技企业孵化器总数达到28家，其中，国家级6家、省级4家，孵化总面积124万平方米，在孵企业1069家，累计毕业企业439家。建设了市技术交易中心、科技合作信息网等科技服务平台，专家库、成果库、人才库等开放式科技资源已投入运行，大型仪器共享服务平台入网企业达到106家，上网大型仪器600余台（套）。

【科技资源聚集】 全市共组织实施国家、省科技计划项目287项，获得扶持资金3.9亿元。其中，国家级项目120项，争取资金2.1亿元；省级项目167项，争取资金1.8亿元。共安排市级计划项目453项，重点支持科技企业孵化器、科技创新平台、科技合作、招院引所、科技惠民、科技创新基金等领域。全市共培育优秀科技成果348项，获得省技术发明奖4项，省科技进步奖8项。评出市级科技最高奖1项，重大科技创新奖3项，自然科学奖7项、科技进步奖142项，技术发明奖2项，国际科学技术合作奖1项。

【农业和社会发展】 全市组织实施中欧中小企业节能减排、农业科技成果转化、富民强县、农业良种工程、科技惠民等国家、省级农业和社会发展领域科技计划项目13项，获得扶持资金1900万元。全市2人入选省泰山学者种业人才支撑计划，占全省的五分之一。围绕省农业农村信息化示范建设，新建综合信息服务示范站点80个，总数达到270个。积极对接东营、滨州，编制完成了潍坊（寿光）示范区区域城市建设、土地利用、产业发展等总体规划以及区域环境影响评价报告，黄河三角洲国家农业高新技术产业示范区（寿光园区）创建稳步推进。大力实施科技惠民工程，组织实施了"新型墙体保温材料改造民居"等示范项目15项，惠及民众30余万人，新增社会经济效益5亿元。

【科技创新环境建设】　围绕深化科技体制改革，市政府制定出台了《关于进一步加强科技企业孵化体系建设的意见》，进一步提高科技企业孵化体系的专业化、市场化、国际化水平。修订了《潍坊市科技奖励办法》，增加了奖项设置，提高了奖励额度，进一步激发了全社会的创新创业活力。全面落实职能转变和简政放权，系统梳理权力事项，保留服务清单21项，简化了办事流程，提高了服务效率。科技金融结合更加紧密，会同市金融控股集团，运作好国信科技创新投资公司，争取到省成果转化先导资金2800万元，创投基金增资到1亿元。通过财政资金的引导，带动各类社会资本投入科技创新，为企业技术创新、产业转型升级提供了支持和保障。

（赵　震）

2014年4月14日，市委书记杜昌文（左一），市委常委、副市长孙起生（右三）等领导视察潍坊市科技合作中心。（供图：刘永亮）

2014年8月14日，潍坊市人民政府与东软集团战略合作框架协议签约仪式，就健康城市建设、创新创业人才教育、智慧城市、空间地理信息、大气环境监测和农产品质量溯源等方面合作进行对接洽谈。（供图：刘永亮）

## 知识产权

【概况】　全市专利申请13711件，专利授权8435件，均居全省第三位。企业专利申请6392件，占申请总量的46.62%，其中，企业发明专利申请达1780件。企业专利授权4704件，占授权总量的55.77%。潍柴动力和歌尔声学分别居2014年全省企业发明专利授权量前十企业第五位和第九位。

【建设国家知识产权示范城市】　市委、市政府高度重视高标准建设国家知识产权示范城市工作，杜昌文先后三次作出批示，对加快示范城市工作提出明确要求。市政府印发了《潍坊市高标准建设国家知识产权示范城市工作方案》，推动了示范城市工作扎实开展，国家知识产权局在全国推广潍坊市经验做法。在2013年度国家知识产权示范城市工作考核中，潍坊市居25个地级市首位。

【知识产权运用和服务】　全面推行实施《企业知识产权管理规范》国家标准，全市共有34家企业进入省"贯标（贯彻《企业知识产权管理规范》国家标准，标准号GB/T29490-2013）"企业实施运行阶段，12家提报了认证申请，3家企业获得标准认证证书。通过积极引导和推动，进一步提升了企业知识产权管理水平和保护能力，增强了企业核心竞争力。依托国家专利数据库资源优势，在全省率先建成了"检索分析、导航预警、专利交易、质押融资、企业培训、维权援助”等功能为一体的知识产权信息综合服务平台，分期分批为重点企业建立了专题专利数据库，在半导体发光、动力机械、生物医药等重点产业领域开展专利检索和预警分析，为推动全市创新发展、转型发展发挥了重要作用。会同市财政局印发了《潍坊市专利权质押贴息资金管理办法》，对创新型中小企业专利权质押贷款给予50%贴息补助。积极推动银企合作模式，与潍坊银行、交通银行、兴业银行、齐鲁银行、日照银行等银行签署了框架协议，累计贷款额3亿余元。

【知识产权保护】 市政府出台《关于加强知识产权执法协作联动工作的意见》，加强与工商、版权、法院、公安等部门协调配合，形成了“协作密切、查处及时、打防结合、保护有力”的执法保护机制，积极营造公平有序的创新环境和营商环境。积极开展知识产权执法维权“护航”专项行动，针对医药、食品、家电等重点流通领域开展执法检查，共调处专利纠纷案件44件，查处假冒专利案件637件，出动执法人员1500人次，检查带有专利标记的产品4000件，执法案件数量位居全省首位。维权援助中心共接听“12330”举报投诉咨询电话131次，处理投诉举报和维权援助案件57件。组建了“12330”维权志愿者队伍，开展志愿者活动。强化展会知识产权保护维权，在鲁台经贸洽谈会、文展会、菜博会等8个大型展会设立服务点，开展知识产权维权援助和咨询服务。

【知识产权宣传】 以“世界知识产权日”和“中国专利周”为契机，与潍坊电视台联合开展集中宣传，在《潍坊新闻》黄金时段，开设知识产权系列专题，围绕知识产权助推转调创、质押融资、信息服务、执法保护等内容进行深入报道13期，进一步增强了全社会知识产权意识。

【知识产权培训】 面向企业、学校和党政机关，重点开展了专利执法、专利挖掘与实战、专利信息利用、外观设计、企业贯标等培训班12期，培训达5000人次。发挥潍坊学院省知识产权培训基地作用，组织举办了为期23天的2014年全国专利代理人考前强化培训班，25人通过资格考试。不断加大中介机构引进力度，引进北京中恒高博、众合成诚代理服务机构落户潍坊，全市知识产权代理机构总数达8家。

（刘振兴）

## 防震减灾

【概况】 投资2000万元建成潍坊防震减灾科普馆，购置全省首部地震体验车并深入基层宣传。2014年对240个一般工程和46个重大工程开展了地震安全性评价。组织12个县（市、区）政府机关工作人员和全市470余所学校、幼儿园开展地震应急疏散演练，7000余名机关工作人员、40余万师生参演。命名了首批市级9处地震科普教育基地，10所学校被评为“省级地震科普示范学校”，25所学校被评为“市级地震科普示范学校”。建设完成了47个台（站）组成的“市地震预警系统”。诸城市被中国地震局表彰为“国家防震减灾示范市”，并在“全国基层防震减灾示范工作会议”作了交流发言，青州王府街道南燕都社区被命名为“国家地震安全会示范社区”。潍坊市地震局被国家人社部、中国地震局联合表彰为“全国地震系统先进集体”；潍坊市地震局、诸城市地震局被评为“2014年度全国防震减灾工作综合考核先进单位”；诸城、昌邑、奎文、昌乐、青州局被评为“全省2014年度防震减灾工作先进集体”。

【监测预报】 认真做好震情监视和跟踪工作，保障台（网）连续可靠运行，现场维护、检修、巡检各类站点37次。各类台网运行安全稳定，测震台（网）运行率达到98%。2014年，潍坊地区共发生可定位地震7次（$ML \geq 1.0$），其中1.0～1.9级地震5次，2.0～2.9级地震2次，最大地震为6月21日临朐ML2.2级地震。全市共建成群测网点174个（项），其中，群测骨干点37项，宏观观测点137个。

【震害防御】 印发了《潍坊市人民政府关于进一步加强农村民居抗震设防工作的意见》。积极探索减隔震技术的应用、宣传和推广工作。委托市政府采购中心面向全国采购4家资质单位作为市中介机构进行管理，保证了震评业务的良性运转。加强地震安全性评价现场施工质量监督，确保地震安评资质单位为全市建设领域提供优质、高效、便捷的服务。

【地震应急】 全市各类地震应急预案数量达到3600余件。强化地震应急演练，积极应对威海乳山4.3级地震。实行地震异常“零报告”落实制度，现场落实了潍城区东风西街局部路段路面发热、昌邑市三教堂村房屋裂缝、临朐县老龙湾水位下降等宏观异常事件，解答当地群众疑惑，有效地防止了地震谣言事件的发生。

【防震减灾宣传】 “5·12”防灾减灾日期间，共向社会发放宣传材料10万余份，发放科普图丛书6000余本，设立咨询台接受咨询共计8000人次。到市卫生局、市电信公司、港华燃气等单位进行地震应急培训30余次；到潍坊学院、高新区机关幼儿园、广文中学等10余所学校举行地震应急科普讲座及疏散演练50余次；对地震群测群防队伍和志愿者队伍应急培训30余次。将地震科普示范学校十年建设调研成果结集为《安全责任重于泰山—地震科普示范学校建设集锦》，中国文化出版社公开出版发行了《群灾之首·地震传》一书。在全市地震科普示范学校开展了“防震减灾知识调查测试”活动，全市累计参加测试人数约 6 万人。

（刘中宁）

## 气象测报

**【气象服务】** 1 ~ 7 月降水偏少，潍坊市气象局于 7 月 17 日启动重大气象灾害（干旱）预警防御应急预案 II 级应急响应。为市领导及相关部门提供短期气候预测 4 期，制作抗旱气象服务专报 7 期。圆满完成风筝会、鲁台经贸洽谈会、菜博会、昌乐宝石节、青州花博会等重大活动气象服务工作。完成“三夏”麦收期间、春运、高考及节假日气象服务工作。全年共发布重要天气预报 17 期、专项气象服务 89 期、雨情信息 173 份、预警信息 39 期，农事建议 9 次，召开新闻发布会 6 次。受第 10 号台风“麦德姆”影响，7 月 24 ~ 25 日潍坊全市平均降水量 64.4 毫米，其中，安丘、昌邑、高密、诸城出现暴雨。潍坊市气象台共发布重要天气预报 3 期，预警信号 4 期，台风消息、信息快报共 10 期，雨情简报 8 期。

**【人工增雨防雹】** 共组织人工影响天气作业 25 场次，其中，增雨（雪）作业 21 次、防雹作业 4 次，共增加降水 1.6 亿立方米，有效保护面积 4500 平方千米。减少经济损失和创造经济效益 2.2 亿元。12 月 8 日，潍坊市政府办公室印发了《关于印发人工影响天气炮点规范化建设实施方案的通知》。新建或改建规范化作业站点 24 处，完成县炮点监控通信指挥系统试点建设。

**【雷电防护与防雷审批】** 3 月，潍坊市气象局、潍坊市安全生产监督管理局联合下发《关于做好 2014 年度防雷减灾工作的通知》，对全市防雷减灾工作进行了安排部署。为近 20 家房地产企业提供了免费技术服务。为近千家企事业单位提供了防雷检测服务。开发了新一代“潍坊市雷电灾害风险评估系统”，完成了 70 个项目的评估工作。4 月，潍坊市雷电防护技术中心被潍坊市总工会评为“潍坊市工人先锋号”。

**【依法行政】** 依照气象法律、法规，规范申报材料、审查步骤，制作气象行政许可事项权力运行流程图。梳理气象部门权力和服务清单 50 项，依法检查易燃易爆场所、危化品企业、涉氨制冷企业、劳动密集企业防雷安全 36 家。落实《潍坊市人民政府关于促进全市经济持续健康发展的意见》，取消了房地产业的雷电灾害风险评估、防雷设计图纸审核、防雷装置施工质量及竣工验收检测等技术服务费。

**【装备与保障】** 建成玉泉洼气象科普基地小气候站、新一代多普勒天气雷达站并试运行。全年共进行各类仪器维护、维修 2600 余站次，雨量传感器校准 292 站次。全市已拥有国家级观测站 9 个，风廓线雷达、新一代多普勒天气雷达各 1 部，气象科普基地小气候站、移动气象台各 1 个，海洋水文验潮站、海上浮标站各 1 个，雷电观测站 2 个，GPS/MET 观测站 5 个，区域观测站 146 个，设施农业气象观测站 6 个，自动土壤水分观测站 10 个，梯度测风塔 3 个，卫星广播系统 10 套。

**【气象为农服务】** 开展关键农事期和主要生产环节农用天气服务。继续开展临朐大樱桃和诸城黄烟等特色农业的跟踪服务工作，做好设施农业服务工作。制作并发布农业气象情报、气候影响评价、春播气象服务、秋收冬种气象服务等材料共计 79 份，制作特色作物关键生育期制作特色农业气象服务专报 38 期，设施农业天气预报 174 期，发布设施农业气象服务周报 30 期。

**【气象监测预警与预报服务】** 全市汛期降水偏少，降水分布不均，共出现 3 次中到大雨及以上天气过程。7 月 24 ~ 25 日，受第 10 号台风“麦德姆”影响，全市出现全年首场强降水。针对此次台风过程，市气象局提前预报、及时预警，积极向市政府领导、市应急办、市防汛抗旱指挥部以及其他相关部门提供决策服务。24 日上午，市长刘曙光在气象局主持召开全市防台风工作会议。下午，市委书记杜昌文带领市防汛抗旱领导小组成员单位的领导来气象局部署全市防台风方案。经过各部门联动应对，此次台风过程未造成人员伤亡。汛期共发布天气预报 6 期，预警信号 19 次和雨情 92 期，其他决策服务信息 10 余份。

**【公共气象服务主动及时】** 圆满完成第三十一届潍坊国际风筝会、寿光蔬菜博览会、昌乐宝石节、青州花博会、昌邑绿博会、寒亭萝卜节等重大活动的的气象服务保障工作，共提供专项服务材料 84 份。1 名相关负责同志被潍坊市委、市政府评为“第 30 届潍坊国际风筝会筹备工作先进个人”。2014 年内向社会发布预警信 38 次。向市委、市政府及有关部门发送重要天气报告 17 份。市气象局被评为“2014 年度全省气象服务先进集体”，2 人被评为“2014 年度全省气象服务先进个人”。

（王松山）

## 水 文

**【概况】** 潍坊市现有国家基本水文站 17 处、雨量站 224 处、报汛站 55 处、墒情监测站 20 处、蒸发观测站 7 处、河道泥沙监测站 2 处、水土保持监测站 2 处、地下水观测站 158 处、水质监测站 151 处、区域用水总量监测站 48 处。

**【降水量及分布特征】** 全市平均降水量为 439.7 毫米，比上年偏少 14.8%，比历年偏少 31.1%，属降水枯水年份。与上年比较，青州市偏少最大为 39.0%，坊子区偏多 13.1%，其他县（市、区）一般在 -37.3% ~ +7.6%。与历年比较，青州市偏少最大为 40.0%，高密市偏少最小为 18.1%，其他县（市、区）一般在 -39.7% ~ -29.5%之间。

全市降水的主要特点是时空分布不均。时间分布，降水量主要集中在汛期，6 ~ 9 月降雨量 305.1 毫米，占年降水量的 69.4%，其中，7 月降雨量 123.3 毫米，占年降水量的 28.0%；枯季的 1 ~ 5 月降水量 76.7 毫米，占年降水量的 17.4%，10 ~ 12 月降水量仅为 57.9 毫米，占年降水量的 13.2%。地区分布，降水量地区差异明显，梯度变化较大，由西南到东北，由西到东降水量逐渐递减，各县（市、区）平均降水量高密市最大为 533.1 毫米，昌邑市最小为 368.1 毫米，区域极值差为 165.0 毫米。

【水库水情】 2014 年年末，全市 26 座大中型水库总蓄水量 4.0781 亿立方米，比年初少蓄水 4.8565 亿立方米。其中，大型水库蓄水量 2.9805 亿立方米，比年初少蓄水 3.8487 亿立方米，中型水库蓄水量 1.0976 亿立方米，比年初少蓄水 1.0078 亿立方米。

【河道水情】 全市汛期各主要河流河道水势平稳，处于基流或断流状态，均未形成明显洪水。潍河诸城水文站 7 月 25 日 18：00 最大过闸流量 47.4 立方米每秒，相应闸上水位 54.05 米，相应闸下水位 47.53 米，水位变幅 0.95 米；渠河郭家屯水文站 7 月 25 日 6：00 实测最大流量 0.13 立方米每秒，相应水位 39.45 米，水位变幅 0.02 米；弥河黄山水文站 7 月 27 日 6：00 实测最大流量 0.03 立方米每秒，相应水位 137.40 米，水位变幅 0.06 米；弥河谭家坊水文站 6 月 21 日 6：00 实测最大流量 2.70 立方米每秒，相应水位 36.74 米，水位变幅 0.04 米；胶莱河流河水文站 8 月 1 日 13：20 实测最大流量 5.32 立方米每秒，相应水位 2.01 米，水位变幅 0.21 米。2014 年全市各河流入海径流量 1.6992 亿立方米。

【水文情报预报】 全市各类报汛站共向国家防总、省市防指拍发电报 17023 份，其中，水文站 5386 份，委托站 4988 份，工程站 6649 份，其发报率和正确率均为 100%。提供大中型水库、主要河道水情表 111 期，雨情表 119 期，墒情简报 30 期，雨水情新闻稿件 69 篇，水情月报 12 期，雨水情综述 3 篇，洪水预报 2 次，向各级领导发送雨水情短信 17342 条。

【地下水位变化】 根据地下水动态监测资料，2014 年年末，全市平原区平均地下水位埋深为 12.43 米，较年初下降 0.93 米。年末与年初比较，全市各县（市、区）地下水位均不同程度的下降，地下水位降幅为 0.27 ~ 1.34 米。

【地下水漏斗区变化】 全市平原区地下水漏斗区有寿光—昌邑、昌邑城区、昌乐朱刘店漏斗区 3 处，2014 年年末漏斗区总面积 1637 平方千米，较年初扩大 17 平方千米，漏斗区地下水位负值区面积 1132 平方千米，较年初扩大 32 平方千米。其中，寿光—昌邑漏斗区年末面积 1230 平方千米，较年初扩大 10 平方千米，漏斗地下水位负值区面积 907 平方千米，较年初扩大 22 平方千米，该漏斗区东部白浪河附近地段地下水位负值区扩大较明显；昌邑城区漏斗区年末面积 382 平方千米，较年初扩大 7 平方千米，漏斗地下水位负值区面积 200 平方千米，较年初扩大 10 平方千米，该漏斗区东部地下水位负值区扩大较明显；昌乐朱刘店漏斗区面积及水位负值区面积仍为 25 平方千米。

【浅层地下水蓄水量变化】 全市平原区浅层地下水蓄水量较年初减少 18449 万立方米，全市各地地下水蓄水量均较年初减少，减幅为 238 ~ 5627 万立方米。

【地表水水质状况】 全市共设地表水水质监测站 48 处，其中，河道站 22 处，水库站 26 处，全年共监测评价三次（5、8、11 月各一次）。从监测评价结果看，水库水质总体向好，河道水质污染较严重，且以有机污染为主。与历年比较，水库水质相对稳定，河道水质略有好转，有 1 处河道站点达到 II 类水质标准，达到 III 类水质标准的河道站点比往年增加。

在评价的 22 处监测河段中，水质为 II 类的 1 处，占监测河段总数的 4.5%；水质为 III 类的 7 处，占监测河段总数的 31.8%；水质为 IV 类的 4 处，占监测河段总数的 18.2%；水质为 V 类的 2 处，占监测河段总数的 9.1%；水质为劣 V 类的 8 处，占监测河段总数的 36.4%。

在评价的 26 座大中型水库中，水质为 II 类的 3 处，占监测总数的 11.5%；水质为 III 类的 22 处，占监测总数的 84.6%；水质为 IV 类的 1 处，占监测总数的 3.9%。

【地下水水质状况】 全市共设地下水水质监测站 46 处，全年共监测评价 2 次（5、11 月各一次）。从监测评价结果看，大部分地下水监测井点水质较差，与历年比较，水质有所下降。

按地下水质量单项指标评价，在评价的 46 处地下水井点中，水质达标（以 Ⅲ 类为标准）的站点有 12 处，占监测评价井点总数的 26.1%，比 2013 年下降 5 个百分点。水质为 II 类的 2 处，占评价总数的 4.3%；水质为 Ⅲ 类的 10 处，占评价总数的 21.8%；水质为 IV 类的 11 处，占评价总数的 23.9%；水质为 V 类的 23 处，占评价总数的 50.0%。

【主要水源地水质状况】 全市共设水源地水质监测站 20 处，其中，地表水水源地 10 处，地下水水源地 10 处（12 月份为 9 处），全年共监测评价 12 次。从监测评价结果看，地表水水源地 1 处水质为 II 类，9 处水质为 III 类；地下水水源地水质全部为 III 类。与历年比较，水源地水质均相对稳定。

（李秀丽）

# 文化　卫生　体育

*Wenhua　Weisheng　Tiyu*

## 社会文化

【公共文化服务体系建设】　潍坊市、诸城市2个“省级公共文化服务体系示范区”和全市10个省级以上“社会文化先进县”通过验收、复评，诸城市被推荐评选“国家级社会文化先进县”，潍坊市被列为“山东省公共文化服务标准化试点单位”。以组织开展“基层公共文化服务能力建设年”活动为抓手，实施文化器材配送工程，累计为农村配备e农影库1500余部、图书50万册、电子音像1万册，惠及全市1000处农村文化大院和200余支业余文艺团体。深入实施文化人才培养工程，“百千万”基层公共文化人才培训全面展开，共举办各类培训150余期，培训人员6000余人次。分解落实省“文化惠民、服务群众”16件实事，建成镇图书馆20处，为改制国有文艺院（团）配送流动舞台车，发挥潍坊市图书馆的龙头带动作用，推进数字图书馆建设，持续强化元宵灯谜会、真人图书馆、经典阅读等一系列“书香潍水”品牌活动，参加群众17余万人次。

【公共文化设施建设】　市图书馆新馆开放运行，服务功能配套不断完善，被誉为“市民大书房”。县级两馆功能品质进一步提升，一批高标准镇（街）综合性文化中心加快规划建设，80%以上的行政村（社区）建成乡村文化小广场，为基层配备广场文化活动器材1679套（件），对500个村文化大院进行了优化升级。20个镇图书馆全部建成并使用，对2013年度建成的22处镇公共图书馆进行评估定级，评选出7个二级馆、15个三级馆。

【文艺精品创作生产】　潍坊市深入贯彻落实习近平总书记在文艺工作座谈会上的重要讲话精神，加强对文艺精品创作生产的扶持引导；电视剧《大掌门》等4部作品获省第十一届“文艺精品工程奖”，连续十届荣获“省精品工程组织工作奖”。现代吕剧《李二嫂的新故事》、京剧《路向远方》等8部作品荣获山东省第七届“泰山文艺奖”。合作拍摄的电视连续剧《红高梁》收视屡创新高。电影《永远是春天》入选中央第二批党的群众路线教育实践活动教育影片。合作拍摄的电视剧《潍县集中营》，电影《绝地天使》《天国与地狱》，纪录片《潍县集中营纪实》《被遗忘了的潍县集中营》等正在创作生产中。20余件作品入围第十二届全国美展，实现了全国美展新的突破。王晓光获第二届全国兰亭理论奖二等奖，李金波、顾鸿雁等五人获“全国农民画、剪纸艺术大赛”优秀奖，黄鑫的《狐狸的友情》入选中国作协重点扶持项目。会同财政等部门制定出台文艺精品创作生产扶持奖励指导意见和专项使用资金管理办法，加大对文艺精品创作生产的扶持力度。

【基层公共文化服务】　全市公共文化服务机构新增免费开放空间234个、服务窗口195个、服务品牌182个。深入开展重大文化惠民活动，完成农村公益电影放映73000场，对全市1798家“农家书屋”进行了出版物更新和数字化升级，完成了“一村一年一场戏”演出任务。扎实开展“百千万”基层公共文化人才培训工程，全市共举办各类培训200余期，培训人员2万余人次。在省新闻出版广电局“4个100”评选表彰中，潍坊市有7个优秀书屋管理员、7个示范农家书屋、7个书香之村和6个书香农家受到省局表彰。在2014年度市直机关优秀服务项目评选中，全民阅读、“书香潍水”“百千万”基层公共文化人才培训、群众文化基层辅导工作制度4个项目入选。公共图书馆一体化工程加快推进，市图书馆覆盖全市城乡的数字图书馆建成开通，2个自助图书馆、24小时借阅室启用，全市所有建成的镇图书馆与县级图书馆实现联网互通。标准化尼山书院建设扎实推进，全市规划建设市、县两级“尼山书院”13个，招募专家讲师团1支、志愿者30余人，开展活动近100场，服务群众1.2万人次。

【群众性文化活动】　组织开展“我们的中国梦”文化进万家暨元旦春节期间

"送欢乐下基层"活动，积极开展"三下乡""四进社区"等活动200余场次。组织开展用文艺形式加强中国梦宣传创作活动，举办"我的中国梦·艺彩新潍坊"征文大赛、"走进经典"第二届书法展等活动。继续以"我们的节日"为主题，广泛开展节日民俗、文化娱乐、体育健身等活动，弘扬优秀传统文化和传统美德。持续打造群众文化品牌，组织开展"魅力潍坊·浓情四季"品牌文化活动，相继举办"第二届潍坊市广场舞大赛""萨克斯音乐会""第五届社区文化节""首届市民艺术节""第三届广场社区电影节""古琴艺术节"等一系列群众文化活动，演出500余场、吸引观众100余万人次，丰富了广大群众精神文化生活。

成功举办首届"市民艺术节"，组织开展1000余场文艺比赛、展览和展演活动，为基层群众搭建了才艺展示交流的平台。组织开展潍坊市广场舞比赛推广培训活动，评选表彰了100名优秀骨干和50支优秀队伍，开展文艺比赛、展览和展演活动80余场次。全市地方特色节会文化活动和"送戏下乡"惠民演出活动广泛开展，极大地丰富活跃了群众文化生活。潍坊市、诸城市两个省级公共文化服务体系示范区和全市10个省级以上社会文化先进县全部通过上级复评，诸城市被评为"全国文化先进县"，潍坊市被列为"山东省公共文化服务标准化试点市"。

（王绍芳 张志存）

## 文化创意旅游基地建设

【文化产业项目】 持续实施文化产业重点项目、重点园区、重点企业带动战略，建立完善2014年文化产业项目数据库，重点调度投资过千万的文化产业项目291个，计划总投资1860.14亿元，其中，总投资过亿元的项目160个，过100亿元的2个。重点掌握国家级文化产业示范基地5家，省级文化产业园区（基地）19家，省级重点文化企业8家，省级重点文化产业项目10个，市级文化产业示范园区（基地）59家。山东华艺雕塑艺术有限公司获文化部"第六批国家文化产业示范基地"称号，潍坊科苑数字科技有限责任公司入选2013～2014年度国家文化出口重点企业，全国唯一一家数字教育出版产业研发基地落户高新区，山东云计算版权登记交易平台正式上线并开展版权登记，高新区被评为"全国版权示范园区"。潍坊文化艺术品中心建设扎实推进，总体规划编制完成。潍坊文化产业孵化器项目已纳入"金种子"计划，3个文化产业项目获得省级文化产业发展专项资金扶持。中国（青州）书画城、潍城1789南大营创意园区等十几个以文化艺术品创作生产交易为核心的文化产业项目，正通过加快整合提升和规划建设，呈现出强劲的发展势头。

【文化展示交易平台】 成功举办第四届中国画节·中国（潍坊）第七届文化艺术展示交易会暨首届中国油画风景作品展，在中心城区及有关县（市、区）设立10余处分会场，组织开展了各类专题文化活动，参观参展人数达45.1万人次，交易总额达10.38亿元，均创历史新高。与新华视讯手机电视台签署合作协议，共同建设书画艺术移动互联网多媒体运营平台，推动新型媒体与传统媒体融合发展。组织"中国画都——山东潍坊"记者行活动，在《瞭望中国》《中国报道》等各类媒体上刊发专题报道，进一步打造"中国画都·山东潍坊"金字招牌。以打造文化创意旅游基地为重点，征集全市优质文化产业项目，不断加大宣传推介和招商力度。充分利用中国画节、中国（潍坊）文化艺术展示交易会、深圳文博会、省文博会、鲁台会等有利时机，组织文化产业招商活动，重点推进白浪河绿洲湿地公园周边文化项目的培植与招商工作，目前荣宝斋（潍坊）分店项目已签署合作协议，清明水街项目、沿河景观建筑开发经营系列项目、上下游湿地影视基地项目、雕塑艺术园等项目正在洽谈运作。

【文化产业融合发展】 加强银企对话，协调潍坊银行等金融机构为文化企业提供艺术品质押、艺术品信托、艺术品仓储库等艺术金融融合业务，累计投放贷款11亿元。充分发挥市文化产权交易中心作用，为文化企业提供投资交易、融资运作、产品推介等全方位服务。

（王绍芳）

## 新闻出版

【概况】 开展版权登记网络办理。3月，全省第一个版权登记平台在潍坊市高新区上线运行，标志着版权登记进入电子化时代，版权登记实现全程无纸化办公。4月，在高新区软件园举办全市版权管理培训班，各县（市、区）的版权管理人员和版权示范单位、园区基地的代表共50余人参加了培训。加强版权保护宣传，"世界知识产权日"期间，制作动漫公益广告在潍坊电视台的3个频道5个节目滚动播出，开展了系列宣传活动。开展市级版权示范单位、园区（基地）评选，有7个单位和产业园区获表彰，5个单位和园区参加省级版权示范单位、园区（基地）评选。潍坊日报社多次受到表彰，先后获"首届山东报业创新发展奖""十届中国艺术节潍坊市筹办组织工作先进集体""先进党委（党组）理论学习中心组""重学习、转学风、提能力、解问题、转调创先进单位""老龄工作先进单位"等称号。

【舆论宣传】 围绕中心、服务大局，对党的十八届四中全会、党的群众路线教育实践活动、社会主义核心价值观、文明城市创建、"三招三引"、加快构建现代产业体系、突破滨海、提升市区、开发两河、"三八六"环保行动以及风筝会、鲁台会、中国画节、文展会等，精心搞好主题宣传，在全市营造了良好舆论环境。改进时政报道，简化领导活动和会议报道，加大对基层和群众的报道力度，切实增强了新闻宣传的贴近性与亲和力。密切联系群众、深入基层、服务百姓，民生报道成效突出、更接地气。推进宣传创新，《潍坊日报》、《潍坊晚报》进行全新改版，进一步创新形式，丰富看点，彰显特色，吸引力、感染力、影响力显著增强。创办8家潍坊晚报社区报，成为践行群众路线、壮大舆论阵地、倾听百姓呼声、服务民本民生的重要载体和有效渠道。潍坊日报社共有70余件作品在省级以上新闻作品评选中获奖，《潍坊日报》、《潍坊晚报》再次双双获评“省级优秀报纸”。积极搞好对外宣传，精心运作《香港大公报·潍坊新闻》专版，积极发挥香港（潍坊）同乡会及其窗口公司作用，邀请同乡会访问团来潍考察，向海外宣传推介潍坊全新形象，深入促进港潍文化交流与经贸合作。加强与上级主流媒体的联络，宣传推介潍坊改革发展的创新经验和丰硕成果，全年共在《人民日报》《光明日报》、新华社、《大众日报》、新华网、人民网等中央和省级主流媒体刊发外宣稿件76篇。

2014年12月1日，潍坊报业集团与新华视讯手机电视台战略合作签约仪式在北京举行。潍坊市委常委、宣传部长初宝杰（前排左四）出席签约仪式。　　（供图：宋文娟）

**【新闻出版管理】**　完成了2013年印刷企业、出版物经营单位、报刊及记者站、记者证年度核验工作，完成全市464家出版物发行单位经营许可证换证工作。结合内部资料年度核验，开展专项整治，进一步规范了内部资料出版秩序。加强对全市出版物审读力度，扩大了审读范围，由原来的连续性内资增至报纸期刊。增加审读次数，由原来的一年两次改为一季度一次。组织开展教辅材料专项整治行动，不断提升出版物印刷质量。大力培养新兴新闻出版业态，鼓励发展数字化印刷，有3家企业完成了绿色印刷认证。潍坊北大青鸟华光照排有限公司的云计算版权登记服务平台入选国家新闻出版改革发展项目库，这是潍坊市第二家入选该项目的单位。山东文脉教育科技有限公司的教学平台获山东省新闻出版宏观调控专项资金40万，还有两个企业获此项政府扶持，共获资金100万元。

**【行业管理与审批】**　所有审批业务全部纳入市行政服务审批大厅。2014年共办理图书、期刊委托书备案1200余件，设立印刷企业25家，印刷企业变更经营事项86件，注销企业登记7家，内部资料性出版物审核13件，设立出版物批发单位审核3家。

**【主营产业】**　潍坊日报社包括控股公司全年实现报业总收入19000万元，按相同口径同比增长4%。其中，《潍坊日报》实现总收入4749万元，《潍坊晚报》实现总收入7799万元，潍坊新闻网实现总收入204万元。《潍坊日报》《潍坊晚报》期发份数分别达到7.5万份、7.6万份。报社印务公司在确保两报印刷质量和时效的同时，充分发掘新上印刷设备的优势与潜能，积极承揽商业印刷，着力提升经营收入，同时注重加强管理、规范流程、控制成本、节约挖潜，全年实现收入3409万元，潍坊大众印务公司全年实现收入884万元。

**【中国画节】**　成功举办“第四届中国画节”，参展人数45万人次，交易额10余亿元，取得良好经济、社会效益，彰显了潍坊作为“中国画都”在中国书画界的重要地位和作用。按照中央和省、市委要求，与新华手机电视台达成合作协议，联合打造中国书画移动互联网视频运营平台，组建的采编团队已经赴京参与筹建工作，确保“第五届中国画节”开幕当天正式上线运行。

**【网站建设】**　与浪潮集团达成合作协议，利用其资源开发新媒体应用平台，精心运作好集团原有新媒体。潍坊新闻网品牌影响持续扩大，日均页面浏览量近百万，在全省同类网站中名列前茅。《潍坊日报》网运营健康，《潍坊晚报》网开通运行，《潍坊晚报》官方微信、微博开始正常运行，并组织策划了一系列反响良好的营销活动。发展商贸物流业，将纽思宝商贸物流公司纳入发行公司，搭建专业团队，开展物流配送，运营成效良好，实现传统发行业务向现代商贸物流业的转型。

（张志存　许文海）

## 文化执法

**【文化执法效能和公信力稳步提升】**　在全市文化执法系统实施文化执法效能

和公信力提升工程。通过建立执法流程体系，修订案审会制度，完善《出版物鉴定制度》《错案责任追究办法》《案卷评查办法》等制度，进一步规范了执法办案程序，构建了文化执法高效运行机制。充分发挥技术监管与服务平台作用，2014年年内组织了两次技术培训，对执法业务进行在线演练，潍坊市上网服务监管软件客户端安装率、服务端在线率、经营单位软件安装合格率在全省处于领先水平。举办两期全市执法业务骨干培训班，进一步提升了执法人员的法律水平和实战能力。充分利用媒体报道、官方网站发布、制作宣传展板、做客行风在线等方式，加大社会宣传力度，扩大了文化执法的知晓度和知名度。

**【文化执法活动成效显著】** 在全市组织开展了“网络文化执法年”活动，在加强对网吧、出版、文化、卫星地面接收设施等传统监管领域执法的同时，重点加强对网络文化领域的监管。沿用区域轮回执法方式，实行全员执法。市文化执法局以专项行动为组织形式，确保活动实效，相继开展了新春文化市场集中整治行动、虚假违法广告整治专项行动、规范电影市场经营管理专项整治活动、整治卫星电视地面接收设施行动等专项行动。先后取缔了“七七电影网”等3个违规视听节目网站，捣毁了诸城市两处私设电台窝点，制止了一起某大型商场非法涉外演出活动等，起到了典型示范效果。完成了第10次打击网络侵权盗版专项治理“剑网”行动、打击侵犯知识产权和制售假冒伪劣商品专项行动，推进企业软件正版化等工作，参加了由青岛、潍坊等7市参与的“山东半岛蓝色经济区版权联盟”，成功地组织了“4·26世界知识产权宣传日”活动。全市文化市场共立案1463件，判刑1人，其中，市局立案72件，办结率100%。办案数量和质量一直保持全省前列。

“扫黄打非”斗争开展有力。坚持专项治理与日常监管、网下清查与网上净化相结合，突出抓好了查堵非法出版物、扫除网络淫秽色情等文化垃圾、打击侵权盗版出版物和打击假媒体、假媒体机构、假记者等重点任务，在全市集中开展了“净网”“清源”“秋风”“固边”行动，查处打击违规非法印刷集中行动和进一步做好少儿出版物市场整治工作等。2014年年初，市文化执法局联合潍城文化执法局、潍城警方查处内蒙古男子矫某非法销售盗版书籍，查扣盗版图书5万余册，矫某被判处有期徒刑十个月。全市共组织集中检查行动452次，共查缴各类非法出版物149418册（盘），立案313件，判刑1人。

**【与甘肃省平凉市对口提升交流协作取得新进展】** 为贯彻落实文化部“中西部地区文化市场综合执法能力提升三年行动计划”，不断推进潍坊市与甘肃省平凉市文化市场综合执法能力提升交流协作工作，市文化执法局赴平凉市进行了考察调研和工作对接，围绕文化部《行动计划》确定的目标、内容、形式和要求，为平凉市文化执法机构提供了执法设备、培训师资、骨干培养等方面的支持，推动开展了潍坊六市二区和平凉六县二区的对口交流工作，落实了对接协作交流任务。

**【服务大局促发展】** 组织潍坊市发行协会和潍坊市印刷协会分别完成协会换届工作。加大招商引资力度，引进潍坊鹏润投资管理有限公司、上海铁轩投资有限公司、山东翱邦置业有限公司的招商项目，投资额达4300万元。做好文明城市创建工作。召开创城动员和调度会，对文化出版市场、网吧、游戏厅等场所坚持每天巡查，及时整改问题不足，确保了站点测评不出问题。深入开展包村帮扶工作，坚持“服务为本、多办实事”原则，着力帮助解决村民实际问题。为安丘市官庄镇郑家埠村硬化入村道路、村内干道，铺设水管。发展饲料加工厂和淀粉加工，争取帮扶资金约5万元。

**【取得荣誉】** 市文化执法局先后被授予“全国查处侵权盗版案件有功单位二等奖”“全省‘扫黄打非’先进集体”“全省文化信息工作先进单位”“全省互联网上网服务监管软件管理工作先进单位”“市直部门绩效考核先进单位”“全市未成年人思想道德建设工作先进集体”等称号。全省文化市场行政执法案卷评选中，市局报送的执法案卷获得一等奖1卷、二等奖2卷。市局2篇文章在全国新闻出版（版权）普法和法制征文活动中荣获三等奖。

（贾　宾）

潍坊市侵权盗版及非法出版物集中销毁和“绿书签”行动系列宣传活动举行。
（供图：王　林）

# 广播影视

**【新闻宣传】** 强化时政宣传和对上发稿，为全市转型发展提供丰富的精神动力。电台、电视台、广电报、传媒网4家媒体紧跟市委、市政府工作部署，对党的群众路线教育实践活动、社会主义核心价值观、中国梦、提升市区、突破滨海、构建现代产业体系、文明城市创建、生态文明建设与“三八六”环保行动、农产品质量安全、潍坊好人、人大和政协“两会”、风筝会、文展会等重点工作进行了系统深入宣传，为全市发展营造了浓厚的舆论氛围。加强深度报道，电视台开播政策解读栏目《关注》，深入解读全市重要工作部署、重点工作经验，增强了对全市重点工作的宣传力度。文展会宣传实现创新，在现场搭建直播间进行全程电视直播，为文展会制作会刊，增强了宣传效果。对上发稿量稳步提升，市电台在中央电台发稿32件，在省电台发稿1400件；电视台在中央电视台发稿72件，其中，《新闻联播》发稿20件，在山东卫视发稿1142件，其中，《山东新闻联播》发稿530件；潍坊传媒网460篇稿件被新华网、新浪网、人民网、央视网等知名网站转载。

加强宣传管理和节目创新，节目质量和社会影响力不断提高。集团改革运营管理办公会议制度，加大宣传统筹协调力度，组织开展了打击新闻敲诈、规范使用网络信息工作，修订了《精品创优管理办法》。组织开展2014年度首席编辑记者播音员主持人和“青年十佳”评选，18名优秀新闻工作者入选，进一步激发了宣传队伍的使命感和责任感。电台积极开发利用微信、手机客户端等新媒体技术加强节目互动，开展宣传活动60余次，扩大了听众参与。电视台面向社会开展调研活动，对农业频道、科教频道进行全新改版，进一步明确了频道定位和节目特色；组织开展“一线行，传真情”宣传活动，200余名记者采制基层报道300余篇，节目生活气息更加浓郁；电视农业频道《舞出幸福来》栏目走进寿光、坊子等地27个农村社区，丰富了农村文化生活；首次走出演播厅办春晚，与14个县（市、区）、开发区联合在潍坊大剧院举办“春暖花开”电视春节联欢晚会，突出了鲜明的地方特色；举办了电视台开播30周年特别节目《岁月回眸》。广电报《城市周报》《城市周末》形成了以文化、时尚、信息、服务为主的城市周报特色。潍坊传媒网进行网页改版，加强新闻报道，被全球最大中文搜索引擎百度纳入新闻源行列，中国网站排名进入1000名以内。

精品创优工作取得新成绩。坚持以精品创优带动节目质量提升，精品意识深入人心，高质量作品不断涌现，集团全年共获得省级以上奖项92个。在2013年度山东省广播电视节目奖评选中，有11件作品获得一等奖，连续7年稳居全省地市级台第一名。电视台获得全省电视艺术“牡丹奖”一等奖8个；2014年电视春晚《春暖花开》获得中国广播电视协会“春晚奖”一等奖，2012年记者节晚会《绽放》获得中国广播电视协会“百家奖”一等奖。通讯稿《合影时，李克强坚持站边上》获得“中国电影电视报刊协会”一等奖。广播剧《潍县集中营》获“省文艺精品工程奖”。艺术剧院新编大型吕剧《李二嫂的新故事》获“泰山文艺奖”一等奖。潍坊传媒网获“2014年度全国地方网站最具价值品牌奖”。市电台获“2014年度山东广播宣传先进集体一等奖”，电视台获“2014年度山东电视宣传先进集体”称号。集团在省新闻出版广电局召开的全省精品创优座谈会上作了典型发言。

**【产业经营发展】** 开展活动营销，拓宽经营平台。集团全年实现经营收入1.68亿元。把活动营销作为经营工作重点，以媒体宣传和业务工作为支点，搭建新的平台，形成新的增长点。电台开创“线上做节目，线下做活动”的新路子，拉长广播产业链，实现了收入增长。电视台确定“活动项目制”的营销框架，创新开展线上线下联动营销，积累了营销经验。广电报举办“中国鲁台国际汽车展”等多项营销活动，增强了市场影响力。电影公司推行广场社区放映、主题影院等多种营销模式，在竞争中逆势增长。艺术剧院“亲子剧场”项目成功启动，受到群众好评。少儿艺术团强化“星光少儿”品牌培育，创办潍城培训基地，市场份额不断扩大。

积极推进频道（频率）专业化发展，经营承载能力增强。广播电视目前已形成新闻、交通、私家车等专业化频率和新闻、农业、科教等专业化频道，进一步细分市场，开展小众化、个性化传播，媒体服务水平整体提升。

文化产业稳步发展。镇（街）文化广场项目进展顺利，峡山区岞山街道文化广场项目建设全部完成，安丘景芝文化广场项目正在建设。广电数码广场以打造“潍坊首家体验服务式数码卖场”为目标，进行了包装推介和前期招商。

**【事业技术装备】** 加强安全播出管理，做好日常播出与重点播出的保障工作，圆满完成了春节、全国“两会”、国庆节、十八届四中全会、北京APEC等重点时段、重大活动、重要时间节点的安全播出任务。加强技术改造和设备升级，完成了电视硬盘高清播出系统、广播88.1MHz调频发射机、发射台调频广播信号监控系统等8个事业技术项目的调研论证和招标采购。对电视大洋8000网络、高标清制作网进行了调试，提高了使用效率。电台交通广播频率107MHz获得总局批复，调频88.1MHz获得省局批准。浮烟山发射塔加固维护和地面数字电视覆盖工程获得市政府批准并列入2014～2015年度项目预算，发射塔安检加固招标工作启动。

**【机制创新】** 进行公司制股份制改

1月22日，市委常委、宣传部长初宝杰会见观看春晚的劳模。（供图：夏园园）

2月13日，市委书记杜昌文与参与“两会”报道的新闻媒体记者合影。（供图：刘钦远）

造，注册成立了潍坊广播影视集团股份有限公司。制定《子公司管理办法》，完善了内部管控体系。加强制度建设，制定出台《厉行节约反对浪费规定》《首问负责制》《精品创优奖励办法》《公务接待管理规定》《考勤管理和工作纪律规定》《内部审计工作办法》等16项规范性文件，从宣传管理、运营管理、公务活动、学习培训、工作作风等方面进行规范，总体管理水平稳步提升。加强安全生产管理，保证了各项工作安全运行。机制创新深入推进，对薪酬改革方案进行修订完善，更加突出业绩导向，鼓励创新创优，进一步激发了工作活力和积极性。

【队伍建设】 集团党委成员主动查摆问题，制定整改措施，征求意见92条，列出对照检查问题65项，制定整改措施13项。根据广电行业特点创新廉政教育，制作“廉政广电警示墙”，有效提升了广电员工廉洁从业意识。开办“道德讲堂”，邀请全国劳模王钦峰等进行社会主义核心价值观、传统美德和职业道德教育。电视记者梁路标勇救落水儿童，被评为“潍坊好人”“见义勇为先进个人”。广电文化建设深入开展，举办了峡山环湖越野赛、演讲比赛、拔河比赛等活动，增强了队伍凝聚力。

（陈华春）

# 风筝文化

【第三十一届潍坊国际风筝会】 第三十一届潍坊国际风筝会于4月19～27日举行。本届风筝会由国家体育总局、国际风筝联合会、潍坊市人民政府共同主办，遵循“办好风筝主题活动，搭建合作发展平台”的理念，坚持“务实办会、科学办会、专业化运营”的原则，突出国际性和潍坊特色，大力推介城市品牌，促进文化发展和经贸招商，举办了风筝、文化、招商3大版块计15项重点活动。本届风筝会特点突出，亮点纷呈，主要体现在以下几个方面：开幕式创新转型，突出风筝文化。本届风筝会开幕式成功实现了创新转型，不搞大型文艺演出，不请明星大腕，简短紧凑，不超过15分钟。提升风筝赛事水平，扩大品牌效应。第十届世界风筝锦标赛和第四届中国（潍坊）夜光风筝邀请赛共有来自国内外的100余支高水平风筝代表队参赛。国内分区选拔赛共选拔出的50余支代表队参加第十届世界风筝锦标赛。突出招商引资，务实节俭办会。潍坊蓝黄“两区”建设重点项目推介会签约合同项目19个，合同利用市外资金92.8亿元，协议项目13个，协议利用市外资金79.6亿元。“2014外交使节潍坊行”对接会有越南、老挝、美国、德国、法国、韩国等的30余位外交使节来到潍坊实地考察，在有关领域达成了合作意向。在风筝会期间全市共举办招商活动59个，接待重点团组80余批，接触重点客商600余人次，对接洽谈项目117个。用好平台资源，办好特色活动。各县（市、区）、开发区和市直有关部门、单位，以本届风筝会为平台，结合地域和行业特点，分别举办了有特色的分项活动。如：美丽潍坊行、第七届海峡两岸风筝文化交流活动、潍坊城区中小学生风筝节、第三届海峡两岸（潍坊）休闲观光农业交流会、第十五届中国（寿光）国际蔬菜科技博览会、全国农村青年创业致富“领头雁”特色交流活动，潍坊环峡山湖万人健步行等活动。坚持以人为本，增强参与性。开幕式万人风筝放飞表演，降低门票票价，由过去的上千元，降到300元以下。全国夜光风筝邀请赛，潍坊风筝大赛，中国画节・文展会，风筝工艺品博览会，“中国梦・劳动美”全市职工庆“五一”群众性放飞活动等，不卖门票，自由参加，吸引了广大市民和中外客人广泛参与。

【会展经济转型发展（潍坊）高峰论坛】 4月19日，由国际风筝联合会、潍坊市人民政府联合举办的“会展经济转型发展（潍坊）高峰论坛”在潍坊东方大酒店成功举行。国家体育总局副局长、国际风联主席冯建中，中国会展经济研究会会长袁再青，北京大学政府节庆文化研究中心主任邓峰，江苏省节庆协会副会长兼秘书长张承东4位嘉宾结合全国和潍坊城市会展实际，分别作了主题突出的演讲。本次论坛上，还举行了授牌颁证仪式，中国会展经济研究会授予潍坊市“全国特色会展示范城市”奖牌和证书。

中国会展经济研究会授予潍坊市“全国特色会展城市”奖牌和证书。（供图：魏剑刚）

【全国风筝分区选拔赛】 全国风筝分区选拔赛是年内的创新赛事，由国家体育总局社体中心与潍坊市联合举办，按照风筝赛事规则，在华东、华南、华中、华北、西北、西南、东北等各大区设分赛区，组织进行了高水平的风筝选拔赛，各分赛区选拔出了50余支代表队参加第三十一届风筝会暨第十届世界风筝锦标赛，进一步提高了潍坊国际风筝会的竞技水平和吸引力。

【潍坊风筝大赛】 潍坊风筝大赛是由市政府主办的传统风筝赛事，代表着风筝轧制和放飞的最高水平。本次潍坊风筝大赛首次移师潍坊滨海区人工沙滩举办，并新设立了“最佳风筝创新赛”项目。全市参加潍坊风筝大赛的代表队91支，风筝1098只，其中，最佳风筝创新赛风筝95只，巨型类风筝68只，龙风筝85只，其他类850只。青州市、寿光市、诸城市、高密市、高新区等10个县（市、区），开发区获县（市、区）组团体比赛一等奖，市国税局、市地税局、市教育局、市住建局、市公路局、市烟草公司等12个部门单位获“市直组团体比赛一等奖”。

【风筝文化走进湄洲岛】 “妈祖故里，放飞希望”潍坊风筝文化走进湄洲岛系列活动于8月29～31日在福建省莆田市湄洲岛举行。本次活动由国际风筝联合会、莆田市人民政府、潍坊市人民政府主办，湄洲岛国家旅游度假区管委会、潍坊国际风筝会办公室、国际风筝联合会秘书处承办。系列活动内容包括新闻发布会、开幕式、风筝放飞、风筝展览、国际风筝工艺大师现场技艺表演、风筝文化进校园、村庄活动，并以国际风联秘书处名义授予湄洲岛为“潍坊国际风筝会放飞基地”铜牌。通过一系列风筝放飞和展览展示活动，弘扬风筝文化和妈祖文化，搭建交流合作平台，实现优势互补，资源共享，共同促进文化旅游产业融合发展。

（齐志明）

潍坊风筝文化走进湄洲岛 （供图：魏剑刚）

## 文物博物

【概况】 落实普查经费339万元，购置相关普查设备，保证普查工作顺利开展。第一阶段国有单位调查摸底全部结束，调查表回收率达到100%，统计全市国有单位5453个，收藏有文物的国有单位79个，统计文物103183件（套）。开展文物信息网上登录上报，全市共申报藏品85721件（套），已登录17149件（套）。

【乡村记忆工程】 根据省文物局要求，加强乡村传统文化遗产的保护和利用，组织上报青州井塘古村等传统文化村落、传统民居、乡村博物馆50处，其中，青州王府街道办事处井塘村被列为省“乡村记忆”工程试点单位。

【重点文物保护】 全年共争取国家、

省专项补助资金3000余万元，先后完成了程家沟古墓、驼山石窟、真教寺等国保单位的安防方案和王尽美故居、真教寺等单位的消防、雷防方案，顺利通过国家局评审。完成了德、日建筑群等单位的安防、消防、防雷立项，方案编制工作已启动。齐长城临朐段、安丘段、诸城段一期保护工程进展顺利，二期保护方案已完成。加强文物犯罪打击力度，高密市成功破获一起案件，抓获盗掘团伙20名。

【博物馆事业】　全市博物馆常设展览65个，新增和改造陈列12个，举办临时展览141个，观众人数突破200万人，青少年观众超过80万。新增藏品1182件，承担科研项目16项，发表论文90篇，出版专著9部。由人民美术出版社出版的《青州龙兴寺佛教造像》和由山东美术出版社出版的《青州龙兴寺佛教造像艺术》获得业界广泛称赞。青州市博物馆与浙江大学签署战略合作协议，在人才培养、技术合作、展览交流等方面展开全面合作，双方共同课题“三维激光技术在文物保护中的利用”进展顺利。临朐县出版的《临朐文化遗产》、安丘市出版的《文物选粹》填补了县（市、区）文物介绍方面的空白。民办博物馆发展迅速，研究制定《潍坊市关于促进行业和民办博物馆事业发展的意见》，成立了潍坊市首家民办博物馆——潍坊鸢都红木嵌银漆器博物馆。馆藏文物保护成效明显，陶质彩绘文物国家文物局重点科研基地青州工作站成功设立，历时7年的香山汉墓出土文物修复工程顺利完成，并通过了专家论证，全市2014年博物馆共修复文物59件。

【文物知识宣传】　在“5·18国际博物馆日”和“6·14文化遗产日”期间，全市开展大规模文物法和第一次全国可移动文物普查宣传，成效显著。各博物馆广泛组织开展进机关、进乡村、进社区、进学校、进企业、进单位等“六进入”活动，较好地宣传了历史文物知识及各项法律法规。

（张志存）

# 档案管理

【档案工作创新】　制发了《关于推进全市档案工作改革创新的意见》和评选标准，设立评选“鸢都兰台创新奖”26项。在全市组织实施了“创新档案文化宣传教育机制”“创办档案文化价值开发与传播网站”等8个重点改革创新项目，其中，“探索建立社会化档案中介服务中心”“档案为民服务综合平台”“电子文档云管理平台”获“山东省档案工作改革创新奖”。指导山东万声数据管理服务基地和山东尚德软件股份有限公司建成社会化档案中介服务中心，从事档案寄存保管和利用业务。推动市属开发区设立档案馆（室）和工作机制。创新档案学会管理体制，选举3名企业负责人担任第五届档案学会理事长和副理事长。

【档案资源建设】　制定完善了《潍坊市档案馆档案接收范围》和《实施细则》，督导市直机关完成《文件材料归档范围和文书档案保管期限表》的编制审批，督导5个国家二级以上县（市、区）档案馆完成《档案馆接收范围》和《实施细则》的制定和审批。征集第三十一届潍坊国际风筝会档案资料50件、第二十届鲁台经贸洽谈会档案78件、市人大十六届三次会议档案52件、市政协十二届三次会议档案17件、省十艺节潍坊展区资料12盒。组织了“北海诗社诗人书画作品捐赠”“贺惠邦书法作品捐赠”“管延洲精品报纸捐赠”3次较大规模的捐赠活动，接收字画、图书、报纸373件。征集图书资料、文件汇编492册，报刊115册，地图2册，照片、光盘36张。

【档案开发利用】　深入挖掘档案资源，充实完善“记忆潍坊——大型档案史料展”，联合鸢都收藏沙龙举办“岁月留痕——精品报纸展”，2014年年内共有1万余人到市档案馆参观；市档案馆被教育部、国家档案局命名为“全国中小学档案教育社会实践基地”；“古城沧桑—馆藏老照片巡回展”在佳乐家商场新华店、寒亭店等10余个人员密集场所展出。出版《岁月如歌——潍坊撤地建市30周年档案史料选萃》，该书被评为“山东省档案学优秀成果一等奖”、山东省优秀档案编研成果二等奖；联合《潍坊晚报》出版“31年前的潍坊撤地建市”纪念特刊，与市电视台合办播出《口述潍坊》访谈节目9期，省电视台播放《山东往事——档案背后的故事》潍坊题材4期；每月编印1期《潍坊大事记》；创办并编辑《潍坊档案参考》两期，其中，《潍县开埠——潍坊对外开放的启始》受到市委书记杜昌文批示，向省政府呈报了《关于潍坊对外开放启始情况的报告》。举办以“走近档案”为主题的第5个档案馆开放日活动，全市举办活动47项，共有2000余人走进档案馆参加活动。市馆档案查阅利用中心被表彰为“全省档案利用最佳服务窗口”，年内提供档案资料和政府公开信息45000余件。

【档案业务工作】　2014年年内组织各类档案业务培训10余次，培训档案人员800余人；对部分县（市、区）、市属开发区和120余个市直单位，进行了业务指导；联合市政府法制办对市直34个行政执法部门进行行政执法案卷档案专项检查；联合市农业局转发《山东省农村土地承包经营确权登记颁证档案整理规则》，并参与考核验收；指导寿光市档案馆通过国家一级馆复核并创建“全国中小学档案教育社会实践基地”。全市档案馆全面展开档案数字化工作，共加工数字档案3435万页，录入条目445万条，奎文区、坊子区、经济区、滨海区、峡山区完成档案数字化工作；“潍坊市电子文档云管理平台”项目，通过国家档案局科学技术成果鉴定。在《潍坊日报》开设《解密》栏目，刊发文史文章10余篇；在《潍坊法制》杂志开办《潍坊往事》专栏，刊发文章12篇；年内在国家级新闻媒体刊发宣传稿件20篇，省级媒体60余篇，地方新闻媒体100余篇，潍坊市等10个县（市、区）档案局被评为“全省档案宣传工作先进集体”。

（刘树平）

## 非物质文化遗产保护

【非物质文化遗产传承和保护】 推动潍水文化生态保护实验区建设，在全市启动建设31个规范化非物质文化遗产项目综合性传习中心。创新非物质文化遗产进校园推进机制，编著非物质文化遗产校园传承教材。开展第四批国家级非物质文化遗产项目、第四批非物质文化遗产代表性传承人和第四批市级非物质文化遗产项目申报评选，2个项目入选第四批国家级非物质文化遗产名录推荐项目，杨家埠民俗艺术有限公司被命名为“国家级非遗生产性保护示范基地”。组织开展“乡村记忆”工程，制定出台《推进行业博物馆和民办博物馆发展意见》，推动民办博物馆建设。

扎实推进潍水文化生态保护实验区建设各项工作，初步构建起以国家级、省级、市级、县（市、区）级等四级非物质文化遗产项目保护为核心，以非物质文化遗产项目及传承人宣传、培育为重点，以非物质文化遗产传承机制和传承载体平台建设为主要内容的非物质文化遗产保护传承体系。名录项目建设扎实推进，挖掘收集非遗资源线索20000余条，整理各类项目千余项，建有市、县两级非遗保护名录体系数据库近1.6TB。寿光卤水制盐技艺和临朐东镇沂山祭仪2个项目入选第四批国家级非物质文化遗产名录，有11名非物质文化遗产传承人被评为“省级非物质文化遗产项目代表性传承人”。截至2014年年底，有国家级非物质文化遗产项目16项、省级55项、市级232项、县级878项，有国家级非物质文化遗产项目代表性传承人6人、省级38人，市级153人、县级648人，省级以上名录项目和项目代表性传承人数量继续保持全省前列。非物质文化遗产传承机制稳步深化，在全市启动了31个规范化非物质文化遗产项目综合性传习中心规划建设，编著非物质文化遗产校园传承教材，在部分中小学开设了民间文学、传统艺术、传统技艺等非遗课程，评选公布了全市“十佳”传习所、“十大”模范非物质文化遗产传承人和7项优秀非物质文化遗产研究成果，临朐、青州、高密被评为“全国文化艺术之乡”，杨家埠民俗艺术有限公司被评为“国家级非物质文化遗产生产性保护示范基地”。

（王绍芳　张志存）

## 卫　生

【概况】 全市有各级各类医疗卫生机构1964家，卫生技术人员63701人，床位48065张。2014年门诊、急诊人次5819.21万人次。资产总值214.14亿元，总收入148.46亿元，其中，财政投入14.24亿元，总支出138.29亿元。房屋建筑面积434.66万平方米，其中，业务用房面积270.23万平方米。万元以上设备30387台，总价值48.43亿元。另外，设置村卫生室5709家，乡村医生12068人。

【医药卫生体制改革】 印发2014年医改重点工作安排，统筹推进医疗保障、医疗服务、公共卫生、药品供应、监管体制综合改革。启动第二批共12家县级公立医院改革试点工作。药品实行“零差率”销售。组建“医联体”的做法受到国家卫生计生委充分肯定。以大医院为龙头，采取组建医疗集团等7种方式，在全市组建27个“医联体”。国家卫生计生委确定由潍坊总结“通过建立医疗联合体实现分级诊疗”的做法。深化国家基本药物制度。在全省率先允许基层增配100种基本药物。加快发展社会资本办医，多元化办医格局初步形成。国家发改委等四部委确定潍坊为全国13个社会办医（国家）联系点城市之一。鼓励发展健康养老现代产业。印发《卫生部门构建现代产业体系发展健康养老服务的实施意见》，在已建养老机构，配备医疗服务设施；对新建养老机构，规划医疗服务功能；鼓励公立医疗机构参与养老服务。

【农村医疗卫生服务】 集中开展农村医疗服务专项整治。将其作为潍坊市涉及群众利益的八个突出问题专项整治工作之一，印发《潍坊市农村医疗服务专项整治工作方案》，明确了加强村卫生室建设、加强乡村医生队伍建设和巩固村卫生室基本药物制度实施成果3项重点任务。启动乡村医生调查摸底工作，准确掌握乡村医生人员数量和有关信息。在全市开展农村卫生先模人物评选表彰活动，评选出“优秀乡（镇）卫生院院长”50名、“优秀乡村医生”120名、“农村卫生管理工作先进个人”50名、“农村卫生服务先进工作者”120名。启动住院医师规范化培训工作。着力提升卫生人员整体水平，通过潍坊市人民医院、潍坊医学院附属医院2家国家级培训基地，利用3年时间，对选拔的543名住院医师进行集中规范培训，并从中选取40名优秀学员输送到山东齐鲁医院参加培训，提高培训档次和水平。推行家庭医生式服务。制定《潍坊市家庭医生式签约服务工作方案》，通过实施社区医生签约服务，使每户家庭都有自己的社区医生，每名责任医生都能为服务对象提供个体化的健康管理服务，最终达到“户户拥有自己的家庭医生，人人享有基本公共卫生和基本医疗服务”的目标，真正承担起居民健康“守门人”的职责。

【医疗服务管理】 把医院评审作为加强医院综合管理的有效手段，完成4家县级医院“二甲”升“三乙”等级评审，“三乙”医院数量全省最多，在加强医疗服务监管、提高医疗服务质量、保障患者医疗安全等方面发挥了重要作用。设立5家“院士专家工作站”，卫生招才引智取得新突破。深入开展“医疗惠民行动”，全面落实20项医疗惠民措施，进一步增加惠民项目。在全市开展医疗门诊“三增一禁”便民正风行动，全市二级以上医院全部增设无节假日门诊、错时门诊和夏季夜间门诊共789个；组织近3万名医务人员全部作出“严禁带熟人插队加塞、挂人情号”的承诺。举行“服务百姓健康行动”大型义诊活动周，为3.2万名群众免费健康查体。120救护车免费出车接诊患者13.6万人次。市直各医院集中整治“停车难”，方便患者26万人次。

**【重点疾病预防控制】** 落实综合性防治措施，人感染H7N9禽流感、手足口病、麻疹、风疹、埃博拉疫情等得到较好控制，未发生重点传染病暴发流行。原潍坊市卫生局被评为“全国疾病预防控制工作先进集体”。高密市、临朐县被国家卫生计生委确定为“全国艾滋病综合防治示范区”，在山东省13个获此称号的县（市、区）中占据两席。召开新闻发布会，通报全市上年居民健康信息监测情况。潍城区、诸城市通过“国家慢性非传染性疾病综合防控示范区”考核验收。指导寿光市通过国家卫生城市省级复审。顺利通过省爱卫会专家组除“四害”工作复查。

为全市近9万名新生儿实施4种遗传代谢病免费筛查，确定免费新筛的补助标准为150元/人。启动“妇幼健康服务年”活动。启动全市35～64岁农村妇女宫颈癌和乳腺癌“两癌”免费检查，人均所需费用128元，全部由市、县财政负担。

**【卫生监督执法】** 全面清理审批事项。按照审批制度改革要求，对所有审批事项进行全面清理，2014年，新下放审批事项2项，分别为涉及饮用水卫生安全产品卫生许可和消毒产品生产企业卫生许可；清理下放“一级及以下医疗机构设置审批”等14个小项。同时，提高审批工作效率，所有行政审批承诺时限达到省内最低、省外少于苏州的要求。医师注册等一般审批事项当天办结；较大审批事项在3个工作日内办结；医疗机构设置审批等重大审批事项在5个工作日内办结。2014年共办理卫生行政许可办件2469件，及时率均达到100%。针对非法行医危害群众健康的问题，开展了打击非法行医专项行动。全市共查处违法医疗机构426户次，没收违规使用医疗器械363件（套），曝光典型案件14起，全市医疗服务秩序明显好转。代表山东省迎接国家卫生计生委、公安部联合组织的全国打击非法行医专项行动督导检查；潍坊市打击非法行医工作在全省卫生计生综合监督工作会议上作了典型发言。

**【建立心理健康咨询服务体系】** 在全国第一家建成市、县、乡、村四级心理健康服务体系，免费向市民提供心理咨询服务。目前，市级心理健康服务中心已挂牌，开通了高标准心理援助热线；全市100%的县级以上医疗机构全部设置心理咨询门诊，并建成心理援助热线，开展心理咨询服务；99.3%的镇（街道）卫生院和社区卫生服务中心设置心理咨询室；72.8%的村卫生室和社区卫生服务站设置开展心理健康咨询服务工作场所，并配备1～2名兼职心理健康咨询服务人员。

着眼于提升服务水平，召开了全市心理咨询机构规范化建设现场会，举办了全市心理咨询师技能大赛，与世界顶尖精神健康研究机构——英国莫兹利医疗集团达成合作协议。加大心理咨询服务人员培训力度，市级完成800名骨干培训，其中，已有500余人考取国家心理咨询师资格；各县（市、区）累计培训心理咨询服务人员7251人。全市各级心理咨询服务人员咨询服务水平明显提高，目前已为5000余人次提供了心理咨询服务。全省心理卫生协会2014年学术大会在潍坊召开。

**【免费为新生儿遗传代谢病筛查】** 为降低先天性疾病致残率，提高优生优育水平，确定对全市近9万名新生儿实施包括苯丙酮尿症（PKU）、先天性甲状腺功能减低症（CH）、先天性肾上腺皮质增生症（CAH）和葡萄糖-6-磷酸脱氢酶缺乏症（G-6-PD）等4种遗传代谢病免费筛查。在充分调研论证

2014年8月，潍坊市就心理健康服务体系建设与南伦敦及莫兹利英国国民保健制度基金会签署谅解备忘录。（供图：潍坊市精神卫生中心）

和数据测算的基础上，印发《潍坊市新生儿遗传代谢性疾病免费筛查项目实施方案》，明确了免费筛查的工作目标、项目范围、项目内容与经费管理要求，确定免费筛查的补助标准为150元/新生儿。

加强了妇幼健康服务体系规范化建设，启动了“妇幼健康服务年”活动，组织“新生儿出生缺陷预防宣传周”活动，组队参加全省妇幼健康技能竞赛，获“团体三等奖”和“优秀组织奖”。同时，启动“妇女健康工程”，对全市35～64岁的农村妇女免费实施宫颈癌和乳腺癌“两癌”检查，人均所需费用128元，全部由财政负担，保障了全市妇女儿童身心健康。

**【启动基层中医药服务能力提升工程】** 全市90%以上的社区卫生服务中心和乡镇卫生院、75%以上的社区卫生服务站、65%以上的村卫生室能够提供中医药服务。顺利通过省中医药管理局对“提升工程”的中期评估，抽取的4个县（市）均取得优异成绩。注重发挥中医药特色优势，在全省率先启动基层中医药服务能力提升工程“四级帮扶”，帮扶率达到100%；实施“国医堂”等“三堂一室（国医堂、名医堂、中医养生堂，名老中医工作室）”建设工程，建成60处；在全市12个县（市、区）同步启动为期4个月（9～12月）的中医“膏方节”；历时半年多时间，反复调研论证，市政府印发《潍坊市中医药事业发展规划（2014—2020年）》，成为继2009年之后第2个中医药领域指导性文件。潍坊市中医院被国家中医药管理局确定为首批中医住院医师、全科医生规范化培训（培养）基地。全市所有县级中医医院均顺利通过等级评审，其中，诸城中医医院顺利通过国家中医药管理局“二级”升“三级”中医医院评审，为全省首家。承办了全国第六届中医儿科高层论坛，邀请山西中医学院吕景山和河南省郑州市中医院唐祖宣两位“国医大师”授课。协调中国工程院院士、全国针灸临床研究中心主任石学敏在高密市中医院设立“院士专家工作站”和“全国针灸临床研究中心高密分中心”。组织参加全省中医护理技能大赛，获得全省第二名。

（郭小刚）

# 体　育

**【概况】** 潍坊市体育局被山东省体育局授予“2009～2013年度全民健身工作先进单位”“2014年度全民健身优秀组织奖”，顺利通过“省级文明机关”复评，潍坊市体育局“体育民生工程”被“2014第九届全面小康论坛”组委会评为“全国十大民生项目（决策）”之一。

**【竞技体育】** 9月，山东省举行的第二十三届运动会，潍坊市共派出716名运动员参加了22个大项、30个分项的决赛，共获得金牌135.5枚（集体项目按名次依次计奖牌数，如第一名6块、第二名4.5块）、银牌60枚、铜牌65枚，总分4348.75分，列金牌榜全省第五位，潍坊市体育代表团被大赛组委会授予“体育道德风尚奖”，实现了运动成绩和精神文明双丰收。10月举行的韩国仁川亚运会上，潍坊市运动员5人次在四个项目上夺得金牌，实现了历史性突破。潍坊市输送运动员郜小虎在9月结束的世界青年跳水锦标赛上获得冠军，成为国家队下届奥运会的主力队员。10月，在意大利米兰进行的女排世锦赛上，潍坊市输送运动员杨方旭为中国女排夺得亚军做出了贡献。

**【青少年体育工作】** 围绕备战第三十一届奥运会、第十三届全运会和第二十三届省运会，以“选好苗子、精心呵护、系统训练、全面提高”训练理念为指导，举办了第十九届市运会田径、篮球、足球、排球、乒乓球、羽毛球等21项预赛，进一步加强了市、县两级体校和体育传统项目学校建设，促进了竞技体育的可持续发展。组织举办了足球、篮球、排球、乒乓球、田径、游泳、羽毛球7个项目的市级中小学生体育联赛，全市共有174个运动队的1394名普通中小学生参赛，通过比赛，活跃了校园健身氛围，带动了中小学生体质的提升，促进了足球、篮球、排球等7个项目的普及发展。积极做好全市中小学生普及游泳运动试点工作，全市共完成3200名学生的培训任务。新体校二期工程教学楼、图书馆、学生公寓等6个单体顺利完工，基础配套施工有序推进。

**【群众体育】** 全年举办了“体育大拜年、健康进万家”活动、第四届全民健身运动会、第七届中老年健身活动电视大赛和全省“百千万”三大赛潍坊赛区比赛等系列活动，全市各级共举办各类活动650余次，直接惠及群众20万人。组队参加了省第四届全民健身运动会、省第三届老年人运动会、全国健身站点联赛、第二届半岛蓝色经济区健身联动活动等活动，取得优异成绩。全年共投入各类资金1600万元，建设全民健身工程1048处，圆满完成了市政府二十五件实事中的793处全民健身工程。积极打造完善“中心城区10分钟健身圈”，建成健身小场地70余处，运动场地网球场6处、门球场4处、笼式足球场1处。认真落实省体育局、省教育厅《关于学校体育设施向社会开放的指导意见》，全市新增8所学校体育设施面向社会开放。顺利地完成了全国第四次国民体质监测任务，共完成监测4200人；开展了国民体质监测“进社区、进学校、进广场、进工厂”活动和“第三届鸢都科普大讲堂”活动。加强社会体育骨干培训工作，全年发展一级社会体育指导员120人、二级242人、三级1800人，社会体育指导员总数达到13359人；健身气功站点达180余处，习练群众2万余人，站点数和习练人数居全省前列。

2014 年 8 月 8 日第六届全民健身日公益晚会。

（供图：王　涛）

山东省第二十三届运动会上，潍坊体育健儿夺得混合泳接力冠军。

（供图：王　涛）

**【体育产业】** 注重国务院《关于加快发展体育产业促进体育消费的若干意见》的宣传和贯彻落实，先后组织专题讨论会两次。精心打造潍坊“希望杯”“潍坊杯”峡山马拉松比赛等品牌赛事，通过品牌赛事活动拉动，达到了提高场馆使用率、丰富活跃市民生活、扩大城市影响力、带动旅游服务等第三产业发展的目的。争取省体育产业发展引导资金 120 万元，持续加大对体育健身俱乐部、民间体育学校及经营性体育健身场所的支持力度。年内全市体育用品经营、体育竞赛表演、健身服务业等产业保持健康发展。全年审批二级运动员 265 人、二级裁判员 362 人。全市体育彩票实现销售 11.328 亿元，居全省第三位。

**【体育改革】** 抓好体育市场管理体制改革。更加注重充分发挥市场资源配置作用，积极完善体育产业发展政策，着力提升体育市场发展质量。积极推进体校办学体制改革，探索多元化办学模式、培养多元化体育人才。深化体育竞赛管理体制改革，加大“承办权”下放，强化赛事管理和服务指导。搞好行政审批改革，按照“属地管辖”原则，加大了审批事项下放力度。

（张建辉）

# 社会　民生

## Shehui　Minsheng

## 人　口

2014年，全市总人口8883080人，年平均人口为8855934人，年人口增长率为6.15‰，人口自然增长85758人，自然增长率为9.68‰，人口机械增长2324人，其中，迁入41482人、迁出39158人，年人口净迁移率为0.26‰。全市总户数为2822097户，全市平均每户人数为3.148人，人口密度为每平方公里565人。全市共登记出生人口146384人，出生率为16.53‰；登记死亡人口60626人，死亡率为6.85‰。2014年共有登记男性4488830人、女性4394250人，男女性别比为102.15（女=100），共登记出生男性79126人，女性67258人，出生性别比为117.65；死亡人口性别比为122.57（女=100）。全市18周岁以下人口为1606079人，占总人口18.08%，18～35周岁人口为2052018人，占总人口23.10%，35～60周岁人口为3517952人，占总人口39.60%，60周岁以上人口为1707031人，占总人口的19.22%。

按照12个行政区划统计：全市市辖区（指潍城区、奎文区、寒亭区、坊子区）总人口为1859788人，其中，潍城区368367人，奎文区513856人，寒亭区436814人，坊子区540751人。全市人口最多地区是诸城市1096191人，其次是寿光市1066901人、安丘市949411人、青州市929670人、临朐县890729人，县（市）中人数最少的地区是昌邑市583548人。按照17个县（市、区）统计：潍城区356224人，奎文区343246人，高新区142847人，经济区73376人，保税区12031人。其它县（市、区）人口分布为：寒亭区304984人，坊子区316030人，滨海区86329人，峡山区224721人，临朐县890729人，昌乐县622610人，青州市929670人，诸城市1096191人，寿光市1066901人，安丘市949411人，高密市884232人，昌邑市583548人。从街道、镇统计数字看：人口过10万的街道共15个，人数最多的是安丘兴安街道201328人，其次是诸城密州街道184349人、寿光圣城街道165768人、峡山区太保庄街道146095人、临朐城关街道145784人，人数最少的是奎文北苑街道25075人。人口过10万的镇共7个，人数最多的镇是安丘景芝镇134577人，其次是临朐辛寨镇122449人、诸城贾悦镇109061人、青州东夏镇108712人、临朐冶源镇106568人，人数最少是下营镇23959人。

（秦伟博）

## 计划生育

**【概况】** 2014年，全市共出生108927人，受省取消二胎生育间隔、实施“单独两孩”等政策影响，较上年多出生30469人；合法生育率为95.8%，同比下降1.7个百分点；出生人口性别比为109.9，同比上升3.3个比值。潍坊市被确定为“全国计划生育家庭养老照护试点市”“全省流动人口计生协会建设示范单位”“全省计生特殊家庭帮扶模式探索项目试点市”。

**【宣传教育】** 深化完善“双四”（空中四条线、地上四个一）宣教模式，与《大众日报》《潍坊日报》等主流媒体的战略合作，分别在《大众日报》《潍坊日报》开设专题专栏，集中对新《山东省人口与计划生育条例》的变化开展宣传，特别是对“单独两孩”政策进行了深入解读，明确政策导向。认真办好《鸢都人口》计生期刊，已定期出版并免费向基层发行53期、79万册。利用“计生通”短信互动平台，在全市构建起了面向基层、面向群众的公益性、社会化 大宣传格局。

**【信息化建设】** 注重人口发展战略研究，2014年年初利用人口普查、公安户籍、计生育龄妇女信息等数据，预测了生育政策调整后全市未来人口变动的趋势，形成的分析报告被省卫生计生委转发。省《山东省人口与计划生育条例》正式修改后，市卫生计生部门积极做好《生育证》发放工作的日常监控和人口出生预警工作，建立了出生月通报、季分析制度，保证了“单独两孩”政策即时启动、平稳实施。全市共受理单独家庭二孩申请48609例，已批准44337例。注重信息化应用，人口计生专线网速提至100M，全市县级人口信息资源共享平台信息采集、补录、修正效率较2013年同期大幅提升，从源头上掌握人口出生信息，杜绝了出生人口瞒报、漏报、错报现象。

**【计生监督】** 严把孕情监控、非法医学鉴定、政策内终止妊娠审批、各部门综合施治及违法生育治理等关口，健全完善孕情全程检测服务、流引产审批、妊娠分娩、出生登记等实名登记和信息共享、实时通报等制度，确保出生婴儿性别比趋向自然平衡。联合政法、公安、卫生、药监等部门，开展出生人口性别比专项治理活动，加大对大案要案特别是公立医院"两非"行为的查处力度，并进行定期督查和专项考核。全市已查处"两非"案件41起，结案34起，严肃追究了一批涉案机构和个人的法律责任，保持了对"两非"行为的高压态势。

**【依法行政】** 与市检察院联合开展预防职务犯罪工作，举办全市人口计生依法行政培训班，切实提高了计生队伍依法办事能力。推进阳光计生行动，加大政务公开力度，全面及时公开群众关注的13类计生事项。认真组织实施计划生育收费"三规范一公开"专项行动，严格落实社会抚养费"收支两条线"，征收主体、标准、程序规范，全年社会抚养费征收到位率达到70.43%，增强了计生基本国策的执行力和公信度。积极开展便民维权服务，切实解决群众办证不便、服务受阻等热点难点问题。2014年共受理群众来电10300余件次，省卫生计生委转办信访56件次，回复率为100%，群众满意度达98%以上。

**【便民服务】** 全市累计投入10亿元，新建县、镇计生服务站69处，基层服务站全部达到或超过国家标准。深化优质服务"三级联创"活动，高密市、临朐县成功创建"全国计划生育优质服务先进单位"，全市"国优"达到9个，"省优"和"市优"实现了全覆盖。大力实施以"家庭阳光幸福工程"为载体的幸福家庭创建活动，全面落实婚检、唐筛、补充叶酸"三免"制度，用心搞好优生优育、生殖健康服务，打造了惠民计生品牌。扎实推进免费孕前优生健康检查工作，目标人群覆盖率始终在90%以上。引进组建华大基因研究院潍坊分院，在全省率先开展地中海贫血、遗传性耳聋等12种孕前常见遗传病基因检测，有效降低出生缺陷发生风险。加快建设总投资10亿元的潍坊妇女儿童健康中心，着力满足广大妇女儿童对医疗保健服务特色化、多样化的需求。

**【解危济贫】** 市、县两级财政每年投入约1100万元，为计生家庭开办了节育手术、独生子女家庭意外伤害保险和母婴安康保险，受益群众达32万户。在上年获得"中华慈善奖"的基础上，继续深入实施"手牵手、家连家结对帮扶计生家庭大行动"，累计结对帮扶15.9万户，发放帮扶资金、物品共计4497万元，进一步扩大了项目品牌效应。全面推广计生协会项目化运作模式，对贫困家庭和特殊群体的关怀救助能力进一步提升，在全省率先建立"失独"家庭特殊关怀和长效救助机制，一次性给予失独家庭最高1万元的抚慰金，并将特别扶助金由每月135元提高到435元。全年共为失独家庭发放一次性抚慰金23万元。集中抓好企业退休职工一次性养老补助政策落实，有力地维护了计生家庭合法权益。依托市人口关爱基金会，出资80万元救助计生困难家庭400余户；出资30万元并汇聚民政等7部门力量，联合救助计生贫困大学生2400人。

（迟　强）

# 居民生活

**【城区居民生活】** 据国家统计局潍坊调查队抽样调查，2014年，潍坊市城市居民人均可支配收入30973元，比上年增长9.1%，增幅比上年同期下降0.9个百分点。

按城市居民五等收入分组，低收入组人均可支配收入16573元，中低收入组人均可支配收入23722元，中等收入组人均可支配收入27631元，中高收入组人均可支配收入33851元，高收入组人均可支配收入58426元。其中，低收入组人均可支配收入仅为全市平均水平的53.5%，而高收入组为全市平均水平的1.9倍。

从收入构成四大项来看，工资性收入仍然是潍坊市民的主要收入来源，转移性收入成为市民收入的重要补充。2014年，潍坊城市居民人均工资性收入22983元，比上年同期增加1975元，增长9.4%；城市居民人均经营净收入3244元，比上年同期增加387元，增长13.5%；城市居民人均转移性收入5900元，比上年同期增加871元，增长17.3%；城市居民人均财产性收入1050元，比上年同期减少162元，降低13.4%。

城市居民人均消费性支出18810元，同比增长7.6%。八项消费支出中，食品支出总量居首位。城市居民人均食品支出5864元，占消费性支出的31.2%；人均衣着支出2511元，占消费性支出的13.3%；人均居住支出1952元，占消费性支出的10.4%；人均家庭设备用品及服务支出1706元，占消费性支出的9.1%；人均医疗保健支出879元，占消费性支出的4.7%；人均交通和通信支出3218元，占消费性支出的17.1%；人均教育文化娱乐服务支出2169元，占消费性支出的11.5%；人均其它商品和服务支出512元，占消费性支出的2.7%。

**【农村居民生活】** 农村居民收入较快增长。潍坊农村居民人均纯收入14776元，比上年增长11.3%。人均工资性收入7063元，比上年增加893元，增长14.5%，对纯收入的贡献率为59.4%，占纯收入的47.8%。家庭经营纯收入人均6765元，比上年增加487元，增长7.8%，对纯收入的贡献率为32.4%，占纯收入的45.8%。财产性人均纯收入323元，比上年增加42元，增长

14.8%，对纯收入的贡献率为2.8%，占纯收入的2.2%。转移性人均纯收入625元，比上年增加81元，增长14.9%，对纯收入的贡献率为5.4%，占纯收入的4.2%。

全年农民人均生活消费支出9677元，比上年增长13.1%。人均食品消费支出2816元，比上年增加312元，增长12.5%，增速比上年同期提高6.2个百分点，占人均生活消费支出的29.1%。人均衣着消费支出550元，增长6.4%，占生活消费支出的5.7%。人均居住消费支出2409元，增长10.2%，占人均生活消费支出的24.9%，占比仅低于食品消费支出，位居第二；农村居民人均住房面积38平方米，与上年同期持平。人均交通通讯消费支出1780元，占人均生活消费支出的18.4%，占比位居第三位。

## 劳动就业

【概况】　全市实现城镇新增就业11.4万人，完成2014年度计划的114%，农村劳动力转移就业10.5万人，完成2014年度计划的105%。城镇登记失业率控制在2.98%的较低水平，城乡就业连续11年实现“双十万”目标。

【就业政策落实】　积极开展“全民创业年”活动，市政府出台了《关于进一步鼓励支持全民创业的意见》，从降低创业门槛、搭建创业平台、完善多层次创业融资体系等8个方面制定了28条促进全民创新创业的政策，各县（市、区）及时出台配套措施，狠抓贯彻落实，切实发挥了政策效力，有力地推动了就业工作，维护了就业局势稳定。

【创业载体建设】　在滨海新区建设了全省首家实体性的创业大学，在中心城区启动建设了中国潍坊国际人才创业孵化中心和山东半岛大学生创业孵化中心，积极为小微企业和各类创业人员提供创业场所、创业培训、创业指导、融资支持等创业服务，有力提升了劳动者创业能力，形成了全民创业的“潍坊模式”，带动全市组织实施创业培训2.04万人，创历年来最高。

【高校毕业生就业】　大学生创业工作取得新突破，充分发挥大学生创业孵化中心的示范带动作用，深入落实大学生就业政策，不断拓宽高校毕业生就业渠道。全市规范认定大学生创业孵化基地19家，省级示范基地4家，实现了县（市、区）大学生创业孵化基地的全覆盖。

【创业带动就业】　充分发挥小额贷款扶持创业的作用，市级共投入创业带动就业资金1.12亿元，发放小额担保贷款11.4亿元，带动开发就业岗位7.6万个，创建省级创业型社区24个，数量居全省前列。继续开展“送培训下乡”“送培训进企”“送培训入校”等活动，切实为广大农民实现就地就近稳定就业提供服务。

## 社会保障体系建设

【养老保险】　继续完善企业养老保险待遇调整机制，连续十年调整提高企业退休人员养老金，全市28.4万名退休职工养老金月人均增长266元，高于全省平均水平。调整完善各项社会保险政策，城乡居民养老保险基础养老金提高到每人每月75元，待遇增长水平走在全省前列。建立了丧葬补助金制度，将未参保被征地农民纳入保障范围，分12个档次确定新的缴费标准，建立了“分档缴费、多缴多得”的激励机制，进一步调动了城乡居民参保积极性。

【失业保险】　稳步推进扩大失业金支出范围试点，强化失业动态监测，失业保险保生活、促就业、防失业的功能得到进一步发挥。

【医疗保险】　深化医疗保险制度改革，在省政府意见出台后率先启动了城乡居民医保整合工作，建立了统筹城乡的居民医保制度，政策惠及城乡651万参保群众。整合期间，同步推进居民大病保险工作，一级以上定点医疗机构实现即时结报，全省首例大病保险即时结报案例在潍坊完成报销，《大众日报》头版对此予以专题报道。加快完善职工医保制度，积极开展职工长期护理保险试点，全面建立职工医保普通门诊统筹制度，医疗保障能力进一步增强。

【工伤保险】　完善工伤认定程序，提高认定工作效率，全市认定工伤案件6056件，切实维护了工伤职工和用工

2014年9月23日，潍坊创业大学在滨海区举行开学典礼，首届小微企业家学员入校进行创业提升培训。市委副书记、市长刘曙光出席会议并讲话。图为潍坊创业大学。

（供图：刘先谨）

2014 年 11 月 4 日，省委副书记、省长郭树清（左二）一行视察潍坊市大学生创业孵化中心。市委书记杜昌文（前左三）、副市长王桂英（后左一）、市人社局局长李静波（左一）陪同视察。（供图：刘先谨）

单位的合法权益。提升鉴定质量，组织各类劳动能力鉴定 4878 人次，打造了阳光鉴定品牌。

**【社会保险经办】** 以智能化经办、精细化管理和人性化服务为重点，全面推进“电子社保”建设，成功入选全国首批“电子社保”示范城市，全市开通网上服务的单位 1.1 万家，开通率达到 98%，85% 的社保经办业务通过网上办理，实现了经办模式的全面转型升级和服务效能的大幅提升。

**【社会保险基金监督】** 进一步规范基金预决算工作，社保基金预决算编制工作获得“全省先进单位”称号。

（刘先谨）

## 老龄工作

**【老年人优待工作】** 全市各级财政共投入资金 1600 余万元，为 2.3 万余名 90 周岁以上老年人发放高龄津贴。奎文区、潍城区提高了本级财政 90 ~ 99 周岁老年人高龄津贴标准，由每人每月 60 元提高到 100 元。市老龄办、市交通局、市财政局根据《山东省优待老年人规定》和市十六届人大三次会议通过的《政府工作报告》中提出的关于“全市 65 周岁以上老年人免费乘坐公交车”的要求，联合制定了《潍坊市 65 周岁以上老年人免费乘坐市区公交车实施办法》，在全市范围内全面实行了 65 周岁以上老年人免费乘坐公交车，新增受益老年人 35 万。“银龄安康”工程（人身意外伤害组合保险）深入推进。通过“政府赠、社会捐、子女送、个人买”等途径，全市 60 ~ 80 周岁老年人投保率达到 58.6%，80 余万老年人受益，有 4321 名老年人出现意外伤害，赔付金 980 余万元，充分发挥了商业保险在养老保障中的重要补充作用。

**【老年人权益保障】** 在新修订的《山东省老年人权益保障条例》（以下简称《条例》）于 2015 年 1 月 1 日施行之际，市老龄办在全市组织开展了“普及新《条例》· 关爱老年人”主题宣传月活动。期间，积极开展送《条例》进机关、进学校、进社区活动，向各级发放《条例》单行本 2.5 万余册，宣传挂版（图）2 万余张，把宣传新《条例》纳入了普法的重要内容，组织各级采取发放明白纸、小册子、巡回宣讲、现场咨询等形式，开展内容健康、形式多样的普法活动，形成了强大的宣传态势，进一步提高了社会敬老、养老、助老观念和老年人依法维权意识。为了进一步加强老年维权工作，市老龄办制定了《潍坊市老龄系统信访工作制度（试行）》，完善信访工作机制，畅通来信来访渠道，规范信访秩序，维护老年人合法权益。全市各级司法机构立案审结侵害老年人权益案件 798 件，为老年人提供法律援助 1.91 万余人次，老年权益得到有效维护。

**【老龄宣传教育】** 全市各级认真贯彻全国老龄办、中宣部等十部门《关于培育和践行社会主义核心价值观加强老龄宣传教育工作的通知》精神，积极开展人口老龄化形势宣传教育。为了不断强化全民人口老龄化意识，积极应对人口老龄化，市老龄办加强与新闻媒体的工作联系，通过开设专栏、专版和专题等形式，加强老龄政策、老龄问题、老龄产业、敬老美德等内容的宣传，努力营造良好舆论环境。大力弘扬敬老、养老、助老传统美德，广泛开展主题教育实践活动。市老龄办印发了《关于创评“潍坊市孝德文化教育基地（示范点）”实施办法（试行）》，通过基层推荐和综合评审，8 个单位被命名为首批“潍坊市孝德文化教育基地（示范点）”；编辑出版了《孝德教育读本》一书，向市直机关、养老机构、老年文艺团体、学校等社会各界赠送 3 万册；在市直机关和事业单位深入开展“孝行潍坊——我先行”志愿服务活动，积极组织广大干部职工到社区和养老服务机构为老年人办实事、做好事、献爱心。在“敬老月”和庆祝“老年节”活动期间，市委书记杜昌文、市长刘曙光在《潍坊日报》联合署名发表了《致全市老年人和老龄工作者的慰问信》；全市各级深入开展走访慰问老党员、高龄和生活困难老年人活动；市政府对 10 个老龄工作先进单位和 10 名先进个人进行了通报表彰，市人社局、市老龄办联合对 90 个老龄工作先进单位和 90 名先进个人、100 名模范老人、潍坊市第二届十大孝星及提名奖进行了通报表彰，以此教育激励全市形成更加浓厚的敬老、养老、助老社会氛围。

市文明办、市老龄办在人民广场举办老年学雷锋志愿服务互助队授旗仪式暨“和谐银龄”颐和康盛夏晚会。（供图：玄 涛 付洪连）

【老年文化建设】 市老龄办认真贯彻全国老龄委相关成员单位联合下发的《关于进一步加强老年文化建设的意见》和山东省委组织部等17部门《关于进一步加强老年文化建设的实施意见》，联合市老龄委14个成员单位出台了潍坊市的贯彻落实意见。各县（市、区）按照市里的要求，将老年文化建设纳入了文化事业和老龄事业发展重点任务，加强老年文化阵地建设，发展老年文艺队伍，组织老年文体活动，丰富老年人精神文化生活。市老龄办不断加强对鸢都银龄艺术团10余支老年文艺团队的组织领导，充分发挥骨干引领作用，带动市区内老年人积极参与文化娱乐活动。市老龄办以“共唱主旋律·同筑中国梦”为主题，举办了庆祝老年节暨潍坊市第二届老年人文艺大赛，联合市文明办举办了“和谐银龄”颐和康盛夏晚会暨全市老年学雷锋志愿服务互助队授旗仪式，各老年文艺代表队精彩演出了具有老年人特色的文艺节目，展示了全市老年人的精神风貌。市、县（市、区）、乡（镇、街道）三级老年文艺队伍达到668个，城乡社区老年活动站点4146个，80%以上的社区（村居）建立了老年文体组织。

【基层老龄组织建设】 市老龄办按照省老龄办加强基层老年组织建设和市政府《关于进一步加强基层老龄组织规范化建设的意见》要求，加大工作协调，强化工作指导，在积极推进老年协会样板建设的基础上，组织编辑了《全市基层老龄组织建设材料汇编》8000余册，发放到各级老龄工作机构，对促进基层老龄组织规范化建设发挥了积极的指导作用。全市12个县（市、区）和3个市属开发区全部成立村（居）、社区老年协会的有5个，达到90%以上的6个，达到70%以上的4个。

【机关建设】 市老龄办被全国老龄办、民政部、共青团中央等7部门授予“全国敬老模范单位”称号，机关党支部被市委市直机关工作委员会评为“先进基层党组织”。

（穆长海）

# 民政工作

【社会救助工作】 城乡低保和农村五保供养标准超过全省平均水平。提请市政府或联合相关部门制订出台了12个社会救助文件。开展了“阳光低保”和“阳光救助”专项行动，组织全市所有民政干部签署了不干预低保承诺书，逐户核查了所有在保对象，全面清出底子，为实现动态管理奠定了坚实基础。召开了22家媒体参加的专题新闻发布会，引起了良好的社会反响。印发了《城乡居民家庭经济状况核对暂行办法》，成立了市低收入家庭经济状况核对指导中心。修订了《潍坊市城乡医疗救助办法》，医疗救助报销比例提高了10%。接受市人大视察和评议，社会救助体系建设情况获得85分，为历史最高值。

【社会福利事业】 按月为4282名困难失能老年人发放护理补贴，为13529名低保高龄老年人按月发放生活津贴，为534名“三无”老年人发放生活补助。按标准落实了困境儿童基本生活补助和孤儿基本生活费。市儿童福利院通过了ISO9001质量体系认证。市社会福利院获建国家康复辅具研究中心授权的省级培训运营服务机构。福彩发行突破15亿元，销量跃居全省第二。

【防灾救灾工作】 争取和筹措救灾资金5400余万元，及时发放到受灾群众手中。修缮了城区救灾物资储备中心，建设了城区应急避难场所，建立了16处县级救灾物资储备库，储备物值700余万元。与8家大型企业签订了救灾物资储备协议。完善了市、县两级自然灾害应急指挥系统。在寿光、昌乐开展了民生综合保险试点。组织了“5.12”防灾减灾周演练和宣传活动，全年培训灾害信息员3000余人次。创建全国、全省综合减灾示范社区13个，居全省前三位。

【公益慈善事业】 开展了基层慈善组织规范化建设，搭建起市、县、镇（街）、社区四级慈善组织网络。举办了首届“潍坊慈善家”评选表彰活动，表彰了10名慈善家。全市募集款物累计达7.42亿元。“定点选项冠名赞助”项目获山东慈善奖最具影响力慈善项目。筹资741万元，资助2400名贫困大学新生顺利入学。为白内障患者实施“复明直通车”免费手术1500余例。2014年投入慈善救助资金9535万元，救助9.8万余人。市慈善总会获第二届中华慈善突出贡献（组织）奖。

【城乡社区和基层政权建设】 配合市委组织部推行了城市社区“大党委”制，将村（居）、社区经济组织和驻区单位党组织全部纳入管理范畴。诸城市农村社区治理经验，被推荐为全国“十大社区治理成果”候选项目。建成社区综合服务中心1317个，城市社区综合服务设施覆盖率达到100%。建立了公共服务进社区准入制度。全市登记注册社区志愿服务组织2700余个，发展志愿者12.2万余人。培训社区工作人员5120人次。规范了城市社区经费保障和社区工作人员待遇。健全了村务监督委员会，修订了村务公开目录，首次编修了以维护妇女权益为重点的村规民约。组织指导了第十一届村委会和居委会换届选举工作，成功率达到99.15%，为历史最高水平。积极参与争创全国文明城市活动。6个单位获“全国和谐社区建设示范单位”称号，居全省前列。

【社会组织管理服务和党建工作】 对符合条件的四类社会组织依法实行直接登记，取消了全市性社会团体分支、代表机构的设立、变更和注销登记事项，承接了非公募基金会审批职能。在全省率先完成237家行业协会商会类社会组织兼职（任职）清理整顿，共清退兼职人员806人。改革社会组织年检程序，采用网络预报送方式，提高了效率。开展了2014年度社会组织评估，5A级达到9家。发布了具备承接政府职能转移和购买服务资格的社会组织名录。市、县均建立了社会组织孵化中心，属全省首例。建立社会组织党组织1907个，应建已建率92.2%，工作覆盖率100%，获省级党建工作示范点6个。新认定引进的社会组织总部（分支机构）23家。

【社会工作】 组织社会工作知识培训30余场、6000余人次。通过社工职业水平考试316人，居全省第二。6人被评为“齐鲁和谐使者”，居全省第三。95人获“首届全国社工知识网络竞答赛”奖项，居全国第一。评选表彰了99名第二届“潍坊和谐使者”，培育民办社工机构15家。全国志愿者队伍建设管理信息系统注册登记13万人。实施了社会工作服务标准化示范工程试点，2个项目获民政部“李嘉诚基金会”大爱之行项目。推荐中国社工协会副会长赵蓬奇担任市政府顾问。4名同志荣获“2014年度全国最美社工”和“优秀社工人物”称号。

【双拥共建】 优抚政策充分落实。提高了残疾军人、老复员军人等优抚对象的抚恤和生活补助标准。大幅提高了抚恤定补优抚对象住院费补助比例和定额门诊补助标准。义务兵家庭优待金按时足额发放到位。提请市委市政府两办、潍坊军分区政治部印发了烈士纪念工作意见，组织了首个烈士公祭活动。

安置工作卓有成效。接收安置退役士兵4279人，免费培训3111人次。落实了退役士兵自主就业政策，发放补助金8817万元。落实了军休干部政治和生活待遇，省民政厅在潍坊市召开军休服务管理工作现场会，民政部、总政治部领导到会指导。潍坊军供站顺利投入启用运营。为困难退役士兵安排公益性岗位3016个，办理低保937户，特困救助和医疗救助596人次。全年涉军进京上访量同比下降85%。

双拥工作创新发展。集中组织“双拥宣传月”活动，举办了全市领导干部国防教育报告会。市委、市政府、潍坊军分区出台了《关于支持保障部队“打胜仗”的决定》，军委副主席许其亮给予高度评价。市委书记杜昌文被评为“党管武装好书记”。济南军区国防动员现场会在潍坊市召开。着力保障部队野营拉练、训练演习、维和护航等军事活动，解决驻潍部队具体困难15件。全力争创“双拥模范城（县）”，迎检的5个县（市、区）均取得良好成绩。

【养老服务体系】 在全省率先出台了《关于加快发展养老服务业的意见》和《关于支持农村幸福院建设的意见》。新建城市社区日间照料中心125处、农村幸福院281处，新注册社会办养老机构6家，新开工建设8家，建成居家养老服务信息平台9处，新增养老床位7600张，全市每千名老人拥有养老床位达29张，居全省前列。争取和发放养老项目补助资金4640万元，免费培训养老服务从业人员2540人次，持证上岗率80%以上。举办了第三届全市养老护理职业技能竞赛。制定了《潍坊市养老服务业综合改革方案》，确定了改革目标、主要内容和保障措施。中国社会科学报头版刊发了寿光市构建覆盖城乡均衡发展养老体系的长篇报道。组织召开了全市养老服务业现场推进会。市政府在全省加快发展养老服务业电视会议上作了典型发言。潍坊市被国家发改委、民政部确定为“全国养老服务业综合改革试点市”。

【殡葬服务】 提请市委、市政府两办印发了加快推动殡葬改革的实施意见。开展了殡葬服务不规范集中整治行动，全年为59002户丧属减免基本丧葬服务费用5520余万元。举办了第十四届殡葬用品订货会，阳光订购经验在全省推广。市殡仪馆主体工程如期顺利启用，获得社会各界好评。

【专项社会事务管理】 3处婚姻登记处和2个救助站被民政部评定为3A级婚姻登记机关和三级救助管理机构。开展了“寒冬送温暖”“夏季送清凉”“接流浪人员回站过节”等专项救助行动，保持了街面无流浪未成年人成果。实施了行政区域界线联合检查，创建“边界和谐走廊”成果显著。启动了第二次全国地名普查工作，建立了市地名人才储备库。

【民政服务】 取消和下放行政审批事项4项，市级审批实行零收费。市民政局被表彰为“全市政务信息公开先进单位”。编印《潍坊市现行民政惠民政策手册》2.1万册，发放到所有镇（街）、社区和村（居）。健全了行政执法责任制，全年没有出现行政不作为、乱作为、慢作为等现象。注重发挥“我要找民政”

诸城市以农村社区为单位进行换届选举。（供图：董德才）

奎文区、寿光市等 10 个县市区建成养老服务信息平台，开通 12349 服务热线，为老年人提供居家养老服务。（供图：董德才）

网络服务平台和民生救助直通车作用，开通了“12349 民政服务热线”和“潍坊民政”公众微信号。先后 3 次参加省“阳光政务热线”、5 次参加市“行风在线”，群众满意率 100%，被“行风在线”评为“最佳上线市直部门”。

【民政队伍建设】 联合市编办、人社局、财政局下发了文件，督促县（市、区）配齐配强基层民政力量，镇（街）民政机构人员配备达标率 85%。为 148 个镇（街）和 102 处敬老院配备电脑 396 台、多功能一体机 148 台。组织了“最美民政人”先进事迹巡回报告团。选派了 25 名副科级以下干部，分批到镇（街）挂职担任民政助理。修订了《潍坊市民政局规章制度汇编》。印发了《关于进一步加强调查研究工作的规定》，建立了直接联系群众制度和到基层调研制度，共提交调查报告 23 篇，其中，4 篇在民政部和省厅评比中获奖，民政局获“优秀组织奖”。市民政局被评为“全市包村联户工作先进单位”。

拒腐防变能力持续增强。自觉履行党风廉政建设主体责任和监督责任，认真执行“一岗双责”规定，落实了全员廉政公开承诺制度，集中组织了廉政谈话活动。开展了“学条规、守纪律、转作风”廉政主题教育、“以案明纪警示教育”和廉政法规知识测试，代表第一纪检组参加了竞赛，获“优胜奖”。自觉接受行政审计监督和新闻媒体监督，全方位接受社会监督。开展了机关党员干部违规兼职取酬及私自从事其他营利活动自查自纠、保障改善民生政策措施专项督查、民政专项资金管理使用情况检查和行政执法监督检查等，建立了长效机制。

（董德才）

## 民族宗教

【民族工作】 广泛开展民族团结进步宣传活动和民族团结创建活动。召开了全市民族团结进步创建“三三六〇”（“三”是指三年时间，“三”是指单位、社区、企业三个方面，“六〇”是指 60 个示范点）工程现场推进会，总结交流了创建工作经验；紧紧围绕“正确认识形势、反对民族分裂、维护民族团结、共建美好家园”的主题，开展了第 14 个“民族团结进步宣传月”活动，进一步巩固了平等、团结、互助、和谐的社会主义民族关系。少数民族经济社会各项事业全面发展。加大了对少数民族村居的扶持力度，争取上级专项资金 233 万元，扶持少数民族村居生产生活基础设施建设。为民品企业争取国家贴息贷款 58270 万元，企业受惠 1433 万元。进一步繁荣发展了少数民族文化体育事业，组团参加了第九届省民运会，在射弩、毽球、珍珠球、武术、蹴球等 5 个竞技项目的 22 个小项和 1 个表演项目上进行了角逐，获得了 2 个一等奖、12 个二等奖、11 个三等奖和优秀组织奖，获奖总数并列全省第三名，创历届运动会最好成绩。按照规定为 25 人更改民族成份；为城区 34 个少数民族中考生和全市 357 名高考生进行资格审核。

【宗教工作】 开展了以“发挥正能量，共筑中国梦”为主题的“宗教政策法规学习月”活动；完成了全市 19 处佛教、道教场所在国宗局门户网站的公开工作。完成了对全市宗教团体班子及班子成员的考核测评，指导市佛教协会召开一届六次常务理事扩大会议、青州广福寺完成省佛教协会讲经法师培训班和第三届讲经交流会的接待工作；指导市基督教两会举办二期教牧人员心理辅导面授班、一期市属堂（点）负责人培训班。开展了全市第 3 个“宗教慈善周”活动，指导市基督教两会举办了“纪念中国基督教三自爱国会成立六十周年暨潍坊市神学思想建设成果转化——‘慈善’主题讲道比赛”，指导市天主教爱国会办好光启安老服务中心，成立德兰仁爱慈善会。依法审批 5 处固定处所、1 处基督教堂迁址、协调完成 3 个堂（点）教务移交工作。解决了宗教活动场所用电按照生活用电价格交纳，暂不实行阶梯电价；按时足额为 27 名困难教职人员发放生活补贴 10.5 万元，向省争取 24 万元，为西黄埠天主教堂等 3 处宗教活动场所解决了寺观教堂修缮费用。

（房光明）

# 县市区

*Xiianshiqu*

## 奎文区

【国民经济和社会发展概况】 政区人口。2011年1月奎文行政区划调整，现总面积187.8平方公里，人口67.27万，辖大虞、廿里堡、梨园、东关、潍州路、北苑、广文、北海路、新城、清池10个街道办事处，其中，新城、清池2个街道办事处面积130.22平方公里、人口18.93万，由高新技术产业开发区管理。奎文区直接管理面积57.58平方公里，设8处街道办事处、2个经济发展区，100个行政社区居委会，常住总人口44.34万人（第六次人口普查数据），2014年，人口出生率为10.29‰，人口自然增长率为6.2‰。

经济。2014年，奎文区实现地区生产总值225.48亿元，按可比价格计算，比上年增长8.8%。其中，第一产业增加值完成0.62亿元，增长1.8%；第二产业增加值完成44.93亿元，增长11.7%；第三产业增加值完成179.93亿元，增长7.9%。三次产业构成比由上年的0.3∶20.7∶79.0调整为0.3∶19.9∶79.8，三产比重提高0.8个百分点。奎文区公共财政预算收入占GDP比重达12.9%，国地两税占二、三产业增加值比重达17.4%。非公有制经济较快发展。2014年，奎文区民营经济增加值完成117.23亿元，增长9.6%，占GDP比重达52.0%。非公有（民营）经济单位31771户，增长28.2%，从业人员8.2万人，纳税金额31.7亿元，占全部税收比重达81.2%。其中，私营企业10910户，从业人员5.2万人，注册资本289.4亿元；个体工商户20739户，从业人员2.9万人。

农业。2014年，奎文区农林牧渔业总产值完成11396万元。其中，农业产值完成796万元，畜牧业产值完成9933万元。粮食总产量2000吨，蔬菜总产量1177吨。各项惠农政策全面落实，完成粮食直补23.19万元，落实农机购置补贴20万元，补贴机具7台（套），农机跨区作业实现收入150万元。小麦良种补贴、玉米良种补贴项目实现全覆盖。林业生态建设持续推进。2014年，奎文区郊区绿化总投资3000余万元，植树80多万株（墩），新造林53.8公顷，建设沿海防护林33.3公顷，郊区林木覆盖率达42.3%。投入资金100万元配备防控物资，有效预防了美国白蛾、方翅网椿等林业有害生物的大面积爆发。2014年，奎文区农业产业结构进一步调整优化，水貂、狐狸等特种动物养殖业主导优势明显，特种动物饲养量35.5万只，完成产值8783万元，占畜牧业产值的比重达88.4%，占农林牧渔业总产值的比重达77.1%。奎文区肉蛋奶总产量786吨，生猪出栏5610头，存栏2630头，家禽存栏1.9万只。

工业。2014年，奎文区实现工业总产值50.3亿元。其中，22家规模以上工业企业完成工业产值33.0亿元，下降18.4%。工业主导产品产量中，啤酒117249千升，增长20.4%；针织服装884万件，增长5.2%。规模以上工业实现主营业务收入36.9亿元，实现利润0.2亿元，实现利税1.4亿元，工业产品产销率达97.6%。

投资结构不断深化调整。2014年，奎文区开工在建固定资产投资项目132个，完成投资113亿元，增长8.9%。其中，服务业投资完成105.7亿元，增长7.4%，占固定资产投资的93.6%。房地产市场减缓步伐。2014年，奎文区房地产开发投资92.8亿元，占固定资产投资的82.2%。商品房施工面积823.9万平方米，增长1.6%。商品房销售面积114.2万平方米，商品房销售额58.9亿元。建筑业市场小幅增长。2014年，奎文区三级资质以上建筑业企业48家，完成总产值80.3亿元，增长5.9%。其中，建筑工程产值74.7亿元，增长8.3%。建筑企业施工面积900万平方米，竣工面积246万平方米，工程合格率达100%。

国内消费市场增势平稳。2014年，奎文区社会消费品零售总额完成116.4亿元（仅法人单位零售额，不含产业活动单位零售额），比上年增长11.2%。分行业看，批发零售贸易业零售额102.8亿元，增长11.3%；住宿餐饮业零售额13.6亿元，增长9.8%。2014年，物流市场进一步繁荣发展，奎文区提升泰华城商圈、新华路商圈，启动繁荣万达商圈，5000平方米以上的大型商业网点达18处。从事与物流有关的企业190家，注册资金百万元以上的35家。批发市场为代表的各类商品市场发展到28处，市场总占地2520多亩，其中，亿元以上商品交易市场8处，年交易额114.4亿元。

对外贸易增速有所放缓。2014年，奎文区进出口总额7.8亿美元，增长4.6%。其中，出口总额5.6亿美元，增长11.4%；进口总额2.2亿美元，下降9.2%。合同利用外资8072万美元，实际到帐外资4360万美元，增长34.2%。企业境外投资项目6个，中方协议投资额7783万美元，外派劳务56人次。

现代交通运输体系更加完善。2014年，奎文区共拥有客货营运车辆6111部，其中，出租车527部。对奎文区出租、长途客运和危险品车辆全部安装GPS卫星定位系统，实现了全时跟踪监控，有效保障了人民群众生命财产安全。交通基础设施建设实现新突破。2014年，奎文区完成公路建设工作量1313万元，公路通车里程93.3公里，公路密度达每百平方公里163.7公里。公路养护质量不断提高，扩建、改造、修复城市道路面积0.15万平方米，里程碑、百米桩等沿线附属设施均完整、标准。综合好路率国道、省道均达到100%，县乡公路达到97.8%。

财政收入平稳增长。2014年，奎文区财政总收入完成36.0亿元，增长6.8%。其中，公共财政预算收入完成29.0亿元，增长10.0%。公共财政预算收入中，税收收入完成24.3亿元，增长1.9%，占公共财政预算收入的比重达83.7%。从四大主体税种看，增值税完成1.9亿元，营业税完成13.3亿元，企业所得税完成1.3亿元，个人所得税完成1.0亿元。民生支出稳步增加。2014年，奎文区公共财政预算支出19.7亿元，增长15.1%。财政支出当中的一半以上用于民生，其中，教育支出4.3亿元，增长0.3%；社会保障和就业支出2.7亿元，增长16.8%；医疗卫生支出1.5亿元，增长8.4%。

科技创新能力进一步提高。2014年，奎文区共取得主要科技成果8项，达到国内先进水平和填补国内空白2项，达到省内先进水平4项。全年共安排和承担各类科技计划项目40项，其中市级以上项目6项，安排区科技计划项目34项。获市级以上科技进步奖8项。奎文区申请专利882件。建成市级以上工程技术研究中心17家。2014年，高新技术产业优化调整，奎文区以通用设备、新材料等为主导产品的高新技术产业企业4家，其中，工业总产值过亿元的2家。奎文区高新技术产业产值占规模以上工业总产值比重达20%。品牌创建工作持续推进。奎文区累计获得中国名牌1个，山东名牌6个，山东服务名牌14个，山东省省长质量奖1个，潍坊市市长质量奖1个。标准化良好行为AAAA级企业2家，标准化良好行为AA级企业8家，计量合格确认企业14家。重点开展了以汽车及其配件、建材产品、汽柴油、日用消费品为重点的“质检利剑”行动，达到了规范产品、规范行业的目的。

城市基础设施建设不断加快。2014年，奎文区投资11亿元，7.8公里80米宽的潍州路南段工程正式竣工通车，完成3条主次干道和5条背街小巷建设，改造危楼、旧小区26.8万平方米，惠及群众1.5万人。棚户区改造开工928户，新增廉租住房补贴162户，发放廉租房和经济适用房补贴745万元。完成既有建筑节能改造9.43万平方米、太阳能光热一体化安装38万平方米。出台《关于加强老旧小区物业管理工作的意见》，16个试点小区陆续落实社区化准物业、市场化物业管理模式。“城中村”改造稳步推进。奎文区规划的60个“城中村”已有40个村开始实施改造。2014年，14个村开工建设，开工面积60.0万平方米，竣工面积12.8万平方米，已实施的城中村改造项目中，商业性建筑面积占总建筑面积的比重达49%以上。

发展生态环境质量持续改善。“四化”工程（城市绿化、亮化、净化、美化工程）取得扎实成效。2014年，投资4100万元，栽植乔灌木275万株，新增绿化面积10万平方米，城区绿化覆盖率达到40.7%，人均占有公共绿地面积10.8平方米，进一步提升了城区生态档次。规范拆除楼体广告、整改破损牌匾、清理落地灯箱等3000多处，城乡一体化收集运输队伍扩大到近200人，日清运垃圾能力达到100吨以上，使城郊13871户居民和160家企业从中受益。2014年，奎文区环境保护总投资3.3亿元。工业废水处理率、燃料燃烧中废气处理率、工业废气消烟除尘率、烟尘控制区覆盖率均达到100%，工业固体废物综合利用率达到99.5%，区域环境噪声达标区覆盖率达到84.6%。

教育均衡化程度进一步提高。2014年，奎文区共有普通小学25所（不含分校），在校生28224人；普通中学8所，在校生9384人；特殊教育学校1所，在校生101人。各类学校共拥有在职教职工2757人，其中，专任教师2602人。有幼儿园71所，在园儿童11451人，3～6周岁儿童入园率达到99%。适龄儿童入学率100%，在校生巩固率小学、初中均为100%。奎文区市级以上规范化学校24所，占中小学总数的79%。成人教育、社会力量办学进一步发展。奎文区共举办成人教育培训班200期，培训1万人次。社会力量办学发展到99家，在校生达5万余人。

卫生体育事业持续健康发展。2014年，奎文区拥有医疗卫生机构269处，床位2310张，卫生技术人员2999人；社区卫生服务中心5处，社区卫生服务站21处。着力抓好疾病预防控制工作。奎文区国家免疫规划“八苗”全程接种率达93.62%以上。奎文区无甲类传染病及死亡传染病病例发生，乙类传染病报告发病率123.42/10万，丙类传染病5种1068例，报告发病率306.54/10万。2014年，奎文区共参加省“三项赛事”、潍坊国际风筝会、潍坊市“五大联赛”和潍坊市第四届全民健身运动会及市青少年系列锦标赛9项次，共取得金牌35枚，银牌29枚，铜牌31枚。广泛开展丰富多彩的健身活动，奎文区体育健身工程覆盖率达80%以上，实现了居民“十分钟健身圈”，全年举办群众性健身活动91项次，参加人数达2万余人。加强体育健身设施建设，新建健身工程9处，总价值9万元。

社会保障体系不断完善。2014年，居民收入稳步增长，生活水平得到提高。奎文区城市居民人均可支配收入30973元，增长9.1%；城市居民人均消费性支出18810元，增长7.6%。2014年，社会保险扩面取得新进展。奎文区新增企业养老保险参保职工1321人，共有1197家企业单位的41081名在职职工参加了养老保险，收缴企业养老保险费31841万元。为10609名企业离退休人员发放离退休费21526万元，社会化发放率始终保持100%。机关事业单位收缴养老保险金10175万元，收缴率达100%，为2617名离退休人员发放养老金10784万元，全部按时足额发放。城镇居民社会养老保险当年收缴保险费2325万元，为14066名达到领取年龄的参保居民发放养老金2517万元。失业保险当年收缴1846万元，发放失业保险金523万元。全年组织参加市劳动人才交流市场51次，提供就业岗位13100个，办理求职登记6757人次，达成用工意向5770人次，城镇新增就业人数5185人，城镇登记失业率为2.1%。奎文区共开发公益性岗位1070个，市级以上充分就业和谐社区达到52家。

社会救助发展成果惠民。2014年，奎文区城市低保标准由每人每月460元提高到500元。发放城乡低保金1897万元，为3917名贫困居民提供了生活保障；为510户发放城市医疗救助金167万元；资助参保人数达2200人，提供参保金17.6万元；为112户家庭发放特困生活补贴11.2万元；为5000余户困难家庭发放救灾救济面粉57吨；发放各类抚恤定补金781万元；通过临时救助制度和奎文区救助直通车救助172户临时困难家庭，发放救助资金32万余元。城市“三无”人员集中和分散供养标准分别提高到每人每月1000元和800元。推进养老服务体系建设，新增养老床位420张。全面实施“银铃安康工程”，免费为3.8万名老人进行了投保。奎文区获“全国和谐社区建设示范城区”荣誉称号。

**【奎文区打造楼宇经济特色品牌】** 2014年，在建、建成楼宇总数102栋、413万平方米，其中，建成商务楼宇78栋、243万平方米，税收过千万元楼宇28栋，税收全年突破10亿元大关。创新楼宇经济O2O（线上数字平台和线下实体服务平台）服务体系，楼宇经济信息管理服务平台先后获省国土资源科学技术三等奖和国家地理信息技术应用铜奖。

**【“数字奎文”（奎文区“社会治理数字化服务平台”）正式上线运行】** 平台项目于2012年11月启动建设，总投资约6千万元，经过历时一年的设计研发、应用培训和试运行，2014年3月27日被列入全市重点项目。2013年，平台荣获山东省国土资源科学技术一等奖；2014年4月，《潍坊日报》又以《实现公共服务与群众无缝对接——奎文区精心搭建“社会治理数字化服务平台”纪实》为题做了主题报道；12月，通过潍坊市科技局专家团组织的科学技术成果鉴定。社会效益方面，该平台网上公示全区532项公共服务事项和办理流程，明确划分17类476项常见群众诉求类型和责任归属，实现服务公开透明；全年网上政务处理事项21000余条；将公众诉求事项纳入流程化办理，规范诉求办理流程、考核标准和评价体系；收口市长热线、潍坊民生、书记信箱、区长信箱、行风在线等诉求渠道；启动“多部门联办”“公开督办”等工作流程。全年共受理群众诉求12600余件，及时办结率达100%，群众满意率达97.1%。

**【创建全国文明城市“主战场”奎文区城区文明和市民素质“双提升”】** 2015年2月，潍坊荣膺“全国文明城市”称号。针对占道经营、乱搭乱建等问题开展专项整治，新划设置停车位4000多个，清理辖区建筑垃圾6000立方米，区财政先后投资2.1亿元，各街道、社区投入2000万元，改造老旧小区46个、居民楼2100余座，改造面积627万平方米，受益居民10多万户。帮助困难群众解决实际问题230余件，受益群众达到2万余人。以“畅通人行道、畅通无障碍通道、畅通自行车绿道、畅通消防通道和解决停车难”为主要内容的“四通一难”进行集中整治。

**【经济开发区（廿里堡街道）】** 奎文经济开发区位于潍坊市奎文区南部，面积25.7平方公里。辖25个社区，8652户，总人口5万。2014年，全街道完成地区生产总值41.7亿元，比上年增长24.9%；地方财政收入18062万元，比上年增长4.22%；规模以上工业企业实现销售收入31.5亿元，利税1.27亿元，分别增长-18%和-39%；第三产业增加值达36亿元；居民人均纯收入11602元。

2014年，汽车服务业全年实现销售收入206亿元，潍州路十里汽车长廊有汽车4S店增至80家、精品店128家，涵盖奔驰、宝马、奥迪等国内外近200余种名品车系，占全市份额的80%以上；辖区文化旅游业包含金宝乐园、金泉寺、白浪河生态湿地公园三个AAAA级国家旅游景区，是城区居民最为青睐的近郊游、生态游和休闲游的目的地，全年实现客流120万人。城市工业主要有装备制造、纺织服装、食品加工等三大门类规模以上工业企业14家，是奎文区工业企业最为集中、最有活力的区域。辖区现代物流业拥有医药、航空、烟草三大物流中心，医药物流园是辐射青、烟、威一线城市的医药集散中心，航空物流园货邮量已达2万吨，居全省首位，烟草物流园配送规模为江北最大，构建起“大流通、大商贸”发展新格局。

奎文经济开发区党工委书记　杨焕民

奎文经济开发区管委会主任　庞立雁

廿里堡街道党工委书记　田玉军（兼）（12月止）

廿里堡街道办事处主任　李良军

【大虞街道】 大虞街道办事处位于潍坊市奎文区东北部，面积7.88平方公里。辖9个网格大社区，36554户，人口6.38万人。2014年，全街道完成地区生产总值29.3亿元，比上年增长14%，公共财政收入23921万元，比上年增长10.9%，工业实现销售收入限上5024万元，第三产业增加值达23.2亿元，居民人均纯收入30973元。

大虞街道围绕年初确定的“一二六五三”工作思路，认真贯彻落实党的十八大、十八届三中、四中全会精神和习近平总书记系列讲话精神，努力做好片区建设、重点项目、楼宇经济、文化产业和社会管理创新等重点工作。加快片区开发和项目建设，全街道共汇集投资过亿元的大项目14个，总投资48.5亿元，建筑面积135万平方米。辖区提升发展活力明显增强，全域开发、全域突破、全域高端的发展格局基本形成。全力打造品牌楼宇、特色楼宇、专业楼宇，加快总投资11.2亿元、建筑面积38.7万平方米的潍坊中心、新华国际、新华广场、丹桂里三期等商务楼宇的建设进度，新增商务楼宇面积15万平方米。积极推进大虞文化村改造提升工作，成功举办了第四届中国紫砂高峰论坛、第二届大虞文化艺术节、第一届鉴宝大会等大型节会，是第七届中国（潍坊）文化艺术展示交易会分会场，更好提升了园区知名度和影响力。四是高端商贸实现新繁荣。以加快转调创为主攻方向，突出抓好东庄商圈、陈家商圈、北宫街商圈、玄武东街商圈“四大商圈”打造提升工作，有效推动了社区商业繁荣和产业优化升级。

街道先后荣获全国乡镇综合文化站评估定级一级文化站、全省首批创建创业型街道、全省创建规范化财政所示范单位、全省食品药品监督工作先进单位、全省水土保持工作先进单位等荣誉称号。

党工委书记　赵天宝

主　　任　蔡小东

【梨园街道】 梨园街道办事处位于潍坊市奎文区东南部，面积5.6平方公里。辖10个社区，26796户，人口8.04万。2014年，街道完成公共财政收入15291万元，同比增长14.2%；实现固定资产投资16.72亿元，同比增长13.2%；完成工业主营业务收入2.89亿元；完成限额以上批零住餐销售额2.04亿元。

2014年，梨园街道以努力打造滨水生态型高端商务片区为发展定位，共确定重点项目20个，新开工建设银泉广场、世博商务、金江之星、富地中心、世纪樱园三期、唐宁国际6个项目，其中纯商务楼宇项目4个，新开工商业商务面积达28万平方米，占总开发面积的58.5%。辖区形成了以樱前街和虞河景观带为轴心的楼宇经济集群，有建成、在建商务楼宇14座，为产业转型发展提供了强有力的载体支撑。科学规划10大社区，打造了街道、樱园社区“街居一体化”公共服务中心，以党的群众路线教育实践活动为依托，实施了樱园文化广场提升、文化路“汽改水”、老旧小区改造等为民实事工程，以“最美梨园”活动为载体，开展了“梨园翰墨情”书画笔会、梨园力量庆“七一”等系列群众文化活动，以建设“平安社区”为目标，在安全生产、城市管理等领域深入推行契约化管理服务，开展“两创一化解”百日集中整治活动，全力建设人文梨园、风情梨园、幸福梨园。

2014年，梨园街道获全国和谐社区建设示范单位、全国乡镇综合文化站评估级二级文化站、全省健身活动先进站点、省级基层就业服务平台示范岗、潍坊市企业退休人员社会化管理服务AA级单位、全市法制文化建设示范基地、全市普及学前教育工作先进镇街等称号。

党工委书记　王　磊

办事处主任　谭立权

【潍州路街道】 潍州路街道办事处位于潍坊市奎文区中西部，西起白浪河，东到鸢飞路，南至宝通街，北接民生街，环境秀丽，交通便捷，地理位置优越。辖区面积6.1平方公里，辖10个社区，24848户，人口7.8万。

2014年，街道全年实现地方财政收入约1.8亿元，完成固定资产投资19.9亿元，实现社会消费品销售额23亿元。街道片区开发重点项目潍坊信圆金融服务中心、恒易·宝莲等5大项目主体封顶，完成27户拆迁任务，腾空土地80余亩；实现伯爵庄园等6大项目开工建设，北王汽配城投资137万元进行改造提升；落实配套民生资金，实施民生工程，道口、草庙、马少野等3处标准化社区服务中心投入使用，至善华星养老中心投入使用，幸福街养老服务中心、北王养老服务中心加快推进，幸福街社区数字监控系统全面投入使用，老旧小区道路修缮、路灯安装、治安巡防均有较大提升。组织开展了第二批党的群众路线教育实践活动，顺利完成社区“两委”换届，深入开展了包居联户、民情大走访等主题活动，机关作风进一步转变，党群、干群关系更加紧密，辖区和谐稳定。成立潍州群众艺术团，组织开展了“魅力潍坊、浓情四季”文艺巡演，开展以“幸福和谐”为主题的评选活动，共评选“尊老爱幼好榜样”5名、“社区热心人”3名、“最美家庭”15户，叶仙红、谭悦华2人荣获“感动奎文·先模人物”称号。

2014年，街道获省级文明单位、省消防安全先进单位、省科学关爱和谐示范街道等一批省市级称号。

党工委书记　王庆汉

办事处主任　王国明

【东关街道（泰华城商务园区）】 东

关街道办事处位于潍坊市奎文区中部，东起虞河，西到白浪河，北至北宫东街，南接民生东街，面积5平方公里。辖9个社区，3.6万户，人口12.2万人。2014年，全街道完成地区生产总值56.78亿元，比上年增长14%；地方财政收入2.89亿元，比2013年增长12%；固定资产投资16.68亿元，增速13.7%；居民社会消费品销售总额40.1亿元，增速3.9%。

2014年，东关街道紧扣提升市区这一总体目标，抢抓机遇、攻坚克难，经济实力稳步提升。万达广场、阳光100、泰华城四期三大城市综合体相继竣工纳客，相映成辉，塑造城市客厅新形象；建成佳成电子商务大厦等商务楼宇31栋，构筑产业集聚新平台，老市委片区征收一期扫尾圆满完成，为提升市区腾出新空间；持续改善城市环境，扎实开展全国文明城市创建活动，对安丘巷、四平路佳乐家等重点区域进行了整治提升。有序推进苇湾老旧小区改造提升工程，深入实施“三八六”环保行动。推行“由民做主”，实施了居民代表常任制。探索“四社联动”，打造了“幸福社工”服务中心。在全市率先创办了《东关社区报》。投资600多万元，开展“三无”小区综合整治，实现社会治安技防全覆盖。维护安全稳定，积极争创国际安全社区。开展“阳光低保”专项整治行动，低保工作实现规范化、法治化管理。四是党建基础不断夯实。扎实开展党的群众路线教育实践活动，深入开展民情大走访，党群干群关系更加融洽。加强基层服务型党组织建设，形成了“爱家”志愿服务联盟、爱在阳光里等10个社区服务品牌。雷锋党支部获“全国离退休干部先进集体”。在全区率先完成社区“两委”换届。创新“两新”组织党建，打造了“阳光驿站”党群服务中心。

2014年，先后获全国区街镇党的群众路线教育实践活动先进集体、全国社区服务型党组织建设示范街道（乡镇）、山东省第三次经济普查先进集体、潍坊市品牌宣教基地、潍坊市学习型党组织等称号。

党工委书记　石凌峰

办事处主任　郑　海

**【广文街道】** 广文街道位于潍坊市区中心，面积4.22平方公里，辖6个社区，人口8.6万。2014年，街道完成固定资产投资8.4亿元，实现地方财政收入1.92亿元，同比增长15%；获全国和谐社区建设示范街道、山东省基层科普行动计划先进集体、科学关爱和谐示范街道、潍坊市基层公共文化服务体系建设先进单位等称号。

2014年，街道上下积极适应经济发展新常态，主动融入市区发展大局，坚持以商务楼宇为载体，以项目建设为抓手，发展“五大产业”，打造“五大片区”，成功引进雀巢（中国）等总部分支机构10余家，发展各类市场主体1011户；潍坊国际创意港、创新金融集聚区等20个重点项目建设顺利推进；中天下·潍坊国际、世纪环球中心等10栋市、区重点商务楼宇建成启用，产业结构持续优化，商圈聚集功能显著增强。聚力推进社区治理创新，探索建立了议事小组议事等“由民做主”居民自治实现形式，经验做法在市区面上推广；巩固提升社区—片区—楼栋（单元）三级网格体系，扎实推进体育健身、文化教育、休闲娱乐、社区卫生、居家养老“五个十分钟便民服务圈”建设，真正让辖区居民享受到便捷的公共服务；聚力推进全国文明城市创建，市民文明素质、城市形象品位得到全面提升。严格执行中央政治局八项规定，深入开展党的群众路线教育实践活动，圆满了完成社区“两委”换届选举，营造了心齐劲足、风正气顺的干事创业浓厚氛围。

党工委书记　刘　煜

办事处主任　迟安斌

**【北苑街道】** 北苑街道办事处位于潍坊市奎文区西北部，面积6.13平方公里。辖则尔庄、卧龙、金都、丁家、沙窝5个社区，23934户，人口5万余人。2014年，全街道完成固定资产投资12.5亿元，地方财政收入10223万元；规模以上工业实现销售收入2.2亿元，利税3559万；居民人均纯收入为24778元。

街道坚持抓项目促发展，着力推进总投资110亿元、规划建设面积370万平方米的蓝色经济总部、恒联退城进园、虞河生活城等17个重点项目连片开发，全力推进总面积13万平方米的旧厂、旧村、旧楼征收拆迁，突出发展楼宇经济、蓝色经济；坚持抓民生促和谐，新建改造金都、丁家和沙窝3个社区服务中心及儿童卫生防疫站、社区卫生中心等2处公共服务设施，探索建立“四社联动”、“自治+物业”等社区服务管理模式；坚持抓整治促文明，实施丁家馨园小区、先锋支路等背街小巷和君泰商城等集贸市场整治提升，在25个三无、老旧小区安装视频监控系统，创办《奎北社区报》，举办“魅力北苑”等文体活动20余场，为民政部社工调研、全市平安建设现场会等各类活动提供现场12次，获得“山东省科学·关爱·和谐示范街道”“潍坊市文明单位”“潍坊市先进党委（党组）中心组”等称号。

党工委书记　段宏喜

办事处主任　陈国玺

**【北海路街道】** 奎文区北海路街道（北海路商贸经济发展区）位于潍坊市奎文区东部，东至北海路，西至新华路，南至张面河，北至通亭街，辖区面积3.1平方公里，辖6个社区1个居委会，2.8万户，常住人口5.3万人。2014年，街道完成公共财政收入1.08亿元，完成固定资产投资8.5亿元，完成招商引资10亿元，居民人均纯收入11404元。

北海路街道围绕建设富裕、活力、人文、幸福新北海的总体目标，充分发挥区位优势，加快构建以高端商贸、现代商务、金融保险、文化创意、科技信息、社区经济为主要内容的现代化服务业体系，经济和各项社会事业取得了突破性进展。目前，辖区内有沃尔玛、银座等跨区域、多业态的大型连锁商业企业7家，中小服务业企业490家，财富国际等9栋商务楼宇投入使用，逐步形成了新华路商业片区、沿北海路商务片区、十里堡商贸集聚片区3个各具特色的现代服务业经营区。

党工委书记　李德宝

办事处主任　孙宝春

（孙　涛）

## 潍城区

**【国民经济和社会发展概况】** 潍城区是潍坊市中心区之一，总面积269.5平方公里，辖6个街道、2个管理区、1个省级开发区，共169个行政村、85个社区。2014年末，全区总人口（户籍人口）35.62万人。

经济运行稳中有进。深入开展项目提升年活动，开工投资过千万元项目185个；组建8支专业招商队伍，中远重工等24个项目签约落地，认定过千万元招商引资项目126个，到位资金84亿元。全区全年完成地区生产总值228.26亿元，比上年（下同）增长9.2%。其中，第一产业增加值9.62亿元，第二产业增加值93.23亿元，第三产业增加值125.41亿元，分别增长4.1%、10.3%和8.6%。固定资产投资214.2亿元，增长15.4%。公共财政预算收入17.9亿元，增长8.2%。完成社会消费品零售总额138.1亿元，增长12.8%。

结构调整步伐加快。坚持现代服务业与城市工业双轮驱动，加快经济转型发展，产业竞争力提升。三次产业比例由2013年末的4.4∶42.5∶53.1调整为2014年末的4.2∶40.8∶55。以城市商贸、现代物流、文化创意、总部经济等现代服务业为重点，推动服务业提质增效。和平广场等8处城市综合体建设进展顺利，引进潍城佳乐家购物中心等5个项目。益康宝冷链物流等13个大型物流项目加快推进，豪杰建设物资物流中心、海恩德锥形管产业园投入运营，潍坊银座配送中心冷鲜库主体基本竣工，奋创电子商务产业园一期工程启动招商。潍坊广告创意产业园西街68提档升级，西街99视觉中心基本建成，西街88新媒体大厦建成运营，引进百度、58同城等21家知名广告企业。十笏园文化街区26万平方米文化商业设施基本建成，入围全省首批历史文化街区；月河楼金融文化街完成建筑面积6万平方米，引进工银安盛保险、中信建投证券2家市级金融机构总部。

以工业园区为载体，推动城市工业集群发展。编制潍坊节能环保产业园发展规划并通过专家评审，拟定产业园管理运营体制机制，被列入全市十大重点园区。乐埠山创新科技产业园：乐山路、天成街、双乐路3条道路建成通车，落户企业41家，大正科技、信科电气等4个项目建成投产。经济开发区低碳产业园：雷诺特动力设备等22家企业实施技术改造，一立精密铸造等18家重点企业实现规模扩张。潍城滨海特色产业园：建成2条园区道路，完善水、电、通讯等基础配套，总投资24亿元的10个落户项目全部开工，其中，同方机械高速插秧机项目是潍坊市滨海产业园第一个投产项目。组建20家企业参加的潍坊节能环保产业服务联盟，建成6万平方米的节能环保产业孵化器，海博尔智能机器人、德诺磁业等8个项目投产运营。全区实施天成阀门、朝日光伏等工业技改项目44个，完成投资24.8亿元。“两化”（信息化和工业化）融合发展取得新成果，大洋泊车数字化装备制造中心、绿特空调智能化供应链管理中心被认定为省级第四批“四个一百”工程，大汉网络科技被认定为省电子商务企业。

以农业示范园区建设为抓手，推动农业与休闲体验、观光旅游等服务业态融合发展。新引进铁皮石斛科技文化产业园项目，建成潍县萝卜文化产业园等7处生态农业基地。启动编制乡村旅游规划，全区星级“农家乐”达到28家，大洋马术俱乐部、怡兴有机蔬菜等生态旅游项目效益明显。培植壮大瑞福油脂、益康宝等15家农业龙头企业，带动农业品牌化、规模化、标准化发展。

城市建设管理水平有效提升。基础配套进一步完善。铺开月河南路、三里庄路等12条道路建设，和平南路、卧龙西街、利昌路3条道路建成通车。借势大于河综合整治，铺设排水排污管网21.5公里，较好解决城区西部100多平方公里范围内300多家企业工业废水和20万群众生活污水排放问题。城市集中供热面积达到603万平方米，普及率达到65%以上。优化调整公交线路4条，新增设公交站点8个、公共自行车站点93处。

重点区域开发进展顺利。加快齐鲁台湾城、火车站南广场、军埠口片区三大片区和十笏园、利昌、大于河、“两山一湖”（浮烟山、乐埠山和福源湖）四大组团开发改造，洽谈意向合作项目31个、新签约项目12个，新铺开善水国际、北京宫馆等14个高品质楼盘，翡翠华庭、常青藤国际花园等31个重点项目顺利推进，贵和苑、银河花园等7个新型农村社区加快建设，渤景湾安置区、奥文国际城一期等8个项目基本竣工。

“三八六”环保行动深入实施。完成大于河二期14.4公里河道整治和上游9.4公里湿地修复工程，展开小于河整治前期工作。扬尘污染防控整治效果明显，对73家企业环保设施进行改造提升，完成华龙硝铵35吨燃煤锅炉脱硫除尘设施升级改造等6个重点减排工程。拆除20吨/小时燃煤锅炉3台，拆改、停用10吨/小时以下燃煤锅炉21台。完成256家企业的自备井整治任务，改造灰口铸铁天然气管道10.5公里，提前淘汰黄标车811辆。强化农业投入品监管，农业面源污染得到有效控制。大力实施荒山绿化、水系绿化等八大生态工程，造林8400亩，林木覆盖率达到32%。

改革创新取得突破。行政审批制度改革不断深化。科学编制区级行政审批事项目录，压减权力事项1506项、冻结4项，建立权力清单和服务清单制度，对全区52个部门和1个试点街道“两个清单”3668项事项在区政府门户网站公示。完善预登记、代办制、重大投资项目“绿色通道”等审批服务制度，38个部门206项审批服务事项全部纳入政务服务大厅管理，实现“一站式”“酒店式”服务。大力推行先照后证、注册资本认缴、市场主体住所登记等工商注册制度便利化改革，全区新登记各类市场主体8120户，注册资本73亿元。

科技创新活力增强。全区新认定高新技术企业5家，市级工程技术中心、重点实验室5家，市级工程实验室3家，市级企业技术中心、工业设计中心3家；新增国家中小企业创新基金等国家级科技项目6个，省级科技项目3个；研发新产品、新技术、新工艺28项，完成专利申请1049件，其中，发明专利152件。中科院工程热物理研究所在潍城区建立了“航天航空关键零部件研发中心”。

民本民生持续改善。社会保障水平稳步提高。开展创业培训1045人次，新创造就业岗位3662个，新增城镇就业3808人，转移农村劳动力3165人，城镇登记失业率控制在2.27%。建立城乡一体居民医保制度，严格执行财政补贴政策，落实医保资金8417万元，城乡居民医疗保险实现全覆盖。推行阳光低保听证制度并提高保障标准，城乡低保标准分别提高到每人每年6000元和3100元，农村五保集中和分散供养标准分别提高到每人每年5400元和4000元，共发放保障金2327万元。新开工城市棚户区改造422户，新增发放廉租住房租赁补贴186户，基本建成各类保障性住房997户，实物分配96套经济适用住房，发放经适房、廉租房补贴1154万元。探索推进机构、社区和居家养老为主，互助、医养融合等为辅的养老“3+X”模式，建设提升养老服务设施40处，全区养老床位达到5300余张。

社会事业健康发展。坚持教育优先战略，推动潍坊外国语教育集团膨胀发展，成立潍州卓越学前教育集团，新建和改扩建潍坊八中、西关中心小学等5处学校，改造加固后羊、杨成等农村校舍31处，建成潍州外国语奥体幼儿园等3处普惠性幼儿园；面向全国招考50名优秀教师，引进市级以上教学能手6名；评选第二届潍州名师20名、潍州名校5所和潍州名校长3名。加快发展卫生事业，建成潍医附属医院新院，全面推进11大类43项基本公共卫生服务，家庭医生签约式服务已签约19.8万人，成功创建为国家级慢性病综合防控示范区。加强人口计生管理与服务，全区合法生育率达到95.7%，人口自然增长率控制在8.9‰；国家卫计委在人民商城社区开展了“新家庭计划——家庭发展能力建设”项目试点工作。深入实施文化惠民工程，9个街道文化站、46个农村文化大院、38处农家书屋完成更新。

**【首届“万印楼奖”国际篆刻大赛暨篆刻名家邀请展】** 为纪念清代潍县（今潍城区）籍著名金石学家、收藏家、书法家陈介祺诞辰200周年，由中国书法家协会篆刻委员会、山东印社、中共潍坊市委宣传部、中共潍城区委、潍城区人民政府及陈介祺艺术研究会、潍坊市文化旅游建设投资集团有限公司等单位共同举办的首届“万印楼奖”国际篆刻大赛暨篆刻名家邀请展于2014年3月26日在潍城正式启动。截止到6月30日，共征集国内外篆刻作者投稿1200余件，其中，印章原石800余方。作者遍布全国31个省、市、自治区和港、澳、台地区，以及日本、韩国等国家。8月14日，大赛评选揭晓，共评选出“陈介祺奖”2名，一等奖5名、二等奖10名、三等奖19名，入展175名。10月26～28日，在郭味蕖美术馆举行展览。其中，名家邀请展共收到国内外篆刻名家印章原石62方，特邀国内部分篆刻家印章原石25方，山东印社全体社员印章原石100余方。展览结束后，入展和获奖作品在万印楼（陈介祺故居东楼，因集有三代及秦汉印7000余方，名曰“万印楼”）永久收藏陈列。

**【全国小学语文个性化教学艺术研讨会在潍城召开】** 2014年5月26日，全国小学语文个性化教学艺术研讨会在潍城召开，来自北京、上海、河北、安徽等全国各地的语文教学专家、领导、骨干教师740余人参加了会议。此次研讨会由潍坊市教育科学研究院、《当代教育家》杂志社主办，潍城区教科研培训中心、潍城区实验小学承办，主要推介潍城区在校本课程建设、个性化教学研究、打造名师团队等方面的典型经验。

**【西南关社区荣获“全国和谐社区建设示范社区”称号】** 2014年10月，潍城区南关街道西南关社区被民政部确定为全国和谐社区建设示范社区。

**【人民商城社区被确定为“新家庭计划——家庭发展能力建设”项目城市示范点】** 2014年，国家卫计委推出“新家庭计划——家庭发展能力建设”项目试点工作。经省、市相关部门调研、评估和筛选，潍城区南关街道人民商城社区被确定为该项目的城市示范点。按照国家卫计委的项目试点方案要求，在人民商城社区开展的该项试点主要涵盖家庭保健、科学育儿、养老照护、家庭文化活动四个方面。

**【小磨香油博物馆】** 小磨香油博物馆位于山东潍城经济开发区，坐落在瑞福油脂股份有限公司内，占地600余平方米，于2014年6月8日开馆。小磨香油博物馆共两个展厅，第一展厅有古老的工具、蜡像、音像、古街、古槐、古井；第二展厅展示现代的石磨磨制、适度工业化生产、饮食文化的发掘。小磨香油博物馆充分利用光、影、图、文、雕塑、器物等形式，再现小磨香油传统生产制作工艺在600年间传承与发展创新的真实画面，展示中国香油发展史和崔字牌小磨香油品牌的建构历程。小磨香油博物馆的建立，标志着中国香油行业从此有了博物馆。

【于河街道】 位于潍城区西北部，辖35个行政村，人口3.08万人。2014年，实现公共财政预算收入1860万元。500万元以上固定资产投资3.98亿元。规模以上工业企业5家，实现销售收入28967万元，利税854万元，利润454万元。农民人均纯收入15563元。

青银高速公路横贯境域东西。辖区内都家村是被国务院授予“全国老艺人”称号的核雕艺人都兰桂故里，流饭桥村是地方名吃“杠子头”火烧起源地。

工业转型升级加快。永冠电气等20家企业扩建项目和亿源科技等6个新上项目投资建设进展顺利。亿源科技码垛手（滨海）项目，在建车间1.2万平方米；潍坊汇德丰机械纸箱生产线项目，建成钢结构车间；潍坊利鑫能源有限公司CNG项目车间建成。引进农业高新项目。山东天美益农业科技项目，完成园区内部基础设施建设，整修农田道路5000米、建成高科技种植大棚32个、种植优种葡萄10余公顷；国家农业开发项目，完成农业基础设施建设并通过市开发办验收。重点工程施工得到保障。潍日高速滨海连接线于河段沿线地面附着物基本清理完毕，山高集团路桥公司于5月上旬进场施工。潍高路延伸线地面附着物清理完毕，该工程已通车。大于河综合整治项目清障工作进展顺利，完成清障2830米，确保整治工程实施。民生事业持续发展。17个村村内道路实施硬化，修建道路47条，全长25.2公里，辖区农村道路硬化率达73%。投资180余万元清理整治环境卫生，并委托专业公司市场化运作，35个村全部完成市场化交接。投资50万元购买四季海棠、榆叶梅等树木9500余株，对村级道路进行绿化。投入780余万元对辖区内中小学校舍进行改造，配备标准化教学设备，安装监控设施。

党工委书记　齐春正

办事处主任　李茂福

【潍坊鸢都湖—浮烟山综合开发区望留街道】 位于潍城区中南部，潍坊鸢都湖—浮烟山综合开发区管委会与望留街道办事处合署办公，实行街区合一体制。辖59个行政村、1个社区，人口4.91万人。2014年，实现公共财政预算收入4591.6万元。500万元以上固定资产投资20.43亿元。规模以上工业企业9家，实现销售收入31443万元，利税1097.3万元，利润318.4万元。农民人均纯收入13923元。

境内浮烟山休闲旅游度假区环境优美，融自然风光和人文景观于一体，是潍坊市郊一处旅游胜地。中国风筝放飞基地（潍坊国际风筝会放飞场）位于浮烟山麓。

重点项目建设快速推进。30个重点项目完成投资21亿元。颐年园居家养老公寓、一通钢管等11个新上项目全部按期开工。续建项目全部动工建设，其中宏伟暖通、爱普环保科技、三六九高科技示范园、博瑞雷克萨斯4S店等12个项目完工并投产。工业经济优化提升。爱普环保有限公司投资3000万元建设的潍坊学院环境工程研发基地3月份投入使用。潍州电动车、中正电气等企业申报区级以上企业研发中心2个。泽汇石油、明宗铸造等6家企业投资1.3亿元进行车间改造、扩大生产。文化旅游产业加快发展。加大浮烟山休闲旅游度假区绿化力度，在明宗山实施片林工程。加快放飞基地、大洋生态村等支撑项目建设，其中放飞基地综合服务中心主体工程完成；大洋生态村美食苑、洪福寺露天观音菩萨像等旅游提升项目完工并交付使用。引进大洋自行车运动公园特色旅游项目，一期工程投资5000万元。构建现代商贸服务体系。初步形成集文化教育、休闲购物、餐饮娱乐、电子商务等于一体的“两纵两横”环形商贸区，建筑面积近36万平方米，入驻商户2200余家。农业银行、农商银行、潍坊银行、邮政储蓄等多家金融单位在辖区内建设了分支机构。家惠超市营业面积增加到8000平方米，成为全区远郊街道最大的综合性超市。构建配套公共服务体系。建立政务服务大厅，开展35项业务。养老呼叫中心和治安监控中心具有社区养老、安全监控、便民服务等10多项功能。引进建设潍坊医学院附属医院，正在装修和安装医疗设施。规划建设鸢都国际双语学校，160亩建设用地手续办理完毕。实施“天网工程”，全街道重点单位、重点路段、重点区域和重点部位治安监控全覆盖。

潍坊鸢都湖—浮烟山综合开发区管委会党工委书记　刘焕成

潍坊鸢都湖—浮烟山综合开发区管委会主任　王成义

望留街道党工委书记　刘英杰

望留街道办事处主任　张景刚

【北关街道】 位于潍城区东北部，辖31个社区，人口6.13万人。2014年，实现公共财政预算收入6727万元。500万元以上固定资产投资36亿元。规模以上工业企业7家，实现销售收入214055万元，利税27263.4万元，利润19415.9万元。农民人均纯收入16487元。

著名的潍县萝卜原产地位处辖区内。潍县萝卜已有300多年的栽培历史，东夏庄周围1500亩土地是潍县萝卜原产地保护区，所产萝卜注册“潍州牌萝卜”商标。

以项目建设推进全域开发。2014年安排重点项目43个，其中，续建项目25个，新建项目11个，储备项目7个。11个新建项目中，总投资过亿元的8个。齐鲁台湾城项目、白浪河黄金河岸项目、中心片区项目、“两条隆起带”（北宫西街商务长廊和玄武西街沿街开发改造）项目建设顺利。服务业繁荣发展。全街道商贸服务业实现营业收入25.2亿元，完成商贸服务业载体面积6.1万平方米。国家广告产业园区西街99常态化运营，共引进山东宏易、深圳至上等知名公司25家；西街88有百度、山东大宇等12家公司正常运营。

清平路餐饮娱乐、友爱路红木文化等特色街区服务功能更加完善。打造工业品牌，耶莉娅工业总部品牌效应进一步放大，培育了以纺织服装、电气电子、装备制造、塑胶建材“四大产业”为龙头的工业经济体系。加快滨海项目建设，潍坊隆丰建材有限公司生产能力进一步提升，新引进洪山木材制剂有限公司年产2万平方米LVL型高级抗水胶合板项目。完善公共服务体系。建成综合老年公寓1处，设立居家服务站9处，四点半学校18处，日间照料中心4处，农村幸福院3处，邻里互助点20处。其中，街道日间照料中心、蔡家庄社区日间照料中心达到省级规范化标准。完善就业保障体系。开展就业技能培训2100多人（次），实现新就业人员1020余人，转移农村劳动力109人，为176户农村零转移家庭和城镇零就业家庭解决就业问题。完善教育及公共医疗卫生保障体系建设。面积7300平方米的北关中心小学综合教学楼改建完成并投入使用，后羊小学改造改建全部完成。新农合参合率达到100%，城镇居民基本医疗制度全面落实。加强文化建设，街道文化站和社区文化大院建成率达100%。打造“天网工程”，北关辖区的电子监控实现全覆盖。街道获“省级文明单位”“市阳光计生先进镇”“市富民兴潍劳动奖状”等省市区称号。

党工委书记　马佐昌

办事处主任　刘　涛

【西关街道】　位于潍城区中部，辖19个社区，人口5.91万人。2014年，实现公共财政预算收入6819万元。500万元以上固定资产投资36.64亿元。规模以上工业企业3家，实现销售收入8640万元，利税450.8万元，利润98.7万元。农民人均纯收入18866元。

推动片区开发建设。突出清平、利昌两大片区高端开发。清平片区，推进茂华·紫苑公馆、奥文·国际城、常青藤·国际花园等5个项目建设，建成单体25个，完成建筑面积25万平方米；利昌片区，推进圣菲漫步、欧康·曼哈顿等总建筑面积187万平方米的6个项目建设，施工面积31万平方米，完成建筑面积18万平方米。加快重点项目建设。辖区内50个重点项目在建面积170万平方米、完成建筑面积70万平方米。中百益家园家居广场等10个新上项目开工率达90%；恒大·翡翠华庭等17个续建项目完成投资25亿元。滨海特色产业园西关先进制造业项目，铺开1.7万平方米的标准化厂房建设，主体工程完工。培育特色商业街（圈）。上街特色商业街，推进建筑面积3.2万平方米的佳乐家超市建设。金泰商圈，以泰华·金泰广场为带动，借势1.3万平方米的福乐多超市和2.2万平方米的红枕连锁酒店，聚集了品牌购物、休闲娱乐、商业商务等众多业态。现代物流业发展迅速，域内有博凯物流园、万方物流园、天成物流园等物流企业25家，物流产业增加值突破1.5亿元。城中村改造稳步推进，南三里、北小于河、小许家等6个城中村改造进展顺利，开工面积39万平方米，完成建筑面积12万平方米。社会事业蓬勃发展。实施总投资3336万元的西关中心小学建设。推进社区建设管理，36个住宅小区全部成立业主委员会。推广医养一体化养老模式，推进胜利西社区等3处日间照料中心建设。投资50万元推进大综治维稳平台建设，一期工程基本完工。

党工委书记　李贵武

办事处主任　王　韧（女）

【南关街道】　位于潍城区东部，辖22个社区，人口4.58万人。2014年，实现公共财政预算收入7237万元。500万元以上固定资产投资37.73亿元。规模以上工业企业3家，实现销售收入60668万元，利税2119.9万元，利润1324.5万元。农民人均纯收入19135元。

南关街道交通便利，潍坊火车站位于境内，胶济铁路横贯东西。辖区内“状元胡同”闻名遐迩，清末状元曹鸿勋和王寿彭诞生于此。

大力实施片区开发。加快滨湖、春鸢、火车站南广场等重点区域开发，先后实施5000万以上的项目22个，其中，过亿元的项目18个，过10亿元的项目2个。加速特色街区产业聚集。茶文化特色街、五道庙商业步行街、青年路IT特色街、广丰古玩文化特色街和婚庆一条街等5条特色街被纳入全区重点打造的11条街区之中。突出文化旅游产业发展。五道庙博物馆主体已封顶，南大营1789文化艺术区主楼有5家单位入驻。加快重点项目建设进度。新开工西湖御景二期、恒信·双玺台2个项目，12个续建项目全部复工，开工单体125个，99个单体主体完工，完工面积115万平方米。发展教育事业，新建南关中心幼儿园。开展幸福家庭创建活动，人民商城社区被国家卫计委确定为全国“新家庭计划——家庭发展能力建设”项目试点单位。社会保障体系稳步前进。组织就业技能培训320人次，开发公益性岗位26个，实现新就业人员460人，转移农村劳动力386人，安排就业困难人员21人。为9190人办理了城乡居民养老保险业务，筹集参保资金236万元，发放基本养老金336万元。为22216人办理了城镇居民医疗保险，入保资金377.6万元。街道社保所平台顺利通过全省基层劳动保障平台验收。严格落实优抚政策，为109位优抚对象发放优抚金121万元，为1211名低保人员发放低保金340万元。实施养老育小工程，投资60万元对西市场、五道庙和西南关社区日间照料中心进行改扩建，社区日间照料中心达到9个，其中西南关、五道庙、人民商城、西市场、康家5个社区日间照料中心达到省级标准。有农村幸福院5个，居家服务站11个。8个城市社区全部建立了四点半学校。实施社区提升工程，社区自主议事、自治管理、自我服务成效显著，西南关社区被民政部确定为全国和谐社区建设示范社区。

党工委书记　王成义

办事处主任　杨在民

【城关街道】 位于潍城区东部，辖10个社区，人口3.63万人。2014年，实现公共财政预算收入1799万元。500万元以上固定资产投资11.59亿元。居民人均可支配收入30973元。

城关街道地处老潍县城里，历史文化璀璨悠久，人文资源积淀厚重。历史上潍州、潍县治所设于辖区内。境内有国家级重点文物保护单位十笏园，有省级重点文物保护单位万印楼、郭味蕖故居“疏园”和城隍庙。城关是潍坊城派风筝的发祥地，名吃“朝天锅”和“鸡鸭和乐”起源于此。

城市商贸基地聚集区日益繁华。发挥中百商圈等高端产业的引领作用，培植了以中百大厦、温州商城、地下名店步行街等为主体的立体集群发展模式，形成了以中百商圈为主体的地上地下互为联动的城市商贸基地聚集区。和平广场项目进展顺利，完成地下3层主体，已建至地上8层。曼哈顿、万基大厦、万兴隆等14座高层商务楼宇相继引进华夏银行、中华保险等企业总部80多家，年纳税过百万元的商务楼宇4座。文化产业基地核心区日益壮大。借助古潍县城文化资源优势，逐步构建起以十笏园为核心的古韵文化、以中百商圈为核心的商贸文化、以西街68为源头的创意文化、以产权交易为主题的现代文化、以月河楼商业街为主体的金融文化等各类文化，形成了以十笏园博物馆为轴心，东临白浪河、西接城隍庙、南到松园子古民居、北连创意西街的文化产业基地核心区。完成十笏园文化街区等一批龙头项目主体建设，已签约商家592户。城隍庙“金银仓”老街改造项目的东区主体已完工。发挥国家级广告创意产业园区带动作用，以广告创意、金融文化为业态的创意街区日渐成型。创新养老模式。发挥街道级养老服务指导中心的作用，成立了居家养老邻里互助协会和邻里互助小组，全街道养老互助组达86个，有726名老人参与。辖区拥有10处社区日间照料中心、30处老年活动中心，街道养老工作富有成效。深入实施各项惠民工程，开发公益性岗位124个，安置各类劳动力1100人，扶持自主创业个体200人，完成低收入家庭住房情况登记350户，落实低保救助家庭597户，实现了便民利民、成果共享。以潍州商圈“天网工程”为平台，建立视频监控网络，辐射城关街道全领域。

党工委书记　谭福春（女）
办事处主任　陈丽波

【山东潍城经济开发区】 位于潍城区中西部，辖24个行政村、2个社区，人口2.36万人。2014年，实现公共财政预算收入15531.4万元。500万元以上固定资产投资46.68亿元。规模以上工业企业23家，实现销售收入309718万元，利税27010万元，利润23369万元。农民人均纯收入16528元。

招商选资成效显著。以鲁东物流中心、节能环保产业园、滨水彩虹中央商务区等特色园区为载体，新引进青岛立业电器、朝日光伏太阳能跟踪器、潍百集团佳乐家购物中心、银座配送等16个项目，合同投资额32亿元。其中，利用节能环保产业园孵化器和辖区闲置厂房引进的海博尔、联信增压器、禾硕节能科技、科宁电子、浩佳机械等8个高精尖项目已投产运营。加快项目建设。36个投资过千万元的重点项目开工单体82个，开工面积92.6万平方米，竣工面积41万平方米，完成投资40.2亿元，有11个项目投产运营。位于鲁东物流中心的豪杰建设物资物流中心12栋营业楼陆续营业，海恩德锥形管产业园2栋车间投产，潍坊银座配送中心项目2.6万平方米的冷鲜库主体基本竣工，奋创电子商务产业园一期工程开始招商，新建的北大门建材市场和鲁东果品批发市场新增商户800余家。位于节能环保产业园的金蟀喷气织机项目3个车间完成主体建设，一立精密铸造、德诺磁业等3个项目投入生产。位于滨海产业园的同方机械高速插秧机项目投产运营。位于滨水彩虹中央商务区的潍坊同方信息港开工12万平方米，北京宫馆一期开工4栋住宅楼，2.4万平方米的阳光商务大厦和3万平方米的筑龙国际商务大厦主体封顶。加强融资平台建设，成立了首期注资1000万元的过桥互助基金管委会；协调金融机构为企业贷款8亿元。开展产学研合作，潍坊一立精密铸造有限公司与中科院热物理研究所签订了建设热物理研究所试验基地及院士工作站合作协议；推进企业技术中心培育和认定评审工作，德诺磁业有限公司被认定为省级高新技术企业，朝日光伏科技有限公司成立市级研发中心。深化城乡环卫一体化，农村环境卫生综合整治共投资105万元，促进了农村环境面貌进一步提升改观。加强村居活动场所建设，新建银河社区与贵和苑社区服务中心活动场所面积分别达到1200平方米和350平方米。

党工委书记　李学光
管委会主任　冯延东（8月止）
　　　　　　李学光（8月起）

【乐埠山生态经济发展区】 位于潍城区西南部，辖19个行政村，人口2.09万人。2014年，实现公共财政预算收入2710.1万元。500万元以上固定资产投资9.58亿元。规模以上工业企业8家，实现销售收入73283万元，利税9759万元，利润7593万元。农民人均纯收入14577元。

乐埠山创新科技产业园建设成效显著。园区基础设施建设投资累计达3.2亿元，水、电、路、气等管网全部贯通。新修全长3200米的乐山路、天成街、双乐路3条道路建成通车，以拥军路、潍昌路、殷大路、仓南街等为主干道的“四纵五横”路网框架形成。总长度10公里的7条排水、排污管网完工。总长度6公里的自来水管道涵盖所有入园企业，完成引水上山工程，为中国大洋泊车产业基地顺利建设提供了保障。全长14公里的110千伏输电线路改造完成并投入使用，全长3.6公里的天然气管道铺设完毕。园区初步形成了以大洋泊车为龙头的泊车产业链和以大正科技、天成精工制造、胜利石油装备等项目为龙头的节能装备制造产业链。园区项目建设快速推进。已投产和部分投产项目4个，分别是大洋泊车、银河泊车、信科电气、大正科技；在建项目12个，分别是中国大洋泊车产业基地7家配套企业、胜利石油装备、天成精工、潍州电动车、恒信住宅产业化科技示范园和金科智能科技项目。园区招商引资力度加大。累计引进企业41家。其中，新签约项目2个：潍坊中远重工科技有限公司年产15万套工程机械及新能源汽车覆盖件项目，潍坊金诺美汽车配件有限公司汽车配件生产项目。积极发展教育事业。建筑面积近5000平方米的潍坊市机关幼儿园乐埠山分园建成并投入使用，建筑面积4300平方米的中学综合教学楼竣工并投入使用，投资100万元对乐埠山中心小学和新二甲小学改造提升。加快文化惠民步伐。占地20余亩、绿化面积达1.4万平方米的群众文化广场工程基本完成；共建立完善农村文化大院22处，组建舞龙舞狮表演队伍32支，丰富了农民群众的业余生活。建设生态环境。依托福源湖和乐埠山生态林场，加快生态环境建设，区域森林覆盖率达93%。天成生态园完成投资2000多万元，部分游乐设施已投入使用。

党工委书记　曹升曦

管委会主任　窦玉波

**【军埠口综合项目区】** 位于潍城区东南部，辖32个行政村，人口2.9万人。2014年，实现公共财政预算收入2534.9万元。500万元以上固定资产投资11.53亿元。规模以上工业企业13家，实现销售收入91596万元，利税10950万元，利润7449万元。农民人均纯收入13938元。

辖区内10平方公里的白浪绿洲湿地公园和8平方公里的白浪河水库凸显军埠口滨水绿色生态特点。全面强化项目化管理，推进实施重点项目21个。高新技术产业园建设实现新突破。现有工业科技园园区：荷美尔食品、昌盛超市货架等19个项目，完成投资7.06亿元。总投资7500万元的绿特空调20万千瓦多功能多效热泵机组和研发中心项目竣工投产，总投资2.1亿元的鼎晟电气科技项目进展顺利。潍城滨海特色产业园：总投资2.6亿元的绿特滨海项目正在建设中。总投资1.25亿元的兴旺塑胶滨海项目已签约，正在办理项目立项。现代农业示范园转型发展步伐加快。推进辖区农业向安全、生态、优质、高效、品牌化发展，组织实施了新世外桃缘果蔬种植合作社、秀水田园玫瑰谷综合体项目、华晨农业科技、景润农业科技无公害果蔬基地等5个新项目建设，发展集无公害果蔬种植、无土栽培、旅游观光、休闲体验和文化创意于一体的农业项目，引领传统农业向都市农业、现代农业转型发展。成立了潍城区唯美农业专业合作社联合社，建立起购销服务体系，实现了各农业合作社的资源整合、抱团发展。民生事业不断发展。32个村新增监控探头173个，扩大了“天网工程”监控覆盖面。军埠口、稍翁庙两村率先在全区完成了农村集体经济组织产权制度改革试点，土地经营权确权颁证工作顺利通过验收，被推荐为全市整建制完成单位和推进土地经营权确权颁证工作优秀单位。辖区32个村的环境卫生综合治理工作全部完成，顺利移交保洁公司，实现环境卫生托管。全市首家农民创业示范基地覆盖8平方公里，建筑面积650万平方米，配套建设了建筑面积120平方米的服务大厅，入住企业达到120家。

党工委书记　杨永健

管委会主任　石金波

（曲福刚）

# 坊子区

**【国民经济和社会发展概况】** 坊子区位于潍坊市区东南部，面积412平方公里，辖5个街道、2个发展区、1个省级高新技术产业园区、301个村居、31.6万人口。2014年，面对复杂多变的经济形势，坊子区委、区政府在市委、市政府的正确领导下，在上级有关部门和社会各界的支持帮助下，凝心聚力、真抓实干，经济社会发展取得了新的成绩。

*经济运行总体平稳。*完成地区生产总值130.2亿元，增长9.3%。完成固定资产投资114.4亿元，增长16.2%。社会消费品零售总额53.6亿元，增长12.8%。外贸进出口总额6.5亿美元，实际利用外资4016万美元，分别增长2.7%和30%。城镇在岗职工平均工资5.16万元，农民人均纯收入1.48万元，分别增长11.7%和10%。实现公共财政预算收入10.7亿元，增长13.1%，税收收入占公共财政预算收入的比重达到82.2%，税收过千万元企业发展到28家。

*产业结构不断优化。*完善发展规划和推进机制，加快现代产业体系建设，三次产业比例调整为6.5：53.9：39.6。制造业实力进一步提升，规模以上工业企业发展到105家，5家企业列入全市现代产业体系龙头企业，4家企业被评为市级以上“两化融合”示范企业，规模以上工业实现主营业务收入267.6亿元，增长8.2%。服务业规模不断扩大，新引进企事业单位总部16家，新型金融机构发展到46个，32个项目列入全市重点服务业项目，服务业投资增长17.8%，服务业增加值占比提高1.6个百分点。现代农业加快发展，新增家庭农场31个、农民合作社103家，新认证农业“三品”品牌11个，规模化经营农田达到12.7万亩，现代农业示范园区发展到34个，玉泉洼生态观光园被评为国家级蔬菜标准园。

*发展方式加快转变。*依托重点园区抓招商、促转型，共引进优质项目46个，实施投资过千万元项目243个。测绘地理信息产业园，产业孵化中心建成使用，配套公寓二期和科技孵化中心完成主体工程，入园项目达到27个，人机交互智能控制系统、工业机器人等5个项目建成投产。坊子（滨海）“飞地”工业园，配套设施进一步完善，菲尔农装等7个项目建设顺利。机械装备制造园，完成水、电、气等管网配套，金浦瑞恩、欧工机械等6个项目投产达

效。潍州路商贸物流产业带，华安海聚汽博城、泰华车港等重点项目进展顺利，汽车商务和物流企业发展到16家。坊茨小镇完成文物保护规划编制，德日建筑群一期修缮工程全面启动。炭矿遗址文化园、炭矿博物馆和井下体验区建成运营。企业自主创新能力明显增强，新增市级以上企业研发中心7处、重点实验室2处，专利授权量增长39.6%，7个项目列入市级以上科技计划，2个项目通过全省自主创新项目认定，“专精特新”企业发展到43家，高新技术产业产值增长8.1%。

城乡建设统筹推进。出台推进新型城镇化和提升市区的意见，各项工作全面展开，28项提升市区年度任务圆满完成，城镇化率提高1.9个百分点。加快虞河、金山、沟西、双羊、龙山等城市组团开发，开工建设盛世虞河湾、亚特尔未来广场等城市产业综合体，恒信伯爵公馆、亚特尔庞庭、天同九龙湾、泰晤士小镇、绿洲华庭等商住项目建设顺利，商品房销售额和销售面积分别增长13.4%和14.3%。启动五一老旧小区改造，新建改造农村住房1466户，响河子、邓家等村居安置楼建成使用。完成龙山路新建改建，凤凰街、金山街、双羊街等道路延伸工程全部竣工，新建消防栓61个、公共自行车站点22个，修建农村公路44.3公里，改造城乡电力线路80多公里，全区基础设施投资达到12.9亿元。

生态环境明显改善。深入开展“三八六”环保行动，建成经济发展区和黄旗堡街道污水处理厂，实施7个脱硫脱硝和46个油气回收治理项目，完成自备井整治和城区小型燃煤锅炉拆除改造，关停污染企业18家，取缔虞河、白浪河周边污染源51处，淘汰黄标车7200多辆，二氧化硫、$PM_{2.5}$、$PM_{10}$平均浓度分别改善21.7%、18.3%和11%，2014年年度节能减排任务全面完成。实施城南工矿区复绿和潍河“两清一绿”工程，成片造林2150亩、植树97万株，林木覆盖率达到27.3%。大力发展绿色建筑，11个项目获国家绿色建筑二星级标识，低碳社区建设做法在全国可再生能源建筑应用工作会议上推广。积极发展节能建筑产业，3家企业被评为全省建筑产业现代化生产基地。全面推行城乡环卫一体化管理，在对农村环境卫生集中整治的基础上，引进专业保洁公司进行管理，实现城乡环境卫生市场化、专业化保洁全覆盖。

重点改革实现突破。整合政府机构和部门职能，完成食品药品工商质监和卫生计生管理体制改革。深化行政审批制度改革，制定发布行政审批事项目录和部门权力清单、服务清单，行政权力事项压减58.4%。成立7个街道便民服务中心，推行企业登记五证联办、投资项目模拟审批等措施，审批服务效率进一步提高。实施工商注册制度便利化改革，新登记市场主体2471户，增长24.6%。加快农村产权制度改革，基本完成农村土地承包经营权确权登记和农村集体资产改制，农村产权交易平台建成使用。深入推进财税改革，扎实开展“营改增”试点，政府及组成部门预决算和“三公”经费预算实现公开。

民生事业全面发展。民生支出占公共财政支出的比重达到60.2%，比上年提高1.7个百分点。城镇新增就业3822人，农村劳动力转移就业3720人，城镇登记失业率控制在2.92%。建立城乡一体的居民基本养老和医疗保险制度，企业退休人员基本养老金提高10%，居民基础养老金标准提高15.4%，城乡低保和农村“五保”供养标准均提高10%以上，义务兵家庭优待金标准提高39.8%。完成20所中小学改造提升，开工建设韩尔庄小学、涌泉小学和九龙中学，3所普惠性幼儿园建成使用。实施农村妇女“两癌”免费检查，基本药物做到了“零差率”销售。圆满完成全国文明城市创建任务。顺利通过全省社会文化先进县复评。《坊子区志（1990—2007）》被评为全省优秀市县级志书，获“山东省优秀史志成果奖”，是潍坊市唯一获此殊荣的县级志书。新建44处体育健身工程，完成凤凰健身广场改造提升。建成3处老年福利服务中心和28处农村幸福院，对街道敬老院服务设施进行了更新。完善农村饮水安全工程设施，居民饮水水质进一步提升。落实“单独两孩”等生育政策，人口自然增长率控制在8.23‰。强化安全监管和防控措施，安全生产、社会治安、食品药品安全形势保持稳定。国防动员、妇女儿童、青少年、残疾人、老龄、档案、统计、物价、对台、民族宗教、防震减灾等工作取得新成绩。

依法行政深入开展。认真落实人大常委会的决议决定，支持政协参政议政，人大代表建议和政协委员提案办复率达到100%。完善政府决策程序，坚持政府法律顾问、规范性文件法制审查等制度。深化扩大政务公开，发布政府信息986条。落实国库集中支付、政府集中采购、公务卡等制度，公共资源交易、重点工程招投标等事项全部依法公开操作。扎实开展党的群众路线教育实践活动，强力整治“四风”问题，群众反映的2052个问题得到有效解决。严格执行中央“八项规定”，公务活动全面规范，政府公文数量减少20%，“三公”经费压减5%，通过审计监督增收节支资金5000多万元。

**【山东测绘地理信息产业园建设顺利】** 山东测绘地理信息产业园是2011年经国务院和省政府批准设立的省级地理信息产业园区，总规划面积10平方公里，一期占地2039亩，计划5年内投入150亿元，打造立足山东、辐射全国的地理信息装备制造业基地。园区由中国城市规划设计研究院规划设计，打造一个综合服务核，建设研发、配套、产业三个功能板块，重点引进航空摄影测量、航空遥感、地理信息系统、卫星导航定位、数字地图服务等地理信息产业项目，飞机及零部件、航空发动机、飞机机载设备、机场空管设备制造等航空产业项目，电子信息、电子商务、服务外包、科技孵化器、研发中心、企业总部等现代服务业项目以及高新技术项目。截至2014年年底，已有共达电声、中海达测绘、云图导航、新视听电子、银澎云计算等总投资45亿元的27个项目入驻园区。

**【玉泉洼生态观光园被评为国家级蔬菜标准园】** 玉泉洼生态观光园位于“好客山东最美乡村”坊子区坊安街道洼里村，成立于2010年11月，总投资8000万元，占地1860亩，主要包括蔬菜种植区、蔬菜加工区、自由采摘区、养殖区、动物展览区、观景垂钓区、农耕文化区、儿童娱乐体验区和游客餐饮中心等。近年来，玉泉洼生态观光园发展以果蔬采摘、传统手工体验、文艺演出为主的生态休闲观光旅游，年接待游客近20万人次。先后被评为“国际风筝联合会指定外宾专用精品生产基地”“山东省精品采摘园”“国家级蔬菜标准园”。

**【坊茨小镇开发建设稳步推进】** 坊茨小镇核心规划面积2平方公里，主要依托现存的166处百年德日建筑这一独特历史文化资源，集聚创意人才，挖掘文化内涵，着力打造集文化、旅游、休闲等于一体的欧式风情小镇和文化产业园区。坊茨小镇计划总投资20亿元，目前已完成投资3亿元，建成了坊茨美术馆、雕塑馆等特色文化产业项目，成功举办了一系列高层次文化旅游活动，成为潍坊市旅游业五大重点项目之一，2013年列入全国重点文物保护单位。2014年，坊子区对德日建筑群进行一期修缮，共涉及文物建筑42栋，面积13600平方米，目前一期修缮工程设计方案正在编制中。同时，为加强对德日建筑群文物保护工作，坊子区编制了德日建筑群文物保护总体规划，目前已初步完成，正在筹备专家论证阶段工作。2014年5月，坊子德日建筑群消防工程列入全国文物消防安全百项工程（全省仅3处）。

**【炭矿遗址文化园投入运营】** 炭矿遗址文化园是坊子区面对煤炭资源日渐枯竭的现状，顺应产业转型发展趋势，依托百年德日工业厂房和煤矿矿井，打造的工业文化旅游园区。项目由山东新方集团股份有限公司投资建设，总投资10.8亿元，规划占地611亩，主要对原德日老建筑、矿井、井下煤矿采空区等进行修缮修复，规划建设坊子炭矿博物馆、井下体验区、文化创意区、拓展训练馆、休闲商业街等。目前，坊子炭矿博物馆和井下体验馆已建成并对外开放，是山东省唯一的煤炭主题博物馆和井下体验馆。炭矿遗址文化园与坊茨小镇融为一体，成为潍坊市区文化创意旅游发展的新亮点。

**【低碳社区建设成绩突出】** 低碳社区与常规社区相比，碳排放量减少50%以上，可再生能源消耗占总耗能量的20%以上。坊子区制定出台绿色建筑推广政策以来，以推广可再生能源建筑为载体，大力发展绿色建筑，并取得了较好成绩。全区已取得绿色建筑评价标识的项目达到8个，占全市绿色建筑评价标识总项目的三分之一，建筑面积71.32万平方米，建筑面积在全市各县市区中处于首位，并且8个项目全部取得了建筑二星标识。目前，全区已建成低碳示范社区9个，低碳示范社区建设走在了全市前列。其中，天同双羊新城、凤凰太阳城、恒信国际等项目建设中，广泛使用太阳能建筑一体化、外墙外保温及节能门窗、供热分户计量装置、节能照明产品、地源热泵和绿地系统等低碳节能技术；天同双羊新城的再生能源建筑应用、凤凰太阳城的雨水收集等项目得到了专家肯定、居民认可和各界好评。低碳社区建设做法在全国可再生能源建筑应用工作会议上推广。

**【凤凰山高新技术产业园区（凤凰街道）】** 山东潍坊凤凰山高新技术产业园区（凤凰街道）位于坊子区西北部，面积32平方公里，辖23个行政村（居委会）、9个城市社区，2.4万户、7.3万人口，耕地面积0.8万亩。2014年，全街道完成公共财政预算收入9627万元，比上年增长18%；工业实现销售收入201.25亿元，利税10.13亿元；农民人均纯收入1.6万元。

产业结构不断优化。突出抓好巨丰设备等10个战略性投资和技改项目，新增规模以上企业5家。积极做好测绘园建设服务，荣泰感应科技等6个项目建成投产。加快“腾笼换鸟”，实施了荣泰电炉、英特机械等企业退城进园项目。推进节能减排，整改关停污染企业14家，拆除燃煤锅炉2台。

城市建设提档升级。加快五大组团开发，提速泰晤士小镇、恒信伯爵公馆等36个重点项目建设，累计完成建设投入20.5亿元，新开工面积57万平方米。实施凤凰街西延、双羊街西延等4条道路工程，提升了城市发展承载力。加快城中村改造后续建设，完成了响河子、邓家城中村改造回迁，安置居民837户。

民生事业全面发展。提升城市管理水平，顺利通过全国文明城市创建检查验收。深入推进城乡环卫一体化，23个村居全部实现市场化托管。加强城市社区建设，形成了涵盖29个领域的便民服务体系。加快标准化学校建设，投资3800万元的韩尔庄小学开工建设。完善养老服务体系，投资1100万元的凤凰托老中心完成主体建设，郭家、南沟西、河南头等3所农村幸福院投入使用。

凤凰山高新技术产业园区党工委书记　于晓旭

凤凰山高新技术产业园区管委会主任　杨洪岩（9月止）
于晓旭（9月起）

党工委书记　李春玉

办事处主任　王丙正

**【经济发展区】** 坊子经济发展区位于坊子区西南部，北海路以西，八马路以南，西与昌乐县搭界，南与安丘市接壤，总占地面积35平方公里，辖33个行政村，6460户、2.3万人口，耕地面积3万亩。2014年，经济发展区公共财政预算收入1012万元，比上年增长22.8%；规模以上工业实现销售收入

1.33亿元，利税172万元，分别增长20.33%和75%；规模以上第三产业营业收入2.82亿元；农民人均纯收入1.36万元。

先进制造业园区蓬勃发展。规划建设了占地800亩的先进制造业园区，截至2014年年底，已引进落实项目9个，总投资12.5亿元。

荆山新城建设步伐加快。荆山新城4座安置楼已交付使用；投资890万元的中心小学已整体搬迁；投资200万元的镇区污水处理厂已完成设备安装；拆迁腾空土地76亩，为城镇化推进拓宽了空间。

都市农业基地建设成效明显。成立农业专业合作社25家，认证无公害农产品2个，引进总投资2.6亿元的盈丰现代农业综合体等高效农业项目6个，打造了北海路南部都市农业基地。

基层组织建设不断加强。始终把科级干部、机关干部、农村干部“三支队伍”建设作为工作重点，结合党的群众路线教育实践活动，在农村基层党组织积极开展“三创三争三提升”活动。建立了班子成员联系点，在各村推行跟踪式问效，实行一个项目一名负责人包靠，严格落实周六项目例会制度，在显要位置展示项目进度，加快项目推进。顺利完成了村两委换届，支部书记连选连任比例达到95%。

民生事业进一步提升。累计开展环境卫生集中整治4次，刘家柳沟、王家柳沟、耿家柳沟等12个村投资500余万元，硬化道路26条、4.1万平方米，群众出行难、生活环境差的状况得到明显改善。投资560万元完成西辛等4处幸福院建设和马三等2处小学提升达标。饮水安全实现全覆盖。近年来无越级上访和安全生产事故发生。在2014年的群众满意度电话随访测评中，群众满意度名列坊子区各街道（发展区）第一名。

大力实施农业开发工程，改善农业生产条件。投资520万元的小农水工程，投资380万元的高效节水农业项目工程已全部建成；投资700万元的万亩农业综合开发项目已开工建设，全部工程竣工后，可有效改善1.5万亩农田灌溉现状。

党工委书记　王国光

管委会主任　刘　强

【工业发展区】　坊子工业发展区位于坊子区东北部，潍河西岸，与寒亭、高新、保税、昌邑三区一市交界，面积36平方公里，辖25个行政村，7141户、2.7万人口，耕地面积1466.7公顷。2014年，发展区完成地区生产总值43亿元，比2013年增长14%；公共财政预算收入1738万元，比2013年增长18.37%；工业实现销售收入40.3亿元，利税3.04亿元，分别增长16.5%和20.66%；第三产业增加值4386万元；农民人均纯收入1.54万元。

夯实基层基础，营造和谐稳定的社会环境。突出抓机关干部、村支部书记和农村党员3个重点，开展党的群众路线教育实践活动，进一步改进工作作风，提升党员形象。扎实开展机关干部“包村联户”、农村党员“做最好的党员”、广大群众“善行义举四德建设”3个层面活动，25个村全部建立健全了善行义举四德榜，并荣获2013～2014年度潍坊市委宣传部四德工程建设示范村居（社区）奖。严格“四议两公开一监督一审计”程序和“四个必须，两个一律”规定，打造政务公开阳光政府。投资120万元、建设300平方米的规范化便民服务大厅1处。狠抓信访稳定工作，维护社会大局稳定，2014年，区以上的信访总量同比下降59%，2014年，进京非访人数同比分别下降98%。

推进项目建设，加快产业转型升级。2014年，规模以上工业实现主营业务收入4.7亿元，利税0.5亿元，工业总产值4.5亿元，同比分别增长22.01%、17.91%和22.01%，分别列坊子区第2位、第4位和第1位。阿旺食品公司2014年实现主营业务收入1.4亿元，上缴税金1900万元。10月24日，潍坊建银织业有限公司在上海股权托管交易中心成功挂牌，成为坊子区第一家在Q版市场挂牌的企业。投资400万元对王家庄子4个村进行“美丽乡村”环境连片治理，打造中国风筝产业第一村。

改善民生工程，提高人民群众幸福感和满意度。投资360万元，对25个村实施环境卫生综合整治，率先与昌邑康洁公司签订托管协议，投资900万元，硬化道路32条，全长16公里，面积8.2万平方。投资700万元建设涌泉小学教学楼，建筑面积3320平方米，目前，主体已完成，预计2015年5月投入使用；投资1800万元，完成实验学校小学部、学生餐厅、学生公寓楼和体育场塑胶化跑道、整体硬化建设；投资480万元，新建李家庄小学教学楼一座。投资40万元，新建北眉一村等文化广场4处。投资400万元，对自来水供水主管道和村内管网进行改造提升。投资80万元，新建改造敬老院房屋40间，新建活动中心广场一处；投资65万元新建改建幸福院3所、房屋36间，已全部投入使用。

党工委书记　潘锡才

管委会主任　于世升

【坊城街道】　坊城街道位于坊子区西南部，面积65.67平方公里，辖51个行政村（社区、居委会），20702户、7.5万人口，耕地面积2.64万亩。2014年，全街道完成地区生产总值41.4亿元，比上年增长12%；公共财政预算收入8459万元，比上年增长18.9%；工业实现销售收入25.21亿元，利税2.53亿元，分别增长13%和11%；第三产业增加值2.14亿元；农民人均纯收入1.56万元。

积极构建现代产业体系。加快机械装备制造园、潍州路商贸物流带、坊茨小镇等园区建设，大力推进远东传动轴等26个重点项目建设，构建先进制造、商贸物流、文化创意三大现代产业体系。

加快新型城镇化建设。搞好潍州路西侧351亩土地的招商开发；投资30

余万元，完成街道社区服务大厅和一马路社区服务中心改造提升；启动实施五一老旧小区改造提升工程；投资430万元，完成青年路、坊北路管道铺设等6项工程，不断完善基础设施建设。

扎实推进生态文明建设。投资870万元完成4个大型煤场扬尘防控设施建设，做好农业面源污染、污水直排、自备井和“两清一绿”整治工作。扎实推进城乡环卫一体化工作，投资500余万元开展村庄环境卫生综合整治，42个村居全部完成托管和垃圾处理费收缴。

着力保障和改善民生。投资1496万元，加快3处标准化小学、3处普惠性幼儿园建设，被评为全市普及学前教育先进镇街；投资996万元，建成4处农村幸福院，完成了唐家等5个村、5.2万平方米道路硬化整修，嵇家等10个村自来水管网改造，建成覆盖8个村的小农水工程；严格落实低保、优抚等惠民政策，不断改善民生。

党工委书记　高凤金

党工委副书记　刘　娜

【坊安街道】　坊安街道位于坊子区中部，面积90.65平方公里，辖59个行政村，15676户、5.3万人口，耕地面积5466.7公顷。2014年，全街道完成公共财政预算收入1566万元，比上年增长17.1%；工业实现销售收入15.22亿元，利税5684万元，分别增长45%和20%；第三产业增加值达8043万元；农民人均纯收入1.4万元。

坊安街道历史悠久、文化底蕴丰厚，街道西南部有松竹园、竹叶碑等名胜古迹（市级重点保护文物）、大汶口——周文化遗址（县级重点保护遗址）；人文荟萃、明贤辈出，先后涌现出明代廉吏许舜民，革命烈士庄龙甲、宋希来等贤达名人；物产丰富、农业发达，是著名的“中国芦笋之乡”；环境优美、旅游资源丰富，有庄龙甲革命烈士纪念园、玉泉洼生态观光园、九龙口生态农庄等旅游景点，是山东省最佳休闲乡镇和山东省旅游强乡镇。

近年来，坊安街道立足实际，依托农业园区大力发展现代农业，形成了沿潍安路两侧生态休闲观光农业产业带和沿汶河优质、高产、高效农业产业带。同时，加快传统工业企业转型升级，形成了以馨帝都木质结构、绿城新型墙体复合材料、金鹏数字钢结构为代表的省级建筑产业现代化生产基地和以鼎梁铸业、之华经贸为代表的消防管件生产基地。

党工委书记　冯　涛

办事处主任　王文成

【九龙街道】　九龙街道位于坊子区东部，面积87平方公里，辖51个行政村，13490户、4.5万人口，耕地面积4046.7公顷。2014年，全街道完成地区生产总值49亿元，比上年增长24%；公共财政预算收入1668.5万元，比上年增长19.1%；工业实现销售收入43.1亿元，利税2.5亿元，分别增长23%和21%；第三产业增加值6845万元，农民人均纯收入1.5万元。

区位优势明显，街道驻地距潍坊市区仅15公里，宝通街通车后到潍坊市区仅15分钟车程；生态旅游资源丰富，境内有潍河、汶河、渭水河3条河流及大小水库7座，水域面积达6.7平方公里，潍河生态林场和九龙涧森林公园形成万亩原生态林带，基础设施完备，自然景观独特，休闲养生产业发展前景广阔；农业基础良好，土地肥沃，素有坊子区“东部粮仓”之称，重点发展一、二、三产业融合发展的休闲观光农业；工业基础雄厚，传统铸造业、纺织业发展态势良好，历史上素有“铸造之乡”“纺织之乡”的美誉，现正处于转型发展期，依托新型城镇特色产业园，加快发展科技含量高、市场竞争力强的现代工业；小城镇建设特色明显，围绕打造全市小城镇建设示范镇（街）、特色镇（街），以生态景观、居民社区、产业发展、基础设施四个规划为引领，不断加快穆村社区建设，启动了7个村搬迁，其中，4个村实现了整体搬迁，投资1.8亿元建成了祥和家园、永和家园2个低碳社区，周边基础设施及公共服务设施进一步完善。下步，街道将紧抓全市小城镇建设示范镇、特色镇及两河开发的有利契机，继续以新型城镇化建设为主线，逐步将九龙街道打造成以休闲、养生、健康为特色的示范镇（街）。

党工委书记　张　波

办事处主任　杨晓军

【黄旗堡街道】　黄旗堡街道位于坊子区东南部，总面积70平方公里，辖50个行政村，1.58万户、5.4万人口，耕地面积3866.7公顷。2014年，公共财政预算收入1156万元，比上年增长20.6%；农民人均纯收入1.55万元。

街道历史悠久，文化源远流长。楚汉相争时，汉将韩信率兵与楚军决战于潍河，为振军威，插黄旗于埠顶，遂取名黄旗堡。街道内有杞城遗址、乙甲遗址、麦埠子遗址、柏台遗址、杞隐公陵等重点保护文物，其中，杞城遗址为春秋战国时期古杞国都城的所在地，在此建都262年，出土文物丰富，已列入全国重点文物保护单位。

街道地势平坦，地下水资源丰富，适合休闲观光农业发展。汶桥山楂系列产品、阳春系列啤酒畅销全国，大葱、牛蒡等农产品经加工直销日韩、欧美。

2014年，黄旗堡街道党工委、办事处以开展党的群众路线教育实践活动为契机，切实转变作风、提高工作执行力，紧紧围绕打造“杞国古都、潍汶新城”这一目标，以环境保护为主线，做好杞文化和水文化两篇文章，重点突出现代生态农业、招商引资、小城镇建设提升、现代服务业发展、民生改善、干部队伍建设六个方面的工作，使辖区现代农业稳步发展，农民收入持续增加；城乡一体化加快推进，发展活力明显增强；多措推动生态建设，居住环境不断改善；招商工作力度加大，二三产业协调推进；民本民生和谐推进，社会更加文明进步；不断夯实基层基础，切实维护社会安全稳定，努力把黄旗堡街道建设成为设施完善、功能配套、环境优美、宜居宜业的生态名镇（街）和聚集度高、承载和带动能力强的区域经济发展强镇（街）。

党工委书记　戴德彩（2月止）
　　　　　　刘新喜（2月起）
办事处主任　肖　健

（赵兴书）

## 寒亭区

**【国民经济和经济发展概况】** 寒亭区是潍坊市四区之一，位于山东半岛中部、渤海莱州湾南岸，东界昌邑，西接寿光，紧邻坊子、奎文、潍城三区和潍坊高新技术产业开发区。全区总面积623平方公里。辖6个街道、寒亭经济开发区和杨家埠旅游开发区，414个行政村（居委会）。2014年年末全区总人口37.8万人。2014年，全区实现地区生产总值186.22亿元，增长9%；实现公共财政预算收入13.8亿元，增长13%；完成固定资产投资223亿元，增长15.6%；实现限额以上社会消费品零售总额30.4亿元，增长10.1%。

服务业发展全面提速。区政府制定实施加快服务业发展的意见，引进19家企业总部和2家市级金融保险机构，2家民间融资机构获批，2座商务楼宇纳税超500万元，全年货运量增长12%，柳毅山生态文化旅游景区一批景点基本建成，5个单位被评为省级乡村旅游示范点。突出抓好中国食品谷核心区建设，中国潍坊畜禽产品交易城一期市场投入运营，佳乐家中百大厨房、食品谷总部基地等项目顺利推进。全区服务业增加值在三次产业中的占比提高1.8个百分点。

工业转型不断深化。全区有4个项目列入潍坊市重点转型升级项目，技改投入增长19.8%，新材料、新医药等四大新兴产业主营业务收入增长14.7%。1家企业被认定为省级企业技术中心，1件商标被认定为山东省著名商标，2家企业在“四板”市场成功挂牌，4家企业被认定为高新技术企业，22个项目列入省级技术创新项目计划，恒联“绿色纤维素膜清洁生产新工艺”技术达到国际领先水平并荣获潍坊市重大科技创新奖。重点工业园区建设取得实质性进展，高新技术产业园制定实施“533”培育计划，北海工业园新引进总投资达22.4亿元的项目9个，先进制造工业园六合饲料添加剂、华铃动力等项目开工建设。配合市里做好全国循环经济示范城市创建工作，潍坊经济开发区被批准创建国家级生态工业园区，万元GDP能耗下降2.73%。

现代农业创新发展。全区粮食总产量增长6.9%。通过市场化运作方式，成功举办第七届潍县萝卜文化节，认证10个无公害畜产品，注册“一空桥山药”国家地理标志证明商标。5个万亩农业示范园区发展到16万亩，6个园区入选全市生态循环农业和休闲农业示范园区，俊清蔬果专业合作社成为国家级蔬菜标准园。新增农民专业合作社335家、家庭农场13家。完成高里街道1万亩高标准农田示范工程、省级4万亩高标准基本农田保护等4个土地开发整理和朱里街道2.7万亩小农水县项目，受益人口6万人以上。

城镇化进程明显加快。配合省市完成济青高铁寒亭段初步线路选址等前期工作，编制完成城乡统筹发展规划、新型农村社区规划和3个街道的总体规划，启动部分市政基础设施、商业网点专项规划。完成泰祥街部分路段建设工程。推进中心城区4个片区、4处地块的拆迁征收，开工建设东、西三角埠等城中村改造工程，启动老旧小区改造，整治15个长期停工楼盘。商品房销售面积、开工面积分别达24.6万平方米和58.97万平方米。利用合同能源管理模式对城区路灯进行改造，节约资金6000多万元。潍县北路和北外环东延伸线工程通车，潍日高速寒亭段拆迁基本完成，3条道路共完成拆迁倒地近3000户。建设农房1060户，改造危房255户。扎实做好文明城市创建工作，为潍坊市创建全国文明城市做出了贡献。区里出台加强城市社区建设的意见和加强物业管理的意见及6个配套文件。投资近600万元新建寒亭农贸市场，搬迁了寒亭大集和海天路蔬菜批发市场。建成城市数字园林CIS管理系统。投资1000多万元实施“村居五化”工程和农村“三大堆”清理，城乡环卫一体化水平显著提升。寒亭区被确定为山东省“美丽乡村”建设试点区，总投资1500万元的朱里示范片区正在积极推进。

改革开放不断深化。区委制定实施《全面深化改革总体方案》，统筹推进重点领域和关键环节改革。全区完成258个村的土地承包经营权确权登记和221个村的集体资产股份制改革。齐鲁农村产权交易中心获省政府批复，首笔土地承包经营权抵押贷款成功办理。组建齐鲁农村产权交易中心寒亭分中心，在全市率先建立起区、街、村（居）三级农村产权交易网络。寒亭区被列为全省供销社综合改革试点区和新型农村合作金融专项试点区，3家农民信用互助社已开展业务，建立了3个为农服务中心，土地托管面积达15.3万亩，53个村开展社村共建。全区新登记各类市场主体1109户、注册资本17.64亿元，分别增长15.2%和162.9%。新引进总投资50亿元的嘉实科技城工业综合体、总投资9亿元的企业家创业产业园城市综合体等一批大项目。争取环保、“三农”、民生等上级各类扶持资金8.8亿元。政府机构、财税体制等改革稳步推进。世界上最大的农产品制造商——美国嘉吉公司出资3321万美元对区内2家公司完成并购。全年进出口总额完成7.3亿美元，增长3.1%；实际利用外资5664万美元，增长50.4%；向国外派遣劳务人员391人次，增长53.3%。

生态建设成效显著。坚持铁腕治污、高压监管，“三八六”环保行动取得重要阶段性成果，全区空气质量改善位列全市第二名。对恒天海龙等3家企业累计实施停产治理117天，倒逼3家重点企业投资2.4亿元完成锅炉烟气除尘、脱硫脱硝和扬尘等13项污染治理工程，拆除6台20吨燃煤锅炉，基本消除空气异味。淘汰黄标车完成率列全市第一名。油气回收治理任务全部完成。关停非法“土小”企业41家。完成西泥河治理、虞河下游湿地生态修复和淮河治理工程，峡山灌渠城区中段改造工程正在推进。“一街五路”雨污分流管网改造和2家污水处理厂一级A升级改造工程完成。自备井整治通过市里的验收。农业面源污染治理成效明显，新建改建畜禽标准化示范场4个，建设粪污处理设施工程4个，完成中央重大农作物病虫害防治补助项目。

社会建设全面推进。2014年教育、卫生等民生投入10.7亿元，增长5.9%。农民人均纯收入14767元，增长11.6%。农民工综合服务中心、农村社区综合文化服务中心、减免杨家埠民间艺术大观园门票等惠民实事已完成。新建1处创业孵化示范基地，城镇新增就业3988人，农村劳动力转移就业4340人，城镇登记失业率为2.74%。建立起城乡一体的居民医保制度。提高城乡低保和农村五保供养标准。新建6处社区老年人日间照料中心、7处农村幸福院。完成棚户区改造320户。新改扩建学校33所，新组建8对紧密型学校发展共同体，校长教师交流轮岗实现制度化，全区国家义务教育质量监测（试测）工作获优秀组织奖，成功创建为“全国义务教育发展基本均衡区”。在全市城市基本公共卫生服务绩效考核中名列第一，并代表潍坊市顺利通过省组织的第三方绩效考核。在全市基本药物合理应用知识技能竞赛中获得第1名，并代表潍坊市参加全省比赛获得第2名。基层中医药服务能力提升工程和心理健康咨询服务体系建设完成市政府年度工作任务。省级慢性病综合防控示范区各项创建指标均已完成。完成30个农村体育健身工程。杨家埠民间艺术大观园入选第二批国家级非物质文化遗产生产性保护示范基地。电视剧《大掌门》获全省第十一届精神文明建设“文艺精品工程”奖。免费为农村妇女进行“两癌”检查，在全市率先实现免费孕前优生健康检查项目城乡居民全覆盖。全区人口自然增长率为8.09‰。安全生产形势持续稳定，事故起数、死亡人数分别下降44.4%和75%，全区5个街道全部创建为省级安全社区。健全食品药品安全监管体系，食品药品安全风险得到有效防控。法律顾问服务实现全覆盖，5个街道全部建成了法律服务诊所。大力加强社会治安综合治理，视频监控系统二期工程建成投用，寒亭区在全市群众安全感和满意度调查中综合成绩位居第四名。群众来信来访得到及时妥善处理。建立区地震应急指挥中心，创建3所市级地震科普示范学校。

转变政府职能和工作作风。区政务服务中心投入使用，43个部门258类审批事项实现“应进全进”。公布区政府权力清单、服务清单和区级行政审批事项目录。加快推进公共服务进街村，下放便民服务事项94项。“12345”市长公开电话共收到群众投诉、求助4346件，办结率100%。86件人大代表建议和政协委员提案全部办结。建立政府法律顾问制度，面向社会聘请20名行政执法监督员。深入开展“五清一治理”“庸懒散浮”、工作纪律松弛等治理行动，查纠问题115个、通报案件21起。坚决惩治腐败，严明纪律，查处违纪违法案件85起，党纪政纪处分79人。

**【寒亭街道】** 寒亭区委、区政府所在地为全区政治、经济、文化中心，版图面积63.3平方公里，人口77650万。辖42个村、10个城市社区居委会；耕地面积5.6万亩。2014年，全街道完成固定资产投入90.9亿元，同比增长37.8%；完成公共财政收入1.65亿元，比去年增长13.7%。

园区经济稳步发展。2014年，全街道完成工业投入39.3亿元，增长40.8%；规模以上企业主营业务收入51.9亿元，增长15.3%；实现利税4.2亿元，同比增长20.9%。城乡建设扎实推进。先后完成运河、虞河、农贸市场、涨面河、院士站、嘉实科技城、泰祥街陈家官庄段等6处拆迁，拆迁倒地42万平方米。完成寒亭大集的搬迁工作。全街道先后完成通发·瑞都广场、邦盛、天安、嘉汇等30栋高层建设，完成建安量18.8万平方米，城乡投入达20亿元。2014年完成土地流转面积1500亩，引进了绿达园林等一批品牌农业项目，全街道花卉苗木、精品瓜菜总面积达到23000亩。民生方面，高度重视城乡居民医保、新农保、低保、特困救助等惠民政策的落实，及时启动了大病特困救助。全街道城乡居民基本医疗保险参保38423人，新农合参与率达99.5%，在全区名列前茅。

党工委书记　李忠强

办事处主任　叶增明

**【开元街道】** 2014年，开元街道规模以上企业实现工业总产值39.17亿元，完成固定资产投资50.78亿元，同比分别增长31.4%和151.9%；实现公共财政预算收入6654万元，完成全年计划的103%。

中国潍坊畜禽产品交易城总投资10亿元、占地300亩的交易城一期市场于2014年8月正式营业，潍坊益康宝食品有限公司、山东格林检测股份有限公司等畜牧、农业系统内470余家龙头企业入驻。全街道商贸物流类项目已开工建设和投入运营的达80万平方米以上，城建项目已开工建设和竣工入住的达40万平方米。投资近200万元，完成4所中小学的标准化建设和1所小学的校舍改造。严格落实人口与计划生育目标管理责任制，加强流动人口管理，计生率、性别比分别控制在99.3%、105以内。推进新农保工作，收缴额达380.47万元，参保率达到99%。

党工委书记　孙令波

办事处主任　施其聪

**【固堤街道】** 位于寒亭区北部，面积152平方公里，辖73个行政村，16407户、人口6.8万人，耕地面积98675亩。2014年，街道共完成地方财政收入2286万元，完成固定资产投资23.3亿元，同比增长15%，规模以上企业主营业务收入48.7亿元，增长23.35%，实现利税2.14亿元，利润1.27亿元。

街道南承潍坊中心市区，北接滨海新城，地处蓝黄“两区”两大战略叠加开发的重点区域，区位优越，交通便捷，地域特色产业鲜明。

街道工业经济发展迅速。利用临港产业园和毗邻中国食品谷的区位优势，搭建招商引资平台，在前期入住的百德药业等19个项目的基础上，新引进潍星联合橡塑等项目。创智新材料投资近3000余万元，新上商砼项目，现已投产。现代都市农业发展迅速，街道区级以上现代农业园区已发展到8个，涵盖西瓜、萝卜、葡萄等10余个农业品种；规模以上农业龙头企业8个，“三品一标”农产品基地面积发展到3万亩，占耕地面积的27.3%。2014年，街道新增农产品牌15个；现有的“李”牌瓜果等30余个农产品品牌得到规范提升；“郭”牌西瓜等3个基地通过绿色产品认证和无公害产品认证。小城镇开发建设取得突破，镇区西部占地500亩总投资25亿元的滨海·福地世家项目，已开工多高层沿街商住楼9栋；北部蔡家栏子土地增减挂钩项目，完成水、电、路、通讯、天然气等基础设施的配套完善。投资260万元，完成金河街等主干道的人行道铺设及绿化、亮化提升；街道垃圾中转站完成改造并托管至环卫处，配齐保洁队伍和设施。

党工委书记　程国栋

办事处主任　孙新江

**【高里街道】**　位于寒亭区西部，面积145.1平方公里，辖83个行政村，人口6.39万人，耕地面积9733.2公顷。2014年，街道实现工业总产值9.99亿元、主营业务收入9.91亿元、利税0.92亿元，同比增长10.5%、11.3%和10.7%，完成财政税收1250万元。获山东省安全生产基层基础工作安全示范社区、潍坊市农产品质量安全示范镇等称号。

狠抓招商和重点项目建设。向北海工业园引进落户了LNG液化天然气、三建滨海新型建材、潍坊奥龙锌业等项目，街道工业园落户康乐怡家、北洲机械装备、玉泉畜牧养殖基地等6个项目，总投资达11.1亿元。与天津滨海汽车产业园签订合作协议，项目落户北海工业园区，计划总投资24亿元。加强土地增量工作，总投资1294万元的高里二村、西南孙村窑场的复垦项目顺利完成，为街道提供土地指标183亩。

加快推动发展现代农业。强化农业基础设施建设，先后完成投资1394万元的1万亩农业综合开发和投资1780万元的4万亩高产农田项目建设，新争取落户投资1000万元的2万亩高标准农田改造项目和投资600万元的5000亩农业综合开发项目；结合潍坊市农产品质量安全示范镇（街道）的创建，新增市级以上重点龙头企业2家；新建成特色农产品基地2个；并顺利通过市农业局验收，被评为潍坊市农产品质量安全示范镇（街道）。

推进“美丽乡村”建设。总投资6554万元的110KV变电站项目建设完成；实施“村村通”工程，投资810万元完成6条村外道路、17条村内道路的水泥硬化工程。顺利完成禹王湿地内淮河河道改造项目拆迁倒地和补偿工作。投资930万元，更换街道垃圾清运车，新购置800个垃圾桶，对各村破旧垃圾桶进行了更换；投资110万元在全街道83个村开展“三大堆”清理工程，将环卫工作推进到背街小巷、房前屋后，彻底改变农村“脏、乱、差”的卫生环境。

强化民本民生服务，推动各项事业和谐发展。把改善教育教学条件作为街道工作重中之重，实施“校校新”工程，投入1270万元规划建设沈家营DMG小学、牟家院DMG小学和后沟小学。加大教育配套设施建设，启动了投资800万元的高里中心学校高标准体育场项目。加快养老服务机构建设，目前投资260万元的“湿地·夕阳红”日间照料中心已建成并投入使用；投资3500万元的怡家养老中心，目前项目一期一座四层老年公寓主体已经完成。大力实施“村村亮、村村安、户户浇”惠民工程，“村村亮”，以每30至50人一盏灯的密度标准安装布置，共计更换、安装路灯1400盏，实现了街道83个村村村有路灯；“村村安”，以每50至60人一个监控摄像头的密度标准安装布置，实现村级监控全覆盖。“村村亮、村村安”加上“村村通、校校新、村村净”工程是街道今年推出的五大惠民工程。

党工委书记　张金海

办事处主任　辛　冲

**【朱里街道】**　位于寒亭东部，是寒亭区的“东大门”，与坊子、高新、昌邑三区市交界，版图面积112平方公里，辖88个行政村，人口6.5万。2014年，街道规模以上企业实现主营业务收入81.4亿元，完成固定资产投资15.6亿元，同比分别增长14%和11.3%；实现公共财政预算收入2057万元；实现税收4230万元；招商引资到位资金8709万元；实际利用外资440万美元。

重点项目建设取得新进展。完成先进制造业工业园的水、电配套工程和项目通信建设。其中，总投资4.75亿元的天然气往复直线可调式抽油机项目2个车间基础预制完成，总投资2亿元的新希望六合饲料添加剂项目车间办公楼完成开槽，总投资2亿元的华源低排放内燃机项目一期车间已完成排水沟、机体座垫浇铸等配套建设，总投资2亿元的柳毅山生态文化旅游景区柳毅祠、天齐庙主体工程完工，投资1500万元的接待中心主体建设完工；投资70余万元，对停车场、植物园、岳河水系、采摘园、进山南路等景点进行绿化提升；投资180万元的灌渠桥建成通车。

基层基础建设实现新突破。开展“保运转、促发展”活动，投入资金123.69万元，对街道部分集体经济薄弱的村整修办公室，疏通排水沟，硬化村内道路；全面推行一卡、一本、一台账、一次例会、一联络员、一代办员、一调解员、一驻村点的“八个一”工作法，为民代办各类业务1560件；继续开展“机关干部驻村”“民情大走访”“领导干部接访”等活动，投入资金3万余元，为12个工作片配备“便民服务电动车”，打通服务群众“最后一公里”；整顿软弱涣散党组织9个；督促各村“晒账亮底”，对党务、村务、财务进行自查自清、公开公示，给群众一本明白账、清白账，公布相关账目2600笔；开展为期2个月的社会环境专项整治行动，打掉违法犯罪团伙4个，抓获团伙成员18名；破获刑事案件26起，抓获犯罪嫌疑人30名，依法拘留非访人员3人次，训诫4人次；推树“寒亭好人”8人，评选品德高尚村民64人，以“四德榜”建设为平台，积极倡树新风正气，力促进基层和谐稳定。扎实开展好村“两委”换届工作。

城镇化建设呈现新格局。投资50余万元，聘请山东省村镇规划设计院进行规划设计，突出抓好一个市民服务中心和居民社区、基础设施、产业发展、生态景观4个规划，构建农村产权交易、社会保障、市政管理、社区公共服务、金融服务、治安管理6个体系。加大投入力度，投资1000多万元对辖区内西冯路、西杨路、于大路、国于路以及圈子、后周二、东南堤等10余个村内道路进行维修改造，改造总里程30公里，涉及31个村，破解群众出行难题。切实做好“三八六”环保工作，加强日常环保工作管理，抓好禁止秸秆焚烧，配合环保部门查处“土小”企业12家。推进城乡环卫一体化工作，对村内“三大堆”“三乱”及进出村路的陈年垃圾进行重点清理，累计出动劳动力8000余人，动用机械158辆，共清理“三大堆”及生活垃圾10余万立方米，路域治理28.5公里，拆除破旧丑建筑87间、1700多平方米，养护农村公路150公里。通过积极争取，全市唯一、总投资1500余万元的“美丽乡村”示范片区打造项目落户朱里。

各项社会事业取得新进展。投入资金1000多万元，对朱里小学、河滩小学、前吉小学等9处学校进行升级改造，省级义务教育均衡发展验收合格。街道新农合、新城合覆盖率达到100%。对848户农村低保户进行重新审核，公开透明，动态管理。投资50余万元，升级改造街道敬老院，新建标准化住房12间。高标准做好工矿废弃地复垦工作，复垦土地面积152.7亩。

党工委书记　李中强

办事处主任　党好玲

**【杨家埠旅游开发区】** 杨家埠旅游开发区占地5.9平方公里，人口6757人，耕地面积5068亩，已建成的杨家埠民俗村核心区占地1.5平方公里。是潍坊风筝的发祥地和全国三大木版年画产地之一，是潍坊独树一帜的民俗旅游胜地。

项目建设稳步推进。在建的重点项目中，文化旅游方面的老潍县古街项目，总投资1.3亿元，全长1300米，总建筑面积3万平方米，包括9个楼座，位于泰祥街南侧的4、5、6号楼和丰华路东侧的9号楼完成主体工程。民俗居住方面的风筝缘民俗文化社区项目，完成投资1.2亿元，建成72套高档民俗住宅。浞河六号项目一期4栋多层封顶，一栋高层建至8层；富庭大第项目一期9个楼座已交房入住，二期已有2个高层完成主体、2个多层封顶；宝地·御园项目的53套住宅楼达到入住条件，剩余95套已完成主体。

旧村改造进程加快。辖区内6个村，西杨家埠村基本完成改造东三角埠、西三角埠、齐家埠、南埠子4个改造方案获批。其中，东、西三角埠两个城中村的改造项目——中房和幸福名都已于2014年6月9日正式开工建设。该项目计划总投资20.7亿元，总占地446亩、建筑面积71万平方米，以高层建筑为主，全部建成后，可以入住5100户、1.6万人，将成为寒亭规模最大的高档居住小区。一期工程6个高层楼座均建至10～12层。按照全区统一部署，对国土局南侧（富亭街南侧、丰华路以西）政府储备、张面河片区有关地块、友谊路南首、泰祥街东段南侧等地块开展动迁；完成了外国语初中操场20亩地块、党校北侧庆鹏学府16亩地块、西浞河岸边2个小企业的拆迁倒地。

风筝、年画文化发展传承成果丰硕。2014年，杨志滨《美丽乡村收获忙》、颜克臣《钟公夜巡图》等年画作品获国家、省市奖励。张效东《三头火鸟》风筝获潍坊国际风筝大赛扎制创新一等奖。2014年1月，风筝艺人王永训应邀参加马来西亚国际风筝节。2月，杨红卫、杨乃东等风筝年画艺人到埃及参加由中国文化部组织的第五届埃及“欢乐春节”活动，进行风筝扎制放飞、年画刻印展示，并在埃及开罗举办风筝制作培训班，教授中国风筝的基本制作方法，150人参加培训班。4月，第十一届杨家埠风筝年画艺术节在潍坊国际木雕城举办，进行风筝、年画艺术品的展出展销和对外交流。5月，王永训被山东省委组织部、省委宣传部等四部门联合评为第二批“齐鲁文化之星”。6月，张效东被山东省文化厅授予“山东省第四批省级非物质文化遗产项目潍坊风筝代表性传承人”称号。10月，年画艺人颜克臣被山东省轻工集体企业联社等三部门授予“山东省工艺美术大师”称号。

党工委负责人　周宝勇

管委会副主任　王安刚

（孙建松）

# 青州市

**【国民经济和社会发展概况】** 青州市总面积1569平方公里，辖4个街道、8个镇，共1060个行政村（居），全市总人口94.04万人。2014年，实现地区生产总值547.9亿元，增长9.2%。全社会固定资产投资429.3亿元，增长15.7%。公共财政预算收入38.1亿元，增长11%。城乡居民储蓄存款余额401.6亿元，增长14.9%。社会消费品零售总额183.5亿元，增长13.9%。在全国县域经济基本竞争力百强县的位次上升到第69位。

结构调整扎实推进。现代产业体系培育成效显著，三次产业比重优化为9.1：49.9：41.0。工业转调创步伐加快，园区平台集聚作用日趋显现，茂森科技等117个投资过5000万元的重点项目和弘润石化等8个战略性投资项目进展顺利，盛世泰来等12个投资过10亿元大项目成为新的经济增长点。工程机械和汽车及零部件产业集群规模初具，成功创建全省重大装备制造产业示范基地。现代农业档次不断提升，新增潍坊市级示范园区16家，新认证有机绿色品牌6个，13家农民专业合作社被评为国家和省级示范社，新增流转土地1.6万亩。花卉电商和种苗研发实现新突破，新增花卉面积3650亩，创建为国家级花卉高科技园综合标准化示范区。中国花协盆栽分会落户青州，花博会实现专业展会转型。服务业发展势头强劲，AAAAA级景区创建扎实推进，青州古城开城迎客，获评山东旅游休闲购物街区，生态文化旅游持续火爆，被授予2014“美丽中国”十佳旅游县称号。泰华城、亿丰时尚之都建成投入运营，港天、中储和泓德物流被评为国家AAAA级物流企业，2014年实现市场交易额466亿元、社会物流总额1966亿元。全市银行机构达到15家，6家企业在场外交易市场成功挂牌，6家企业启动境外上市和“新三板”挂牌，成功发行10亿元公司债券。荣获山东省金融生态环境建设模范奖。

城乡面貌持续改善。完成新一轮城市总体规划修编和城市风貌特色规划等7项专项规划编制。东部新城基础设施日益完善，综合商务区初具规模，20座高层楼宇顺利封顶，玉竹片区提升改造项目动工建设；古城保护修复建设取得阶段性成果，尧王湖和南阳湖片区、北阳河治理按期推进。新建改造城乡和市政道路73公里，镇村道路526公里，益王府路跨铁立交等4座大桥竣工通车。铺设雨污分流管网40公里、燃气管网74.9公里，新增供热面积82万平方米。国家节水型城市通过现场验收。新建自行车绿道40公里，被确定为全国第三批城市步行和自行车交通系统示范项目。完成17个小区基础设施改造提升，基本实现城区小区业主委员会全覆盖。南燕都社区创建成为全国地震安全示范社区。镇村建设投入27.5亿元，小城镇建成区达到38.8平方公里，21个农村新型社区建成入住，城乡环卫一体化普及率达到100%。全面推行国省县道市场化保洁，狠抓车辆运输超限超载治理，路域环境和交通秩序明显改善。

发展活力不断增强。完善行政审批“绿色通道”和“模拟审批”机制，编制完成政府部门权力清单和服务清单。加快农村产权制度改革，914个村完成土地确权登记，820个村完成集体资产改制。深化商事制度改革，新登记各类市场主体9777户。强化科技创新，吉青化工获批国家“863”计划项目，1人获批享受国务院颁发政府特殊津贴，新创中国驰名商标1件、山东省著名商标和名牌产品5个；新建院士工作站4处，新增高新技术企业18家，获批省级以上科技计划项目3项，新增省级重点实验室1家、工程实验室1家，潍坊市级以上工程研究和企业技术中心发展到87处，产业联盟总数达到5家。全年完成合同外资1.1亿美元，实现进出口总额8.3亿美元、增长73.8%，对外承包工程营业额1904万美元，外派劳务人员585人，新增境外企业5家，新增境外投资额1891万美元。

生态建设成效显著。大力弘扬“绿色接力棒”精神，造林5.1万亩、植树1100万株，绿化城乡主干道8条，垂直绿化街巷98条，新增街头绿地5处，绿化城区裸露土地110万平方米。深入开展“两清一绿”水域环境整治，小清河流域关停转调企业52家，南阳河提升改造工程获全国人居经典方案竞赛“规划、环境”双金奖，弥河、阳河分别被评为国家和省级湿地公园和水利风景区。强力推进“三八六”环保行动，提前一年完成潍坊市下达的工作任务，全面淘汰城区10吨以下燃煤锅炉，供热企业完成脱硫、脱硝和除尘改造提升。深入开展“美丽青州·清洁家园”专项行动，清理历史遗留垃圾4.6万吨。地质灾害隐患点整治和矿山复绿面积1617.6亩，国土资源节约集约模范县创建获评全省第一名，获全国第一批地质灾害防治高标准“十有县”称号。深入推进生态文明乡村建设，2个镇、6个村成功入选国家级生态镇、村。

民生事业繁荣发展。民生支出占公共财政预算支出比重达到70.2%，15件为民实事全部落实。新增城镇就业再就业1.17万人、农村劳动力转移就业1.37万人。新农合和城镇居民医保并轨运行，社会保险覆盖率达到97.8%。新建各类养老机构29处，低保救助供养标准进一步提高。顺利通过国家义务教育发展基本均衡县创建，新三中、实验中学投入使用，新建改造普惠性幼儿园28处。高考取得新突破，8人被北京大学、清华大学录取。4处县级公立医院全部取消药品加成。连续第六次被评为全国民族团结进步模范集体。获山东省第四届全民健身运动会先进单位。成功举办“翰墨青州”书画年会，新图书馆、新云门剧院投入使用，农民画画院和博物馆建成启用，通过全国文化先进单位复审，荣获中国民间文化艺术（书画）之乡称号。新建公共租赁住房700套、棚户区改造2000套，改造农村危房758户。全面实现“八个全覆盖”，农村生产生活条件进一步改善。深入开展打黑恶、反盗抢系列安民行动，社会矛盾预防化解扎实有效，严格落实安全生产责任制，应对处置突发事件能力不断提高。

**【王府街道】** 位于青州市城区中西部，面积143.5平方公里，辖18个城市社区、84个行政村，1.94万户，人口11.8万，耕地面积4.12万亩。2014年，全街道完成地区生产总值85.14亿元，比上年增长17%；地方财政收入

1.24亿元，比上年增长18%；工业实现销售收入347.18亿元，利税19.91亿元，分别增长23.68%和8.76%。

城乡一体，统筹发展。立足区位、交通、环境和资源优势，确立了“13423”工作思路，明确了以驻地城市化为核心，统筹城乡互动发展，全力建设生态文明、美丽自信、和谐一体王府街道的工作目标。对办事处驻地，实施有序开发建设，打造城市西南次中心。对东部城区，加快发展商贸服务业；对莲花盆片区，加快发展高效农业和电子工业；对赵河片区，加快发展特色农业和制造业；对刘井和下逢片区，加快发展生态特色旅游。

做强支撑，转型发展。积极争取国家低丘缓坡试点土地指标，形成民营科技创业园南区、北区和莲花盆电子工业园“三足鼎立”的工业发展格局。全力配合打响“古城青州”品牌，大力发展西南山区乡村旅游，突出抓好王府慢生活新片区，全力打造“三村一山”综合服务区，扎实推进桃缘谷高端休闲养生住区、杏花村休闲度假区等重点项目和石庙、上黄峪、夏庄“乡村记忆”工程。现代农业上档升级，依托青州蜜桃国家地理标志商标品牌优势，大力发展有机循环农业。

紧扣民生，和谐发展。立足辖区实际，以“八个全覆盖”为抓手，扑下身子为群众办实事，加快公共基础服务向农村延伸。筹资1亿多元，对2条县级路和所有镇村路共计200余公里道路进行改造提升。完成4处小学、2所初中校安工程建设，新建4处省级规范化幼儿园，实现了东西部教育均衡发展。“三八六”环保行动扎实推进，群众文化活动有声有色，公共卫生事业取得长足发展，城乡环卫一体化实现全域化，农村平安亮化和安全饮水完成全覆盖。

党工委书记　吕耐彬

办事处主任　曲荣智

【益都街道】　位于青州市西北部，面积56.1平方公里，辖39个行政村、17个社区，人口8.4万、24053户，耕地4.02万亩。2014年全街道完成地区生产总值74亿元，同比增长10%；地方财政收入1.18亿元。

工业经济持续转型。中小企业创业基地开发建设一期120亩。2014年，引进过亿元项目8个，大学士教学办公设备等项目试运行，年纳税过百万企业达16家。培育省级高新技术企业4家，建成潍坊市级技术中心2家，打造机械装备制造等新兴产业。

物流业提质增量。工业仓储中心落地开工，工业原材料城等大型市场投入运营。驼山北路汽车销售一条街形成规模。新上天保工贸钢板型材加工等项目，生产性物流逐步壮大。

城市建设与管理全面深化。益王府铁路大桥建成通车，完成老汽车站等10处片区征收扫尾。改造提升老旧小区26处，业主委员会全覆盖，投资1100万元改造基础设施。

小城镇建设步伐加快。为民服务中心等5大中心投入使用，东高小学等新校启用，中医药服务楼接诊。另外，改造建成3处商业步行街，盛泰家园入住。

现代农业蓬勃发展。拥有潍坊市级以上农业龙头企业10家，益润霖花卉苗木合作社成为国家级示范社，建成胜日苗木等项目，带动发展高档苗木1.6万亩，马官水貂等特色基地规模扩大。

党工委书记　赵凤鸣

办事处主任　王玉荣

【云门山街道】　位于青州市中心城区，东临花卉发展区、南接云门山生态文化旅游区，总面积67.8平方公里，辖63个行政村、12个居委会，人口10.8万；其中，回族群众1.69万；企业300多家，规模以上工业企业48家，省级高新技术企业7家，出口企业28家。2014年，全街道实现地方财政收入1.2亿元，同比增长29%；规模以上企业预计实现主营业务收入95亿元、利润15亿元、利税21亿元，分别同比增长7.5%、9%和8.1%。

辖区交通便利，有五纵五横10条主要干道；旅游资源丰富，有云门山、驼山、广福寺、元代真教寺、昭德古街等名胜古迹，其中，云驼风景区为国家AAAA级景区，昭德古街入选首批中国历史文化名街。工业基础良好，形成了以卡特彼勒山工为龙头，以卡特彼勒工业区为载体的高端工程机械制造产业聚集区。教育事业繁荣发展，形成了以山东师范大学历山学院、潍坊工程职业学院、潍坊护理职业学院和正在建设的花卉学院为代表的文化产业园区。现代商贸服务业发展迅速，形成了世纪泰华城、大润发、中百佳乐家、泰丰购物广场为代表的现代商贸综合体；以海天干鲜货、瓜市副食品、传信楼服务鞋帽为代表的专业市场物流群。城市建设与管理水平较高，以中央商务区、中国书画艺术城、亿丰时代广场、市民文体活动中心、规划科技展馆、美术馆为代表的东部新城建设初具规模；辖区有各类居民小区147个，海岱苑、益王府等新型“网格化”城市社区管理服务水平不断提升；环卫一体化、治安防控、“孝德工程”等“八个全覆盖”工作成效显著；老旧小区改造、安全生产、食品安全、“三八六”环保行动等工作扎实开展；街道生态秀丽、宜商宜居、和谐繁荣，是青州市旅游、居住中心和新崛起的经济、商贸中心。

2014年，街道以全力打造“生态秀美宜居地、经济繁荣云门山”目标，扎实抓好经济发展和各项社会事业，先后被评为“省级文明单位”“山东省社区建设示范街道”“山东省公民道德建设示范点”“山东省民族团结进步先进集体”“山东省爱国卫生模范街道”“山东社会文化先进街道”；被潍坊市委、市政府授予“文明街道”“街道社区党建工作样板工程”“敬老模范街道”“全民普法依法治理先进单位”“全市综合治理先进单位”等称号。

党工委书记　冷传波

办事处主任　张红伟

【黄楼街道】　位于青州市东部，面积90平方公里，辖96个行政村，21610

户，人口8.4万，耕地面积5866.7公顷。境内309国道、325省道、宝通街、长深高速、胶济铁路纵横交错，青州的母亲河——弥河自南向北蜿蜒近20公里穿境而过，交通便利，区位优势明显。2014年，全街道完成地区生产总值48.1亿元，比上年增长12.9%；地方财政收入5920万元，比上年增长12%；工业实现销售收入87.16亿元，利税5.72亿元，分别增长11.9%和13.2%；第三产业增加值达1702万元；农民人均纯收入12787元。

黄楼素有“中国花木之乡”“仙客来之乡”“江北花卉第一镇”之美誉，先后获得国家级生态乡镇、省级卫生镇、省级文明镇、山东省最具竞争力旅游强镇等称号，是第七届中国花卉博览会举办地，2012年被潍坊市确定为“小城镇建设示范镇”。投资30亿元筹建的中国（青州）书画艺术城被列为山东省和潍坊市重点文化产业项目；投资20亿元、占地1680亩建设的中国（青州）花卉苗木交易中心是江北最大的现代化花卉苗木交易市场。经过30多年花卉生产基地建设、20多年花卉交易市场发展和14届花博会品牌的打造，花卉产业已经成为黄楼街道的支柱产业，也成为青州市的一张靓丽名片。截至2014年年底，全街道花卉种植面积达5.7万亩，花卉专业村52个，从业人员5.6万多人，种植业户1.1万多户，年产盆花2.6亿盆，花卉品种300多个系列，1000多个品种，花卉专业运输车1700多辆，花卉年产值32亿元，年交易额45亿元，是全国最大的草花和盆栽花生产基地，全国闻名的南花北运、北花南移中转站。

党工委书记　刘全林

办事处主任　袁晓颖

**【弥河镇】** 位于青州市南部，面积110平方公里，辖77个行政村，14716户，人口5.5万，耕地面积3200公顷。2014年，全镇完成地区生产总值112.6亿元，比上年增长24.4%；地方财政收入4772万元，比上年增长20.2%；2014年，工业实现销售收入871235万元，利税92956万元，分别增长28.85%和27.12%；第三产业增加值达15256万元；农民人均收入14012元。2012年8月，被确定为山东省“百镇建设示范行动”示范镇。2014年8月，被列入“全国重点镇”。

近年来，弥河镇按照“活力弥河、魅力弥河、和谐弥河、幸福弥河”的发展思路，紧抓全国重点镇和山东省“百镇建设示范行动”示范镇建设的有利契机，以“美丽村庄·幸福家园”创建活动为突破口，坚持“抓项目、促发展、惠民生”，一、二、三产业实现了均衡快速发展，北部卡特彼勒工业区高端工程机械行业不断集聚壮大，东部现代农业区特色花卉产业亮点纷呈，西南部生态文化旅游区休闲观光方兴未艾，中部城镇综合配套区承载服务能力显著提升，重点项目建设和产业结构调整步伐全力提速，“三产互动、四区并进”的新型城镇化发展模式活力不断迸发，经济社会各项事业实现了转型科学发展，群众生活水平和幸福度不断攀升。

党委书记　赵延福

镇　　长　郇金刚

**【王坟镇】** 位于青州市西南部，面积229.6平方公里，辖100个行政村，1.4万户，人口5.1万，耕地面积4.5万亩。2014年，全镇完成地区生产总值10.7亿元，比上年增长12%；地方财政收入1417万元，比上年增长18%；工业实现销售收入49.2亿元，利税3.27亿元，分别增长10.8和11%；第三产业增加值达2.2亿元；农民人均纯收入11870元。

王坟镇生态环境优良，旅游资源丰富，境内黑虎山水库被确定为青州市地表饮用水水源保护地，有仰天山国家森林公园、清风寨风景区、百纳城生态农业庄园、逄山森林公园、八喜谷生态农业观光园、仰天农庄有机农业园区、元明古村胡林古村等多处旅游景点，年接待游客60余万人次。王坟镇现已建成十大现代有机农业基地，发展有机种植1.8万亩，有机蔬菜、小杂粮等64个农产品通过有机食品认证，“青州山楂”、“青州柿子”获评国家地理标志商标。

王坟镇认真落实党的十八大和十八届三中、四中全会精神，以提高群众满意度和幸福指数为目标，大力弘扬“绿色接力棒”精神，突出社会民生事业重点，壮大发展乡村旅游、有机农业、果品加工三项主导产业，努力建设美丽、生态、幸福王坟。获得了国家级生态乡镇、全国首批生态建设示范区、中国优秀乡村旅游目的地、山东省环境优美乡镇、山东省旅游强乡镇、山东省特色产业镇、山东省文明镇、潍坊市十佳魅力城镇等多项称号。

党委书记　陈湘颖

镇　　长　孙洪亮

**【庙子镇】** 位于青州市西南部，面积195.3平方公里，辖68个行政村，12186户，人口4.023万，耕地面积3.2万亩。2014年，完成地区生产总值18.3亿元，比上年增长14.3%；地方财政收入3911万元，比上年增长36.2%；工业实现销售收入878414万元，利税22500万元，分别增长21.4%和23.2%；第三产业增加值达8982万元；农民人均收入12656元。

2014年，庙子镇社会各项事业都取得了显著成效。现代工业方面，庙子和楚家峪两个工业园区严格落实“转调创”要求，共引进企业21家，推出宇信钙业的纳米钙项目、日昇昌橡塑的传送带项目和顺鑫达的分子筛项目等一大批高新技术产品；对股公井村附近5公里范围内的废弃矿坑进行生态修复，整平土地300亩，成为土地整平工作新亮点；生态农业方面，发展规模化、现代化农业，形成北李、东峪、龙宫、南术店四大现代农业生产基地；旅游产业方面，突出做好“泰和旅游”品牌，仁河谷乡村旅游项目完成一期工程，推出实景闯关、自助采摘等体验式乡村旅游模式，旅游总收入过亿元；社会事业方面，在按照市委、市政府要求深入实施环卫一体化、农村安全饮水、公共卫生服务等“八个全覆盖”工程的基础上，又新拓展困难户救助和村级文化宣传阵地“两个全覆盖”，群众生产生活环境不断改善，满意度不断提升。

党委书记　张洪刚

镇　　长　孙培伟

【邵庄镇】　东接青州市区，西与淄博市临淄区毗邻，面积164.8平方公里，辖92个行政村，2.03万户，人口6.9万人，耕地面积5266.7公顷。胶济铁路、309国道、济青公路穿境而过，区位交通优势明显。2014年，实现公共财政预算收入8619万元，增长23.4%；规模以上工业企业实现主营业务收入120.2亿元，利税12.4亿元，利润9.2亿元，分别增长18.7%、20%和9.4%。先后被评为国家级生态乡镇、省级示范镇和全国重点镇。

青州市猛山经济发展区自2006年11月在邵庄镇开工建设，规划面积54.64平方公里，以汽车生产及配套、装备制造、新能源、高新技术为主导产业，全力打造新型、生态、现代化工业园区。截至2014年年底，已形成猛山、杏木山、月山、江淮、稷山、佳山、普通高新技术“六园一区”工业布局，落户江淮汽车、多路驰轮胎等企业106家，其中，投产达效80家。

邵庄镇属齐鲁文化圣地，历史文化悠久，文物古迹众多。尧王山、黑山、雀山等旅游风景区环境优美，风光秀丽。境内石灰石、铁矿石资源丰富，有省内储量最大的褐铁矿。林果种植、畜牧养殖等有机农业发展迅速，已经初具规模，是有名的“柿子之乡”“冬雪蜜桃之乡”。

党委书记　徐剑发

镇　　长　徐九华

【高柳镇】　位于青州市北部，面积96.6平方公里，辖71个行政村，15836户，人口5.3万，耕地面积9.48万亩。2014年，全镇完成地区生产总值33亿元，比上年增长19%；地方财政收入1520万元，比上年增长21%；工业实现销售收入397257万元，利税7756万元，分别增长11%和19%；第三产业增加值达13079万元；农民人均纯收入12370元。

高柳镇地处三市四县交界，交通条件便利，区位优势明显。现代农业发展迅速，形成大棚蔬菜、畜牧养殖、粮食生产、花木培育为主的高产高效农业格局；工业发展初具规模，依托阳河工业园，搭建了招商引资新平台，形成机械制造、钢结构加工、塑料农膜、精细化工等产业体系；社会事业稳步发展，教育、就医、道路、居住等民生改造工程全方位推进，形成和谐发展的良好局面。

党委书记　李世斌

镇　　长　袁加龙

【何官镇】　位于青州市东北部，地处青州、寿光、广饶三县交界，东北与寿光相邻，西北与东营接壤，总面积115平方公里，辖74个行政村，19700多户，人口7.2万，耕地面积13.8万多亩。镇区内交通便利，青银、东红高速公路交汇于境内，羊临路、济寿路穿境而过，青羊铁路横贯南北。2014年，全镇完成地区生产总值34.9亿元，同比增长11%；地方财政收入1565万元，同比增长17.5%；工业实现销售收入296884万元，利税23408万元，分别增长11%和5.5%；第三产业增加值达2346万元；居民人均纯收入11840元。

2014年，全镇工业经济发展迅速，强力推动口埠工业园、南张机械工业园、何官工业园扩容提升，园区内吉青化工、京青科技、方正机械、南张石油机械等高新技术企业不断壮大。现代农业持续上档升级，与中信信托签订山东省“土地流转信托”第一单，成立农民专业合作社220家、家庭农场16家，注册有“京青”牌、“地力生”牌、“华仁庄”牌等21个国家级绿色食品商标和“京青”牌辣椒等9个国家级有机食品商标。村镇基础设施完善，第三产业繁荣昌盛，社会事业长足发展，先后获得全国科普惠农兴村先进单位、省文明村镇、省卫生镇、省农机安全“十百千万”示范单位、省无邪教镇、省人口普查先进集体、省幸福进万家活动先进单位等称号。

党委书记　曹建国

镇　　长　常方刚

【东夏镇】　位于青州市东北部，面积91.2平方公里，辖72个行政村，12458户，人口4.6万，耕地面积4826.7公顷。2014年，地方财政收入2509万元，比上年增长3.94%；工业实现销售收入91.51亿元，利税9.71亿元，分别增长9.21%和9.72%；第三产业增加值达5.73亿元；农民人均纯收入11860元。

东夏镇交通便捷，长深高速、309国道、羊青路穿境而过。按照“11252”的工作思路，以建设“富裕进步、和谐幸福”现代化强镇为目标，突出工业发展一条主线，扎实做好“小城镇建设、新农村建设”两篇文章，深入推进“现代农业、三产物流、生态文明、民生工程、党的建设”五项重点工作，全面落实“提升工作标准、转变干部作风”两项保障性措施。

2014年，该镇规划建设东夏物流园，7家过亿元物流项目入驻园区；建立以镇区工业园为中心，以二府工业园、堂子工业园和309国道沿线工业区为代表的机械配件聚集区；重点扶持花卉苗木产业成为镇的新型主导产业；借助东篱居休闲养生基地项目，以“一区、一基地、一中心”为发展目标，构建产城融合的新型城镇化模式；打造“247”教育新格局，优先发展教育事业。先后被评为“山东省反邪教示范乡镇”“山东省农机安全示范乡镇”“潍坊市文明镇”“潍坊市文明单位”“潍坊市敬老模范单位”“潍坊市群众工作先进单位”等称号。

党委书记　褚兴春

镇　　长　陈　伟

【谭坊镇】 位于青州市东部，面积162平方公里，辖114个行政村，26814户，人口9.8万，耕地面积1万公顷。2014年，全镇完成地方财政收入2585.4万元；工业实现销售收入830828万元，利税67103万元，分别增长10.1%和7.9%；农民人均收入19972元。

谭坊镇是传统农业乡镇，现有优质瓜菜生产面积9000公顷，高档花卉、苗木、果品面积1000公顷，素有“中国瓜菜第一镇”和“状元故里、花卉之乡”之称，是全国一村一品示范乡镇、国家级生态乡镇、山东省中心镇、山东省生态镇。工业经济发展迅速，形成东山工业园、两路工业园和八里工业园“一体两翼”工业发展格局，限额以上企业31家，形成了农产品加工、机械加工制造、金属制品、高新技术等七大产业集群。小城镇建设日新月异，“高木小镇”、诸诚雅苑等项目顺利推进，各类瓜菜、劳务、农资、生活必需品等大型专业市场30多处，是周边地区重要的生活必需品配给中心、价格生成中心。境内旅游资源丰富，“南山观林、香山看海、弥河泛舟”农业生态旅游每年都吸引大批游客前来观光。

党委书记　刘文革
镇　　长　朱英坤

【青州经济开发区】 位于青州市区北部，面积70.2平方公里，辖69个行政村，1.6万户，常住人口5.9万人，耕地面积5266.7公顷。2014年，开发区规模以上工业企业完成工业总产值586.92亿元，比上年增长1.8%；实现主营业务收入581.3亿元，比上年增长2.9%；实现利税22.78亿元，利润14.04亿元，同比分别增长17.1%和14.7%；完成固定资产投资93.4亿元，同比增长18.1%；完成公共财政预算收入2.33亿元，同比增长16.4%。

2014年以来，青州经济开发区党工委、管委会紧紧围绕全市“11153”工作部署，突出工业经济转型提升、城市基础设施建设、“八个全覆盖”、社区建设、作风建设等工作重点，全力提升经济发展质量和效益，着力提升产城融合发展水平，不断加快社会民生事业发展，大力提升为民服务水平，推动了开发区经济社会转型科学发展，在2014年度青州市科学发展综合考核中获得一等奖。

党工委书记　宋执湖
管委会主任　庄新江

（刘洪昌　李琛琛）

## 诸城市

【国民经济和社会发展概况】 全市总面积2168平方公里，辖10个镇、3个街道、1个省级开发区，全市共有235个社区，其中，农村社区208个。2014年年末全市户籍总人口109.6万人。全年实现地区生产总值705.4亿元，同比增长9.6%。实现财政总收入83亿元、公共财政预算收入61.7亿元，分别增长5.1%和8.1%。完成固定资产投资491.6亿元，增长15.8%。县域经济基本竞争力列全国百强县第30位，比上年提升了2个位次。

产业结构进一步优化。三次产业比例调整为8.5：55.7：35.8。现代制造业加快升级。实施投资过亿元工业项目116个、零增地技改项目181个，信息化改造30家企业。604家规模以上工业企业实现主营业务收入2298.3亿元，增长11.9%。新增产业技术创新战略联盟3个、院士工作站2家、省级以上研发中心7家、产学研联合企业31家。新参与制（修）订国标行标3项，新增省级以上品牌15件，完成专利申请1966件、专利授权899件，获批创建全国质量强市示范市，获国家知识产权试点示范城市工作先进集体。服务业实现上档升级。增加值达到252.6亿元，占比提高1.8个百分点。限额以上商贸企业发展到330家、商品交易市场191个。骨干物流企业发展到68家。新引进2家商业银行、6家新型金融机构，在市外发起设立8家村镇银行和1家支行，金融机构存贷款余额较年初分别增加36.5亿元和57.7亿元。电商平台发展到10家。恐龙国家地质公园揭碑开园，恐龙化石巡展列入省对外文化交流项目，“华夏龙城”成为全省十大文化旅游目的地品牌，被列为全省旅游综合改革试点市。现代农业健康发展。粮食生产实现十二连增，新建改建标准化畜禽养殖场60个，连续七年获全国粮食生产先进市，连续八年获全国生猪调出大县。新增家庭农场432家、农民专业合作社856家、农业示范园区25个，认证“三品一标”33个、基地1.16万亩，被农业部命名为国家级现代农业示范区。完成墙夼水库灌区节水改造，通过全国水土保持监督管理能力建设县验收。重点园区加快转型。青岛保税港区诸城功能区保税物流中心成为全省第5家保税物流中心，经济开发区进入全省开发区十强，高新园列入潍坊高新区“一区多园”管理体制。被确定为全省县域经济科学发展园区经济试点市。

城镇化进程进一步加快。在全省县级市率先完成城镇化发展规划编制。重点片区开发有序推进，辛兴镇纳入国家级重点镇管理，建成3个省级特色产业镇。改造提升55个社区服务中心，城镇化率达到56.5%。新建改建农村公路246公里。建成110千伏树行输变电工程，新建改造配网线路300公里。改造农村光纤用户10.1万户，新增光纤端口12万个。

人居环境进一步改善。淘汰落后工业设备108台（套），新增清洁生产企业22家，固体废物利用率达到100%，万元GDP能耗、电耗分别降至0.587吨标准煤和425千瓦时，是全省平均水平的67.6%和58.9%。城区10吨以下锅炉全部实现煤改气，淘汰黄标车8275辆，完成7家热电企业烟气治理、5家污水处理厂升级改造、15条河流生态治理，建成人工湿地2处，城区空气质量良好率保持在95%以上，被评为全省水资源管理规范化建设示范县，潍河湿地公园顺利通过国家级湿地公园评审。扎实推进城乡环卫一体化，提高城市精细化管理水平，成功创建国家卫生城市。完成成片造林5.13万亩，林木覆盖率、城市建成区绿化覆盖率分别达到38.6%和43.2%。镇街全部获得国家级生态乡镇命名。

发展活力进一步增强。公布实施市级“三个清单”，权力事项精减40.7%。实行企业登记并联审批和重点项目模拟审批，审批效能提速30%。实施工商便利化注册，新登记各类企业5780家，增长300%。完成农村1193个经联社土地确权登记颁证、1198个集体经济组织产权改制，齐鲁农村产权交易中心诸城市分中心投入运营。1家企业在“新三板”挂牌，19家企业在其他场外市场挂牌。设立全省首家工业企业预警信息平台。强化土地保障工作，加大违法违规用地查处力度。持续扩大对外开放。设立中国国际电商中心培训学院分院，引进科研院所分支机构14家、硕士研究生以上人才350名。外向型经济稳步增长。实际利用外资9035万美元。完成进出口总额19.2亿美元，增长6.6%。

民生保障进一步加强。2014年累计完成民生支出44.4亿元。城镇新增就业1.68万人，转移农村劳动力2.58万人。居民养老保险和医疗保险实现全覆盖，基础养老金、城乡低保和五保供养标准稳步提高，新增养老床位873张。开工保障性安居工程940个。城区新建综合教学楼5栋，镇街校舍标准化建设及改造提升项目竣工224个，承办全国职业院校模具制造技术技能大赛。建成36处全民健身工程、5处镇街文化广场、3处镇图书馆和3个非遗综合传习中心，荣获全国文化先进县称号。公立医院和基本药物制度改革有序推进，创建为国家慢性病综合防治示范市。优化计生服务，人口自然增长率控制在3.35‰。承办全省残疾人技能大赛，保持省双拥模范城称号，荣获全国防震减灾示范市。

**【诸城荣获国家园林城市称号】** 2014年，城市建成区绿化覆盖率达到43.2%，被国家住房和城乡建设部命名为国家园林城市。

**【全省安全生产标准化建设工作现场会在诸城市召开】** 2014年10月，全省安全生产标准化建设工作现场会在诸城市召开。山东省安监局局长李世瑛，潍坊市委副书记、市长刘曙光等参加会议。诸城市委副书记、市长李峰代表诸城做典型发言。会议期间，与会人员参观诸城市安全培训中心、福田公司奥铃汽车厂、山东惠发食品公司等。

**【山东省第五届残疾人职业技能竞赛在诸城举行】** 2014年11月14～16日，山东省第五届残疾人职业技能竞赛在诸城举行。副省长王随莲出席开幕式讲话并宣布开幕，潍坊市委书记杜昌文、副市长王桂英、诸城市委书记陈汝孝、市长李峰等出席开幕式。全省17地市和省特教中专学校组成的18个代表队的305名选手，参加计算机与电子工程等5大类24个项目的竞赛。开幕式前，副省长王随莲一行参观考察诸城市残疾人康复中心，实地观看潍坊市残疾人职业技能展示。

**【诸城15家企业Q板集中挂牌】** 2014年12月9日，诸城市15家企业在上海股权托管交易中心Q板实现集中挂牌，这是山东省中小企业一次性登陆省外四板市场企业数量最多、规模最大的一次，也是全国县级市中小企业集中登陆该中心数量最大的一次，对打造资本市场的“诸城板块”具有重要意义。

**【诸城加快电商产业发展】** 2014年12月，诸城市与阿里巴巴签约，阿里巴巴产业带·诸城电商产业园成功落地，实现“生产厂家—互联网—消费者”电商模式。诸城市将电子商务作为培育现代产业体系的重点，加强与国内知名电商企业及中介机构的联系，引进阿里巴巴、九九归E等电商企业，电商平台发展到10家。

**【密州街道】** 位于诸城市区东部，总面积105平方公里，辖19个社区，人口15.9万，耕地面积4.7万亩。2014年，街道实现地方财政收入3.9亿元；限额以上工业企业实现销售收入258亿元，利税36.5亿元；实现农村经济总收入444亿元，农民人均纯收入17540元。

2014年，在重点推进鞠家村、中央商务区等重点片区开发的同时，新开工建设吉祥花园、繁荣尊府、龙盛豪庭等重点服务业项目。华源生物制剂、金昊三扬脱硫除尘、华宏机械3个续建项目投产，通过招商引资落实贝特尔大型固液分离环保设备、卓益数控加工中心及自动化设备等4个重点储备项目。华能金昊、巨环汽车、帝王食品、贝特尔环保4家企业在上海股权托管交易中心Q板上市。推进卢山生态休闲园、大王门社区草莓种植基地、特种动物标准化养殖场等重点项目建设，通过农业部立项，从丹麦引进良种水貂1.5万只用于品种改良。投资1300万元，整修城乡道路31条。投资800多万元，对芦河、栗行河和铁水河进行了生态整治。投资1500万元，埋设兴华路东延段雨污管网9200米、热力管线4000米。加快推进东鲁学校、东武小学、城东热源点等城乡基础设施建设。

党工委书记　刘永军
办事处主任　张晓升

**【龙都街道】** 位于诸城市区西部，面积101平方公里，辖20个社区，3.2万户，人口10.8万人，耕地面积6.1万亩。2014年，街道完成地区生产总值60.1亿元，比上年增长15.3%；地方财政收入2.54亿元，比上年增长0.13%；工业实现销售收入151.1亿元，利税11.2亿元，分别增长28.6%和19.2%；第三产业增加值达31.8亿元；农民人均纯收入17287元。

2014年，龙都街道形成“一园一带两组团”（龙都产业园，涓水文化旅游产业带，中心城区城市经济组团和街办驻地文教服务组团）产业发展格局。

龙都产业园布局纺织服装、装备制造、冷链物流、生态农业四大板块，总占地12平方公里。投资68亿元建设龙海水产品冷链物流、昊宝高档服装、天耀婴童针织服装等大项目；培育起杨春商贸城、杨春汽贸城、东升物流城等大型专业市场6个；建设大源生态农业示范园区、龙泽生态园等千亩以上的镇街级农业产业园区4个，潍坊市级农业龙头企业发展到14家，培育标准化专业合作社41家，注册家庭农场35个。规划建设杨春数码科技广场等城市综合体项目4个。建成6处省级标准化社区幼儿园、5处社区小学、1处城区小学，一体化卫生室达到31处，五保老人集中供养率87%，城乡居民社会养老保险制度进一步完善，医疗保险、养老保险、最低生活保障基本实现城乡一体化。获省级文明村镇、全省百镇千村建设示范工程文化特色建设示范镇等称号。

党工委书记　王　勇

办事处主任　张　伟

【舜王街道】　位于诸城市城区北部，面积178平方公里，辖18个社区，2.1万户，人口7.2万，耕地面积15.75万亩。2014年，街道完成地区生产总值43.97亿元，比上年增长9.4%；地方财政收入0.7亿元，比上年增长16%；工业实现销售收入168.48亿元，利税18.45亿元，分别增长18.8%和21.4%；第三产业增加值达15.74亿元；农民人均纯收入18688元。

2014年，重点推进希努尔工业化社区、青岛保税港区诸城功能区等4大项目；宏盛铸造抛丸机、新一家纺织等2个项目建成投产；泰瑞年产6.5万件农机配件项目等13个技改项目完成；青岛保税港区诸城功能区保税物流中心获批开工；中盛冷链物流4.2万平方米冷库建成投用。程戈庄商贸城完成改造提升。累计完成土地流转7.55万亩；优质黄烟、绿色瓜菜等4个农业基地面积已发展到2万余亩；创办农民专业合作社172家；发展家庭农场29家；建成大辛庄子有机甜瓜农业园、舜丰生态农业科技种苗基地等18个农业特色园区。完成周庄子村道、后营马村道等道路建设工程；九台社区、尚沟河社区等3处农村幸福院投入使用；完成舜王污水处理厂一级A升级改造。

党工委书记　秦嗣炜

办事处主任　孙海森

【枳沟镇】　位于诸城市西南部，面积85.2平方公里，辖9个社区，1.3万户，人口5.1万人，耕地面积3866.7公顷。2014年，全镇完成地区生产总值17亿元，比上年增长9.8%；地方财政收入2311万元；工业实现销售收入25.8亿元，利税2.95亿元，分别增长18.5%和18.1%；第三产业增加值达4.8亿元；农民人均纯收入10853元。

2014年，围绕建设新型生态小城镇这一目标，全面推进北杏社区和北老屯社区生态小镇建设。投资1.5亿元，规划新建集医疗、金融、商贸、居住于一体的综合服务区，总建筑面积为4.8万平方米；完成北老屯自然村整村搬迁工作，复垦土地159亩。依托乔庄工业园，加快恒德祥生物科技、龙邦食品等7个在建项目建设进度，推进项目集群化发展，实现工业总产值21亿元；完成出口创汇496万美元，进口创汇712万美元。建设东枳沟社区干鲜杂果、普庆社区美国红枫等8个现代农业产业园、泰田农业等2个生态循环农业示范园和开源特种动物养殖现代生态畜牧产业园，充分发挥104家农民专业合作社和6家农业龙头企业的作用，签订土地流转合同6325份，流转土地1.7万亩。

党委书记　冯士磊

镇　　长　范昕昕

【贾悦镇】　位于诸城市西部，面积288平方公里，辖27个社区，2.8万户，人口10.9万，耕地面积15666.7公顷。2014年，全镇完成地区生产总值30.39亿元；地方财政收入5857万元；工业实现销售收入53.96亿元，利税5.5亿元，分别增长15.7%和14.9%；第三产业增加值达11.8亿元；农民人均纯收入13900元。

2014年，规模以上工业企业发展到24家，2家企业分别在上海股权托管交易中心和深圳前海股权交易中心挂牌；新建续建工业项目10个。限额以上商贸服务业企业发展到19家，重点服务业企业8家；新增个体工商户227家，实现交易额23亿元。发展设施农业5.6万亩；植烟面积2.5万亩，农民增收1亿元；优质蔬菜发展到3万亩、绿色草莓2万亩；农业龙头企业发展到11家、农民专业合作社147家、家庭农场153家。镇驻地拆迁面积120亩，新建成多层住宅楼6栋。完成成片造林4500亩、道路绿化18公里、农田林网1.4万亩。民生支出6455万元，占财政总支出的63.7%，其中，社会保障和就业支出3120万元，医疗卫生支出3190万元；城乡居民基本医疗保险实现整合并轨；城乡居民养老保险金发放人数2.08万人。

党委书记　杨连富

镇　　长　管延升

【石桥子镇】　位于诸城市西北部，面积169平方公里，辖18个社区，1.7万户，人口6.4万，耕地面积15万亩。2014年，全镇实现地方财政收入4103万元，比上年增长18.1%；限额以上工业实现销售收入40.5亿元，利税5.8亿元，分别增长49.8%和45.4%；居民人均纯收入13499元。

2014年，工业投入力度不断加大。惠友木制别墅、正新食品、安达全地形车3个续建项目已建成并投产，康之源农业技术服务平台项目已完成主体工程。恒盛丰隆家具有限公司在上海股权托管交易中心挂牌；松源木业等木器龙头企业，在俄罗斯、美国等国家购买林片，建立原材料基地。松源木业公司与俄罗斯国家科学院西伯利亚分院石油与天然气研究所注册成立“山东亚科隆复合材料研究院”。农业突出抓好康之源、坤德源、中康等11个过千亩现代农业示范园区建设，引领带动农民持续增收；发展农民专业合作社151个，新注册家庭农场35个。新建成羽毛球场、老年门球场，拓展镇中心广场服务功能；建成岳旺家园聚合区一期工程；投资600万元建成荆河公园休闲娱乐广场；完成南环路、沿河路“亮化工程”。

党委书记　李　磊

镇　　长　邱世峰

【相州镇】　位于诸城市北部，面积120平方公里，辖12个社区、71个自然村，2万户，人口6.9万，耕地面积7200公顷。2014年，全镇完成地区生产总值36亿元，比上年增长15.4%；地方财政收入2805万元；工业实现销售收入116.9亿元、利税10.8亿元，分别增长11.7%和12.6%；第三产业增加值达11.3亿元；农民人均纯收入15202元。

2014年，全镇完成固定资产投资5.6亿元、科技投入9600万元，高新技术企业发展到4家，战略性新兴产业产值占比超过8.2%。有23家经济实体与阿里巴巴、京东等电商平台实现初期合作，驿丰葡萄、昊宇科技、嘉德机械3家企业分别在上海股权托管交易中心和深圳前海股权交易中心Q板挂牌。培育起潍坊市级以上农业龙头企业9家、农民专业合作社165家、示范合作社17家，新发展各类家庭农场25家，注册农产品商标8个。投资1.5亿元，组织实施潍河滨河左路北延等4条重点道路建设工程；改造社区道路、生产路136公里，有9个自然村告别村内无硬化道路的历史。投资1100万元的曹家泊小学、徐洞惠发小学教学楼交付使用；镇中心卫生院和社区卫生室均达到省级规范化标准；镇敬老院被授予“国家一级供养机构”；居民养老保险、居民医疗保险覆盖面进一步扩大，其中居民医疗保险新增7000多人。

党委书记　王雪玲

镇　　长　李学勇

【昌城镇】　位于诸城市东北部，面积118.4平方公里，辖15处社区，1.6万户，人口6.5万，耕地面积10.78万亩。2014年，全镇完成地区生产总值56.31亿元，比2013年增长11.2%；地方财政收入1.23亿元，比2013年增长2.5%；完成工业销售收入266.3亿元，利税18.9亿元；第三产业增加值达22.8亿元；农民人均纯收入19800元。

2014年，总投资1.75亿元，完成泸河花园三期等楼宇项目，建筑面积12.5万平方米；投资1.1亿元，开工建设文化路、得利斯北街等工程，完善管网、路灯等配套设施。将高标准建设省高端安全食品示范区调整规划为10平方公里，吸引得利斯、万年食品等22个项目入驻，完成投资46.5亿元；建成投用佳士博培训中心；镇域企业完成技改投入近亿元。规范提升各类合作社40多个，发展家庭农场12家，创建潍坊市级以上农业基地20个。成立镇农村产权交易中心，流转土地1.8万多亩。将环卫、绿化、城管、路灯等市政工作进行统一、优化管理，镇域污水和生活垃圾集中处理率100%。加大生态林网、生态林场、社区绿化力度，对万亩栗园实施保护；实施芦河生态综合治理工程。

党委书记　于鹏展

镇　　长　方有海

【百尺河镇】　位于诸城市东北部，面积126平方公里，辖13个社区，1.45万户，人口5.21万人，耕地面积7466.7公顷。2014年，全镇实现地方财政收入2633万元，比上年增长15.5%；工业实现销售收入116.9亿元、利税11.2亿元，分别增长37.32%和19.5%；第三产业增加值达32.3亿元；农民人均纯收入13422元。

百尺河镇是山东省精密铸锻特色产业镇。2014年，精密铸锻产业园区形成“六纵六横”道路12条、13.5公里，绿化、亮化、供排水和水处理设施配套齐全，建成启用110千伏变电站。新增企业2家，共有规模以上企业25家，其中，精密铸锻企业16家，加工能力60多万吨，主导产品2000多个品种。申请国家工商总局注册青潍铸锻城商标。争取上级国土、水利、农业等部门投资4000多万元，在朱村社区建设2.4万亩土地整理项目，在百尺河社区等4个社区建设1万亩节水灌溉项目，在朱村社区等3个社区建设了1.8万亩粮食产能项目；投资800万元，在6个村开展成方连片治理项目。加强基础设施建设，硬化方河路、顺平路等乡村道路5.9公里，硬化村内主要道路8条、2.2公里。投资300万元，配备保洁员169名，对生活垃圾实行专业化集中处理，实现了城乡环卫一体化。

党委书记　李　向

镇　　长　王先信

【辛兴镇】　位于诸城市东部，面积72.2平方公里，辖11个社区，1万户，3.5万人口，耕地面积4533.3公顷，是省级中心镇、省百镇建设示范镇、全国重点镇、全国生态镇。2014年，全镇实现地方财政收入1.06亿元，比上年增长20.5%；工业企业实现销售收入256亿元，利税34亿元，分别增长13.8%和13.6%；第三产业增加值达25.6亿元；农民人均纯收入14476元。

2014年，培育起生物医药、现代装备制造两大产业园区，发展规模以上企业63家、销售收入过亿元企业28家。其中，生物医药产业园区淀粉产能占全国总量的1/5，是全国最大的玉米淀粉生产基地；现代装备制造产业园区胎圈钢丝国内市场占有率达30%以上，是全国最大的胎圈钢丝生产基地。建成高效种养示范基地28个，发展农民专业合作社115家、家庭农场79家，培育起潍坊市级以上农业龙头企业11家，完成“三品一标”认证47个，建成国家级万亩小麦高产示范方和国家级菜篮子工程示范基地。着力构建“一个中心、两个小镇”城镇发展格局，投资3000万元，建成工业园路东延段和百尺河左路等工程；新铺设燃气管网1200米，新增、改造电力管网9200米。聚合区建设新增竣工面积1.2万平方米。投入428万元，改造提升社区服务中心8个，硬化道路12条。引进康洁环卫公司，实现农村环境卫生保洁和垃圾清运的制度化、规范化。

党委书记　王桂华

镇　　长　徐开荣

【林家村镇】 位于诸城市东南部，濒临青岛市黄岛区，镇域总面积325平方公里，辖27个社区，2.91万户，人口9.8万，耕地面积12333.3公顷，山场面积9.3万亩。2014年，全镇完成地方财政收入4606.4万元；工业实现销售收入73.79亿元，利税8.03亿元，分别增长24.36%和13.5%；农民人均纯收入14258元。

2014年，新开工过亿元项目3个，完成固定资产投资8亿元；开工建设国华风力发电等7家企业；新上青岛旭能生物工程、天合堂保健料理等科技创新型和企业增资扩产项目；龙祥钢业公司在上海Q版挂牌；鼎泰盛公司已完成上市前的会计数据审计和股改工作；引进青岛合创工贸公司，建设合创物流园；麦莎制衣与日本朝广日株式会社合作，成立检品物流公司。建成林佳蓝莓种植基地，开工建设丹家店子社区特种动物标准化养殖基地等6个农业项目；成功注册诸城红枫和诸城樱花为中国地理标志商标；规范提升贤河白菜、大岳峙草莓、大湾崖金银花、黑土夼板栗等农业品牌，提高市场竞争力。完成石门小学、大村小学综合教学楼主体工程并投入使用；完成辖区扶河、芦河、百尺河3条河道生态治理；完成污水处理厂一级A升级改造；硬化西麻沟、乔家沟等社区道路13.8公里。

党委书记　王大鹏

镇　　长　孙希海

【桃林镇】 位于诸城市南部，面积142平方公里，辖11个社区，1.05万户，人口3.57万，耕地面积4133.3公顷。2014年，全镇完成地区生产总值44亿元，比上年增长15.8%；地方财政收入843.9万元，比上年增长45.7%；工业实现销售收入32亿元，利税1.9亿元，分别增长19.6%和21.2%；第三产业增加值3.5亿元；农民人均纯收入10362元。

2014年，润农海洋功能性产品深加工等3个过亿元项目开工建设；完成开城路诸城段主路面建设；投资3960万元，规划建设高端产业示范区标准化污水处理厂。新发展茶园面积2000亩，将“诸城绿茶”作为大宗商品在天津渤海商品交易所上市交易。重点建设5个高标准种植示范园和3个特色养殖示范园。全年新发展苗木8000亩、特色果品1100亩、无公害蔬菜500亩，农民专业合作社36家，审批50亩以上家庭农场28个。在续建雁南飞生态文化旅游综合体项目基础上，重点抓了新天地高档老年疗养中心等3个项目的规划建设。完成造林绿化3840亩，实施了全长9.6公里的桃林河河道生态治理工程。

党委书记　林　飞

镇　　长　隋天宁

【皇华镇】 位于诸城市南部，面积192平方公里，辖14个社区，1.8万户，5.9万人，耕地面积6466.7公顷。2014年，全镇完成地区生产总值172.36亿元，比上年增长13.6%；地方财政收入2437万元，比上年增长21.2%；工业实现销售收入112.6亿元，利税10.5亿元，分别增长18.2%和25.8%；第三产业增加值达11.2亿元；农民人均纯收入10629元。

2014年，全年新招引过5000万元工业大项目6个，投产3个。完成浦兰农业观光园一期工程建设；新增过百亩苗木园区5个；新增家庭农场20家、农民专业合作社8家；完成造林2960亩，林木覆盖率达到46.6%。投资30万元，开展新一轮城镇总体规划和生态小镇详细规划修编工作，构建“一心二点一轴三片区”发展格局；改造提升4个社区服务中心；完成桃源居等聚合区建设；完成封家官庄、西小庄挂钩拆迁工作；建成镇图书馆、橡谷山庄文化项目；对镇驻地实施雨污分流；总投资4066万元的市南污水处理工程进入收尾阶段。推进“乡村教育示范区”建设，7所中小学完成标准化学校验收，投资500万元的柏戈庄标准化小学建成并交付使用，投资3000万元的郝戈庄标准化学校一期工程建设完成。

党委书记　王学斌

镇　　长　李　刚

【诸城经济开发区】 位于诸城市城区北部，面积56平方公里，辖6个社区，1.13万户，人口3.6万，耕地面积1493.3公顷。2014年，全区完成地区生产总值483.6亿元，比上年增长9.4%；地方财政收入5.49亿元，比上年增长18.9%；工业实现销售收入1545.8亿元，利税143.1亿元，分别增长12.5%和13.1%；第三产业增加值达139.1亿元；农民人均纯收入16975元。

2014年，工业投资进一步加大，兴福工贸、惠发营养速冻食品等21个重点建设项目完成固定资产投资23亿元；完成青特高端车桥、新瑞华机械节能灯自动包装机、艾泰克SCR全自动封装生产线等31项技改项目，共投入20多亿元。全年落实招商项目8个，合同投资额69亿元。加快推进驻地村居旧城改造建设，李家庄子片区完成招商，官庄片区建设进展顺利。多方筹集资金完成万解路修复、万兴路亮化和诸冯学校塑胶跑道建设。完成尚沟河治理和潍河生态湿地建设，成片造林1044亩，整治自备井35眼，测土配方施肥3万亩。

管委会主任　刘华坡

【高新技术产业园】 位于诸城市东部，面积40平方公里，辖6个社区，6023户，人口2.3万人，耕地面积2.6万亩。2014年，全园实现地方财政收入1314万元，比上年增长4.5%；工业实现销售收入26.5亿元，利税2.5亿元，分别增7%和5.8%；农民人均纯收入17336元。

2014年，确立“建设一个生态小镇、打造一个高端服务区、构筑两条文化隆起带、培育三大特色产业区”空间发展布局，园区产业发展、土地利用、基础设施、生态环保等专项规划基本完成。配套建设110千伏的两河变电站及配套工程，实施自来水、燃气、电力、通讯、雨污管网等全覆盖工程，园区形成“十通一平”的基础设施网络。加快推进汽车及零部件、智能装备制造、战略性新兴产业三大特色产业区建设。全年建成投产项目20多个，其中，福田雷沃高端农机具、TIP高新技术产业园、永全机械等项目实现当年开工当年投产。

党工委书记　刘金明

管委会主任　刘金明

**【南湖生态经济发展区】**　位于诸城市南部，面积62.5平方公里，辖9个社区，1.2万户，人口4.2万人，耕地面积2333.3公顷。2014年，全区完成地方财政收入4362万元，比上年增长2.2%；第三产业增加值达7.8亿元；农民人均纯收入16000元。

2014年，围绕新型城镇化目标，推进园区规划建设进程，完成园区概念性总体规划和扶河生态小镇、常山风景区规划。投资1500万元开展淇河、展村河、扶河生态综合治理，治理面积1500亩。完成造林面积2075亩，植树51.7万株；绿化面积26万平方米，道路绿化5600米。花园河污水泵站竣工，埋设压力管道1700米、重力管道650米。投资270万元，新修和硬化常山东大道等道路9.5公里。投资400万元改造提升常山风景区，新硬化、修建、修复道路3500米，整理防火隔离带、围栏18.5公里，建设停车场5处、广场1处。建成4个社区幸福养老院，占地19亩的南湖颐养中心养老项目启动。现代服务业不断壮大，全区共拆迁调整土地800亩，枫香湖畔楼宇项目进展顺利，孔戈庄居住片区9栋安置楼建成入住；常山文化旅游内涵不断丰富，景区共接待游客30多万人次；网上电子交易中心“中国东方苗木电子商务平台”投入试运营。生态农业发展迅速，流转土地2500亩，苗木花卉基地面积达到1.2万亩。规模以上工业企业实现销售收入129亿元、利税11.3亿元，分别增长9.2%和6.8%。

党工委书记　刘华坡

管委会主任　刘华坡

（孙燕华）

# 寿光市

**【国民经济和社会发展概况】**　寿光市辖9个镇、5个街道、1个生态经济区、975个行政村（居委会）。总面积2072平方公里，户籍人口106.7万人。2014年，全市完成地区生产总值7620亿元，同比增长9.4%；实现财政总收入107.2亿元，其中，公共财政预算收入79.2亿元，同比分别增长10.5%和12.0%；完成全社会固定资产投资498.3亿元，同比增长15.8%；农民人均纯收入1.6万元，同比增长11.5%。

突出转型升级，全力提升产业发展层次。以转方式、调结构为主线，积极适应新常态、新形势，全力构建产业发展集聚化、产业竞争力高端化的现代产业体系。新型工业化明显加速。重点调度的58个重点项目中17个投产运营，完成工业投入277亿元，规模以上工业企业实现主营业务收入1770亿元，万元产值能耗同比下降3.1%，高新技术产业产值占比达到39.46%。国华寿光电厂正式通过国家发改委核准，德大铁路全线贯通，寿光港9个泊位建成投用，寿北支撑能力显著增强。服务业实现跨越发展。积极推进服务业“五十百千”工程，红星美凯龙、全福元家居一期等项目建成投用，半岛建材物流城、晨鸣物流园等物流项目进展顺利，利用第三方电子商务平台的中小企业达到200多家，全市电子商务企业达320家。成功举办第十五届菜博会和第二届文博会，完成服务业投入194.2亿元。现代农业得到巩固提升。启动实施设施蔬菜沃土工程、根结线虫防治工程和绿色防控工程，新建菌禾生物等一批生态循环农业项目；国家蔬菜种业创新创业基地研发中心建设进展顺利，中国（寿光）设施蔬菜品种展成功举办；新增现代农业园区31个、家庭农场473个，全市“育繁推一体化”企业达到4家，种苗年繁育能力达14亿株。

突出改革创新，全面释放发展活力。围绕影响发展的突出矛盾和问题，注重改革创新，提高开放水平，不断激发经济社会发展活力。全面深化各项改革。基本完成城乡公交改革任务，扎实开展农村集体经济组织产权制度改革，成立农村产权交易服务中心，6个村改制为股份制公司，830个村完成土地承包经营权确权登记。积极推进政府机构改革，扎实做好事业单位分类工作，累计压缩行政事业编制358名。继续扩大对外开放。大力开展产业招商、节会招商、园区招商，设立“书记、镇长、局长项目”，新签约的38个项目中23个落地开工。加快发展外向型经济，新办自营进出口权企业60家，出口过亿美元的企业达到3家，新设立境外企业6家，完成进出口总额33亿美元、实际到账外资2亿美元。不断提升支撑能力。强化科技和人才支撑，出台了“桑梓人才计划”“科技镇长”选聘等人才政策，首批选聘科技镇长14名，新增国家“外专千人计划”专家2人，新增潍坊市级以上工程中心和技术中心15家，生物基材料产业化集群获国家发改委批复，成为全国三大生物基新材料产业集群之一。组建成立金融科技服务中心，康跃科技在创业板上市交易，映康牧业、同星化工分别在齐鲁和上海股权交易中心挂牌，全年累计从资本市场融资13.6亿元。加快推进土地集约节约利用，累计盘活闲置低效用地5000亩。

统筹推进城乡建设，全面提升新型城镇化水平。以人的城镇化为核心，加快推进公共投入、社会服务、民生保障“三个均等化”，着力提升城乡一体发展水平。城市发展品位显著提升。同步推进东城新区建设和旧城改造，组织实施银海路北伸等道路工程32项、农圣公园等绿化工程36项、东城雨污分流等排水工程9项，新建改造城区道路33.7公里、排水管道48.6公里、城市绿地面积480公顷，益羊铁路成功完成搬迁改线。启动全国文明城市创建，顺利通过国家卫生城市复审。镇村建设取得新成效。出台推动新型城镇化发展意见，加快镇村建设提升，完成小城镇建设投入30亿元，公共财政预算收入过亿元的镇街达到8个，羊口镇、侯镇进入全省“百镇建设示范镇”十强。新建农村社区12个，完成农村危房改造610户，双王城牛头镇村成为山东省首批传统村落。生态环境明显改善。扎实开展“三八六”环保专项行动，完成空气异味污染治理项目37个，淘汰黄标车15238辆。15个生态项目建成投用，洰淀湖景区成为国家级水利风景区和AAAA级旅游景区。全市空气优良天数比去年同期增加16天，我市成为“中国—以色列示范水城市”。

完善公共服务体系，努力保障和改善民生。坚持把保障和改善民生作为政府工作的出发点和落脚点，全力促进发展成果人人共享，全年财政用于民生领域的支出达到54亿元。优化公共服务。实施农村小学操场塑胶化、农村中小学冬季供暖改造提升等十大教育惠民工程，新建改建幼儿园21处，建设农村小学塑胶化操场9处，全面消除镇街学校煤炉取暖，我市高标准通过全国义务教育发展基本均衡市验收。加快推进中医院病房大楼、东城医院建设，为基层增加常用药品60种并实行零差率销售。新建村级标准化文体广场100处，为100个行政村配套体育健身设施，举办了首届群众文化艺术节，镇街综合性文化服务中心覆盖率达到65%，群众幸福指数逐步提升。提高保障能力。完成城乡居民医疗保险整合并轨，城乡居民养老保险基础养老金标准提高到每人每月75元，农村五保集中、分散供养标准分别提高到每人每年7000元和4000元，农村居民最低生活保障标准提高到每人每年3100元；开工建设公租房2077套、棚户区改造3890套，新建城区规模化养老机构5处、城市社区日间照料中心4处、农村幸福院27处；全市城镇新增就业11449人，寿光市成为全省创业先进城市和劳动关系和谐城市。加强社会治理。扎实开展“六打六治”打非治违、“严查、严整、严打”等专项整治行动和消防安全、涉氨企业、道路交通等专项安全隐患排查活动，强化消防体制机制建设，实现安全管理常态化长效化。深入开展矛盾纠纷排查和信访积案化解，组织实施打黑除恶、农村打霸治痞专项行动，治安形势明显好转。设立972名村级食品安全和农产品质量安全协管员，组建成立市检验检测中心，我市成为国家级首批县级食品安全检测资源整合试点单位。

加强政府自身建设，树立为民务实清廉的良好形象。坚持为民务实清廉主题，扎实开展党的群众路线教育实践活动，努力建设服务型政府。工作作风不断改进。认真贯彻市委决策，自觉接受市人大常委会的法律监督和市政协的民主监督，办理人大代表议案建议75件、政协委员提案129件，办复率均达到100%。开展了文风会风、办公用房、“三公”经费等专项整治活动，充分发挥专家咨询委员会作用，规范民主议事程序，对事关全市发展的重大事项全部集体研究，切实提高政府决策的民主化、科学化水平。行政效能明显提升。积极推进政务服务中心和公共资源交易中心建设，基本完成权力清单、服务清单和负面清单梳理工作，压减行政审批事项156项，压减比例达42%，累计办理各类行政审批服务事项2万件，按时办结率达到100%，我市被确定为省级行政审批规范化管理试点市。通过政府网站、“两微一端”、市长公开电话等平台，累计发布政府信息1.3万余条，公共呼叫服务中心受理事项1.5万件，切实维护了人民群众的切身利益。廉政建设深入推进。严格执行中央八项规定和上级党风廉政建设要求，推进政府信息公开，全面启动预算管理制度改革，镇街财政集中支付实现全覆盖。推进政府购买公共服务，实行户外广告资源等公共资源市场化配置，完成13个政府投资项目和24个经济责任项目审计，政府采购资金节支率达到15%。

**【寿光市获选全国唯一中国—以色列水技术示范城市】** 2014年11月24日，寿光市被以色列政府授予“中国—以色列示范水城市”，当天由山东省政府与以色列商务部联合举办的中国—以色列水技术研讨交流会举行，寿光市作为中以水技术示范项目获选城市应邀出席。以色列经济部长纳夫塔利·贝内特，以色列驻华大使马腾，山东省委常委、常务副省长孙伟，潍坊市市长刘曙光出席。2013年5月，李克强总理与以色列总理内塔尼亚胡就开展中以水资源利用试点城市合作达成共识。以色列在中国推荐的3个候选城市中择优选择一个作为试点城市，合作方式为：以方提供相关技术，中方试点城市负责落实项目资金，住建部与商务部给予相关鼓励政策。双方就城市用水管理、水处理技术、污废水回收和再利用、水质和水安全管理、漏损控制、远程水计量和测量等领域展开合作。

**【寿光市入选国家首批县级食品安全检测资源整合试点市】** 2014年11月30日，国家食品药品监督管理总局、国家发改委公布了全国首批30个县级食品安全检测资源整合试点名单，寿光市被纳入试点范围，成为全省3个试点城市之一，也是潍坊市唯一一个入选城市。另外两个试点是邹城、沂水。试点项目建设投资由中央和地方共同承担，中央投资采取定额补助的方式，该市将在2015年获得中央财政补助400万元，用于实验室改造、仪器设备购置和信息化建设。今年5月，该市整合部分检验检测资源组建了寿光市检验检测中心，实现了检测机构与原主管部门脱钩。目前，该中心能够开展农产品、食品、药品、化妆品、医疗器械等产（商）品的质量监督检验、评价性检验、委托检验、型式检验和司法鉴定检验等工作。

目前，该中心有检验仪器设备184台（套），总面积2800平方米，已有79个产品及135个产品的1722个参数通过实验室资质认定，涉及食品类、农副产品类、工业产品类、建材化工类，是全国县级市最先进的检测中心之一。

**【寿光市成功创建成为国家生态市本批次全省唯一入选城市】** 2014年6月5日，国家环保部对寿光市等37个地区创建国家生态市（县、区）情况进行了公示，该市被正式授予“国家生态市”称号，成为我省第4个获得“国家生态市”称号的城市，也是本批次中我省唯一入选的城市。近年来，该市累计投入60多亿元，先后实施了城镇污水处理一体化、环卫保洁一体化、农村环境综合整治、国土绿化及生态修复、生态农业等一系列生态工程建设，圣城、化龙等14个镇街创建成为国家环境优美乡镇。其中，投资12.05亿元重点对129个污染治理项目进行了集中整治，督促企业高标准建设污染防控设施。实施了默锐再生水利用、四大污水处理厂提标、晨鸣新力低氮燃烧改造等49项减排工程。组织了双王城生态经济园区和158个村开展省级生态乡镇、潍坊市级生态村创建工作，圣城街道张建桥等138个村被命名为市级生态村。下步，寿光市将以此为契机，积极推动建设美丽乡村等生态工程。严格执行刚性减排、高压执法、铁腕治污的环保总要求，从根本上彻底解决全市环境污染问题，争取利用5年左右时间，把寿光市创建成第一批国家生态文明建设示范市。

**【山东省首家国家级教育资源公共服务平台中心落户寿光】** 2014年6月10日，中央电教馆发文同意寿光市建设“国家教育资源公共服务平台寿光中心”，这是省内首家国家级教育资源公共服务平台。中央电教馆将在平台建设、技术服务、资源配套等方面给与支持，并将该中心纳入全国教育资源服务体系。该平台重点建设“云中心、云互联、云设施、云平台”，搭建教育信息化生态环境；加快“云课程、微课程、优课程”数字化教育资源建设，共建共享优质教育资源；推进教育管理公共服务平台建设，实施“云办公、云督导、云检测”，推进教育管理信息化；搭建“云教研、互动教研、协作教研”平台，创新区域网络协作教研新模式；试行教学内容+移动终端+智能平台的整体模式，开设“E课本、V课堂、M讲堂、Z教室”，创新课堂教学新模式；搭建学习空间人人通平台，实施“一对一辅导、协作式探究、自助式测评”，创新个性化学习新模式；搭建“教育在线、掌上教育、科教在线”等6大平台，创新教育公共服务新模式。试验成功后将成功经验逐步在全市乃至全国推广普及，打造智慧教育示范区。

**【寿光市获“联合国人居环境奖”成为我国江北第一个获此殊荣的县级城市】** 2014年4月11日，在哥伦比亚第七届世界城市论坛的颁奖仪式上，联合国人居环境奖花落寿光，该市成为2013年我国唯一获奖单位，也成为继江苏昆山市、张家港市、浙江安吉县后全国第4个、江北第一个获此殊荣的县级城市。该市围绕“改善城乡交通优化人居环境的实践”进行申报，主要做法：一是完善交通基础设施。按照“统筹规划、分步实施、集中财力、建设精品”的原则，加快实施城区老路改造和新路建设。目前，该市人均城市道路面积30.2平方米，是全国平均水平的2.2倍，全市15处镇街区全部用二级以上公路连接。集中实施村村通柏油路和农村公路网化工程，对975个村的村内道路全部进行改造。目前，全市公路密度达155.2公里/百平方公里，是全国平均水平的3.5倍。二是优化公共交通服务。按照构建“城乡一体化交通”的理念，将全市所有镇村全部纳入城乡公交范围，将通往乡村的长途和短途客运纳入城乡公共交通系统，全面构建全市范围内的“半小时公交圈”。目前，已投资5100多万元，对城区到部分乡镇的90部农村客运班线车辆进行收购，新上新能源公交车37辆，率先在山东省开通了城乡公交，试点了镇村公交。三是倡导绿色低碳交通。因地制宜对镇村道路进行绿化，镇村绿化覆盖率达到35%。按照“一次规划、分步实施”的思路和“中心城市1000米一个服务站点”的建设标准，建设城市公共自行车服务系统，目前已投用100个服务站点和3000辆公共自行车，有效解决了“最后一公里”末端交通问题。四是规范道路交通管理。加强“智能交通”建设，先后建成了交通物流公共信息平台，架设了寿光物流网，建设了重点客货运车辆GPS指挥调度系统和自行车智能管理系统。将电子警察、卡口的152个视频监控及80套高清云台与4000套城乡视频监控进行整合，对全市道路交通状况实时监控，形成了覆盖城乡的视频监控网。

**【稻田镇】** 位于寿光市东部，面积136平方公里，辖112个行政村，2.6万户，人口9.5万，耕地面积9533.3公顷。2014年，全镇完成地区生产总值33亿元，比上年增长7.8%；地方财政收入7356万元，比上年增长28.4%；工业实现销售收入16.9亿元，利税1.7亿元，分别增长4.3%和3.8%。

工业实力稳步增强。在寿北新落地美康惠科技项目等投资过亿元项目2个，慧通塑业等5个续建项目已陆续投产；在镇区新上了圣丰灯用晶体材料项目等投资过5000万元的工业项目6个，利丰公司、亚星食品引进的日本、台湾自动生产流水线已完成设备安装。

农业优势不断放大。共流转土地1.6万亩，新建农业园区20个，家庭农场56个，成立农民专业合作社26家，注册成立了西菜园村、崔西村2家资金互助合作社；维多利白灵菇工厂化加工、燎原公司冷链配送中心、田马电子交易市场等项目已投入试运营；成立了全市首家蔬菜出口协会，引导发展蔬菜出口贸易，年内对俄贸易额达10亿元。

城镇化步伐不断加快。南河崖社

区/常乐营迁村并点顺利完成搬迁入住，崔西社区9栋公寓楼已完成主体建设；引进了集购物、休闲、娱乐于一体的全福元商业综合体项目，改造镇区供水管网1.2万米、镇区道路3000米，安装路灯、射灯100盏，更换镇区护栏1800米。

民生保障更加有力。全镇村“两委”平稳换届；结合党的群众路线教育实践活动，新修、改造乡村道路15公里，新建小学、幼儿园3处；小型农田水利工程、潍日高速拆迁、桂河治理等工作顺利完工；新落实6万亩基本农田整理项目已完成规划设计。

党委书记　李增国

镇　　长　张　帅

**【古城街道】** 古城街道位于寿光市区北郊，与寿光经济开发区“区街合一”建制，总面积85.8平方公里，辖61个行政村，1.5万户、5.6万口人，耕地面积5133.3公顷。2014年，全街道完成地区生产总值52.4亿元，比上年增长7.4%；地方财政收入3.67亿元，比上年增长13.2%；全年工业实现产值26.6亿元、利税5.4亿元；第三产业增加值达19.1亿元，比上年增长13.7%；农民人均纯收入16500元，较上年同期增长11%。

坚持逆势复苏提升发展质量。立足做大做强经济开发区板块，面对工业经济的较大下行压力，加快联盟、巨能等企业的退城进园和康跃、光耀等企业的“腾笼换鸟”，新上了联盟LNG汽车用瓶、康诺精工、永力智能塔机、联盟乙撑胺、中鸿机械农用车配件等9个投资过2亿元项目。2014年完成战略性固定资产投资34.3亿元、招商引资9.72亿元。经济开发区自2004年以来在潍坊市省级开发区综合考核中连续实现“十一连冠”。

加大城镇提升做优发展载体。投资5.9亿元完成了北环路、安顺街、兴业路、安阳街4条、总长14公里道路的拓宽改造，建成了特钢职工活动中心和光耀职工公寓，规划建设了占地470亩、投资8亿元的安顺物流园，促进了现代物流业的迅猛发展。

持续改善民生共享发展成果。先后投入8.8亿元，建成了怡馨苑、怡锦苑、弥清苑3个共60万平米的大型农村社区，基本完成了范沟、周家等7个村、1480口旧房的拆迁任务，新建设了1.4万平米的跃龙社区；连续投资1.24亿元建成了古城初中、北洛小学、弥景苑幼儿园等“三校五园”；投资3000万元建成了古城文体中心；投资900万元完成了总长9.6公里的镇村道路网化工程，百姓生活品质在持续投入中不断提升。

党工委书记　袁恩庶

办事处主任　任光学

**【侯镇】** 侯镇位于寿光市东北部，面积218平方公里，辖86个行政村、1个居委会，33428户，人口10.5万，耕地面积8660公顷。2014年，全镇完成地区生产总值70.9亿元，比上年增长7.1%，地方财政收入6.2亿元，比上年增长19%；工业实现销售收入366亿元，利税18亿元，分别增长15%和20%；第三产业增加值达21.6917亿元；农民人均纯收入16090元。

先后获“全国重点镇”“全国环境优美乡镇”“中国产业集群经济示范镇”“中国县域产业集群竞争力100强”“省级中心镇”“山东省历史文化名镇”“省级文明镇”“山东盐化工产业第一镇”“山东省小城镇建设示范镇”“省级旅游强镇”等多项称号，在全省200个“百镇建设示范行动示范镇”考核中名列第7位。

工业经济提质增效，以打造“千亿级工业基地”为目标，以鲁丽工业园、侯镇海洋化工园、寿光（滨海）产业园三大工业园区为主阵地，全年完成工业投入65亿元，招商引资到位资金14亿元，新开工过2亿元项目10个，续建过亿元项目30个，项目总投资达280亿元。城市建设日新月异，按照建设“现代化特色小城市”的目标定位，加大镇区改造和开发力度。全镇新建续建城建项目9个，新开工多层公寓楼15栋、高层建筑6栋，新增建筑面积15万平方米，目前，镇区已建成和在建高层接近30栋，一座现代化小城市初具雏形。农业优势逐步提升，坚持走特色化发展道路，新开工了黄疃蔬菜产业园、河沟大棚葡萄示范园。新成立了瑞玉粮食家庭农场等家庭农场7家，农民专业合作社92家，注册了“侯镇”牌酱菜、“侯镇”牌葡萄、“斜庙子”苹果、“草碾子”草编等农产品商标，品牌带动持续增强，经济效益不断提高。社会事业全面发展，坚持以人为本、执政为民，进一步加大民生投入，公共服务水平不断提高。教育上，投资6000万元建设了镇实验小学、挑沟小学2处标准化小学。卫生上，投资50多万元新修改造村级卫生室6处，增补百姓常用药品近60种。生态上，投资1800多万元完成成片造林1760亩，植树85万株。文化上，举办了“锦绣华城杯”侯镇群众才艺大比拼选拔赛、“双乐杯”侯镇第五届文化艺术节、“双乐杯”侯镇广场舞大赛等活动，采取“以奖代补”的方式，补贴村级活动场所11处，文化小广场12处。

党委书记　卜庆华

镇　　长　苗光盛

**【化龙镇】** 位于寿光市西部，面积75平方公里，辖53个行政村，14709户，人口5.3万，耕地8.5万亩。2014年，全镇完成地区生产总值27亿元，比上年增长7.82%；地方财政收入4203万元，比上年增长16.8%；工业实现销售收入71亿元，利税86623万元，分别增长25%和20%；第三产业增加值达8.89亿元。

化龙镇是“中国胡萝卜第一镇”“国家级胡萝卜标准化生产示范区”“全国农产品加工创业基地”，全镇胡萝卜种植面积4万亩，有加工企业46家，年加工胡萝卜80万吨，产品80%出口到日本、韩国、俄罗斯、东南亚等国家和地区。近年来沿羊青路、寿济路流转土地20000多亩，引进落地了30

家以种苗繁育、蔬菜种植为主的农业园区，年繁育种苗6.5亿株，占到寿光市一半以上，全镇形成了东部以羊青路为中心的种子研发、种苗培育产业带，中部以南洋路为中心的家具制销产业带，西部以辛裴路为核心的胡萝卜特色加工产业带，南部以寿济路为核心的物流集散产业带。

党委书记　桑海强

镇　　长　李　栋

【纪台镇】　位于寿光南部，西临弥河，南与昌乐、青州两县市搭界，总面积90平方公里，辖72个行政村，人口5.4万，耕地面积4933.3公顷。2014年完成地区生产总值23.4亿元，同比增长8.3%；地方财政收入3132万元，同比增长19.1%；第三产业增加值91308万元。

纪台镇人文历史悠久，文化底蕴深厚，是周朝纪国故都，境内既有古纪国点将台、古城墙等遗址，又有西汉时期东方朔祠、清初著名学者安致远才子碑、晚读堂等历史文化古迹。境内弥河及寿尧路纵贯南北，青银高速横贯东西，距寿光、青州、昌乐车程均在半小时之内，距潍坊、淄博、东营一小时车程，交通便利，生态优美。

纪台镇农业优势明显，是寿光大棚蔬菜主产区。全镇冬暖式大棚、拱棚等近3万个，种植面积5万余亩，以种植茄子、辣椒为主，注册有“纪都”蔬菜商标。全镇已建成标准化农业园区21个，育苗基地23个。镇区沿弥河拥有特色“万亩黄桃基地”，盛产的黄桃口味纯正，绿色无公害，适宜制作罐头、果脯等食品，近年来，纪台镇以其优美环境和特色产业吸引了众多客商、游客纷至沓来，有力促进了镇域经济又好又快发展。

党委书记　庞清滨

镇　　长　刘玉玲

【洛城街道】　位于寿光市东城新区，总面积136平方公里，辖118个村民委员会，3万户，11.6万人，耕地面积8266.7公顷。2014年完成地区生产总值82.81亿元，比上年增长7.1%；地方财政收入35386万元，比上年增长13.9%；工业实现销售收入230亿元，利税25亿元，分别增长3.6%和2.8%，第三产业增加值达308868万元；农民人均纯收入达到16000元。

洛城街道地域优势明显，交通网络发达。省道潍高路、寿济路横穿东西，羊田路、昌大路纵贯南北，永乐路、尧河路、金光街等“六横五纵”道路框架拓展了城市空间。西部规划建设了以总部经济、会展中心为主的商务新区；中部规划建设了以汽车配件、高新产业为主的高端工业产业集群；东部规划建设了以高端蔬菜种植、畜牧养殖园区为主的现代农业聚集区。街道先后被评为省级文明单位、省级卫生镇、省级旅游强镇、潍坊市十佳魅力城镇。

党工委书记　马焕军

办事处主任　王立新

【上口镇】　位于寿光市中部，面积80.6平方公里，辖65个行政村，20452户，人口6.8万人，耕地面积5266.7公顷。2014年，全镇完成地区生产总值27.95亿元，比上年增长6.04%；地方财政收入9281万元，比上年增长36.5%；工业实现销售收入745348万元，利税26018万元；第三产业增加值达8.7亿元；农民人均纯收入16500元。

转方式、调结构、提效益，财政收入创新高。一是扶持支柱产业跨越发展。墨龙、东宝、六丰等石油机械龙头企业，面对经济形势下滑的不利影响，通过抓投入、搞技改、促转型，保证了企业平稳发展。其中，墨龙集团去年实现利税2.3亿元，同比增长72.9%，再创历史新高。二是引进物流企业调控发展。大力发展三产物流业，六丰、雅美等企业依托电子商务平台，提高了产品营销能力。同时，引进落户了墨龙仓储物流、福惠商贸综合体、方瑞物流、晨兴物流、东星物流等物流企业，去年税收贡献达1600多万。三是引导小微企业内涵发展。扶持鑫德、汇丰、汇利、恒泰圣剑、孚盛纺织机械、金果窗饰、雅美窗饰等四大支柱产业企业向高档印刷、高品质、高科技含量转型，提高了生产效益。先后组织26家窗帘窗饰企业赴浙江柯桥、上海、广东、淄博等地招商，引进木百叶、铝百叶、竹帘、柔纱帘、蜂巢帘等新产品30多项，提高了产品竞争力。

打基础、做实攻、惠民生，群众满意度大提升。2014年，结合群众需求，扎实做好各项基础性工作，本着功成不必在我的原则，下真力、做实功，赢得了群众认可，全年群众满意度调查满意率达到95.29%，列全市第二名，比2013年提高了1.91个百分点，加上上年增幅，总分名列第一名。一是实施了道路整修、生态环保、文化文明、教育资源整合、农村电网改造、医疗提升、计划生育七大惠民工程。投资1787万元实施了南楼片6个村的连片治理工程，收缴计划生育社会抚养费1016.69万元，结案率为77.95%，名列全市第三名。二是狠抓了安全维稳。2014年，群众对社会治安的满意率达到96.34%，比2013年提高了1.8个百分点。全年未发生一起大的群体性上访事件，上访起数比2013年下降了36.6%。

抓创新、促流转、建园区，五种模式促增收。创新实施了“村户联合经营、集体托管经营、有偿托管经营、大户承包经营、社民联合经营”等五种土地经营模式，实现了合作社发展、村集体经济壮大和村民致富“三方共赢”，村集体经济总收入实现了翻番；2014年，新流转土地5377亩，新建、续建永泰农业二期、建波农场等农业园区15处，为潍坊市三秋生产暨粮食全程社会化服务示范区建设会议提供了现场。积极推进土地承包经营权确权登记颁证工作，完成土地确权面积6.57万亩，省委常委、副省长孙伟专题到上口调研时，给予充分肯定。

引项目、招人才、强支撑，后续发展增后劲。在寿北，续建了懋隆公司铸造厂整体搬迁技改、芳纶新材料2个过亿元项目，其中，羊口工业园总投资11.2亿元的懋隆公司铸造厂整体搬迁技改项目，投资已近9亿元，设备安装中；新引进了冀东新型建材、墨龙仓储物流2个过亿元项目，其中，冀东新型建材总投资8亿元，包括粉煤灰深加工、粉煤灰自保温外墙板、水泥粉磨站等3个过2亿元项目。在镇区，引进落地了恒源铝合金门窗、光伏太阳能等项目。

党委书记　孙荣新

镇　　长　张天华

**【圣城街道】** 地处寿光市城区，面积65平方公里，辖13个城市社区、70个行政村，106028户，总人口26万人。2014年，全街道完成地区生产总值154亿元，比上年增长10%；实现地方财政收入5.6亿元，招商引资到位资金14.65亿元。

针对处在寿光市“中心城区板块”核心位置的实际，圣城街道坚持集约高效、内涵发展。在提品质、促发展上，红星美凯龙家居广场等7个项目先后营业，商业面积达45万平方米，商铺招商成功率达95%以上，历史文化中心等12个市级重点项目顺利推进，电子产业园、乐尚中心等12个项目先后开工建设，高家、仁和等旧村改造项目稳妥推进；在抓基础、练内功上，顺利稳妥地开展了农村“两委”换届工作，换届成功率达100%，开展安全生产隐患排查整改，排查各类生产经营单位8560家，关停取缔企业158家、停产整改76家、限期整改7995家，清查食品药品生产经营业户3758户，动员各村按季节进行了4次环境卫生综合整治，高标准完成国家卫生城复迎查工作；在精管理、强服务上，推进社区实体化建设，将70个农村划归为8个城市社区代管，6个站所30项公共服务下放到城市社区，探索实施“三步”为民服务法，办理实事489件，组建业主委员会21个，组织、承办周末文化大舞台、首届广场舞、群众文化艺术节等大型文艺汇演22场。

党工委书记　燕黎明

办事处主任　张其振

**【双王城生态经济区】** 位于寿光市西北部，面积193平方公里，辖14个行政村，9200户，人口2.6万，耕地面积18万亩。2014年，全区完成地区生产总值5.0628亿元，比上年增长9.47%；地方财政收入5048.3万元，比2013年增长330.3%；第三产业增加值达27015万元；农民人均纯收入14000元。自成立以来，新区始终按照“生态、旅游、文化”的发展理念，坚持生态引领，在生态开发建设上注重以创新促品质提升，以文化促品牌打造，“一年扎框架、两年见成效、三年大变样”的任务目标基本实现。

洰淀湖风景区成功创建成为国家级水利风景区、国家AAAA级景区和全国休闲渔业示范基地，累计接待游客超过40万人次。始终将项目建设作为推动新区发展的主攻点，15个生态文化项目建成投用，引进了动物园、游乐场等游乐项目和潍坊景世乾太阳能光伏等新能源项目。大力发展交通运输物流产业，实现税收新突破。结合新区地域特点，着力推广了郭井子西瓜、南木桥无土栽培西红柿、洰淀湖稻米、红缨子高粱、牛头小菠菜、双王城莲藕等多种盐碱地优质农产品，新区自然农业品牌雏形初现，趟出了一条促进农民增收的新路子。

党工委书记　王桂芝

管委会主任　韩效启

**【孙家集街道】** 位于寿光市西南部，北邻市区，东邻弥河，南接青州，交通便利。总面积78平方公里，辖78个行政村，15083户，5.9万人，耕地面积5466.7公顷。2014年，全街道实现地方财政收入7028万元，同比增长46.7%，固定资产投入23亿元，同比增长8.6%。

街道经济特色显著，发展迅速。现代农业发展优势明显：新发展家庭农场50多家，联合合作社8家；农村土地承包经营权确权发证和农村产权制度改革全面完成，现代农业的管理机制不断创新，档次不断提升，农业品牌更加突出，王乐义同志喜获省长质量奖。工业发展势头良好：以蔬菜、食品加工、节能设备、电器制造、大棚卷帘机及保温被生产等产业为主导的企业90余家，形成较为完整的工业体系。三产服务业逐步走强：餐饮商贸业发展至89家，4家物流企业合理布局，铁路货运蓄势待发，形成一、二、三产业齐头并进的良好格局。文化旅游资源丰富：弥河生态湿地公园已形成规模，“宋台神釜”、边线王古文化遗址孕育千年文明，静山和承云千年的银杏树见证孙集辉煌巨变，陈少敏纪念馆及故居、三元朱村AAAA级旅游景区、青少年德育宫传承红色革命精神，戴威、德旭等农业采摘旅游项目初见效益。民生事业和谐发展：天然气村村通工程已启动一期工程，孙集、胡营两个大型综合超市已建成投用，滨河大道南段、一号路建成通车，铁路林带绿化、滨河大道绿化、呙宋台樱花基地等生态项目全面落实。街头游园建设扮靓形象，群众的就医、上学、交通条件以及居住环境有了较大改善。

党工委书记　王　帅

办事处主任　李伟东

**【台头镇】** 位于寿光市西北部，面积100平方公里，辖41个行政村，1.3万户，人口5.3万，耕地面积6586.7公顷。2014年，全镇完成地区生产总值32亿元，同比增长5.9%；实现地方财政收入10785万元，同比增长24.9%；工业实现销售收入145亿元，利税10亿元，分别增长4.6%和5.4%，第三产业增加值达6.5亿元；农民人均纯收入16065元。

台头镇境内凤凰台有“凤凰一栖成台”的优美传说，山东省第一个农村党支部诞生于此，张玉山故居是寿光市革命传统教育基地。

台头镇有规模以上工业企业52家，形成了防水材料、橡胶轮胎两大特色产业。其中，防水材料年产5亿平方米，产销量占国内市场份额的三分之一以上，是全国最大的新型防水材料生产基地和长纤聚酯胎生产基地。橡胶轮胎年产3000多万套，全钢载重子午轮胎年产400万套，是潍坊市最大的全钢载重子午轮胎生产基地。截止2014年年底，创成国家级高新技术企业2家、省级7家，争创中国驰名商标5个，著名商标、名牌产品46个，先后获“防水卷材全国质量提升示范项目”“防水产业全国知名品牌创建示范区”“国家火炬计划特色产业”等称号。

党委书记　吴振山

镇　　长　张成俊

**【田柳镇】** 位于寿光市中北部，面积108平方公里，辖68个行政村，1.8万户，人口6.8万，耕地面积6866.7公顷。2014年，全镇完成地方财政收入6500万元，比上年增长13%；工业企业主营业务收入57亿元，比上年增长5%，利税6.2亿元，比上年增长2.5%，农民人均纯收入16065元。

田柳镇依托浓厚的文化底蕴和丰富的文化资源，扎实开展“乡村记忆工程”，全力争创山东省历史文化名镇，深挖资源、培育项目、加大投入，唱响“历史、红色、民俗”三个文化品牌。围绕王高塔恢复重建，谋划打造以王高塔为中心，以素食文化、养生文化、佛教文化为主题的文化产业隆起带，深挖王高古塔的历史底蕴，出版了《王高塔文集》《王高塔文化辑要》和电视剧本《禅院深深》；抓好红色革命建筑的保护和修缮，投资400万元建设植庭新型职业农民学校暨纪念馆，竖立红色文化地标，搜集李植庭、王云生等人士的先进事迹，撰写《李植庭传略》和《王云生传》，扩大红色文化影响力；加强非物质文化遗产保护力度，对王高虎头鸡、东头萝艺、王高正骨膏药等非物质文化遗产名录项目进行保护性开发，通过宣传引导传承人收徒、传艺和鼓励非物质文化遗产通过创新和开发进入市场，促进非物质文化遗产的活态保护。

党委书记　崔　欣

镇　　长　苗光彬

**【文家街道】** 位于寿光市城区西部，面积69平方公里，辖56个行政村，14100户，人口5.4万，耕地面积3000公顷。2013年以来，文家街道面对发展的新常态、形势的新变化，紧紧围绕市委、市政府“建设品质寿光”的工作部署，坚持以抓发展、促转调、惠民生为工作主线，立足实际，积极作为，各项工作取得了一定成效，经济社会实现了较快发展。2014年，全街道完成地区生产总值36亿元，比上年增长9.1%；地方财政收入1.4亿元；工业实现销售收入270000万元，利税24043万元；第三产业增加值212903万元。

突出产业优势，打造电商物流集群。将电商模式植入物流产业发展，以落户文家街道的寿光CED电商聚集区为中心，打造辐射文家、桑家、大尧、小尧等村的电商产业经济圈；积极参与阿里巴巴集团“千县万村”计划，扩大农村淘宝站点覆盖面，将文家打造成全市首个淘宝镇。

突出转型升级，打造新型工业重地。积极配合晨鸣集团大项目启动，加快推进玉马窗饰等4个高新技术项目建设，全面实施“腾笼换鸟”、企业转型，力争全年完成工业投入13亿元，招商引资8亿元。

突出高质高端，打造高端农业品牌。实施生产规模化、产业高端化、特色品牌化、产品标准化、营销电商化的农业“五化”战略，全面提升现代农业发展水平，实现农业增效、农村发展、农民增收。

党工委书记　王宏伟

办事处主任　步宪群

**【羊口镇】** 位于寿光市北部，面积351平方公里，辖22个行政村、6个居委会，18842户，人口6.5万人，耕地面积6813.3公顷。2014年，全镇完成地区生产总值60.6亿元，比上年增长6.94%；地方财政收入7.2亿元，比上年增长20.1%；工业实现销售收入288.4亿元，利税18.9亿元，分别增长28.2%和7.9%；第三产业增加值达12.4亿元；农民人均纯收入18697元。

2013年，羊口园区落户过亿元新型工业项目23个，过亿元物流项目8个，招商引资实际投资额达到16.7亿元；国华电厂、兰典生物科技、山橡防水等项目建设快速推进，寿光港1～13号泊位全部建成；福麦斯年产1200万套半钢子午胎、鲁清40万吨/年石脑油改质等18个项目新投产。

依托国华电厂、寿光港，大力实施了直供电、直供汽、万吨港等“7+1”工程，实现了路、水、电、热、港口、天然气、通讯的配套全覆盖，依靠完善的基础设施配套和优质的投资环境吸引大项目落户；投资2000万元实施了弥河灌区水利修复工程，彻底解决了农业生产用水问题；对全镇9家鱼粉厂全部进行了关停，对莱央子医药化工厂进行了拆迁，提高了生态环保质量；建成投用了寿光人民医院羊口分院、寿光一中羊口校区、全福元超市，城市配套机构日趋完善；新开通了羊田路和羊临路两路羊口到寿光的公交直通车，新上300辆公共自行车，完善了公共交通体系。

2015年，羊口镇将继续以加快发展为主线，坚定不移地瞄准“全市新型工业发展主战场”的定位，坚持内涵发展，力求全面提升，全力打造创新羊口、实干羊口、自信羊口、精致羊口，争当品质寿光建设的排头兵，力争全年实现规模以上工业总产值300亿元，地方财政收入8.5亿元，确保安全生产、生态环保等指标刚性完成，保持社会持续和谐稳定，全力打造“经济发达、生态文明、群众满意”的新羊口，力争进入“百镇建设示范行动”全省三强。

党委书记　吴广兴

镇　　长　孙向前

**【营里镇】** 位于寿光市中北部，面积303平方公里，辖50个行政村，16972户，人口5.6万，耕地面积6666.7公顷。2014年，全镇完成地区生产总值20.9亿元，比上年增长7.85%；地方财政收入13100万元，比上年增长15.6%；工业实现销售收入27.1亿元，利税2.48亿元，分别增长1.2%和3.6%；第三产业增加值达92253万元；农民人均纯收入16060元。

营里区位优势明显。东邻滨海经济开发区，北接羊口新港，省道新海路、南大路横贯东西，羊临路、羊田路纵贯南北，荣乌高速、黄大铁路穿境而过，镇域内村村通柏油路，是寿北地区重要的交通枢纽，是“国家级生态乡镇”、“省级环境优美乡镇”和“省级文明镇”。

营里资源丰富。拥有滩涂5万亩，海岸线11.6公里，宜盐面积30万公亩，年产原盐100多万吨，溴素1万多吨，是国内重要的原盐及盐化工生产基地。

营里工业、服务业经济发达。形成了现代物流、新型能源、海洋化工、盐化工、畜禽产品养殖深加工为主导的新型工业、服务业体系，限额以上企业24家。城镇建设日新月异。高标准规划建设了福海佳苑社区、金海花园、中心片区、教育片区等重点片区，建设了道口商贸街、水产品综合市场、全福元商场、怡圆广场、农贸市场、城镇污水处理厂等城镇重点工程，形成了营里镇区和道口镇区两翼齐飞的镇域发展新格局。农业产业化体系完善。建成现代化大型养殖基地42处，畜禽年出栏量突破2200万只；新增6000亩贝类放流基地和4处工厂化水产养殖园区，海水养殖区面积达2.5万亩以上，形成了畜牧养殖、水产养殖、苗木种植、优质菜果和食用菌四类园区齐头并进的现代农业新格局。创建了“寿光麻蚬”“寿光文蛤”“老河口白蛤”3个国家地理标志产品。

党委书记　范福民

镇　　长　王庆忠

（李　鹏）

## 安丘市

**【国民经济和社会发展概况】** 安丘市市境总面积1783平方公里，辖14个镇街区，866个村。2014年年末全市户籍总人口95万人。2014年，全市完成地区生产总值270.5亿元，同比增长9.5%；固定资产投资235亿元，增长16%；公共财政预算收入16.56亿元，增长20.4%；规模以上工业实现主营业务收入445.8亿元，增长9.5%；社会消费品零售总额136.4亿元，增长12.9%；城乡居民储蓄余额230.77亿元，比年初增加36.42亿元；城镇居民人均可支配收入26100元，增长10.5%；农民人均纯收入13575元，增长11.9%。全市公共财政预算收入过千万元的镇街区达到10个，比上年增加3个。

产业结构不断优化。积极构建现代产业体系，大力推进产业转型升级，三次产业比重由上年的18.5：45.6：35.9调整为17.8：44.6：37.6。实施投资过千万元的工业项目131个，完成投资110亿元，其中，歌尔精密制造一期、大安山风电等58个过亿元的项目建成投产。出台了《关于加强工业园区基础设施建设的意见》，高新技术产业园、先进制造产业园、中小企业创业园等园区设施配套更加完善；金安、昌安2个科技型小微企业孵化产业园起步区全部建成，已有索奇新能源汽车锂电池等5个项目入园；安丘（滨海）特色产业园、青龙湖高新产业园、圣普闪联智慧产业园、国能光电产业园等特色园区建设进展顺利。景芝酒业获“全国质量奖”，“汶瑞”商标被认定为中国驰名商标，新认定省著名商标3件，奥宝化工、汇川电子获安丘市市长质量奖。制定了《安丘市初级农产品质量安全监管工作实施办法》，在凌河镇开展了食用农产品市场准入试点，农产品质量安全监管机制更加健全，我市被确定为国家级出口食品农产品质量安全示范区、中韩共建国际食品农产品质量安全示范区。新建扩建标准化种植园区17处、养殖园区14处，新认证“三品一标”农产品37个，新发展农民专业合作社示范社25家、家庭农场376家。积极实施小型农田水利重点县建设、国家千亿斤粮食产能田间工程、农业综合开发和高标准农田改造，受益农田21.37万亩。安丘市被确定为全省生态农业示范县，石埠子镇被评为全省“一村一品”示范镇。颐高电子商务产业园、金融中心、留山古火山国家森林公园等一批重点服务业项目顺利推进，电子商务、乡村旅游、健康养老、金融服务等现代服务业加快发展。全市限额以上服务业企业发展到288家。电商企业、网店发展到500多家，完成网上销售额12亿元；由颐高电子商务产业园承办的“淘宝网·特色中国·潍坊馆”和“淘宝大学”投入运营。设立了市金融服务中心和“金融超市”，新引进设立金融机构3家；全市金融机构新增贷款余额33.4亿元，完成表外业务36.7亿元，新增异地银行贷款20.35亿元。新建商品房销售面积107.1万平方米，二手房成交面积21.8万平方米。建成农家乐示范村3个，辉渠镇被评为“2014好客山东最美乡镇”，辉渠梯田入选“中国美丽田园”十大梯田景观，柘山镇、辉渠百泉旅游区分别被评为全省生态旅游示范镇和生态旅游示范区，齐鲁酒地文化创意产业园被评为国家AAAA级旅游景区。

城乡建设水平稳步提升。完成了城市总体规划修编，开展了生态水系和绿地系统规划修编。市政道路建设、城市增绿、公共设施配套、片区改造、城市管理提升“五大工程”顺利实施，建成东外环、南外环、西外环向南取直、创智大道等重点城市道路51公里、自行车绿道14.9公里；开展了以汶河下游湿地、青龙湖、墨溪河、环城河等景观改造工程为主的“增绿提质”行动，新增绿地面积201.3万平方米；铺设改造雨污、供水、供热、燃气等城市管网204.4公里，新安装路灯1216杆，建成绿地公厕5座；完成旧村改造、道路清障、项目建设搬迁3630户，腾出土地9674亩，青云山西片区、五里片区等搬迁改造顺利推进；城市管理“十大提升、百项任务”行动取得明显成效，“潍V”公共服务平台和数字化城管系统建成投入运行。完成了下小路四海官庄至西纪庄段大修改造工程，改造升级县乡公路8条、50.6公里，全面完成了552.3公里的村级公路网化示范县项目。建成220千伏宏图变电站扩建工程，改造农村低压电网172.6公里。景芝镇、凌河镇被评为全国重点镇。规划建设新型农村社区33个，目前共建成安置楼266栋，搬迁入住6115户。完成农村危旧房改造600户。“乡村连片治理”试点工作成绩突出，城乡环卫一体化实现村居专业化托管全覆盖，7个村被评为省级乡村文明家园示范村。

生态文明建设成效显著。深入推进“三八六”环保行动，关停取缔“土小”企业68家，整治违法排污企业17家，建成减排项目22个，更新淘汰燃煤锅炉52台，对100个加油站全部安装了油气回收装置，淘汰黄标车13350台，5家企业完成燃煤锅炉脱硫、脱硝、除尘设施治理，城区5家规模以上餐饮单位全部安装高效油烟净化设施。市污水处理厂改扩建工程顺利通过省环保厅验收；铺设镇区及凌河镇区至城区污水管网58.1公里，建成镇区污水处理设施9个。实施了4个企业循环经济项目，7家企业通过清洁生产审核认定，全市万元GDP能耗和原煤消耗总量实现较大幅度下降。完成了汶河上游河道修复、卧龙闸除险加固、小汶河截污治理、洪沟河治理、浯河人工生态湿地建设等水生态治理工程。实施了全国第二批水土保持监督管理能力建设县项目，治理水土流失面积12.5平方公里。完成成片造林3.5万亩，植树1500万株，建成潍坊市级绿化模范村73个。兴安、凌河、大盛、柘山等4个镇街被评为国家级生态镇，石埠子镇被评为全省绿化模范镇。扎实做好森林防火工作，被评为全省森林防火能力建设达标示范县。

民生社会事业全面发展。认真落实15件惠民实事，群众满意度调查列潍坊市12个县市区第4位。加快推进省级文明城市创建工作，顺利通过省级文明城市创建工作先进市验收。完成了新安学校等6处城区义务教育学校建设任务，新建和改扩建普惠性标准化幼儿园18处；实施农村中小学校舍标准化工程项目56个、10万平方米；为48所农村小学每校引进了1名音体美教师；设立了金星奖教奖学基金；顺利通过了全国义务教育发展基本均衡县验收。反映安丘人民抗战历史的红色电影《安丘儿女》在中央电视台播出；安丘电视台全面升级改版，组织开展了“唱响安丘第三季”文艺活动。齐鲁非物质文化遗产博览园和博雅书画艺术城开工建设，市博物馆被评为全省古籍重点保护单位；送电影下乡9600场，送戏下乡170场；廉政京剧《路向远方》获第七届泰山文艺奖；顺利通过了全国文化先进县复评验收。《安丘市志》二次续修工作有序推进，明清《安丘古志集成》整理工作全面完成。建成全民健身工程75处；我市输送的运动员赵龙杰在第十七届亚运会上夺得金牌。市妇女儿童医院建成并投入使用，市人民医院新院加快建设，对一批镇级医疗卫生机构进行了提升改造。开展了农村妇女“两癌”免费检查、新生儿遗传代谢病免费筛查、免费婚检孕检等服务。全市合法生育率达到95.1%，出生人口性别比108.3。新增城镇就业人员9500人、农村劳动力转移就业9099人，城镇登记失业率控制在2.9%以内；开展免费创业培训和技能培训8033人次，潍坊市技师学院安丘分院挂牌成立；开发公益性岗位1005个，发放创业小额担保贷款1.3亿元，财政贴息1000万元。设立了农民工综合服务中心和建筑劳务工维权服务中心，农民工工资支付保障工作进一步加强。整合城镇居民医疗保险和农村居民合作医疗，财政补助标准提高到320元。开展了“阳光低保”行动，城乡低保标准分别提高到每人每月450元和每人每年2900元，农村五保集中供养、分散供养标准分别提高到每人每年5400元和4000元。改造提升镇级敬老院4处，建成城市社区日间照料中心3处、农村幸福院26个，新增养老床位1550张。企业退休人员基本养老金提高15%。为140名白内障患者免费实施了康复手术。全市65岁以上老人免费乘坐公交车落实到位。实施棚户区住房改造800套，新建公共租赁住房100套，分配经济适用住房347套。“天网工程”加快推进，安装监控探头32240个，597个村庄建成电子监控村；建立完善治安巡逻体系，加大巡逻频率，社会治安环境明显改善。凌河派出所民警杨秋生被评为全国公安机关“爱民模范”。全面推进企业安全生产标准化规范化建设，安全生产形势保持稳定。加强食品药品安全管理，被评为全省药品安全示范市。第三次全国经济普查工作有序推进。国防动员、人民防空、双拥共建、优抚安置等工作不断加强，妇女儿童、老龄、慈善等事业持续发展，审计、物价、档案、气象、防震减灾、民族宗教、外事侨务、对台等工作取得新成绩。

改革创新和对外开放力度加大。实施了工商注册制度便利化改革，新增市场主体6156个，注册资本55.1亿元。新发展股份制企业6家，总数达到75家；6家企业在齐鲁和深圳前海股权交易中心挂牌。农村土地承包经营权确权登记颁证和集体资产改制工作基本完成，齐鲁农村产权交易安丘分中心挂牌运行。行政审批制度改革进一步深化，公布了行政审批事项目录。公立医院综合改革、镇级财政国库集中支付制度改革等全面深化。安丘市被确定为省供销社综合改革试点县、省农业水价综合改革示范项目试点县。获批各类建设用地4520亩，盘活低效闲置用地1329亩，新增耕地5163亩，被评为全省国土资源执法模范县。全市新增潍坊市级以上工程技术研究中心和企业技术中心12家，新发展高新技术企业7家，高新技术产业产值占比达到18.58%。引进中国工程院院士、国家“千人计划”专家、“百千万人才工程”国家级人选、“长江学者”、“泰山学者”各1人，创建国家级技能大师工作室1处。引进到位市外资金85亿元。实现进出口总额8.7亿美元，实际利用外资4010万美元，分别增长6.5%和70.7%。

*政府自身建设不断加强*。办理人大代表建议和政协委员提案198件，办结率100%。通过市长信箱、市长公开电话、政府门户网站等渠道受理群众反映事项1.8万多件。公布了政府权力清单和服务清单，聘任政府法律顾问5名。首批75个市直单位的部门预算和市财政总预决算、“三公”经费预算全部公开。扎实开展党的群众路线教育实践活动，严格落实中央“八项规定”和党政机关厉行节约反对浪费条例，严肃查处了一批不作为、乱作为、违反工作纪律、破坏发展环境的行为。

**【省长郭树清来安丘调研】** 11月4日，省委副书记、省长郭树清来安丘市调研，先后到景芝酒业公司生态酿酒产业园和景芝镇彭旺社区进行了现场调研，并主持召开了乡镇政府职能和农村社区治理座谈会。

郭树清对全市紧紧围绕建设富强秀美幸福新安丘的奋斗目标，突出强化工业、提升农业、加快城镇化、繁荣服务业，力促经济社会又好又快发展的措施及取得的成绩给予了充分肯定。认为安丘在转变乡镇政府职能，提升服务水平，推进依法行政等方面进行了有益探索，取得了明显成效。并希望要全面贯彻落实党的十八大和十八届四中全会精神，认真学习习近平总书记系列重要讲话，扎实落实中央、省决策部署，进一步解放思想，改革创新，强化依法行政，切实促进政府职能转变，更好地为基层群众服务。

**【公共财政预算收入增幅居潍坊各县市区首位】** 2014年，安丘市财税工作取得显著成效，收入增幅较大、质量较好，支出结构优化，保障了全市产业、企业发展及民生支出。2014年，全市财政总收入完成263712万元，比2013年225397万元增加38315万元，增长17%。其中，中央级收入98083万元，比2013年增加10251万元，增长11.7%；公共财政预算收入（县级收入）165629万元，比2013年增加28066万元，增长20.4%，增幅列潍坊各县市区首位。地方财政收入中税收收入完成144149万元，比2013年增加20035万元，增长16.1%，占地方财政收入的比重为87%。其中，增值税完成21858万元，比2013年增加5273万元，增长31.8%；营业税完成45680万元，比2013年增加2027万元，增长4.6%。

**【安丘市顺利通过国家教育均衡县验收】** 2014年10月16日，国务院教育督导委员会办公室对山东省义务教育发展基本均衡县（市、区）督导检查反馈会议召开，会上宣布，安丘市达到了国家规定的义务教育发展均衡县评估认定标准。

2014年以来，市委、市政府高度重视并强力推进义务教育均衡发展工作，积极落实义务教育保障政策，努力加大对教育的投入，整合优化教育资源，重视师资队伍建设，义务教育学校办学条件得到了极大改善。把创建“全国义务教育发展基本均衡县”纳入全市教育发展规划，拨付专项资金3000万元，用于各学校内部设施配套；各镇街区共计投入1.37亿余元用于学校新建楼房、道路硬化、操场改造、校园美化绿化等，有力地推进了义务教育均衡发展工作。

**【安丘市乡村旅游领跑潍坊】** 2014年，安丘市充分挖掘新的旅游资源，强化规划与提升，实行保护与开发并举，全力打造“品质乡村·田园安丘”乡村旅游精品项目，取得突破性成果，一跃成为潍坊市乡村旅游的标杆。

2014年8月，潍坊市重点旅游项目建设暨乡村旅游发展现场观摩会在安丘召开；9月，柘山镇张家宅村成为潍坊市入选《山东省乡村旅游指南》的两村之一；暑期和国庆黄金周期间，省内外来安二日游、三日游的旅游团和散客成倍增长。辉渠镇落鸦石官庄、小麦峪和柘山镇张家宅、吾山鲁家哨等农家乐示范村开门迎客，成功接待4000多名来自青岛、威海、河北沧州等地的夏令营和自驾游客人。

**【安丘市电子商务发展高歌猛进】** 近年来，安丘市电商发展呈现星火燎原之势，网上购物活跃、网购环境日趋完善、网商渐成规模，交易额呈几何级增长态势，特别是颐高电子商务产业园等电商知名企业先后入驻安丘，对于繁荣活跃全市商贸流通，拉动区域消费，促进地域经济快速增长，进一步扩大对外开放，实现传统商贸流通企业转型升级，起到了巨大的推动作用。

目前，全市企业和个人利用第三方交易平台进行网上交易的共有408家，年交易额8亿元以上，主要分布在服装、机械、建材、农产品等行业，其中，企业利用网上平台开展交易的有182家，个人开网店的有226家。

**【景芝酒业获第十四届“全国质量奖”】** 2014年10月10日，山东景芝酒业股份有限公司获第十四届“全国质量奖”，为山东省今年唯一获此荣誉的企业，也是中国白酒行业继茅台、五粮液、沱牌之后第四家获奖企业。

景芝酒业自2005年实施卓越绩效模式以来，大力实施“质量强省、品牌带动战略”和“创新驱动发展战略”，强化“卓越绩效管理”，加快技术创新，重视文化、品质和品牌建设，推进以质量谋发展创效益，实施产地、水源、原粮、酒曲、酿酒、年份、储藏、调酒、品质九环可溯源管控，实现全过程质量安全管理和追溯。先后荣获山东省省长质量奖，全国实施卓越绩效模式先进企业特别奖，连续两届全国质量奖鼓励奖。

**【公安民警杨秋生获“全国公安机关爱民模范”称号】** 2014年10月28日，

作为全国公安机关爱民模范，杨秋生在北京人民大会堂受到习近平总书记等党和国家领导人的亲切接见。据悉，今年全省共有5个集体和4个先进个人荣获全国公安机关爱民模范殊荣，杨秋生是潍坊市唯一一名全国公安机关爱民模范。

杨秋生是市公安局凌河派出所拥翠园警务室社区民警，自担任社区民警以来，他与妻子一起，以社区为家，始终以饱满的精神、乐观的心态，积极服务群众、帮助群众，使拥翠园社区实现“零发案”，受到群众的广泛称赞，用勤政为民的实际行动，生动诠释了“人民公安为人民”的深刻内涵。

**【安丘运动健儿赵龙杰获亚运会赛艇金牌】** 2014年9月25日，在仁川亚运会赛艇比赛中，刚刚入选国家队一年的安丘运动员赵龙杰和队友代表中国队获得了赛艇男子八人艇2000米决赛的冠军，拿下了安丘运动员在本届亚运会的首枚金牌。

赵龙杰在2005年时从安丘市育英中学被选入安丘市体校篮球队，后来他对水上运动产生了浓厚兴趣，从2006年元旦开始改练赛艇。由于赵龙杰在训练的过程中能吃苦，成绩优异，并于2009年10月被选送到山东省赛艇队。他先后获得过2010年省运会冠军、2011年全国城市运动会冠军和2011年全国锦标赛冠军。2013年，赵龙杰和队友一起代表山东队参加了十二届全运会，并夺得了这个项目的冠军。

**【安丘多个乡镇获国家级称号】** 近年来，安丘市积极实施新型城镇化战略，小城镇功能日益完善，承载和辐射能力明显改善，城乡面貌明显改善，小城镇建设呈现良好的发展局面，全市涌现出一批在现代农业、历史文化、乡村旅游等方面具有鲜明特色的小城镇，并获得国际级荣誉称号。2014年，景芝、凌河获批全国重点镇，柘山、石埠子分别被评为国家级生态乡镇，全国特色景观旅游名镇。

**【安丘经济开发区】** 位于安丘市北部，面积55平方公里，辖18个行政村，8500户，人口2.9万，耕地面积2660公顷。2014年，完成地区生产总值76.1亿元，比上年增长10.4%；地方财政收入2437万元，比上年增长72.79%；工业实现主营业务收入22亿元，利税1.28亿元，分别增长12.8%和31.4%；第三产业增加值达5亿元，农民人均纯收入11286元。

抓好园区建设，提升发展平台。重点加强高新技术产业园、青龙湖高新产业园、圣普闪联智慧产业园等重点产业园区建设。先后规划建设闰成街、闰成东路、牛七埠北路、牛七埠西路、珠江路北延、汶水路北延、香江路北延、青龙湖路东延、汇智大道、创智大道、集贤街等11条、30公里园区道路，目前，7条园区道路已经完工。依托220KV云湖变电站，配套架设闰成石化项目、柠檬酸项目、云博汶、云担等4条电力线路，共计1.6万米。完成闰成街、闰成东路、牛七埠北路、珠江路北延等道路绿化15万平方米，修补路面2600平方米，改造新上路灯200盏。铺设自来水、污水及工业用天然气管网3万多米。

抓好项目服务，优化营商环境。按照“墙内的事情企业办，墙外的事情政府办”的要求，组建专门项目服务班子，对投产项目、新开工项目和签约项目提供“一对一”包办式服务，积极帮助解决落户建设、手续办理、招工用工、增资扩产、节能减排、安全生产等方面的实际问题。先后完成20多个项目的拆迁任务，拆迁土地5200亩；完成工业、重点服务业纳限20家，27家企业通过安全生产标准化达标评审验收；帮助闰成石化、龙湖智谷、华汶实业、大通动力科技、弘德物流园等项目完成相关手续办理。严厉打击欺行霸市、强买强卖、扰乱项目建设秩序等行为，为招商引资和项目建设提供良好环境。

常务副书记、管委会副主任　牛茂荣
副书记、管委会副主任　戴　军

**【新安街道】** 位于安丘市北新区，面积74.78平方公里，辖25个行政村，11307户，人口3.84万，耕地面积3246.47公顷。2014年，完成地区生产总值21.5亿元，比上年增长10%；地方财政收入27670万元，比上年增长11.3%；工业实现主营业务收入839000万元，利税44000万元，分别增长10.7%和15%；第三产业增加值达65000万元；农民人均纯收入14536元。

工业经济势头强劲。低碳产业园、中小企业创业园新修道路5.1公里，新引进落户包装装潢制品生产和凯博药用包装材料项目；新发展规模以上工业企业14家，服务业规模以上企业9家。

城镇建设日新月异。汶中片区岔河子村13栋多层安置楼建成交付，4栋高层安置楼均已封顶；北谢村6栋安置楼及石龙社区2栋安置楼建成交付群众；扎实开展增绿提质工程和“三八六”环保行动。

农业经济独具特色。完成1.7万亩关王高标准基本农田整理项目和小农水重点县建设项目。和甫生态农场项目一期投入使用；新建标准化养殖场3处、合作社7家、家庭农场11个；“尧洼牌”红富士苹果通过绿色食品认证。

社会事业全面发展。新安学校、新安中心幼儿园、十里幼儿园等全部建成投入使用；积极推进农村社区实体化建设，设立7处社区服务中心，下沉服务事项63项；新型农村合作医疗和新型农村养老保险参合率、参保率均达100%；村村通自来水、柏油路均达100%。

党工委书记　刘　超
办事处主任　孙志杰

**【兴安街道】** 位于安丘市中北部，面积150平方公里，辖59个行政村，58283户，人口20.4万，耕地面积6469.9公顷。2014年，街道实现地方财政收入1.87亿元，比上年增长13%；限额以上工业企业实现总产值61.5亿元，利税2.7亿元，分别增加7.8%和10.2%。

依托占地3.8万亩的先进制造产业园，突出抓好招商引资、园区基础设施建设、大项目建设和企业转型发展，全力打造街道先进制造业基地，实现了主导产业集群发展。全年共引进鑫安金具等投资过亿元的工业项目3个，完成固定资产投资23.3亿元。新增规模以上工业企业14家，总数达到75家，实现主营业务收入62.3亿元，同比增长9.7%，其中，主营业务收入过亿元的企业达到13家。

强化推进措施，创新服务模式，加快转型升级，实现服务业跨越式发展。建成安丘红高粱盖垫合作社淘宝网店，推动农村经济实现电子化、信息化发展。新增限额以上服务业企业14家，总数达88家。狠抓城区各片区拆迁遗留问题处理，共完成29个拆迁遗留户的拆迁清障。加快北关中亚广场、宋家园新华府、马家楼名门世家等安置楼建设进度。积极开展新型农村社区建设及土地增减挂钩项目，双联社区李十里村安置楼基本建设完成。

狠抓农产品质量安全监管工作，依托4个监测点和盛大农产品检测中心，实现溯测全覆盖。抓好牟山水库小农水低压管道灌溉项目和白芬子高标准农田建设工程项目维护运行。扎实推进农田水利基本建设，新打岩芯井232眼，争取投资350万元的罗家庄小农水项目一个。街道供水协会被评为省级“先进基层供水协会”、全国“先进供水协会”。

深入开展党的群众路线教育实践活动，扎实搞好农村党员“一联四帮一评”，创新村级资产、资源、资金“三资”管理，新建安丘市第一家城市社区—永安社区，顺利完成了辖区村居的“两委”换届。做好“三八六”环保行动涉及的各项任务落实，完成南苑路等11条道路的提质增绿，投资4500多万元，开工建设和平学校小学部、城北小学教学楼、王十里小学教学楼、实验二小幼儿园教学楼和兴安小学教学楼。

街道先后被授予国家级“生态乡镇”、省级“生态乡镇”“文明镇”“明星镇”“经济百强镇”和市级“文明镇”“模范镇”“经济十强镇”“农产品质量安全区域化建设示范乡镇”等称号。

党工委书记　冷文清

办事处主任　王旭光

【大汶河旅游开发区】　位于城区东部，面积97平方公里，辖58个行政村，1.9万户，人口7.2万，耕地面积4867公顷。2014年，地方财政收入5257万元，比上年增长33.1%；入库税金7383万元，同比增长12%；固定资产投资15.3亿元，同比增长19%；工业实现主营业务收入305335万元，利税31702万元，分别增长20%和17%；第三产业增加值达18182万元。

2014年，大汶河旅游开发区紧紧围绕市委、市政府“一四三五一”的工作部署，突出重点，狠抓落实，在招商引资、项目建设、社区实体化、新型农村社区建设、农业、社会事业、党的建设等各项工作中取得了新成绩。解决了逯家村、金融中心项目等影响重点项目建设的难题；新引进总投资1.2亿元的山东时艺生物科技有限公司项目落户市经济园区；实施贺戈庄整村搬迁土地整治挖潜项目，腾出土地220亩；完成东外环建设清障工程；实施名峰农业园区提档升级，名峰蔬菜种植专业合作社社会化服务基地完工并投入使用，园区被农业部确定为标准化农业示范园。新注册农产品商标1个，通过“绿色食品”认证2个，通过“有机食品”认证2个。开工建设王封小学、海龙希望学校教学楼等重点民生工程。

党工委书记　郑可德

【景芝镇】　位于安丘市东部，面积217平方公里，辖135个行政村，41614户，人口16万，耕地面积14066公顷。2014年，完成地区生产总值70亿元，比上年增长8%，公共财政收入67337万元，比上年增长25%，地方财政收入28496万元，比上年增长27%，工业实现主营业务收入1791997万元，利税68106万元，分别增长30.1%和30.3%，第三产业增加值251497万元，农民人均纯收入16581元。

全镇新增规模以上工业企业5家，总数达到49家，18家企业主营业务收入进入全市前100名。完成6000亩机井灌溉项目和6.3万亩基本农田建设项目；新发展家庭农场30家，家庭牧场7家，农民专业合作社48家。提升改造4条镇区道路，开工建设9.7公里的西外环和南外环；新建沿街楼房近4万平方米，铺设污水管网1200米。教育园区初中部全面完工，小学部完成主体建设，顺利迎接省义务教育均衡县验收。大力推广信访听证办法，该办法被省信访局刊发，省委常委、政法委书记才利民同志批示要求在全省推广，郭树清省长到景芝视察时对此办法给予充分肯定，省政府办公厅以文件的形式对信访听证进行了规范。先后有济南、青岛、淄博、日照、临沂、泰安、东营等市和8个县市区到镇上参观学习；发展党员实行积分制管理，对全镇5598名党员发放《党员证》；开展“议事·学习日”活动，实行会计聘任制。群众满意度调查由全市第10位上升为第3位，再次入选全国重点镇。

党委书记　王加利

镇　　长　周作刚

【凌河镇】　位于安丘市西部，面积180平方公里，辖145个行政村，3.4万户，11.2万口人，耕地面积7800公顷。2014年，完成地区生产总值41亿元，比上年增长7.9%；地方财政收入2834万元；工业实现销售收入1521482万元，利税164797万元，分别增长16.4%和16.7%；第三产业增加值57400万元；农民人均纯收入12606元。

凌河镇是全国重点镇、国家级生态镇和山东省绿色蔬菜产业加工基地。围绕建设“生态秀美宜居宜业现代化城镇”总体目标，着力培育农副产品精深加工、高档焊材制造、数字音频产品制造、高档纤维素生产等四大主导产业。其中，最具特色的是农副产品加工业，现有加工企业108家，其中规模以上企业29家、省级龙头企业2家、潍坊市级龙头企业16家，产品包括蔬菜、水果、禽肉等三大类400多个品种，出口韩、美、欧、东南亚等国家和地区，年加工出口能力110万吨、创汇1.5亿美元。

安丘拥翠湖核桃主要种植在安丘市拥翠湖湿地公园南岸，该种植基地依山傍水，土质肥沃，光照充足，采用大豆做有机肥，无公害，无污染。安丘市拥翠湖核桃，皮薄，果仁充实，口感好，含有丰富的植物蛋白氨基酸，不饱和脂肪酸。具有补气养血，润燥化痰，温肺润肠等功效，享有“长寿果”“万岁子”之美称。

以高产、高效、优质、生态、安全农业为方向，以合作社和龙头企业为依托，推进社会化服务体系建设，采取套餐式、订单式服务等多种模式，进一步健全完善从种植、管理到收购、销售的社会化服务体系。大力加强农产品质量安全监管，在全市率先实行食用农产品市场准入制度，投资110万元在13个社区中心建起了速测站，并配备2部流动检测车，采取抽检与送检相结合的办法，对镇内的食用农产品进行现场检测，筑牢源头控制、过程监管、末端检测和市场准入四道防线，建立起从农田到餐桌的全方位农产品质量安全检测体系。

党委书记　郑建成

镇　　长　周建业

**【石埠子镇】** 地处安丘、诸城、沂水三地交界，由三镇合并而成，面积156平方公里，辖67个行政村，人口6.7万，耕地6136.4公顷。2014年，完成固定资产投资9.24亿元，同比增长13%；规模以上工业实现主营业务收入5.28亿元，同比增长18.7%；镇级地方财政收入1268万元，同比增长5%；储蓄余额8.5亿元，同比增长19.7%。

基层党建全面提升。扎实开展党的群众路线教育实践活动，提高党员为民服务意识；深化“一联四帮一评”为民服务机制和“三有两评”密切联系群众制度；改造提升农村社区场所，并建立社区党总支，镇干部下沉一线，实现社区服务全覆盖；落实村干部坐班制度，新建办公场所2处，统一配置版面桌椅等办公用品；完成村“两委”换届工作，选齐配强了村“两委”班子；狠抓村集体经济增收，所有行政村年经济收入4万元以上；落实村级工作制度规范及责任追究办法，提高村级管理规范化水平。

现代农业特点突出。种植草莓3万亩、大樱桃3万亩，被命名为“中国草莓之乡”“中国樱桃之乡”。“石埠子樱桃”是国家地理标志产品，“石埠子草莓”和“石埠子樱桃”被授予国家地理标志证明商标。樱桃基地和草莓基地分别被命名为“国家级标准化示范区”；被授予“山东省一村一品示范村镇”“山东省绿化模范镇”“潍坊市现代农业发展先进镇”“潍坊市农产品质量安全示范镇”。

工业发展成效显著。境内安丘山水水泥公司，新上200万吨山水骨料及机制砂项目已建成；投资4亿元的中广核风电项目，2013年5月15日全部并网发电；新建永佳和唐力两家物流公司；新建投资1.3亿元奥瑞环保设备、1.2亿元华品生物科技和2.6亿元气凝胶3个园区项目；全镇限额以上工业企业达10个。

城镇建设稳步推进。渠河公园已建成渠河大坝，渠水湖、张拉膜亭、景观亭房及休闲活动广场建设等，栽植绿化苗木及多年生草本植物20万株。完成4公里河滨路建设，建成观光旅游长廊；做好1000亩龙盘休闲农庄建设，打造休闲采摘亮点；形成以渠水湖为中心的渠河水利景观带，呈现“观山、览绿、亲水、知文、见史”的城镇建设特色，打造“渠河明珠”。新建成污水处理厂及5公里排污管网，对路灯及道路两侧线路、人行道、绿化带全面进行升级改造，新建沿街楼房及派出所办公楼、农商行网点楼，提升城镇品味。

生态旅游优化提升。是首批“山东省历史文化名镇”、第二批“全国特色景观旅游名镇”“山东省旅游强乡镇”“山东省生态乡镇”。拥有“天下无二坊”之称的石雕珍品——庵上石坊和国家AAA级景区——公冶长书院及城顶山省级森林公园等景点。依托“国家特色景观旅游名镇”品牌，规划建设了80公里的生态绿道，全面整合镇旅游资源，提升以生态观光、人文历史、祈福文化、休闲采摘为主要内容的乡村旅游，促进全镇乡村游发展新跨越。

社会事业全面发展。实现环卫一体化全面托管；规划建成8个农村社区中心；完成68公里村级道路网化工程、15公里的庵城路和7公里的周庵路改造建设及22公里的绿道硬化；建设了“三位一体”的书院学校，书院中学已投入使用；拥有卫生院2处，社区卫生服务机构11处；建立“三有两评”密切联系群众制度，镇干部定期接访和下访，疏导和化解矛盾，社会保持和谐稳定。

党委书记　肖　明

镇　　长　王嘉斌

**【大盛镇】** 位于安丘市西南部，面积76平方公里，辖62个行政村，10325户，人口3.5473万，耕地面积4467公顷。2014年，完成地区生产总值12.61亿元，比上年增加18%，地方财政收入704万元，比上年增长37.3%；工业实现主营业务收入50243万元，利税2777万元，分别增长11.6%和30.1%；第三产业增加值达4534万元；农民人均纯收入11293元。

2014年，全镇完成5个村旧村改造，新建安置楼17栋，改善居住环境458户，复垦土地325.42亩；科发动力、华正电器、精研磨具3个过亿元项目投产达效；建设8处社区服务中心，进一步下放人员、职能，推行“三清单”服务模式，基本解决了服务群众最后一公里的难题；加大道路基础设施建设，完成镇区南路东段、青柘路大盛段硬化，新修23公里旅游路；进一步完善标准农田、农田水利等农业基础设施工程，增加改善灌溉面积1万亩。

党委书记　贺纯栋

镇　　长　代锋军

**【辉渠镇】** 位于安丘市西南部，面积206平方公里，辖40个行政村，1.9万户，人口6.7万，耕地面积5870公顷。2014年，完成地区生产总值22亿元，比上年增长10%，实现地方财政收入1537万元，比上年增长23.4%；工业实现主营业务收入34003万元，利税3552万元；第三产业增加值9000万元。

2014年，先后获得2014年中国美丽田园（十大梯田景观）、省第一批宜居小镇、2014好客山东最美乡镇、第二批省级特色景观旅游名镇称号；辉渠百泉生态旅游区被评为山东省生态旅游示范区；下涝坡村、黄石板坡村、西沟村被评为第一批省级传统村落。

落户安丘市北区的歌尔精密制造项目一期建成投产；投资17.5亿元的潍坊歌尔精密制造二期开工建设；引进潍坊喜力新型智能化成套电气设备项目落户滨海园区；引进的天恩光伏发电项目在辉渠镇落户。雹泉、辉渠社区启动建设钓鱼台二期、尚庄、谋家河、金辉4个小区，建设安置楼18栋；留山景区完成投资2亿多元，完成游客接待中心、留山古火山石质广场、刘裕群雕像、环山观光道路、留山人家等重点工程。建成小麦峪村、落鸦石村2个农家乐示范村，开工建设小寿山村农家乐。新修留山路、安辉路辉渠段等道路10公里；新规划完成镇区至歌尔庄园的滨河路、小麦峪至老峒峪的旅游观光大道路基建设。新建雹泉小学、雹泉幼儿园教学楼2座，雹泉、温泉小学学生餐厅2座、雹泉小学2万平方米高标准塑胶体育场；在辉渠、雹泉社区建成两处污水处理设施；在留山景区、歌尔庄园发展花田基地1000多亩；完成涝坡河、寿山河、辉渠河等5条河道综合治理；沿儒辉路、留山南路、辉城路建设15多公里的景观文化长廊。

党委书记　房师靖

镇　　长　郭　伟

**【郚山镇】** 位于安丘市西南部，面积113平方公里，辖54个行政村，11551户，人口3.8万，耕地面积4600公顷。2014年，全镇完成地区生产总值18.6亿元，比上年增长10.6%；地方财政收入1229万元，比上年增长30.9%；工业实现主营业务收入510896万元，利税156818万元，分别增长24%和25%；第三产业增加值达64732万元；农民人均纯收入12380元。

现代农业实现新提升。2014年，新发展核桃1.5万亩，全镇核桃面积达到3.3万亩，成为农业主导产业。投资1.2亿元的潍坊普兰特汉杜泊羊繁育基地项目，已完成一期工程建设任务，引进基础母羊、杜泊羊种羊1000余只。

新能源、新材料两大工业主导产业形成规模。太平山风电场年发电1.3亿度，大安山风电场于2014年10月并网发电。投资7亿元的黄皿山风电场和天恩70兆瓦光伏地面电站项目已完成前期规划。山东金鸿集团生产的碳化硅防弹衣已装备部队，并成功引进国家高层次人才马天博士，科技研发能力进一步增强，目前正在申报上市。

小城镇建设稳步推进。开工建设滨河、南逯、墨黑3个集中居住型农村社区，已整体搬迁13个自然村，滨河社区被评为全省生态文明乡村建设先进社区。

生态旅游实现新发展。高标准打造鲁家哨、南官庄2个“农家乐”特色示范村，新种植玫瑰2000亩，打造花海大地景观。教育教学条件全面改善。投资700余万元对郚山中学进行全面改造提升，新建教学楼、餐厅、学校大门、透漏式文化院墙，硬化进出学校道路，对校园内部进行了高标准的硬化、绿化，配套完善内部教学设施，全面达到省级标准化初中标准要求，并顺利通过省级义务教育基本均衡县验收。

党委书记　谢谦彪

镇　　长　徐志刚

**【石堆镇】** 位于安丘市东部，面积67平方公里，辖47个行政村，9600户，人口3.8万，耕地面积4267公顷。2014年，全镇完成地方财政收入1023万元，比上年增长159.6%；工业实现主营业务收入27357万元，利税4150万元，农民人均纯收入12468元。

经济持续快速健康发展。规划建设步云岭、甘泉岭、凤凰岭3个工业园，加大招商引资力度，引进恒科环保、江川门窗、华强轻机13个项目，其中，园区项目1个。培育现有企业做大做强，富星木业、恒昌散热器、富东电器等企业实施了增资扩产，形成以环保机械、食品加工、家具制造为主的特色产业。大力发展区域化种植，建成标准化农业基地3.6万亩，发展专业合作组织55家，培育阿乐西瓜、东河洼黄金梨等8个特色农业品牌。石堆伏梨被认证为国家地理标志产品。

城乡统筹步伐加快发展。扎实推进甘泉、中心社区建设，甘泉社区建设安置楼30栋，已安置兵马营、甘泉、店子3个村；中心社区建设安置楼16栋，邵家庄村搬迁入住。新开工建设河洼、亭子2个社区；完成43个村环卫一体化托管任务，推进了环卫一体化健康发展。

重点民生工程成效显著。投资5000万元改善民生。新建甘泉小学、西莲池小学；完善中小学基础设施配套，通过教育均衡县检查达标。新建敬老院、镇文化大院。对低保户进行重新评定，并实行动态管理，实现“阳光低保”。建成甘泉、中心社区污水处理站2处，全部投入运行。

党的建设全面加强。深入开展以“为民、务实、清廉”为主题的党的群众路线教育实践活动，对关系群众切身利益的突出问题进行了专项整治，群众满意度有了明显提升。深入推进社区实体化建设，全面落实“三清单”服务事项，为群众提供高效便捷的服务。结合村“两委”换届，全力选准配强村“两委”班子。全面推行公开听证法，努力化解各类矛盾纠纷，保持农村和谐稳定。

党委书记　李金峰

镇　　长　闫文修

【柘山镇】　位于安丘市西南部，面积156平方公里，辖41个行政村，9764户，人口2.97万，耕地面积6666公顷。2014年，完成地区生产总值12.02亿元，比上年增长12.5%；地方财政收入830万元，比上年增长12.3%；工业实现销售收入17489万元，利税1782.5万元，分别增长18.5%和56.5%；第三产业增加值达8000万元；农民人均纯收入11998元。

近年来，柘山镇被授予中国花生产业品牌名镇、国家级生态镇、全国一村一品示范村镇、山东旅游强乡镇、山东生态旅游示范镇、山东最佳休闲乡镇、山东文化产业品牌名镇、山东历史文化名镇、省级生态镇、省级文明镇和省级安全社区等称号。老子文化广场被评为国家AA级景区和“山东省十佳社区文化广场”。

花生、山货和文化生态旅游是柘山镇三大特色产业。“柘山花生”相继被国家有关部门认定为“有机食品”“绿色食品”“中国地理标志产品”和“中国地理标志证明商标”。建成国内首个“中国花生博物馆”。柘山镇盛产山蝎子、蚂蚱、知了龟、山羊、笨鸡、山鸡蛋、小杂粮、板栗、黑木耳等，专门建设了“山货一条街”，成立了山货专业协会。柘山文化历史悠久，据考证我国古代著名思想家老子曾在此居住、采药，其后裔在此立村，世代相传，延续至今，现有“摘药山”“老子庙”“老子村”等，历代区划沿革均以“柘山”命名，驻地设在“老子”村。境内有齐长城文化遗址，大小山头500余座，山清水秀，风景秀丽宜人，是人们休闲、观光、旅游的好去处。

2014年，全镇以市“一四三五一”的总体工作思路为指导，紧紧围绕全镇确立的总体目标，培强做大风电、光伏等产业项目；在保障品牌促品质的基础上，调整优化农业种植结构，加快现代农业的发展；依托山区优势，开发农家乐乡村旅游，促进服务业繁荣发展；以党的群众路线教育实践活动为指导，大力加强基层组织建设和干部作风建设，加快推进建设富裕生态和谐幸福新柘山进程。

党委书记　刘庆玲

镇　　长　王晓强

【官庄镇】　位于安丘市南部，镇域面积125平方公里，辖59个行政村，14236户，人口5.6万，耕地面积8337.5公顷。2014年，实现镇级财政收入854万元，同比增长3.2%；固定资产投资86860万元，同比增长12.8%；储蓄余额60186万元，同比增长21.66%；工业用电量1650万度，同比增长37.5%；规模以上工业主营业务收入101130万元，同比增长12.4%；进出口总额214万元，增长48.61%；农民人均纯收入13415元。

强化工业。工业经济发展势头强劲，积极推进落户市重点园区内耀宇数控装备、潍坊润邦新材料、潍坊联荣环保设备项目建设。中日合资潍坊金鹭时装一期项目建成投产。德诚饲料、超大饲料项目建成投产达效，强安铁塔、鲁味源食品等项目不断增资扩产，发展后劲明显增强。全镇规模以上企业达到14家，初步形成了集机械制造、纺织服装、食品加工、饲料加工为主的工业制造和农产品加工基地。

提升农业。积极培育新型农业经营主体，新建标准化种植园区2个，家庭农场50家，新注册农民专业合作社6家，新认证三品一标4个，“两河”大蒜认证为国家地理标志证明商标。新建规模化养殖园区3个，全镇初步形成了肉牛、肉羊、肉禽、生猪和蛋鸡5大畜牧支柱养殖产业。华禽养鸡专业合作社被评为“国家农民合作社示范社”；“春泽肉羊”养殖场通过省畜牧兽医局无公害农产品产地认定；凤舞山畜禽养殖专业合作社被评为“2014年山东省畜牧旅游示范区”。扎实推进国家千亿斤粮食产能田间工程、高标准农田改造、小农水重点县建设等4个项目建设，总投资4200万元，受益农田面积6.6万亩。

推进城镇化。规划永昌、金湖、寨庄、朱家庄、坡庄5个社区，已启动永昌、金湖、寨庄3个社区，建成安置楼25栋，总建筑面积89000平方米。已整体搬迁小洼、卞家洼、西挑河、都家寨庄、董家寨庄、魏家寨庄、丁家庄、小管公等8个村庄，搬迁居民624户。新建成2栋8000平方米的永昌社区商业街，进一步提升镇区整体形象和商贸服务业发展。积极开展农村环境综合整治，推行环卫托管模式，投入资金300万元完成101个自然村环卫一体化托管任务，托管率达到100%。

改善民生事业。投资700万元开工建设官庄学校实验楼。在义务教育均衡县验收中官庄、管公两所学校接受省级、国家级督导评估验收。官庄中心幼儿园通过潍坊名园验收。投资120万元，对敬老院进行改造提升，新增床位57张。实施农村饮水安全工程，新安装自来水用户1000户，完成从金山水厂铺设管道引水，有力保障全镇群众饮水安全。连续两年在全市组织的群众满意度调查中位列全市第1位。

党委书记　张宪宝

镇　　长　王跃启

【金冢子镇】　位于安丘市东南部，面积82.5平方公里，辖56个行政村，11439户，人口4.1万，耕地面积5436公顷。2014年，地方财政收入442.1万元，比上年增长44.4%；工业实现主营业务收入56136万元，利税5199万元，分别增长5.7%和4.3%；第三产业增加值达2900万元；农民人均纯收入11864元。

境内交通便利，临206国道、安丘市南外路环和央赣路，区位优势明显。建成安丘市级重点工业园区——金安产业园和东城产业园，逐步形成机械制造、食品加工、建筑建材、电子加工四大支柱产业。金安产业园，规划面积300亩，建筑面积31万平方米，投资5亿元，规划68栋独立建筑，2014年已建成18栋。东城产业园，位于市区南外环、东外环和206国道交汇处，规划面积3000亩，2014年园区已有瑞峰机械、科盟铁塔、方正机械、艺华包装4家企业投产运营，新落户LNG加气站和飞恒机械加工项目。规划建设万亩大棚甜瓜示范基地，在206国道附近建设占地60亩的甜瓜交易市场，“金冢子”牌甜瓜于2009年被国家农业部认定为“绿色食品”；建有国家检验检疫局备案的有机蔬菜基地——兆丰生态农业科技示范园；规划实施3000亩的大姜种植示范基地，5500亩小农水重点县项目和2.27万亩高标准农田整理项目；建成2.8万亩农产品质量安全区域化基地，并注册“东后金堆”大桃、“乐源”冬枣、“欣润”肉鸭等农业品牌8个；全镇建有中学1处、小学2处、幼儿园4处，中、小学教师223名，在校学生2289名，适龄儿童入学率100%，小升初升学率100%，九年义务教育覆盖率100%，其中，金冢子小学于2014年11月代表安丘市通过国家级均衡县验收；建有卫生院1处，2012年代表安丘市参加国家中医示范县创建验收；建有敬老院1处，被山东省授予省一级示范敬老院；全镇56个村全部通自来水、通硬化路、通数字电视，主要街道全部实现绿化、美化、亮化。金冢子镇先后获得山东省生态镇、山东省科普村村通示范镇、潍坊市文明镇等称号。

党委书记　马康谊

镇　　长　王晓丽

（辛立兴）

## 高密市

**【国民经济和社会发展概况】** 全市总面积1526平方公里，2014年常住（户籍）总人口884232人。全年实现生产总值553.1亿元，比上年增长9.8%。其中，第一产业增加值53.5亿元，第二产业增加值306.3亿元，第三产业增加值193.3亿元。固定资产投资416.76亿元，同比增长16.1%。全市完成财政总收入54.68亿元，地方财政收入40.69亿元；全年财政总支出44.2亿元。社会消费品零售总额159.8亿元，进出口总额194691万美元。农民人均纯收入14660元。年内获得“国家园林城市”和“中国长寿之乡”称号。在2014年第十四届全国县域经济基本竞争力与科学发展评价中居第68位，比上届提升3个位次。

工业转型升级成效显著深入开展“百家企业提升行动”，成立5个产业集群发展服务办公室，实施提升计划，一批企业与世界500强和行业龙头企业合资合作。高标准建设高新区、经济开发区、疏港区、高密（滨海）飞地产业园区，“四区”新引进落户项目45个、总投资达142亿元。建成机械科学研究总院“一所一基地”等国家级科研平台，启动运行华师大国家大学科技园高密园区。新增中国驰名商标2件、省著名商标3件、省名牌产品5个。

现代农业建设推进顺利新增现代农业园区30个、农业龙头企业10家、家庭农场282家、“三品一标”认证22个，新发展农民专业合作社120家。大田生产环节托管服务面积达到27.8万亩，被确定为国家农业生产全程社会化服务试点项目县。市检验检测中心建成运营，农产品质量安全监管网络实现全覆盖。

服务业发展获新突破依托莫言家乡，加快推进东北乡文化旅游区建设，文化旅游成为新亮点。创新金融发展模式，引进齐商银行等金融机构。健康养老、现代物流等高端服务业呈现新的发展态势。引进落户吉中、“一亩田”等电商平台，电子商务企业发展到230家，晟绮国际物流公司成为潍坊市首家国家5A级物流企业。

**【经济开发区】** 位于高密市东部，面积95平方公里，辖62个行政村，19143户，人口4.85万，耕地面积5260公顷。2014年实现财政总收入1.78亿元，增长33.7%，地方财政收入9590万元，增长40%；工业实现销售收入72亿元、利税8.13亿元，分别增长20.3%和18.7%；农民人均纯收入1.46万元。

经济开发区坚持“项目立区、工业兴区”，主要有机械制造、劳动防护、房产开发、木器加工、现代农业等支柱产业。随着压力容器项目、GE公司和丰东热处理公司先后落户投产，豪迈产业园已发展成为工业特色鲜明、技术高端领先、基础设施完善的综合性产业园。临港产业园承载能力不断提升，锦绣纺织、鹏程服饰已部分投产，翰华新能源等6个项目正在建设。劳动防护产业已成为全国最大、世界知名、销售份额占全国70%的防护制造业生产基地，年销售收入40多亿元，培育出星宇、登升、孚晟等知名企业13家。房地产开发势头强劲，有胶河花园、水岸东方等多个在建项目。南曲木器加工企业发展势头良好，高端实木成品生产已初步实现规模化经营。现代农业发展成效显著，打造了百亩级菊花园区、百合园区、蔬菜园区和大棚集聚区。

党工委副书记（主持工作）

李　铭

党工委副书记、副主任　张元忠

**【密水街道】** 位于高密市区南部，面积135平方公里，辖86个行政村，48366户，人口16.1万人，耕地面积7290公顷。2014年，全街道完成地方财政收入31800万元，比上年增长25.2%；工业实现销售收入1515120万元，利税186070万元，分别增长18%和12%；农民人均收入14629元。被评为“山东省信访工作先进单位”“潍坊市群众工作先进单位”“省级生态乡镇”。

2014年，街道办事处以努力打造中心城区跨越发展的先导区、产城融合的“桥头堡”和社区建设的示范区为重点，顺利实施了城西花园二期和五金建材市场搬迁项目，搬迁居民和经营业户378户；康成大街西拓片区小胡段工程完成回迁，梓童庙、卞家庄等地段的回迁房基本完工。现代服务业迅速崛起，

5.4万平方米的中百佳乐家、5万平方米的银座商城建成营业。招商引资实现新突破，投资5亿元的红木奇石中心、高密（国际）轻纺交易中心等项目已完成规划，投资12亿元的五轴联动数控机床等项目落户城北工业区。社会事业均衡发展，投资6000万元新建的崇文中学建成使用。投资1200多万元，深入推进城乡环卫一体化，新建2处社区服务中心。

党工委书记　张友勤

办事处主任　禚见前

【醴泉街道】　位于高密市中西部，面积134平方公里，辖76个行政村，43418户，人口11万人，耕地面积6000公顷。2014年，全街道实现财政总收入2.79亿元；地方财政收入完成1.86亿元；工业实现主营业务收入250.7亿元，利税22.9亿元，分别同比增长16.9%、9.6%；农民人均纯收入11800元。

2014年，街道党工委、办事处以新型城镇化建设为引领，突出全域谋划，确立了“一体两翼双支撑”的整体构架，以继续优化“城区、工业园区、农业农村”三大板块产业布局为工作重点，坚定不移地实施旧城改造、工业转调、都市农业、城乡统筹、党的建设“五位一体”提升战略，推进要素资源互联互通，经济社会协调发展，全力打造成集文化、商贸、物流、旅游为一体的现代化新城区。街道先后被授予国家级生态镇、山东省先进基层党组织、潍坊市文明单位等称号。

党工委书记　乔日升

办事处主任　展世祥

【朝阳街道】　位于高密市区东部，面积30.138平方公里，辖区内共30个村居，13715户，人口4.4万人，耕地面积223.3公顷。2014年，街道完成地区生产总值115亿元，比上年增长11%；地方财政收入3.1亿元，比上年增长8%；工业实现销售收入3196211万元、利税212011万元，分别增长5.1%和6.9%；第三产业增加值达550500万元，农民人均纯收入15308元。

2014年，街道大力实施中心城区跨越发展战略，坚持以加快东部新城建设为重点，以推动产业转型升级为主线，以着力保障改善民生为根本，以创新社会治理体制为支撑，致力建设高端产业繁荣、城市功能完善、服务体系发达、创新活力迸发的现代化城市新中心。纺织业、制鞋业、机械制造业及现代服务业成为朝阳街道优势及特色产业，涌现了孚日家纺、华燕制衣、思美尔服饰、海宇股份、华杰铝业、泰华冷链物流等一批优秀企业。

党工委书记　朱永利

办事处主任　郭全桥

【柏城镇】　位于高密市东南部，面积54.39平方公里，辖35个行政村，12443户，人口3.2945万人，耕地面积2605.67公顷。2014年，全镇完成地区生产总值53亿元，比上年增长10%；地方财政收入9861.9万元，比上年增长20.8%；工业实现销售收入1556608万元，利税225110万元，分别增长6%和6%；农民人均收入15533元。

投资环境改善。扩展工业园区3000多亩，提升了园区承载力。高密一中新校、新济国际医疗综合体及赵家庄旧村改造、博海综合体完成基础施工，一批住宅小区交付使用。经济结构优化。先后有10个工业项目签约和开工建设。有20家传统企业进行技术改造。现代农业水平提升。建成基地苗木花卉种植面积5000亩。按照国家级生态文化旅游公园标准建成5个农林园区。有3家合作社获得了无公害产品认证，1家获得绿色食品认证，2家获得商标注册。服务体系加强。成功举办了第七届晏子文化节、第十五届白羊山艺术节暨第三届半岛花卉博览会。新建建筑面积600平方米的潍坊市标准化图书馆。

党委书记　邱纯洁

镇　　长　赵小燕

【姜庄镇】　位于高密市北部，面积123.75平方公里，辖71个行政村，15224户，人口5.3万人，耕地面积7000公顷。2014年，全镇完成财政总收入1.828亿元，比上年增长19.5%；地方财政收入1.075亿元，比上年增长33.6%；工业实现销售收入257.1亿元、利税19.5亿元，分别增长11%和9%；第三产业增加值达41417万元；农民人均纯收入15241元。

姜庄镇是工业重镇，工业经济发展强劲。目前，全镇工业企业发展到422家，其中，规模以上企业47家，形成了纺织、五金、化工、机械制造、橡胶、商贸物流等主导行业。城镇化建设日新月异，2014年，被国家住建部、发改委、财政部等七部委列为全国重点镇，并在山东省“百镇建设示范行动”考核中居潍坊市第二批示范镇第2名。传统民间艺术绚丽多彩，“高密四宝”中扑灰年画、泥塑和剪纸均发源于此，曾获“中国扑灰年画之乡”“山东省年画产业第一镇”和“省级非物质文化遗产生产性保护示范基地”等一系列称号。

党委书记　刘思芳

镇　　长　孙桂新

【大牟家镇】　位于高密市西北部，面积172.14平方公里，辖89个行政村，1.9万户，人口5.2万人，耕地面积11000公顷。2014年，全镇完成地方生产总值25.9亿元，比上年增长13.6%；地方财政收入2410万元，比上年增长25.2%；工业实现销售收入19.5亿元，利税1.8亿元，分别增长12.1%和12.5%；第三产业增加值达620万元；农民人均纯收入12743元。

2014年，镇党委政府继续坚持把发展优质高产高效农业作为全镇工作重点，积极引进推广和发展特色种植，引导扶持示范园区建设。至2014年年底，全镇共发展蔬菜大棚840个，面积2300亩。建成花石桥现代农业园、高密健怡农业科技园等现代农业园区10个，建成特色农业专业村32个，认证家庭农场39家，形成了大棚蔬菜、高效粮种、花卉苗木、食用菌、中草药等五大体系40余个品种的种植新模式。新建成的七彩庄园农产品批发市场为番茄等大棚作物的销售提供了牢固基础。同时，借助国家级土地综合整治项目，建成集中居住区3处，完成搬迁9个村500余户，官厅集中居住区三期和周戈庄集中居住区二期工程年内准备就绪。在注重抓好农业的基础上，努力引导扶持工业发展。经过历年发展，共有各类企业71家，其中，规模以上企业14家，主要是纺织和制鞋业。

党委书记　魏　征

镇　　长　邱　栋

**【阚家镇】** 位于高密市西部，面积150平方公里，辖93个行政村，2.1万户，7.8万人，耕地面积13.4万亩。2014年，全镇完成地区生产总值比上年增长12.4%；地方财政收入比上年增长28%；规模以上企业实现销售收入、利税同比分别增长11%和9%；第三产业增加值增长13%；农民人均纯收入达13900元。

镇党委、政府坚持各业发展并重，突出地方优势特色的发展思路，努力推进经济社会协调发展。工业形成以望乡、瑞丰为支柱的食品加工业，以安泰、众信、长荣为代表的机械铸造业，以奥通、郑发为骨干的橡胶制造业，以伟丽、兴隆为龙头的纺织服装业，以金源、屹隆为骨干的床上用品等八大主导产业。农业已建成鲜食葡萄、大棚蔬菜、食用菌、花卉苗木等现代农业园区16个，总投资7亿元；发展省级农业龙头企业2家。城镇建设已建成和正在建设嘉和花园、吉祥花园、松兴屯新村等10个集中居住区，面积20多万平方米。教育医疗、环境卫生、交通通讯也取得重大进展。

党委书记　张建明

镇　　长　齐有春

**【井沟镇】** 位于高密市西南部，面积138.59平方公里，辖98个行政村，24630户，人口6.8万人，耕地面积8300公顷。2014年，全镇完成地区生产总值60亿元，比上年增长7%；地方财政收入3360.6万元，比上年增长42.1%；工业实现销售收入579859万元、利税62232万元，分别增长11%和2.4%；第三产业增加值达2300万元；农民人均纯收入12900元。

2014年，该镇立足镇情，着力落实“三好同求、两力促稳、一抓到底”发展思路，实现了经济和各项社会事业的跨越发展。在镇区东部，打造呼家庄产业园区，先后新建、续建了晟晖涂塑复合钢管、三贝尔汽车轮毂、一诺环保科技、荣杰进出口贸易加工区、益隆田生物科技等11个项目。中意德机械、弘泰散热器等6家骨干企业实现增资扩产，效益显著提高。在镇区西部，发展现代农业，现有黄烟面积3000亩，两处烘烤工场、两处育苗基地、三大生产园区。宏丰菊花、鑫盛蔬菜、新丰核桃、秀林五角枫等特色农业产业园区稳步发展。统筹提升各项社会事业，规划建设了井沟中学、井沟医院、田庄医院、呼家庄社区派出所等民生工程项目。先后获了省级基层就业服务平台示范岗、省级文明镇、潍坊市农村土地承包经营确权登记颁证工作优秀镇街、高密市2014年度镇街区工作先进单位等称号。

党委书记　钟元国

镇　　长　李　侠

**【柴沟镇】** 位于高密市西南部，是山东省中心镇。面积211平方公里，辖124个行政村，2.5万户，人口8.5万人，耕地面积13066公顷。2014年，全镇实现财政总收入8653.8万元，地方财政收入7354.1万元，分别同比增长15.4%和17.7%；工业实现销售收入120亿元，利税10.2亿元，分别增长10.3%和11.6%；农民人均纯收入13005元。

2014年，柴沟镇党委政府充分发挥自身作用，着力落实四个坚持：坚持物流活镇。依托区位优势，重点突破现代服务业，努力打造省级现代物流基地。坚持工业强镇。深入开展“百家企业提升行动”，提升改造机械制造、食品加工和橡胶纺织等传统产业的同时，积极引进高新技术和先进制造业，全镇各类企业增加到202家，规模以上工业企业达到39家。坚持农业稳镇。进一步充实完善20公里现代农业长廊，实现李家埠设施农业示范园、高家村蓝莓大樱桃等20多个农业示范园上档升级。农产品有15种通过无公害认证、22种通过绿色食品认证、2种通过有机食品认证。坚持城镇建设兴镇。完成锦绣嘉苑、青龙花园、苹果花园、土庄社区和注沟社区综合改造、王家营与尚村集中居住区和一批公益性民生项目。

党委书记　田凯文

镇　　长　宿立军

**【胶河疏港物流园区】** 位于高密市东北部，面积76.13平方公里，辖17个行政村和国营高密胶河农场，6174户，人口17246人，耕地面积6631公顷。2014年，全区完成地区生产总值21.7亿元，比上年增长11.8%；地方财政收入2518万元，比上年增长2.1%；工业实现销售收入150850万元，利税17277万元，分别增长11%和10%；第三产业增加值达9600万元；农民人均纯收入14272元。

2014年，疏港区按照市委、市政府“四区引领”战略部署，打好“莫言”和“机场”两张牌，以“文化名乡、产业重镇、临港新城”为发展定位，抓住莫言效应持续升温、《红高粱》电视剧热播、胶东国际机场落户胶州等机遇，协调推进各业发展。基础建设、文化旅游等工作取得突破性进展。投资2000多万元，新修道路18公里、9万平方米。投资2400万元实现“三个全域”，其中，投资300多万元实现全域净化，智慧环卫工作居全市前列；投资500多万元实现全域监控，安装监控600多个，并与派出所联网，实时监控；投资1600多万元实现全域亮化，安装路灯2300多盏。投入近5亿元打造东北乡文化旅游品牌，已实现花脖子山寨、单家大院2个景点对外开放售票经营。引入春秋假日旅行社，对景区进行公司化管理，逐步走向正轨。

党工委书记　范　珲

管委会主任　楚洪鹏

【咸家工业区】　位于市区北部，面积43.82平方公里，辖24个行政村，3737户，人口1.4万人，耕地面积2742公顷。2014年，全区完成地区生产总值112.96亿元，比上年增长6.14%；地方财政收入6370.7万元，比上年增长10.3%；工业实现销售收入981999万元、利税83500万元，分别增长16.01%和14.54%；第三产业增加值达13112万元；农民人均纯收入15435元。

工业区传统纺织业发达，现有纺织企业112家。从2010年建区至2014年年底，共有39家纺织企业累计更新高档设备4120台套，全区各类织机扩至3万台（套），棉纱产量4.2万吨、人棉布产量6.17亿米。自2013年起保持了全国最大人棉生产基地的地位；基础设施建设不断完善，区内基本实现“八通一平”，带动了台湾安佑生物科技山东总部、元裕机械智能落纱机器人等20多个过亿元项目落地建设，形成外资出口、先进制造、高端纺织、生物科技、新能源五大新项目集中区；民生事业取得新的成绩，新的中小学一体化学校、医疗养老服务中心、派出所、公共服务中心等一批民生工程陆续建成投入使用。

党工委书记　禚朝晖

管委会主任　赵华功

【胶河生态发展区】　位于高密市东南部，面积95平方公里，辖57个行政村，12904户，人口3.9万，耕地面积6.8万亩。2014年，全区完成地区生产总值26.63亿元，比上年增长11.3%；地方财政收入652.7万元，比上年增长48%；工业实现销售收入209000万元，利税26000万元，分别增长12.4%和10.1%；第三产业增加值达27300万元；农民人均纯收入13140元。

2014年，区党工委、管委会以发展高端、特色、品牌农业为主要目标，围绕“三区引领、两化同步、安全第一、品牌增效”的工作思路，充分发掘域内春秋时期齐国名相晏婴故里——晏王庙村、国家AA级优质水源地——王吴水库、国家AA级旅游景区——南山万松园以及数百亩晏婴生态园林——三穹老林、孟家沟水库、晏冢穹碑等人文自然资源优势，努力发展生态农业和旅游产业，全力做好“发展高效生态农业，打造胶河南山品牌”。其中，6万亩“胶河土豆”、千亩南山酥梨等20种农产品被评为绿色食品认证。晏子文化节和胶河土豆节，吸引客商数万人次，是省文化厅评定的百佳山东省农村特色文化品牌。

党工委书记　管增璋

管委会主任　李沛聃

（邱　阳　鞠剑锋）

# 昌邑市

【国民经济和社会发展概况】　昌邑市位于山东半岛西北部，渤海之滨，莱州湾畔，东与烟台、青岛毗邻，西与潍坊相接。全市总面积1627.5平方公里，辖9个镇（街道），691个行政村（社区）。2014年年末全市户籍总人口58万人。全年完成地区生产总值356亿元，增长9.2%。完成固定资产投资284.5亿元，增长15.4%。实现财政总收入42.7亿元，其中，公共财政预算收入25.2亿元，分别增长8.9%和7.7%。被评为“中国中小城市综合实力百强县市”“中国最具投资潜力中小城市百强县市”“全国县级文明城市提名城市”“中国美丽乡村建设典范市”“全国生态文明先进市”“全国粮食生产先进单位”“全国林业信息化示范市”“首批山东省信息消费试点市”“首批山东省生态文化示范市”“山东省社会文化先进市”“山东省农业机械化先进市”。

积极构建现代产业体系，转型升级步伐进一步加快。以构建核心竞争力强、规模效益突出的现代产业体系为抓手，加快产业结构调整，三次产业比例调整为10.3：55.5：34.2。新型工业化加快推进，石化汽柴油均达到国Ⅴ标准，瑞其能胶莱河风电场并网发电，金丝达公司已承接外地垃圾资源化利用业务，康迈信世界最大商用车轮端产品基地、成泰化工等重点项目已投产。规模以上工业利税、利润增幅分别居潍坊市第2位、第3位。实缴税金过亿元企业3家，昌邑石化突破10亿元、主营业务收入突破300亿元。新建院士工作站2处、产业技术创新战略联盟1处，“中科院海洋生物资源技术研究中心”落户我市，金晶生物项目列入国家“863”计划，实现承担国家高技术研究发展计划新突破。现代农业稳步发展，成为全国产粮大县，在全国率先推行棉花全程机械化新模式，获批山东省首批涉水涉地资金整合试点县市。与省农科院签署农业科技战略合作协议，“农业部新型肥料研发基地”落户我市。绿博会影响力、带动力不断提升。农业标准化基地发展到36万亩，农产品品牌110个。现代服务业提速增效，实现服务业增加值121.6亿元、社会消费品零售总额139.5亿元，增长9.7%和13.5%。电子商务快速发展，棉纺城电商平台列入省“两化”融合重点项目，潍坊市第二个全国性指数——中国·昌邑生姜指数系统已运行，石化电商平台投入运行。积极发展生态文化旅游，潍河70公里旅游长廊加快提升。

深入实施蓝黄“两区”战略，突破滨海成效进一步显现。累计完成基础设施投资17亿元，配套面积56.7平方公里，新落户项目15个、总投资53.4亿元，金典化工等95个项目建成投产，恒昌机械等46个项目加快建设，先进装备制造产业园、石油天然气低碳产业园、精细化工产业园等特色园区初具规模。加大“腾笼换鸟”力度，并购重组项目13个。潍坊滨海产业园基础设施基本配套到位，开工建筑面积44.2万平方米，综合考核居潍坊市前列。下营滨海新城完成投资10.8亿元，建成区4平方公里，综合承载能力进一步提高。

大力推进新型城镇化，城乡面貌进一步改善。中心城区沿潍河、跨潍河发展步伐加快，编制完成《围子新区控制性规划及城市设计》，片区改造、道路建设、供热供气等工程扎实推进。智慧引领效果逐步显现，构建了城市管理、公共服务、安全防范、社会信用四大体系，17个服务平台及应用系统建成使用，技术水平和应用效果在全省领先；统一视频监控平台和制高点监控投入使用，中心城区实现无缝隙覆盖；以云服务平台、物联网、三网融合为支撑的智慧教育系统投入使用。完成小城镇建设投资42亿元，柳疃镇、饮马镇顺利通过全省“百镇建设示范行动”示范镇考核，并入选全国重点镇；下营镇获评省特色产业镇。建成农村新型社区13个。开展了以“五化”为重点的村容村貌集中整治，实施了“乡村连片治理”项目，并在全省分片考核中居第一位。新建、改造县乡道路220.8公里。城乡环卫一体化成为潍坊市首批通过国家标准委验收的服务业试点项目，成立了涵盖保洁、服装、设备制造等产业的环卫集团，打造了国内首家环卫教育基地；在全国率先走出事企分离、管干分开的市场化新路子，承接了全省两个现场会，被授予“潍坊市突出贡献奖”。

不断深化改革开放，发展活力和动力进一步增强。深化行政审批制度改革，建立政府部门权力清单和服务清单制度，58个单位的466项公共服务事项进驻政务服务中心集中办理。扎实推进农村产权制度改革，农村土地承包经营权确权登记颁证率达到90%以上，土地承包经营权抵押贷款做法在全省推广，成立齐鲁农村产权交易中心昌邑分中心。中小企业公共服务综合平台被列入省级示范平台。品牌创建稳步推进，拥有3个国家地理标志保护产品和15个地理标志证明商标，分别居潍坊市第1位、第2位。金融体系更加完善，新引进莱商行落户我市，4家企业在股权交易中心挂牌，贷款余额增幅居潍坊市第1位。对外贸易实现突破，进出口总额增幅居潍坊市第2位。

严守两条“底线”，安全环境和生态环境进一步优化。深入开展“安全生产责任落实年”活动，抓好“六打六治”打非治违，规模以上企业标准化建设达标率达到80%，保持了安全生产形势持续稳定。扎实开展“三八六”环保行动，城市居民管道燃气普及率100%，淘汰黄标车及老旧车辆10877辆；完成自备井整治任务，全面通过潍坊市检查验收，昌邑市滨海湿地公园跻身国家湿地公园行列；测土配方施肥125万亩。化学需氧量、二氧化硫排放量分别削减10%和8%，万元GDP能耗、规模以上工业增加值能耗分别下降3.5%和4.1%。空气质量、水质改善、总量减排和“三八六”环保行动综合考核均居潍坊市前列。新建高标准苗木基地1.3万亩，成片造林8000亩。

切实保障和改善民生，人民群众幸福感满意度进一步提高。全市民生支出18.2亿元，占财政总支出的58.6%。潍水学校二期、育秀学校、技师学院投入使用，被评为“全国特色教育示范单位”。基本公共卫生管理水平全面提升，代表山东省迎接国家卫计委农村样本点调研；城乡居民基本医疗保险实现整合，在潍坊市率先实现医保大病保险即时结报；是潍坊市唯一连续25年获人口目标达标一等奖的县市。成功承办全国中学生手球、羽毛球等国家级赛事，被评为“全省群众体育先进单位”。采取市场化运作方式，成立市演艺中心，每年包含公益演出不少于80场次，培育规范演出市场，为群众提供优质文化服务。社会保障体系更加健全，征缴各项社会保险费10.3亿元，新增城镇就业6417人、农村劳动力转移就业7974人。新开工建设678套保障性住房。城市低保标准每人每月提高40元，农村低保标准每人每年提高500元，发放社会救助款3231万元。面对有水文记载以来的最严重干旱，积极协调争取，引入峡山水库、胶东调水水资源抗旱保苗，机关、企事业单位爱心捐资，保障了生产用水和农业丰收。整合部门热线资源，成立民生热线服务中心，安装民生一键通，自运行以来共办理群众诉求1.2万余件，群众满意率98.6%。深入推进“平安昌邑”建设，自主研发潍坊市首个“综治维稳”管理系统，群众安全感测评居全省第4位，连续三次居潍坊市第1位。加强国防和民兵预备役建设，双拥工作成效明显。统计、审计、物价、外事侨务、民族宗教、台湾事务、人防、妇女儿童、老龄、残疾人、档案、史志、气象、防震减灾等工作都取得了新进展。

全面加强政府自身建设，政府公信力和执行力进一步提升。自觉接受人大及其常委会法律监督、政协民主监督，办理人大代表建议和政协委员提案217件。深入开展党的群众路线教育实践活动，坚决纠正“四风”问题，61个部门公开“三公经费”预算，压减市直部门一般性经费预算5%。扎实开展“一对一、面对面、摸实情、解难题”企业走访调研活动，优化发展环境，解决发展难题。加强电子政务建设，全市网上办公平台应用率100%。严格落实党风廉政建设责任制，始终保持为民务实清廉。

**【昌邑市城乡环卫一体化国家级服务业标准化试点项目通过验收】** 1月17日，昌邑市城乡环卫一体化国家级服务业标准化试点项目通过国家标准化管理委员会专家验收，成为潍坊市首批通过验收的国家级服务业试点项目之一，521项服务标准成为国家级标准，并将在全国推行。该项目属于2011年度国家级服务业标准化试点项目计划，自2012启动实施以来，该市按照《服务业标准化试点实施细则》等规定，通过机制、技术、管理三大创新，在全国率先成功实施了城乡环卫一体化的“昌邑模式”，极大地改善了城乡人居环境,破解了“垃圾围城”、“垃圾围村”等问题，推动了乡村文明和美丽乡村建设。目前，城乡环卫一体化“昌邑模式”已成功迈出昌邑、走向全国，相继承接省内外30

多个保洁项目，保洁面积达1亿平方米。

【全国生姜价格指数发布中心落户昌邑市】 2月，经商务部批准，全国生姜价格指数发布中心正式落户昌邑。由山东省商务厅、潍坊市商务局、昌邑市人民政府、昌邑市商务局和山东宏大生姜市场有限公司联合成立指数编制工作领导小组，委托浙江工商大学统计指数研究中心承担指数研发工作，每天发布“中国·昌邑生姜价格指数”，对生姜交易价格、市场行情、行业动态进行监测和预警，进一步强化昌邑全国生姜种植基地和集散中心地位。从2013年11月底开始，指数编制工作顺利进入试运行阶段，目前数据采集、指数计算、上网发布等环节运行效果良好。

【昌邑市被评为“全国生态文明先进县”】 4月13日，由全国生态文明先进县推介委员会组织的第四届全国生态文明先进县评选工作结束，经过材料申报、专家评估、媒体公示、定向考察、集体审议、表彰宣传等六个阶段的工作，全国共有27个县市区被评为“全国生态文明先进县”，我省昌邑市、乳山市、茌平县、成武县、平原县成功入选。近年来，昌邑市以深入实施“乡村文明行动”为契机，坚持城乡统筹、一体发展，全面改善生态环境，积极倡树文明风尚，城乡生态文明水平进一步提升。截至2014年年底，该市共完成成片造林37万亩，绿化苗木面积达11万亩，林木覆盖率达26.4%；创建全国文明村1个，省级文明村镇、社区16个，60%以上的村达到县级文明村标准。

【昌邑市入选全省信息消费试点】 11月29日，山东省智慧城市建设工作座谈会在济南召开，共确定在22个县市区开展省级信息消费试点，昌邑市入选，潍坊还有高新区和高密市入选，与威海、济宁2市并列全省首位。根据试点要求，在2年的试点期内，22个县市区将通过创新政策、内容和机制，为下一步全省信息消费和智慧城市建设工作积累经验。目前，该市采取突出特色、以点带面的方式逐步推动全市信息消费试点建设，下步，将加快实施山东柳疃棉纺城股份有限公司中国棉纺城电子商务平台项目、昌邑石化有限公司电子商务平台项目以及昌邑市移动公司光纤宽带及4g项目建设，拉动全市信息消费。

【昌邑市成为全省首个生态文化示范市】 12月15日，昌邑市被省林业厅命名为“山东省生态文化示范市”，是山东省首个生态文化示范市。昌邑市坚持把生态林业建设作为全面提升该市生态文明水平的重要途径，努力打造完备的森林生态体系、发达的林业产业体系、繁荣的生态文化体系和优良的人居环境体系。目前，该市林地面积达38万亩，拥有生态林场6处、国家级湿地公园1处、国家城市湿地公园1处、国家级苗木交易市场1处，4个镇被授予省、潍坊市级绿化示范镇称号，285个村被授予省、潍坊市级绿化示范村称号，该市林木覆盖率达到26.4%。

【奎聚街道】 位于昌邑市政治、经济、文化中心，总面积67.8平方公里，辖59个村（社区），总人口8.5万。耕地面积2582公顷。2014年，地方财政收入11609.7万元；规模以上工业主营收入204180万元，利税20095万元，较上年分别增长4%和2.2%；农民人均收入13254元。

奎聚街道区位优势明显，交通便利，南接潍莱、济青高速，206国道横穿东西，距潍坊市区、下营港仅30公里，至青岛仅1小时车程。街道城市建设日新月异，环境优美、设施完善，建有东方家园、金域华府、城市金典等多个优质小区；服务业繁荣发展，中百佳乐家、全福元等大型超市、商场数十家，翰林大酒店等星级酒店设施完善、服务周到；工业发展势头强劲，以纺织印染、机械制造、电动机车等行业为主导，限额以上工业企业17家；金丝达工业废水循环利用和生活垃圾资源化利用项目取得显著的社会效益和经济效益，多项技术获国家专利，巨彩数码在齐鲁股权托管交易中心挂牌上市，将数码喷印技术应用于纺织印花，居行业领先地位；特色农业独具优势，拥有昌邑市最大的林果、花卉和苗木生产基地；社会事业统筹发展，东利老年公寓、辛一老年公寓设施完备，服务体贴，实现了五保老人集中供养；中小学校9处，师资力量雄厚、办学条件一流。

党工委书记　黄国磊

街道办主任　陈大生

【都昌街道】 位于昌邑市中西部，面积191.4平方公里，辖82个行政村，2.8万户，人口8.8万人，耕地面积11866.7公顷。2014年，全街道完成地区生产总值55.6亿元，比上年增长7.8%；地方财政收入10494万元，比上年增长16.3%；工业实现销售收入37.9亿元，利税3.49亿元，分别比上年增长9.5%和14.7%；第三产业增加值达13亿元；农民人均纯收入1.4万元。

都昌街道盛产大姜，素有“大姜之乡”的美誉，大姜种植面积1.9万亩，年产量6.8万吨，产品出口日本、韩国、香港等国家和地区。同时，拥有“昌邑草莓”“昌邑鲫鱼”等国家地理标志保护产品，建设了东侯、西永安两个千亩葡萄园，栽植巨星、玫瑰香、维多利亚等十几个葡萄品种，已成功举办两届葡萄节。

都昌街道辖区内现有规模以上工业企业21家，有昌邑石化、同大集团、华晨集团、岱盟德、亿兴化工等大型企业入驻。去年引进投资9000万美元，建设了世界最大的康迈信商用车轮端产品基地，目前一期项目已建成投产，实现年销售收入3亿元，利税5000万元。同时，充分利用区位优势，加大力度发展现代服务业，已建成宏大市场、琨福市场、华海贸易广场、西城农贸市场、城西汽车交易市场等大型综合类批发市场，服务业实现集群发展、跨越发展。

党工委书记　张英杰

办事处主任　孙秀卿

**【围子街道】** 位于昌邑市东部，面积161.88平方公里，辖127个行政村，28861户，人口10.04万人，耕地面积9840公顷。2014年，全街道完成地区生产总值68.7亿元，比上年增长11.2%，地方财政收入9931.7万元，比上年增长16%；工业实现销售收入2084432万元，利税203666万元，分别比上年增长12%和13.6%；第三产业增加值达182565万元；农民人均纯收入12639元。

机械装备制造业膨胀发展。先后被授予山东省机械铸造业基地、潍坊市机械制造产业集群、潍坊市首批新型工业化产业示范基地，拥有国内最大的汽车轮毂、制动鼓、刹车盘、洗衣机用弹簧生产基地。苗木产业发展迅猛。全街道苗木种植面积达到3.6万亩，共有600多个绿化树种。2011年被授予AAAA国家级旅游景区的绿博园，连续举办了十二届中国（昌邑）北方绿化苗木博览会和九届中国园林花木信息交流会，与中国北方绿色物流园和中国绿色交易网共同形成苗木产业“三大市场”协调发展的新格局。近年来，围子街道先后获第二批全国人口和计划生育依法行政示范乡镇、山东省十二五期间中小企业专项资金重点支持产业强镇、山东省环境优美镇、山东省文明镇、山东省旅游强镇、山东省绿化示范乡镇、山东省最佳休闲乡镇、山东省苗木花卉百强镇、全省十佳苗木乡镇等称号。

党工委书记 宋晓波

主　　任 孙效治

**【龙池镇】** 位于昌邑市西北部，面积182平方公里，辖27个行政村，7911户，人口2.5万，耕地面积3866.7公顷。2014年，全镇完成地区生产总值129.4亿元，比上年增长9.6%；地方财政收入3321.4万元；工业实现销售收入67.5亿元，利税6.1亿元，分别比上年增长12.3%和9.3%；第三产业增加值达2.9亿元；农民人均纯收入13680元。

该镇地处蓝黄“两区”建设前沿，地理位置优越。北部海岸线长约6公里，滩涂辽阔，主要海产品有40余种。沿海地下蕴藏着大量卤水、溴素、石油等资源，盐及盐化工和纺织印染是该镇两大优势产业。拥有盐田27万公亩，年产原盐130万吨，溴素生产能力达到1.5万吨。以海能化学18万吨离子膜烧碱项目为基础，规划建设了120平方公里的龙池工业园区，是加快滨海开发的重要载体。近年来特别是今年以来，该镇以评为“山东省民间文化之乡”“山东省旅游强镇”为契机，发挥龙池属革命老区和历史文化厚重的优势，坚持文化产业与旅游业融合发展，用文化包装旅游，用旅游承载文化，不断加大文化投入，发展文化产业，建设“文化龙池”。北白塔烈士祠、孙膑庙、陈干墓、齐西故居群等6处历史文化遗迹被评为省级文物保护单位。齐西村被评为山东省历史文化名村、首批山东省传统村落。龙池年俗被列入潍坊市非物质文化遗产保护名录。积极申报王锡芝剪纸、赵怀志制盐为省级非物质文化遗产，向外大力推介龙池的水文化、盐文化、名人文化、古迹文化、红色文化、非遗文化，打响龙池文化旅游品牌。

党委书记 许增贤

镇　　长 刘广杰

**【柳疃镇】** 位于昌邑市区正北10公里，渤海莱洲湾南岸，镇域总面积324.7平方公里，其中，浅海面积100平方公里，海岸线长19公里，辖72个行政村，户籍人口4.8万，常驻人口7.8万，耕地面积5000公顷。柳疃镇区位优势明显，荣乌高速公路、大莱龙铁路、新海路穿越东西，昌灶路纵贯南北。距青岛港和青岛机场110公里，属青岛1小时经济圈。距潍坊港37公里，距潍坊机场43公里，属潍坊半小时都市圈。是全国重点镇、全国文明镇、国家小城镇经济综合开发示范镇、山东省中心镇、山东省“百镇建设示范行动”示范镇、山东省产业化驱动城镇化十强镇、山东纺织印染产业第一镇、山东省小城镇建设示范镇、潍坊市扩权强镇改革试点镇。2014年，全镇实现财政总收入3.95亿元，其中，公共财政预算收入2.02亿元，分别比2013年增长15%和16%；农民人均纯收入17630元。

城镇建设中，沿龙河两岸集中布局城市要素，规划建设了能够服务镇区10万人口规模的“市民广场”，统筹完善为民服务中心、学校、医院、养老、托幼、商贸综合体等功能配套，提升小城镇承载能力和吸纳能力。同时，以“市民广场”建设为带动，扎实推进华裕、华信、龙苑、政亨园等十大集中居住区建设，总投资10.2亿元、总建筑面积50.1万平方米，全部建成后，镇区高层商住楼将达到13栋，多层住宅达到86栋，初步形成小城市的规模。

纺织印染、盐及盐化工是柳疃镇主导产业和传统产业。柳疃镇现有纺织印染企业511家，其中，印染企业19家，纺织企业492家，年实现产值19亿元，从业人员3万余人。拥有各类织机2.1万台，纺纱能力6万锭，年产丝绸、纯棉、化纤等各类布匹13.2亿米，印花生产线87条，染色机28台，年印花、印染生产能力12亿米。产品覆盖了丝绸、化纤、涤棉、纯棉、装饰布、色织布等六大类230多个品种，是江北最大的装饰布生产印染基地。盐及盐化工产业方面，全镇共有盐田52万公亩，年产原盐225万吨；盐化工企业9家，年产溴素2.3万吨。

柳疃工业园区规划面积50平方公里，现已完成基础配套10平方公里。主要承接传统产业转型升级，产业定位是纺织印染、食品加工、机械制造、生物制药等先进制造业和高新技术产业，发展方向是建设生态型、环保型现代化经济新区。目前，已有纺织服装、食品加工、机械制造、生物制药等产业的35家企业落户，总投资93.5亿元，有28个项目建成投产。

党委书记 王明胜

镇　　长 肖　波

**【下营镇】** 位于昌邑市北部，面积220平方公里，辖35个行政村，8601

户，人口2.4万，耕地面积3721.9公顷。2014年，全镇完成地区生产总值12亿元，比上年增长20%；地方财政收入1.9亿元，比上年增长10.9%；工业实现销售收入35亿元，利税4.37亿元，分别比上年增长4.2%和70%；第三产业增加值达1.4亿元；农民人均纯收入12622元。

下营镇自然资源丰富，生态系统独具特色，产业基础较好，海岸线长18公里，浅海滩涂4.6万亩，渤海莱州湾盛产三疣梭子蟹、东方对虾、鲈鱼等名优水产；是全国知名的溴素及原盐产地，区域内现有国家一级渔港一处，5000—1万吨级的下营商港正在规划实施中。

依托科学的规划布局，滨海特色城镇日益崛起。"海上"重点发展精品海洋渔业，逐步形成了滩涂贝类养殖产业带和现代化海水养殖示范区，其中东方对虾、银鱼、海参、单环刺螠（海肠）、三疣梭子蟹为下营名产。"陆上"突出发展工业和休闲旅游业，位于该镇东部的下营工业园，是建设以海洋精细化工、石化盐化一体化为主导的高端化工园区，规划面积45平方公里，为昌邑滨海（下营）经济开发区内面积最大的工业组团。截止2014年年底，园区内已落户项目89个，投资额达368.3亿元人民币，其中，已投产项目52个。整合各类海洋旅游资源，形成了以月牙湖景区为"龙头"，依托万亩生态林场和滨海湿地公园，突出"渔港观光、滩海拾贝、渔家品鲜"为主要内容的滨海休闲旅游区。

党委书记　李寿岩
镇　　长　郝炳伟

【卜庄镇】　位于昌邑市东北部，地处潍坊、烟台、青岛三市交界，交通便利。总面积114.8平方公里，辖95个行政村，1.8万户，人口5.2万人，耕地面积7467公顷。2014年，全镇完成地方财政收入4197.1万元。工业实现销售收入41.3亿元，利税7亿元，分别比上年增长10.2%和11.1%；农民人均纯收入12188元。

经济发展方面。工业经济发展较快，现有金昌树环保稳定剂、凯特纳米新材料、恒信达高档染色体等化工企业，卜庄机械厂等机械制造业，富锦、环球等冷藏加工厂，乐邦冷链物流等物流企业259家，其中，规模以上16家；拥有郑家坡、万宝等铁矿企业3家。现代农业成果显著，拥有福瑞面业、华侨种禽等市级农业龙头企业12家；大陆梨枣等农民专业合作社75家；建成华彤苗木、元宝枫苗木等种植基地4处，大陆梨枣等现代农业示范园区2处，粮食创建基地2处；完成高效节水灌溉工程，发展梨枣、土豆、大姜1万，其中，"大陆梨枣"通过了国家级绿色食品认证。小城镇建设水平高。镇区路灯、管网、休闲广场等基础设施配备完善，农村环境综合整治效果明显，乡村文明行动成果显著，农村"村村通"路网发达，绿化、亮化、净化水平高，镇村居民生产生活环境优美。文化产业发展迅速，其中以手工艺品"草编""黑陶制作"享有盛名。

先后获"省文明镇""全省平安创建先进乡镇""潍坊市文明和谐单位""潍坊市文明镇"等称号。

党委书记　董明明
镇　　长　朱永红

【饮马镇】　位于昌邑市中南部，面积166.1平方公里，辖101个行政村，24422户，人口8.5万人。2014年，完成公共财政预算收入5279万元，增长12.5%；规模以上工业主营业务收入实现587507万元，增长9.5%；利税实现80663万元，增长4.4%。

饮马镇地理位置优越，交通便利，省道下小路纵贯南北，青银高速横穿东西，属青岛1小时经济圈和潍坊半小时经济圈，是全国重点镇、山东省"百镇建设示范行动"示范镇、省级环境优美镇、山东省中心镇、省级旅游强镇、潍坊市扩权强镇改革试点镇、潍坊市农业十强镇、潍坊市农产品质量安全示范镇。

该镇形成以纺织、高新技术、矿产开采、设备制造和乡村旅游为主的五大特色产业。以瑞其能风机为代表的高端装备制造、新能源产业发展迅速。农业发展向特色化、产业化、规模化发展，盛产的"山阳大梨"及"林海春天"牌食用菌获得了绿色食品和国家地理标志产品认证。2014年，山阳村分别获得了山东省"宜居村庄"和全国"宜居村庄"称号，已连续成功举办了五届梨花节，吸引游客50多万人，产业优势明显。博陆山生态旅游区被评为国家AAA级旅游景区和省级休闲农业与乡村旅游示范点，千年梨园被评为"齐鲁最美田园"、山东省精品采摘园。

党委书记　曲　伟
镇　　长　闫胜平

【北孟镇】　位于昌邑市最南部，面积178平方公里，辖92个行政村，2万户，人口7.2万人，耕地面积10400公顷。2014年，全镇完成地区生产总值34.2亿元，比上年增长14%；地方财政收入2225万元，比上年增长16%；工业实现销售收入33.4亿元，利税2.8亿元，分别增长6%和21.4%；第三产业增加值达到10.1亿元；农民人均纯收入12100元。

潍胶路、济青高速公路、胶济铁路、下小路4条交通要道穿境而过，属青岛1小时经济圈、潍坊半小时经济圈、黄河三角洲高效生态经济区范畴。民营企业达到300余家，形成了以纺纱织造、纸箱包装、农产品加工等"三大产业"为主，新型电子、玩具制作、机械制造、饲料加工、工艺镜框加工等产业齐头并进的格局。具有丰富的农业资源，培育发展花生、大蒜、半夏、大棚果、梨枣、黄金梨、苹果、核桃、草莓、大姜等"十大特色产业"，农业龙头企业10余家。商贸发达，依托良好的生态、地理和区位优势，小城镇建设日臻完善，是一座宜居宜业的现代化小城镇。

党委书记　孙　磊
镇　　长　陈　诚

（刘伟刚）

# 临朐县

【国民经济和社会发展概况】 临朐县位于潍坊市西南部，总面积1831平方公里，其中山区、丘陵面积占87.3%，辖13个镇（街、园、区）、350个村（社区），89万人。2014年，全县实现地区生产总值229亿元，增长9.2%。财政总收入20.2亿元、公共财政预算收入12.3亿元，分别增长14.6%和18.5%。金融机构本外币存款余额275亿元，增长12.4%；贷款余额208.8亿元，增长16.8%。完成固定资产投资244.7亿元，增长16%。规模以上企业实现主营业务收入454.1亿元、利税26.1亿元，分别增长6.7%和13.8%。实现社会消费品零售总额110亿元，增长12%。城镇居民人均可支配收入、农民人均纯收入分别达到22945元和13220元，增长10.2%和11.7%。

狠抓产业结构调整，工业经济加快转型升级。深入实施“5141”工程，山水骨料、万豪汽车滤芯纸、华特工业园等骨干财源项目建成投产，华建高性能特种铝材、伟盛高档工业铝材部分建成投产，奥凯龙高档橡胶、伊利二期进展顺利。积极引导传统产业转型升级，组织实施重点技改项目30个，完成工业固定资产投资124.8亿元。新发展高新技术企业5家、市级以上工程技术研究中心19家，新增中国驰名商标、山东省著名商标、山东名牌产品10件。“三招三引”工作深入推进，新签约引进中欧节能门窗基地、高铁轨道大板等投资过3亿元项目18个，与高等院校签订产学研合作协议30项，联合共建科研院所2家。临朐经济开发区、东城工业园扩区增容，龙山高新技术产业园、县中小企业创业产业园、临朐滨海工业园基础配套不断完善，承载能力进一步增强。

大力发展现代农业，农业农村工作实现新突破。积极推行奶牛牧场化管理模式，新建标准化牧场14处。落实黄烟种植面积2.3万亩，新发展优质果品9700亩、大棚果2000亩。新增农业龙头企业等新型经营主体213个，其中，省级农业龙头企业、省级农民专业合作社示范社、国家级示范社分别发展到7家、13家和4家。新认定“三品一标”优质农产品34个。山东华良农业科学研究院成立，种业科研能力不断提升。组织实施农村产权制度综合改革，成立齐鲁农村产权交易中心临朐分中心，完成668个自然村的土地承包经营权确权登记、317个自然村集体资产成员资格认定，调动了农民发展现代农业的积极性。积极组织开展村（居）民委员会选举，完成346个中心村新一届村（居）民委员会选举工作，村民自治能力进一步提高。

注重发挥比较优势，现代服务业繁荣发展。以“三山两园一谷”为重点，加快旅游项目建设，核心景区竞争力全面提升。沂山风景区东镇湖休闲广场建成，圣水河改造等工程顺利实施。嵩山生态旅游区旅游总体规划通过专家评审，暖水河村搬迁改造稳步推进。石门坊景区建成红叶广场等“十大工程”。老龙湾绿化景观工程基本完工。九山林海被评为全省休闲农业乡村旅游示范点。揽翠湖（天沐）温泉度假村运营并被评为AAA级旅游景区。商贸服务业重点项目加快推进，全福元、佳乐家等项目基本建成，隆达商业广场动工建设，钢材市场顺利搬迁，玻璃市场完成回迁安置，江北物流城投入运营，汽车4S店集中发展区不断壮大。电子商务加快发展，“伟成网乐购”等电商企业发展到33家。金融服务体系日臻完善，荣丰源小额贷款公司、西部证券临朐营业部等5家金融机构开业运营。华特磁电、联科股份成功登陆“新三板”，三诺机电、银河动力等9家企业在齐鲁股权交易中心挂牌。场外市场挂牌企业达到12家，新增挂牌企业总量居全省第一。

大力推进新型城镇化，城镇承载能力明显提升。以“突破龙山、提升城区、开发‘两河’”为引领，统筹推进城区、小城镇、农村新型社区协同发展，城镇建设管理水平不断提高。启动新一轮城市总体规划修编，加快中心城区改造提升，新增房地产开发面积43万平方米，新开工安置楼55栋、1300户，完成首批289套经济适用房分配。对民主路、朐阳路等城区道路和龙泉、惠中园等老旧小区道路进行改造提升，新建、续建城市道路10条、55公里。对兴隆中路、青年路、粟北路等6条道路进行绿化提升，新增城区绿化面积12万平方米。公共自行车系统投入运行，广威弥河大桥改造工程建成通车，县城至冶源公交线路开通运营。完成东郡市场及沂山路、朐阳路等4条道路摊点群分流搬迁，依法取缔占道摊点430处，拆除乱搭乱建37处，市场经营秩序进一步规范。小城镇建设加快推进，完成投资15.1亿元，新修道路130万平方米，新建公共建筑80.2万平方米。新建、改建“县管公路”7条、47.8公里，农村公路95条、160.2公里。扎实推进农村社区建设，新建农村新型社区11个，完成农村新建住房4300户、危房改造488户。

深入实施“生态活县”战略，生态优势进一步彰显。扎实推进“三八六”环保行动，关闭城区自备井162眼，新安装计量设施214眼，冶源水库东水厂开工建设，第二污水处理厂二期和冶源、辛寨污水处理厂建设顺利推进，第三污水处理厂建成。蓝帆新材料、西城热电、绿能供热等企业脱硫脱硝、除尘升级改造项目全面完成，重点排污企业实现在线监测、达标排放。淘汰黄标车、老旧汽车9232辆。严厉打击环境违法行为，查办环境违法案件91件，取缔“土小”项目和环境污染项目52个。以“两清一绿”为重点，积极开展水域环境综合整治，完成弥河保护开发总体概念和景观规划，弥河和东镇湖两处湿地公园通过省级评审。组织实施造林绿化工程，完成成片造林3.2万亩、森林抚育2.5万亩。

大力发展社会事业，民本民生持续改善。2014年民生支出19.5亿元，占公共财政支出比重达到75%。临朐二中、七中撤并进城，新建、改建学校26处，开工建设标准化幼儿园12处。成功举办第三届群众文化艺术节、第二届沂山文化节，举办“文化临朐·和谐四季”系列群众文化活动100余场次。史志工作“临朐经验”在全省推广。县人民医院加盟青岛大学医疗集团。县中医院门诊病房楼、糖尿病医院综合楼、阳光爱德健康城等项目积极推进。社会救助体系不断健全完善，“1161”养老工程深入实施，县社会福利中心基本建成，“12349”居家养老服务平台投入使用。城乡居民社会养老保险参保人数达到51万人，城镇居民医疗保险和新农合并轨运行。城镇新增就业5880人，转移农村劳动力9420人。实施农村饮水安全提升工程，供水保障能力进一步提高。严格落实安全生产责任制，加大食品药品监管力度，安全生产、食品药品安全形势总体平稳。深入开展普法依法治理，严厉打击各类违法犯罪活动，全面推进平安临朐建设，社会大局持续稳定。国防动员、双拥共建、优抚安置和民兵预备役建设不断加强，军政军民团结进一步巩固。

**【成功举办首届中国（临朐）国际门窗幕墙博览会】** 2014年4月18～20日，第一届中国（临朐）国际门窗幕墙博览会在临朐县举行。本届博览会主题为“汇天下门窗，博绿色世界”。博览会全面展示了当前国内外门窗幕墙产业链条上下游优势企业的最新科技研发成果，旨在宣传建筑节能，推广节能产品，助推门窗幕墙产业加快转型升级。来自中国、德国、越南等地的130多家优秀门窗幕墙及相关企业展示了最新技术产品。博览会围绕“宏观形势下的绿色建筑”和“节能门窗的未来之路”两个主题，举办了中国房地产业与门窗幕墙行业合作高峰论坛，包括德国泰诺风专家、越南专家在内的房地产及门窗幕墙行业的专家，就房地产及门窗行业如何加快转型升级，深化互利合作，实现共同可持续健康发展进行了深入研讨。

**【成功举办中国·山东首届乡村旅游节】** 2014年8月30～10月30日，中国·山东首届乡村旅游节在临朐县石门坊景区举办。本届乡村旅游节以“创新旅游产品，倡导低碳旅游”为宗旨，以“好客山东，乡约临朐”为主题，旨在深入挖掘山东乡村旅游资源，开发特色旅游产品，进一步打响“好客山东”的旅游品牌形象，带动山东乡村旅游业发展。节会期间，举办了“山东省十大乡村旅游目的地评选”“山东省十大乡村旅游精品线路评选”“第二届中国·山东乡村旅游节形象大使选拔活动启动仪式”等评选活动和“美食节”“采摘节”“旅游商品展销会”“自行车骑游赛”“马拉松比赛”“房车露营节”“乡村旅游摄影大赛”等主题活动。

**【获评“全国计划生育优质服务先进县”称号】** 2014年9月10日，临朐县“全国计划生育优质服务先进单位”授牌仪式举行。这是继“全省计划生育优质服务先进县”“全省免费孕前优生健康检查项目室间质评优秀县”等称号后，临朐县获得的又一殊荣。近年来，临朐县在“全省计划生育优质服务先进县”基础上，确立了争创“全国计划生育优质服务先进单位”的目标。县委、县政府高度重视，将人口计生工作纳入经济社会发展全局，连续两年出台加强人口计生工作的意见，对“创优”工作从组织领导、人财物投入、舆论环境等方面提供可靠保障，确保了“创优”工作强力推进、取得实效。

**【东镇沂山祭仪入选第四批国家级非物质文化遗产名录】** 2014年9月，文化部非物质文化遗产司公布了第四批国家级非物质文化遗产代表性项目名录推荐项目名单，临朐县省级非物质文化遗产项目东镇沂山祭仪成功晋级，实现了临朐县国家级非物质文化遗产项目零的突破。东镇沂山祭仪是历代帝王对东镇沂山的“望秩之礼”。商周之前，祭祀时间为阴历二月，隋唐以后为阴历的“立春”。民国以后，帝王的“望秩之礼”，演变为大型的民间沂山祭祀典仪，时间为阴历四月初八。主要仪程有：击鼓鸣钟、献供三牲、祭酒、敬献花篮、敬香、宣读祭文、行三叩礼、乐舞告祭。沂山祭仪，经历了图腾崇拜、山形祭祀、山镇祭祀、封禅行典和岳镇海渎祭祀五个阶段。每个发展阶段都透露出不同的文化信息，对传承、丰富和发展我国民族文化具有重要作用。

**【城关街道】** 位于临朐县中心城区，总面积90平方公里，辖32个村（社区），66个建制村，人口14.6万人，耕地面积2800公顷。街道拥有规模以上企业49家，2014年共完成销售收入87.9亿元，利润总额2.5亿元，利税4.2亿元，同比分别增长19.5%、23.2%、24.9%。完成财政总收入4.02亿元，公共财政收入2.53亿元，同比分别增长5.7%、9%。

深入实施“大项目带动”战略。伊利二期1600吨液态奶扩能、鑫珂海洋生物高分子材料产业化、华特工业园二期、万豪集团6000吨汽车滤芯纸等大项目落地建设。全力打造全县核心商贸圈。全福元中央商务区、中百商务区等现代服务业项目迅速崛起，引领现代服务业向高端发展。扎实推进旧城旧村改造。滨河公园、文化公园等8处公园绿地坐落弥河两岸，进一步凸显山水园林宜居城市风貌；完成西坦、东郡二期、三里庄等安置社区建设任务，1100多户村（居）民顺利回迁；城关教育园区全部投入使用，阳光爱德健康城项目稳步推进。以国家AAA级旅游景区石门坊、龙韵文化艺术城、中国奇石城等旅游景点、文化旅游专业市场为依托，有效整合奇石、书画、雕塑特色产业，文化旅游产业迅速做大做强。积极发展大棚樱桃、奶牛养殖、食用菌等特色高效农业，有“中国江北大棚樱桃第一镇”美誉。

党工委书记　沈明新

办事处主任　傅绍学

**【东城街道】** 位于临朐县城东2公里

处，面积144平方公里，辖43个行政村，2.8万户，人口10.8万人，耕地面积4453公顷。2014年，街道完成地方财政收入3.06亿元，比上年增7.7%；规模以上工业企业实现主营业务收入129.2亿元，同比增长11%。

工业经济高效高质发展。爱格仕、明晟重工等铝材设备制造项目相继投产，新引进投资10亿元的米兰之窗中欧节能门窗基地项目，新增中国驰名商标4个，产业集群内中国驰名商标达到11个，华岳达铝业、联科新材料等6家企业在股权交易市场、新三板成功挂牌。现代服务业蓬勃兴起。成功举办首届中国（临朐）国际门窗幕墙博览会，交易额达10亿元。江北物流城一期建成启用，119家钢材经营业户整体迁入江北物流城；新引进落户日照同钧、长安汽车等5个汽车4S店项目。投资3亿元，建筑面积15万平方米的揽翠湖温泉度假村投入运营，新开通温泉一日游项目。新型城镇化扎实推进。安置楼建设步伐加快，盛源社区安置楼交付使用，南赵家河安置片区17幢安置楼建成，吴家庙、颜家洼等安置片区49幢安置楼，完成主体工程。公共服务设施更加完善。投资1.2亿元、占地130亩的七贤中学投入使用，投资800万元，重修七贤到冶源5公里道路，改造提升原七贤镇区道路2条，安装路灯22盏，建立起城乡环卫一体化长效机制，城乡面貌持续改善。

党工委书记　孙传坤

办事处主任　王金来

**【五井镇】** 位于临朐县西南部，面积102.3平方公里，辖20个中心村、33个行政村，人口5.2万人，耕地面积2200公顷。2014年，实现财政总收入10160万元，地方财政收入5276万元，同比分别增长5%和17%。

工业项目加速建设。建成日产5000吨新型建材熟料生产线两条、水泥粉磨生产线一条，配套建设年发电量为7500万度余热发电系统，年产200万吨骨料项目投产。引进投资10亿元的山东高铁轨道板项目。金牛机械制造产业园建成“四纵三横”园区道路3.6公里，茂华塑料、驰宇配件等4家企业投产达效。新型纳米钙产业园扩容提质，高铁轨枕二期项目新上年产2万根支柱网接触生产线两条。赛银钙业、利群化工等骨干项目实现转型升级。现代农业加速推进。规划设计生态种植、生态养殖、生态治理三大区域，华农肉羊、慧安种禽繁育等5家项目投产。付家庄土地综合整理项目新建蓄水池6座，新修生产路8公里，五井山柿获国家地理标志认证，规范提升130家农村合作经济组织，新发展家庭农场5家，发展黄烟2100亩。生态旅游突飞猛进。加快推进官护山旅游项目建设，开发建设综合服务、滨水休闲、乡村旅游、红叶观赏、生态探幽五大功能区，生态停车场、进山道路、拦水坝等工程已完成。加快提升AAA级北方石林景区建设，积极推进八歧山景区建设，形成山顶侧柏戴帽，中部扁桃缠腰，山底柿子环绕的立体生态格局。城镇建设步伐加快。投资1200万元修建东环路。投资7900万元，推进莲花山新型社区建设，已完成12幢住宅楼建设。社会事业全面发展。投资650多万元，完成农村饮水安全工程。投资1000万元，对五井小学维修加固。投资134万元，完成镇区污水管网改造。建成五井西村和石峪村幸福院。新修付家庄、五井西村等村生产路7条26公里，完成上坪、付家庄、下五井东村的抗旱打井工程。

党委书记　马建平

镇　　长　李守成

**【冶源镇】** 位于临朐县城南部，总面积153.2平方公里，辖39个中心村，3.5万户，10.5万人，耕地3867公顷，是国家特色景观旅游名镇、国家小城镇建设试点镇、省级中心镇。2014年，实现财政总收入1.01亿元，地方财政收入4900万元，同比分别增长20.4%、25.3%。

近年来，镇党委、政府以打造县城次中心为目标，突出工业经济、现代农业、小城镇建设和文化旅游4个重点，加快发展镇域经济。镇区建成区面积达到7平方公里，常住人口5万人，镇区通车里程达到150多公里，绿化面积600多万平方米。规划建设了杨善、冶泉等四大工业园区，省高新技术企业达到3家，山东省著名商标3个，形成了汽车配件、机电磁电、瓶盖加工和食品加工等产业集群。建成了万亩优质葡萄基地、万亩西瓜蔬菜基地、肉鸭养殖基地和虹鳟鱼、鲟鱼养殖基地，“杨善”牌西瓜、学庆蔬菜合作社黄瓜、龙湾淡水鱼养殖合作社虹鳟鱼等18种农产品通过绿色食品认证，虹鳟鱼、鲟鱼等4种冷水鱼通过有机食品转换认证。实施老龙湾风景区综合开发工程，加快推进省级旅游度假区建设，着力打造“鲁中水乡，北国江南”文化旅游品牌。

党委书记　赵洪军

镇　　长　贺志健

**【寺头镇】** 位于临朐县西南部，面积276平方公里，辖34个中心村、175个自然村，2.1万户，7.4万人，耕地面积5733公顷。2014年，全镇完成地区生产总值26.5亿元，比上年增长12.7%；地方财政收入1616.7万元，比上年增长7.89%；工业实现销售收入23.5亿元、利税1.55亿元，分别增长18%和19.2%；第三产业增加值达79915万元；农民人均纯收入13220元。

品牌农业亮点纷呈。先后成功申报寺头山楂、寺头红香椿等国家地理标志认证4个、绿色食品认证1个、有机产品认证3个。发展山楂、香椿、中草药、黄烟等合作社17个，相亮山楂合作被农业部授予社国家级示范社、春早红香椿合作社被省林业厅授予省级示范社。建成呈子有机山楂基地10000亩、石佛香椿基地20000亩，落实黄烟种植面积6000余亩，发展高山西红柿1000余亩。特色产业助推“工业立镇”。引进青岛千峰石材、华源纺织、金晔食品、煜昕铁艺制品4个项目落户镇区工业园；投资3亿元的爱格仕铝材设备项目5月投产达效；投资5亿元的国电风力发电项目并网发电。城镇建设全面加快。投资1000余万元，完成石家河镇区改造，铺装5000余方平米社区活动广场；规划建设占地50亩、拥有床位300张的镇养老福利中心，一期5000平方米的工程主体已建成。硬化原乡镇之间的两不管道路3条8公里，硬化村内大街17公里，维修环山路28公里。投入500余万元，建设垃圾池256个，配备保洁员207名，按市场化运作模式由专业保洁公司负责镇村保洁，实现了城乡环卫一体化全覆盖。生态旅游迈出新步伐。国家AA级风景区双雀山景区先后投入1500余万元，完成游客中心、生态停车场、景区北大门等基建工程，新修道路8.6公里，栽植薰衣草500余亩。悬泉寺景区建成3座大殿和占地2000平方米的居士楼，景区道路进行全面硬化。呈子山楂生态采摘园通过省级主管部门验收。

党委书记　瞿志敏

镇　　长　窦海燕

**【九山镇】** 位于临朐县西南部，淄博、临沂、潍坊三市交界处，省道薛馆路、潍九路、大沂路贯穿全境。面积254平方公里，辖26个中心村，1.7万户，5.2万人。2014年，全镇规模以上工业实现主营业务收入7.5亿元，同比增长17.1%；全社会固定资产投资10.7亿元，同比增长21%；实现财政总收入1915万元，其中地方财政收入1339万元，同比分别增长18%和21%。

现代农业发展质量明显提高。重点抓好牛寨、褚庄有机苹果，青杨峪有机板栗基地和八棵树现代农业示范园建设，青杨峪板栗基地被评为全国十大有机农业（板栗）示范基地之一。全面完成晋家沟、马家沟高标准农田治理、辛庄流域土地整理和花龙潭水土保持项目，配套完善水、电、路等基础设施。乡村旅游步伐明显加快。在神牛谷景区建成农家乐2层小院37户，平房农家院20户。在黑松林景区新建设25米高佛像1座，硬化景区道路2.4公里。以55公里的林海大道为轴，加快景区连片开发力度，打造九山二日游生态休闲旅游品牌，被评为好客山东最美村镇，牛寨村被评为中国最美休闲乡村，黑松林景区被评为省级原生态旅游景区。镇村面貌明显改善。新修顺河路、滨河路、九抬路北段3条道路，新建顺河路交通桥1座。投资1500万元，新建弥河源湿地公园1处，新增绿化面积6.5万平方米，铺装面积8500平方米，形成水面2.6万平方米，被评为市级湿地公园。实施文化广场改扩建工程，新建直径90米、面积6500平方米圆形广场1座。实施九山、白沙社区改造提升工程，新修社区道路2条2.2公里，新建居民住宅楼两幢，新建商住楼1.2万平方米。民生事业投入明显加大。投资800万元，建成九山中心幼儿园，投资3000万元，新建九山小学，并完成主体建设。投资800万元，新建九山老年福利服务中心，完成一期3200平方米的老年公寓楼主体工程。

党委书记　张守兵

镇　　长　李　斌

**【辛寨镇】** 位于临朐县中部，面积230平方公里，辖49个中心村，3.71万户，12.7万人，耕地面积6953公顷。2014年，全镇实现财政总收入1.21亿元，地方财政收入6544万元，同比分别增长19.9%和25.8%。完成工业企业总产值83.5亿元，主营业务收入82.4亿元，利税3.77亿元，同比分别增长16.8%、16.1%和15.2%。

坚持“工业强镇”战略不动摇，推动产业经济持续健康发展。投资1.3亿元，建设卧龙、辛寨、凤凰山三大工业园区。新落户过亿元项目8个，重点在建项目15个。完成技改和固定资产投入4.7亿元。工业企业发展到420家，其中，规模以上企业43家，形成了橡胶、童车、硬质合金、汽车配件等九大优势产业。坚持以建设“小城市”试点镇为契机，推进宜居宜业城镇建设。新开工建设建筑面积7.7万平方米的辰鸿嘉园二期、建筑面积5.9万平方米的红叶家园小区、建筑面积7.6万平方米的丹阳湖嘉园小区一期。建筑面积3万平方米的辛寨医院综合楼主体工程完工。开工建设5.4万平方米的夕阳红福利院。1.1万平方米的卧龙小学和幼儿园投入使用，3.4万平方米的综合商贸城开业运营，2.3万平方米的供销商厦完成主体工程。投资完成辛寨—杨家河、辛寨—白沙、辛寨—白塔、卧龙路口—冶源等十余条道路建设。坚持以发展现代农业为重点，推进农民增收、农业增效。新、扩建标准化奶牛养殖场3个，新增奶牛1600头，日增鲜奶20吨。三山峪山楂、双山黄烟等8个农业示范园区规模不断扩大。新发展农业合作社15家，乐华丹参合作社被评为省级示范社。新发展辰宇、王老五等家庭农场5家。投资2000多万元，实施大峪土地整理、牛栏峪治理工程等3大项目。农村产权制度改革顺利完成，在全市率先完成了土地确权和资产改制工作。狠抓城乡环卫一体化工作，村居垃圾收集覆盖率100%，彻底改变了镇村群众的生产、生活环境。

党委书记　白文玉

镇　　长　刘万军

**【蒋峪镇】** 位于临朐县东南部，总面积178平方公里，辖8个农村社区、29个中心村、76个原建制村，1.5万户，人口5.7万人，耕地面积4380公顷。2014年，全镇完成地区生产总值13.24亿元，比上年增长11%；地方财政收入1497.4万元，比上年增长23%；工业实现销售收入7.22亿元，利税6162万元，分别增长18.44%和20.82%；第三产业增加值达2.91亿元；农民人均纯收入12116元。

大力实施工业兴镇战略。华一服饰等龙头企业规模不断壮大，投资5亿元的吉祥板材完成一期建设，实现规模企业零的突破。大力实施农业强镇战略。盛安食品建设占地1000亩的果品生产基地，培植壮大丹参、糖蒜、紫薯、奶牛等特色产业，“牛河糖蒜”顺利通过绿色食品认证，新增奶牛1800头。大力实施城建靓镇战略。高标准抓好莲湖片区改造建设，投资1亿多元，完成莲湖公园一期建设，组织实施蒋峪大道、海尔东路等3条区间道路建设，警务便民服务中心主体完工。大力实施商贸活镇战略。突出抓好蒋峪大集项目建设，把农村大集融于商贸古城，打造中国第一个农村集市题材的文化古街。大力实施生态优镇战略。投资3000多万元，实施汶河、蒋峪河综合治理工程，生态文明建设成果显著。大力实施民生安镇战略。投资500余万元，创新开展环境卫生"综合整治达标月"活动，城乡环境卫生状况明显改善。投资2000万元抓好镇中心幼儿园建设，投资2500万元组织实施贺家洼到邢家官庄、接家河到谭家沟等4条、30多公里的乡村道路建设。

党委书记　王锡利

镇　　长　王炳涛

【柳山镇】　位于临朐县东部，面积97.1平方公里，辖59个行政村，1.1万户，人口4.12万人，耕地面积4247公顷。2014年，全镇完成地方财政收入871.9万元，比上年增长20.4%；工业实现销售收入43681万元、利税7223万元，分别增长19.1%和20.4%。

抓龙头促进农业建设。发展辛庄农业示范园种植面积3000余亩，黄烟连片方种植面积6000余亩，培植洋河、双利奶牛养殖示范园，两园奶牛存栏量达2200余头。大投入做好民生工程。投入3600余万元，建成高标准教育园区，全镇学校建设全部实现标准化。完成镇医院医技楼、国土所、兽医站主体建设。投资320万元，完善镇综合文化站，800平方米图书馆完成建设。大变化建设美丽乡村。先后投资176万元，配备178人的专业化保洁队伍，加强环卫工作集中整治和日常监管，实现了环卫一体化市场化运作，确保了镇容、村貌干净、整洁。投资580余万元实施柳五路绿化工程，绿化面积12.2万平方米，打造"美丽柳山走廊"。

党委书记　耿怀金

镇　　长　窦圣健

【山旺镇】　位于临朐县东北部，面积108平方公里，辖16个中心村，0.95万户，人口3.2万人，耕地面积3600公顷。2014年，全镇完成地区生产总值12.1亿元，比上年增长11%；财政总收入1466万元，地方财政收入1030万元，分别比上年增长42%和28%。工业实现销售收入6.12亿元、利税6200万元。

充分利用区位优势，加快推进中小企业创业产业园区建设。园区基础配套设施已完成，现已落户项目17家，投产达效10家，重点发展以绿色能源、机械制造加工等为主的高新技术产业。发展现代生态农业，高标准建设现代农业示范园区。重点发展大樱桃、瓜菜、小米等特色种植业，成功申报"山旺大樱桃"和"金鸽山小米"两项国家地理标志。社会事业全面发展。继续完善城乡环卫一体化工作运行机制，优化镇村环境；投资450万元高标准硬化营乜路6.2公里，硬化蒿青路、村村通路9.5公里，整修洼柳路、村间生产路33.6公里；建设500平方米镇图书馆1处，组织专题文艺汇演6场，丰富了农村人民群众的精神文化生活。

党委书记　魏林卿

镇　　长　吕学志

【龙山高新技术产业园】　位于临朐县东北部，面积67平方公里，代管16个行政村，0.96万户，3.6万人，耕地面积3000公顷。2014年，完成地区生产总值4.93亿元，比上年增长7%；地方财政收入2747.6万元，比上年增长66%；工业实现销售收入4.75亿元、利税1779万元，分别增长7%和11%；第三产业增加值达2572万元；农民人均纯收入13220元。

紧紧围绕县委、县政府提出的"一年打基础、二年见成效、三年大发展"的工作目标和"突破龙山"战略，坚持"高起点规划、高标准建设、高水平经营、高效能管理"理念，完成了总体发展规划和园区区域环评。加大基础设施建设力度，新建营龙路、龙高路、龙涧路、蟠龙山路、汇龙山路、新龙路、龙园路、龙阳路等"四纵四横"8条道路，总长度近40公里的道路框架基本形成。储备项目用地1万余亩，教育园区、医院病房楼等已建成使用，龙山110kv变电站、绿能热源、鲁龙天然气、第三污水处理厂等配套项目正在加快建设。项目区已落户奥凯龙橡胶科技、宝龙达新材料、倍特钛镁新材料、东临新材料、三义塑胶科技等15个工业项目，总投资近100亿元。与云南航天工业有限公司签订框架协议，科学规划设计"航天科技谷"项目。2013年4月25日，大业化工股份有限公司在天交所成功挂牌上市，成为临朐县首家挂牌上市企业。积极引导农民发展现代农业，形成了以花卉苗木、瓜菜、果品、核桃为主的"四个万亩"现代农业示范基地，被省林业厅授予"全省花卉苗木百强镇"称号。

党工委书记　王　军

管委会主任　李本元

【沂山风景区】　位于临朐县城南45公里，是国家AAAAA级旅游景区、国家森林公园、国家水利风景区、山东省地质公园、山东省风景名胜区，总面积148平方公里，代管14个中心村、50个原建制村，8362户，2.9万人，耕地面积1733公顷。紧邻227省道，离长深高速沂山出口6公里。2014年，地方财政收入947万元，比上年增长23.3%。

2014年，沂山风景区以"打造国家级旅游休闲胜地和度假天堂"为目标，以"最大限度地放大5A品牌效应"为主线，抢抓成功创建国家AAAAA级旅游景区的黄金机遇期，统筹协调景区、农村、林场三者之间的关系，大力实施"8353"工程，建成沂山迎宾大道、东镇湖滨水休闲广场、天衢园景区、长1088米的山顶滑道和两条登山木栈道，完成西草山亭村的搬迁，成功举办了第二届中国沂山文化节，全力搞好宣传营销，扎实推进农业农村发展、城乡环卫一体化、国有林业资源保护、反腐倡廉和党的群众路线教育实践活动等工作，风景区经济社会实现了稳定快速发展。

党工委书记　王成德

管委会主任　张忠刚

（刘冠伟　刘建国　徐传国　程国栋）

## 昌乐县

【国民经济和社会发展概况】　昌乐县位于山东半岛中部，是潍坊市的近郊县，面积1101平方公里，人口62.3万，辖4个镇、4个街道、1处省级经济开发区、1处省级旅游度假区和1处水库管理区。全县实现地区生产总值260.7亿元，增长9.1%；完成公共财政预算收入20.2亿元，增长12.3%；完成固定资产投资259.3亿元，增长15.7%；实现社会消费品零售总额119.3亿元；农民人均纯收入14575元，增长11.8%。在全市科学发展综合考核群众满意度测评中获得第二名。

工业发展质量提升。按照“腾笼换鸟、凤凰涅槃”的思路，加快优势产业培育和传统产业升级，重点培植壮大千亿级装备制造、千亿级黄金珠宝加工交易、500亿级新能源汽车产业，推进造纸包装、化工、食品加工产业分别向制造服务化、精细化、品牌化转型，实现工业增加值110.6亿元，增长9.5%；主营业务收入过50亿元的企业5家，其中，潍焦集团成为全县首家过百亿元企业；新增纳税过百万元企业20家，达到93家。以园区建设带动特色产业聚集发展，9处蓝色经济特色产业园新落户项目84个；昌乐滨海飞地工业园新开工项目2个，总投资36.5亿元。持续强化创新驱动，“六四一一”公共技术服务平台建成投用，34个项目列入省技术创新项目，新增市级以上企业技术中心和研究中心9家，新获专利授权290件，高新技术产业产值占比达到23%；新创驰名著名商标2件，1家企业获市长质量奖，引进高层次人才256人。

现代农业创新发展。推动西瓜产业向“育繁推”一体化发展，建成西瓜科技示范园和3处种苗基地，育苗能力达到3000万株，西瓜产业产值达到15亿元，获中国国际农产品交易会畅销产品奖。以园区、合作社带动农业规模化、品牌化发展，建设标准化园区52处，2家合作社被评为国家示范社，中国地理标志证明商标达到3件。建成全国首个职业农民教育培训基地，被确定为全省新型职业农民培育示范县。健全网格化监管体系，农产品质量安全得到有效保障。完成农业基础设施项目33个，再次被确定为全国小农水重点县。积极应对有水文记录以来最严重干旱，保障了城乡居民生产生活用水和农业丰收。

服务业提档升级。围绕培育现代教育、健康养老、文化旅游、现代物流、总部经济5个新兴产业，加快实施“十个一”工程，方山路贯通、城市综合体等项目建成投用，九龙湖改造暨新型社区、企业总部基地公园等项目加快建设。昌乐二中新办2所分校，成为拥有9所学校的教育集团。新组建金融机构7家，金融机构存贷款余额分别增加19.1亿元和19.5亿元，不良贷款率继续保持全市最低，降幅居全市第一位；2家企业在场外交易市场挂牌，3家企业实现债券、股权质押融资13.4亿元。推进仙月湖旅游开发等项目建设，编制完成乡村旅游总体规划，清水河公园被评为AAA级旅游景区。实现服务业增加值101.4亿元，占比提高1.6个百分点。

新型城镇化步伐加快。启动城市总体规划修编。东部生态新城和重要节点组团建设有序推进，昌五路改线等20多项道路工程加快实施，新建排水、供热、供气管网137公里，集中供热、管道燃气普及率分别达到96%和86%。全面启动智慧城市建设，规范加强城市管理，顺利通过全国文明县城复审。积极推进全省“百镇建设示范行动”，红河镇、鄌郚镇被确定为全国重点镇。城镇基础设施逐步完善，镇街特色产业初具规模，公共财政预算收入过亿元镇（街、区）达到3个。完成农村新型社区总体布局规划及示范社区修建性详细规划，27个示范社区加快建设，17个社区陆续搬迁入住。城市社区网格化管理有序推进。落实“三四三”工作机制，社区运行体系逐步完善。

改革开放取得新成效。深化行政审批制度改革，建立行政审批事项目录和行政权力清单、服务清单。启动新一轮政府机构改革。推进“营改增”，落实小微企业减免税政策，减轻企业负担1300多万元。实施工商登记便利化改革，新登记市场主体增长16%。农村“三项改革”基本完成，被确定为全省唯一的全国发展农民股份合作赋予农民对集体资产股份权能改革试点县。深化教育综合改革，教改经验得到省市肯定和推广。知识产权强县工程等国家级试点加快推进，综合配套改革试点取得新的进展。成功举办2014中国（昌乐）国际宝石博览会。开展“集中招商月”活动和专业小分队招商，市认定到位资金49亿元。完成进出口总额12.1亿美元。

生态文明建设扎实推进。以壮士断腕的决心整治污染，“三八六”环保行动年度任务圆满完成。关停拆除环保不达标企业152家，淘汰黄标车3894辆，整治自备井476眼，城区10吨以下燃煤锅炉全部拆除或改造。建成3处镇级污水处理厂，完成城区2处污水处理厂升级改造，全县污水处理厂全部达到一级A排放标准。测土配方施肥面积达到110万亩，规模化养殖场减排任务圆满完成。实施“六河”生态修复和河道“两清一绿”治理，治理河道205.9公里，建设湿地2140亩。实施节能技改项目4个，建成循环经济产业园17处，万元GDP能耗下降3.1%。3个镇被评为国家级生态镇，“乡村连片治理”试点获全省考评第一名。扎实推进“三托管”，开展农村生产垃圾集中清理，新建垃圾无害化循环利用项目，加快构建立体化垃圾处理体系。大力开展造林绿化，积极创建全国绿化模范县和国家园林县城，森林覆盖率和建成区绿化覆盖率分别达到36%和40%。加强土地资源保护利用，实施城乡建设用地增减挂钩、低丘缓坡开发利用等项目，工矿废弃地复垦利用项目列入国土资源部试点，耕地总量连续15年保持动态平衡，顺利通过国家土地出让收支和耕地保护审计，被评为全省国土资源节约集约模范县。

民生保障水平持续提高。不断加大民生投入，重点社会事业支出占比达到64.3%。新建、改扩建中小学13处、普惠性标准化幼儿园27所，农村小学全部增配1名音体美专业教师，宝石中专被评为全国职工教育培训优秀示范点。推进公立医院综合改革，实施基本药物制度和公共卫生服务项目，看病难、看病贵问题有效缓解。创新实施“大保障”机制，集中救助困难群众近2万名。提高低保、五保供养标准，获全市考核第一名。新建农村幸福院20处，街道集中供养五保对象实现到县养老中心供养。保障房建设任务超额完成。城乡居民基本医疗保险整合并轨，基本养老保险基础养老金提高到每人每月75元。成功举办首届职业技能大赛，建成省级珠宝产业创业园和县创业孵化中心，新增城镇就业7150人、农村劳动力转移就业13369人。创新实施农村广播电视“村村响、户户通”工程，获全省推广。各镇全部建成图书馆，行政村全部建成文化大院。新修、改造县乡道路、农村公路312.9公里，公路通车里程达到1920公里。物价保持稳定，居民用热、用水、用气价格继续保持全市较低水平。推进统筹解决人口问题，被评为全省计生助福行动项目示范单位，连续4年获全市人口责任目标考核第一名。国防动员和民兵预备役建设成绩显著，为济南军区国动委全体会议暨国防动员实战化建设会议提供观摩现场，国防动员实战化经验得到肯定和推广。深入开展社会秩序整治，在全市社会治安满意度测评中获第二名，在全省群众安全感满意度测评中连续5年位居前列。积极排查化解矛盾纠纷，社会保持和谐稳定。狠抓安全生产，被评为全省安全生产工作先进单位。加强食品药品监管，保障了群众饮食用药安全。

**【省委副书记、省长郭树清到昌乐县调研】** 2014年11月4日，省委副书记、省长郭树清到昌乐县调研。郭树清一行分别走进昌乐二中初三年级和高二年级的两个开放式授课教室，现场考察了学校独具特色的“271课堂”，详细了解学校的教学模式和授课方式。在随后举行的座谈会上，郭树清一行听取了昌乐县及昌乐二中的工作情况汇报，对昌乐县经济社会发展特别是在素质教育方面的积极探索表示肯定。近年来，昌乐县认真贯彻中央和省委一系列决策部署，全力建设富强、生态、幸福昌乐，目标思路清晰，推进措施有力，经济社会实现了又好又快发展。特别是坚持教育优先发展战略，加大教育投入，优化教育资源，不断推进教育改革，教育事业呈现快速健康发展的良好势头。

**【中国（昌乐）国际宝石博览会】** 2014年10月11～14日，2014中国（昌乐）国际宝石博览会在昌乐中国宝石城成功举办。主展馆展览面积1万平方米，共搭建国际标准展位260多个，特装展位3个。共有来自斯里兰卡、韩国、巴基斯坦、马达加斯加、匈牙利、阿富汗、波兰、尼泊尔、缅甸以及香港、台湾等11个国家和地区上千家的知名品牌珠宝参展商前来参展。展会期间，举办了国际彩色宝石发展高峰论坛、昌乐蓝宝石产业高峰座谈会、中国精品蓝宝石评比、精品宝玉石矿物晶体展、5D影院启动、中国名家书画展、中国摄影家协会黄金珠宝摄影展、火山赛车休闲汇等相关配套活动。博览会共接待游客和采购商8.26万人，实际交易额3.28亿元，意向交易额4.85亿元，取得了良好的经济效益和社会效益。

**【昌乐县被评为全省国土资源节约集约模范县】** 昌乐县探索科学规划“控地”、内涵挖潜“生地”、综合整治“造地”、立体发展“要地”等土地利用模式，大力拓展用地空间，走出了一条节约集约用地、切实保障发展的新路子。昌乐县适宜开发利用的低丘缓坡土地资源多达8600公顷，通过整理开发，已落户项目10个，总投资108.8亿元。通过“空心村”整体搬迁、村落“瘦身运动”等方式，先后投入资金1.33亿元，复垦耕地1457亩，节约建设用地指标1323亩，实现了建设用地再生。此外，昌乐县还采取限期盘活、依法收回、“腾笼换鸟”等措施，盘活存量建设用地980亩。同时鼓励企业立体式发展，建成多层厂房18万平方米，有效促进了土地节约集约利用。

**【昌乐经济开发区（宝城街道）】** 位于昌乐县北部，面积43.4平方公里，辖8个行政村，7700户，人口2.63万人，耕地面积1587公顷。2014年，完成地方财政收入12628万元，比上年增长10.2%；工业实现销售收入2637389万元，同比增长11.4%；第三产业增加值达142848万元；农民人均纯收入18411元。

昌乐经济开发区（宝城街道）地处“三区”建设交汇点，交通便利、区位优势明显、发展潜力巨大。在2014年全省经济开发区排名中，昌乐经济开发区位列30强。建区23年来，始终秉承“工业强区”理念，把发展工业作为立区之本。先后引进各类企业300多家，并规划了蓝色经济产业园、英轩重工配套产业园、黄金珠宝加工产业园、阳光概念包装产业园、智能制造产业园等专业园区，着力打造装备制造、黄金珠宝首饰加工、造纸包装印刷等优势产业集群发展新格局。区内现有规模以上企业33家，上市企业4家，国家重点扶持高新技术企业10家，拥有中国驰名商标7件，建有省级技术中心4家、市级研发中心16家，并先后获“山东最佳投资园区”“山东省低碳经济示范园区”“山东省生态工业和循环经济示范园区”等称号。

昌乐经济开发区（宝城街道）党工委书记　　张金涛

昌乐经济开发区管委会主任　　张金涛

宝城街道办事处主任　史志军

【朱刘街道】 位于昌乐县城东部，面积50.79平方公里，辖23个行政村，人口3.75万人。2014年，全街道完成地区生产总值54.5亿元，比上年增长9.4%；工业实现销售收入345.3亿元，利税18.5亿元；财政总收入3.77亿元，地方财政收入1.42亿元；第三产业增加值达11.06亿元；农民人均纯收入23665元。

朱刘街道是一处以新能源汽车、新型建材、精细化工和现代物流为主的“蓝色、高端、低碳”现代产业示范区。区域内已汇聚规模以上企业40家，各类中小企业280多家，从业人员达到20000多人。有29家企业主营业务收入过亿元，其中，1家过100亿元，2家过50亿元，5家过10亿元。拥有中国驰名商标7个，省名牌名标12个，省级以上高新技术企业10家，市级以上企业技术中心、工程（技术）研究中心13家。街道先后被评为“中国电动车产业第一镇”“中国减水剂生产基地”“山东电动车产业基地”“山东省钢结构产业集群基地”“山东产业集群建设十大突出贡献镇”“山东省文明单位”、首批“乡村文明行动”省级示范街道、“山东省无邪教街道”和“山东省生态乡镇”等称号。

党工委书记　王永信

办事处主任　张庆科

【宝都街道】 位于昌乐县城区，面积69.6平方公里（不包括东田村、孤山林场498.74公顷），辖49个行政村，人口15.36万人，耕地面积2620.57公顷。2014年，完成地方财政收入3.5亿元，比上年增长22.4%；工业实现主营业务收入80.68亿元、利税13.04亿元，分别增长8.4%和4.3%，农民人均纯收入达到22716元。

街道辖区内东部有首阳山兀然耸立，西部有30里丹河流贯全境。境区309国道、胶济铁路、宝通街横贯东西，火车站座落腹中，距潍坊市、青州市、寿光市中心和潍坊飞机场均20分钟车程，到北海港口仅50分钟，区位优势明显。街道紧紧围绕建设“三个昌乐”的任务目标，做大高效农业、做强现代工业、做优现代服务业，全力建设活力、实力、魅力新宝都。先后获中国柠檬酸特色产业基地、中国电子散热器产业基地、全国一村一品示范镇、全国标准化气象为民服务乡（镇）、省级生态镇、省级文明镇、全省安全生产工作先进镇（街）、全省维护妇女儿童权益先进集体、全省幸福进家活动先进单位等称号。

党工委书记　张　彬

办事处主任　赵中国

【五图街道】 位于昌乐县城南部，面积104平方公里，辖41个行政村，1.3万户，人口5万人，耕地面积4620公顷。2014年，完成地方财政收入4752万元，比上年增长4.7%；工业实现销售收入630000万元，利税89940万元，分别增长6.8%和68%；第三产业增加值达43000万元；农民人均纯收入16002元。

环境和谐优美。北临首阳山国家森林公园、桂河滨水景观带，南依钟灵毓秀的方山，山灵水美，人杰地灵。矿产资源丰富。境内已探明蓝宝石矿藏面积54平方公里，储量数亿克拉，是亚洲最大的蓝宝石矿床，被誉为“中国宝石第一镇”；煤炭、油页岩储量丰富，开发前景广阔。经济结构合理。重点引进科技含量高、带动能力强的项目，做大做强五图光电科技特色产业园，培育形成了以电子配件、塑料加工、机械制造、轻纺、拉链和农副产品生产加工为主的产业集群。特色农业显著。按照“安全、优质、高效、品牌”的发展思路，坚定不移发展现代生态农业，探索出“党支部 + 合作社 + 企业”模式。

党工委书记　刘德利

办事处主任　郭雪梅（女）

【乔官镇】 位于昌乐县中部，面积195平方公里，辖73个行政村，26058万户，88929口人，耕地面积9866.7公顷。2014年，完成地方财政收入3314.4万元；工业实现销售收入130.1亿元，利税12.5亿元，分别增长8.5%和10%；第三产业增加值达3.1亿元；农民人均纯收入14228元。

乔官镇蓝宝石、膨润土、玄武岩、木鱼石等矿产资源储量丰富，方山、隋姑山、乔山、荆山、黄山等处风景秀丽。2014年，乔官镇被省住建厅命名为“山东省特色景观旅游名镇”，远古火山群被住建部确定为国家自然遗产，被国土资源部确定为国家地质公园。塑料、板材、织带、化工等产业集群规模不断膨胀，境内骨干企业德润化工成功组建山东德润能源控股集团有限公司，下辖5家全资子公司，实现了企业的集团化发展。现代农业发达，全镇已建成16处高标准种植示范园区，先后注册农产品品牌13个，打造有机、绿色、无公害农产品114个，农民专业合作社累计346家。依托古火山群区地理优势打造的火山农业，经过近两年的大力发展，已成为颇具影响力的农业品牌，杂粮种植面积达3万余亩，“昌乐火山小米”地理标志证明商标成功申报。山东绿然瓜菜专业合作社朦芽山品牌享誉全县，采用了二维码技术对合作社农产品进行防伪、溯源，为确保农产品质量安全起到了积极作用。

党委书记　王龙之

镇　　长　刘衍斌

【营丘镇】 位于昌乐县东南部，面积218平方公里，辖64个行政村，27271户，人口9.7万，耕地面积12000公顷。2014年，全镇34家规模企业实现主营业务收入40.4亿元，利税1.45亿元，同比分别增长9%和2.2%。全年新增纳税过百万元企业4家，总数达到10家。

营丘是齐国首都，姜太公始封地，具有深厚的文化底蕴，近年来，先后被评为中国拖拉机基地镇、山东省环境优美乡镇、山东省特色产业镇、潍坊市文明镇、潍坊市绿化示范镇、潍坊市平安建设先进镇、山东省文明镇等。工业方面，深入实施“工业立镇、工业强镇”战略，扶优培强、内升外引。先后落实山东三友电力、中复科技电力复合盖板等意向项目7个。现代农业方面，大力发展品牌农业。重点打造崔家庄草莓、崔家庄芦笋、王裒院西红柿、营丘粉皮等产业品牌。崔家庄草莓经过30多年的更新发展，已引进推广优良品种十多个，达到了无残毒、无污染的无公害水果标准，以早熟、色艳、味道甜美、营养丰富而闻名，种植面积达32000亩，年产130万吨；崔家庄芦笋种植历史悠久，上市时间早，粗壮、嫩脆，营养价值高，保健作用强，深受消费者欢迎，种植面积达10000亩，年产芦笋8000余吨。王裒院西红柿口感香甜、色泽艳丽，品种多、用途广、绿色无公害，建有高标准蔬菜大棚150多个，年产西红柿1500余吨。营丘粉皮历史悠久、手工制作、天然晾干、口感爽滑、汤汁浓稠，全镇加工专业村达30多个，粉皮加工专业户3000多户，年产地瓜粉皮约6000多万斤。新型城镇及农村社区建设方面，10处农村新型社区已全部高效运行。崖头社区已建成6座多层住宅楼以及15座单体住宅楼，水、电、暖、天然气等设施配套完善，66户群众已搬迁入住。

党委书记　秦春军

镇　　长　崔爱江

【红河镇】　位于昌乐县南部，面积194.5平方公里，辖62个行政村，27308户，人口11.6万人，耕地面积10666.7公顷。2014年，完成地方财政收入5722万元，比上年增长41%；工业实现销售收入1300887万元，利税110998万元，分别增长10.9%和22.5%；第三产业增加值达120973万元；农民人均纯收入16779元。

2014年，红河镇围绕全力建好山东省“百镇建设示范行动”示范镇这一目标，创新举措、狠抓落实，实现新常态下经济社会事业持续健康快速发展。获全国重点镇、国家级生态乡镇、山东省首届十大品质城镇等称号。新型城镇化实现新突破。按照“小城市”标准，提升完善市民服务中心、2处垃圾中转站和1处热电厂功能，新建乐化、宅科等3处污水处理厂，全力推进红河、依水苑、宅科3处示范社区建设，镇域承载力进一步增强。深入推进干部力量下沉，全镇128名机关干部吃住、工作、服务“三在”社区，为社区群众提供优质服务。镇域经济迈上新台阶。以创新驱动为着力点，积极引导镇域企业转型升级，新引进德福高档生活用纸、世宇生物科技软骨素钙等项目8个。全力提升原野现代农业示范园、丰华生态园等10处现代农业园区建设水平，新发展农民专业合作社16家。朱汉果品、万隆水貂养殖等5家专业合作社被评为省级示范社。生态文明建设取得新成效。全面完成红河、白浪河2条河道生态修复和350亩的红河湿地建设。清水河公园获评国家AAA级旅游景区，成功举办首届“生态名镇、魅力红河”摄影大赛。造林绿化1万亩，森林覆盖率达38.7%。扎实推进“三托管”，镇域农村生活及农业生产垃圾实现集中无害化处理，“乡村连片治理”项目综合考评成绩居全省第1名。以“四德”工程为切入点，深入宣传“孝实昌乐、厚德宝都”文化。

党委书记　张志强

镇　　长　刘莹有

【鄌郚镇】　位于昌乐县西南部，面积166.3平方公里，辖26个行政村，24672户，人口8.2万，耕地面积7466.7公顷。2014年全镇完成地区生产总值15.77亿元，比上年增长20.4%；地方财政收入5300万元，比上年增长33.1%；工业实现销售收入239524万元，利税11948万元，分别增长14.9%和3.4%；第三产业增加值达46962万元；农民人均纯收入15614元。

2014年，鄌郚镇以山东省“百镇建设示范行动”示范镇创建为“总抓手”，突出农村新型社区、特色产业园区、农业示范园区等五项重点，开创了各项工作新局面。实施了镇音乐文化广场改造提升等十项城建工程。乐器特色产业园新建区一期建成投用，苏诺乐器等3家企业入园投产。引进建设了伟圣现代农业生态示范基地等6处现代农业园区。生态文明建设提质增速，实施了农业农村垃圾集中整治、“六河”生态治理等工作，完成造林绿化9600亩，治理河道11.5公里，良河源村被评为省级生态文明村。积极推进农村新型社区建设和运行，完成了辛庄集中居住点和沙埠沟集中居住点建设，探索建立了“三定一包一联一承诺”工作机制，为群众办理实事4000多件。扎实做好群众保障工作，农村基本医疗、养老保险，达到了应保尽保。计生基层基础进一步夯实，各项计生指标均控制在责任书规定范围之内，安全生产和综治维稳形势持续稳定。2014年先后被授予潍坊市“双无”创建先进镇、全国重点镇等称号。

党委书记　张义增

镇　　长　刘　刚

【高崖水库库区】　位于昌乐县南部，面积57.6平方公里，辖17个行政村，6620户，人口2.3万人，耕地面积1791公顷。2014年，完成地方财政收入847万元，比上年增长158%；工业实现销售收入65868万元，利税7242万元，分别增长36%和26%；第三产业增加值达87966万元；农民人均纯收入8608元。

2014年，高崖水库库区以“山水田园，生态库区”为主题，建设生态富强幸福新库区。立足水源地保护，坚持生态、景观、产业“三位一体”进行造林绿化，栽植各类苗木54.9万棵。严密监控上游来水质量，减少农业面源污染。发挥和放大生态环境优势，大力发展乡村旅游，建成湖畔十二坊、小白塔民俗文化村等一批旅游景点，正在积极申报国家AAAA级旅游景区。坚持集中居住区和产业发展区“两区”共建，建设了东篱湖畔社区和南山农场。大力改善民生，投资7000多万元实施了农业开发、农田改造等惠民项目，新修、复修生产路40公里，硬化乡村路30公里，投资200多万元开工建设新敬老院“怡宁苑”。全年未发生越级访、集体访和安全生产责任事故，社会局面和谐稳定。

党工委书记　孔德奎

管委会主任　李富强

（赵保昌　刘海平）

# 开发区

*Kaifaqu*

## 潍坊高新技术产业开发区

【国民经济和社会发展概况】 潍坊高新技术产业开发区成立于1991年，1992年获批国家级高新区，现辖4个街道，面积110平方公里，常住人口19.6万，户籍人口14.3万。2014年，全区上下认真贯彻潍坊市委、市政府“413”总体部署，大力实施“1326”战略（“1”是“一个目标”，就是围绕全市“科技创新高地、科学发展引擎”主体功能定位，实施创新驱动、加快转型提升，建设国内一流、国际知名高新技术区，努力在全球高新技术若干细分领域占据一席之地；“3”是全力抓好高新技术产业、现代服务业和城市化“三大任务”；“2”是搞好全面深化改革和持续推进作风建设“两个保障”，为“三次创业”提供持久动力；“6”即“六新发展”，就是着力在新兴产业、科技创新、城市品位、社会建设、党的建设、改革开放六个方面取得新突破），坚持深化改革、创新驱动、转型发展，不断加快“三次创业”步伐，综合实力在全国国家高新区中跃升至第25位。全年完成地区生产总值（GDP）340.94亿元、同比增长11.1%；全区122家规模以上工业企业完成工业总产值807.59亿元，增长8.0%，实现工业主营业务收入828.7亿元、增长10.1%；公共财政预算收入32.28亿元、增长16.4%；固定资产投资111.7亿元、增长8.1%；社会消费品零售总额297.37亿元、增长15.9%，主要经济指标增幅均高于全市平均水平。

高新技术产业。做大做强汽车及装备制造、声光电子、生物医药、软件信息四大主导产业，培育3D打印、测绘地理信息、海洋生物等新兴产业取得突破，光电园、生物园、软件园入选中心城区十大重点特色产业园区。潍坊3D打印技术创新中心建成运营，昌大新型建材园等12个项目纳入市重点计划；潍柴动力、歌尔声学2个项目入选国家工业强基工程（全省共3个）。潍柴动力居中国机械工业500强第8位，歌尔声学居中国电子元件企业百强第4名，盛瑞传动8AT实现产业化。2014年完成高新技术产值542.3亿元，占规模以上工业总产值的比重达到67.2%。

科技创新。实施“3+1+N”政产学研创新工程，引进中国科学院、北京大学、清华大学三大高校院所合作共建科技创新服务平台，全力打造潍坊蓝色智谷；与机械科学研究总院共建山东省3D打印暨先进制造综合服务平台，同时联动东北大学、山东信息通信技术研究院、东软集团等N个科技创新载体，打造技术创新策源地、高端产业集聚区，在全球范围内汇聚智力、资本、技术，打造校地院地合作“3.0”版新模式，构筑起区域创新大平台。与清华科技园在美国硅谷共建高新区创源孵化器，实现国外孵化、国内加速转化的国际科技合作模式。在全国高新区率先推行“科技创新券”，惠及企业235家，拉动社会研发投入5000万元以上。获批省级以上科技计划和重大专项140项，国家火炬计划重点高新技术企业、院士工作站、省级工程技术中心5家。申请专利1754件、授权1429件，均居全市首位。盛瑞传动获批“国家企业技术中心”，获全市最高科学技术奖和市长质量奖。国家“千人计划”、省“泰山学者”、市“双创人才”分别达到24名、30名、45名。新增山东省著名商标4件，新注册国际商标247件，均居全市首位。

现代服务业。在抓好文化创意、健康养老、电子商务等现代服务业基础上，着力打造科技服务、现代金融、服务外包、总部经济“四大品牌”。设立1亿元政府创投引导基金、3000万元贷款风险补偿资金；与鲁信创投合作设立1亿元创业投资基金，科技部配套增资2500万元；万隆电气等3家企业在新三板挂牌；投资18亿元的科技金融园区投入使用，全区金融机构达到132家。潍坊文化创意产业园建设顺利，中国高端食品电子商务总部基地部分建成投用，人力资源服务产业园入选首批省级人力资源服务产业园。加快建设健康东街、潍县中路总部经济隆起带，各类总部及分支机构达到89家。服务业增加值占GDP的比重达到39.1%，较2013年底提高了2.1个百分点，对GDP的贡献率达到59.1%，拉动GDP增长6.6个百分点。

城市建设。积极实施提升市区战略，编制完善全区及25平方千米、新钢、东方、潍柴等重点片区控制性详细规划，全面提高城市规划建设水平。投资3.7亿元，新建道路37公里，新增绿化面积42万平方米，垃圾清运率和无害化处理率均达到100%。创新“一社一居”服务模式，形成36个大社区建设格局，91个村全部完成“村改居”挂牌和社区集体资产改制。新建、续建10所学校和幼儿园，建成学校全部通过标准化验收。加快建设阳光融和医院，建成投用高新人民医院。投入8000万元提高13项民生保障标准。深入实施“三八六”环保行动，完成企业治污投入4.5亿元，推进张面河、白沙河治理，建成生态防护林345.9公顷。安全生产形势总体平稳，安全生产标准化规范化创建成效显著，全民安全意识和应急能力水平不断提高。圆满完成创城迎测任务，受到市委、市政府充分肯定。

改革创新。整合工商、质监、物价等部门的7项职能，在全市率先成立市场监督管理局，创新市场主体设立“五个一”模式，重塑企业设立审批流程，在全市率先实现四级联网，即潍坊市、潍坊高新区、辖区各街道及街道下属各社区公共审批服务网上办公系统实现互联互通，将133项审批服务事项延伸至街道或社区办理，压减区级行政审批事项86项、行政事业性收费17项，审批时限平均提速81.6%；创新“一区多园”发展模式，积极帮助滨海、寿光、坊子、高密、诸城、青州等专业园区申报国家火炬计划重大项目；创建院士工作站，组织参加清华科技园启迪之星创业营等活动，辐射引领带动作用进一步增强；探索实行“政社互动”管理模式，建立政府行政管理与基层群众自治有效衔接和良性互动机制，制定实施基层群众自治组织协助政府工作事项和依法履行职责事项“两份清单”；加快财政改革创新，下放收支管理权限，增强街道财政管理自主权，全面提高街道在经济发展、社会治理、公共服务方面的责任和能力。

党的建设。2014年度，潍坊高新区党工委下设15个直属党委，共506个党组织、8573名党员。深入开展党的群众路线教育实践活动，建立起密切联系群众、改进工作作风的系列制度。加强党风廉政建设，狠抓干部作风监督治理，深入开展明查暗访、群众评议、“庸懒散浮”专项治理等系列活动，推进了作风建设的制度化、常态化。加强党的基层组织建设，完成社区“两委”换届选举，面向全区公开选任22名社区党支部书记。在全市率先落实村级组织运转保障经费、城市社区党组织为民服务专项经费和在职退职村干部补贴报酬。积极推行社区“大党委”管理模式，构建起街道、大社区、基层党组织三级组织服务网络。建成启用网上阳光居务监督平台，规范了社区党务、居务、财务管理。深入推进法治建设，建立起依法处理信访问题的工作机制。平安建设取得显著成绩，营造了和谐稳定、创新创业的良好环境。

8月11日，清池街道黄家张营社区举行挂牌仪式。2014年潍坊高新区“村改居”挂牌工作全部完成。
（供图：宋一航 马 勋）

**【潍坊高新区市场监督管理局成立】** 3月8日，潍坊高新区成立市场监督管理局，整合了原工商、质监、食品药品、物价、食安办、文化执法、农产品质量监管等七部门职能；主要职责是负责对辖区内生产、流通、消费环节的食品安全和药品的安全性、有效性实施统一监督管理，以及辖区工商行政管理、质量技术监督和物价、文化市场综合执法等工作。该局的成立，打破了以往市场“多头”管理体制，变分段监管为集中监管，避免重复监管、消除监管“盲点”，提高了为民服务水平。

**【潍坊高新区率先实行科技创新券制度】** 3月18日，潍坊高新区举行科技创新券首发仪式，全区235家企业领到了首批1657万元创新券。科技创新券是政府设计发行的一种权益凭证，由政府免费向企业发放。对于中小微企业来讲，这些钱很可能盘活一个研发项目，从而带动企业的发展。这是潍坊高新区在全国高新区以及全省率先实行的科技创新券制度。《高新区科技创新券实施管理办法（试行）》于2014年1月28日正式下发。科技创新券制度的实行，改变了原来单一的财政补贴模式，将财政奖补资金转化为“有价证券”发给企业，企业购置研发设备或高校科研院所向企业提

2014 年 3 月 18 日，潍坊高新区举行科技创新券首发仪式，全区 235 家企业领到了首批 1657 万元创新券。保证了科技创新资金的普惠共享和专款专用。上图为企业领取创新券。（供图：宋一航）

供科研服务之后，都可持“创新券”到财政部门兑现，保证了科技创新资金的普惠共享和专款专用。

**【山东潍坊人力资源服务产业园被认定为省级人力资源服务产业园】** 山东潍坊人力资源服务产业园于 9 月建成运营，12 月 31 日被山东省人力资源和社会保障厅认定为省级人力资源服务产业园。产业园前期规划为潍坊高新区人力资源市场，占地 0.97 公顷，由财政投资 4000 万元建设，建筑面积 1.1 万平方米。为进一步促进人力资源产业的聚集发展，党工委、管委会决定将和谐广场主楼交由产业园使用，建立产业园第二核心。园区通过发挥人力资源行业资源整合、新兴业态培育、小微企业孵化、大学生创业扶持、一站式公共服务、国有资产运营增值“六大功能”，着力打造国内领先的人力资源服务业特色园区。园区根据产业发展和企业需求，全面搭建线下招聘会展、专业技能培训、一站式服务保障、职业技能鉴定、信息资源共享“五大公共服务平台”，能为人力资源服务企业提供全方位、专业化、高标准项目跟踪服务，助推区域人力资源产业迅速做大做强，为经济社会发展提供更加优质高效的人力资源服务支撑。

**【潍坊高新区开创潍坊政产学研合作 3.0 版新模式】** 潍坊高新区围绕加强创新驱动，紧扣产业转型升级，联手全国大院大所，共建孵化器和科技园，加快汇聚公共平台、科技金融、技术交易等要素，推进技术、资本、市场深度融合，涵盖科技成果转移转化和产业化全程，突破三线城市高新区资源缺乏的瓶颈，形成被国家科技部称为政产学研合作“3.0”版的“三次创业”新模式。在推进过程中，潍坊高新区实施“3+1”政产学研创新工程。“3”，即联合中科院、北京大学、清华大学共建 3 个孵化器，持续引进创新人才和创业团队，加强科技金融、公共平台、创新服务、企业上市等要素支撑，打造全市“蓝色智谷”。“1”，即联合机械科学研究总院共建我省 3D 打印暨智能制造综合服务平台，重点导入国内外机械装备制造最新技术，向潍坊市汽车制造、动力机械、高端装备等领域转移转化，加快“潍坊制造”向“潍坊智造”转变，形成“潍坊设计”“潍坊标准”。《大众日报》头版头条、《山东新闻联播》予以重点报道。

**【新城街道】** 新城街道位于潍坊高新区中西部，辖区面积 31.3 平方千米，人口 17.8 万（包括户籍和外来人口），现有经济活动单位 8493 家，其中，纳税企业 4334 家。2014 年，街道完成公共财政预算收入 3.62 亿元，同比增加 8000 万元，增幅达到 28.1%。

2014 年，新城街道全面加大项目推进力度，全面完成了白沙河、3D 打印、体育公园、9 号养老公寓、丰华超市、浩特变电站、五洲变电站、人力资源市场、职业教育培训中心、桐荫街、山后王支路等重点项目的相关准备工作，加快了华大基因、欧尚城市综合体、眼科医院、潍柴职工公寓、大观天下等项目进度。稳步推进城市化改造，开工楼盘 14 座、6.8 万平方米，续建楼盘 16 座、10 万平方米，安置居民 400 户。完成了 24 个村改居社区集体资产改制工作，上报股份合作社 16 个，注册成立股份有限公司 8 家，现在已经全部开始运营。创新社区管理模式，在全区率先完成村改居社区“一社一居”城市化试点。实施城市社区品牌服务升级，打造了“智慧”“颐和”“艺馨”“融福”“圆梦”“德泽”6 个特色服务品牌。深入实施网格化建设，成立 23 个业主委员会，选出 91 名网格长、757 名楼长参与网格管理，形成“社区—网格长—楼长”的局部治理模式。着力完善社会治安防控体系，全面落实对辖区 162 个建成小区实现监控全覆盖。坚持民生为本，先后实施环卫一体化和 386 环保行动，拆除违章建筑 38 处，清理垃圾 20 万方。新建 2 处集贸市场和 4000 平方米丰华超市。修建总长 6 千米的社区道路。建设 2 处高标准幼儿园。建成并投入使用 3 处总面积 2000 平方米居民文化广场。建设社区文化大院 3 处，社区书屋 5 处，文化长廊、文化墙 30 处，新设置体育器材健身站点 14 处。获得“全国和谐社区建设示范社区”“省级文明社区”“全省综合减灾示范社区”“潍坊市经济普查先进单位”“文明城市创建先进单位”等称号。

党委书记　孙　波
办事处主任　胡　洁

【清池街道】 清池街道位于潍坊高新区东部，济青高速公路以南、胶济铁路以北，是潍坊高新区行政中心所在地、潍坊市区的东大门。辖区面积39平方公里，有34个社区居委会、8123户，人口6.5万，耕地面积931.27公顷。2014年，全街道实现财政收入5192万元，同比增长34.8%，居民人均纯收入8600元。清池街道牢牢把握"转方式、调结构、促发展"的主线，推进高端产业集群化发展，以发展总部经济、研发经济、孵化经济、外包经济为主，打造总部聚集、先进制造业、新光源产业、生物医药产业4大基地，已引进并建成生物医药科技园、潍柴工业园、歌尔光电园等一批高科技园区。街道规划并建设府东、永春、盛春、宝通、张营、浞景6大集中居住区，已有25个社区启动旧村改造，累计拆迁面积达114万平方米，街道共有楼盘262座，建筑面积达180.8万平方米，安置居民6032户，34个社区全部完成村改居工作并成立经济合作社。街道获得"省五四红旗团委""省级安全社区""省级党风廉政建设示范所""区级文明单位""全市镇街纪检组织建设先进单位"等称号。街道浞景社区获得"潍坊市市级绿色社区""潍坊市无烟单位"等称号。

党委书记 杜业新

办事处主任 牟海滨

【新钢街道】 新钢街道位于潍坊高新区南部，面积26平方千米，辖20个"村改居"社区，4338户、13856人，耕地面积933.3公顷，林地面积333.3公顷。2014年，街道完成地方财政收入2952万元，同比增长17%；居民人均纯收入10956元。

2014年，新钢街道着力加快产业转型升级，完成昌大新材料项目25.3公顷土地民事工作，保障项目顺利开工；潍坊特钢集团钢帘线项目完成设备安装，与北京大学合作的环保新材料项目正式启动。着力推进新型社区建设，居住区在建楼座达到37栋，33栋完成主体封顶；城镇基础设施配套日益完善，装修启用新钢卫生服务中心和渭水河社区服务中心，银通社区服务中心实现主体竣工，张虾路改造和穆响路亮化顺利完成；建成环电厂、环钢厂生态林266.7公顷，在生产、生活、生态三区分离的道路上迈出坚实一步。着力推进民生服务改善，在潍坊高新区率先实施了以"阳光低保""阳光计生"等为主要内容的阳光系列行动；投入社保资金240余万元，兜住群众民生底线；扎实开展城乡环卫一体化工作，实现了居容整洁、环境宜居。着力创新社会治理，实施了网格化管理和政社互动管理模式创新，开展了信访听证制度试点，制定了《新钢街道"村改居"社区权力清单运行流程》，保障社区依法有序治理。

党委书记 钟世旺（3月止）
聂绍俊（3月起）

办事处主任 齐亚杰

【新昌街道】 新昌街道位于潍坊高新区东部，面积12.6平方千米，辖13个社区居委会，2335户，人口0.78万，耕地面积383公顷。2014年，街道完成地区生产总值0.48亿元，同比增长29.7%；地方财政收入1029万元，同比增长58.3%；工业实现销售收入2323万元，利税211万元，分别增长5.6%和5.3%；第三产业增加值达955万元；农民人均纯收入5990元。

2014年，新昌街道各项工作进展顺利，扎实开展党的群众路线教育实践活动，圆满完成社区"两委"换届工作。烟草物流园、潍柴工业园等项目顺利开工建设；基础配套设施逐步完善，新昌学校配套道路、李家寨子—梁家寨子—王家寨子村村通道路、北冯—西坡—南冯村村通道路、宁家、王家村村通延伸道路已完工投入使用；寺后—南冯联村桥和大庄通村桥，已投入使用；新昌一街、新昌二街、新昌三街3条道路主要路段已建成通车；辖区电力、燃气、自来水等公用设施配套到位；大庄、北冯集贸市场已投入使用；新昌学校，一期初中教学楼、实验楼2栋已经完成；在13个社区建设了8处候车亭。农村城市化进程加速推进，浞水苑安置区先期开工的5个楼座已完成主体建造，寨子社区安置区一期工程已完成圈墙，完成整体规划。建康8号安置区已落实土地指标2.3公顷。定期开展安全生产大检查活动，安全形势良好。圆满开展"阳光计生"专项行动。社保、民政、城乡环卫一体化等各项社会事业全面推进。

党委书记 丛兴军（3月止）
钟世旺（3月起）

办事处主任 刘相合

（李国强）

# 潍坊滨海经济技术开发区

【国民经济和社会发展概况】 潍坊滨海经济技术开发区（以下简称滨海区）是潍坊滨海海洋经济新区的核心区，陆域面积677平方千米，海域面积510平方千米，海岸线长69千米，辖2个街道，人口20万。是"黄区"重点发展的四大临港产业区之一，区内的滨海产业园是"蓝区"重点打造的三个中外合作产业园之一。滨海区先后被确定为国家科技兴贸创新基地、国家生态工业示范园区、国家职业教育创新发展试验区、全国科技兴海示范区和山东科学发展园区、循环经济示范区。2014年，滨海区坚持以党的十八届三中、四中全会和习近平总书记系列重要讲话精神为指导，紧紧围绕市委、市政府"四一三"战略重点和"突破滨海、提升市区、开发'两河'、统筹发展"战略布局，凝聚共识、紧跟部署，扎实开展党的群众路线教育实践活动，适应新常态、把握新要求、采取新措施，更大力度更高质量推进滨海开放开发，加快建设海洋经济新区。全年GDP同比增长19.3%，工业主营业务收入同比增长20%，固定资产投资和公共财政预算收入同比分别增长25.1%和18%。

产业发展。按照中央增强战略新兴产业和服务业支撑作用的要求，以提质增效升级为核心，以培育发展海洋特色产业、节能环保产业、现代服务业为重点，推进现有工业向海洋特色产业转变、产业向现代服务业转变，加快产业结构由中低端向中高端迈进。2014年有176个项目开工建设，总投资1580亿元，完成投资232亿元。卓达工厂化住宅产业园一期20万平方米生产车间主体完工，已经具备生产条件；潍柴中速机主体完工，近期建成投产；石大昌盛100万吨凝析油一期主装置、储罐区安装完毕，准备试生产；华春医药一期开工25座建筑单体，其中19个已经完工；新和成蛋氨酸正在进行设备安装，部分建成投产；华创机器人实现批量生产；景世乾光伏发电已经并网发电。滨海旅游业取得重大进展，接待游客超过115万人次，成为滨海开发新的亮点和增长点。

城市建设。围绕产城融合，配套完善城市功能，重点推进86个城建项目建设，总投资180亿元。推进总面积100万平方米的商务服务项目、300万平方米的生活居住项目，金融中心、未来大厦、城市展览馆进展顺利；湖光山舍、在水一方等16个生活小区主体完工。加快9个生态小镇建设，衡山镇一期主体建成。推进重大基础设施配套，潍坊港多元建港取得重大进展，5万吨航道完成投资7亿元、2万吨级实现通航，17个5万吨级泊位、2个3万吨级客货滚装泊位加快推进，完成集装箱16万标箱，吞吐量突破3000万吨，鲁辽陆海货滚甩挂运输通道项目进展顺利。潍坊渔港完成投资10亿元，建成海上疏港路14公里，已具备渔船停靠条件。潍县路改造全线通车，进港路改造完工，长江大街白浪河大桥及“渤海眼”完成单侧桥梁主体。新铺设供热、燃气管线60公里，排水、排污管线100公里，新建改造供电线路80公里。

生态建设。把生态建设融入滨海开放开发全过程，实施3年绿化全覆盖，山海湖河综合改造工程累计完成土方3500万方，植树115万株，绿化面积866.7公顷，完成总工程量的80%；沿海防护林带、荣乌高速等路网绿化完工，新增绿化面积800公顷。加快水生态建设，重点实施弥河、崔家河等5条河流生态修复，完成土方100万方，清淤河道18千米，断面水质稳定达标；第二平原水库启动建设，全长13千米的南一横全线贯通，中央商务区直饮水厂建成投用。深入实施“三八六”环保行动，建立市环保局、滨海区及周边地区的环保联动机制，突出抓好异味、污水、固废专项整治，查处违法违规企业100余家，停产整顿和关停取缔企业40余家，破获环境污染案件5起，查处了一批涉案人员。

以人为本，服务人民群众。牢固树立人本理念和民生意识，统筹发展社会各项事业，让群众最大限度地共享发展成果。进一步推进城乡居民参加城镇职工养老保险扩面征缴，实现了城乡养老、医疗、救助等社保体系全覆盖。加大公共财政投入力度，全面实行免费教育、免费公交、免费直饮水政策，各项补助、救助标准居全市前列。围绕蓝色经济人才培养，以海洋科技学院、公共实训基地为龙头，加快海洋科技大学园入驻院校院所建设，打造面向蓝黄“两区”乃至全国沿海的海洋经济应用型人才培养基地。海洋科技大学与山东（潍坊）公共实训基地开工，潍坊体育学校、中小学生实践基地部分建成，潍坊创业大学、山东科技职业学院、蓝月职业培训学校、新能源培训中心等6所院校招生，在校师生超过3万人。滨海国际学校、蓝海学校建成投用，中央商务区国际学校主体建成，潍坊（上海）新纪元学校实现了当年建设、当年招生。突出抓好生产、食品、校园、交通、消防等重点领域安全，继续推进安全监管重心下移和隐患排查治理法制化、规范化，构建现代社会安全治理体系，保障人民群众生命财产安全。

深化改革创新，增强发展活力。把全面深化改革、全面依法行政作为基本工作遵循，依法依规进行体制机制创新，最大限度地释放改革红利。创新政府服务机制，在“三制三零三全”（“三制”服务：项目备案登记制、专管员联评制、限时办结制。“三零”服务：零资本注册、零收费管理、零距离服务。“三全”服务：全天候绿色通道制度、全过程代办服务、重点项目和骨干企业区领导全方位包靠制度）基础上，全面实行“三张清单”模式，负面清单把56类项目调整合并为10类，权力清单将15类1648项行政权力压缩为4类216项，服务清单由237项增加到499项。探索实行“一份清单管边界、一个印章管审批、一个部门管市场、一支队伍管执法”，打造质量最优、效率最高的营商环境。创新工作推进机制，全面实行工作项目化管理、项目责任制落实，一个项目一个工作班子、一套推进方案，明确工作目标和完成时限、定期督查推进落实。积极探索完善重点片区开发体制，推进片区建设、运营、管理一体化。

基层党组织建设。夯实农村党建基础，着力实施党务村务公开“六步决策法”，扎实做好村“两委”班子换届工作，全区51个村党支部一次选举成功，41个村原支部班子全部连选连任，80%的村实现了“一人兼”。扎实推进企业党建工作全覆盖，引导新建企业单独或联合建立党组织，新成立联兴新材料等党组织63个。全面推行“支部建在项目上”，加强对流动党员的管理服务，在山海湖河综合改造、城市展览馆、潍坊体育学校等项目设立党支部80个。

干部队伍建设。端正选人用人之风，严把推荐关、考察关和决策关，严格执行民主推荐、组织考察、讨论决策、任前公示等规定程序，去年面向全市竞争性选拔了9名副县级干部，全部符合有关规定要求。加强学习培训和日常管理，举办主题辅导班6期、辅导报告会10次，参加各类调训75人次。开展干部“走读”“吃空饷”等专项整治，制定《关于整治干部“走读”问题的意见》，清理排查在编不在岗人员233人。

制度建设。按照中央“八项规定”

和党的群众路线教育实践活动的要求，制定出台了《关于在接待工作中厉行节约反对浪费的规定》《改进领导干部作风十项规定》《关于党政机关清理办公用房用车会议及接待工作的规定》《关于进一步规范区两委领导班子成员服务工作的规定》《关于区两委外出考察和基层调研食宿方面有关问题的说明》等规章170项，进一步规范了公务用车、公务用房、公务接待、因公出国等事项。严格执行民主集中制，对“三重一大”事项坚持集体研究、讨论决定，确保了集体决策的民主性和科学性。

反腐倡廉建设。认真履行“一岗双责”，严格执行中央“八项规定”，坚决纠正“四风”，遵守《廉政准则》，保持为民务实清廉的良好形象。扎实推进惩治和预防腐败体系建设，完善述职述廉、廉政谈话、离任审计等廉政风险防控机制，加强对部门单位“一把手”、重点部位、关键领域的监督检查。切实加强作风建设，引导广大党员干部牢固树立“干”的思想，敢于担当、勇于负责，令行禁止、立说立行，对研究确定的事情说了算、定了干，干就干好、干出成效。深入开展“五清一治理”“庸懒散浮”等专项整治，清理兼职人员13名、违规用车14辆，腾退办公用房2000多平方米。加大违纪违法案件查办力度，今年共查处违纪违法案件16件起，给予党政纪处分24人。

**【潍坊中心城区至滨海区免费新能源公交车试运行】** 1月1日，滨海区免费公交政策实施，开通了潍坊中心城区直达滨海区的免费新能源纯电动公交车线路。该线路是山东省首条免费低碳公交线路，也是潍坊首条新能源纯电动公交车线路，是继滨海15年免费教育、免费直饮水等惠民举措之后，推出的又一项重大惠民举措。

**【滨海区获第一届全国“敬老文明号”称号】** 1月21日，潍坊市老龄办为滨海区公共事业局第一届全国“敬老文明号”授牌。近年来，滨海区高标准落实老龄补贴，分别为80、90、100岁以上老人每人每月发放生活津贴100、300、3000元。城镇养老保险和医疗保险实现百分之百全覆盖，将五保老人全部纳入城乡统一的居民基本医疗保险制度，实行集中供养，对符合条件的老年人全部纳入低保，组织65周岁以上老年人进行免费健康体检。

**【森达美集团能源与公共事业部中国区总部迁至滨海区】** 3月1日，马来西亚最大的国有企业——森达美集团能源与公共事业部中国区总部正式从青岛迁至滨海区，将滨海作为投资重点地区和服务潍坊、辐射山东及全国的重要战略支撑点，以此带动中国区业务快速发展，对潍坊港及滨海开放开发将具有重大意义。

**【滨海区获批国家火炬潍坊滨海海洋化工特色产业基地】** 5月27日，科技部公布了2014年第一批10家认定国家火炬特色产业基地名单，滨海区被认定为国家火炬潍坊滨海海洋化工特色产业基地，此次山东省共有5家基地获得认定，潍坊市仅有滨海区入围。

**【鲁辽陆海货滚甩挂运输大通道贯通首航】** 12月23日，鲁辽陆海货滚甩挂运输大通道（潍坊至营口）正式贯通首航，首航情况通报会在滨海区举行。辽宁省副省长薛恒，山东省政府特邀咨询、省政府党组成员张建国，潍坊市委书记杜昌文专程出席情况通报会并致辞。交通运输部运输司副司长谢家举、中国航海学会常务副会长刘工臣、中国外运长航集团副总裁董建军、辽宁省交通运输厅厅长刘焕鑫、营口市市长葛乐夫、山东省交通运输厅厅长张传亭、俄罗斯驻华使馆经济处处长佩列瓦罗夫、市有关领导、市直有关部门负责人、滨海区有关领导参加。

**【滨海区拟建深圳大学（潍坊）通用航空学院】** 12月29日，潍坊市人民政府、深圳市壹大通航空有限公司、深圳大学共同组建深圳大学（潍坊）通用航空学院合作意向签约仪式在东方大酒店举行。潍坊市市委书记杜昌文见签并在签约仪式前会见合作方代表；副市长、滨海区党工委书记王树华参加活动。

**【潍坊滨海海洋经济新区建设领导小组第一次全体成员会议召开】** 2014年12月31日，潍坊市市委书记、潍坊滨海海洋经济新区建设领导小组第一组长杜昌文主持召开领导小组第一次全体成员会议。领导小组组长刘曙光，副组长王献玲、邹庆忠、花兆贤、王树华、李传恒、张恒道出席会议，领导小组成员单位负责人、滨海区班子成员参加。

**【大家洼街道】** 大家洼街道位于滨海区西部，辖区面积340平方公里，辖12个社区和21个行政村，总人口3.7万人，耕地面积1686.7公顷，浅海滩涂面积13.5万亩。2014年，农村经济总收入18.5亿元，农民人均纯收入1.93万元。

街道地下卤水资源丰富，静贮量近十亿立方米，含有钾、钠、钙、镁、溴、碘等多种经济价值较高的元素，发展海洋化工具有得天独厚的条件。近年来，大家洼街道以滨海海洋经济新区建设为契机，加快推动产业发展，逐步形成了海洋化工、海港物流、先进制造、商贸服务、特色养殖等为龙头的支柱产业。目前已有海洋化工企业200余家，年实现销售收入320亿元；物流企业40余家，年实现主营业务收入2.6亿元；制造业企业40余家，年实现主营业务收入4.5亿元；工商业户4000余家，年实现利税2.6亿元。

党委书记　于建云

办事处主任　王曰泉

**【央子街道】** 央子街道位于滨海区东部，陆域面积338平方千米，海岸线20千米，辖18个行政村，共5572户、16224人，街道工业实现销售收入57.1亿元，利税2.1亿元，分别增长9.6%和8.3%。

街道实行村级事务规范化管理，严格落实“村民代表议事制度”“五会制度”“热点、难点问题公推、公决、公示制度”“村务、财务公开制度”等，充分发挥村务监督委员会的作用，切实抓好群众工作。18个行政村中，蔡一村、蔡二村、林家央子村、丰渔村4个村为渔业村，现渔民大部分失海转产，享受失海渔民保险。其余14个村为农业村，共有耕地2000公顷，主要从事棉花、小麦等农作物种植，新立村、丰渔村、西利渔村等发展了狐狸养殖和卤淡水养殖等特色养殖业。同时，加快推进城市化建设步伐，街道产业定位上以发展高档商住业、现代服务业和高效农业为重点，为园区做好配套服务。结合央子中心社区、嵩山镇、衡山镇、华山镇、白浪河综合治理，建设新型城市社区，引导群众向社区集中。央子中心社区、澜海国际、新海路商旅中心等项目已基本完成，同时加快现代新型城市社区服务综合体、高档商业步行街、新和成等商住开发项目建设进度，发展繁荣三产服务业，带动地方经济发展。

党委书记　刘天光

办事处主任　王全博

（周滨涛　王海鹏）

## 峡山生态经济发展区

**【国民经济和社会发展综述】**　峡山生态经济发展区（以下简称峡山区）于2008年1月1日正式组建运行，面积491平方公里，辖4个街道、277个行政村，23万人，耕地面积20400公顷。拥有山东省最大的水库——峡山水库，水面面积144平方千米，总库容14.05亿立方米，兴利库容5.5亿立方米，是潍坊市的主要水源地和蓝黄“两区”的战略水源地。建区以来，先后获国家可持续发展实验区、国家级水利风景区、国家湿地公园试点、国家级潍水文化生态保护实验区的核心区、国家有机产品认证示范创建区5块“国”字号牌子。

2014年，全区完成地区生产总值24.8756亿元，同比增长8.5%；公共财政预算收入13019万元，同比增长38.7%；工业实现销售收入131429万元、利税206万元，同比分别增长13%和-97%；第三产业增加值达91077万元；农民人均纯收入12028元。

生态建设。深入开展“三八六”环保行动，实施治水、治气、治污、治脏“四治”工程。治水方面，峡山水库增容工程在省发改委立项；引黄入峡四级泵站工程开工；完成环湖内围网136.5千米，实现了全封闭；增殖放流滤食性鱼苗6080万尾，阻止上游浅滩非法耕种400余公顷，水质向Ⅱ类水稳步提升，被列入国家《水质较好湖泊生态环境保护总体规划》。实现供水2.33亿立方米，为下游发展和抗旱提供了重要水源保障。水库管理局创建为省级水管单位。治气方面，深化“无农作物秸秆焚烧区”建设，秸秆还田率达76%，拆除10吨以下燃煤锅炉9台，空气质量综合排名居全市前列。治污方面，严格控制农业面源和畜禽养殖污染，规模化发展农村沼气，关停小污染企业87家。治脏方面，全面实施城乡环卫一体化，初步建立起“标准化、市场化、专业化、常态化、产业化”的运行模式，“脏乱差”现象显著改善，全省城乡环卫满意度测评居第38位。大力实施“绿满峡山”行动，完成造林1333.3公顷，森林覆盖率达到43%。国家“生态文明先行示范区”创建工作稳步推进。

有机产业。成立有机产业协会，有机农庄达到30个，有机农业种养面积达到1.8万亩，7种鱼获有机专用标识和销售证书。华以国际农业科技孵化器完成一期主体，省委副书记王军民对该区引进以色列技术发展高效农业的做法给予肯定。生态农产品综合交易物流中心投入使用。加快“农产品质量安全区”建设，完善“三纵四横”（三纵是指“区农业综合执法大队、街道农业执法中队、村级监管员”；四横是指区农业、市场监管、安监、公安部门）执法监管体系，开展常态化的农产品质量安全整治和“百日”专项整治，种植大姜等经济作物1333.3余公顷，没出现一例违禁用药现象。

教育事业。峡山双语学校投入使用，“271”教育集团培训基地建成主体，完成17处中小学校舍标准化和7处中小学塑胶跑道建设，为800名学生发放助学金187万元，帮助260名大学生申请助学贷款160万元，成功组织首次高考，与市教育局共建“教育绿色生态发展示范区”，引进全国幸福教育研究中心教育资源，形成了政府办学与社会办学相互促进、基础教育和培训教育协调发展的良好局面。优质教育成为峡山一大品牌，吸引近6000名区外学生来峡山就读。省委常委、常务副省长孙伟和市委书记杜昌文、市长刘曙光等领导同志都对该区教育工作给予充分肯定。

城乡建设。主城区建设提速，在建项目26个、面积达84.4万平方米；中百佳乐家开业，提高了峡山品位，拉动周边50万人消费；潍水佳苑、望仙埠社区、学苑花园等小区实现入住，西扶、栾家、庞家3个村搬迁，兴峡路部分路段通车，铺设供排水、强弱电、热力、燃气等管线28.6千米，安装12条道路路灯710盏，新增公共自行车站点14处、200辆，城市的形态和基本功能已经具备。4个街道驻地和高新项目区建设步伐加快、设施不断完善、管理明显加强，助推了城镇化进程。县乡硬化道路通车总里程达723千米，交通网络更加通畅，群众出行更加便捷。

民生事业。坚持把公共资源优先向民生倾斜，民生投入达4.9亿元，占总支出的82.9%。建成区、街公共行政服务中心，解决了群众“办事难”问题。理顺居民医疗保险管理体制，完善区、街、村三级医疗机构体系，基本药物使用范围扩大到736种、让利群众432万元，为20万人建立电子健康档案，免费义诊、查体近3000人次，基本解决了群众“就医难”问题。新建农村公路33.5千米，峡一路公交车恢复运行，解决了群众“出行难”问题。深入开展“包村联户”活动，投入资金2260万元，为群众办了一批实事。城镇低保每人每月提高100元，农村低保每人每年提高600元，农村五保集中供养每人每年提高1500元、分散供养每人每年提高1100元，实现应保尽保。完善公共文化体育服务体系，新建农村文化大院5处、农家书屋4处、体育活动场所16个，更新街道文化站书屋、农家书屋图书近5万册，播放电影3312场。计划生育出生人口性别比113，自然增长率达4.97‰，保持了稳定适度低生育水平。年初承诺的10件民生实事全部兑现。乡村旅游业加快发展，峡山湖旅游区被评为“省级生态旅游示范区”，《峡山区乡村旅游发展规划》、峡山潍河省级湿地公园获批，建成省级乡村旅游示范镇1个、示范村2个、示范户2个、三星级农家乐1个、省级农业旅游示范点1个、精品采摘园2个，促进了群众就业和增收。国际乡野马拉松邀请赛晋升为国家级体育赛事，22个国家和地区的611名运动员参赛，提升了峡山知名度和影响力。

基层党建。扎实开展第二批党的群众路线教育实践活动，在做好规定动作的基础上，有的放矢开展自选动作，倡树“四种精神”，画好“三幅肖像”，集聚和释放了发展正能量。选树了王善功等先进典型，在省市主流媒体报道。抓住教育实践活动契机扎实推进基层组织建设的经验做法，被省教育实践活动简报第61期刊发推广。整合人财物资源向基层倾斜，落实了离任村主职干部生活补贴办法，财政转移支付1750万元，规范村级活动场所271处，整顿软弱涣散党组织28个，基本解决了有钱服务、有人服务、有场所服务问题。抓实党员教育管理，深入开展“能力提升年”活动，开设“峡山大讲堂”，共培训13期、1854人次，评出每月之星184人、年度之星20人，促进了工作提质增效。平安建设全面推进，安全生产无较大以上事故发生，信访考核一直保持全市前列，治安状况良好，社会和谐稳定。在全市科学发展综合考核群众满意度测评中，获全市第5名、市属开发区第1名。

**【峡山水库增容工程通过省发改委批复】** 12月23日，峡山水库增容工程通过省发改委批复。该项目总投资36416.66万元，通过实施副坝加高加固、溢洪闸加固、渗没影响区抬田及围堤防护等工程，提高兴利水位0.6米，增加兴利库容6658万立方米。

**【引黄入峡应急调水工程开工】** 12月26日，引黄入峡应急调水工程第四级泵站开工建设。该项目位于峡山水库主坝北端，是引黄入峡应急调水工程最后一级泵站，总装机630千瓦，日调水能力达180万方。

**【加快高标准“农产品质量安全区”建设】** 建立了区农业综合执法大队、街道农业执法中队、村级监管员和区农业、市场监管、安监、公安部门“三纵四横”联动执法体系，2月中旬至5月底，开展了农产品质量安全“百日”专项整治行动，全年种植大姜等经济作物1333.3余公顷，没有出现一例违禁用药现象。

**【有机产业影响力逐步扩大】** 11月17～18日，应邀参加了国家认监委在湖南长沙举办的“首届有机产业发展与生态文明建设”论坛，12月24日，应邀参加国家认监委在北京召开的2014年认证认可政策理论研讨会，连续3年在国家认监委有机产业年会上作典型发言介绍经验，这在全国有机产品认证示范创建县市区中是唯一的。12月23～24日，承办了国家有机产品认证示范创建工作会议，介绍了有机产品认证示范创建工作经验，观摩了有机产业立体化、链条式发展的现场，引起良好反响。

**【峡山生态农产品综合交易物流中心启用】** 11月17日，峡山生态农产品综合交易物流中心正式启用。该中心总投资5.2亿元，占地30.1公顷，建筑面积21万平方米，规划建设国内市场区、出口及交易区、冷链物流及综合物流区3个区域，可实现田间交易、现场交易、LED可视化网上和电子网络交易3种模式。已建成有机蔬菜交易市场、大姜交易市场、出口服务窗口等，客户入驻率达90%以上，农产品日均交易量达400吨，提供就业岗位500余个。

**【举办峡山国际乡野马拉松邀请赛】** 峡山国际乡野马拉松邀请赛晋升为国家级体育赛事于9月27日举办，共有22个国家和地区的611名运动员参加比赛，提升了峡山乃至潍坊知名度和影响力。

**【党的群众路线教育实践活动】** 倡树卢志英烈士的革命精神、修建水库的创

2014“大华木业杯”潍坊（峡山）国际乡野马拉松邀请赛　（供图：峡山区党政办）

业精神、建区以来的创新精神、先模人物的奉献精神“四种精神”，画好“领导像领导，服务群众好；干部像干部，带领群众富；党员像党员，走在群众前”三幅肖像，集聚和释放了发展正能量。画好“三幅肖像”的做法被新华网等各大网站刊发，《峡山区抓住教育实践活动契机扎实推进基层组织建设》一文在省委教育实践活动简报刊发。

**【王家庄街道】** 位于峡山生态经济发展区西部，总面积148平方千米，辖107个村，2.2万户，人口7.9万人，耕地面积6000公顷。2014年，全街道完成地区生产总值6.77亿元，比上年增长11%；工业实现销售收入3.05亿元、利税4076万元，分别增长9%和12%；第三产业增加值达1.1亿元；农民人均纯收入11737元。

王家庄街道陆路畅通、交通便捷，下小路、景黄路穿境而过，王宿路横贯东西，峡山湖环湖路环绕南北，组成了四通八达的公路交通网。王家庄街道物产丰富、资源充足。境内矿产资源有铁矿、石墨、建筑石材等。主要农产品有大姜、圆葱、红冠蜜桃、红富士苹果、樱桃、葡萄、猕猴桃等。有机农业是该街道发展特色，韭菜、芹菜、白菜等13种蔬菜、水果获得有机产品和有机转换产品认证。王家庄街道历史悠久、人文荟萃。名人古迹较多，有汉代的古城堡、邓袭墓，秦朝的古战场、孙猛冢，秦汉时期的盖公祠，战国时期的黄公庙，北宋时期的青公庙、朱熹祠等遗址。王家庄街道环境优美，旅游兴旺。北依秀美峡山，东频万顷碧水，已建成30公里环湖柳堤、十里荷花长廊、龙湖庄园、千亩苗圃式环湖绿化基地、石头崖省级示范采摘园等，潍泉村入选山东最美乡村，成为休闲旅游的理想胜地。

党委书记　岳光德

办事处主任　于京凯

**【太保庄街道】** 位于峡山生态经济发展区中部，峡山水库北岸，潍河以东，总面积152.4平方公里，辖80个村，16400户，人口6万人，耕地面积7093.3公顷。2014年，全街道完成地区生产总值5.313亿元；地方财政收入965万元，比上年增长-21.9%；工业实现销售收入4.76亿元，利税2708万元；农民人均纯收入10134元。

太保庄街道南邻峡山水库，具有丰富的淡水资源和鱼类资源，并与峡山、草山、鞋山相依偎，风景秀丽。在望仙埠村坐落着我党著名的地下工作领导人之一卢志英烈士的故居，革命历史悠久，人杰地灵。潍峡路、潍胶路、兴峡路纵穿南北，胶济电气化铁路、甘丈路和潍胶路横贯东西。主城区框架基本形成，路、水、电、热、气等基础设施全部配套到位，主要道路全部完成绿化、亮化任务；生态建设强势发展，共发展有机农业园区16家，其中，康净园生物科技有限公司、新北海有机农庄、绿德源有机农庄、润林蓝莓基地等4家在全区具有示范和样板作用，2014年，共接待中外客商200余次；重视民本民生，通过协调水库放水、找水打井等方式，确保了2014年“大旱之年”大丰收。

党委书记　栾贵城

办事处主任　刘昌宝

**【岞山街道】** 位于峡山生态经济发展区北部，面积75.6平方千米，辖48个村，1.4万户，4.5万人，耕地面积4266.7公顷。2014年，全街道实现地方财政收入2034万元，比上年增长99.2%；工业实现销售收入8.03亿元、利税1.16亿元，分别增长63.8%、7%；农民人均纯收入13404元。

岞山街道区位优越，交通便利，青银高速公路、潍胶公路、胶济铁路横穿东西，兴峡公路、潍峡公路纵贯南北，省道下小公路贯穿于整个街道。旅游资源得天独厚，境内岞山山、太祖山与潍河和太祖河相依相偎，景色秀丽。基础设施完善，医院、学校、敬老院等公共事业配套齐全。资源物产丰富，境内有丰富的石英石、铁矿石、水资源和沙资源。经济基础较好，街道北部高新技术项目区年产值达4亿；食品加工、机械制造、木制工艺品、纺织已经发展成为岞山的主导产业；木制工艺品蜚声海外，共有企业20多家，年生产能力超过2亿件，产品远销欧、美、日、韩和香港等国家和地区。现代农业蓬勃发展。建成润苑、万通、海新瑞成、棕榈园林等30余个农业园区，每年农民增收6200余万元。小城镇建设初具形态。新建潍水新村、盛荣苑等商住楼15万平米；建成市民文化中心、太祖河公园等重点项目；高新社区、营辉社区两个新型农村社区实体化运行正在积极探索。先后获山东省“小城镇建设示范乡镇”潍坊市“社会治安综合治理模范乡镇”、潍坊市“生态文明镇街”等多项称号。

党委书记　彭长胜

办事处主任　刘振军

**【郑公街道】** 位于峡山生态经济发展区东南部，面积101平方千米，辖42个村，10948户，人口4.04万人，耕地面积3952.47公顷。2014年，全街道完成地区生产总值9.08亿元，工业实现销售收入9530万元，利税948万元，同比分别增长118%和5.7%；第三产业增加值997万元，农民人均纯收入8885元。

郑公街道历史文化底蕴深厚，历史遗迹分布众多，其中以郑公祠为主线，龙且冢、韩信坝、张良沟、袁绍墓凉台遗址等历史遗迹星罗棋布。郑公街道有着天然的自然资源，西临峡山湖，拥有狭长的湖岸线，自然风光优美，气候温和。近年来，该街道加大对砺阜花廊的改造力度，环湖路沿岸风景优美、景色宜人，成为人们休闲度假的好地方。郑公街道农业比较发达，是峡山区最大的粮食基地，有著名的有机香米、有机面粉、有机仙桃，有机香米畅销全国，每年砺阜山仙桃采摘节都能吸引来自海内外的游客。郑公街道以深入发掘历史资源，着力打造生态旅游为主题，以使有机农业提水平、上档次为目标，全面打造宜居、宜业、宜游、和谐、幸福的小城镇。

党委书记　韩法宝
办事处主任　高　胜

（郭乡武）

## 潍坊综合保税区

【国民经济和社会发展概况】 潍坊综合保税区于2011年1月25日获国务院批准设立，是全国第14个综合保税区，也是唯一一个位于山东蓝黄“两区”国家战略叠加位置的国家级海关特殊监管区，具有“承东启西”的辐射带动作用，服务辐射半径达300千米，向东承接青岛、烟台、威海等沿海城市，向西服务淄博、滨州、东营等内陆城市。潍坊综合保税区总规划面积35平方千米，其中，网内保税区5.17平方千米，网外配套区29.83平方千米，分为南区、北区两部分运营，形成“一体两翼”发展格局，使保税区的功能政策覆盖全市、辐射全省，对全市经济发展起到重要的政策服务、项目聚集和国际化平台作用。

2014年，在潍坊市委、市政府的正确领导下，潍坊综合保税区以自贸区的思想和标准指导全区工作，解放思想、艰苦创业，呈现出突破性的迅猛发展态势，全区注册企业800多家，服务社会企业1200多家。实现进出口额8.1亿美元，增长29%；公共财政预算收入1.2亿元，增长32%；保税物流货值9.5亿美元，增长42%；工业主营业务收入41亿元，增长49%；全区主要经济指标增幅连续3年在全国保税区中名列前茅，受到海关总署、商务部等国家有关部委的多次肯定和表扬。

跨境电子商务迅速启动。把跨境电子商务作为全区工作的重中之重，全力打造全市跨境电子商务总部基地和引领平台。一是全力申报试点。2014年4月，在全省率先启动跨境电商申报，得到了海关总署和济南海关的高度评价。目前，保税区“出口型”业务已经获批，“进口型”业务允许测试，申报取得阶段性成果。二是加快跨境电商平台建设。投资3000万元，启动了跨境邮件分拣中心和通关综合服务平台建设，目前已全部开工建设，预计2015年5月建成投用并全面开展跨境电商业务。三是配套完善基础设施。开工建设了总投资6亿元12万平方米的电子商务大厦，为跨境电商业务开展提供基础保障。四是强力推进电商招商。与京东集团达成了建设跨境电商和区域电商的合作意向，正在积极洽谈引进阿里巴巴、奕佳商城、淘宝潍坊馆、EMS等一批电商企业，努力形成电商企业集群。

重点项目加快推进。按照国际加工、国际物流、国际贸易、商务服务“四大产业”同步推进、同步发展的原则和提升市区的要求，全区筛选确定了总投资200多亿元的86个重点项目。一是全力抓好十大重点项目建设。分别是：总投资20亿元的歌尔电子产业园、总投资10亿元的国家级商品检测培训展览中心、总投资7亿元的中俄冷链物流和小分子肽、总投资5亿元的澳大利亚棉花物流加工、总投资6亿元的电子商务大厦、总投资6亿元的天津力神锂电池、总投资8亿元的圣和塑胶新材料、总投资3亿元的大地科技项目和总投资4亿元的中基物流等项目。二是全面推动其他重点项目建设。对其余80多个重点项目，按照规划、工程、工业、物流、总部经济、农村、北区等分类，成立6个专业办公室分头推进，管委会每半月集中调度，全力以赴推动项目加快建设。三是抓大项目和总部经济招商。围绕保税区功能特色和产业优势，集中全区力量，下大力气引进一批投资规模大、科技含量高、辐射作用强的大项目，引进一批有影响力和带动力的总部经济企业，引领带动全区经济加快发展。

改革创新取得重要突破。围绕发挥保税区功能作用，加快对接自贸区，全区政策服务能力全面提升。一是加快复制推广自贸区14项通关便利政策。2014年已落实7项新政策，分别是：保税展示交易、加工贸易单式核销、区间自行运输、批次进出集中申报、简化随附单证、统一备案清单、智能卡口管理等，让企业在保税区享受到最便捷的通关服务。二是在省内率先推行了“三个一”通关报检新模式。真正实现了“一次申报、一次查验、一次放行”，企业通关申报事项由143项整合成84项，通关费用节省一半以上。三是积极争取检验检疫权限下放。经国家质检总局批准，实现了进口棉花等植物产品在潍坊综合保税区就地检验检疫。启动了进口水果、水产品和肉类等进境口岸申报程序，申报文件由省政府上报国家质检总局。四是“区区联动”正式运作。实现

潍坊综合保税区关检联动“三个一”新模式在山东省内率先正式运行。

（供图：张　灏）

了与郑州、南京等保税区的联动发展，成为全国首批实现“区区联动”的保税区之一。

保税区北区加快筹建。建设保税区北区，是市委、市政府的战略决策，意义重大。重点抓了两项工作：一是加快申报批复。4月向国务院上报了北区申报文件；7月海关总署启动征求国土部、住建部意见；目前，国土部、住建部已回函同意，海关总署正牵头组织国家十部委会签，预计2015年内争取国务院正式批复。二是加快工程建设。北区总规划面积15平方千米，其中，一期围网2.12平方千米。目前，一期围网所有的规划设计已全部完成，正多方筹集建设资金。

国际物流迅猛发展。一是平台服务作用日益显现。着眼于服务全市及周边地区企业，突出抓好了“虚拟口岸、电子商务、检验检疫、商贸物流、联网监管”等五大平台建设，来区办理业务的企业达到1200多家，全年实现保税物流货值9.5亿美元。二是国际商品交易中心逐步做大。商品种类由葡萄酒、橄榄油，逐步扩大到酒类、油类、化妆品、纺织品、海鲜、小食品等多个品种，交易中心向全面化、多元化、电商化发展。新引进了韩国馆、国际采购（纺织品）服务平台，已有20多家国外大型供应商入驻。

民生保障和社会事业稳步推进。2014年共投资1个多亿用于改善民生，受到了群众的赞誉。在2014年度群众满意度测评中，保税区取得了88.19分的好成绩，在全市16个县市区（开发区）中位列第6名。一是加大教育投入。投资2亿多元，用于改善教育事业。其中，吸引社会投资1.8亿元建设了潍坊行知高中，管委会投资2500万元建设了保税区实验学校，让群众就近享受优质教育资源。二是完善道路交通。投资5000余万元，新开工扩建了樱前街、桃园街、高七路等主要道路；投资160余万元，全面整修了农村断头路、村内路、危桥，区内交通环境全面提升。三是提高群众居住水平。投资1000余万元，启动6个村的乡村连片治理工程。投资200余万元，新建垃圾中转站等设施。在全市率先完成农村饮用水改造，城乡环卫一体化村居覆盖率达到100%。四是夯实基层基础。全面完成了全区23个村的换届工作，没有出现一起区级以上信访案件。换届后，组织街办和村两委200多名干部，在市委党校进行了为期5天的集中培训，为今后农村稳定、农村发展打下了良好基础。五是丰富群众娱乐生活。加快了高二路东侧沿街商业开发，完善了超市、银行等服务设施。新建8处农村健身广场，新开通“村村通”广播电台、保税手机平台，加强了政府与群众的沟通交流，受到了群众的欢迎。

作风建设卓有成效。把2014年确定为“作风建设年”，以过硬的作风保障事业的快速发展。一是善始善终开展了教育实践活动，营造了风清气正、政通人和的干事创业环境。二是机关规范化建设进一步加强。修订完善了绩效考核办法、加快软环境建设意见等8个方面31项规章制度，管委会机关被评为省级文明单位。三是强化机关学习。邀请中央党校、国家行政学院、北京明德研究院、山东行政学院，以及市纪委、市委督导组、市商务局的领导专家来区讲座40余场，努力建设学习型、服务型、创新型保税区。四是强化安全生产、综合执法和社会稳定，全区社会和谐稳定。

**【全面复制推广上海自贸区新政策】** 以上海自贸区的思想、精神、标准和方法指导全区工作，不等不靠，快速跟进，先行先试，全面对接迈进自贸区。2014年，在省内率先启动复制推广上海自贸区14项新政策，年内已落实7项新政策，分别是：保税展示交易、加工贸易单式核销、区间自行运输、批次进出集中申报、简化随附单证、统一备案清单、智能卡口管理，让企业在保税区享受到最便捷的通关服务。

**【全面启动综合保税区北区申报建设】** 响应市委、市政府突破滨海的战略号召，依托潍坊港启动了综合保税区北区申报建设。北区位于滨海开发区，西邻潍日高速、疏港铁路起点，距潍坊港5千米，总规划面积15平方千米。建成后，综合保税区将分为南区和北区两部分运营，形成“一体两翼”发展格局。南区即现在的综合保税区，主要依托青岛港口和青岛机场，为潍坊及周边地市企业服务；北区主要依托潍坊港口，为北部沿海2700平方千米的开发开放服务。两区各有服务重点，又相互补充，使保税区的功能政策覆盖全市、辐射全省。2014年4月向国务院上报了北区申报文件，国土部、住建部已回函同意，海关总署正牵头组织国家十部委会签，预计2015年内争取国务院正式批复设立。

**【全力打造潍坊跨境电商总部基地】** 立足发挥国家级特殊监管区优势，把跨境电商作为重中之重，同步推进试点申报、平台建设、电商招商，着力打造全市跨境电子商务总部和引领平台，努力建设服务全省、辐射全国的跨境电商创新示范基地。一是加快试点申报。2014年4月，在全省率先启动跨境电商申报，得到了海关总署和济南海关的高度评价。目前，保税区“出口型”业务已经获批，“进口型”业务允许测试，申报取得阶段性成果。二是加快跨境电商平台建设。投资3000万元，启动了跨境邮件分拣中心和通关综合服务平台建设，目前已全部开工建设，预计2015年5月份建成投用，全面开展跨境电商业务。三是配套完善基础设施。开工建设了总投资6亿元12万平方米的电子商务大厦，为跨境电商业务开展提供基础保障。四是强力推进电商招商。与京东集团达成了建设跨境电商和区域电商的合作意向，正在积极洽谈引进阿里巴巴、奕佳商城、淘宝潍坊馆、EMS等一批电商企业，努力形成电商企业集群。

**【申请国家检验检疫权限下放】** 经国家质检总局批准，实现了进口棉花等植物产品在保税区就地检验检疫。申请山东省检验检疫局批准，实现全市进口汽车在保税区就地报检，全年实现检验货值30亿元以上。启动了进口水果、水产品和肉类等进境口岸申报程序，申报文件由省政府上报国家质检总局，正在加快推进，努力打造进口鲜活类产品分拨基地。

【管委会机关获评省级文明单位】 2014年12月，山东省精神文明建设委员会印发《关于命名表彰2014年度省级文明村镇、文明单位、文明社区的决定》（鲁文明委〔2014〕21号），授予潍坊综合保税区管委会机关2014年度省级文明单位称号，是保税区精神文明创建取得的又一丰硕成果。

【汶泉发展区】 位于潍坊综合保税区东南部，是潍坊综合保税区下设唯一镇级单位。面积14.83平方千米，辖23个行政村，3770户，人口1.17万人，耕地面积887.8公顷。2014年，汶泉发展区充分利用综合保税区的政策优势和功能优势，大力推动招商引资工作，积极引进大项目、大企业，辖区内共落户企业30多家。依托区位地理优势，推动综合保税区、汶泉发展区“区区联动”，承接保税区内产业转移，推动一体化发展。发挥土地、人力等资源优势，对接歌尔电子、潍柴动力、北汽福田、潍坊电厂等大企业，强化就业培训，提供配套服务，变村民为产业工人、技术人才，帮助解决周边村民就业问题。

党委书记 蒋建新

管委会主任 李致颖

（王永昌）

# 山东潍坊经济开发区

【国民经济和社会发展概况】 山东潍坊经济开发区是1994年5月经省政府批准成立、2006年4月国家发改委审核确认的省级开发区，位于潍坊核心市区北部，总规划面积96平方千米，辖3个街道、83个村（居），总人口15万，综合实力连续三年稳居全省省级开发区第一方阵。2014年，全区完成地区生产总值40.4亿元，增长9.1%；固定资产投资97.6亿元，增长15.9%；公共财政预算收入4.79亿元，增长13%；进出口总额1.96亿美元，增长12.6%；实际利用外资1370万美元，增长28.8%。

转型升级步伐进一步加快。聘请山东财经大学专家组编制完成全区产业发展规划（2014—2030），产业转型方向更加明晰。全年完成技改投入43.8亿元，增长13.6%；实现高新技术产业产值32.9亿元，占比达到37%；实现服务业增加值12亿元，占GDP的比重提高1个百分点。1020工业企业主营业务收入、上交税金分别增长21%和23.8%。柏立化学跻身全市工业百强，芮米科技被评为全省节能环保产业示范企业，爱购商城获批山东省电子商务示范企业，康华生物获批省级企业技术中心，中远工业设计获评省级工业设计企业，5家企业通过市级企业总部认定，6家企业通过高企认定。国家级生态工业园区获得创建批复，成为2014年全国唯一一家获批的省级开发区。

改革创新活力进一步激发。“管委会+公司”成功破题，城投公司、北辰高新投资公司实现市场化运作。建立政府部门权力清单和服务清单，在城乡环卫、机关安全保卫、档案管理等方面试行政府购买服务。注册资本登记制度改革顺利完成，新发展各类企业272家，新增注册资本16亿元，分别增长89%和1567%。率先在全省政府机关中研发启用督查督办平台，工作抓落实的力度得到加强。探索实施“一窗受理、各局通办”和“国地税联合办税”新模式，服务效率提升30%以上。

经济发展后劲进一步增强。新引进项目10个，总投资11.4亿元；调度重点项目59个，完成投资14.3亿元。8个项目列入市级新增建设用地项目储备库，11个项目列入市科学发展计划项目库，28个项目列入市级过亿元重点项目库。产学研合作结出硕果，与中科院等科研院所达成合作共建项目10个。大学生创业孵化中心获评全市大学生创业孵化示范基地，首批36家创业实体顺利入驻。

城镇化水平进一步提高。全区控制性规划、双杨街道概念性规划加快编制。投资6000多万元，新修、改造道路11.7万平方米，新增绿地5.4万平方米，增设公共自行车点25座、便民市场2处，铺设各类管网24.2千米。旧村改造稳步推进，新开工10.5万平方米，656户居民实现回迁。城乡环卫一体化实现市场化管理，城市管理工作考核位居中心城区首位。

和谐社会基础进一步夯实。民生投入达1.1亿元，占公共财政预算支出的53.8%。顺利通过国家义务教育均衡县验收，3所学校列入市区学校建设提升工程。医疗卫生事业健康发展，双杨卫生院综合改革初见成效，区级心理健康服务中心建设完成。社会保障持续改善，友谊社区老年公寓作为全市首家居家养老机构建成运营。“三八六”环保行动扎实有效，水环境、空气质量、污染物减排三项指标位居全市前列。安全生产、综治维稳形势良好，在省公安厅组织的民意调查中，经济区群众安全感、满意度和民警认同感、满意度均列全省第一。

【获批创建国家生态工业示范园区】 7月29日，国家生态工业示范园区建设协调领导小组办公室在北京召开“国家生态工业示范园区建设规划论证会”，潍坊经济开发区生态工业示范园区建设规划和技术报告顺利通过专家组论证。12月18日，环保部、商务部、科技部联合下发《关于同意江苏扬州维扬经济开发区等4个园区建设国家工业示范园区的通知》（环发〔2014〕198号），正式同意潍坊经济开发区开展国家生态工业园区建设。

【大学生创业孵化中心挂牌成立】 9月25日，潍坊经济开发区大学生创业孵化中心揭牌暨创业者入驻仪式在北辰高新投国家级孵化器成功举行。中心依

9月25日经济区大学生创业孵化器中心揭牌　（供图：胡晓丽）

托国家级科技企业孵化器，规划面积5000平方米，可容纳100家创业实体、带动1000余名高校毕业生创业就业。首批入驻的36家大学生创业项目涉及科技研发、环境保护、生物制药、广告创意、电子商务等多个领域。

【世界500强麦德龙潍坊商场建成营业】　麦德龙是德国最大、欧洲第二、世界第三的零售批发超市集团，世界500强之一，旗下拥有多家麦德龙现购自运商场。麦德龙潍坊商场是该集团在中国市场投资运营的第80家门店，是继青岛（两家）、烟台、淄博、临沂之后在山东开设的第6家连锁超市，也是全市首家现购自运制商场。项目位于北海路与泰祥街交叉口西北角，总投资1365万美元，占地2.3公顷，5月开工建设，12月11日正式营业，提供18100多种商品，年可实现营业额2亿元、税收1000万元。

【首创督查督办管理系统平台】　在全省政府机关率先研发启用"督查督办管理系统平台"，对重点工作、工程和项目进行网上立项分解、跟踪调度、督办督促，按照"立项→接收→填报→审核→通报（问责）"的工作流程，推行工作项目化、项目表单化、表单流程化和管理制度化，对全区工作实行"挂图作战"，取得良好效果。通过实时在线调度、落实、反馈，解决了人为因素影响工作落实和督查效果的问题，全年共督促部门解决实际问题213项，工作效率提高了70%以上。

12月11日，市委书记杜昌文（前排右）会见世界500强德国麦德龙中国区总裁席龙。（供图：胡晓丽）

【创新实行"国地税联合办税"】　整合国地税办税资源，积极推行合窗服务、合厅办税、合署办公、合并执法的联合办税新模式。合窗服务。整合人员、业务、职能、事项，明确212个服务事项1120条服务规范，采取"一人双机办两税"，实现了一个窗口、一套资料、统一标准、一次办结、一次性处罚的简化办税模式，平均提速30%以上。合厅办税。调整税务标识、公开公示，统一以"经济税务"窗口面向纳税人，实现了资料填报区、自助办税区等功能区和办税叫号系统、涉税信息发布平台等硬件设施的资源共享。合署办公。成立联合办税领导小组，建立联席会议、信息共享、协同执法等13条制度措施，解决了技术上征管软件信息共享、管理上人员机构业务联动、职责划分上权责统一的难题。合并执法。将税务稽查、行政处罚、户籍管理、税收优惠认定等108项执法和行政审批事项进行合并，有效堵塞了税收征管漏洞，全区税源基础更加优化，纳税遵从度普遍提高，地方财政收入明显增加。

【张氏街道】　位于潍坊经济开发区东部，北海路以西，白浪河以东，总面积24平方千米，辖18个行政村，2.6万户、9.5万人，耕地面积636公顷。2014年，农民人均纯收入1.52万元。

街道牢固树立高点定位、率先发展的工作理念，借力"一带一谷一区一基地"（北海路经济隆起带、中国食品谷、北辰中央休闲区、潍坊总部基地），全力打造经济持续快速发展、生态环境自然优美、群众生活文明富裕、社会秩序和谐稳定的城市区域发展中心。2014年，加快万创总部基地、文华高端教育园区、北辰中学等项目进地工作；18个村庄中已有6个完成旧村改造，10个准备启动；顺利推进农村集体资产股份制改造，新增收益800万元，村民生活水平有了大幅提升；开展“张氏美德杯”评选表彰、“美丽张氏”白浪河环跑等活动，丰富了群众文化生活。先后获“省级文明单位”“市级文明单位”称号。

党委书记　王海华

办事处主任　牟　涛

**【北城街道】** 位于潍坊经济开发区西南部，北外环以南，白浪河以西，西外环以东，总面积30.2平方千米，辖29个行政村，6139户、2.5万人，耕地面积993.8公顷。2014年，农民人均纯收入1.47万元。

街道东侧毗邻白浪河北辰绿洲湿地公园，西侧有大、小圩河过境，环境优美，宜居宜业，是推动农村城镇化发展的中心和主战场。街道紧紧围绕城乡一体化发展的总目标，突出抓好旧村改造、征地拆迁、民本民生三项工作，切实强化党的建设、安全稳定、工作创新三项保障，奋力开创生态环境优美、人民富裕文明、社会安定和谐、经济持续发展的新局面。2014年，成功启动郭家楼村旧村改造，完成建设面积5.12万平方米；着力整合优势资源推进西贾·瀚香苑、荔水湾等高品质社区建设；加快推进省监狱、南京机床二厂、检测中心等15个项目进地工作，共腾出土地66.7余公顷；开展村庄环境卫生综合整治，城乡面貌明显改观。

党委书记　解小辉

办事处主任　王立光

**【双杨街道】** 位于潍坊经济开发区西北部，北外环以北，白浪河以西，总面积45.2平方千米，辖36个行政村，8419户、2.6万人，耕地面积2948公顷。2014年，农民人均纯收入1.09万元。

街道牢牢把握党的群众路线教育实践活动这一主线，抢抓机遇，攻坚克难，在项目推进、改善民生、农村管理、基层组织建设等方面，实现科学发展、和谐发展、跨越发展。2014年，完成潍日高速、北环路延伸、大邦房地产等重点项目拆迁任务700亩；全国文明村前阙庄村二期工程按期推进，完成建设3万平方米，回迁206户；自来水网二期改造顺利推进，30个村、2.8万人饮水条件得到大幅改善；17个村电网升级改造完成，铺设地缆14千米，更换高功率变压器12台；新铺天然气管道10千米，覆盖8个村庄；新修王固庄、徐家、丁家等村级支路5条、3.4千米，整修村内道路31千米；29个村、1933.3公顷土地承包经营权确权工作完成，146.7公顷土地完成流转；深入开展村容村貌整治活动，城乡环卫一体化实现全覆盖。

党委书记　王丽君（女）

办事处主任　吴传华

（王　立）

# 人　物

*Renwu*

## 新任市级领导人

**杜昌文**　男，汉族，1957年10月生，山东嘉祥人，1976年3月加入中国共产党，1976年5月参加工作，省委党校研究生学历，现任潍坊市委书记、市人大常委会主任、市委党校校长。

1975年9月～1976年5月，嘉祥县农业学大寨工作队队员（计算连续工龄）。

1976年5月～1978年12月，嘉祥县满硐公社党委常委、团委书记。

1978年12月～1980年2月，嘉祥县万张公社党委常委、团委书记。

1980年2月～1982年7月，嘉祥县万张公社党委常委、革委会副主任。

1982年7月～1984年2月，嘉祥县万张公社党委副书记（其间，1980年12月～1982年9月山东农业机械化学院干部专修科农机化管理专业学员）。

1984年2月～1984年8月，嘉祥县委常委、团县委书记。

1984年8月～1988年6月，共青团济宁市委副书记。

1988年6月～1989年2月，共青团济宁市委书记。

1989年2月～1993年1月，济宁市教育局局长。

1993年1月～1997年12月，金乡县委书记（其间：1995年9月～1997年12月在省委党校业余研究生班经济管理专业学习）。

1997年12月～2000年11月，菏泽地委副书记、行署副专员。

2000年11月～2001年1月，菏泽市委副书记、地区行署副专员。

2001年1月～2002年12月，菏泽市委副书记、副市长。

2002年12月～2003年2月，菏泽市委副书记、代市长。

2003年2月～2006年3月，菏泽市委副书记、市长。

2006年3月～2009年3月，省文化厅厅长、党组书记。

2009年3月～2013年2月，省水利厅厅长、党组书记。

2013年2月～2014年2月，潍坊市委书记、党校校长，市人大常委会党组书记。

2014年2月～2014年8月，潍坊市委书记，市人大常委会主任、党组书记，市委党校校长。

2014年8月至今，潍坊市委书记、市人大常委会主任、市委党校校长。

九、十届省委委员。

**李在武**　男，汉族，1970年8月生，山东济南人，1991年1月加入中国共产党，1992年7月参加工作，大学学历，文学硕士学位，现任潍坊市委常委、市纪委书记。

1988年7月～1992年7月，山东师范大学马列部思想政治教育专业学习。

1992年7月～1993年6月，山东师范大学中文系政治辅导员。

1993年6月～1995年10月，山东师范大学党委办公室干事。

1995年10月～1999年8月，山东师范大学党委办公室副科级干事（其间：1994年7月～1997年7月在山东师范大学英语专业学习）。

1999年8月～2000年11月，山东师范大学团委副书记。

2000年11月～2005年1月，山东师范大学党委办公室副主任。

2005年1月～2006年3月，山东师范大学党委办公室副主任兼纪委正处级纪检员。

2006年3月～2009年12月，山东师范大学党委办公室主任（其间，2003年9月～2006年12月在山东师范大学中国现当代文学专业学习，获文学硕士学位；2008年2月～2008年12月在省委党校第十八期中青年干部培训班学习）。

2009年12月～2011年3月，山东师范大学党委组织部部长。

2011年3月～2011年12月，山东师范大学党委组织部部长兼山东师范大学党校常务副校长。

2011年12月～2012年1月，威海市委常委。

2012年1月～2014年12月，威海市委常委、统战部部长、市社会主义学院院长。

2014年12月至今，潍坊市委常委、市纪委书记。

**姜树政**

男，汉族，1963年10月生，山东荣成人，1991年8月加入中国共产党，1987年7月参加工作，省委党校研究生学历，现任潍坊市中级人民法院院长、党组书记。

1983年9月～1987年7月，华东政法学院法律专业学习。

1987年7月～1988年9月，省高级人民法院办事员。

1988年9月～1992年12月，省高级人民法院科员级书记员（其间：1989年10月～1991年4月在临清市唐园乡前卜头村包村）。

1992年12月～1997年3月，省高级人民法院副科级书记员（其间：1993年9月～1995年6月在省委党校党政干部研究生班学习）。

1997年3月～2000年7月，省高级人民法院研究室正科级助理审判员。

2000年7月～2000年8月，省高级人民法院研究室副主任、助理审判员。

2000年8月～2001年9月，省高级人民法院研究室副主任、审判员。

2001年9月～2006年5月，省高级人民法院刑事审判第一庭副庭长、审判员。

2006年5月～2006年7月，省高级人民法院刑事审判第一庭正处级审判员。

2006年7月～2007年9月，省高级人民法院刑事审判第三庭庭长、审判员。

2007年9月～2013年6月，省高级人民法院刑事审判第三庭庭长、审判委员会委员、审判员。

2013年6月～2014年2月，潍坊市中级人民法院代院长、党组书记。

2014年2月至今，潍坊市中级人民法院院长、党组书记。

**郝树东**

男，汉族，1962年12月生，山东邹平人，1986年1月加入中国共产党，1981年10月入伍，研究生学历，现任潍坊市委常委、潍坊军分区政委。

1981年10月～1983年9月，济南军区守备三师电影队战士。

1983年9月～1985年8月，济南陆军学校步兵指挥专业学员。

1985年8月～1985年10月，济南军区守备第八团政治处宣传股正排职俱乐部主任。

1985年10月～1989年4月，济南军区守备第六团政治处宣传股干事。

1989年4月～1990年3月，济南军区守备第六团守备三连政治指导员。

1990年3月～1991年11月，济南军区守备第六团二营机炮连政治指导员。

1991年11月～1994年6月，济南军区守备第六团政治处组织股副股长、股长。

1994年6月～2001年12月，省军区政治部组织处干事、副处长（其间：1995年9月～1998年7月在西安政治学院法律专业学习）。

2001年12月～2005年7月，省军区政治部纪检处处长（其间：2000年8月～2002年12月在山东大学中国近现代史专业学习）。

2005年7月～2006年1月，省军区政治部宣传保卫处处长。

2006年1月～2007年5月，省军区政治部组织处处长。

2007年5月～2013年11月，日照军分区政治部主任。

2013年11月～2014年1月，潍坊军分区政委。

2014年1月，任潍坊市委常委、潍坊军分区政委。

（市委组织部）

## 全国“五一”劳动奖章获得单位

潍坊市国家税务局

## 全国“五一”劳动奖章获得者

（5名）

宋丰升　潍坊交运汽车运输有限公司驾驶员

单立伟（女）　山东海化集团热力电力分公司车间副主任

任春娥（女）　潍坊医学院妇产科学教研室主任

王道奎　潍坊市脑科医院院长

张经尧　潍坊市环境卫生管理处垃圾处理场工人

## 全国工人先锋号

（3个）

潍坊市奎文区出租汽车服务公司和谐车队

潍柴控股集团有限公司一号工厂总装车间

中国农业银行股份有限公司青州

市支行营业部

## 富民兴鲁劳动奖章

（36 名）

孙玉波　中化弘润石油化工有限公司运行工
张英霞（女）　山东惠发食品股份有限公司物流调度员
周建章　康跃科技股份有限公司钳工
于海洋　豪迈集团股份有限公司模具二部部长兼总调度
胡曰顺　潍坊市市政工程股份有限公司项目经理
王丽娟（女）　潍坊市第二人民医院护士长
段瑞朋　潍城区北关街道后姚家坊社区党委书记
李世恩　国网山东潍坊市寒亭区供电公司水电暖班班长
董联军　山东晨鸣纸业集团股份有限公司叉车班班长
张永德　临朐县城关街道计生服务站片长
张春晓（女）　昌乐农村商业银行营业部柜员
齐树泉　潍坊市第三殡仪馆火化车间主任
秦伟博　潍坊市公安局治安支队四大队副大队长
孙军刚　中国移动潍坊分公司传输电源维护中心主任
王树军　潍柴动力股份有限公司一号工厂维修工
王献勇　坊子区人民医院医生
吕文臻（女）　诸城市人民医院内科主任
王宗军　安丘市工程建设监理中心监理工程师
田松英（女）　潍坊市园林管理处苗圃管理处主任
王瑞海　潍坊市地方税务局总会计师
李美芹（女）　潍坊科技学院生物工程研发中心主任
宋洪波　高密市开发区医院院长
张景和　昌邑市第一中学校长
刘兴山　山东省潍坊市中医院消化内科主任
张西森　潍坊市农产品质量检测中心土肥站站长
宋凤霞（女）　潍坊市艺术馆副馆长
季　涛　潍坊学院节能研究院院长
李秀龙　潍坊职业学院教务处副处长
顾秀海　北汽福田汽车股份有限公司诸城汽车厂党委书记
冯　杰　中国农业银行股份有限公司潍坊分行信贷管理部总经理
王连溪　潍坊市三建集团董事长
肖春菊（女）　山东中烟工业有限责任公司青州卷烟厂厂长
李振杰　国网山东寿光市供电公司总经理
郑铁民　山东浪潮华光光电子股份有限公司董事长
孟庆升　山东裕源集团有限公司董事长
王祖玉　潍坊市农村信用合作社联合社理事长

## 富民兴潍劳动奖章

（84 名）

### 奎文区

丁建华　山东丽波日化股份有限公司液洗车间副主任
刘　涛　潍坊市奎文区孙家小学校长
赵克文　山东潍坊烟草有限公司奎文营销部经理

### 潍城区

张　伟　潍坊市城市管理行政执法局潍城分局科长
于允增　潍坊市潍城区教育局校园安全管理办公室、实验教学研究中心主任
岳治坤　潍坊农村商业银行股份有限公司潍城支行行长

### 坊子区

苏其俊　潍坊鲁泰机械有限公司技术部组长
韩忠玉　山东省潍坊第四中学校长、党委书记
李文革　山东坊子板桥酒业有限公司董事长

### 寒亭区

于　娜（女）　潍坊市寒亭区蒙银村镇银行股份有限公司人力资源主管
逄锦晶（女）　潍坊市寒亭区人民医院副院长
秦光林　山东长城建材科技有限公司董事长、总经理

### 青州市

王永军　卡特彼勒（青州）有限公司桥箱车间试验工
杨　旭　安徽江淮汽车股份有限公司山东分公司总装车间副主任
陶遵华（女）　青州市坦博尔服饰股份有限公司技师
苏　伟　青州中联水泥有限公司副总经理
肖剑峰　中国工商银行股份有限公司青州支行党委书记、行长

### 诸城市

马耀霞（女）　新郎希努尔集团股份有限公司技术中心打板师
郑国锋　诸城市鑫诺建筑工程有限公司科长
张　凤（女）　诸城市妇幼保健院医生
谢建伟　诸城市实验小学校长、党支部书记
姜卫刚　诸城市东升工贸集团有限责任公司董事长

### 寿光市

胡秀荣（女）　山东新龙集团有限公司生产部部长
朱烈智　山东凯马汽车制造有限公司维修电工
张鹤兴　山东联盟化工集团有限公司仪表自动化工程师
董良军　寿光富康制药有限公司研发部副总工程师
王元治　寿光市民政局副局长、寿光市社会福利中心主任
韩荣桓　山东寿光神润发海洋化工有限公司总经理

### 安丘市

朱海英（女）　潍坊雷克兰劳保用品

有限公司缝纫一车间三班班长
孙 洁（女） 山东景芝酒业股份有限公司化验分析员
李德刚 安丘市第二中学教师
尹忠民 安丘市人民医院心内二科主任
薛校森 安丘市汇鑫路桥工程有限公司经理

高密市

冯子刚 国网山东高密市供电公司检修工
范崇玲（女） 山东高密大昌纺织有限公司纺纱工
臧贻泉 高密市第三中学教师
夏纪功 山东邦泰散热器有限公司操作工
孙日强 山东晟绮疏港国际物流有限公司董事长、总经理

昌邑市

陈修志 昌邑华达织造有限公司带班长
常永恒 山东昌邑灶户盐化有限责任公司制溴车间主任
杨华先 昌邑市饮马中心卫生院院长
武修禄 山东金典化工有限公司董事长

临朐县

窦红梅（女） 山东省临朐外国语学校教师
辛秀芳（女） 临朐县人民医院产科产房主任
侯法平 临朐县知艺红木家具有限公司经理

昌乐县

田思安 昌乐育才双语学校党支部书记、校长
朱承山 山东潍焦集团有限公司焦化厂副厂长
钟庆国 潍坊龙海民爆有限公司总经理

高新技术产业开发区

梁中富 潍坊娃哈哈饮料有限公司仓管员
李 蕾（女） 潍坊高新国际学校教师
李永胜 潍坊天瑞重工凿岩机械有限公司董事长

滨海经济开发区

谷宝成 山东红旗机电集团有限公司技术员
郭学阳 潍坊沃尔特化学有限公司总工程师

综合保税区

李兆鑫 潍坊市综合保税区政治部科员

峡山生态经济发展区

刘 伟 昌邑市大华木业有限公司董事长

市 直

李冠兵 山东省潍坊市第一中学高67级教学部主任
赵文军 潍坊长远运输有限公司驾训队队长
牛全林 山东恒建工程监理咨询有限公司副总经理
赵永红（女） 潍坊市精神卫生中心精神科主任
胡德宏 潍坊市人民医院胸外科主任
王金鹏 潍坊昌大建设集团有限公司机械化施工分公司电梯项目部安装工
冯海强 山东潍坊百货集团股份有限公司超市事业部佳乐家新华店生肉加工领班
王丽珍（女） 山东潍坊百货集团股份有限公司超市事业部佳乐家北宫店收银主管(代理)
张爱红（女） 潍坊市园林管理处白浪河绿化有限公司经理
王林武 潍坊市农科院蔬菜所所长
徐维强 潍坊市规划局机关服务中心主任
郭光智 潍坊市林业局林场管理办公室主任
陈常浩 潍坊市公安局刑警支队二大队副大队长
卢佳林 潍坊市无线电监测站站长
赵拥军 潍坊电视台技术中心主任
谭 稳（女） 潍坊电视台新闻部主播
侯永刚 潍柴动力股份有限公司一号工厂检修中心设备主管
冀丽琴（女） 潍柴动力股份有限公司技术中心产品总师
宋仁峰 山东海化股份有限公司纯碱厂重碱车间化工丙班班长
刘建路 山东海化集团有限公司技术中心副经理
杨爱军 山东海化集团有限公司热力电力分公司电气车间保试班班长
杨文林 国网山东省电力公司潍坊供电公司峡山客户服务中心王家庄供电所所长
冯 霖 华电潍坊发电有限公司副总工程师、生产技术部主任
钟志玲（女） 山东鸢飞大酒店有限公司厨师长
孙 鹏 山东省潍坊市供销实业有限公司董事长、总经理
戴祥玉（女） 潍坊市坊子区邮政局清池邮电支局支局长
孙曰波 潍坊职业学院农业工程学院副院长
闫学顺 潍坊银行股份有限公司信息科技部总经理
赵 鹏 中国工商银行股份有限公司潍坊坊子支行行长

（市总工会）

## 中国好人
（3人）

刘志刚 潍坊市金伟达钢结构工程有限公司总经理
张兴芬 临朐县城关街道北苑小学教师
张敏敏 寿光市双王城生态经济园区南木桥村村民

## 山东好人
（32人）

林明星 奎文区梨园街道前栾社区居民
王怡诺 潍坊德润国际双语学校学生会副主席
庞守禄 奎文区铁路樱园小区居民
刘相莲 奎文区北苑街道则尔庄社区居民
肖 岚 奎文区东关街道苇湾社区居民
洪利军 潍坊市公安局坊子分局特警大队教官
裴 巍 潍坊市公安局寒亭分局刑警大队科员

尹京荣　寒亭区寒亭街道蝶园社区居民
刘　文　诸城市百盛超市有限公司员工
杨丙光　寿光市宏丰种苗公司经理
燕法周　寿光市古城街道临泽二村村民
王锡锟　寿光市邮政局杨庄支局投递员
范金柱　寿光市洛城街道南纸房村村民
李兰普　寿光市国税局办公室科员
张敏敏　寿光市双王城生态经济园区南木桥村村民
王建立　寿光市公安局刑警大队副大队长
王道吉、侯爱云夫妇　寿光市美林花园居民
王树梅　安丘市新安街道王家楼子村村民
马利运　安丘慈善义工协会副会长
徐海英　安丘市华安建筑安装有限责任公司技术科科员
陆运泽　昌邑市卜庄镇大陆村党支部书记
冯子刚　国网高密市供电公司拒城河供电所农网运检工
蔡善勇　高密市醴泉街道蔡家庄党支部书记
王骁宙　临朐县人民医院血液肿瘤科医师
侯学忠　临朐县蒋峪镇慧敏爱心小学教师
谭　焱　国网临朐县供电公司城关供电所客户服务室主任
张兴芬　临朐县城关街道北苑小学教师
吕　文　昌乐县国家税务局城区税务分局副局长
田敬森　生前系昌乐县城市管理行政执法局执法大队直属二中队中队长
吴金红　生前系昌乐二中学生
滕桂兰　昌乐县乔官镇西莱园村村民
张立军　潍坊联运有限责任公司汽车出租分公司驾驶员

## 潍坊好人

（145 人）

代秀萍　奎文区潍州路街道宝通社区居民
周志香　奎文区南胡住南社区居民
肖　岚　奎文区东关街道苇湾社区居民
庞守禄　奎文区铁路樱园小区居民
韩兴忠　潍坊广文润洁物业管理有限公司总经理
马　清　潍城区交通服务总公司客运出租汽车公司驾驶员
崔小国　潍城区十笏园社区居民
刘贵兰　潍城区乐埠山中心小学教师
时盛扬　潍城区友爱南社区居民
刘德云　潍城区军埠口综合项目区大崖头村村民
郎咸宁　潍城区军休一所离休干部
田　贞　潍城区南关街道西南关养老院院长
马建萍　潍城区城关街道岳王庙社区居委会工作人员
曲惠珍　坊子区人民医院理疗科主任
赵　霞　潍坊市玉泉洼种植专业合作社联合社理事长
李新军　坊子区坊城街道财政经管统计服务中心主任
绍德刚　潍坊农佳庄园总经理
宋夕科　坊子区经济发展区石沟河村村民
李玉梅　坊子区凤凰街道东单小区物业管理员
洪利军　潍坊市公安局坊子分局特警大队教官
牟忠祥　坊子区国税局恒安分局副局长
黄一名　坊子区国税局机关党办主任
裴　巍　潍坊市公安局寒亭分局刑警大队科员
杨立伦　寒亭区杨家埠民俗大观园员工
冯　亮　寒亭区冯家花园村支部书记、村主任
尹京荣　寒亭区寒亭街道蝶园社区居民
褚曼丽　寒亭区开元街道廿里堡村村民
张月峰　寒亭区固堤街道北寨三村村民
逄锦晶　寒亭区人民医院副院长兼神经内科主任
王希刚　青州市质量技术监督局职工
刘宝光　生前系青州市团结小学离休教师
魏玉芳　国网青州市供电公司营销部营业班班长
王金国　青州市火车站客运员
黄振江　青州市益都街道小店村村民
刘法武　生前系青州市谭坊镇副镇长、计生办主任
房　坤　青州农村商业银行朱良支行综合柜员
刘发春　青州市王坟司法所所长
林子丹　诸城市皇华小学教师
唐艳萍　国网诸城市供电公司党务专责
郭晓秋　诸城市舜王街道九台社区居民
刘　文　诸城市百盛超市有限公司员工
王金宝　诸城市枳沟镇城管中队长
王夕鹏　国网山东诸城市供电公司职工
孙彦芹　寿光市营里镇西道口村村民
孙爱霞　寿光市稻田镇东稻田小学教师
周洪三、桑秀文夫妇　寿光市圣城街道南关社区居民
李兰普　寿光市国税局办公室科员
王建立　寿光市公安局刑警大队副大队长
王道吉、侯爱云夫妇　寿光市美林花园居民
王元治　寿光市民政局副局长、社会福利中心主任
张敏敏　寿光市双王城生态经济园区南木桥村村民
杨海霞　寿光市疾病预防控制中心艾滋病防治科副科长
侯光贤　寿光市羊口镇侯辛庄村村民
田长伟　山东寿光金顿集团董事长
郑素荣　寿光市古城街道弥景苑社区幼儿园园长
谭淑静　寿光市园林绿化管理处苗圃副主任
张　波　寿光日报社首席编辑
牟洪臻　安丘市吾山镇中心幼儿园教师
韩庆泉　安丘市大盛镇南黑山村党支部书记
韩传富　国网安丘市供电公司财务资产部主任
李世玉　安丘市大盛镇南黑山村村民安丘慈善义工组织
王树梅　安丘市新安街道王家楼子村村民
张瑞霞　安丘市新安街道归家疃社区居民

聂文芬　安丘市石埠子镇东张相村村民
周瑞明　安丘市大名食品公司总经理
王旭芳　安丘市石埠子镇蒯沟村村民
李　茂　安丘市东埠中学学生
刘召芬　安丘市官庄镇西小泉村村民
李秀英　安丘市金冢子镇中金堆村村民
马利运　安丘慈善义工协会副会长
王丽娜　昌邑市实验幼儿园级部主任
陆运泽　昌邑市卜庄镇大陆村党支部书记
刘治辉　昌邑市长途汽车运输有限责任公司公交驾驶员
杨永正　昌邑市饮马镇杨楼村党支部书记
高洪侦　山东宏大生姜市场有限公司经理
孙素美　昌邑市都昌街道渔埠村党支部书记
于美霞　昌邑市饮马镇杨屯小学教师
鞠成志　山东万洋食品有限公司董事长
耿全秀　高密市阚家镇双羊店村村民
王公珍　青岛科技大学高密校区学生
王　晓　高密市柏城镇中心卫生院护士
颜翠花　高密市胶河生态发展区颜家太洛村村民
单政达　高密市志愿者协会会长
陈　军　新希望英美文化培训中心负责人
王文静　高密市殡葬管理所支部书记
杜宝峰　高密市公安局拒城河派出所教导员
蔡善勇　高密市醴泉街道蔡家庄党支部书记
徐林收　高密市阚家镇松兴屯党支部书记
郭玉宝　高密市醴泉街道残联干事
冯子刚　国网高密市供电公司拒城河供电所农网运检工
张兴芬　临朐县城关街道北苑小学教师
侯学忠　临朐县蒋峪镇慧敏爱心小学教师
谭　焱　国网临朐县供电公司城关供电所客户服务室主任
王骁宙　临朐县人民医院血液肿瘤科医师
田敬森　生前系昌乐县城市管理行政执法局执法大队直属二中队中队长
李　伟　昌乐县城南街道小学教师
邓中华　昌乐县工商行政管理局尧沟工商所职工
刘春霞　潍坊远东自动化仪表有限公司董事长
刘　芳　昌乐县供电公司稽查信息班班长
胡焕新　昌乐县国税局城区分局干部
刘洪勇　潍坊丰源织带有限公司总经理
刘清河　昌乐县档案局管理科科长
沈孝业　山东乐化集团董事长兼昌乐县红河镇葛家滩村党支部书记
滕桂兰　昌乐县乔官镇西莱园村村民
吴金红　生前系昌乐二中学生
张立志　昌乐县高崖水库库区教管办主任、库区中学校长
李兆成　昌乐一中教师
于观忠　昌乐县乔官镇西河下村村民
于　兰　潍坊市直机关幼儿园凤翔分园级部主任
赵　辉　华电潍坊发电有限公司工人
纪金霞　高新区志愿者协会关爱部副部长
王金明　潍坊王金明美术教育创办人
丛　毅　潍坊市高新区邮电新村投递部主任
张淑棠　山东瑞斯科有限公司副总经理
李秀芹　经济区锦绣学校教师
尹宝玉　经济区社会事业局兽医师
陈瑞梅　经济区国家税务局办税大厅主任
孟祥霞　经济区锦绣学校教务主任
卢正海　潍坊市中医院滨海分院院长
沈海燕　滨海区大家洼邮政支局局长
李　昊　潍坊滨海投资发展有限公司总经理助理
陈化兰　峡山区太保庄街道于家屯村村民
马振国　潍坊市公安局峡山区分局郑公派出所副所长
郭天河　峡山区太保庄街道朱马村村民
王善功　生前系峡山区王家庄街道朱子一村村主任
张　丽　峡山中学高中部教师
周秀云　潍坊人民广播电台933私家车广播营销部副主任
梁路标　潍坊电视台农业频道《沃土》栏目记者
隋宝玲　潍坊市人民检察院公诉二处副处长
曲仁明　山东鲁能泰山足球学校物业部队医
王焕菊　潍坊中学教师
孙荣熙　潍坊七中教师
王金芝　潍坊聋哑学校教师
宫永红　潍坊市实验学校教师
霍连营　潍坊市公安局交警支队潍城大队五中队副中队长
陈常浩　潍坊市公安局刑警支队二大队副大队长
刘　阳　潍坊市公安局交警支队奎文大队二中队科员
孙春梅　潍坊市社会福利院和谐楼副主任
陆玉秀　潍坊市公共交通总公司驾驶员
姜　海　潍坊汽车总站高速公路服务区分站站长
张立军　潍坊联运有限责任公司汽车出租分公司驾驶员
王均福　峡山区公路局党政办副主任
冯卫东　潍坊市中心血站助理研究员
盖福亮　潍坊市中心血站职工

（市文明办）

## 逝世人物

王克礼（1921年5月～2014年4月）男，山东省博兴县人，1921年5月出生，1945年2月参加工作，1945年11月加入中国共产党。历任新兵连、渤海日报社股长、副科长，新华社山东分社秘书，西藏自治区工委宣传部副主任，自治区公路工程处、桥工处处长，自治区公路局副局长、局长，自治区党委监委副处长、副主任、主任，自治区东风矿革委主任，自治区工业局副局长，潍坊地区行署副专员，1984年2月至1986年5月任潍坊市第十届人大常委会副主任。1984年2月当选为潍坊市第十届人民代表大会代表。1986年5月离休。2014年4月13日逝世，享年93岁。

（市人大）

# 附　录

*Fulu*

## 2014 年度潍发文件目录

表 4

| 序号 | 发布文号 | 文件名称 | 备注 |
|---|---|---|---|
| 1 | 潍发〔2014〕1 号 | 中共潍坊市委关于印发《中共潍坊市委 2014 年工作要点》的通知 | |
| 2 | 潍发〔2014〕2 号 | 中共潍坊市委关于深入开展党的群众路线教育实践活动的实施意见 | |
| 3 | 潍发〔2014〕3 号 | 中共潍坊市委印发《中共潍坊市委常委会关于深入开展党的群众路线教育实践活动的实施方案》的通知 | |
| 4 | 潍发〔2014〕4 号 | 中共潍坊市委关于印发《潍坊市贯彻落实〈山东省实施中央建立健全惩治和预防腐败体系 2014—2017 年工作规划办法〉的实施意见》的通知 | |
| 5 | 潍发〔2014〕5 号 | 中共潍坊市委、潍坊市人民政府关于印发《潍坊市实施〈党政机关厉行节约反对浪费条例〉办法》的通知 | |
| 6 | 潍发〔2014〕6 号 | 中共潍坊市委、潍坊市人民政府关于进一步深化农村改革加快推进农业现代化的意见 | |
| 7 | 潍发〔2014〕7 号 | 中共潍坊市委、潍坊市人民政府关于创建国家森林城市推动生态美丽潍坊建设的意见 | |
| 8 | 潍发〔2014〕8 号 | 中共潍坊市委、潍坊市人民政府关于进一步加强农产品质量安全监管工作的意见 | |
| 9 | 潍发〔2014〕9 号 | 中共潍坊市委关于印发《中共潍坊市委关于全面深化改革的总体方案》的通知 | |
| 10 | 潍发〔2014〕10 号 | 中共潍坊市委、潍坊市人民政府、潍坊军分区关于支持保障部队“打胜仗”的决定 | |
| 11 | 潍发〔2014〕11 号 | 中共潍坊市委、潍坊市人民政府关于全面深化改革大力提升市区科学发展水平的决定 | |
| 12 | 潍发〔2014〕12 号 | 中共潍坊市委、潍坊市人民政府关于实施潍河、弥河流域综合开发优化生态系统、促进城乡统筹和区域协调发展的意见 | |

续表 4

| 序号 | 发布文号 | 文件名称 | 备注 |
|---|---|---|---|
| 13 | 潍发〔2014〕13 号 | 中共潍坊市委、潍坊市人民政府关于推进新型城镇化发展的意见 | |
| 14 | 潍发〔2014〕14 号 | 中共潍坊市委关于印发《市委常委班子党的群众路线教育实践活动整改方案》的通知 | |
| 15 | 潍发〔2014〕15 号 | 中共潍坊市委、潍坊市人民政府关于潍坊市人民政府职能转变和机构改革的实施意见 | |
| 16 | 潍发〔2014〕16 号 | 中共潍坊市委、潍坊市人民政府关于县市区政府职能转变和机构改革的意见 | |
| 17 | 潍发〔2014〕17 号 | 中共潍坊市委关于认真学习贯彻党的十八届四中全会精神的通知 | |
| 18 | 潍发〔2014〕18 号 | 中共潍坊市委关于加强新形势下少先队工作的意见 | |
| 19 | 潍发〔2014〕19 号 | 中共潍坊市委、潍坊市人民政府关于进一步加强安全生产工作的意见 | |
| 20 | 潍发〔2014〕20 号 | 中共潍坊市委、潍坊市人民政府关于促进全市民营经济创新发展的若干意见 | |
| 21 | 潍发〔2014〕21 号 | 中共潍坊市委关于贯彻落实党的十八届四中全会和省委十届十次全会精神全面推进依法治市的实施意见 | |
| 22 | 潍发〔2014〕22 号 | 中共潍坊市委关于进一步加强和改进人大工作的意见 | |
| 23 | 潍发〔2014〕23 号 | 中共潍坊市委关于加强和改进新形势下工会工作的意见 | |
| 24 | 潍发〔2014〕24 号 | 中共潍坊市委关于印发《中共潍坊市委工作规则》的通知 | |

填表单位：市委办公室

# 2014 年市政府统一登记、编号和公布的规范性文件目录

表 5

| 制定单位 | 序号 | 文 件 名 称 | 文 号 | 登 记 号 | 公布日期 |
|---|---|---|---|---|---|
| 市政府 | 1 | 潍坊市人民政府关于印发《潍坊市荣誉市民称号授予办法实施细则》的通知 | 潍政发〔2014〕4 号 | WFCR–2014–0010001 | 2014 年 1 月 7 日 |
| 市政府办公室 | 2 | 潍坊市人民政府关于印发《潍坊市政府合同法律审查暂行办法》的通知 | 潍政发〔2014〕5 号 | WFCR–2014–0010002 | 2014 年 1 月 23 日 |
| 市政府办公室 | 3 | 潍坊市人民政府办公室关于印发《潍坊市国有建设用地地下空间使用权管理暂行办法》的通知 | 潍政办发〔2014〕1 号 | WFCR–2014–0020001 | 2014 年 1 月 13 日 |
| 市政府办公室 | 4 | 潍坊市人民政府办公室转发市国土资源局市财政局《关于耕地开垦费征缴使用管理暂行办法》的通知 | 潍政办发〔2014〕2 号 | WFCR–2014–0020002 | 2014 年 1 月 13 日 |

续表 5

| 制定单位 | 序号 | 文件名称 | 文号 | 登记号 | 公布日期 |
|---|---|---|---|---|---|
| 市政府办公室 | 5 | 潍坊市人民政府办公室关于印发政府向社会力量购买服务办法的通知 | 潍政办发〔2014〕4号 | WFCR-2014-0020003 | 2014年1月22日 |
| 市政府 | 6 | 《潍坊市政府投资建设项目审计管理办法》 | 市政府令第89号 | WFCR-2014-0010003 | 2014年4月11日 |
| 市政府办公室 | 7 | 潍坊市人民政府办公室关于印发《潍坊市市场主体住所（经营场所）登记管理暂行办法》的通知 | 潍政办发〔2014〕11号 | WFCR-2014-0020004 | 2014年4月14日 |
| 市政府办公室 | 8 | 潍坊市人民政府办公室关于印发《潍坊市城乡居民家庭经济状况核对暂行办法》的通知 | 潍政办发〔2014〕12号 | WFCR-2014-0020005 | 2014年4月14日 |
| 市政府办公室 | 9 | 潍坊市人民政府办公室关于印发《潍坊市道路交通事故社会救助基金管理暂行办法》的通知 | 潍政办发〔2014〕13号 | WFCR-2014-0020006 | 2014年4月16日 |
| 市政府办公室 | 10 | 潍坊市人民政府办公室关于印发《潍坊市市管企业监事会管理暂行办法》的通知 | 潍政办发〔2014〕14号 | WFCR-2014-0020007 | 2014年5月20日 |
| 市政府办公室 | 11 | 潍坊市人民政府办公室关于印发《潍坊市个人住房公积金贷款管理办法》的通知 | 潍政办发〔2014〕16号 | WFCR-2014-0020008 | 2014年5月29日 |
| 市政府办公室 | 12 | 潍坊市人民政府办公室关于印发《潍坊市现代产业发展基金管理办法（试行）》的通知 | 潍政办发〔2014〕18号 | WFCR-2014-0020009 | 2014年6月16日 |
| 市政府办公室 | 13 | 潍坊市人民政府办公室关于印发《潍坊市环境违法行为和环境保护执法人员失职渎职行为举报暂行办法》的通知 | 潍政办发〔2014〕19号 | WFCR-2014-0020010 | 2014年7月9日 |
| 市政府办公室 | 14 | 潍坊市人民政府办公室关于印发《潍坊市企业登记并联审批实施办法（试行）》的通知 | 潍政办发〔2014〕20号 | WFCR-2014-0020011 | 2014年7月8日 |
| 市政府办公室 | 15 | 潍坊市人民政府办公室关于印发《潍坊市建设项目模拟审批实施办法（试行）》的通知 | 潍政办发〔2014〕21号 | WFCR-2014-0020010 | 2014年7月8日 |
| 市政府 | 16 | 潍坊市人民政府关于印发《潍坊市科学技术奖励办法》的通知 | 潍政发〔2014〕14号 | WFCR-2014-0010004 | 2014年7月31日 |
| 市政府 | 17 | 潍坊市人民政府关于印发《潍坊市居民基本医疗保险实施办法》的通知 | 潍政发〔2014〕15号 | WFCR-2014-0010005 | 2014年8月6日 |
| 市政府 | 18 | 潍坊市滨海飞地工业园管理规定 | 市政府令90号 | WFCR-2014-0010006 | 2014年11月20日 |
| 市政府 | 19 | 潍坊市行政审批事项目录管理办法 | 潍政发〔2014〕21号 | WFCR-2014-0010007 | 2014年12月27日 |

# 2014年任免人员（市直部门）

**一、市委及市委组织部任免（包括市委及市委组织部提名为有关单位党委需要履行任免程序的人员）**

孙明亮同志任中共潍坊市委秘书长；

免去刘德成同志中共潍坊市委秘书长职务；

李静波同志任潍坊市人力资源和社会保障局党委书记；

殷修湖同志任中共潍坊市委组织员办公室主任；

刘金凤同志任中共潍坊市委台湾工作办公室主任；

汤永利同志任潍坊市人民警察训练基地党委书记；

盛万波同志任潍坊市人民警察训练基地政委；

高成勇同志任潍坊市食品药品监督管理局党组书记；

王立杰同志任潍坊市劳动教养所第一政委；

韩国庆同志任潍坊市农业综合开发办公室党组书记；

张廷贵同志任潍坊市社会保险事业管理中心党总支书记；

刘文东同志任潍坊市公路管理局党委书记；

刘炳杰同志任潍坊民用航空管理局党委书记；

王志亮同志任潍坊市科学技术协会党组书记，免去中共潍坊市委副秘书长职务；

高文庆同志任潍坊市社会科学界联合会党组书记；

宋桂言同志任潍坊职业学院党委副书记；

李瑞昌同志任潍坊职业学院纪委书记；

高大汉同志任潍坊市人民检察院正县级检察员，免去潍坊市人民检察院检委会专职委员职务；

陈延爱同志任中共潍坊市委组织部副部长，免去中共潍坊市委组织部副调研员、潍坊市国有资产监督管理委员会党委副书记职务；

王曰普同志任潍坊市投资公司党委书记；

黄永健同志任中共潍坊市委组织部调研员，免去潍坊市干部网络培训管理办公室（山东干部学习网管理办公室、潍坊干部网络学院）主任（院长）职务；

王兴华同志任中共潍坊市委老干部局调研员，免去中共潍坊市委老干部局副局长、离退休干部工作委员会副书记，潍坊市老年大学校长、党支部书记职务；

陈学俭同志任潍坊市财政局调研员，免去潍坊市投资公司党委书记职务；

王兴龙同志任潍坊市交通运输局调研员，免去潍坊民用航空管理局党委书记职务；

谭建民同志任潍坊高新技术产业开发区管委会调研员；

宋元德同志任中共潍坊市委保密委员会办公室（潍坊市人民政府保密局）副调研员，免去中共潍坊市委保密委员会办公室（潍坊市人民政府保密局）主任（局长）职务。

免去尹凤来同志潍坊市劳动教养所第一政委职务；

免去张兆平同志潍坊市公路管理局党委书记职务；

免去毕建华同志潍坊职业学院纪委书记职务；

提名王志亮同志任潍坊市科学技术协会主席；

提名高文庆同志任潍坊市社会科学界联合会主席；

提名王沂同志任潍坊市政协办公室主任，免去潍坊市政协研究室主任职务；

免去任立先同志潍坊市政协副秘书长、办公室主任职务；

盛万波同志任潍坊市人民警察训练基地党委副书记；

李瑞昌同志任潍坊职业学院党委委员。

免去尹凤来、郭玲同志潍坊市司法局党委委员职务；

免去陈学俭同志潍坊市财政局党组成员职务；

免去王兴龙同志潍坊市交通运输局党委委员；

免去周伟川同志潍坊市商务局党委委员职务；

免去单克云同志潍坊市体育局党组成员职务；

免去王玉春同志潍坊市人民防空办公室党组成员职务；

免去谭建民、高文庆同志潍坊高新技术产业开发区党工委委员职务；

免去李曙光同志潍坊市峡山生态经济发展区党工委委员职务；

免去高成勇同志潍坊市人民政府办公室党组成员职务；

免去葛继卿同志潍坊市住房和城乡建设局党委委员职务；

免去王建勇同志潍坊广播影视集团（潍坊广播电视台）党委委员职务；

免去单继瑜同志潍坊市图书馆党支部书记职务，保留副县级；

免去程玉华同志潍坊市投资公司党委委员职务；

免去赵刚毅同志潍坊市水务投资集团有限公司党委书记职务；

免去李宪元同志潍坊市国有资产经营投资中心（公司）党支部书记职务；

免去李宪元同志潍坊市国有文化资产经营公司副总经理职务；

胡文星同志任潍坊高新技术产业开发区党工委委员；

提名免去谢军同志潍坊市县乡公路管理处工会主席职务；

提名免去徐文娟同志潍坊市化工建材行业办公室工会主席职务；

提名免去孙友欣同志潍坊市人力资源管理服务中心工会主席职务；

提名免去肖开冰同志潍坊火车站广场开发管理办公室工会主席职务；

王德斌同志任潍坊市市级机关干休所所长；

李玉军同志任潍坊市劳动人事争议仲裁院党支部书记；

沈玉坤同志任潍坊市图书馆党支部书记，免去潍坊市市级机关干休所所长职务；

姜言山同志任潍坊市峡山水库管理局党委副书记；

岳同霞同志任潍坊市交通运输监察支队政委，免去潍坊市地方铁路管理局党委副书记职务；

刘智文同志任潍坊市地方铁路管理局党委副书记。

免去张则越同志潍坊市技师学院诸城分院党委副书记职务；

免去王本明同志潍坊市农业科学院党委副书记职务；

免去刘玉璞同志潍坊市交通运输监察支队政委职务；

免去王炳泰同志潍坊市地方铁路管理局助理调研员职务，保留原职级；

刘晶同志任潍坊市司法局党委委员，免去潍坊市经济和信息化委员会党委委员职务；

王明阳同志任中国国际贸易促进委员会潍坊市委员会党组成员，免去潍坊市供销合作社联合社党委委员职务；

颜政同志任潍坊市地震局党组成员；

王本明同志任潍坊市农业科学院党委委员；

免去朱振铎同志潍坊市人民政府办公室党组成员职务；

免去张广威同志潍坊市发展和改革委员会党委委员职务；

免去杨传忠同志潍坊市公安局党委委员职务；

免去袁增寿同志潍坊市农业局党委委员职务；

免去李跃进同志潍坊市体育局党组成员职务；

刘建国同志任潍坊市食品药品监督管理局党组书记（正县级）；

孙守勤同志任潍坊市规划局党委书记；

孙俐君同志任潍坊市文化广电新闻出版局党委书记；

高成勇同志任潍坊市人民政府法制办公室党组书记，免去潍坊市食品药品监督管理局党组书记职务；

明伟同志任中共潍坊市委党校机关党委书记；

齐延升同志任潍坊日报社社长、党委书记，潍坊报业集团董事长、党委书记；

孙玉江同志任潍坊市住房公积金管理中心党组书记（正县级），免去潍坊市规划局党委书记职务；

刘桂臻同志任潍坊市市级机关事务管理局党组书记；

王世军同志任潍坊市峡山水库管理局党委书记；

袁增寿同志任中共潍坊市委农村工作领导小组办公室副主任；

免去钟耕民同志潍坊市文化广电新闻出版局党委书记职务；

免去韩国庆同志潍坊市人民政府法制办公室党组书记职务；

免去朱乐凯同志潍坊市地震局党组书记职务；

免去李树范同志潍坊市住房公积金管理中心党组书记职务，保留原职级；

免去王发庆同志潍坊市市级机关事务管理局党组书记职务；

免去李华刚同志潍坊市峡山水库管理局党委书记职务；

免去郑学启同志潍坊市化工建材行业办公室正县级干部职务；

免去赵潭溪同志潍坊仲裁委员会办公室调研员职务；

免去张国华同志潍坊市教育局党委书记职务；

免去来永生同志潍坊日报社社长、党委书记，潍坊报业集团董事长、党委书记职务；

杜昌文同志不再担任潍坊市人大常委会党组书记职务；

刘德成、于生、王秀河同志不再担任中共潍坊市委顾问职务；

杨肖青、杜国忠同志不再担任潍坊市政协顾问职务；

提名王明阳同志任中国国际贸易促进委员会潍坊市委员会副会长；

提名免去明伟同志中共潍坊市委党校工会主席职务；

提名免去王明阳同志潍坊市供销合作社联合社工会主席职务；

孙明亮同志兼任中共潍坊市委全面深化改革领导小组办公室主任；

卞汉林同志兼任中共潍坊市委全面深化改革领导小组办公室副主任；

肖培灵同志兼任中共潍坊市委全面深化改革领导小组办公室副主任；

殷修湖同志兼任中共潍坊市委老干部局局长；

王志明同志任中共潍坊市委统一战线工作部常务副部长，免去潍坊市农业机械管理局党组书记职务；

秦明清同志任中共潍坊市委统一战线工作部副部长，免去中共潍坊市委老干部局局长职务；

马中平同志任潍坊市经济和信息化委员会党委书记，免去潍坊市统计局党组书记职务；

徐友礼同志任潍坊市教育局党委书记；

杨锡广同志任潍坊市卫生和计划生育委员会党委书记，免去潍坊市人口和计划生育委员会党组书记职务；

孙沂同志任潍坊市体育局党组书记，免去潍坊市粮食局党委书记职务；

王丙同志任潍坊市统计局党组书记；

张正志同志任潍坊市政务服务中心管理办公室党组书记；

周金明同志任潍坊滨海经济技术开发区人民检察院党组书记；

王承策同志任潍坊市畜牧局党委书记，免去潍坊市畜牧局党组书记职务；

徐明军同志任潍坊市农业机械管理局党委书记；

王云华同志任潍坊市地震局党组书记，免去潍坊市“三区”推进协调小组办公室党组书记职务；

刘肖宁同志任潍坊市文化市场综合执法局党委书记，免去潍坊市文化市场综合执法局党组书记职务；

徐润启同志兼任潍坊滨海海洋经济新区建设推进办公室党组书记；

康悦彬同志任中共潍坊市委党史研究室主任；

曹希仁同志任潍坊市物价局党委书记；

陈玲玲同志任潍坊市粮食局党委书记；

李玉军同志任潍坊市中小企业办公室党委书记，兼任潍坊市医药行业管理办公室党委书记，免去潍坊市中小企业办公室党组书记职务；

吴桂珍同志任潍坊市卫生和计划生育委员会调研员，免去潍坊市人口和计划生育委员会调研员职务；

宋世伟同志任潍坊滨海经济技术开发区管委会调研员，免去潍坊滨海经济开发区党工委副书记职务；

刘金贵同志任潍坊市地方史志办公室调研员，免去潍坊市招商工作委员会办公室（市招商局、市对外经济技术合作中心）正县级干部职务；

张文祥同志任潍坊市质量技术监督局调研员；

孙振元同志任中共潍坊市纪律检查委员会组织部部长，免去中共潍坊市纪律检查委员会干部室主任职务；

王怀瑞同志任中共潍坊市纪律检查委员会宣传部部长，免去中共潍坊市纪律检查委员会宣传教育室主任职务；

刘泽峰同志任中共潍坊市纪律检查委员会第五纪检监察室主任，免去中共潍坊市纪律检查委员会监察综合室主任职务；

丁伟同志任中共潍坊市纪律检查委员会第六纪检监察室主任，免去中共潍坊市纪律检查委员会执法和效能监督室主任职务；

周千里同志任中共潍坊市纪律检查委员会纪检监察干部监督室主任，免去中共潍坊市纪律检查委员会政策法规室主任职务；

田秀霞同志任潍坊市精神文明建设委员会办公室副主任（试用期一年）；

尚仕国同志任中共潍坊市委全面深化改革领导小组办公室副主任；

禚振鹤同志任潍坊市公安局党委副书记，免去潍坊市公安局副政委职务；

胡筱芹同志任潍坊市教育局党委副书记；

孟庆阳同志任潍坊市卫生和计划生育委员会党委副书记，免去潍坊市卫生局党委副书记职务；

李长祥同志任潍坊市卫生和计划生育委员会党委副书记；

马常春同志任中共临朐县委委员、常委、副书记，免去中共高密市委常委、委员职务；

张国良同志任潍坊市卫生和计划生育委员会副调研员，免去潍坊市人口和计划生育委员会副调研员职务；

王象斌、张洪才同志任潍坊市卫生和计划生育委员会副调研员，免去潍坊市卫生局副调研员职务；

孟祥海、王军同志任潍坊市地方金融监督管理局副调研员；

王涛同志任潍坊市政务服务中心管理办公室副调研员，免去潍坊市人民政府法制办公室副调研员职务；

张乐聪、李建德、刘卫星、徐建忠同志任潍坊市工商行政管理局副调研员；

李红华、王磊同志任潍坊市质量技术监督局副调研员。

免去辛丕宏同志潍坊市人民政府顾问、党组成员职务；

免去王秀河同志潍坊市总工会党组书记职务；

免去任洪武同志中共潍坊市委统一战线工作部常务副部长职务；

免去魏志强同志潍坊市物价局党组书记职务；

免去亓传敬同志潍坊市经济和信息化委员会党委书记职务；

免去黄进同志潍坊市卫生局党委书记、潍坊市委保健委员会办公室主任职务；

免去耿文同志潍坊市体育局党组书记职务；

免去李亚军同志潍坊市民族宗教事务局党组书记职务；

免去王保民同志潍坊市档案馆（市档案局）馆长（局长）、党组书记职务；

免去郑世诗同志中共潍坊市委党史研究室主任职务；

免去杜涛同志潍坊电视台党总支书记职务；

免去刘仓义同志潍坊市商务局调研员职务；

免去张允喜同志潍坊市安全生产监督管理局调研员职务；

免去王鹏飞同志潍坊市中级人民法院审判委员会专职委员职务；

免去王红波同志潍坊市委保健委员会办公室专职副主任职务；

免去刘晓伟同志潍坊滨海经济开发区纪工委书记职务；

免去杨锡栋同志中共临朐县委副书记、常委、委员职务；

免去冯铸同志中共临朐县委常委、委员、中共临朐县纪律检查委员会书记职务；

免去贾文同志中共潍坊市委组织部副调研员职务；

免去郭文永同志中共潍坊市委统一战线工作部副调研员职务；

免去巴春梅同志潍坊市人力资源和社会保障局副调研员职务；

免去罗晓青同志潍坊市商务局副调研员职务；

提名冯铸同志任潍坊市供销合作社联合社监事会主任；

提名周金明同志任潍坊滨海经济技术开发区人民检察院检察长，免去潍坊市城郊地区人民检察院检察长职务。

提名毛秀凤同志不再担任潍坊市计划生育协会会长职务；

提名王秀河同志不再担任潍坊市总工会主席职务。

亓传敬同志任潍坊市疾病预防控制中心党委副书记；

吴波同志任潍坊市道路运输管理处党总支书记，免去潍坊市道路运输管理处副县级干部职务；

王晓华同志任潍坊市公路管理局纪委书记；

刘良峰同志任潍坊市市政工程建设处党支部书记，免去潍坊市市政工程建设处副县级干部职务；

姜颖同志任潍坊市房地产综合开发管理办公室党支部书记，免去潍坊市市政工程建设处党支部书记职务；

张贵森同志任潍坊市城市管理行政执法支队党总支书记，免去潍坊市城市管理监督指挥中心党支部书记职务；

宋守志同志任潍坊电视台党总支副书记；

胡维钊同志任潍坊市文化市场综合执法局副调研员，免去潍坊市文化市场综合执法局副县级干部职务。

免去胡筱芹同志潍坊市干部网络培训管理办公室（山东干部学习网管理办公室、潍坊干部网络学院）副主任（副院长）职务；

免去李师庆同志潍坊市道路运输管理处党总支书记职务；

免去许祖平同志潍坊电视台党总支副书记职务；

免去田秀霞同志中共潍坊市委讲师团副县级干部职务；

免去黄志强同志潍坊市住房公积金管理中心副县级干部职务；

免去孙学明同志潍坊市建筑工程管理处副县级干部职务，保留原职级；

免去张仲华同志潍坊市市政工程建设处副县级干部职务；

免去丁德元同志潍坊市艺术馆副县级干部职务，保留原职级；

免去聂清、马淑青同志潍坊市疾病预防控制中心副县级干部职务，保留原职级。

王承策、徐明军同志任潍坊市农业局党委委员；

刘肖宁同志任潍坊市文化广电新闻出版局党委委员；

张学文同志任潍坊市卫生和计划生育委员会党委委员，免去潍坊市人口和计划生育委员会党组成员职务；

祝业光同志兼任潍坊市卫生和计划生育委员会党委委员，免去潍坊市卫生局党委委员职务；

李迎春同志任潍坊市卫生和计划生育委员会党委委员，免去潍坊市人口和计划生育委员会党组成员职务；

王鸿勇同志任潍坊市卫生和计划生育委员会党委委员，免去潍坊市卫生局党委委员职务；

李宗泉同志任潍坊市卫生和计划生育委员会党委委员，免去潍坊市人口和计划生育委员会党组成员职务；

吴桂珍同志任潍坊市卫生和计划生育委员会党委委员，免去潍坊市人口和计划生育委员会党组成员职务；

赵景利同志任潍坊市卫生和计划生育委员会党委委员，免去潍坊市卫生局党委委员职务；

丁曰林、蔡威同志任潍坊市卫生和计划生育委员会党委委员，免去潍坊市人口和计划生育委员会党组成员职务；

张晓乙同志任潍坊市卫生和计划生育委员会党委委员，免去潍坊市卫生局党委委员职务；

杨锡栋同志任潍坊市林业局党组成员；

李涛同志任潍坊市金融工作办公室党组成员；

王春国同志任潍坊市政务服务中心管理办公室党组成员，免去潍坊市人民政府法制办公室（市公共行政服务中心）党组成员职务；

宋世伟同志任潍坊滨海经济技术开发区党工委委员；

刘晓伟、刘振永、嵇建勇同志任潍坊滨海经济技术开发区党工委委员，免去潍坊滨海经济开发区党工委委员职务；

赵克增同志任潍坊报业集团（潍坊日报社）党委委员；

许祖平、刘梅同志任潍坊广播影视集团党委委员；

黄志强同志任潍坊市住房公积金管理中心党组成员；

冯铸同志任潍坊市供销合作社联合社党委委员；

陈秀亮同志任潍坊滨海海洋经济新区建设推进办公室党组成员；

赵显刚、曾国、吉发静同志任潍坊滨海海洋经济新区建设推进办公室党组成员，免去潍坊市“三区”推进协调小组办公室党组成员职务。

免去王云华同志潍坊市发展和改革委员会党委委员职务；

免去王丙同志潍坊市财政局党组成员职务；

免去李长祥同志潍坊市卫生局党委委员职务；

免去张允喜同志潍坊市安全生产监督管理局党组成员职务；

免去杜涛同志潍坊广播影视集团党委委员职务；

免去刘金贵、钱洪涛同志潍坊市招商工作委员会办公室（市招商局）党组成员职务；

免去阎成文、侯建同志潍坊市“三区”推进协调小组办公室党组成员职务。

提名免去杜涛同志潍坊广播影视集团副总经理职务；

提名赵克增同志任潍坊报业集团监事会主席（保留原职级）；

提名许祖平同志任潍坊广播影视集团监事会主席（保留原职级）；

提名聘任周冲同志为食品谷发展有限公司总经理，聘期三年；

提名免去王晓华同志潍坊市公路管理局工会主席职务；

提名钱洪涛同志任潍坊市体育总会副主席；

## 二、提名市政府任免

提名：

王立杰同志任潍坊市司法局局长；

刘金凤同志任潍坊市人民政府台湾事务办公室主任；

陈甲才同志任潍坊高新技术产业开发区管委会常务副主任；

傅庆学同志任潍坊高新技术产业开发区管委会副主任；

聘任毕建华同志为潍坊职业学院副院长，聘期三年；

聘任葛继卿同志为潍坊市文化艺术中心主任，聘期三年，免去潍坊市住房和城乡建设局副局长职务；

聘任王曰普同志为潍坊市投资公司董事长，聘期三年；

免去尹凤来同志潍坊市司法局局长职务；

免去王玉春同志潍坊市人民防空办公室主任职务；

免去谭建民、高文庆同志潍坊高新技术产业开发区管委会副主任职务；

免去宋桂言同志潍坊职业学院副

院长职务；

免去高成勇同志潍坊市人民政府副秘书长职务；

免去陈学俭同志潍坊市投资公司董事长职务；

提名：

曹俊勇同志任潍坊市公安局国内安全保卫支队支队长（试用期一年）；

张伯涛同志任潍坊市看守所所长（试用期一年）；

聘任刘允泉同志为潍坊市文物局局长，聘期三年。

免去盛万波同志潍坊市人民警察训练基地副主任职务；

免去单克云同志潍坊市体育总会副主席职务，保留正县级；

免去王建勇同志潍坊广播影视集团董事会董事、副总经理，潍坊广播电视台副台长职务；

提名：

聘任郑学启同志为潍坊市化工建材行业办公室副主任（保留原职级），聘期三年；

聘任颜政同志为潍坊市地震局副局长，免去潍坊市人民政府重大项目办公室副主任职务，聘期三年；

聘任张则越同志为潍坊市技师学院诸城分院副院长，聘期三年；

聘任徐文娟同志为潍坊市化工建材行业办公室副主任，聘期三年；

聘任孙友欣同志为潍坊市人力资源管理服务中心副主任，聘期三年；

聘任王本明同志为潍坊市农业科学院副院长，聘期三年；

聘任肖开冰同志为潍坊火车站广场开发管理办公室副主任，聘期三年；

聘任李师庆同志为潍坊市道路运输管理处主任，聘期三年；

聘任刘玉璞同志为潍坊市交通运输监察支队支队长，聘期三年；

聘任孙延平同志为潍坊市地方铁路管理局总工程师，聘期三年；

聘任谢军同志为潍坊市地方铁路管理局副局长，聘期三年。

免去李玉军同志潍坊市人力资源管理服务中心副主任职务；

免去王德斌同志潍坊火车站广场开发管理办公室副主任职务；

免去姜言山同志潍坊市峡山水库管理局副局长职务；

免去刘智文同志潍坊市地方铁路管理局副局长职务；

提名：

高成勇同志任潍坊市人民政府法制办公室（市人民政府行政复议裁决办公室）主任；

聘任王保军同志为潍坊市纺织行业办公室主任，聘期三年；

刘晶同志任潍坊市司法局副局长，免去潍坊市经济和信息化委员会副主任职务。

免去朱振铎同志潍坊市人民政府副秘书长、市政府接待办公室主任职务；

免去张国华同志潍坊市教育局局长、市高等教育办公室主任职务；

免去李跃进同志潍坊市体育局副局长、市体育总会主席职务；

免去韩国庆同志潍坊市人民政府法制办公室（市人民政府行政复议裁决办公室）主任、市公共行政审批服务中心（市投资创业服务中心、市公共资源交易服务中心）主任职务；

免去朱乐凯同志潍坊市地震局局长职务；

免去李玉军、董胜勇同志潍坊市经济和信息化委员会副主任职务；

免去袁增寿同志潍坊市农业局副局长职务；

免去张广威同志潍坊市发展和改革委员会总经济师职务；

免去杨传忠同志潍坊市公安局副局长职务；

免去王芳同志潍坊市审计局副局长职务；

提名：

马中平同志任潍坊市经济和信息化委员会主任，免去潍坊市统计局局长职务；

徐友礼同志任潍坊市教育局局长、市高等教育办公室主任；

秦明清同志任潍坊市民族宗教事务局局长；

孙沂同志任潍坊市体育局局长，免去潍坊市粮食局局长职务；

王丙同志任潍坊市统计局局长，免去潍坊市国有资产经营投资中心（公司）主任（经理）职务；

李传顺同志任潍坊市地方金融监督管理局局长；

张正志同志任潍坊市政务服务中心管理办公室（市投资创业服务中心、市公共资源交易服务中心）主任（试用期一年）；

聘任李玉军同志为潍坊市医药行业管理办公室主任，聘期三年；

聘任王云华同志为潍坊市地震局局长（聘期三年），免去潍坊市发展和改革委员会副主任、市“三区”推进协调小组办公室（市油区工作办公室）主任职务；

聘任徐润启同志为潍坊滨海海洋经济新区建设推进办公室主任，聘期三年；

聘任苏守镇同志为潍坊市区域发展战略推进办公室（市“三区”推进协调小组办公室）主任（聘期三年），免去潍坊市区域经济发展合作办公室主任职务；

聘任徐明军同志为潍坊市农业机械管理局局长，聘期三年；

聘任刘仓义同志为潍坊市经济技术合作中心主任，聘期三年；

聘任亓传敬同志为潍坊市疾病预防控制中心主任，聘期三年；

王红波同志任潍坊市干部保健办公室主任（副县级）；

杨锡栋同志任潍坊市林业局副局长；

李涛同志任潍坊市金融工作办公室副主任、市地方金融监督管理局副局长（列副主任、副局长第一位）；

张新华、欧永生同志任潍坊市地方金融监督管理局副局长；

王春国同志任潍坊市政务服务中心管理办公室副主任，免去潍坊市公共行政服务中心副主任职务。

免去李传恒同志潍坊市经济和信息化委员会主任职务；

免去李士来同志潍坊市疾病预防控制中心主任职务；

免去李元忠同志潍坊市经济发展软环境投诉中心主任职务；

免去魏志强同志潍坊市物价局局长职务；

免去李亚军同志潍坊市民族宗教事务局局长职务；

免去耿文同志潍坊市体育局局长职务；

免去王志明同志潍坊市农业机械管理局局长职务；

免去康悦彬同志潍坊市综合配套改革办公室主任职务；

免去吉树春同志潍坊市人民政府驻青岛办事处主任职务；

免去杜涛同志潍坊电视台台长职务，保留原职级；

免去董胜俊、丁伟同志潍坊市经济发展软环境投诉中心副主任职务；

免去杨学昌同志潍坊市公安局副局长职务；

免去张文祥同志潍坊市质量技术监督局副局长职务；

免去宋世伟、刘振永、嵇建勇同志潍坊滨海经济开发区管委会副主任职务；

免去范梅庆同志潍坊滨海经济技术开发区管委会副主任职务；

免去郭若慎、蒋建新同志潍坊综合保税区（出口加工区）管委会副主任职务。

提名：

杨锡广同志任潍坊市卫生和计划生育委员会主任、市中医药管理局局长，免去潍坊市人口和计划生育委员会主任职务；

孟庆阳、李长祥、任翠爱同志任潍坊市卫生和计划生育委员会副主任，免去潍坊市卫生局副局长职务；

祝业光同志兼任潍坊市卫生和计划生育委员会副主任，免去潍坊市卫生局副局长职务；

李迎春同志任潍坊市卫生和计划生育委员会副主任，免去潍坊市人口和计划生育委员会副主任职务；

王鸿勇同志任潍坊市卫生和计划生育委员会副主任，免去潍坊市卫生局副局长职务；

李宗泉同志任潍坊市卫生和计划生育委员会副主任，免去潍坊市人口和计划生育委员会副主任职务；

赵景利同志任潍坊市卫生和计划生育委员会副主任（正县级），免去潍坊市卫生局副局长职务；

丁曰林同志任潍坊市卫生和计划生育委员会副主任（正县级），免去潍坊市人口和计划生育委员会副主任职务；

蔡威同志任潍坊市卫生和计划生育委员会副主任，免去潍坊市人口和计划生育委员会副主任职务；

张晓乙同志任潍坊市中医药管理局副局长，免去潍坊市卫生局副局长职务；

李玉军同志任潍坊市中小企业办公室主任；

曹希仁同志任潍坊市物价局局长；

陈玲玲同志任潍坊市粮食局局长。

免去黄进同志潍坊市卫生局局长职务；

提名：

聘任陈秀亮同志为潍坊滨海海洋经济新区建设推进办公室副主任（聘期三年），免去潍坊市区域经济发展合作办公室副主任职务；

聘任赵显刚、曾国、吉发静同志为潍坊滨海海洋经济新区建设推进办公室副主任（聘期三年），免去潍坊市“三区”推进协调小组办公室副主任职务；

聘任阎成文、侯建同志为潍坊市区域发展战略推进办公室副主任，聘期三年；

聘任董连文同志为潍坊市区域发展战略推进办公室（市“三区”推进协调小组办公室）副主任（聘期三年），免去潍坊市区域经济发展合作办公室副主任职务；

聘任黄志强同志为潍坊市住房公积金管理中心副主任，聘期三年；

聘任刘梅同志为潍坊广播影视集团董事（聘期三年），保留原职级；

聘任徐健、秦春雨同志为潍坊市国有资产运营管理中心副主任（聘期三年），免去潍坊市国有资产经营投资中心（公司）副主任（副经理）职务；

聘任袁训安同志为潍坊市国有资产运营管理中心总会计师（聘期三年），免去潍坊市国有资产经营投资中心（公司）总会计师职务；

聘任张桂凤同志为潍坊市城市管理行政执法支队支队长，聘期三年；

聘任曹建亭同志为潍坊市水产品检验检疫中心主任，聘期三年；

聘任郭忠亮同志为潍坊市经济技术合作中心副主任（聘期三年），免去潍坊市综合配套改革办公室副主任职务；

聘任罗晓青同志为潍坊市经济技术合作中心副主任，聘期三年；

聘任吉树春同志为潍坊市博物馆馆长（保留原职级），聘期三年；

聘任任修文同志为潍坊市食品药品检验检测中心主任（聘期三年），免去潍坊市食品药品检验所所长职务；

聘任周冲同志为食品谷发展有限公司董事长，聘期三年。

免去杜涛同志潍坊广播影视集团董事、潍坊广播电视台副台长职务；

免去钱洪涛同志潍坊市招商工作委员会办公室（市对外经济技术合作中心）副主任、市招商局副局长职务；

免去尚仕国同志潍坊市综合配套改革办公室副主任职务；

免去赵克增同志潍坊市博物馆馆长职务；

免去宋守志同志潍坊电视台副台长职务；

免去刘梅同志潍坊人民广播电台副台长职务。

# 2014 年任免人员（县市区部分）

### 一、市委及市委组织部任免

高志秀同志任中共奎文区委委员、

常委、副书记，免去中共潍坊市委组织部副部长职务。

孙文力同志任中共潍城区委委员、常委，免去中共诸城市委常委、委员职务。

赵伟同志任中共坊子区委常委。

王文琦同志任中共寒亭区委副书记。

孙修炜同志任中共寒亭区委委员、常委，免去中共潍城区委常委、委员职务。

杨晓辉同志任中共青州市委委员、常委、副书记（正县级），免去中共潍坊市委副秘书长职务。

李庆华同志任中共诸城市委委员、常委，免去中共高密市委常委、委员职务。

邱旺同志任中共寿光市委委员、常委、副书记，免去中共昌乐县委常委、委员职务。

侯法强同志任中共寿光市委委员、常委、中共寿光市纪律检查委员会书记，免去中共安丘市委常委、委员职务。

李光明同志任中共安丘市委委员、常委，免去中共坊子区委常委、委员职务。

孙业宗同志任中共高密市委委员、常委。

张建伟同志任中共昌乐县委委员、常委。

肖继林同志任中共坊子区委委员、常委，免去中共诸城市委常委、委员职务。

王垂军同志任中共寒亭区委委员、常委。

薛宗刚同志任中共诸城市委委员、常委。

刘斌同志任中共高密市委委员、常委。

免去石铭奎同志中共寒亭区委副书记、常委、委员职务。

免去杨云生同志中共青州市委副书记、常委职务。

免去胡文星同志中共青州市委常委、委员职务。

免去赵凤江同志中共坊子区委常委、委员职务。

免去于龙同志中共寒亭区委常委、委员职务。

免去唐军生同志中共高密市委常委、委员职务。

免去孙明亮同志的中共寿光市委常委、委员职务。

马常春同志任中共临朐县委委员、常委、副书记，免去中共高密市委常委、委员职务。

免去杨锡栋同志中共临朐县委副书记、常委、委员职务。

免去冯铸同志中共临朐县委常委、委员、中共临朐县纪律检查委员会书记职务。

孙吉海同志任潍坊经济开发区党工委委员、组织部部长。

免去曹金法同志潍坊经济开发区党工委委员、组织部部长职务。

免去玄洪忠同志诸城市常山生态林场党委书记职务，保留副县级。

免去李世亮同志山东农业科技人才服务中心党支部书记职务，保留副县级。

免去王晓仁同志寿光市生态林场党支部书记职务，保留副县级。

曹俊勇同志不再担任高密市副县级干部。

朱兰玺同志任中共寿光市委党校校长。

免去孙明亮同志中共寿光市委党校校长职务。

徐波、李顺廷同志不再担任奎文区副县级干部，保留原职级。

免去单际庆同志高密经济开发区党工委书记职务，保留原职级。

王庆波同志不再担任高密市副县级干部。

邵春生、王旭东同志不再担任高密市副县级干部，保留原职级。

张正民同志不再担任昌乐县副县级干部，保留原职级。

免去李师南同志临朐经济开发区党工委书记职务，保留原职级。

刘建昌同志不再担任临朐县副县级干部，保留原职级。

免去刘介松同志昌邑经济开发区党工委书记职务，保留原职级。

孟凡铎同志不再担任昌邑市副县级干部，保留原职级。

吕子宏、刘金山、李菊祥同志不再担任安丘市副县级干部，保留原职级。

免去王文彬同志潍坊（寿光）农业高新技术产业示范区党支部书记职务，保留原职级。

杨洪岩同志任山东测绘地理信息产业基地管理中心党委书记。

李夕勇同志不再担任坊子区副县级干部，保留原职级。

韩其昌、刘务军同志不再担任青州市副县级干部，保留原职级。

刘红同志不再担任潍城区副县级干部，保留原职级。

免去卫清涛、邢杰同志奎文区人大常委会副县级干部职务，保留原职级。

免去黄佳戈同志潍城区副县级干部职务，保留原职级。

免去孙希安同志坊子区政协副县级干部职务，保留原职级。

免去王先明同志寒亭区人大常委会副县级干部职务，保留原职级。

免去李学仁同志青州市政协副县级干部职务，保留原职级。

免去王金友同志诸城市人大常委会副县级干部职务，保留原职级。

免去赵玉德、管常青同志诸城市副县级干部职务，保留原职级。

免去高立华、魏广利同志寿光市副县级干部职务，保留原职级。

免去马玉宏同志安丘市人大常委会副县级干部职务，保留原职级。

免去刘兆泰同志安丘市副县级干部职务，保留原职级。

孙业宗同志任中共高密市委组织部部长。

免去马常春同志中共高密市委组织部部长职务。

免去周德春、王福敏同志高密市人大常委会副县级干部职务，保留原职级。

免去赵云贤同志高密市副县级干部职务，保留原职级。

免去李倪同志临朐县副县级干部

职务，保留原职级。

免去吴玉强同志昌乐县副县级干部职务，保留原职级。

**二、提名县市区选举、任免**

提名杨云生同志为青州市人大常委会第一副主任（正县级）候选人。

提名刘传明同志为青州市政协副主席候选人。

刘希玉同志不再担任青州市人大常委会第一副主任职务，保留正县级。

徐健生同志不再担任青州市人大常委会副主任职务，保留副县级。

孟庆刚、李守纲同志不再担任青州市政协副主席职务，保留副县级。

提名方新启同志为寿光市政协主席候选人。

王茂兴同志不再担任寿光市政协主席职务，保留正县级。

提名李广庆同志为安丘市政协主席候选人。

提名孙钧同志为安丘市人大常委会副主任候选人。

提名于庆满、于振法、王培范同志为安丘市政协副主席候选人。

杨东民同志不再担任安丘市政协主席职务，保留正县级。

周寿清同志不再担任安丘市人大常委会副主任职务，保留副县级。

李效民、闫力同志不再担任安丘市政协副主席职务，保留副县级。

提名李建军同志为昌邑市人大常委会副主任候选人，不再担任昌邑市政协副主席职务。

提名孙孝工、吴红玉同志为昌邑市政协副主席候选人。

郭光林同志不再担任昌邑市政协副主席职务，保留副县级。

张国美同志不再担任昌乐县政协副主席职务，保留副县级。

提名赵绪春同志为寿光市人民政府市长候选人。

朱兰玺同志不再担任寿光市人民政府市长职务。

提名孙文力同志为潍城区人民政府副区长人选。

孙修炜同志不再担任潍城区人民政府副区长职务。

提名牟杰同志为坊子区人民政府副区长人选。

李光明、张建伟同志不再担任坊子区人民政府副区长职务。

提名孙修炜同志为寒亭区人民政府副区长（列副区长第一位）人选。

王文琦同志不再担任寒亭区人民政府副区长职务。

胡文星同志不再担任青州市人民政府副市长职务。

提名李庆华同志为诸城市人民政府副市长人选。

孙文力同志不再担任诸城市人民政府副市长职务。

提名张建伟同志为昌乐县人民政府副县长（列副县长第一位）人选。

邱旺同志不再担任昌乐县人民政府副县长职务。

免去曹金法同志潍坊经济开发区管委会副主任职务。

李涛同志不再担任潍城区人民政府副区长职务。

刘传明同志不再担任青州市花卉高科技博览园管委会主任职务。

邹波同志不再担任安丘市城顶山生态林场管委会主任职务，保留副县级。

张勇同志不再担任潍坊市技师学院高密分院院长职务，保留副县级。

张金涛同志任昌乐经济开发区管委会主任。

高明胜同志不再担任昌乐经济开发区管委会主任职务，保留原职级。

刘超同志任安丘经济开发区管委会主任。

周新发同志不再担任安丘经济开发区管委会主任职务，保留原职级。

李铁柱同志任寿光经济开发区管委会主任。

刘水明同志不再担任寿光经济开发区管委会主任职务，保留原职级。

于晓旭同志任潍坊凤凰山高新技术产业园管委会主任。

杨洪岩同志不再担任潍坊凤凰山高新技术产业园管委会主任职务。

宋执湖同志任青州经济开发区管委会主任。

庄新江同志任青州市花卉高科技博览园管委会主任，不再担任青州经济开发区管委会主任职务。

李学光同志任潍城经济开发区管委会主任。

冯延东同志不再担任潍城经济开发区管委会主任职务，保留原职级。

同意王佰刚同志辞去坊子区德日建筑保护开发办公室主任职务。

（市委组织部）

# 索 引

*Suoyin*

**说明：**

1. 本索引为主题索引。“特载”“大事记”“附录”具体内容未做索引。
2. 本索引按汉语拼音音序排列。同音字按声调，首字相同者按第二个字的音序排列，以此类推。
3. 索引主题词后面的数字表示索引内容所在的页码，拉丁字母 a 表示所在页码的左栏，b 表示中栏，c 表示右栏。

## D



## F

## G



## H

## K



## L



## M



## N

## T



## W

## X



## Y

## Z